U0844869

2015

長興年鑑

CHANGXING ALMANAC

（总第二部）

长兴县党史地方志办公室　编

方志出版社
Publishing House of Local Records

图书在版编目(CIP)数据

长兴年鉴. 2015 / 长兴县党史地方志办公室编. —
北京 ：方志出版社，2015.7
ISBN 978-7-5144-1660-2

Ⅰ. ①长… Ⅱ. ①长… Ⅲ. ①长兴县—2015—年鉴
Ⅳ. ①Z525.54

中国版本图书馆CIP数据核字(2015)第173841号

长兴年鉴（2015）

编　　者：长兴县党史地方志办公室
责任编辑：李志瑜
出 版 人：冀祥德
出 版 者：方志出版社
地址　北京市朝阳区潘家园东里9号(国家方志馆4层)
邮编　100021
网址　http://www.fzph.org
发　　行：方志出版社发行中心
电话（010）67110500
经　　销：各地新华书店
印　　刷：杭州富春电子印务有限公司
开　　本：889×1194　1/16
印　　张：31.75
字　　数：1002千字
版　　次：2015年8月第1版　2015年8月第1次印刷
印　　数：1200册

ISBN 978-7-5144-1660-2　定价：220.00元

· 版权所有　翻印必究 ·

长兴县地方志编纂委员会

名誉主任　吕志良

主　　任　周卫兵

副 主 任　夏　威　王庆忠　高胜华　楼秋红　杨福成　袁　健

委　　员　（成员单位）县委办、县人大办、县政府办、县政协办、纪委（监察局）、组织部、宣传部、统战部、政法委、信访局、编办、农办、机关党工委、老干部局、党校、党史室、档案局、总工会、团县委、妇联、科协、文联、残联、工商联、人武部、法院、检察院、发改委、经信委、财政局、公安局、司法局、建设局、交通运输局、环保局、商务局、农业局、林业局、水利局、人社局、民政局、教育局、科技局、文广新局、卫生和计生局、审计局、统计局、安监局、城管执法局、市场监管局、行政服务中心、旅委、国土局、国税局、质监局、传媒集团、人行长兴支行及各乡镇（街道、园区）

《长兴年鉴（2015）》

主　　审　杨永章　倪建忠

主　　编　吴连意

责任编辑　周秀明　龚荣庭　甘剑勇　高　娟

编　　务　郭玲玲

图片提供　封面图片由南太湖长兴分区提供，封二跨页图片由县建设局提供，正文压题图片由太湖图影提供，年鉴正文和插页图片由各单位提供

英文目录　由县外事办提供翻译

序

中共长兴县委书记　吕志良

长兴县人民政府县长　周卫兵

适应新常态 谋求新作为 实现新发展

在县地方志编纂委员会的领导下，由县史志办组织编纂的长兴县第二部综合年鉴—《长兴年鉴（2015）》即将付梓出版。这是长兴经济社会发展中的一件大事，也是有益当代、造福后世的一项重要文化成果，可喜可贺！在此，谨向为本书出版付出辛勤劳动的全体人员尤其是各单位年鉴编辑表示衷心的感谢和诚挚的问候。

过去的一年，是长兴外部宏观环境十分严峻、改革发展任务十分繁重的一年。一年来，全县上下坚持稳中求进、改革创新，牢牢把握全面深化改革和党的群众路线教育实践活动两条主线，全力抓好“三个坚定不移”，扎实开展“六大专项行动”，稳增长与提效益难中有进、调结构与促转型稳步快进、美城乡与优生态融合促进、深改革与强创新齐头并进、惠民生与保稳定协调互进、转作风与提能力扎实推进，全县经济社会实现了持续稳步发展，取得了来之不易的成绩。作为县委、县政府的年度综合性公报和大型资料工具书，《长兴年鉴（2015）》以准确精练的文字、丰富翔实的资料和精美生动的图片，全面、真实地记录了这些突出业绩和崭新变化，极富时代特征、长兴特色、年度特点，是资政、教化、存史的工具，长兴现代化建设的鉴证，海内外了解长兴的窗口，长兴文化建设的一个靓丽品牌。

2015年，是全面深化改革的关键之年，是全面深化法治长兴建设的开局之年，是“十二五”规划的收官之年，是“十三五”规划的谋划之年，也是三年行动计划的启动之年，做好2015年工作意义重大。全县上下要以县委十三届八次全会精神为统领，全面贯彻中共十八大和十八届三中、四中全会精神，以邓小平理论、“三个代表”重要思想、科学发展观为指导，按照中央经济工作会议和省委、市委全会的统一部署，坚持稳中求进、改中求活、转中求好的工作总基调，牢牢把握“五个第一”，深入推进“六大战略”，扎实开展“三年行动”，适应新常态、谋求新作为、实现新发展，全面推进“太湖望县、锦绣长兴”建设。

希望《长兴年鉴》再接再厉、精益求精，不断提高编纂水平和质量，进一步强化信息功能、资政功能、服务功能，进一步缩短编纂发行周期，把《长兴年鉴》打造成为记载长兴改革发展历程、传承长兴地域文化的传世精品；同时也希望全县广大干部群众读好用好年鉴，知往鉴来，开阔视野，不断提高工作的预见性、创造性和科学决策水平，更好地推动本地区、本部门工作，使《长兴年鉴》在促进经济社会发展中发挥更大的作用。

2015年5月

2014年9月2日，省委书记夏宝龙（右一）在市委书记马以（右二）、市长陈伟俊（右三）和县委书记章根明、县长吕志良陪同下到长兴超威集团调研指导

（画溪街道供稿）

2014年4月15日，省委副书记、政法委书记王辉忠(左三)到林城镇北汤村调研现代农业发展
(林城镇供稿)

2014年6月26日，国家发改委副主任解振华(前排中)到长兴调研生态文明建设
(县发改委供稿)

2014年8月5日，民政部副部长窦玉沛(左二)到长兴调研养老服务工作
(县民政局、画溪街道供稿)

2014年8月15日，省委常委、宣传部部长葛慧君（左二）在县长吕志良（右二）陪同下调研长兴高家墩居民区文化大礼堂

（雉城街道供稿）

2014年5月29日，省委常委、公安厅厅长刘力伟（前排左二）一行到长兴调研警务共同体建设

（县公安局供稿）

2014年11月24日，省政府党组副书记王建满（左二）在县委书记、县长吕志良陪同下到长兴县妇幼保健院调研指导

（县卫生局供稿）

2014年2月8日，省人大常委会副主任冯明（左三）到长调研助推“开门红”

（县委组织部供稿）

2014年10月28日，省人大常委会副主任茅临生（左三）出席中汽零（长兴）汽车产业博览中心启动仪式

（县开发区供稿）

2014年2月20日，副省长毛光烈调研长兴工业强县及科技创新工作

（县经信委供稿）

2014年12月11日，副省长郑继伟（前排左三）一行到长兴华盛中学考察指导工作

（县教育局供稿）

2014年7月31日，副省长梁黎明（右二）到长兴调研水口乡村旅游

（水口乡供稿）

2014年6月24日，省政协副主席、省委统战部部长孙文友（前排左三）到长兴调研海洋城项目建设

（龙山新区供稿）

2014年9月10日，全国工商联副主席、浙江省政协副主席、传化集团董事长徐冠巨（前排右三）到长兴综合物流园区考察洽谈

（南太湖供稿）

2014年9月29日 市委书记马以（前排左二）到长兴调研视察三河湾公园建设

（县建设局供稿）

2014年10月14日，市长陈伟俊（前排左一）到长兴调研环太湖区域规划建设

（县建设局供稿）

2014年2月18日，全县党的群众路线教育实践活动动员大会召开

（县委组织部供稿）

2014年2月25日，全县党的群众路线教育实践活动“三思三观”专题学习研讨会举行

（县委组织部、县委党校供稿）

2014年3月8日，长兴大讲堂之“弘扬延安精神 践行党的群众路线”专题讲座举行

（县委党校供稿）

2014 年 6 月 24 日，瑞华（长兴）纯电动汽车动力总成系统项目奠基仪式举行

（县招商局、县开发区供稿）

2014 年 10 月 27 日，浙江长兴国家大学科技园招商推介会项目签约仪式

（县科技局供稿）

2014 年 10 月 30 日，长兴电子商务应用推介会项目签约仪式举行

（县商务局供稿）

2014年9月27日，2014中国·太湖明珠——长兴国际投资贸易洽谈会休闲旅游产业推介会在长兴水口天地酒店举行

（县旅委供稿）

2014年10月17日－19日，第五届中国（长兴）花木大会在泗安隆重举办

（泗安镇供稿）

2014年10月17日，2014中国（长兴）新常态下耐火材料行业转型升级研讨会在长兴召开

（县经信委供稿）

2014年12月18日，长兴轻纺城开业典礼

（县商务局、夹浦镇供稿）

2014年5月17日，“台湾·长兴”海峡两岸民宿发展研讨会暨中国乡村度假“湖州模式”高峰论坛在长兴举行

（县旅委供稿）

2014年12月28日，首届中国太湖石文化节暨中国太湖石博览园开园仪式举行，图为出席开园仪式领导合影

（白岘乡供稿）

2014年8月20日，天能集团董事长张天任（左二）在浙江省企业领袖峰会暨全球浙商论坛2014年会上荣获“首届光荣浙商”

（县科技局供稿）

2014年7月12日，中国科学院郑平院士与浙江万享科技有限公司产学研合作签约，建立院士专家工作站

（县科协供稿）

2014年7月22日，县综合福利中心开工仪式

（县民政局供稿）

2014年8月8日，县中医院与浙江大学医学院附属第一医院深化医疗协作仪式

（县卫生局供稿）

2014年11月，县人民医院门急诊楼形象初现

（县卫生局、龙山新区供稿）

2014年5月18日，杭宁高速公路长兴互通工程通车
（县交通局供稿）

2014年10月29日，10辆纯电动公交车投入运营，长兴县成为全国首个使用纯电动新能源公交车的县级城市
（县交通局供稿）

2014年8月18日，长兴市民服务中心搬迁启用
（县行政服务中心、龙山新区供稿）

2014年9月3日，长兴县庆祝首个"中国人民抗日战争胜利纪念日"活动

（县文广新局、槐坎乡供稿）

2014年9月3日，纪念中日甲午战争120周年和中国人民抗日战争胜利69周年纪念日图片展

（县人武部供稿）

2014年8月，举办《邓小平与浙江图片集》展览纪念邓小平同志诞辰110周年

（县委党史室供稿）

2014年10月，首部《长兴年鉴》由方志出版社出版

（县委党史室供稿）

2014年7月，《中国共产党长兴历史》第二卷（1949—1978）由中共党史出版社出版

（县委党史室供稿）

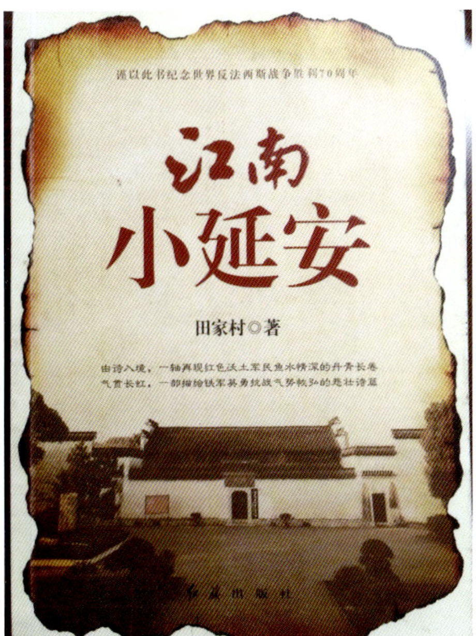

2014年3月，长篇纪实文学《江南小延安》由红旗出版社出版

（县委宣传部供稿）

编辑说明

一、《长兴年鉴》是由中共长兴县委、长兴县人民政府主办，长兴县党史地方志办公室组织逐年编纂的综合性资料工具书。该书以邓小平理论、“三个代表”重要思想、科学发展观为指导，以“记载历史、资政育人，宣传长兴”为编辑宗旨，为各级领导、决策者和管理者提供准确的信息和情况，为社会各界、海外人士了解研究长兴、投资兴业长兴提供基本资料。

二、《长兴年鉴(2015)》是长兴县第二部综合年鉴，主要记载2014年1月1日至12月31日长兴自然、经济、政治、文化、社会年度发展基本情况。为保持记述的完整性，对部分内容在时间上作了必要的上溯或下延。同时，为方便读者读用年鉴，随文附送光盘。

三、本年鉴正文和图片由各部门、各乡镇(街道、园区)及各有关单位提供，并经各单位主要领导、分管领导审定核实，各单位内容均有年鉴编辑署名。为防止出现空页，正文插页部分未严格按照单位序列排列。同时，鉴于一些图片质量不高，将部分乡镇、部门合并排版，多个单位合并均采用简称。

四、本年鉴正文中的统计数据由各单位提供，附录中的统计数据由县统计局提供。读者在引用本年鉴数据时，如有不尽一致的地方，请以统计局提供的统计资料为准。大事记中的“△”表示“同日”或“是月”。

五、《长兴年鉴(2015)》的编纂出版得到全县各部门、乡镇(街道、园区)和社会各界人士的大力支持，在此深表谢意。同时，由于我们水平有限，如有疏漏和错误之处，恳请读者批评指正。

长兴城区图

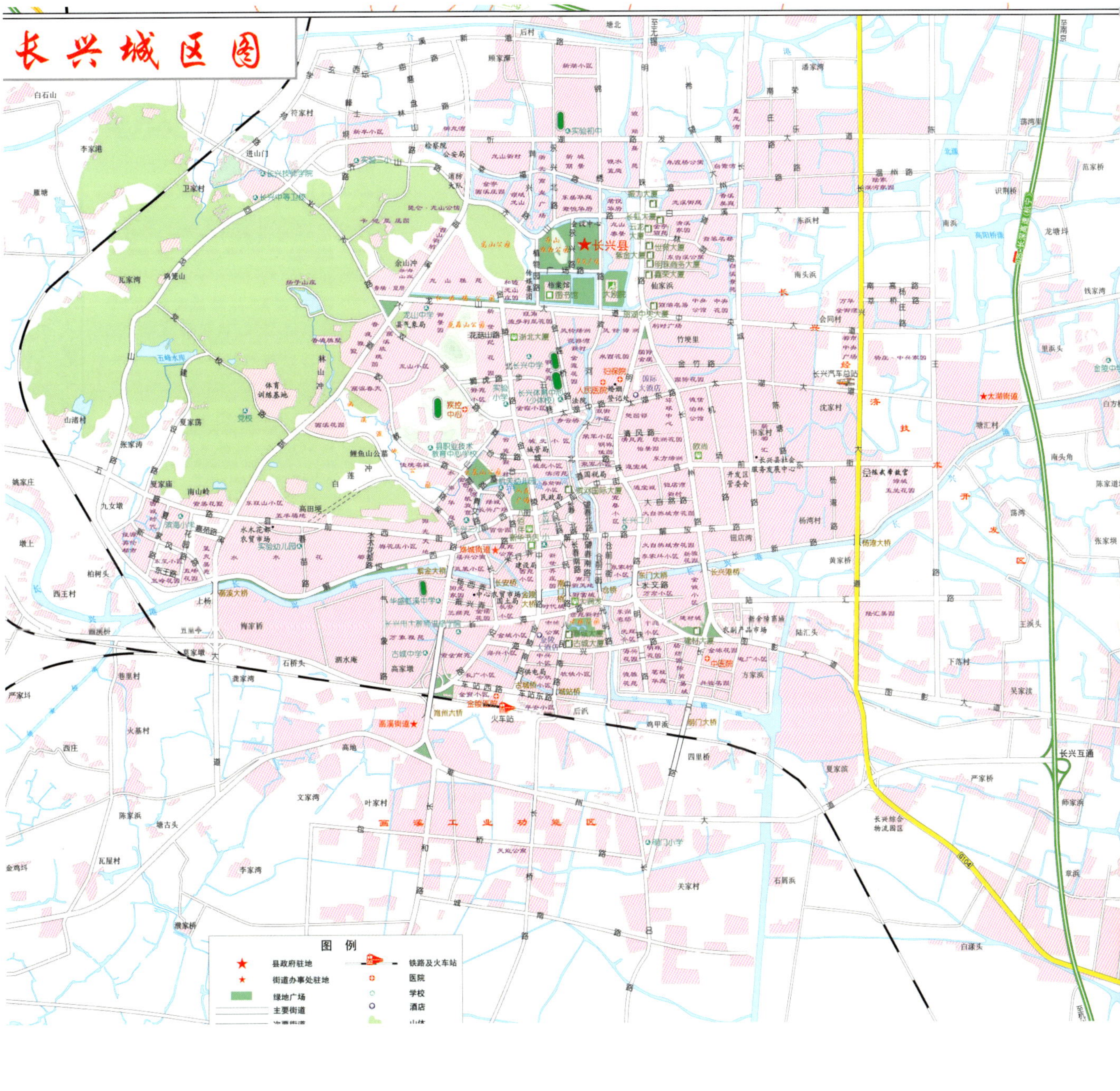

长兴旅游图
太湖
江苏省
南京方向
父子岭
清泉自然科学探索园
大唐贡茶院
水口乡村旅游度假区
寿圣寺
夹浦出口
夹浦镇
水口乡
白岘乡
煤山镇
新四军苏浙军区纪念馆 4A
金钉子国家地质公园 4A
合溪水库
槐坎乡
十里古银杏长廊
小浦镇
高铁长兴站
太湖大桥
长洪公路
图影大道
碧岩寺
洪桥镇
图影生态湿地文化园
太湖图影省级旅游度假区
喜来登大酒店
(月亮酒店)
李家巷镇
泗槐公路
艳阳果圣山庄
泗安薰衣草风情园
罗家地
长桥
安徽省
安徽方向
申苏浙皖高速
泗安出口
泗安枢纽
泗安镇
仙山湖国家湿地公园
仙山显圣寺
林城镇
中国扬子鳄村 4A
虹星桥镇
吕山乡
白雀乡
上海方向
杭长高速
弁南乡
飞英塔
湖州
道场乡
碧浪湖
八里店镇
吴山
和平镇
清凉禅寺
城山沟风景区
城山
南埠乡
妙西镇
和孚镇
天子岗水库
太子港水库
高禹镇
高禹乡
南北湖乡
良朋镇
梅溪镇
昆铜乡
溪龙乡
西亩乡
杭州、安吉方向
杭州方向
安城镇
太华镇
太极洞
新杭镇

总　目

Table of Contents

目　录

总　述

特辑·特载

大 事 记

县情概览

政治建设

中国共产党长兴县委员会

长兴县人民代表大会

长兴县人民政府

中国人民政治协商会议长兴县委员会

中国共产党长兴县纪律检查委员会

民主党派·工商联·群众团体

法治·国防

经济建设

工业经济·信息化

农业·林业·水利

服务业

开放型经济

园区建设

科学技术

经济管理

锦绣长兴建设

新农村建设

城乡建设与管理

交通建设与管理

环境保护

文化建设

文　化

体　育

史　志

档　案

新　闻

社会建设

教　育

社会保障

民政事务

公共服务

医疗卫生·计划生育

乡镇·街道·园区

乡镇·街道·园区

人物·荣誉·成就

附　录

索　引

宣传画页

总述

适应新常态　谋求新作为　实现新发展
全面推进“太湖望县、锦绣长兴”建设

——在县委第十三届八次全体(扩大)会议上的报告

吕志良

(2015年1月19日)

同志们:

这次会议主要有两项任务,一是认真学习贯彻党的十八届四中全会、省委十三届六次全会和市委七届七次全会精神,研究部署全面深化法治长兴建设,审议通过《中共长兴县委关于全面深化法治长兴建设的实施意见》;二是总结2014年工作,分析发展形势,研究部署当前和今后一个时期工作。

下面,我受县委常委会委托,向全会做报告。

一、关于全面深化法治长兴建设

学习贯彻落实党的十八届四中全会精神,是当前和今后一个时期的一项重大政治任务。县委高度重视四中全会精神的学习贯彻,多层次多渠道进行传达学习,切实把全县上下的思想和行动统一到中央决策部署上来。同时,县委成立了起草组,全面深入调研,广泛征求意见,反复修改,几易其稿,形成了提交本次全会审议的《中共长兴县委关于全面深化法治长兴建设的实施意见》(以下简称《实施意见》)。在起草《实施意见》时,我们总体把握了三个方面:一是全面贯彻上级精神。把中央和省委《决定》以及市委《实施意见》作为起草我县《实施意见》的根本依据,并充分结合习近平总书记系列重要讲话精神,务求提出的任务措施,与上级决策要求相统一、相衔接。二是注重解决突出问题。坚持问题导向,围绕我县法治建设的关键环节和突出问题,提出一系列务实管用的办法举措,增强《实施意见》的针对性和可操作性。三是争创长兴特色亮点。立足长兴实际,力争在法治长兴建设的重点领域、重点内容、重点对象、重点问题等方面争特色、创亮点。请大家对《实施意见》进行认真审议,提出意见建议,使之更加符合长兴实际。

下面,我就全面深化法治长兴建设,讲三点意见:

(一)充分认识全面深化法治长兴建设必要性、重要性

全面深化法治长兴建设,是深入贯彻十八届四中全会和省、市全会精神的必然要求,是促进我县经济社会平稳健康发展的重要保证,我们一定要从全局和战略的高度,来认识全面深化法治长兴建设的新阶段、新要求、新使命。

1. 法治长兴建设进入了新的阶段。十八届四中全会通过的《中共中央关于全面推进依法治国若干重大问题的决定》,是我们党历史上第一个加强法治建设的专门决定,是指导新形势下全面推进依法治国的纲领性文件,为法治中国绘制了新蓝图、开启了新征程。早在2006年,时任浙江省委书记习近平主持召开省委十一届十次全会,做出建设法治浙江的重大战略部署,率先开始了建设法治中国在省域层面的探索。党的十八届四中全会召开后,省、市委分别就全面深化法治浙江和法治湖州建设出台决定和意见,提出要在依法治理进程中继续走在前列。县委做出全面深化法治长兴建设的部

署，既是贯彻落实中央和省、市重大决策的具体行动，也是加快提升长兴法治建设水平的客观需要，标志着法治长兴建设在依法治国的大背景下进入了全面深化的新阶段。我们必须认清这一阶段的时代特征和发展规律，立足更高的起点和标准，科学谋划、全面深化当前和今后一个时期法治长兴建设工作。

2．法治长兴建设面临着新的要求。我县历来高度重视法治建设，2006年，十二届县委就做出了建设法治长兴的重大决策部署。八年多来，我县坚持以权力监督为重点，以法治创建为载体，以法治为民为要求，持之以恒推进法治长兴建设，依法执政、依法行政、公正司法、基层民主和普法宣传等工作得到全面加强。与此同时，我们也清醒地认识到，法治长兴建设还存在一些薄弱环节，全县学法、懂法、执法、守法、用法的整体水平仍有待进一步提高。党的十八届四中全会，不仅要求我们在政治上、思想上、组织上，把法治建设摆上更高位置，而且要求我们在工作过程以及工作结果更好贯穿和体现法治精神。因此，我们必须立足新形势、新要求，总结经验，改进不足，在更高水平上全面深化法治长兴建设。

3．法治长兴建设肩负着新的使命。当前，我县经济社会发展正处于深度调整期、增长换挡期、转型关键期、改革攻坚期，各种矛盾交织，改革发展稳定任务十分繁重，我们要加快建设“太湖望县、锦绣长兴”，全面增创长兴发展新优势，就必须依靠法治更好地统筹社会力量、平衡社会利益、调节社会关系、规范社会行为。特别是随着广大群众法治意识不断增强、法治素养不断提高、法治诉求越来越强烈，我们也必须切实增强法治意识和法治责任，提高运用法治思维和法治方式深化改革、推动发展、化解矛盾、维护稳定的能力。因此，我们必须本着对党负责、对人民负责、对发展负责的态度，切实将法治长兴建设全面推向深入。

(二)紧紧抓住全面深化法治长兴建设关键处、核心处

《实施意见》共8个部分30项，对全面深化法治长兴建设进行了系统部署，具体内容涉及方方面面，我们必须突出重点、抓住关键，着力以重点突破之功求整体推进之效。

1．找准重点领域。全面深化法治长兴建设，必须突出依法行政和公正司法这两大重点领域。政府是执法的主体。要以建设法治政府为目标，积极转变政府职能，进一步加大简政放权力度，全面推进“四张清单一张网”建设，真正做到法定职责必须为、法无授权不可为。按照“权责法定、执法严明、公开公正、廉洁高效”的要求，完善执法程序，整合执法主体，公正文明执法，切实解决好执法不规范、不严格，以及行政不作为、慢作为等问题。公正是法治的生命线。要以提高司法公信力为重点，按照中央和省、市要求积极稳妥推进司法体制改革，保证司法机关依法独立公正行使职权。规范司法行为，强化司法监督，深化“阳光司法”，以“零容忍”的态度惩治司法腐败，让人民群众在每个司法案件中都能感受到公平正义。

2．抓住重点内容。全面深化法治长兴建设，必须突出基层民主和全民守法这两块重点内容。基层民主是全面深化法治长兴建设的基础工程。要健全基层党组织领导的充满活力的基层自治机制，巩固机关部门进村(居)事务清理规范工作成果，减轻村(居)工作负担。深化村务监督委员会建设，推进土地承包经营、征地补偿费分配等村级重大事务“五议两公开”，切实保障群众知情权、参与权和监督权。全民守法是全面深化法治长兴建设的重要环节。要着力解决普法宣传针对性不强、法律服务城乡差异较大等问题，弘扬法治精神，建设法治文化，推进“六五”普法，做到重点工作推进到哪里，法治宣传教育就跟进到那里。推动全民学法、懂法、守法、用法，形成办事依法、遇事找法、解决问题用法、化解矛盾靠法的良好氛围，让法治在群众心中生根，在社会运行中生威。

3．突出重点对象。全面深化法治长兴建设，必须突出领导干部和广大企业这两个重点对象。领导干部是法治建设的带头人。要发挥以上率下作用，模范遵守法律法规，自觉践行法律面前人人平等的法治原则，克服特权思想，杜绝法外言行。推进领导干部学法经常化、制度化，完善领导干部任前考法、带头讲法等相关制度，将学法用法考法情况纳入政绩考核，作为领导干部选拔任用的重要依据。广大企业是法治建设的重要主体。要增强法治精神、法治认同、法治信赖，自觉遵循公平、竞争的市场经济规则，自觉维护市场经济秩序，全面落实安全生产、食品安全、公共卫生等法律责任，主动承担保护生态环境、维护职工权益、参与公益事业等社会责任，努力在遵章守纪、合法经营中实现企业的持续健康发展。

4．解决重点问题。全面深化法治长兴建设，必须突出解决群众权利保障不足和社会矛盾纠纷偏多这两方面的重点问题。法治的核心在于保障群众合法权益。要从解决群众最关心、最直接、最现实的利益问题出发，建立健全利益表达、协商沟通、救济救助等机制，着重解决征地拆迁、工资拖欠、涉法涉诉、生效判决执行难等突出问题。要把维护公平正义、保障人民根本权益作为制定政策和开展工作的出发点和落脚点，尊重和保障人民群众的政治、经济和文化等各项权利。法治的作用在于平衡社会利益、调节社会关系。要从解决维权成本高、周期长，信访不信法等问题出发，深化领导包案、下访、接访等制度，坚持和发展“枫桥经验”，完善矛盾纠纷大调解格局。要把信访纳入法治轨道，严格落实信访事项终结制，着力解决信访不信法等问题，教育引导群众增强依法维护权利、自觉履行义务的现代公民意识。

(三)努力确保全面深化法治长兴建设早见效、见实效

全面深化法治长兴建设,是对我们各级党组织特别是领导干部能力水平的重大考验。各级各部门要以求真务实的作风抓好工作落实,一步一个脚印,确保各项目标任务落到实处。

1. 要责任制落实。全面深化法治长兴建设是一个长远目标,需分解任务,分步实施。要按照责任分工,细化任务分解,把法治长兴目标任务、重点项目,分解到县委建设法治长兴领导小组各成员单位,落实到各乡镇(街道、园区)。要建立健全目标责任体系和考核评估标准,完善考核方式方法,强化结果运用。要明确阶段性目标任务,2015年,在一批法治重点项目上取得突破性进展;2017年,在重要领域和关键环节上取得决定性成果;2020年,民主法治建设总体水平走在全省前列。

2. 要项目化实施。全面深化法治长兴建设必须充分运用好项目化实施手段。要按照"准、精、特"的要求,从制约权力运行、依法维护群众权益、更好依法履职的角度研究确定好每年的法治重点项目。其中2015年,着重抓好党内规范性文件备案审查、政务服务平台建设、执法司法公信提升、大安全建设、社会治安打防管控效能提升、企业欠薪问题专项整治、涉法涉诉信访改革、大调解格局构建、村务公开民主管理、社会治理信息化建设等10项法治项目的实施推进。各责任单位要像抓工程项目一样,制定好计划书,设定好目标值,画好施工图,确保各个法治项目善作善成、取得实效。

3. 要全方位发力。全面深化法治长兴建设必须各司其职、形成合力。要坚持和完善县委统一领导,人大、政府、政协分工负责,各部门共同实施的法治领导体制和工作机制。县委建设法治长兴工作领导小组要切实加强领导,负责好全县法治建设的总体设计、统筹协调、督促落实。县人大要加强对法律法规实施的监督,发挥国家权力机关在法治建设中的重要作用。县政府要健全权责统一、权威高效的依法行政体制,加快法治政府建设。县政协要创新协商民主的途径和方法,围绕全面深化法治长兴建设建言献策、加强民主监督。县法院和县检察院要认真落实司法体制机制改革要求,规范司法行为,促进公正司法。各乡镇(街道、园区)和县级机关各部门要积极参与全面深化法治长兴建设各项工作,着力加强基层治理。

二、关于2014年工作

过去的一年,是长兴外部宏观环境十分严峻、改革发展任务十分繁重的一年。一年来,全县上下坚持稳中求进、改革创新,牢牢把握全面深化改革和党的群众路线教育实践活动两条主线,全力抓好"三个坚定不移",扎实开展"六大专项行动",全县经济社会实现了持续稳步发展,取得了来之不易的成绩。

1. 稳增长与提效益难中有进。一年来,我们突出精准发力,应对复杂形势,采取有效举措,经济运行在稳增长和提效益中不断趋稳。预计全年实现地区生产总值445亿元,增长9%;城镇和农村居民人均可支配收入分别为38095元、22675元,分别增长9.5%、10.5%;自营出口16.2亿美元,增长7.5%。全年完成财政总收入70.2亿元,增长3%,其中地方财政收入40.2亿元,增长2%;固定资产投资326.6亿元,增长15.2%;工业性投入154.3亿元,增长7.1%;规上产值1104亿元,增长8.7%;规上工业增加值181.5亿元,增长10%;金融机构本外币存、贷款余额分别达到530.1亿元和476.1亿元,分别增长12.5%和11.2%。尽管部分指标未能达到预期,但仍处于合理增长区间,实属不易且应倍加珍惜。

2. 调结构与促转型稳步快进。一年来,我们突出项目支撑,加大有效投入,开展专项服务,经济竞争力在结构调整和转型升级中不断增强。产业结构持续优化,新型电池、现代纺织、特色机电三大产业占规模工业产值比重达到73.9%,工业炉、耐火等传统行业加快升级,新能源汽车产业初具规模;农业七大特色产业提质增效,"农园新景"实验示范带加快建设,洪桥省级农业综合园区通过验收;现代物流、乡村旅游、电子商务等新兴业态加快发展。企业转型有效加快,现代技改、股改上市等氛围浓厚,"四转""四换三名"等成效显著,成为全省首批"两化"深度融合综合性示范县。招商引资力度加大,"520""530"行动如火如荼,"长洽会"有声有色,完成合同外资36299万美元,实到外资19300万美元,县外内资注册资本金47.85亿元,"浙商回归"省外到位资金41.03亿元。

3. 深改革与强创新齐头并进。一年来,我们突出增强动力,抓重破难,大胆探索,发展活力在深化改革和科技创新中不断激发。深化改革重大部署全面落实,成立了组织机构,建立了工作机制;行政审批制度改革、中心镇扩权强镇、农村确权赋权改革等重点任务顺利推进,村级事务清理规范全面完成,政府权力清单网上公开,新市民服务中心投入使用,入选全省首批资源要素市场化配置改革扩面地区;国家知识产权强县工程等试点成效明显。创新驱动发展战略深入实施,国家大学科技园一期主体竣工,上海交大慧谷科技园、"千人计划"产业研究院投入运营;在全省率先设立科技成果转化引导基金,入选省首批科技大市场建设试点单位;出台人才创业创新政策意见,创建省级院士专家工作站1家,入选省首批领军型企业创新团队1个、"省千计划"4人。

4. 美城乡与优生态融合促进。一年来,我们突出建管并重,完善功能,整治环境,城乡面貌在统筹发展和生态建设中不断改善。城市能级加快提升,总部经济园招商、浙北商业广场建设、老剧院地块拆迁等加快推进,会展中心正式运行,海洋城开业在即,中心广场和画溪公交枢纽站全面建成,城市交通满意度测评全省第一,

"数字长兴"投入运行,大环卫体制基本理顺。镇村建设成效显著,中心镇辐射带动能力不断增强,卫星镇、精致小城镇配套功能不断完善,泗安市民文化中心、长兴轻纺城等投入使用;美丽乡村创建品质提升,长效管理措施有效落实,农村生活污水治理进展顺利,新建农村文化礼堂25个、美丽乡村22个、省级中心村21个。基础设施日益完善,苕溪清水入湖、杭长高速北延、湖州电网理顺等工程加速推进,华能电厂"上大压小"、川气东输接入、杭宁高速长兴出口、三河湾公园等工程竣工投用。城乡环境明显改善,生态文明先行示范区建设全面启动,"清三河"率先通过验收,"五水共治"形成破竹之势;治扬尘、治废烟、治尾气强势推进,秸秆禁烧工作示范全市,空气质量明显改观;"三改一拆"三年任务超额完成;"四边三化"通过省市验收,废弃矿山治理走在前列。

5. 惠民生与保稳定协调互进。一年来,我们突出共建共享,加大民生投入,完善公共服务,社会和谐度在改善民生和维护稳定中不断提高。社会保障切实加强,城镇登记失业率保持低位,社会保险提标扩面,安居工程和拆迁安置工作扎实推进,人口计生、社会救助、慈善福利和残疾人事业加快发展,社会保障体系进一步健全。社会事业协调发展,教育质量稳步提升,成功创建全国义务教育发展基本均衡县;县人民医院改扩建、妇保院二期、长兴二院、三院加快建设,县乡村卫生一体化建设有序推进,获得浙江省卫生应急工作示范县;文化惠民工作成效显著,顺利通过全国文化先进县复评,"百叶龙"获中国驰名商标。平安建设深入推进,成功化解一批苗头性事件和信访积案,重大刑事发案、安全生产事故均实现"三下降",群众安全感、满意度位居省市前列,平安创建有望实现"九连冠"。

6. 转作风与提能力扎实推进。一年来,我们突出从严治党,扎实开展群众路线教育实践活动,严格执行八项规定,党群干群关系在转作风和提能力中不断增进。教育实践活动成效明显,"三思三观"等主题教育活动深入开展,批评和自我批评优良传统有效发扬,"四风"问题得到有力整治,"民情体验课"等特色做法得到中央和省市领导肯定。宣传思想工作保障有力,以习近平总书记系列重要讲话精神为重点的理论学习深入推进,"长兴大讲堂""双百分"竞赛等活动扎实开展,舆论引导积极主动,对外宣传成效显著。干部队伍建设得到加强,领导干部状况定期分析研判,中层干部任期制省级试点全面启动,中层竞岗1183个,上挂、下派年轻干部274名。基层组织建设不断夯实,"三六优先"党员人才工程深入实施,党代表任期制不断深化,新成立社会组织服务中心党委,整转后进薄弱基层党组织139个。党风廉政建设持续深化,各级党委(党组)主体责任意识明显增强,责任制有效落实,"三转"工作有序推进,一批违纪违法案件得到严肃查处。民主政治建设与时俱进,人大依法监督、政协协商民主等职能得到积极发挥,"一线"作用得到充分体现,依法行政、公正司法、基层民主等工作深入推进,统战、群团、人武、双拥、档案、老干部等工作取得新的成效。

同志们,以上这些成绩的取得,是中央和省、市委正确领导的结果,是全县人民共同奋斗的结果,是广大党员干部扎实工作的结果。在此,我代表中共长兴县委,向为全县发展大局做出贡献的同志们,向给予我们鼎力支持的社会各界人士,表示衷心的感谢并致以崇高的敬意!

三、关于当前和今后一个时期的形势任务

当前和今后一个时期,是长兴逐渐向更高层次、更高水平转变和发展的重要阶段。我们必须准确研判形势,敏锐把握机遇,坚定发展信心,积极增创优势,把长兴的各项事业不断推向前进。

一是主动适应新常态。适应新常态,首先要认识新常态,准确把握县内外情况的发展变化,不断增强工作的前瞻性和科学性。放眼全球,世界经济仍处在国际金融危机后的深度调整期,经济增速有所回升,但呈现不均衡性和易变性,低速增长态势仍将在一定时期内延续。立足国内,"三期叠加",速度变化、结构优化、动力转换成为经济新常态;生态文明成为和谐发展的新常态;依法治国成为治国理政的新常态;从严治党成为作风建设的新常态;财政从紧成为政府管理的新常态。环顾周边,区域竞争日趋激烈的态势更为白热化,苏南地区始终保持前列优势,省内县市纷纷进位赶超,市内县区更是你追我赶,而且这种竞争,不仅体现在量的赶超上,还体现在质的变化上。审视自身,在多年快速发展、高位增长的基础上,经济发展爬坡换挡,GDP、财政、投资等增长难度加大,项目储备不足、企业运行困难、要素保障趋紧,经济增长压力大成为新常态;与此同时,转型升级压力大、民生改善压力大、城乡管理压力大、队伍建设压力大等,也都成为新常态。认识新常态,适应新常态,引领新常态,是我们当前和今后一个时期谋划和推动发展的大逻辑。

二是积极谋求新作为。适应新常态,关键在于抓住新机遇,敢作为、善作为,不断增强工作的主动性和积极性。一要坚定信心求作为。尽管宏观形势复杂,挑战压力重重,但发展信心不能减,工作激情不能退。要看到,我国仍处于大有可为的战略机遇期,经济社会发展总体向好的基本面没有改变,发展的机遇依旧大于挑战;要看到,长兴经过多年奋力拼搏,发展的基础越来越坚实,优势越来越明显;更要看到,我们历经多重磨炼,广大干部推动发展的能力不断提升,广大企业应对挑战的经验更为丰富。这些,都是我们的机遇所在、优势所在、力量所在,我们有理由进一步增强谋求新作为的信心和决心。二要敢于担当求作为。担当是一种责任,更是一种能力。要在新常态下谋求新作为,敢于担当比以往任何时候都来得重要。广大党员干部尤其是领导干部必须正视“为官不易”的环境,增强敢于担当的意识和精神,“当战士不当绅士”,勇于迎难而上、趋利避害,善于在险境中找出路、在困难中找办法,化不可能为可能,努力在敢担当、能担当、善担当中谋求新作为。如果怕这、怕那,这也不行、那也不能,回避矛盾、逃避责任,只会越来越难,只能一事无成、无所作为。三要合心合力求作为。当今的长兴,发展的担子很重,各方的期望很高。要在新常态下谋求新作为,就必须紧紧依靠团队作战,合心合力推进发展。全县上下之间、干群之间、政企之间,都要置身全县这个大团队,做到思想上同心,目标上同向,行动上同行。同时,每个乡镇(街道、园区)团队、每个部门团队、每个村团队、每个企业团队,也都要围绕打造好团队的目标,最大限度地发挥出各自的作用和优势。只要每个团队都心往一处想、劲往一处使、汗往一处流,长兴发展就一定会无往而不胜。

三要努力实现新发展。新常态不是发展慢的借口,更不是工作标准要求降低的理由。新常态更加要求我们转变理念,提升水平,开拓创新,加快推进“太湖望县、锦绣长兴”建设。一要实现平稳发展。新常态下,平稳健康是关键所在。要坚持稳中求进,抓好当前,谋好长远,既不冒进,也不保守,着力做好“调整、巩固、充实、提高”的文章,切实做实数字、做实项目、做实工作,努力防范风险、化解矛盾,巩固稳的基础,强化进的态势,全面提高各项经济指标匹配度、转型升级进展度、生态环境改善度、人民群众满意度,努力实现更高水平的平稳健康发展。二要实现转型发展。新常态下,转型升级是大势所趋。要坚持转中求好,立足速度变化、结构优化、动力转换,正确处理规模与质量、速度与效益、增长与转型、生产与生活、生产与生态、发展与稳定等各种关系,统筹推进经济转型、城市转型、社会转型和工作转型,努力实现更有质量和效益的发展。三要实现创新发展。新常态下,改革创新是根本动力。要坚持走在前列,进一步解放思想、开拓进取,自我加压、拉高标杆,勇做改革的探索者、创新的实践者,创新观念、创新思路、创新办法、创新机制,以非常之力,行非常之举,解非常之困,求非常之效,实现突破性和跨越式发展。

基于以上分析和考虑,当前和今后一个时期,必须牢牢坚持“五个第一”:

——坚持发展第一要务。牢固树立“发展是最大的大局”的理念,坚持以经济建设为中心,以产业发展为支撑,以改革创新为动力,担当奋进,主动作为,大力推进经济社会平稳发展、转型发展和创新发展,在新常态下开创长兴科学发展新局面。

——坚持项目第一工作。牢固树立“项目为王”的理念,立足稳增长、调结构、促转型、惠民生、美城乡,精心谋项目,精准引项目,精细推项目,着力以项目大建设,推动企业大提升,撬动产业大升级,带动城乡大发展,源源不断增强长兴发展活力和后劲。

——坚持民生第一目标。牢固树立“民生为先”的理念,把群众对美好生活的向往作为始终不渝的追求,坚守群众利益底线,优先保障民生投入,优先改善公共服务,优先满足群众需求,努力让改革发展成果更多地惠及于民。

——坚持稳定第一责任。牢固树立“发展是硬道理,稳定是硬任务”的理念,主动适应新形势新变化,切实加强和创新社会管理,切实预防和化解矛盾纠纷,切实落实和担当工作责任,全面深化法治长兴建设,为经济社会发展营造和谐安定的环境。

——坚持党建第一保障。牢固树立“抓好党建是最大的政绩”的理念,切实增强“党要管党、从严治党”意识和责任,坚持以改革创新的精神推进党的建设,不断提高党建科学化水平,为加快长兴科学发展提供坚强保障。

“五个第一”是当前和今后一个时期指导长兴发展的基本原则和工作要求。特别是谋划编制“十三五”规划,一定要立足长兴实际,坚持“五个第一”,做到统筹兼顾、重点突出,更好地体现规划的科学性、战略性、前瞻性、针对性和可操作性。同时,为更好地适应新常态、谋求新作为、实现新发展,圆满收官“十二五”,顺利衔接“十三五”,县委常委会经过深入调研和反复研究,决定在未来三年里,大力实施“三年行动计划”。

——大力实施县级重点领域三年行动计划。重点领域是县域发展的突破口。立足以重点带全面、以关键促整体,大力实施产业升级、城乡统筹、民生改善、科技创新等重点领域三年行动计划,科学谋划各重点领域未来一到三年的发展目标、主要任务和工作举措,着力通过三年努力,在夯实基础、放大优势、突破重点、改善薄弱等方面取得明显进展,促进全县发展水平再上新台阶。

——大力实施乡镇(街道、园区)三年行动计划。乡镇(街道、园区)是县域发展的主阵地。按照科学发展、加快发展、特色发展的要求,找准定位、理清思路、自加压力,精心谋划安排各乡镇(街道、园区)未来一年、两年和三年的发展目标、重点任务和工作举措,着重细化主要指标,实化重点项目,推进各乡镇(街道、园区)比拼发展、做实做强,为加快提升长兴整体发展水平提供强大支撑。

——大力实施重点企业培育发展三年行动计划。企业是县域发展的主力军。致力培育一批“金象金牛”,以促进转型升级为主线,以体制创新、技术创新和管理创新为动力,以工业企业绩效综合评价体系为导向,大力实施“工业强县”“强企工程”三年行动计划,推动重点企业加快提高发展速度、提升质量效益、增强核心竞争力,充分发挥重点企业的引领、带动和支撑作用。

四、关于2015年主要工作

2015年，是全面深化改革的关键之年，是全面深化法治长兴建设的开局之年，是“十二五”规划的收官之年，是“十三五”规划的谋划之年，也是三年行动计划的启动之年，做好2015年工作意义重大。

2015年工作总体要求是：全面贯彻党的十八大和十八届三中、四中全会精神，以邓小平理论、“三个代表”重要思想、科学发展观为指导，按照中央经济工作会议和省委、市委全会的统一部署，坚持稳中求进、改中求活、转中求好的工作总基调，牢牢把握“五个第一”，深入推进“六大战略”，扎实开展“三年行动”，适应新常态、谋求新作为、实现新发展，全面推进“太湖望县、锦绣长兴”建设。

2015年主要指标安排，总的要求是“发展性指标加压加力、效益性指标抓实求实、约束性指标确保完成”，具体建议是：地区生产总值增长8.5%左右；规模以上工业增加值增长10%以上；规模以上工业产值增长10%以上；服务业增加值增长9%；财政总收入和地方财政收入分别增长3%、2%；固定资产投资增长10%，其中工业性投入增长8%以上；研究与试验发展经费支出占地区生产总值比重达到2.8%；社会消费品零售总额增长13%；金融机构本外币存贷款余额均增长15%；自营出口增长8%；合同外资3.5亿美元，实到外资1.8亿美元；县外内资注册资本金50亿元；万元GDP综合能耗、万元工业增加值综合能耗和主要污染物排放量等约束性指标下降率均达到省市要求；城镇和农村居民人均可支配收入分别增长9%和9.5%；城镇登记失业率控制在4%以内；人口自然增长率控制在3‰以内。

根据上述总体要求和奋斗目标，2015年要着重抓好以下五方面工作：

（一）升级“三次产业”，促进发展方式加快转变

加快转变发展方式是适应新常态的必然要求。要坚持以提高经济发展质量和效益为中心，加快推进三次产业转型升级，努力实现经济发展“增长中高速、质量中高端”。

1．突出质效强工业。大力实施工业强县建设三年行动计划，以新型工业化为方向，大力推进“两改两创”，深入开展“五大行动”，着力打造全省工业转型升级示范区。狠抓主导产业做强。以增强产业竞争力为核心，依托优势企业，强化协作配套，加快产业集群，全面推进新型电池、现代纺织、特色机电三大主导产业做大做强，不断提高产业发展层次和水平。狠抓新兴产业壮大。以培育新经济增长点为目标，加快培育发展新能源汽车、装备制造和信息产业，着重把新能源汽车产业作为首位新兴产业培育，认真实施《新能源汽车产业培育发展三年行动计划》，促进新能源汽车及关键零部件产业集聚集群发展，着力打造全国性生产基地。狠抓传统产业提升。以“两化融合”和“四换”为抓手，有序有力推进细分行业转型升级，着力巩固蓄电池、纺织、印染、粉体、水泥粉磨、工业炉等行业整治成效，着力加快耐火行业和非织造布行业改造提升步伐，不断提高传统产业装备和工艺水平。狠抓重点企业培育。以培育“五型企业”为要求，大力实施“强企工程”三年行动计划和“成长之星”企业培育计划，加快企业“四转”和省市“三名工程”试点建设，鼓励企业技术进口和产品出口，梯度培育百亿、五十亿、十亿、亿千和小微企业，精心培育一批名企、名牌、名家，着重打造一批“金象金牛”型企业。

2．提升特色优农业。大力实施现代农业发展三年行动计划，加快转变农业发展方式，不断增强长兴农业特色优势，努力率先实现农业现代化。做大特色产业。坚持生态高效发展方向，按照“一个产业、一批基地、一群主体、一套政策”的思路，提档升级七大特色产业，促进火龙果、樱桃、油桃等新兴产业形成优势效应，加快建设花木城、新农都、湖羊等专业市场，全力打造“长三角绿色农产品主产区”。做优特色园区。以农业“两区”为载体，规范有序流转土地，适度发展规模经营，加快引进培育和规范提升各类经营主体，着力构建以园区为示范、龙头企业为支撑、合作组织为纽带、专业大户和家庭农场为骨干的新型现代农业生产经营体系，着重打造一批特色园区，全面建成“农园新景”实验示范带。做响特色品牌。坚持农业品牌发展战略，积极推进农业标准化生产，加快发展无公害农产品、绿色食品、有机食品和地理标志农产品，确保“舌尖上的安全”。推动农业“接二连三”、融合发展，大力发展农产品加工业，积极发展农业电子商务，着重培育休闲观光农业，创新丰富农事节庆活动，不断提高长兴农业对外知名度和美誉度。

3．激发活力兴三产。大力实施服务业发展三年行动计划，以“十大工程”为载体，推进现代服务业发展加速、比重提升，加快打造“现代服务业经济强县”。整合提升现代商贸业。依托总部经济园、中心商务区、电商产业园等平台支撑，依靠中汽零、海洋城、浙北商业广场、雨润中央广场、会展中心、颐和酒店等项目带动，加快促进现代商贸业转型发展，不断繁荣长兴消费市场。壮大发展休闲旅游业。大力实施旅游发展三年行动计划，坚持政府主导、市场主体，着力构建“一轴两翼一区”旅游大格局，加快建设花间堂、开元度假村等旅游大项目，优化旅游交通、住宿等旅游大环境，打响“茶文化圣地 乡村游天堂”旅游大品牌，加快建设“长三角休闲旅游首选区”。提速发展现代物流业。改造提升综合物流园区，大力发展第三方和第四方物流，积极拓展集装箱运输规模，加快渤海物流、南方物流码头等重大项目建设，加快打造专业型区域物流仓储配送中心和市场交易中心。创新发展金融服务业。大力实施社会融资扩增、资本市场推进、金融产品创新、金融主体培育、企业融资

服务等工程，不断增强金融支撑能力。统筹发展其他服务业。立足于稳市场，稳健发展房地产业；立足于新业态，加快发展科技服务、信息服务、中介服务、社区服务等新兴服务业，着力构建现代服务业新体系。

（二）增强“三大动力”，全面促进可持续发展

可持续发展是适应新常态的必然选择。要立足增长动力切换，积极推进传统增长点转向新增长点，全面增强和释放项目的动力、改革的动力和创新的动力。

1. 强化项目带动力。坚持向项目要新的增长点，大力实施重大项目引进推进三年行动计划，不断增强可持续性投入。精准招商引项目。全力聚焦大好高项目，以“浙商回归”“长商回归”等为载体，围绕产业布局，瞄准盯紧央企国资、高端外资、优质民资，突出领导招商、片区招商、产业招商、以商引商，全力引进一批带动性强的重大产业项目，引进一批能够“建、补、延”链的大好高项目，努力在超50亿元、超百亿元重特大项目上取得突破。精准发力推项目。坚持产业项目与基础设施项目并推，对上争取与对内挖潜并重，优化服务举措，提高服务效率，加大推进力度，强化要素保障，积极引导企业通过现代技改、“两化融合”“机器换人”、股改重组等形式加大投入，着重加快桐昆二期、瑞华新能源等重大产业项目，以及杭长高速北延、商合杭高铁长兴段等重大基础设施项目建设，努力新上一批中央和省市重大项目。精准承接优项目。坚持“定位明确、特色明显、错位发展”的思路，严格遵循“三区五园”产业布局导向，加快促进项目定向落户、企业定向集聚、产业定向集群、资源定向集约，不断提高投资强度和亩均效益。统筹推进“征、拆、平、配、安”等各项工作，加快完善园区功能配套，不断提升项目承载能力和水平。

2. 强化改革推动力。坚持向改革要新的增长点，加快重点领域和关键环节改革，不断推进改革迈向纵深。加快转变政府职能。以建设法治政府为目标，进一步加快政府机构、公务用车改革，深化行政审批制度改革，建立健全“四张清单一张网”动态调整机制，再削减一批行政权力，再取消一批审批权限，推进企业投资负面清单“瘦身”、政府部门责任清单“强身”。充分激发市场活力。以资源要素市场化配置改革为重点，推动土地、排污权、用能等资源要素高效化、市场化配置，建立公平开放透明的市场规则，着力调动各类市场主体的积极性。深化农业农村改革。以省级农村改革试验区建设为重点，加快推进农村确权赋权改革，全面完成“三权”确权、登记、发证，统筹开展农村产权交易、金融保险、户籍制度、养老保险等改革，助推城乡发展一体化。优化财政运行体制。以增强资金使用绩效为重点，优化支出结构，用好专项资金，创新融资方式，加强债务管理，确保资金良性循环、保障重点，更好发挥财政资金杠杆作用。

3. 强化创新驱动力。坚持向创新要新的增长点，大力推进科技创新产业化，加快建设省级创新型城市。加快做强创新主体。完善落实支持企业科技创新政策，探索建立科技企业首席科技官制度，加强科技金融体系建设，引导鼓励企业建立研发机构、加大研发投入、实施知识产权战略、开展产学研合作，着力培育壮大一批科技型企业。加快建设创新平台。积极推进国家大学科技园、复旦大学南太湖创新基地、上海交大慧谷科技园等建设，着力拓展新型电池、现代纺织等创新平台公共服务功能，注重建好用好3家省级重点企业研究院，扎实开展科技大市场建设省级试点，切实提升各类平台运营和服务水平。加快引育创新人才。大力实施高层次人才引进集聚“1322”工程，扎实推进“创二代”培养、“金蓝领”培育工程，优化院士专家工作站等人才载体，落实人才创业、购房等服务政策，加快引进一批高端人才和创新团队，加快培育一批优秀本土人才，着力营造尊重人才、尊重创造的社会氛围。

（三）强化“三级联动”，加快推进新型城市化

新型城市化是实现现代化的必由之路。要坚持规划、建设、管理“三轮并驱”，强化县、乡（镇）、村三级联动，不断提升城乡一体化水平。

1. 推进城区内涵式提升。加快实施中心城市建设三年行动计划，以省级美丽县城试点县建设为载体，统筹推进“五大工程”，促进城市由规模扩张向内涵发展转变。更好完善城市形态。以科学规划引领、调控和约束城市建设，重点围绕城市空间结构、空间形态、功能分布等，进一步完善城市规划体系，推进“多规合一”，加快构建“一主四轴八组团”的空间布局。更好增强城市功能。坚持旧城改造与新区建设并重，加快张家村花园和老剧院地块建设，整治提升城中村和城郊村，谋划实施一批道路、绿化、景观、环卫设施等城建项目，完善排水、供水、供气、供热、垃圾处理等市政设施，不断增强城市综合承载能力。更好彰显城市品质。树立“品质立城”理念，突出长兴地域特色，注重历史文化保护，做好“显山露水”文章，努力建设一批有文化底蕴、时代内涵的精品建筑、地标性建筑，着力提高城市建筑整体水平。

2. 推进镇村特色化发展。大力实施乡镇（街道、园区）三年行动计划，因地制宜，因势利导，充分挖掘和塑造镇村特色优势。着力建设特色城镇。高标准编制完善和落实推进城镇规划，按照宜工则工、宜商则商、宜游则游思路，促进中心镇、卫星镇和精致小城镇特色化、专业化、差异化发展，着重发挥中心镇辐射和引领作用，着力打造一批有实力、叫得响的工业强镇、商贸重镇和旅游名镇。精心打造美丽乡村。坚持突出重点、打造特色，深入开展美丽乡村创建活动，巩固提升“太湖风情”等实验示范带管理水平，严格落实长效管理机制，努力建设一批望得见山、看得到水、留得下历史、记得住乡愁

的美丽乡村。深入开展“三改一拆”。坚持应拆尽拆、应改快改、标本兼治,注重拆用结合、拆改结合,确保“无违建乡镇(街道、园区)”达到80%以上,全力争创省“无违建县”。

3. 推进城乡精细化管理。全面加强“智慧城市”建设,创新完善城市管理方式,促进城市管理更加精细化、常态化、人性化。强化交通管理。深入推进“交通治堵十大行动”,加快长海路和解放路改造,优化公交线路,启动建设城市交通行停车诱导系统,着力构建快捷、高效、安全、舒适、低碳的城市综合交通运输体系。强化环境管理。建立健全“大环卫”“大路灯”“大园林”管理体制,全面实行“一把扫帚扫到底”模式,推进环卫保洁向乡镇延伸。推进“数字城管”向“智慧城管”转变,集中开展流动摊贩、工程渣土、烟花爆竹燃放等专项整治,突出解决占道经营、乱停乱放、违章搭建等城市“顽疾”。强化物业管理。完善三级物业管理体系,探索农村社区物业管理模式,扩大物业服务覆盖面,破解物业管理难题,规范物业服务行为,全面提升物业管理整体水平。

(四)实施“三大工程”,更好打造生态文明示范区

建设生态文明先行示范区是长兴发展的重要战略。要致力建设锦绣长兴,深入实施“三大工程”,坚定不移走具有长兴特色的生态文明建设之路。

1. 深入实施治水治气工程。始终把治水治气作为生态文明建设的重要抓手,全面绘就碧水蓝天新画卷。统筹推进“五水”共治。强化污染源头控制,大力推进工业污染和农业面源污染治理,推进污水纳管处理和农村生活污水治理,构建城乡统一的污水治理体系。优化基础设施建设,推进圩区整治、水库除险加固等水利建设,加强农村安全供水改造,构建区域水资源安全保障体系。深化河道生态治理,强化水面保洁长效管理,落实浙江省“消灭黑臭河、劣Ⅴ类水三年行动计划”,深入开展河道清淤、“断头河”治理、城区水系治理,构建“河畅水清”的水网体系。强势推进大气治理。突出治扬尘,加强矿山、码头等行业整治,深化长牛线、中心城区等重点道路,以及煤堆场、建筑工地等重点单位扬尘整治。突出治废烟,加强重点行业和企业的废气、烟尘污染治理和监管,巩固扩大秸秆禁烧与综合利用成果。突出治废气,强化机动车整治管理,大力发展清洁能源交通,有效改善能源使用结构,切实推进“油改气”、锅炉整治工作,确保空气质量有效改善。

2. 深入实施绿化净化工程。始终把绿化净化作为生态文明建设的重要举措,全面塑造美丽长兴新面貌。推进城乡绿化。加快建设森林长兴,深入实施“四边三化”,全面加强植树造林、森林扩面提质、城市生态绿道建设等工作,广泛开展“绿色细胞”和“关注森林”系列创建活动,不断提升全县森林覆盖率,持续改善区域环境面貌。大力净化土壤。强化土壤环境保护和综合治理,严格执行土壤保护制度,落实浙江省“永久性基本农田土壤治理三年行动计划”,着力加强重金属污染综合防治和固体废物污染防治,逐步推进持久性有机污染物治理,切实守护好生态净土。加强生态修复。积极做好水土保持生态修复,扎实推进废弃矿山生态治理,进一步加强合溪水库等饮用水源地和太湖沿线生态湿地系统保护,完成仙山湖湿地生态修复工程,切实让“城市绿肺”自由呼吸。

3. 深入实施节能减排工程。始终把节能减排作为生态文明建设的重要内容,全面推行低碳环保新方式。落实节能减排责任。严格落实企业能耗配置制度,加强重点区域、重点行业、重点企业的节能监管,实施一批重点节能技改项目,促进高能耗、高污染、高排放企业转产转行、兼并重组。强化能源高效配置和使用,严把项目准入和质量,控制高耗能、高排放行业新增产能,努力从源头上降低能耗、减少污染、控制排放。转变资源利用方式。大力发展生态经济,推广光伏、风力、生物质发电等再生能源利用,降低能源、水、土地消耗强度,实现生产、流通、消费过程的减量化、再利用、资源化。大力发展循环经济,重点加强开发区、产业集聚区等循环化改造,扎实推进循环经济重点项目建设。倡导绿色低碳生活。从生活方式抓起,树立节约能源、减少排放的可持续消费观,坚决摒弃各种浪费能源、高碳排放的粗放型生产生活方式,促进“衣、食、住、行、用”等逐步向低碳模式转变,使低碳文化逐渐成为社会新风尚。

(五)致力“三大提升”,积极创造美好新生活

群众对美好生活的向往就是我们的奋斗目标。要按照“守住底线、突出重点、完善制度、引导舆论”的要求,切实做好惠民生、保民安工作,不断促进社会全面进步和人的全面发展。

1. 提升社会事业水平。坚持量力而行、尽力而为,全力办好十方面民生实事,切实加强保障和改善民生。全面提高收入水平。落实扶持就业创业政策,发挥市场促进就业作用,鼓励创业带动就业,提升就业人员技能,重点抓好高校毕业生、被征地农民、困难家庭等群体就业,努力实现高质量充分就业。提升社会保障水平。深入实施“全民参保登记计划”,加大社会保险扩面和衔接力度,加快推进保障性住房安居工程建设和危旧房改造,健全完善社会救助体系,切实抓好社会福利、慈善和残疾人事业,充分发挥社会保障兜底作用。健全公共服务体系。大力推进教育优质均衡发展,优化城乡教育资源配置,健全完善义务教育学校教师校长交流机制,开展学前教育第二轮三年行动计划,努力创建省教育现代化县;持续深化医药卫生体制改革,推进公立医院、民办医院协调发展,加快完善乡镇、村(社区)基层医疗机构基础设施,大力实施医疗卫生人才培养三年行动计划,切实提高城乡公共卫生服务均等化水平。

2．提升文化发展水平。坚持以人民为中心的工作导向，促进基本公共服务标准化、均等化。推进文明创建。积极培育和践行社会主义核心价值观，开展“最美”系列评选活动，打造“和”文化县域道德品牌。深化“五五三”创建，启动全国文明城市创建，着力推进创建工作品牌化。发展文化事业。推进公共文化服务标准化建设，加强农村文化礼堂建管用，启动建设长兴博物馆，丰富幸福长兴大舞台、大型文体赛事等各类活动。加强文化队伍建设，积极开展“名师名家”培养工程，大力推进文艺精品创作，着力营造百花齐放氛围。壮大文化产业。深入实施文化产业发展三年行动计划，大力发展文化创意、文化演出、文化会展等新兴特色产业，着力突出文化产业招商，加快建设弁山药师文化园、橙天地文化休闲等文化项目，做优做精“百叶龙”文化品牌，推动媒体融合发展，不断提升文化产业实力。

3．提升社会治理水平。锁定平安长兴“十连冠”目标，着力加强社会治理、社会建设，全力促进社会和谐稳定。建设大平安。扎实推进大排查、大化解、大创建、大参与“四大”建设，深化平安基层基础创建，切实抓好安全生产、食品药品、疾病预防等公共安全监管，努力实现非正常死亡率、纠纷发生率、刑事案件发案率“三个明显下降”，不断提高人民群众安全感和满意度。推进大法治。认真贯彻落实全面深化法治长兴建设实施意见，突出重点领域、重点内容、重点对象和重点问题“四大环节”，发挥人大法律监督、政协民主监督职能作用，着力用法治思维和法治方式推进依法行政、维护公平正义、发展基层民主、创新社会管理，不断提高社会治理现代化水平。维护大稳定。完善“打防控一体化”体系，加强社会治安综合治理，依法严厉打击各类违法犯罪活动。加强网络舆情管理，强化“网军”建设，让网络空间清朗起来。培育发展各类社会组织，发挥其提供服务、反映诉求和规范行为的作用。完善社会稳定风险评估、“三色”预警、应急管理等机制，积极防范各类风险，及时化解不稳定因素。加强党管武装工作，重视发挥民兵预备役队伍在经济社会发展中的积极作用，全力维护社会大局安定和谐。

五、关于加强党的建设

加强党的建设始终是我们做好各项工作的坚强保障。新的一年，我们必须进一步强化从严从紧意识，落实管党治党责任，把抓好党建作为最大的政绩，以更加负责的态度、更加有力的措施，推进党的建设各项工作。

1．以坚定理想信念为核心，从严加强思想政治建设。从严治党，必须重视思想建党。要进一步突出党性修养和道德教育，优化学习载体，强化舆论宣传，引导党员干部坚定理想信念，坚守共产党人精神追求。深入学习、宣传和贯彻习近平总书记系列重要讲话精神，做到学而信、学而用、学而行。加强党纪党规学习，严明党的政治纪律和组织纪律，与党中央保持高度一致。深化学习型党组织建设，加强和改进党委(党组)中心组学习，完善“星期一夜校”“长兴大讲堂”等载体，发挥基层党校主阵地作用，提高学习教育的针对性、实效性。始终抓好意识形态工作不放松，主动用好新媒体，深化“长兴发布”，充分发挥群团组织、民主党派和各类社会组织的特殊作用，唱响主旋律，集聚正能量。

2．以“好班子、好班长、好梯队”为目标，从严加强干部队伍建设。从严治党，必须从严治吏、从严选好管好干部。要认真落实“好干部”20字标准，切实深化干部选拔任用制度改革，严格管理监督干部，全力建设“好班子、好班长、好梯队”。围绕建设“好班子”，进一步健全乡镇(街道、园区)、部门实绩考核评价体系和“五好”服务型乡镇创建办法，完善领导班子和领导干部定期分析研判制度，落实“三事一究”全程监督，严肃党内政治生活，坚持民主集中制，不断增强领导班子合力。围绕选准“好班长”，树立重基层、抓基层的正确导向，健全选拔交流机制，定期谈心谈话，切实增强日常调配的系统性、计划性和日常管理的制度化、经常化，真正把敢担当、能担当、善担当的干部选拔到重要岗位上来。围绕培养“好梯队”，推进实施中层干部任期制，全面启动优秀年轻干部培养选拔工作三年行动计划，培养和储备一批年轻干部、女干部、党外干部，探索推行退二线领导干部分类集中式管理，着力建设一支过得硬、打胜仗的干部队伍。

3．以建设服务型党组织为重点，从严加强基层组织建设。从严治党，必须抓好基层，夯实基础。要从巩固党的执政基础的高度，强化责任、优化服务、激发活力，加强服务型基层党组织建设。着眼于强化责任，推行乡镇党委书记抓基层党建项目化管理，严格落实基层党建工作“联述联评联考”“三级约谈”等制度，完善基层党建责任体系。着眼于优化服务，开展村级班子“回头看”，加强村级组织带头人队伍建设，发展壮大村级集体经济，常态化推进后进薄弱村整转，促进村级组织规范化运行；健全两新党建工作运行模式，优化园区党群服务中心等公共服务平台，建设一批“党建强、发展强”两新组织；按照“走村不漏户、户户见干部”的要求，深化民情体验、返乡走亲、联系服务等载体，全面落实“双全服务”“5678”社区服务，优化党群创业互助会模式，全力打造“便民服务”品牌。着眼于激发活力，完善“堡垒指数”“先锋指数”星级考评管理，全面推广党员身份证制度，扎实推进“两代表一委员”工作室建设，促进党员干部作用有效发挥。

4．以巩固拓展教育实践活动成果为要求，从严加强作风建设。从严治党，必须坚持久久为功，持续深入推进作风建设。要按照“三严三实”要求，持之以恒纠正“四风”，驰而不息正风肃纪，巩固扩大党的群众路线教育实践活动成果。持续抓整治提高，以“钉钉子”的精神，深入推进重点领域专项整治，适时开展整改落实、建章立制及制度执行情况“回头看”，使作风建设落地生根。严格抓制度落实，深入贯彻执行中央八项规定等作风建设的有关要求，切实加强对县委出台的各项作风建设长效机制的监督检查，完善“勤廉指数”考评，强化领导班子和领导干部作风状况评价结果运用，确保有令即行、有禁即止。强势抓正风肃纪，进一步拓宽监督渠道，加大执纪监督、公开曝光力度，坚决防止“四风”反弹回潮。

5. 以强化“两个责任”落实为保障，从严加强党风廉政建设和反腐败工作。从严治党，必须要以党风廉政建设和反腐败工作实际成效取信于民。要严格落实党风廉政建设责任制，厘清党委（党组）主体责任、党委（党组）班子成员领导责任和纪委（纪检组）监督责任“三张清单”，加强派驻（出）纪检监察组织建设，切实把党风廉政建设放在心上、抓在手上、扛在肩上。加大惩处力度，持续保持反腐高压态势，做到有案必查、有腐必反，努力形成“不敢腐”的惩治机制。加大治本力度，深化廉政风险防控机制，督促落实“三重一大”“五不直接分管”、领导干部个人有关事项报告、任职回避、防止利益冲突等制度，积极配合省委巡视工作，努力形成“不能腐”的保障机制。加大教育力度，深入推进廉政文化建设，加强示范教育、警示教育和岗位廉政风险教育，筑牢拒腐防变的思想道德防线，努力形成“不想腐”的自律机制。

同志们，当前和今后一个时期，适应新常态是最大形势，谋求新作为是最大担当，实现新发展是最大使命。让我们在中央和省、市委的正确领导下，团结带领全县人民，坚定信心、振奋精神、务实工作，为全面推进“太湖望县、锦绣长兴”建设而努力奋斗！

名词注释

1. 四张清单一张网：政府权力清单、企业投资项目负面清单、财政专项资金管理清单、责任清单及浙江政务服务网。

2. 五议两公开：村“两委”负责人建议、村党支部会提议、村“两委”会商议、党员大会审议、村民代表会议或村民会议决议，决议公开、实施结果公开。

3. 三个坚定不移：坚定不移抓好上级决策部署的落实，坚定不移抓好既定目标任务的完成，坚定不移抓好事关长远工作的推进。

4. 六大专项行动：经济“开门红”专项行动、产业转型升级专项行动、“五水共治”专项行动、大气污染防治专项行动、“锦绣长兴”专项行动和深化体制改革专项行动。

5. 农业“七大特色产业”：商品蔬菜、茶叶、优质水果、特种水产、花卉苗木、现代竹林和蚕桑。

6. 四转：个转企（个体工商户转企业）、下转上（小微企业转规模企业）、小转大（中小微企业转大企业）、低转高（低效企业转高新技术企业）。

7. 四换三名：腾笼换鸟、机器换人、空间换地、电商换市，名企、名品、名家。

8. “两化”融合：指电子信息技术广泛应用到工业生产的各个环节，信息化成为工业企业经营管理的常规手段。

9. “520”“530”行动：“520”，即新签约、新审批、新注册、新开工、新竣工等五个方面各完成20个项目；“530”，即新签约、新审批、新注册、新开工、新竣工等五个方面各完成30个项目。

10. 千人计划：海外高层次人才引进计划。

11. 清三河：清理垃圾河、黑河、臭河。

12. 五水共治：治污水、防洪水、排涝水、保供水、抓节水。

13. 三改一拆：旧住宅区改造、旧厂区改造、城中村改造和拆除违法建筑。

14. 四边三化：公路边、铁路边、河边、山边等四边区域洁化、绿化、美化。

15. 重大刑事发案、安全生产事故均实现“三下降”：重大刑事发案指有效接处警总量、侵财型案件发案量、重特大恶性案件发案量实现下降；安全生产事故指安全生产事故起数、死亡人数和直接经济损失三项指标实现下降。

16. 三思三观：“三思”指认真思考与百姓的感情深不深、与百姓的距离远不远、百姓在心中的分量重不重；“三观”指人民创造历史的唯物史观，以人为本、人民至上的价值观，立党为公、执政为民的执政观。

17. 四风：形式主义、官僚主义、享乐主义和奢靡之风。

18. “双百分”竞赛：以自觉学习竞赛和志愿工作竞赛为内容的百分制竞赛活动，各计学分和工分，满分均为一百八十分，全年达到百分者为合格。

19. “三六优先”党员人才工程：在党员人才的培养、发展和作用发挥三个关键环节，分别落实学习培训优先、创业扶持优先、导师帮带优先、挂职轮岗优先、项目领办优先、一线历练优先的方法导向。

20. 纪检“三转”工作：转职能、转方式、转作风。

21. 三期叠加：经济增长速度换挡期、结构调整阵痛期、前期刺激政策消化期。

22. 打造“好团队”：指必须是讲政治的团队，必须是狮子型团队，必须是团结和谐的团队，必须是能干事干成事的团队，必须是勇于创新的团队，必须是同群众一块苦一块干一块过的团队，必须是有公信力的团队。

23. “金象金牛”企业：金象，指主营业务收入超100亿元或实缴税金超3亿元大的企业；金牛，指主营业务收入超50亿元或实缴税金超2亿元的大企业。

24. 六大战略:工业立县、开放活县、生态优县、科教兴县、文化强县和新型城市化战略。

25. 两改两创:产业升级改造、企业技术改造、产品创新、企业创强。

26. 五大行动:产业转型升级行动、企业创新创强行动、重大项目引推行动、两化深度融合行动、绿色工业建设行动。

27. "五型"企业:总部型、品牌型、上市型、高新型和产业联盟主导型。

28. 农业"两区"建设:粮食生产功能区和现代农业园区建设。

29. 农业"接二连三":指现代农业与二产、三产相连接。

30. 服务业发展"十大工程":现代商贸转型发展工程、现代物流提升发展发展工程、金融服务创新发展工程、休息旅游壮大发展工程、文化产业突破发展工程、房地产业稳健发展工程、科技服务集聚发展工程、信息服务培育发展工程、中介服务规范发展工程、社区服务提速发展工程。

31. "一轴两翼一区"旅游大格局:一轴,指由北至南构建水口、城区、城南为一体的旅游发展中轴线,打造江南茶文化旅游区、城市休闲文化旅游区、休闲农业采摘体验区。两翼,指以滨湖景观大道为轴线的太湖风情旅游带;以及以仙山湖国家湿地公园为核心田园风光旅游圈。一区,指合溪水库及小浦、槐坎、煤山、白岘,打造集长兴历史文化展示及乡村休闲度假为一体的长兴历史文化旅游区。

32. 三区五园:"三区"指国家级长兴经济技术开发区、南太湖产业集聚区长兴分区、省际承接产业转移示范区;"五园"指新能源高新园、城东工业园、画溪工业园、城北工业园、煤山工业园等五个特色工业园。

33. 农村"三权":农民土地承包经营权、农户宅基地用益物权、集体资产股权。

34. 高层次人才引进集聚"1322"工程:指新集聚省级以上"千人计划"专家10人以上,其中自主培养3人以上,入选"南太湖精英计划"项目20个左右,评选"长兴英才计划"项目20个以上。

35. "金蓝领"培育工程:指采用企业自主评价、学校教育培养、个人自学提高等方式,每年从高级技师、技师、高级工、民间工艺大师中确定一批优秀金蓝领进行培育。

36. 中心城市建设"五大工程":城市空间优化、城市功能强化、城市交通畅通、城市管理提质和城市环境整治工程。

37. "一主四轴八组团"空间布局:一主,指主城区;四轴,指建设西部的山体绿轴、东部的水体蓝轴,以及山水之间的两条沟通轴(主要沿长湖申与合溪两条水脉);八组团,指夹浦组团、水口组团、小浦组团、画溪组团、洪桥组团、南太湖产业集聚区长兴分区及李家巷组团、图影组团、科教生态组团。

38. 多规合一:指经济社会发展规划、城乡规划、土地利用规划、生态环境保护等多个规划融合,形成空间布局一张图。

39. 交通治堵"十大行动":完善路网结构、优化对外交通、构建慢行系统、完善停车设施、建设公交枢纽、大力发展公交、引入智能交通、强化规划研究、引导功能分区、加强交通管理。

40. "五五三"创建:重点争创5项国家级荣誉、5项浙江省荣誉,通过3项工作复评,并以此为抓手推进全县各项创建任务全面实现预期目标。具体是:2011年建成全国绿化先进集体、省级旅游度假区,通过国家科技进步先进县、国家卫生县城复评;2012年建成全国文明县城、国家生态县、省级高新技术园区,通过省体育强县复评;2013年建成省卫生强县、省级风景名胜区;2014年创成中国人居环境奖;2015年建成全国双拥模范城、省文明县。

41. 社会稳定"三色"预警:以红、黄、绿分别表示社会稳定工作形势严峻、趋于严峻、平稳。

42. "五好"服务型乡镇:推动发展好、服务群众好、社会管理好、工作效能好、自身建设好。

43. "三事一究"监督机制:事项报告、事项评议、事项检查、责任追究。

44. 基层党建"联述联评联考"制度:党组织书记就抓基层党建工作情况向上级党组织进行专项述职,组织基层党组织、党员和群众代表对党组织抓党建工作情况进行评议,把抓基层党建工作情况作为领导班子、领导干部和村(社区)"两委"班子及成员年度考核的重要内容。

45. 基层党建"三级约谈"制度:指由组织部长约谈乡镇(街道、园区)党(工)委书记,组织部副部长采取专项约谈等多种形式约谈乡镇(街道、园区)分管领导,乡镇(街道、园区)党(工)委领导约谈基层党组织书记。

46. "双全服务"工作法:全天候联系、全方位服务。

47. "5678"社区服务:以"五好型、六必访、七不让、八必报"为内容的社区服务准则。

48. 三严三实:严以修身、严以用权、严以律己,谋事要实、创业要实、做人要实。

49. "三重一大"制度:重大问题决策、重要干部任免、重大项目投资决策、大额资金使用制度。

50. "五不直接分管"制度:不直接分管财务、人事、工程建设、行政审批、物资采购制度。

政府工作报告

2015年4月9日在长兴县
第十五届人民代表大会第四次会议上
长兴县人民政府代县长　周卫兵

各位代表：

现在，我代表县人民政府向大会做工作报告，请予审议，并请县政协委员和其他列席人员提出意见。

回顾2014：攻坚克难　实干兴县

2014年是极具挑战、极不平凡的一年。面对复杂多变的外部环境和转型倒逼的发展压力，县人民政府在上级党委、政府和县委的正确领导下，在县人大、县政协的监督支持下，牢牢把握稳中求进、改革创新总基调，始终坚持改革、发展、稳定相协调，速度、质量、效益相统一，全力抓好"三个坚定不移"，扎实推进"六大专项行动"，全县经济社会实现平稳健康发展。全年实现地区生产总值438.7亿元，增长8.7%；财政总收入70.2亿元，增长3%，其中地方财政收入40.2亿元，增长2%；规模以上工业产值1104亿元，增长8.7%；规模以上工业增加值181.5亿元，增长10%；固定资产投资326.6亿元，增长15.2%；工业性投入154.3亿元，增长7.1%；社会消费品零售总额185.5亿元，增长15.2%；自营出口16.2亿美元，增长7.5%；合同外资3.6亿美元，实到外资1.9亿美元；金融机构本外币存贷款余额总量首次破千亿，分别达到530.1亿元、476.1亿元；城镇居民人均可支配收入39234元，增长9%；农村居民人均可支配收入22685元，增长10.5%；人口自然增长率3.62‰；研究与试验发展经费支出占地区生产总值比重达到2.5%，万元GDP综合能耗、万元工业增加值综合能耗和主要污染物排放量等约束性指标下降率均达到省市要求；十方面民生实事全面完成。

过去一年，我们着力提质增效，经济发展稳中求进。

工业强县扎实推进。主导产业稳步壮大，新型电池、现代纺织、特色机电三大产业规模以上工业产值占比达到73.9%。蓄电池、粉体、纺织印染、水泥粉磨等传统行业转型升级不断深化，工业炉、耐火行业转型升级全面推进，工业炉企业由131家重组为38家，耐火企业由291家规范提升为167家。新兴产业加快培育，新能源汽车产业初具规模，装备制造业规模以上工业产值首次破百亿。"五百行动""六个一批""四换三名"、两化融合等工作扎实推进，完成以"机器换人"为核心的现代化技改投入101.9亿元；淘汰落后装备2125台（套）；实施"腾笼"企业126家、"换鸟"项目75个；列入省首批"三名"工程试点企业2家；成为两化深度融合国家综合性示范区。新增规模以上工业企业78家、新三板挂牌企业4家、出口实绩企业80家。

现代农业提档增效。全年流转土地2.5万亩，发展提升七大特色产业3.1万亩、设施农业1万余亩，改造提升特色产业示范基地5个。洪桥省级现代农业综合区通过验收，新建粮食生产功能区3.4万亩。"农园新景"实验示范带加快建设。新增家庭农场121家、农民专业合作社联合社1家，创建国家级示范性农民专业合作社2家、市级以上农业龙头企业5家。新增省级"三品"基地5.1万亩、产品104只，获评省农业标准化综合示范县。在全省首创芦笋价格指数保险。农产品营销体系逐步完善，农事节庆活动不断深化。

现代服务业稳步提升。服务业"162"工程扎实推进，实现服务业增加值176.3亿元，增长8.6%，占GDP比重达到40.2%。新增服务业法人单位1116家、限额以上单位89家。轻纺城、会展中心等顺利开业，图影湿地文化园二期、太湖石博览园正式开园，综合物流园区B区、新农都农产品物流中心等加快建设。《长兴县旅游总体规划》编制实施，首届中国（长兴）民宿文化节等活动顺利举办，水口茶文化景区成功创建省首批乡域国家AAAA级景区。首条水运外贸集装箱航线开通运行，新增AAA级物流企业3家。"中国特产·长兴馆"正式上线，长兴电子商务中心投入使用，新增电商应用企业274家。促进房地产业平稳健康发展系列政策有效落实，房地产市场规范有序。

过去一年，我们着力改革创新，发展活力有效激发。

改革力度加大。资源要素市场化配置改革列入省首批扩面试点，工业企业发展绩效综合评价体系初步建立，排污、用能、用水等资源要素差别化配置稳步推进。行政审批制度改革持续深化，市民服务中心建成启用，行政审批"两集中、两到位"有效落实，国地税实现联合办税，浙江政务服务网长兴平台建成运行，政府权力清单完成清理并公布。农村“三权”确权赋权改革稳步实施,农村集体资产股份合作制改革顺利完成,农村土地承包经营权抵押贷款试点成效明显。政府企业信用信息平台和中小企业信用信息辅助系统上线运行。

科技创新加强。浙江长兴国家大学科技园一期主体工程竣工,国家动力及储能电池产品质量监督检验中心通过国家考核验收,现代纺织公共创新服务平台稳步提升。新增高新技术企业14家、省级科技型企业64家、省级工程技术研究中心2家、省级高新技术企业研发中心9家。复旦大学南太湖创新基地成立,新增政产学研项目115个。列入省首批科技大市场建设试点。在全省县级层面率先设立科技成果转化引导基金,发放科技券3200万元,科技贷款余额超4亿元。国家知识产权强县工程试点扎实开展,参与制定国家标准25件,新增中国驰名商标1件、省著名商标4件、省名牌产品6件,发明专利授权219件。企业人才购房积分奖励等创业创新扶持政策制定实施,“千人计划”长兴产业研究院组建运行,入选国家“千人计划”项目3个、省级“千人计划”项目5个、市“南太湖精英计划”项目19个,培养省首批领军型企业创新团队1个,创建省级院士专家站1家。

项目建设加力。“520”“530”等项目引进推进活动持续开展,“长治会”等各类招商活动成功举办,中汽零、八环轴承等一批重大产业项目相继落户,引进“大好高”项目34个,新开工项目327个、投产项目259个,完成县外内资注册资本金47.9亿元,浙商回归到位省外资金41亿元。书记、县长与企业家面对面谈心、一对一服务等活动常态化开展,县领导包服务代办理等项目推进制度有效落实。土地、金融等要素保障得到加强,落实用地指标5136亩,城镇低效用地再开发769亩,存量土地盘活1990亩,闲置土地处置率100%;新增社会融资总量186.9亿元,其中直接融资90.5亿元,两项均创历史新高。平台承载力稳步提升,完成基础设施投资10.5亿元,全县各平台新增入园企业97家。

过去一年,我们着力建管并举,城乡品位不断提升。

建设步伐进一步加快。中心城区控制性详细规划单元划分、地下空间开发利用等规划编制实施,三河湾公园、太湖路改造等项目竣工,张家村花园、老剧院地块等城市有机更新项目进展顺利,完成老小区改造5个。中心镇改革发展加快推进,18个部门92项权限事项全面下放。美丽乡村建设深入开展,创建美丽乡村22个、省美丽宜居示范村8个,21个省级重点中心村通过验收。入选省首批美丽县城试点县,新农村建设工作获市九连冠、省六连优。

管理水平进一步提升。城市管理重心稳步下移,管理体制逐步理顺。中心城区“一把扫帚扫到底”保洁模式全面实行,路灯节能改造和智能化管理工程有序推进,“锦绣长兴”长效管理机制全面落实。三级物业管理体系逐步健全,物业管理覆盖率达到80%以上。地理信息中心挂牌成立,“数字长兴”地理信息框架平台正式运行。中心城区交通治堵深入开展,中心广场、画溪新城等公交枢纽站和重要交通节点渠化改造等治堵工程相继竣工,新增和更新公交车32辆、公共自行车500辆,城市交通满意度测评位列全省县区第一。

基础设施进一步完善。201个重点基础设施项目全面实施,完成投资183.4亿元。杭宁高速公路长兴互通、104国道夹浦段改造等工程竣工通车,杭长高速公路北延工程启动建设,新建农村联网公路67公里,改造低等级桥梁17座。华能长兴电厂“上大压小”、浙能长兴电厂天然气发电等项目顺利投产,220千伏祥福变等工程建成运行。川气东输工程全面竣工,新建天然气管网25.9公里,实现天然气双气源供应。建成4G网络基站734个,信息化光网基本实现中心城区全覆盖。

过去一年,我们着力治理保护,生态环境持续改善。

治水治气协同推进。“五水共治”专项行动十大工程深入开展,县域污水专项规划、农村生活污水治理三年行动计划编制实施;治理“三河”13条,打通“断头河”43条,清淤疏浚河道1100公里,432条河道实现保洁全覆盖;新建污水管网84.6公里,纳管改造区块46个,完成84个行政村生活污水治理;苕溪清水入湖河道整治工程扎实推进,整治圩区5.2万亩;完成82个行政村“一户一表”、山泉水改造,受益农户4.4万户,建成水厂4座,新建、改造供水管网198.6公里。治霾攻坚十五项行动强势推进,11条2000吨以上水泥熟料生产线、浙能长兴电厂等脱硫脱硝项目全面建成,所有在产矿山完成6S现场管理达标验收,淘汰高污染燃料小锅炉132台、黄标车3867辆,关闭煤堆场21个,农作物秸秆禁烧和综合利用成效明显。

环境保护全面加强。水功能区、水环境功能区划得到完善,合溪水库等饮用水源地保护力度加大。仙山湖国家湿地公园试点工作顺利完成。“四边”绿化4795亩,绿化扩面提质3.9万亩,坡地修复1700亩,完成废弃矿山复绿型治理项目17个。荣获国家珍贵树种培育示范县。循环经济稳步发展,弁山风力发电、华能分布式光伏发电等项目扎实推进,国家级长兴经济技术开发区列入省循环化改造示范试点园区,我县成为全国率先使用纯电动公交车的县级城市。

生态创建深入开展。国家生态县通过环保部命名,创建省级生态街道1个、市级生态村17个、省级森林村庄4个。生态文明先行示范区建设全面启动,“十大工程”、百个重点项目有序实施。“无违建县”创建扎实开展,“无违建乡镇(街道、园区)”“无违建村(社区)”创建工作全面推开,完成“三改一拆”241.2万平方米。

过去一年,我们着力改善民生,群众生活更加幸福。

社会事业均衡化发展。省教育现代化县创建稳步开展，长兴一小改建等工程加快建设，长兴中学获评省一级特色示范普通高中，高考成绩再创新高，新增省特级教师3人，成功创建全国义务教育发展基本均衡县。省卫生强县创建扎实推进，县级公立医院改革不断深化，县第二人民医院（泗安）开工建设；城乡卫生一体化进展顺利，2家乡镇卫生院挂牌县级医院分院；区域临床检验等三大中心建成试运行，成为省卫生应急工作示范县、慢性非传染性疾病综合防控示范区。单独两孩政策全面落实，网上再生育审批实现乡镇全覆盖。文化惠民八大工程深入实施，首届长三角运动休闲体验季、五大自行车赛事等活动成功举办，新增农村文化礼堂28个，2部作品获省"五个一工程"奖，创建全国文明村镇1个、文明单位1个，全国文化先进县、中国民间文化艺术之乡通过复评。首部《长兴年鉴》编纂出版，二轮修志工作扎实开展。荣获省级双拥模范县七连冠。

社会保障普惠性增强。全年新增城镇就业1.3万人，帮扶城镇失业人员再就业4677人。职工基本医疗保险、城乡居民社会养老保险等政策不断完善，被征地农民基本生活保障制度与职工基本养老保险制度实现衔接。医疗救助、城乡低保、农村五保供养标准提高，城乡最低生活保障制度全面落实；筹措各类救助资金8656万元，救助困难群众11万人次。民办养老机构实现零突破，新增城乡居家养老服务照料中心73家。各类保障房货币补贴标准提高，竣工保障房1376套，改造危旧房864户。

社会治理满意度提升。安全生产形势稳定向好，各类事故起数、死亡人数、直接经济损失三大指标均同比下降。食品安全基层责任网络初步建立，百日严打等专项行动取得实效。打击恶意逃废债、恶意欠薪行为力度进一步加大。社会组织培育发展中心成立，村级事务清理规范工作全面完成，创建国家级民主法治村1个。社会稳定预警和应急联动机制日趋完善，消防基层基础巩固强化。涉法涉诉信访改革稳步推进，法律服务、社区矫正和人民调解工作不断加强，各类矛盾纠纷调处成功率达到99.1%。刑事案件发案数连续8年下降，人民群众安全感满意率保持在96%以上，平安长兴实现九连冠。

过去一年，我们着力转变作风，政府自身建设得到加强。

紧扣为民务实清廉主题，扎实开展党的群众路线教育实践活动，坚决落实中央"八项规定"，创新开展"民情体验课""基层走亲连心解忧"等活动，认真查摆整改"四风"方面突出问题，建立健全长效机制，工作作风进一步转变。推进政府机构改革，县工商局与食品药监局整合组建县市场监督管理局，县公共资源交易管理办公室设立运行。优化政府服务，"帮扶解困助转型 政企同心促发展"、服务业帮扶企业等活动扎实开展。认真落实县人大及其常委会的决议、决定，及时向县政协通报政情。交由政府系统办理的95件人大代表议案、建议和165件政协提案全部办结，满意率95%以上。自觉接受社会各界监督，主动加强与各民主党派、工商联和人民团体的联系。"12345政府阳光热线"等便民平台累计受理群众咨询投诉3万余起，理解满意率94.2%。规范行政执法自由裁量权，执法行为标准化建设不断加强。深化"阳光工程"建设，政务公开力度加大。推进预算决算公开和公务消费审计监督，"三公"经费支出削减30.1%。加大审计、监察力度，严肃查处各类违法违纪案件。

与此同时，国防教育、民兵预备役、人民防空、征兵和优抚工作扎实推进，民族、宗教、外事、侨务、对台工作有序开展，妇女、未成年人、新居民、残疾人、红十字、慈善事业健康发展，统计、物价、气象、邮政、科普、档案、新闻传媒、对口支援工作不断加强。

各位代表，过去一年，我们经受了严峻考验，取得了来之不易的成绩。这是上级党委、政府和县委正确领导的结果，是县人大、县政协积极监督支持的结果，是全县上下同心同德、共同奋斗的结果。在此，我谨代表县人民政府，向全县人民，向所有关心、支持、参与长兴建设发展的社会各界人士，表示衷心的感谢，并致以崇高的敬意！

在看到成绩的同时，我们也清醒地认识到，全县经济社会发展和政府工作仍存在一些问题和不足：部分指标未能达到预期目标，财政收入等指标完成情况不够理想；稳增长与促转型任务繁重，部分企业生产经营比较困难，自主创新能力不强，"大好高"项目不多，土地等资源要素低效利用现象仍比较突出；城乡管理、公共安全等领域还有不少薄弱环节，民生改善与群众期盼尚有差距，医疗卫生、养老服务、物业管理等方面工作力度有待加大；一些政府工作人员的创新意识、责任意识还不够强，依法行政、高效服务等方面需进一步提升，少数领域消极腐败现象仍有发生。对此，我们将采取针对性措施，认真加以解决。

奋战2015：谋求新作为　实现新发展

各位代表，清醒认识形势，准确把握趋势，合理应对态势，是做好工作的前提和基础。我们只有科学谋划、积极应对，做到认识到位、措施到位，才能更好把握工作主动权，推动全县经济社会平稳健康发展。一是要清醒认识2015年是承上启下的一年，必须奋发有为、狠抓落实。今年，是全面深化改革的关键之年，是全面深化法治长兴建设的开局之年，也是经济发展调速和发展方式转换的重要之年，更是"三年行动计划"的启动之年，我们将在有效收官"十二五"、研究谋划"十三五"的基础上，全面实施产业升级、城乡统筹、民生改善、科技创新等重点领域的"三年行动计划"，任务艰巨繁重，工作紧锣密鼓。必须全力以赴、一以贯之地抓工作、抓落实，以有为开新篇、以有为谋新局。二是要清醒认识新常态是充满机遇的新常态，必须坚定信心、加快发展。经济发展进入新常态，是党中央关于我国现阶段发展特征的一个非常重要的新认识、新判断。新常态不是不要发展速度，而是需要有质量、有效益、可持续的发展速度，是速度变化、结构优化、动力转化的有机统一。经济发展进入新常态，没有改变我国发展仍处于可以大有作为的重要战略机遇期的判断，没有改变我国经济发展总体向好的基本面。我县地处长三角经济带中心腹地，具有区位、交通和产业集群、要素集聚等优势，特别是有一支想干事、能干事的干部队伍和众多想发展、会发展的基层群众，有基础、有条件、有潜力继续保持经济发展的领跑领先地位。面对中央突出发展实体经济、规范地方政府融资行为、清理规范税收优惠政策等一系列举措，必须主动适应新常态，按照“发展性指标加压加力、效益性指标抓实求实、约束性指标确保完成”的要求，进一步坚定信心、加压奋进，大力推进转型升级，加快发展先进制造业，全力打造长兴板块，全面建设工业强县，以新作为实现新发展。三是要清醒认识政府是有限有责有为的政府，必须转变职能、忠诚履职。有限政府是规律所在，有责政府是职能所需，有为政府是民心所盼。党的十八大以来，以习近平同志为总书记的党中央站在时代和全局的高度，提出了“四个全面”战略布局，为我们党和国家当前和未来如何治国理政指明了方向。落实“四个全面”战略布局，需要政府进一步强化责任、转变职能，以问题导向见行动，以效果导向论英雄，以干在实处、走在前列的精神，科学施策、精准施策，全力推进“四个全面”战略布局在长兴的实践。必须更加注重宏观调控思路办法的创新，管宏观、抓大事、议长远、谋全局；更加注重按经济规律办事，发挥好市场在资源配置中的决定性作用；更加注重简政放权，充分释放市场和社会活力；更加注重公共服务能力建设，推进基本公共服务均等化；更加注重法治建设和廉政建设，提高政府治理能力和履职水平。

基于以上分析判断，2015年政府工作的总体要求是：全面贯彻党的十八大和十八届三中、四中全会精神，按照“四个全面”战略布局和中央经济工作会议及省、市委全会统一部署，围绕县委第十三届八次全会提出的坚持稳中求进、改中求活、转中求好的工作总基调，牢牢把握“五个第一”，深入推进“六大战略”，扎实开展“三年行动”，全力打造经济转型、城乡建设、民生改善“三个升级版”，全面推进“太湖望县、锦绣长兴”建设。

2015年经济社会发展的主要预期目标：

——地区生产总值增长8.5%左右；

——规模以上工业产值和增加值均增长10%以上；

——服务业增加值增长9%；

——财政总收入增长3%，其中地方财政收入增长2%；

——固定资产投资增长10%，其中工业性投入增长8%以上，工业企业现代化技改投入占比超过60%；

——研究与试验发展经费支出占地区生产总值比重达到2.8%；

——社会消费品零售总额增长13%；

——金融机构本外币存贷款余额均增长15%；

——自营出口增长8%；

——合同外资3.5亿美元，实到外资1.8亿美元；

——县外内资注册资本金50亿元；

——万元GDP综合能耗、万元工业增加值综合能耗和主要污染物排放量等约束性指标下降率均达到省市要求；

——城镇和农村居民人均可支配收入分别增长9%、9.5%；

——城镇登记失业率控制在4%以内；

——人口自然增长率控制在3‰以内。

2015年十方面民生实事：

我们要坚持尽力而为、量力而行的原则，按照政府主导、市场化运作的模式，认真做好十方面民生实事。

一是大气治理，完成浙能长兴电厂3#燃煤机组烟气清洁排放技术改造、14家水泥企业烟粉尘治理和所有耐火企业煤改气；淘汰所有黄标车和10蒸吨/小时以下高污染燃料小锅炉；全面完成煤堆场整治提升工作；中心城区主要道路机械化清扫率达到85%以上。

二是城乡治水，新建污水管网46公里，完成17个区块污水纳管改造和91个行政村生活污水治理；砌石护岸23公里，山塘整治15座，修建堰坝7条，建设泵站52座；扩建水厂1座，新建、改造供水管网120公里以上，确保供水管网漏损率降到15%以下。

三是食品安全，实施“三小一市场”整治；建立农村家宴厨师登记管理制度；培训食品检验检测人员100人次以上，检测地产初级农产品6600批次以上，定量检测结果定期公布；取缔学校周边无证无照摊位，确保有证率达到100%；在城区设置农副产品临时销售点6个以上；改造提升农贸市场2家，创建省级放心市场3家；启动县中心粮库迁建工作。

四是教育事业，完成长兴一小改建、七小迁建等工程；实施农村教育装备再优化工程，配备计算机500台、图书10万册；完成27所义务教育学校直饮水工程；新增残障儿童随班就读资源教室3个。

五是医疗卫生，建成使用县第二人民医院（泗安）一期、第三人民医院（和平）和3家乡镇卫生院（社区卫生服务中心）；完成红十字应急救护普及培训1.5万人次；引进培育副高及以上职称医疗卫生人才50人。

六是住房保障，竣工保障房650套，安置被拆迁户

1500户以上；开展300套公租房租赁补贴试点；改造老小区4个、农村困难群众危旧房150户；中心城区住宅小区物业管理覆盖率达到83.5%；新增住房公积金扩面8500人；实施开放式老旧小区技防设施升级改造工程。

七是公共交通，新建农村联网公路60公里，改造低等级桥梁15座；完成长海路改造，启动解放路、菱山路等改造；启用龙山新区公交枢纽站；新增和更新公交车35辆；优化、调整公交线路7条；新增城区公共停车泊位300个。

八是养老助残，新建城乡社区居家养老服务照料中心40家，改建乡镇社会福利中心1所；为1.6万名残疾人购买意外伤害保险、城乡居民医疗保险、医疗再保险；为200名残疾人提供康复辅助器具；完成残疾人基本生活保障2100人以上。

九是就业创业，新增城镇就业1万人；帮扶城镇失业人员再就业4100人；吸纳以长兴籍为主的大学生就业1700名以上；引导帮扶创业大学生230名以上。

十是文体生活，启动建设太湖博物馆（长兴博物馆）；建成城乡文化公园5处；新建全民健身路径60条、农村文化礼堂20个以上；开展全民健身公益培训1万人次；建立县级非遗基地10个，评审认定县级非遗传承人30名。

2015年的主要任务：

1．面对经济发展新形势，全力以赴稳增长、促转型。在发展速度从高速向中高速、发展方式从粗放增长向集约增长转变的新形势下，全力打造经济转型"升级版"，必须强化产业的基础地位，制定实施系统规划计划，引导产业持续做大做强，着力保持经济平稳增长。

注重规划引领。立足长兴实际，制定更具科学性、战略性、前瞻性、针对性和可操作性的远期规划和近期计划。突出产业规划编制，在全力冲刺"十二五"规划目标的基础上，深入研究"十三五"期间经济社会发展形势趋势、总体目标、基本思路和重点任务，精心编制"十三五"经济社会发展规划，谋划和争取一批重大工程、重大项目、重大政策。强化"三年行动计划"落实，从县级重点领域、乡镇（街道、园区）、重点企业培育发展三个层面，对照"三年行动计划"，制定实施具体年度计划，确保取得预期成效。

全面建设工业强县。围绕打造全省工业转型升级示范区目标，以"两改两创"为载体，以先进制造业基地建设为重点，大力实施工业强县建设三年行动计划，加快建设强区、强镇、强企。推进传统产业升级，着力淘汰腾换一批落后产能、低小散企业，巩固扩大蓄电池、粉体、纺织印染等传统产业转型升级成效，深化工业炉、耐火行业整治提升，启动实施非织造布行业转型升级；着力建链、延链、补链，引进培育一批产业链关键节点上的好企业、好项目，加快产业集群集聚发展，全面提高新型电池、现代纺织、特色机电三大产业竞争力。推进新兴产业培育，立足现有产业基础，实施新能源汽车产业发展三年行动计划，编制产业发展技术路线图和招商路线图，启动区域物流车等项目，加快康迪二期、瑞华总成等项目建设，积极争创省纯电动汽车产业发展基地；以智能装备为重点，打造装备制造业"四位一体"发展新模式；培育发展电子元器件、云计算、大数据、软件应用服务等信息技术产业。推进两化深度融合，全面建设两化深度融合国家综合性示范区，加快企业两化深度融合进程，确保企业两化融合应用指数达到66以上；大力实施以"机器换人"为核心的现代化技改，分层次、分行业开展制造换法、产品换代，提升产业智能化水平。推进企业创新创强，建设一批新平台，开发一批新产品，引进一批新装备，推广一批新技术，加快形成企业新的发展动力；全面实施"三名"工程和强企工程，重点培育工业企业50强，着力打造一批"金象金牛"企业；支持符合产业导向的中小微企业发展，新增规模以上工业企业70家；优化涉企服务，积极防范和化解企业风险。推进股改挂牌上市，加大政策激励、宣传引导和协调帮扶力度，分层次、分梯队、分步骤培育挂牌上市后备企业，新增挂牌上市企业30家，全力打造资本市场长兴板块。

优化发展现代农业。围绕打造现代农业强县目标，着力提升粮食综合生产能力和现代农业效益。提高特色化水平，以市场为导向，着力做强特色产业，着重打造特色园区，大力发展适销对路的名特优产品，发展提升七大特色产业2万亩，改造提升特色产业示范基地5个；全面完成"农园新景"实验示范带沿线现代农业园区建设，建成县级现代农业园区10个以上、粮食生产功能区2万亩以上；充分发挥农民主体作用，注册家庭农场50家，新建农民专业合作社联合社1家。提高科技化水平，大力引进推广新品种、新技术、新装备，新建种子种苗、新品种、智慧农业示范基地各3个，新增"三品"基地2万亩以上，建成现代生态循环农业示范区1个。提高融合化水平，大力发展农产品加工业，争创市级以上农业龙头企业3家；注重与物流、电商结合，推进新农都农产品物流中心等专业市场建设，发挥"中国特产·长兴馆""长兴帮"等平台作用，有效拓展销售渠道；加快与旅游业融合，创新丰富农事节庆活动，打造一批休闲观光农业示范项目。

壮大提升服务业。围绕打造现代服务业经济强县目标，加快传统服务业提档升级、新兴服务业提速扩面。提升发展金融业，促进金融与实体经济更好融合发展，加大信贷资源向制造业、科技创新、小微企业、"三农"等领域投放力度；深化地方金融改革创新，探索发展资产管理、融资租赁、互联网金融、民间资本管理、基金楼宇等新兴业态，培育发展现代产业基金，实行企业扶持"奖改投"，新引进股份制银行机构2家；拓展多元化直接融资渠道,争创省直接融资创新示范县。提升发展旅游业,以打造长三角休闲旅游首选区为目标,坚持政府引导、市场主体,重点推进花间堂、开元度假村等项目建设,不断提升图影省级旅游度假区、水口乡村旅游集聚区业态和建设水平;深入挖掘红色和古生态旅游资源,全力打响“茶文化圣地 乡村游天堂”旅游品牌,争创国家AAAA级景区1家。提升发展商贸物流业,运用先进技术理念,全面促进商贸流通业态创新和结构优化,增强现代物流对产业、企业发展的支撑能力;加快中汽零、综合物流园区B区、南方物流等项目建设,推进海洋城、浙北商业广场等项目运营,引进总部楼宇招商项目100个以上,新增电商应用企业300家。提升发展新兴服务业,加快发展科技、信息、文化、中介、社区等服务业,重点培育会展、家政、养老、养生、文化创意、新兴综合体以及工业设计、检验检测、研发服务、律师服务、会计服务等业态,积极构建现代服务业新体系。立足于稳市场,稳健发展房地产业。

2. 面对有效投入新压力,突出重点招好商、推项目。

在项目储备不多、投入结构不优、发展后劲不足的新压力下,全力打造经济转型“升级版”,必须强化“大好高”项目的支撑作用,千方百计招大引强,齐心协力快推力保,实现有效投入稳定增长、提质增效。

突出重点目标抓招商选资。依托长兴产业基础和区位、交通、物流等优势,探索制定新形势下的招商政策,强化产业招商、片区招商、以商引商,全力抓好招商选资。围绕产业链招商,突出新能源汽车及关键零部件、高端装备制造、现代服务业等领域,绘制产业精准招商路线图,着力引进一批符合产业导向、利于产业链延伸的“大好高”项目,确保引进市“大好高”项目49个以上。围绕大城市招商,优化招商队伍和布局,认真分析驻点城市产业结构、发展定位,加强与北京、上海等大城市中介机构、高校院所、园区平台合作,主动走访联系当地龙头领军企业,有重点、有选择地承接大城市的产业转移。围绕成长型企业招商,以浙江长兴国家大学科技园为主载体,大力推进科技招商,引进培育具有成长潜力的科技型小微企业100家以上。围绕浙商招商,突出乡情招商和环境招商,充分调动长商回归创业积极性,吸引更多在外浙商来长创业,浙商回归到位省外资金45亿元以上。

突出重点环节抓产业项目推进。坚持项目为王理念,建立健全每月一例会、每季一签约、半年一公示制度,协调推进三次产业项目,确保177个重点产业项目完成投资199亿元以上。做实项目前期,严格执行主导产业发展导向目录和项目准入标准,把好项目准入关,推进项目可研、设计等前期工作精细化。加快项目落地,整合提升产业平台,充分发挥国家级长兴经济技术开发区示范引领作用,着力提高大平台承载力、竞争力和乡镇平台集约率、贡献率;强化用地保障,落实用地指标5000亩,城镇低效用地再开发1600亩,存量土地盘活1500亩,闲置土地处置率90%以上;加强县外劳务合作和用工培训,满足企业用工需求。促进项目产出,深化项目后期跟踪服务,组织开展项目建设“回头看”活动,促进项目早投产、真履约、见实效。

突出重点领域抓基础设施项目建设。坚持民生优先、效益优先、环境优先,注重开发顺序和产出效益,着力加强基础设施项目建设管理,实施重点项目97个,完成投资75.5亿元。交通能源网络建设领域,加快建设杭长高速公路北延工程,启动商合杭高铁、申嘉湖高速公路西延等工程;实施220千伏林城变新建、220千伏甘泉变扩建等输变电工程,全面完成农村农业生产电力线路移交改造项目;加快基础通信网络和电商服务网络建设,新建社区电商“E邮柜”60个。农田水利建设领域,大力推进苕溪清水入湖河道整治工程,有效提高西苕溪防洪防汛能力;统筹实施泗安塘下游河道整治、合溪新港治理等工程,完成圩区整治5万亩和水毁工程修复155项。公共服务保障领域,启动太湖高中迁建,加快吴山、包桥、吕山等小学标准化学校工程建设,建成县人民医院改扩建工程一期门急诊楼、妇保院二期综合楼。

3. 面对动力转化新趋势,坚定不移推改革、强创新。

在发展动力从传统增长点向新增长点转化的新趋势下,全力打造经济转型“升级版”,必须强化改革创新的推动作用,乘势抓改革,合力强创新,深度促开放,不断增强发展活力动力。

重探索推改革。按照全面深化改革要求,突出市场在资源配置中的决定性作用,更好发挥政府作用,探索推进各项改革和试点。深化经济体制改革,重点推进资源要素市场化配置改革,完善规模以上工业企业绩效综合评价体系,推进用水、用电、用地差异化配置等14项具体改革事项,逐步建立资源要素市场化配置长效机制;统筹推进省综合性“腾笼换鸟”试点县建设、区域科技创新试点县争创和特色小镇培育等工作。加强政府治理改革,加快投融资体制改革,整合提升投融资平台,建立多元化的重点项目资金保障机制,探索推广政府与社会资本合作模式,提高公共服务供给效率;创新政府债务管理,坚持严控增量和化解存量并举,建立债务综合评价考核体系,努力盘活存量国有资产,有效防范债务风险;深化行政审批制度改革,加大“四张清单一张网”建设力度,建立健全清单动态调整机制,完善镇村便民服务中心管理体制;扎实推进政府机构、公务用车等改革。加快农业农村改革,基本完成农村宅基地使用权、农民住房所有权、农村土地(耕地)流转经营权确权登记发证,启动实施林地确权登记发证,推进各类权证抵押贷款扩面增量;建立农村产权流转交易平台,实现农村产权流转交易;探索落实户籍制度等改革,加快推进省农村综合改革试验区、小型水利工程建设与管理体制改革等试点。

重主体强创新。充分发挥企业创新主体作用，推动企业发展由要素驱动向创新驱动转变。提升企业创新能力，支持企业研发机构建设，鼓励龙头企业争创省级企业研究院，引导企业加强自主研发，新增高新技术企业8家、省级科技型企业30家、省级高新技术企业研发中心4家；加强与科研院所和大专院校对接，深化政产学研合作；以创建国家知识产权示范县为契机，进一步增强企业品牌意识，新增省著名以上商标5件、省名牌产品5件，授权发明专利230件。强化平台建设运营，建成运行浙江长兴国家大学科技园一期，发挥长兴交大慧谷科技园、复旦大学南太湖创新基地作用，提升县科技创业园和各类公共服务平台，开展省级科技大市场建设试点，完成技术市场交易额4000万元。深化科技金融创新，完善科技银行、科技券运作机制，充分发挥科技成果转化引导基金作用，健全多层次融资体系。加强人才引进培养，实施高层次人才引进集聚"1322"工程，完善落实人才创业创新扶持政策，新集聚国家和省级"千人计划"专家10人以上，分层次、分行业培训企业经营管理人才3000人次以上。

重合作促开放。坚持"三外"并举，深化对外合作，推动外向型经济发展。提高外资利用水平，以世界500强、"大好高"项目为重点，加大国外先进技术、现代管理模式等引进吸收力度。挖掘外贸潜力，建立梯队出口品牌培育机制，支持外贸企业扩大自主品牌产品出口；加快外贸公共服务平台建设，鼓励企业参加重点外贸展会，建立跨境电子商务营销渠道，巩固扩大传统市场份额，积极拓展新兴市场，新增出口实绩企业50家。增强外经实力，加强境外企业培育，推进重点企业到境外投资，完善全球营销网络体系。

4．面对生态建设新征程，全域全面抓建管、优环境。

在加快建设生态文明先行示范区和美丽县城的新征程中，全力打造城乡建设"升级版"，必须强化优良生态的品牌效应，一体化、精致化建设城乡，全域化、长效化创优环境。

加快城乡一体化进程。坚持精致建设与精细管理两手抓，推进中心城区和镇村联动发展，全面提升新型城市化水平。新区重建设管理，加快龙山新区、太湖新城、画溪街道等城市新区、产业新城建设，增强城市功能，提升城市内涵；加快构建大城管格局，提高"数字长兴"建设水平；完善"一把扫帚扫到底"保洁模式，完成城区1.6万盏路灯节能改造；健全落实三级物业管理体系，提升物业管理水平；深入推进城市交通畅通十大行动，启动城市交通行车、停车诱导系统建设，升级交通监控系统。旧城重改造提升，突出产业支撑、功能配套、环境优化，加快建设张家村花园，启动老剧院地块开发建设，着力打造体现历史文化传承和旧城特色风貌，融合现代商贸、休闲娱乐、文化旅游等业态的历史文化街区；有序推进老小区和城中村、城郊村改造。镇村重特色培育，加强集镇公共配套设施建设，增强集聚和辐射功能，促进中心镇、卫星镇、精致小城镇差异化发展；深入推进美丽乡村创建，落实长效管理机制，加强农房改造建设规范管理，注重历史文化村落保护利用，稳步推进4个省级美丽宜居示范村创建和26个试点（重点）中心村建设，美丽乡村创建覆盖率达到80%以上；深入实施村级集体经济增收行动，增强集体经济发展内生动力。

加强环境全域化治理。坚持集中整治与长效管理并重，以治气、治水为重点，全面推进环境治理。强势推进大气治理，实施大气污染防治六大工程，建立健全工作推进、督查、考核等机制和保证金等制度，突出中心城区、李家巷和小浦地区等重点区域及长牛线、小槐线等重点道路整治，确保PM2.5年均浓度下降幅度达到省市要求。全面治烟尘，严格控制煤炭消费总量，强化工业烟粉尘、高污染燃料小锅炉、餐饮油烟等治理，加快脱硫脱硝项目建设，提高农作物秸秆综合利用率，努力实现秸秆露天零焚烧；有效治扬尘，深化矿山综合治理，控制道路、建筑工地扬尘；大力治尾气，加强机动车管理，积极发展清洁能源交通。深入实施"五水共治"，突出治污水和保供水，完善落实河道保洁长效机制，重点推进中心城区、集镇截污管网建设和农村生活污水治理，加快污水处理设施提标改造，进一步提高污水收集率、处理率，泗安、小浦等污水处理厂负荷水平提升10%以上；加大合溪水库等饮用水源地保护力度，加强城乡供水管网建设维护；深化节水型社会创建，加强高耗水行业节水改造，鼓励中水回用等非常规水源开发利用。

加紧生态特色化创建。进一步突出优势，深化具有长兴特色的生态文明建设。全面推进生态文明先行示范区建设，积极开展生态文明试点，创新生态补偿、考核评价等机制，实施重点项目89个，创建市级生态村12个。积极发展循环经济，推进国家级长兴经济技术开发区等重点园区循环化改造，推广光伏、风力、生物质发电等再生能源利用，加快省清洁能源示范县建设；加大监管力度，狠抓节能减排。切实加强生态保护，深入开展"四边三化"和森林长兴建设，严守森林、湿地、物种三条生态保护红线，加大水土保持治理修复力度，绿化扩面提质2.7万亩。全力争创"无违建县"，深化"三改一拆"，重点结合美丽乡村建设、农村宅基地确权发证，强势推进一户多宅专项整治，加大违法用地拆除整改力度，完成"三改一拆"193万平方米，确保80%以上乡镇（街道、园区）成功创建"无违建乡镇（街道、园区）"。

5．面对民生改善新期盼，千方百计办实事、强保障。

在群众向往更美好生活的新期盼下，全力打造民生改善"升级版"，必须强化财政引导作用，扎实办好民生实事,协调发展社会事业,不断完善社会保障,进一步增强学在长兴、住在长兴、休闲在长兴、创业在长兴的吸引力。

做优社会事业。按照学前教育重普惠、义务教育重均衡、普通高中重优质、职业教育重创新、民办教育重规范的要求,深化省教育现代化县创建,进一步打响"学在长兴"品牌。优化发展基础教育,实施发展学前教育第二轮三年行动计划,加大义务教育学校教师校长交流和教学共同体建设力度,实现城乡教育高水平均衡发展。着力打造教学品牌,优化教育资源配置,积极打造长兴中学高中特色示范、长兴技师学院和职教中心蓝领人才培养基地等品牌。提升师资队伍素质,加强师德师风建设,加大高层次教育人才培养、引进力度,启动培育、引进省特级教师5名以上,建成名师工作室8个。以创建省卫生强县为载体,深入推进县级公立医院改革发展,着力促进民营医院做专做特,不断改进医德医风医技,全面提升县域医疗卫生服务水平。夯实农村医疗基础,推进城乡卫生一体化发展,继续加大乡镇卫生院(社区卫生服务中心)标准化建设力度,加强乡村卫生人才队伍建设,创建乡镇卫生院特色专科7个,新建乡镇卫生院中医馆4家。提升医疗服务水平,探索公立医院与社会资本融合发展模式,加强县级医院与浙大附属医院、长海医院等知名医院合作,推动重点临床学科、特色门诊建设,着力引进培养优秀和高层次医疗卫生人才,建成专家工作站2个、名医工作室2个;积极构建和谐医患关系。优化计生服务,积极实施国家优生项目,提高出生人口素质。

繁荣特色文化。坚持传承与创新并重、特色与品牌并抓,努力走出一条符合县情的文化发展之路。着力打造"和文化",践行社会主义核心价值观,开展"最美"系列评选活动,培育以"和"为主题的县域道德文化品牌;推进全国文明城市创建,进一步提高全县群众文明素质。深入挖掘传统文化,加强农村文化礼堂建、管、用,重视开发保护舞龙、舞狮等非遗项目,着力打响茶文化、太湖文化、红色文化、帝乡佛国文化等品牌,积极打造"一乡一品""一村一韵"文化特色。不断升华现代文化,办好幸福大舞台周周演、全民读书节、排舞大赛、五大自行车赛事等活动,举办"锦绣长兴"文化走亲40场、"幸福长兴"文化下乡100场;推进名师名家培养工程,创作更多精品力作;创建省级文化强镇1个、市级文化示范村(社区)10个。

提升保障水平。以增强公平性、适应流动性、保证可持续性为重点,不断完善社会保障体系。强化就业创业保障,落实扶持政策,完善服务机制,加强就业创业培训;完善企业工资支付管理办法,依法打击恶意欠薪行为,稳步提高职工待遇保障水平。健全医疗和养老保障,加强医保基金监管,城乡居民医疗保险参保率95%以上;开展养老服务业综合改革试点,规范发展养医结合型养老机构,大力发展社区居家养老服务,新增企业职工养老保险1万人以上;启动县殡仪服务中心建设。完善住房保障,实行货币补贴和实物分配相结合,实现公租房与廉租房并轨运行,推动城中村改造拆迁安置向商品房安置转变,加快改造农村困难群众危旧房。加强困难群众救助,完善临时救助制度,提高、统一城乡低保标准,提升各类特困人员供养水平。

6. 面对法治长兴建设新要求,积极有为保平安、增和谐。

在全面推进依法治国和全面深化法治长兴建设的新要求下,全力打造"三个升级版",必须强化法治建设的保障作用,进一步加强和创新社会治理,切实维护公平正义,不断提升平安长兴、和谐长兴建设水平。

深化法治建设。注重与长兴实际结合,全力营造最优法治环境。突出基层主体作用,深化和谐社区、民主法治村(社区)建设,推动市民公约、村规民约等社会规范的广泛运用,增强全民学法、守法、用法自觉性。创新普法宣传机制,构建"大普法"工作格局,切实增强全民法治观念。完善信用法制体系,推进中小企业信用体系实验区建设,深化企业信用平台运用,着力营造守信光荣、失信可耻的社会氛围。强化法律法规执行,依法开展土地征用、房屋征收、违章违法建筑处理等工作,依法打击破坏市场经济秩序的犯罪行为。健全法律服务体系,充分发挥法律服务队伍作用,为群众提供优质便捷的法律服务。维护司法权威,支持审判检察机关依法独立行使职权,落实行政机关依法出庭应诉制度,尊重并执行法院生效裁判。

维护公共安全。围绕争创平安长兴十连冠目标,切实保障群众生命财产安全。保障生产安全,全面加强安全生产"三大体系一个能力"建设,创新监管模式,健全防控体系,夯实管理基础,有效遏制各类安全事故特别是重特大事故发生,确保各项事故指标零增长;完成夹浦地区火灾等安全事故防控综合治理体系建设并在全县推广,有效整改各类火灾隐患。保障生活安全,开展餐桌安全治理行动,完善食品安全全程管控体系;深入实施《药品经营质量管理规范》,提升药品流通领域质量管理水平;加大环境监管力度,严厉打击违法排污行为。保障社会安全,加强社会治安综合治理和反恐防范工作,大力推进立体化防控体系建设,确保刑事案件发案数持续下降、刑事破案率和人民群众安全感满意率不断上升;依法打击恶意逃废债行为,确保不发生区域系统性风险;推进"无传销县"创建;深化应急联动机制建设,实现农村应急广播体系建设行政村全覆盖,有效提升应急处置能力。

创新社会治理。完善社会综合治理机制,鼓励支持社会各方参与,努力实现政府治理与社会自我调节、居民自治的良性互动。充分发挥村(社区)自治作用,巩固村级事务清理规范成果,完善村(社区)民主选举、民主决策、民主管理、民主监督制度,推进村(社区)自治制度化、规范化、程序化。充分发挥行业管理作用,深化行业协会(商会)与行政机关政社分离,提升行业自律和专业服务水平。充分发挥社会组织作用,积极探索公益创投等政府购买服务新模式,多元化培育壮大公益性社会组织,引导各类社会组织更好更广泛地参与社会管理、公共服务。建立健全"阳光信访"体制机制,重视初信初访,加强积案化解,依法打击信访违法行为,确保矛盾纠纷调处化解率达到95%以上。

同时,我们将继续扎实做好国防教育、民兵预备役、人民防空、征兵、双拥优抚等工作,积极为驻长部队提供服务。加强民族、宗教、外事、侨务、对台、统计、物价、邮政、科普、档案、气象、慈善、新闻传媒、对口支援等工作,切实维护妇女、未成年人、残疾人和新居民合法权益。

突出法治 全面加强政府自身建设

各位代表!我们要切实贯彻落实县委十三届八次全会提出的"全面深化法治长兴建设"战略部署,以加强法治型政府建设为重点,加快打造"五型政府",不断增强政府执行力和公信力。

建设重规范的法治型政府。依法行政是政府工作的生命线。要强化政府法治建设,加强政府工作人员学法用法,增强程序意识和规范意识,提高运用法治思维和法治方式的能力,严格依法、依规、按程序履行政府职能。建立完善各项规章制度,做到用制度管权、按制度办事、靠制度管人。健全依法决策机制,进一步完善公众参与、专家论证、风险评估、合法性审查、集体讨论决定等重大行政决策程序,全面推行政府法律顾问制度,建立健全决策后评估和纠错制度。深化行政执法体制改革,积极探索和推行跨部门综合执法,全面落实执法责任制,加强执法监督,加大行政问责力度,提高公正文明执法水平。全面推进政务公开,加强财政预算决算、公共资源配置和社会公益事业建设等领域信息公开,不断提高政府工作透明度。

建设敢担当的责任型政府。责任型政府必须是有担当、敢担当的政府。要进一步改进作风,巩固和拓展党的群众路线教育实践活动成果,健全落实作风建设长效机制,持之以恒反对"四风",不断强化良好政风。认真践行"三严三实",甘于寂寞、乐于奉献,真抓实干、少说多干,努力推进各项工作全面落实、晋位提档。不回避、不推脱工作中的困难和问题,勇于负责、敢于担当,知难而上、克难而进。

建设善执行的服务型政府。提升执行力是服务型政府建设的关键。要坚决贯彻上级党委政府和县委的各项决定,认真落实人代会确定的各项任务,切实兑现政府对企业、群众的各项承诺。充分发挥乡镇(街道、园区)的主体作用,增强时不我待的紧迫感,提高抓执行、促落实的能力水平。注重执行实效,进一步完善督查和考核办法,推进工作项目化、项目责任化、责任考核化,确保"件件有着落、事事有回音"。

建设聚合力的高效型政府。团结协作是政府高效工作的重要保障。要自觉维护县委权威,坚决贯彻落实县委决策部署,切实做到同频共振、同轴运转、同向推进。自觉接受人大及其常委会的依法监督、政协的民主监督、司法机关的司法监督以及社会公众和新闻舆论监督,高效办理人大代表议案、建议和政协委员提案,提高办理质量。健全部门、乡镇(街道、园区)沟通协调机制,切实凝聚工作合力,不断提高工作效能。

建设严纪律的清廉型政府。党风廉政建设永远在路上。要按照全面从严治党要求,高标准落实中央"八项规定",争做守纪律、讲规矩的表率,要求下级做到的,本级政府必须先做到,要求下属做到的,本人必须先做到。严格自律,加强廉政学习教育,筑牢拒腐防变的思想防线。落实责任,严格执行党风廉政责任制和廉洁从政各项规定,认真履行"一岗双责"。健全机制,深化惩治和预防腐败体系建设,规范行政权力运行,加强审计和行政监察,从源头上防治腐败。

各位代表!新目标,要有新作为;新常态,要有新发展。让我们在中共长兴县委的正确领导和县人大、县政协的监督支持下,紧紧团结依靠全县广大干部群众,振奋精神,凝心聚力,创新实干,为全面推进"太湖望县、锦绣长兴"建设而努力奋斗!

1月

1月3日 全县农村工作会议召开。县四套班子领导，全县行政村（村改居）两委主职干部参加。县委书记章根明强调，要深度调整工作思路、深入推进农村工作，开创全县农业农村工作新局面。2013年，全县实现农业总产值56亿元，增长2%；农村居民年人均纯收入19341元，增长10.8%。

1月6日 县委读书会举行。会议集中学习十八届三中全会精神，学习习近平总书记系列重要讲话精神，学习《党政机关厉行节约反对浪费条例》和《党政机关国内公务接待管理规定》等。

1月7日 浙江省湖羊产业振兴计划启动仪式暨长兴（吕山）第三届湖羊美食文化节在吕山乡开幕。省人大常委会副主任程渭山出席。长兴被授予“浙江湖羊之乡”称号；吕蒙商贸广场（湖羊美食文化一条街）奠基。同日，程渭山到吕山、虹星桥调研，对长兴现代农业发展表示肯定，希望长兴继续紧紧围绕农业增效、农民增收主题，提升农业品牌的竞争力和知名度。

1月8日 《长兴年鉴》编纂启动暨《长兴年鉴（2014）》编纂工作部署会议召开。首部《长兴年鉴》由县委党史研究室负责组织编纂，至10月由方志出版社公开出版，共108万字，收录70张图表、500余幅照片，全面反映2013年长兴县自然、经济、政治、文化和社会年度发展基本情况。

1月10日 县委十三届六次全体（扩大）会议召开。章根明代表县委常委会向全会做工作报告。会议的主要任务是，深入学习贯彻党的十八届三中全会、省委十三届四次全会和市委七届五次全会精神，总结2013年工作，研究部署2014年任务，动员全县党员干部群众开创“太湖望县、锦绣长兴”建设新局面。会议要求以“一二三五”为抓手抓好2014年工作，即：围绕“一个目标”，加快推进“太湖望县、锦绣长兴”建设；紧抓“两条主线”，贯彻落实全面深化改革重大决定、扎实开展群众路线教育实践活动；贯彻“三个坚定不移”，坚定不移抓好上级决策部署的落实、坚定不移抓好既定目标任务的完成、坚定不移抓好事关长远工作的推进；突出五个方面重点，让长兴发展更加稳健、让太湖风情更加凸显、让长兴大地更加锦绣、让长兴百姓更加幸福、让长兴未来更加美好。

1月22—24日 中国人民政治协商会议第八届长兴县委员会第三次会议举行。县政协主席金树云做工作报告；县政协副主席姚根泉做提案工作情况报告。会议审议和通过政协第八届长兴县委员会第三次会议决议，肯定2013年度县政协常委会围绕全县工作大局和为建设“太湖望县、锦绣长兴”所做的工作，同意政协常委会工作报告提出的2014年工作任务，赞同《政府工作报告》；通过提案审查委员会关于八届三次会议提案审查情况的报告；增选孙正炎、李纪良、李彩琴、张国康、施小良、戴建委等为中国人民政治协商会议第八届长兴县委员会常务委员会委员。

1月23—25日 长兴县第十五届人民代表大会第三次会议举行。县委副书记、县长吕志良作《政府工作报告》。报告指出，2013年长兴经济社会平稳健康发展保持稳定，较好完成了县十五届人大二次会议确定的主要目标任务；全年实现地区生产总值407.4亿元，增长10.5%；完成财政总收入68.1亿元，增长9.6%。报告提出2014年工作目标是，全面深化“三升一改”，全力促进经济社会持续健康发展，地区生产总值增长10%左右，财政总收入、地方财政收入均增长10%左右；城镇居民人均可支配收入和农村居民人均纯收入分别增长10%左右。叶白云作人大工作报告。会议审议通过长兴县人民政府工作报告、县人民代表大会常务委员会工作报告、县人民法院工作报告、县人民检察院工作报告、长兴县2013年国民经济和社会发展计划执行情况的报告，批准长兴县2014年国民经济和社会发展计划，批准长兴县2014年财政预算，同意县法院、检察院报告提出的2014年工作安排；选举尚亿强为长兴县第十五届人民代表大会常务委员会副主任，补选王文中、沈玉龙为长兴县第十五届人民代表大会常务委员会委员。

1月28日 县委常委(扩大)会议举行。会议重点研究全县经济"开门红"活动和"五水共治"有关工作。就经济"开门红"工作，章根明强调，不仅要抓好经济数据，更要抓好全线工作；各级党委、政府服务企业要主动作为，务求实效。就全县"五水共治"工作，章根明强调，要态度坚定，方法科学。

是月 长兴被浙江省精神文明建设委员授予"浙江省文明县"称号。

△ 长兴"百叶龙"被国家商标评审委员会正式认定为驰名商标。

△ 长兴被住房和城乡建设部授予2013年"中国人居环境奖"，是全国获此荣誉的5个市县之一、浙江省唯一。

△ 长兴县市场监督管理局成立，挂工商行政管理局、食品药品监督管理局、食品安全委员会办公室牌子，组建县市场监督管理执法大队。

2月

2月7日 县委、县政府召开全县工业经济和科技创新大会。县四套班子领导及部分企业负责人参加。吕志良部署工业经济和科技创新工作。章根明肯定2013年长兴工业发展成绩，回顾长兴实施"工业立县"战略的历程，强调2014年要通过增加数量、做大规模、优化结构、提高科技含量、提高附加值，实现工业企业健康持久发展。2013年，长兴县规模以上工业总产值实现1003亿元，成为全省第15个规上工业总产值超千亿的县区。

2月8日 全县政法综治、平安创建、信访维稳工作会议举行。章根明强调，要按照"五过硬"(政治过硬、业务过硬、责任过硬、纪律过硬、作风过硬)和"五新"要求(领会新精神、落实新要求、展示新形象、把握新动向、取得新成效)做好各项工作，确保平安长兴"九连冠"。

2月10日 章根明应邀在台州市领导干部大会上作经验交流，介绍长兴发展成绩和工作经验。

2月12日 全县招商引资工作会议召开。县四套班子领导参加。章根明强调，招商引资工作要实干、要讲求效率。吕志良布置工作。2013年全县招商引资共签约项目146个、签约总金额达541亿元。

2月14日 县委、县政府召开全县服务业大会。县四套班子领导参加。章根明强调，长兴服务业要以市场化理念、项目化落实，争创"目的地"地位。吕志良总结2013年度工作，部署2014年度任务。2013年长兴服务业占GDP比重达39.1%，增加值、增幅居全市第一。2014年长兴计划创建"区域性服务业经济强县"。

2月16日 县委常委(扩大)会议举行。会议传达省委书记夏宝龙在省纪委十三届三次全体会议上的讲话精神及省人大常委会副主任冯明在长兴调研讲话精神，传达市委副书记、市长陈伟俊和市政协主席吴水霖在市"两会"长兴代表团活动时的讲话精神；听取在全县开展群众路线教育实践活动方案的汇报，对教育实践活动做出统一思想、完善方案、明确要求、合理安排和推助中心工作等要求；听取关于全县大气污染防治行动计划的汇报。

2月18日 县委召开全县党的群众路线教育实践活动动员大会。冯明、省市委赴长兴督导组组长王新民和县四套班子领导参加。吕志良主持。章根明作动员报告，要求全县上下要按照"自觉、认真、实效"的要求，扎实开展好群众路线教育实践活动，代表县委常委会做出六项承诺，即带头参与活动、带头创新破难、带头改进文风会风、带头深入调查研究、带头厉行勤俭节约、带头执行待遇标准。

同日 县委下发《关于开展党的群众路线教育实践活动的实施意见》，提出以县领导班子和领导干部为重点，在全县开展教育实践活动。活动环节包括：学习教育、听取意见；查摆问题、开展批评；整改落实、建章立制。具体内容包括："三思三观"学习讨论专题(反思与百姓的感情深不深、与百姓的距离远不远、在心中百姓的分量重不重；树立人民创造历史的唯物史观，以人为本、人民至上的价值观，立党为公、执政为民的执政观)、"十项体验"等教育专题(干一次农活、做一天工人、当一天村干部、经办一个审批项目、到窗口上一天班、接听一次政府阳光热线、买一次菜、乘一次公交车、就一次医或听一次课、办一笔金融业务)、征求意见、"基层走亲连心解忧"等。县委同时向各县直属单位、乡镇派出督导组。

2月20日　副省长毛光烈到长兴调研工业强县建设及科技创新工作，先后到天能集团、超威集团、海信惠而浦、康迪汽车、超威众成等地调研“机器换人”“腾笼换鸟”情况，强调要把“腾笼换鸟”抓出水平、抓出经验，加快科技体制改革、促进创新驱动发展，为全省经济转型升级做出新贡献。

同日　2014年中国·长兴林城第九届梅花节开幕。

2月21日　县委、县政府召开全县治水治气推进大会。县四套班子领导，法检两长，副县级领导，乡镇（街道、园区）、村居（社区）、县级机关各部门主要负责人，以及治水治气重点工作牵头单位和企业代表等参加。章根明强调，治水治气既是省委、省政府的工作决策部署，也是改善水环境和空气环境质量、实现“让长兴的水秀起来、让长兴的天蓝起来”目标的需要，全县上下首先要统一思想、增强自觉、改变工作生活习惯；其次，要充分认识到工作的长期性和艰巨性，要持之以恒、标本兼治、彻底治好。吕志良做治水治气工作报告。县委、县政府与开发区、和平镇、建设局、水利局签订责任书。会议现场进行“五水共治”捐款，74家企业捐款3500万元。

同日　县委、县政府召开全县重点工程建设工作会议。县四套班子领导参加。章根明强调，要按照“四精”要求（方案上精益求精，投入上精打细算，建设上精雕细琢，管理上精心打理），抓好重点工程建设。会议表彰2013年度全县重点工程建设先进单位和个人，部署2014年工作；长兴有21个项目入选省发展和改革委员会公布的《2014年省重点项目建设名单》。

2月23—25日　县四套班子领导、法检两长、副县级领导等集中参加“三思三观”专题学习研讨会。王新民出席。主要内容为集中学习，听取专题讲座，参观革命旧址，听取专题报，开展专题学习研讨会。章根明强调，践行党的群众路线要顺应人民群众对过上美好生活的新期待，全县上下要高起点开局、高质量推进，确保取得实效。3月4—11日，全县810名县管领导干部分三批参加“三思三观”专题教育班学习。

是月　长兴县政府调整部分城市社区设置，组建雉城街道回龙山社区，撤销雉城街道皇家湾社区、荣军社区，组建新的皇家湾社区，调整龙山新区双拥社区范围。

△　长兴县政府与利海集团签订关于长兴仙山湖旅游度假区合作开发战略合作协议，总投资100亿元，分两期进行。

△　长兴县统计局发布《2013年长兴县国民经济和社会发展统计公报》：2013年长兴实现生产总值（GDP）407.37亿元，人均生产总值（按户籍人口计算）64964元，按平均汇率折算为10490美元，首次突破1万美元。

3月

3月1—8日　县级领导干部开展“十项体验”活动。

3月3日　县委常委（扩大）会议举行。县四套班子领导参加。会议传达学习市第七届纪律检查委员会第三次全体会议精神；专题研究企业服务和项目引进、推进工作。章根明强调，抓项目是抓经济工作的核心，重点企业、重点项目是工业强县的主引擎，相关单位要增强意识、提升质量、攻坚克难，做好企业服务和项目推进工作。

3月6—7日　市委副书记、市长陈伟俊到长兴调研经济社会发展情况和党的群众路线教育实践活动开展情况，要求长兴勇作全市表率，全力开展工作。

3月7日　长兴县第十三次妇女代表大会举行，选举产生县妇联十三届常务委员会委员，孙宏惠当选为主席，刘勤、丁欢欢当选为副主席。

3月8日　2014年“双百分”竞赛动员会暨“长兴大讲堂”之“弘扬延安精神，践行党的群众路线”专题讲座举行。县四套班子领导参加。中国延安干部学院培训部部长赵耀宏教授应邀主讲。

3月10日　全县党建工作会议召开。县四套班子领导参加。章根明强调，要着力解决思想建设效果问题、组织建设的活力问题、作风建设的导向问题和制度建设的落实问题等四大问题，全面提升党建科学化水平。

同日　中共长兴县第十三届纪委第四次全体（扩大）会议召开。县四套班子领导参加。会议审议通过金淦英作所做的工作报告；县委、县政府主要领导与各乡镇（街道、园区）党政“一把手”签订党风廉政建设责任书。章根明强调，全县上下要认清形势、明确任务、强化责任、严守纪律，推进党风廉政建设和反腐败斗争工作。

3月11日　省委赴湖州市督导组王玉娣、副组长翁鲁敏和王新民到长兴调研指导党的群众路线教育实践活动，认为长兴活动开展得扎实有效，要求党员干部结合各自实际、全身心地投入该任务。

3月13日　全县工业炉产业转型升级动员大会召开。吕志良强调，加快工业炉产业的转型升级刻不容缓，相关单位要全心全力、齐心协力予以推进。截至月初，全县共有工业炉企业128家（其中林城镇125家），无一家属规模以上企业，亩均产值远低全县规上企业平均水平。2013年县委、县政府提出用3年时间将长兴建成中国工业炉产业转型升级示范区，2016年全县工业炉热工装备产业实现销售收入6亿元以上、年入库税收0.5亿元以上，培育规模以上企业10家，其中1家企业进入全国行业前十强等目标。3月12日，县政府办公室印发《关于长兴县工业炉企业转型升级标准》和《关于鼓励工业炉企业实行兼并重组的政策意见》，提出到2015年年底实现工业炉企业（含新建、兼并重组企业）年销售收入规模不低于1000万元目标。

同日 省、市督导组到长兴重点督查干部职工上班纪律和窗口服务工作，先后对长兴机关部门及办公窗口等30个单位随机督查，对长兴干部职工上班纪律、窗口服务工作和党的群众路线教育实践活动的开展情况表示肯定。

3月17日 让长兴的城乡美起来——“锦绣长兴”专项行动推进大会举行，部署“四边三化”和美丽乡村长效管理工作，新农村实验示范带建设工作，景区提升工作，“三改一拆”工作，码头治理、矿山整治工作。章根明强调，专项行动要因势而谋、讲求实效，乘势而上、加快推进。县四套班子领导参加。

同日 全县国税工作会议召开。吕志良强调，2014年国税工作要以深化服务发展为宗旨，以突出增长财力为中心，以坚持依法治税为根本，以夯实队伍建设为基础，全力推进长兴国税事业新发展。

3月中下旬 县级领导分别召开“三解三问”征求意见座谈会。“三解三问”即：解决党员干部在作风方面存在的突出问题、解决群众反映的切身利益问题、解决联系服务群众“最后一公里”问题；问计于民、问需于民、问政于民。

3月23日 长篇纪实文学《江南小延安》审读研讨会在长兴举行。该书由本土作家田家村撰写，共10章、26万余字，同月由红旗出版社出版。

3月24日 全县群众路线教育实践活动汇报会召开。章根明强调，单位“一把手”要以身作则，扎实开展活动。

同日 县四套班子领导分别到各联系乡镇（街道、园区）参加“河长制活动日”活动。

3月27日 王新民率省市委督导组到林城、泗安、和平、虹星桥等地调研，召开“两代表一委员”及部分企业代表座谈会，对长兴党的群众路线教育实践活动表示肯定，活动的根本是要顺应人民群众对过上美好生活的新期待，必须牢牢抓住发展这个第一要务把活动开展好。

3月31日 县四套班子领导分组调研“锦绣长兴”专项行动工作开展情况。章根明强调，要保质保量完成相关工作。

是月 长兴被浙江省政府授予“浙江省基本公共服务均等化优秀县”称号。

△ 长兴大洋生物饲料有限公司董事长苏卫琴被全国妇联授予2013年度“全国三八红旗手”称号。

4月

4月1日 上午，县四套班子领导参加省委学习贯彻习近平总书记系列重要讲话精神报告会。下午，参加县委常委（扩大）会议，学习贯彻习近平同志在河南省兰考县调研指导时的重要讲话精神。

同日 《浙江日报》08版头条刊登《“粉企”涅槃 节地千亩》一文，对长兴粉体产业转型升级工作进行深度报道。

4月3日 环保部污防司副司长李蕾率考核组到长兴考核重金属“十二五”规划2013年度实施情况，调研天能集团、超威集团等企业。

同日 2014年全县节能降耗工作会议召开，要求优先保障居民生活用电，坚决压缩落后产能企业用电，有效控制高耗能企业用电，倡导全社会共同节电。2013年长兴全社会最高用电负荷为78.5万千瓦，刷新历史纪录。

4月4日 全县水污染防治工作会议召开，通报全县重点涉水企业检查情况。长兴自3月18日起对全县13家污水处理厂、11家中水回用站、13家印染企业及其他重点涉水企业进行检查，对查实的金三发集团等非法排污企业予以处理。

4月8日 全县“三集中五攻坚”专项行动竞赛动员大会举行。县四套班子领导参加。“三集中五攻坚”专项行动竞赛，即集中拆违、集中治水、集中绿化和项目签约攻坚、报批攻坚、注册攻坚、开工攻坚、竣工攻坚，活动时间为4月1日至6月30日。

同日 省耕地保护责任目标考核组到长兴考核2013年度耕地保护工作。截至2013年年底，全县实有耕地面积47862.47公顷，基本农田面积37646.67公顷，标准农田面积32900公顷。

4月10日 全县单位党委（党组）履行党风廉政建设主体责任情况报告会召开，要求明确党委主体责任，全面推进党风廉政建设。

4月12日 “长兴大讲堂”之“群众路线教育实践活动党课辅导”专题报告举行。与会人员观看电影《焦裕禄》。章根明以《以焦裕禄精神为镜子 争做焦裕禄式好干部》为题做群众路线教育实践活动党课辅导报告。省委督导组相关领导、县四套班子领导,全县科级以上干部等参加。

4月14日 省委书记夏宝龙对长兴"民生必修课"做法做出批示。4月10日,新华社《浙江领导参考》2014年第11期(总第129期)刊登《浙江长兴推出"民生必修课",领导一线摸排百姓冷暖》,对长兴县党的群众路线教育实践活动做了深入报道。夏宝龙批示:"有指导意义。"同日,省委常委、组织部部长胡和平也做出批示:"'民生必修课'是一个好做法,具有典型意义,可在第二批教育实践活动中宣传推广。"

4月15日 省委副书记王辉忠到长兴调研农民增收工作,先后察看太湖图影旅游度假区小沉渎村、林城镇北汤村、画溪街道城南万亩葡萄园、林城镇北汤村芦笋种植基地、中国长兴花木城、浙江大学(长兴)农业科技园和茶乾坤公司,强调必须认真落实中央和全省农村工作会议精神,围绕促进农民持续增收,巩固增收基础,转变增收方式,拓展增收领域。

4月17日 全省"腾笼换鸟"工作现场交流会在长兴举行。会议通报2013年度"腾笼换鸟"考核先进单位,吕志良作交流发言。副省长毛光烈肯定全省"腾笼换鸟"工作取得的进展,对长兴坚持"绿色引领发展、环保倒逼转型"的工作思路、强势推进重污染高耗能行业整治提升和"腾笼换鸟"、产业转型升级等富有长兴特色的"长兴经验"给予高度评价。2012年以来,长兴通过"腾笼换鸟",盘活存量建设用地209.53公顷,实现低效用地二次开发440.47公顷,腾出能耗44万吨标煤,淘汰"低小散"企业829家,淘汰落后装备3436台(套)。

4月18日 县级领导党的群众路线教育实践活动第二次专题学习讨论会举行。章根明主持。县四套班子领导、法检两长、副县级领导参加。上午,会与人员在县委党校集中自学习近平系列重要讲话精神、《习近平关于党的群众路线教育实践活动论述摘编》、夏宝龙在学习贯彻习近平总书记系列重要讲话精神专题报告会上的讲话精神、《中国特色社会主义在浙江实践的重大理论成果》及市委书记市委书记马以在第二批党的群众路线教育实践活动县(区)委书记座谈会上的讲话精神。下午,与会人员分别听取省委组织部、省委政法委有关领导作的《党政领导干部选拔任用工作条例》和《关于依法处理涉法涉诉信访问题的实施意见》专题辅导。晚上,部分县级领导围绕"三思三观""十项体验"、焦裕禄精神开展学习交流。章根明强调,要通过开展教育实践活动修好民生"必修课",练好为民服务真本领。

4月22日 市委副书记、市长陈伟俊到长兴调研苕溪清水入湖河道整治工程,对相关工作表示肯定,要求加大工作力度,确保苕溪清水入湖河道整治工程加快推进。

4月23—24日 省义务教育发展基本均衡县省级现场督导评估组到长兴督导检查。评估组围绕长兴义务教育学校办学基本标准达标情况、义务教育校际间均衡状况、县级人民政府推进义务教育均衡发展工作情况、公众对本县义务教育均衡发展的满意度等四个方面检查评估。根据督导评估反馈结果,长兴各项指标均为优秀。

4月24日 白岘乡太湖石和旅游产业推介会暨中国太湖石博览园招商会在上海举行。招商会共签约项目15个,签约金额1.5亿元。其中,中国太湖石博览园入园企业6家,太湖石购销签约6个,招商引资项目3只。

4月26日 长兴第七届樱桃节在泗安镇毛家村举行。

4月26—30日 县四套班子领导分别到联系乡镇(街道、园区)蹲点调研,听取基层党员群众的意见建议。

4月27日 晚,中央电视台节目《新闻联播》以《凡人善举保安千里返乡归还巨额错汇款》为题,报道长兴人陈明德的"凡人善举"。是月23日,陈明德请假3天从温州返乡归还被人误打入自己银行卡的50万汇款,引发媒体关注。长兴县文明委授予陈明德"最美长兴人"荣誉称号。

4月28日 县十五届人大常委会第23次会议举行。会议通过人事任免事项,决定许可对个别县人大代表采取强制措施并暂时停止其执行县人大代表职务;任命仁青扎西为县人民政府副县长。

4月30日 省委书记夏宝龙就长兴"腾笼换鸟"工作批示:"长兴干得好,应在全省推广"。29日,《浙江信息》(专报)第25期刊载长兴县委办公室上报的《长兴县大力开展"腾笼换鸟" 推动工业提质增效升级》。

是月 长兴中学被浙江省教育厅评为首批省一级普通高中特色示范学校。

△ 长兴绿色动力能源基地被科技部高新司认定为"国家高新技术产业化基地"。

5月

5月2日 浙江卫视以《群众路线 树清风正气:长兴——"民情体验课"走基层》为题,头条播报长兴开展民情体验课相关做法。5日晚,中央电视台《新闻联播》以《长兴拓宽渠道听民生》为题,报道长兴开展民情体验课相关做法。

5月5日　城区水系治理工作部署会议召开。章根明强调，要按照让河道“深起来”“接起来”“流起来”这三大步骤有序推进治水工作，全面疏通水系。治理工作按照“先疏通水系、后调活水体”“先长水港以西、后长水港以东”的原则，在对城区水系及太湖沿岸内河进行疏通的基础上，引入清洁水源，调活水体，分期分片改善城区水系水质，全面提升太湖沿岸内河水生态环境。其中城区水系疏通的范围为雉城街道、太湖街道、开发区、龙山新区，太湖沿岸内河疏通的范围为太湖图影旅游度假区、洪桥镇、太湖街道、夹浦镇。

同日　2014年全县农村文化礼堂建设工作会议召开。2013年全县创建25个文化礼堂，打造滨湖、南庄、徽州庄三个样板点，形成村务集会、文化活动、村民“摆酒”三种实用性的基本功能定位。2014年，初步确定夹浦镇丁新村、泗安镇新联村、和平镇庄里村等38个拟创建村。

同日　长兴首例环境污染案在县人民法院开庭审理。该案件是2013年6月最高人民法院、最高人民检察院《关于办理环境污染刑事案件适用法律若干问题的解释》发布以后，长兴首例因破坏环境而追究刑责的案件。

5月6日　省人大常委会副主任冯明到长兴调研党的群众路线教育实践活动，对长兴教育实践活动表示充分肯定，要求长兴努力在第二阶段中继续保持出彩。

5月8日　全县污染物减排工作暨农作物秸秆禁烧和综合利用动员大会召开。吕志良指出，全县污染物减排工作距离上级和人民群众的要求尚有不小差距，要求相关单位加大工作力度，确保于2014年全县秸秆综合利用率达到85%以上。

同日　“农园新景”实验示范带建设动员大会召开。吕志良强调，要认识到位、方法明确、工作抓紧，确保整个示范带建设在2015年年底前基本完成。“农园新景”实验示范带建设总体布局为“一轴、二区、十二园”，以新318国道为依托，以农业园区和村庄整治为重点，着力农业产业提升、基础配套设施完善、沿线农业景观美化，以推进美丽乡村建设，实现产业发展与村庄整治并举，建设成为长兴县的农业园区集聚带、农业产业示范带和美丽乡村风情带，总面积约50平方公里，期限为2014—2015年。

5月12日　县四套班子领导参加“坚定理想信念、敢于担当克难”学习讨论活动，重温《中国共产党章程》，学习习近平、刘云山系列讲话，学习夏宝龙相关讲话，观看电影《生死牛玉儒》和《杨善洲》。章根明强调，全县上下要坚定理想信念、敢于担当克难，增强群众路线教育实践活动的针对性，以先进典型为镜，把学习的成效体现到长兴经济社会建设的实际工作上来。

5月15日　中共中央政治局委员、中央书记处书记、中央组织部部长赵乐际对长兴“民生必修课”做法做出批示。5月13日，新华社《国内动态清样》2014年第292期刊登《浙江长兴推出“民生必修课”，领导一线摸排百姓冷暖》。

同日　全县党的群众路线教育实践活动推进会召开。县四套班子领导参加。王新民出席。会议通报“三集中五攻坚”活动督查情况；布置“查摆问题、开展批评”环节工作；对“查摆问题、开展批评”环节工作进行督导培训。章根明强调，要以习近平讲话精神为指导，高质量做好查摆问题、开展批评环节工作。

5月16—17日　章根明、叶白云、金树云率县发改委、环保局、建设局相关负责人赴桐庐县考察农村污水治理工作。

5月17日　“超威杯”第六届中国·湖州国际生态（乡村）旅游节暨首届中国（长兴）民宿文化节举行。

5月18日　杭宁高速公路长兴互通通车。该项目主线长963米，总投资1.65亿元，2013年5月23日开工建设，2014年5月7日完成交工验收，对缓解城区交通拥堵、改善长兴对外交通、提升城市品位等具有重要作用。

5月20日　全国生态文明建设现场会考察团到长兴考察指导工作，先后到天能国际总部、超威电源郎山分公司、太湖图影生态湿地文化园，考察蓄电池行业转型升级、南太湖生态环境整治情况，对长兴生态文明建设成绩表示肯定，认为经验值得推广。

5月24日　中央电视台《新闻联播》以《厉行节俭从办公开始》为题报道长兴取消一次性纸杯的相关做法。

5月26日　县政府与复旦大学宁波研究院筹建“复旦大学长兴创新创业基地”合作签约仪式举行。该基地计划设立于太湖新城的浙江大学国家大学科技园（长兴）内，是复旦大学在浙北地区和环太湖地区的发展总部。

5月27日　长兴县耐火产业转型升级动员大会召开。吕志良强调，要力争将长兴打造成为全国耐火产业转型升级示范区。26日，县政府下发《关于长兴县耐火产业转型升级的实施意见》，提出争创全国耐火产业转型升级示范区，到2016年全县耐火产业销售收入达到50亿元以上、力争突破60亿元等目标。

5月28日　章根明主持召开大好高项目引进工作会议，

强调要坚定工作自信、瞄准继续保持全市领先地位这一工作目标,全力打赢项目引进推进攻坚战。

同日 2014中国·长兴泗安首届薰衣草风情旅游节开幕。

5月29日 县级领导党的群众路线教育实践活动第五次专题学习交流会举行。王新民应邀列席。县四套班子领导参加。8名县级领导围绕“坚定理想信念、敢于担当克难”主题交流学习心得。

同日 省委常委、公安厅厅长刘力伟到长兴调研指导党的群众路线教育实践活动,强调要深入基层、不脱离群众、克服特权思想,为民办实事、办好事。

同日 “五水共治”融资合作签约仪式举行。根据协议,长兴通过交易中心发行“五水共治”定向融资产品12亿元。

同日 小仓离合机(长兴)有限公司举行开业典礼。该公司一期总投资1200万美元。

5月30日 章根明受邀到省科技厅作“科技工作长兴之问”的主题报告。

是月 长兴被环境保护部正式授予“国家生态文明建设示范区(国家生态县)”称号。

△ 白岘乡五通山村紫金山遗址被浙江省文物考古研究所正式确认为长兴境内第56个旧石器时代人类遗址点。

△ 长兴人许欢荣获第十届“浙江省五四青年奖章”。许欢年少志坚,多年悉心照料身患重病的父母,2013年被评为“全国孝亲敬老之星”“浙江杰出青年”。

6月

6月1日 浙江·长兴林城首届蓝莓采摘节举行。

6月2日 《浙江日报》头版以《长兴干部必修民情体验课》为题,报道长兴开展干部民情体验课活动。

6月4日 吕志良到李家巷镇、吕山乡、湖州南太湖产业集聚区长兴分区调研企业,强调各级各部门要严格按照“帮扶解困助转型,政企同心促发展”第2季服务企业专项行动的有关要求,有效应对不容乐观的当前宏观经济环境,全力帮助企业发展。

6月5日 程渭山到长兴调研防洪排涝工作,肯定长兴治水成效,认为长兴工作走在省市前列。

6月6日 长兴县第二人民医院建设工程开工仪式举行。该医院按国家二级甲等综合性医院标准建设,占地4公顷,计划2015年10月建成使用。

同日 全县招商引资项目集中签约仪式举行,共签约7个项目,总投资28.43亿元。章根明强调,必须高度重视招商引资这一“一把手”工程,确保项目早日竣工投产。

6月8—9日 章根明检查城市管理工作,强调城市管理工作务必时时刻刻抓紧抓好。

6月9—11日 吕志良调研农村工作,要求一线村干部切实发挥好带头人作用,担负起贯彻落实党的路线方针政策和加快新农村建设的责任,抓好农田水利、道路硬化等农村基础设施建设。

6月12日 全县治水工作推进会召开,要求确保84个试点村在10月底前全面完成生活污水治理工作。

6月17日 县四套班子领导会议举行。会议传达省市关于《县四套班子和县级领导干部近期教育实践活动工作要求》《开好高质量专题民主生活会有关事项的通知》《对照检查材料修改要求》;章根明作民主生活会前的再动员讲话,并与成员进行集体谈心。

6月19日 全省无邪教“三级联创”推进现场会在长兴举行。长兴作为“无邪教县”创建工作典型作经验交流。2013年长兴完成“三改一拆”总量577.2万平方米、拆除违法建筑155.8万平方米,分别完成三年任务的129.7%、135.5%。

6月21日 2014中国·和平第十届采桃节举行。

6月24日 “浙商回归引进6月行动”湖州市浙商回归项目集中开工暨瑞华(长兴)纯电动汽车动力总成系统项目奠基仪式在长兴举行。省政协副主席、省委统战部部长孙文友参加。

6月25日 “小转大”培育企业座谈会召开。吕志良强调,企业要力争在3~5年内销售规模达到3~5亿元,力争10亿元以上,各级各部门要采取积极措施推助企业做优做大做强。

6月16—25日 县四套班子领导开展相互谈心谈话活动。19日,县委召开党的群众路线教育实践活动推进会。章根明强调,谈心交心要有真实内容,民主生活会要严格按照规定时间完成,要人人参与,不做“手电筒”“灯下黑”。26—27日,县委常委和县委、县政府主要领导的对照检查材料分批报送省委群众路线教育实践活动办公室。

6月26日 国家发展改革委副主任解振华到长兴调研生态文明建设情况,肯定长兴水环境、大气环境改善效果,要求进一步做好科学规划、科学施策,加大环境监测力度。

6月27日 全县“腾笼换鸟”工作现场会召开。吕志良强调,全县上下要充分认识到“腾笼换鸟”对加快经济转型升级的重要作用,要强势推进该项工作,要坚定信心、决心,坚持“腾换并举”“量质并举”。

6月28日 长兴县企业多层次资本市场融资工作推进会(暨培训)会召开,提出长兴在2016年前要新增多层次资本市场挂牌上市企业50家以上,其中主板和创业板上市企业(含境外资本市场)4家以上。

是月　长兴35名县级领导参加民情体验课活动。累计完成210个统一项目、70个特定项目和70个自选项目的体验内容,收集意见建议106条,解决问题71个。

△　长兴进入主汛期,全县230项水毁工程修复完毕。工程总投资6876万元,主要包括堤防加高加固、涵闸泵站修复等。21—22日,合溪水库和泗安水库、二界岭水库、和平水库水位分别超过或逼近梅雨时期控制水位线。

△　长兴2014年高考成绩良好,全县第一批(即重点)上线595人,上线率全市第一;考生朱哲毅、荆修曼包揽全市文、理科第一名。

△　超威集团、天能集团被中国轻工业联合会评选为2013年度中国轻工百强企业,分居第16位、17位。

7月

7月4日　县委常委(扩大)会议举行。县四套班子领导参加。与会人员观看中共农安县委常委班子、中共舟山市委常委班子专题民主生活会实录剪辑;传达学习《省委常委、组织部部长胡和平在调研指导嘉兴、湖州、绍兴、金华、衢州、丽水市委常委班子专题民主生活会准备工作时的讲话摘要》《省委常委、组织部部长胡和平赴嘉善县调研教育实践活动讲话摘要》《市委常委、组织部部长干武东在调研指导德清、安吉县委常委班子专题民主生活会准备工作时的讲话摘要》;布置县委常委会专题民主生活会召开时间、要求等相关工作。

7月7—8日　县委常委会专题民主生活会举行。章根明主持。7日,县委常委集中观看《中共嘉善县委常委会班子专题民主生活会实录剪辑》。随后举行会议。冯明、王新民、翁鲁敏,市领导陈伟俊、胡菁菁参加,章根明主持,叶白云、金树云列席。章根明代表县委常委班子做对照检查,常委班子成员作批评和自我批评。冯明对长兴教育实践活动前阶段工作、县委常委班子专题民主生活会表示肯定,强调要纵深推进;王新民认为准备工作扎实细致、贯彻认真、批评和自我批评严肃,希望长兴善始善终、取得实效;陈伟俊肯定长兴县教育实践活动准备工作、县委常委班子专题民主生活会,要求长兴增强大局意识,贯彻好市委、市政府中心工作。10—11日,县政府、县人大常委会、县政协党组专题民主生活会分别召开。22—24日,县四套班子领导分别参加党的群众路线教育实践活动各自联系单位领导班子专题民主生活会。29日,县四套班子专题民主生活会情况通报会举行。省、市委赴长兴督导组全体成员和县四套班子领导参加。章根明通报县四套班子专题民主生活会有关情况,肯定会议成效,要求继续抓好活动推进、整改落实、建章立制、统筹结合。

7月11日　全县领导干部会议举行。县四套班子领导参加。章根明就召开专题民主生活会,对全县20个乡镇(街道、园区)、58个县直单位党委(党组)提出7点要求,即:认识要到位、准备要充分、材料要把关、程序要完整、整改要及时、书记负总责、督导要认真。

同日　环保部规划财务司副司长张士宝到长兴监督检查重金属污染治理示范区建设情况,要求长兴加大投入,深化整治提升。2013年,长兴制订包括污染源综合治理、技术示范和基础能力建设等三大类16个重点项目建设,至2014年7月初共完成目标任务的90%。

7月14日　全市县(区)互看互学互比活动在长兴举行。市四套班子领导,县领导章根明、吕志良和全市其他县(区)主要领导参加。

7月16日　县委常委(扩大)会议举行。会议传达学习省委常委(扩大)会议、市委常委(扩大)会议、市委全体(扩大)会议精神;传达学习李强省长在市委常委班子专题民主生活会上、冯明在县委常委班子专题民主生活会上的讲话精神;讨论县委常委会《工作报告》,明确县委十三届七次全体(扩大)会议的主要任务是动员和带领全县各级各部门全面完成各项既定目标任务;听取关于县委常委班子、人大、政府、政协党组关于专题民主生活会总结报告的汇报;听取县委常委会"四风"问题整改任务分解方案的汇报;听取关于县委常委班子专题民主生活会通报稿的汇报;听取关于深化农村确权赋权改革实施意见的汇报;传达省市纪检监察机关"转职能、转方式、转作风"有关会议精神;听取全县清理规范村(社区)事务、组织机构标牌标识、达标创建和台账资料工作情况的通报。

7月19日　县委十三届七次全体(扩大)会议举行。17—18日,县四套班子领导率有关人员分赴江苏省张家港市、昆山市、常熟市、太仓市、宜兴市、苏州市吴江区学习考察。章根明代表县委常委会向全会作题为《振奋精神,聚力发展,以经济建设新成效增创长兴发展新优势》的工作报告;吕志良布置下半年经济工作,要求全力确保年度目标任务完成。

7月21日 全省县(市、区)委书记工作交流视频会议召开。章根明为10个交流发言的县(市、区)委书记之一,汇报长兴1—6月“五水共治”“四边三化”“三改一拆”等重点工作和实现半年红等工作情况,重点介绍长兴2003—2013年工业强县战略的实施历程。

7月22日 县政府与北大医疗产业集团联合举行促进长兴县卫生事业发展战略合作项目框架协议签约仪式。根据协议,北大医疗产业集团为县人民医院分批提供不少于5亿元的发展资金,使之在五年内达到三级甲等综合性医院水平。

同日 县综合福利中心项目开工仪式举行。该项目是2014年浙江省重点建设项目之一,总投资约3.5亿元,计划2016年底建成。

7月25日 省督查组到长兴检查“五水共治”“三改一拆”工作反馈会举行,要求继续推进“清三河”行动和加大节水项目宣传。

7月30日 浙江新农都长兴农产品物流中心项目开工奠基仪式举行。该物流中心项目是2014年省重点建设项目,总投资10亿元,计划于2016年建成。

7月31日 副省长梁黎明到长兴调研旅游工作,先后察看大唐贡茶院、牛角湾农家乐、仙山湖景区,对长兴旅游事业成绩表示肯定,希望长兴加快推动旅游项目的落户建设,提升市场竞争力。

是月 田家村创作的《江南小延安》和县委宣传部、长兴传媒集团创作的广播剧《生命的延续》获2014浙江省精神文明建设“五个一工程”奖。

8月

8月11日 全县安全生产工作会议召开,听取关于江苏省昆山“8·2”爆炸事故情况的通报,布置相关工作。2日,昆山市开发区发生爆炸事故,造成共75人死亡、185人受伤。19—22日,县领导分别率队到李家巷镇、县经济技术开发区、龙山新区、煤山镇检查安全生产工作。

8月13—15日 章根明、叶白云赴四川省甘孜州得荣县实地考察对口援建工作。得荣县地处川、滇、藏三省(区)结合部,经济社会发展滞后。长兴于2013年按照省委、省政府统一部署对口援建该县,每年安排援助资金不少于300万元,用以帮助该县基础设施建设。

8月15日 省委常委、宣传部部长葛慧君到长兴调研文化建设和媒体融合发展工作。

8月18日 长兴市民服务中心搬迁启用仪式举行。县四套班子领导出席。该中心建筑面积24422.5平方米(含地下),行政审批服务大厅共设窗口180个,进驻部门39个,进驻事项587项(含分中心),可为市民提供一站式服务。

8月21日 副省长黄旭明到长兴调研农村土地承包经营权抵押贷款工作,要求长兴充分发挥典型示范作用,深化农村金融改革创新。2010年4月长兴启动农村土地承包经营权抵押贷款工作。

8月22日 经湖州市委研究决定,夏坚定任中共长兴县委委员、常委、副书记(挂职),詹茂伟为县委委员、常委(挂职)。

8月27日 县委、县政府召开全县工业企业“六个一批”项目推进会。吕志良强调,要充分认识开展“六个一批”项目推进活动的重要性和紧迫性,增强工作的针对性和时效性。“六个一批”,即工业重点项目加快推进竣工未达产一批、年底前竣工一批、年底前开工一批、机器换人一批、腾笼换鸟一批、提能效促转型一批。

是月 长兴第七次被省委、省政府、省军区授予“浙江省双拥模范城(县)”称号。县民政局被评为浙江省爱国拥军模范单位。

9月

9月2日 省委书记夏宝龙到长兴调研工业经济运行情况,先后察看经济技术开发区、南太湖产业集聚区长兴分区、画溪街道,了解长兴汉能光伏项目、康迪电动汽车(长兴)有限公司、桐昆集团浙江恒腾差别化纤维有限公司、超威集团、天能集团等企业运营情况,对长兴工业经济转型升级工作表示肯定,勉励长兴要以赶考姿态倒逼各项目标任务,要充分认识工业在推动经济发展中的重要作用,坚持创新驱动发展战略,以引领工业经济又好又快发展。省委常委、秘书长赵一德参加。

9月5日 县级领导党的群众路线教育实践活动专题学习会举行。县四套班子领导参加。章根明传达习近平在听取兰考县委和河南省委党的群众路线教育实践活动情况汇报会上的讲话精神,传达学习夏宝龙在长兴考察调研时的讲话精神,传达学习夏宝龙在教育实践活动整改落实情况汇报会上的讲话精神。金淦英传达学习省纪委关于杭州市萧山区少数基层干部违规收受礼卡礼券问题的通报和纪检监察机关查处153件违反中央八项规定精神案件。宋波传达学习杭兰英同志先进事迹。与会人员并观看电影《天上的菊美》。

9月11日 冯明到长兴调研党的群众路线教育实践活

动，要求长兴抓好整改落实各项工作，巩固活动成果，确保全年经济社会目标任务圆满完成。

9月17日　中央第七巡回督导组委托省委群众路线教育实践活动办公室到长兴举行群众路线活动座谈测评会。章根明代表县委党的群众路线教育实践活动领导小组介绍长兴工作情况；在长兴的中央和省级代表委员、工作对象、服务对象代表共53人参与测评，测评满意率为100%。

9月20日　县委、县政府召开长兴两化深度融合推进会。吕志良强调，推进两化深度融合意义重大、势在必行，相关单位要目标明确、积极主动，方法要务实管用，措施要有针对性，同时企业要切实转变观念，合力推动融合。长兴是省经信委确定的省第一批两化深度融合国家示范试点10个综合性示范区之一。

9月25日　县委、县政府举行长兴“千人计划”产业研究院启用仪式暨“长兴英才计划”推介会。根据“英才计划”，长兴将从2014年起用5年时间引进100人、吸引省级以上“千人计划”到长兴创业创新30人以上。

9月27日　2014中国·太湖明珠——长兴国际投资贸易洽谈会休闲旅游产业推介会举行。

9月28日　县委常委（扩大）会议举行。县四套班子领导参加。会议听取关于《浙江省湖州市生态文明先行示范区建设长兴县实施计划》的汇报；听取关于“书记（县长）与企业家面对面谈心、一对一服务”活动问题落实情况的汇报。会议要求，贯彻《实施计划》要坚持连续性、协调性、示范性等“三性”和长兴化、具体化、项目化等“三化”；贯彻“书记（县长）与企业家面对面谈心、一对一服务”活动，相关单位要主要领导要明确责任主体、落实举措，做到用心服务、精准服务。长兴从7月底开展“书记（县长）与企业家面对面谈心、一对一服务”活动。

同日　县委召开全县改革领导小组会议，听取改革办关于全县改革进展情况的通报和各小组牵头县领导关于专项改革进展情况的汇报。章根明强调，各项改革要紧紧抓住县委十三届六次全会提出的“贯彻落实全面深化改革重大决定”这一年度工作主线，使工作既出成果又出经验。

9月29日　市委书记马以率市第一督导组到长兴督查指导省市重大决策部署的落实情况，先后察看三河湾公园、杭长高速北延工程泗安互通等项目，要求长兴加快推进转型升级，提升工业发展质量，推动与市区融合发展，根据全市“一体两翼”组团式发展布局，抓好65公里湖岸线统一规划、市县产业有机结合、基础设施无缝对接，同时注重推进经济社会持续发展。

9月30日　长兴公祭烈士仪式在古城公园革命烈士纪念碑广场举行。县四套班子领导出席。长兴共有革命烈士318位、烈士纪念设施55处。

同日　县委、县政府召开全县秸秆禁烧与综合利用工作推进会，决定在全县范围内全面禁止秸秆焚烧。

是月　长兴县被省商务厅、省财政厅、省国土厅、省建设厅、省国税局、省地税局6部门确定为“浙江省流通业综合改革试点城市”。

△　长兴公布县属单位权力清单。清单共包括30家县属部门（单位）、共3761项行政权力事项，精减率为58.5%，超额完成权力事项减幅50%的既定目标。

10月

10月5日　2014中国·长兴首届山地速降国际邀请赛在和平镇城山沟景区举行。

10月8日　国家级生态县创建总结暨生态文明先行示范区建设动员大会举行。吕志良作总结动员报告。章根明强调，全县上下要以共建共享为目标，注重效率、体现特色，持之以恒、继往开来。县四套班子领导参加。同日，县委下发《浙江省湖州市生态文明先行示范区建设长兴县实施计划》，提出到2015年实现发展质量明显提升、城乡环境更加秀美、体制机制更加完善、生态文化更加繁荣，到2020基本形成具有长兴特色的生态文明建设模式等建设目标。

同日　经湖州市委研究决定，何文全任中共长兴县委常委。

10月13日　全县党的群众路线教育实践活动总结大会举行。王新民及督导组全体成员、县四套班子领导参加。夏威主持。章根明总结长兴开展党的群众路线教育实践活动，认为全体干部得到了教育和锻炼，党群干群关系得到改善，强调务必落实长效机制，从严管党、从严自律。王新民肯定长兴县教育实践活动所取得的成效，强调要认真学习领会习近平在中央党的群众路线教育实践活动第二批总结会议上的重要讲话精神，认真总结、查漏补缺。1—9月，全县1543个基层党组织、3.25万名党员干部参加教育实践活动；县四套班子带头制订整改项目127项；全县“三公”经费开支同比下降47.1%，发文同比下降25.9%，简报精简56%，会议减少13.4%，政府部门职权精简率达58%，各类行政审批、日常管理服务事项减少31%；清理整改“在编不在岗”人员68名，开展明察暗访43次，效能问责40余人，党政纪处理7

人,通报典型案例8起。县委常委会牵头建立健全9项长效机制,县人大、县政府、县政协党组和各乡镇部门建立长效机制284项。

10月13日 国家安监总局监察专员李德忠率国务院安委办督查组到长兴督查安全生产工作,先后检查和平镇西气东输管道、湖州德宁矿业、木克斯洁具和县交通大楼建筑工地,提出针对性的意见建议。

10月14日 县委调整部分县委常委工作分工:金淦英不再联系服务业、金融工作;宋波不再分管县委统战部、县台办、县侨联,不再联系民主党派、民族、宗教、侨务工作;何文全负责统战工作。

10月14—15日 省高级人民法院院长齐奇到长兴调研、指导基层法庭建设运行情况。

10月16日 县政府下发《关于加快发展养老服务业的实施意见》,提出到2020年全面建成养老服务体系,基本形成"9643"养老总体格局(即96%的老年人居家接受服务,4%的老年人在养老机构接受服务,不少于3%的老年人享有养老服务补贴)。

10月17日 第四届中国新能源电动车产业聚智峰会在长兴举行。全国总工会副主席许振超,工业和信息化部消费品司副司长高延敏,中国电池工业协会理事长韩作樑,市县领导陈伟俊、章根明参加。

同日 2014中国(长兴)新常态下耐火材料行业转型升级研讨会在长兴举行。长兴与洛阳耐火材料研究院合作创建绿色耐火材料行业转型升级示范区现场签约。

同日 全县服务业帮扶企业专项行动动员大会举行,决定目标是确保全县服务业增加值全年增长11%。

10月20日 2014首届长兴·吕山芦笋节暨吕山芦笋交易市场奠基仪式举行。

同日 2014中国长兴(洪桥)·第五届太湖大闸蟹节暨太湖休闲观光农业推介会举行。

10月22日 县四套班子领导分别率队督查环境综合整治活动并召开工作汇报会。章根明强调,环境综合整治工作事关群众根本利益、经济社会可持续发展大局和长兴形象,必须防止反弹,着力巩固提升。

10月24日 章根明受省委组织部委派到河北省邢台市作"长兴之变"专题报告。

同日 长兴慧谷科技园开园仪式暨入驻项目签约仪式举行。该项目总投资5亿元。

10月27日 县领导干部会议举行。县四套班子领导参加。会议传达十八届四中全会精神。章根明强调,全县上下要切实增强学习贯彻全会精神的主动性、自觉性,做到认真领会、学以致用。

同日 2014长洽会——浙江长兴国家大学科技园招商推介会举行。国家千人计划专家、美国哈佛大学万斌博士领军的"太阳能热发电(CSP)系统产业化"项目等20个项目现场签约。

10月28日 2014中国·太湖明珠——长兴国际投资贸易洽谈会开幕。省人大常委会副主任茅临生宣布开幕。夏威主持。章根明致欢迎辞。包括悉地国际集团投资19亿元、落户在泗安镇的旅居式山野度假项目在内的20个项目集中签约。此外有5个项目在北京举办的湖州市支持浙(湖)商创业创新暨央企对接投资洽谈会上签约。两地集中签约项目共25个、总投资178.1亿元。同日,举行项目集中开竣工仪式暨中汽零(长兴)汽车产业博览中心启动仪式,中汽零(长兴)汽车产业博览中心被授予"全重点培育市场"称号。29日,举行新能源汽车及关键零部件产业发展研讨会。30日,举办电子商务应用推介会,1号店"特产中国·长兴馆"宣布开馆,县商务局与杭州杰夫电子商务有限公司的电商发展战略合作项目等4个项目签约。此次"长洽会"共签约项目47个,总投资227.76亿元,其中亿元以上投资项目38个。

10月30日 全县大气污染防治攻坚行动十五项整治任务推进情况汇报会召开。章根明强调,环境整治工作标准不能降低、时间不能拖延。

是月 天能集团、超威集团分列2014年中国民营500强企业调研排序榜单第28、29位。

△ 长兴入选2014年中国中小城市发展百强县(市)名单,位列第44名,较上年提高1个名次。

11月

11月3日 吕志良与政协委员"面对面"活动推进情况汇报会召开,强调政协委员意见建议要提得准,要建立听取政协委员建议意见的常态化工作机制。

同日 《浙江日报》头版以《一个县域经济的突围》为题报道长兴10年转型发展历程。

11月5日 副省长熊建平到长兴调研行业整治工作,先后察看华源粉体等项目现场,对长兴转型升级、行业整治和环境整治成绩表示积极肯定,希望继续推进。

11月7日 省委研究决定,任命吕志良为中共长兴县委书记,免去章根明的县委书记、常委、委员职务。同日,全县领导干部会议举行,宣布省委、市委决定。

同日 2014年长洽会总结暨项目引进推进工作会议召开,吕志良强调全县上下必须牢固树立、认真落实

"发展是第一要务""项目是第一工作"的两个第一思想，抓好工作，确保全面完成年度目标任务。

11月8日 2014第五届环太湖国际公路自行车赛长兴赛区开赛，共有22支车队、130余名职业自行车运动员参赛。荷兰国家队86号车手夺冠。

11月15日 全县高污染燃料小锅炉淘汰工作部署会召开。全县计划2014年年底前全面淘汰中心城市建成区范围内高污染燃料小锅炉和其他区域内的1蒸吨以下高污染燃料小锅炉，2015年年底前全面淘汰中心城市建成区范围外1～10蒸吨(不含10蒸吨)高污染燃料小锅炉。

11月21—28日 县四套班子领导分赴各乡镇(街道、园区)和部门检查考核党风廉政建设责任制和推进惩防体系建设落实情况。

11月24日 全市人才工作推进会在长兴举行。2014年，长兴入选省级"千人计划"和"南太湖精英计划"企业创新类项目各3个，拥有省"151人才工程"第一层次培养人员2名，创建院士专家工作站2家，其中省级以上1家。

同日 全县乡镇(街道、园区)党政主要领导会议召开。吕志良强调，乡镇(街道、园区)要主动适应宏观形势和外部环境依然严峻的新常态，敢于担当，坚持发展第一、项目第一、民生第一、稳定第一理念，以务实、求实、扎实的工作作风，推进长兴经济新发展。

同日 全县企业欠薪问题专项整治行动推进会召开。县委、县政府决定2014年9月至2015年3月开展企业欠薪问题专项整治行动。至12月底共追回欠薪6100余万元。

11月26—27日 全国公安监管部门艾滋病防治工作培训班暨医疗卫生专业化建设现场会在长兴举行。与会人员以长兴监管安全、治疗卫生专业化模式为切入点，展开相关研讨。2014年，县人民医院建立急重病人员就医绿色通道，在县看守所建立驻看守所门诊部，实现长兴县监所医疗卫生工作专业化运作。

是月 龙山新区被民政部评为"全国和谐社区建设示范社区"。

△ 天能电池集团有限公司、超威电源有限公司、浙江江森自控电池有限公司、桐昆集团浙江恒腾差别化纤维有限公司入选浙江省双百强外商投资企业名单。

12月

12月8日 吕志良主持召开重大项目推进会，听取综合福利中心等11个重大项目的进展情况汇报并协调解决相关问题，强调要始终坚持"项目为王"的理念，一门心思抓项目，一心一意求发展。

12月10日 长兴县落实党风廉政建设责任制情况专题汇报会召开。市委副书记、市长陈伟俊强调，党风廉政建设责任制落实要统一思想、落实责任，突出重点、严惩腐败。县四套班子领导参加。

同日 吕志良调研长兴经济技术开发区海信(浙江)空调等企业，强调企业要增强发展信心，加大转型升级力度，各部门要为其提供优质服务。

12月11日 副省长郑继伟到长兴调研教育文化卫生工作，强调公立医院改革要突出公益性，要创新体制机制，要在保障公立医院公益性的前提下推动医改工作，实现可持续发展。长兴是浙江省29个县级公立医院改革先行试点县(市、区)之一，2012年6月启动改革。

12月13日 吕志良主持召开部门"大服务"会议，听取县经信委等关于走访调研服务情况的汇报，强调要做好常态化走访、保姆式服务，建立"一企一档"，落实"一企一策"，全面加快经济转型升级。按照县委、县政府统一部署，经信委、农业局、林业局、商务局、建设局、科技局分别开展大走访大调研活动。

12月15日 县十五届人大常委会主任会议第35次会议召开。叶白云主持。会议听取和审议县政府关于全县宗教场所管理情况的报告，听取和讨论县人大常委会调查组关于全县宗教场所管理情况的调查报告；听取和讨论县政府关于要求调整2014年财政收支预算的议案，关于许可对个别县人大代表采取强制措施的事项，以及有关人事任职事项；研究第28次常委会会议的有关事项。

12月16日 吕志良被任命为县人武部党委第一书记。

12月17日 2014年度乡镇(街道、园区)党(工)委书记抓基层党建工作述职评议会召开，要求各乡镇(街道、园区)党(工)委书记把从严治党的各项要求落到实处，不断提升基层党建工作的科学化水平。

12月18日 市委书记马以到长兴调研市校合作工作，表示希望通过市校携手共建，接轨地方农业，带动一方经济。

同日 浙江省十二届人民代表大会代表湖州中心组第三小组到长兴视察经济社会发展情况。

同日 首届中国(长兴)布商大会暨长兴轻纺城开业典礼举行。夹浦镇被授予"中国长丝织造产业基地"称号；桐昆集团、华祥(中国)高纤两家企业与轻纺城，长兴轻纺城与叠石桥国际家纺城友好市场，浙江长兴现代纺织公共创新服务平台与(SGS)通标标准技术服务有限公司分别签约。吕志良希望长兴轻纺城早日成为引领长兴纺织产业转型升级的、长三角一流的专业市场。长兴轻纺城规划总建筑面积9.8万平方米,2012年动工建设。

12月19日 县委召开会议学习传达习近平、李克强在中央经济工作会议上的讲话精神。

12月26日 全县项目引进推进例会召开。吕志良强调,招商引资面临的形势和任务严峻而繁重,全县上下要增强责任感、紧迫感,做到项目引进与推进、招商引资与激活民资、县领导与乡镇(街道、园区)部门、政府与企业社会的"四方联动"。

同日 全县旅游发展大会举行。会议宣布撤销原县风景和旅游管理局,新成立长兴县旅游发展委员会。吕志良强调,要认真执行好《长兴县旅游发展三年行动计划(2015—2017年)》,实现长兴旅游大发展、大提升、大突破。

12月28日 首届白岘·中国太湖石文化节暨中国太湖石博览园开园仪式举行。

同日 国家动力及储能电池产品质量监督检验中心通过能力建设验收。该中心于2013年3月通过国家质检总局专家组现场调研,9月30日揭牌成立。

12月29—30日 县四套班子领导赴德清、安吉县考察学习。考察团先后考察德清浙江佐力药业股份有限公司等工业企业,听取德清县关于该县"3+X"的工业产业体系的介绍;考察安吉县"大年初一"风情小镇项目等建设情况,听取安吉县关于该县总体发展思路及2014年工作情况介绍。31日上午,县委理论学习中心组学习会举行,会议深入学习德清、安吉发展经验。吕志良强调,长兴上下要充分认清形势,保持清醒头脑,积极谋发展,自信实干,力争将长兴工作走在全省前列。

是月 超威电源有限公司、浙江诺力机械股份有限公司获评浙江省创新能力百强企业。

△ 长兴在全省美丽县城建设暨新兴建筑工业化现场会上入选全省第一批12个美丽县城试点县。

△ 长兴水口茶文化旅游景区成为国家AAAA级景区。2014年共接待游客300万人次。

△ 全县完成148个行政村的集体资产股份合作制改革,核实村级集体总资产9.41亿元,"三权确权"任务推进情况良好。"三权",即农村土地承包经营权、农村宅基地使用权、农村集体经济股份权。

2014年 全年实现地区生产总值438.7亿元,增长8.7%;财政总收入70.2亿元,增长3%,其中地方财政收入40.2亿元,增长2%;固定资产投资326.6亿元,增长15.2%;工业性投入154.3亿元,增长7.1%;规上产值1104亿元,增长8.7%;规上工业增加值181.5亿元,增长10%;自营出口16.2亿美元,增长7.5%;社会消费品零售总额185.5亿元,增长15.2%;金融机构本外币存、贷款余额分别达到530.1亿元、476.1亿元,分别增长12.5%和11.2%;城镇、农村居民人均可支配收入分别达到39234元、22685元,分别增长9%和10.5%。

(党史室)

自然地理

【地理位置】 长兴县位于浙江省最北端，东濒太湖，北邻江苏省宜兴市，西界安徽省广德县，西南连湖州市安吉县，东南接湖州市吴兴区。介于北纬30°43′～31°11′、东经119°33′～120°06′间。东西宽约52.7千米，南北长约51千米；总面积1430平方公里，约占浙江省总面积的1.4%，约占湖州市总面积的24.6%。位居长江三角洲地理中心，距上海145公里，南京175公里，苏州100公里，杭州76公里，宁波200公里。

（党史室）

【地质地貌】 境内2/3为近代冲积层，表层从古生代的泥盆纪、石炭纪、二叠纪到中生代的三叠纪、侏罗纪、白垩纪，直至新生代的第四纪均有出露。槐坎葆青二叠纪地层剖面1931年被国际地质学家命名为"长兴灰岩"，20世纪末又被国际地层学联合学会确定为二叠纪与三叠纪分界线点位"金钉子"。地处浙北低山丘陵向太湖西岸平原过渡区，地势西北和南部高，中部和东部低，为典型的半平原、半山区，有"六山一水三分田"之称。全县低平原（包括水面）占43.7%，高平原占29.1%，丘陵山地（包括低山）占27.2%。

（潘学新）

【沿湖岸线】 东濒太湖，湖岸线长31公里。1992年，建成环湖大堤长兴段。在环湖大堤基础上，2009年2月开工建设长兴滨湖大道，并于2011年8月全面建成。长兴滨湖大道，北起夹浦镇东，南至湖州小梅口，全长22.6公里，总投资12.5亿元，是一项集交通、生态、水利防洪、旅游观光于一体的综合性工程。工程采用路堤结合方式，全线有沿湖、离湖、入湖三种形式，按二级公路标准设计，路基宽度15米，设计速度为每小时60公里；沿线环湖大堤加固工程等级为二等，设计洪水标准为100年一遇。其中，太湖大桥是长兴滨湖大道项目的重要组成部分。太湖大桥全长1441.2米，全桥宽24.5米，按照双向四车道设计，全桥41孔，每孔跨径均为35米，上部结构采用"碗型"断面连续现浇箱梁：桥两边各为4跨一联，其余均为3跨一联，共13联；下部结构采用柱式桥墩和V型实体墩，基础均为钻孔灌注桩；大桥的设计立意取自长兴的"百叶龙"，太湖风光秀丽，采用百叶生龙的设计方案，将长兴的精华文化与现代工程相互融合，实现了与自然景观的完美协调。2013年，沿滨湖景观大道进行景观提升，建成长22公里、宽300余米的太湖森林公园；按照AAAAA级景区标准建设的太湖图影生态湿地文化公园，于9月15日开园，占地333.33公顷。

【水资源】 长兴县属亚热带湿润季风气候区，水资源分区主要分为乌溪片、箬溪片、泗安塘片、长兴平原和南片。长兴县本地自产水的主要补给来源为降水，按降水特性大致可分为梅汛、台汛和非汛期三期，4月15日—10月15日为汛期，其余月份作为非汛期，汛期降水量约占全年降水量70%，从空间分布来看降水量趋势为自西北向东随地势的降低而逐渐减少，年降水量在1300～1600毫米之间。多年平均降水量为1347.7毫米，多年平均水资源量为8.84亿立方米，人均水资源占有量1426立方米，低于全国（2200立方米）、全省（2100立方米）平均水平。地表水资源量时空分布不均，多年平均年径流深的地域变化范围在600～900毫米之间，自西北向东逐渐递减，低值区在雉城镇一带，高值区在白岘乡一带，径流年内变化趋势与降水量基本一致，峰值发生在6月—9月，低值一般发生在12月—次年2月。2014年，全部蓄水工程总库容2.12亿立方米，新增改善灌溉面积800公顷，固定灌溉泵站2231处，总装机4.24万千瓦。

（于　涛）

【土地资源】 长兴县耕地面积约46809.99公顷，园地面积约10505.92公顷，林地面积约47271.63公顷，草地面积约791.76公顷，城镇村及工矿用地19389.20公顷，交通运输用地5503.62公顷，水域及水利设施用地11889.45公顷，其他用地约972.66公顷。

（潘学新）

【矿产资源】 长兴县内已发现矿产26种，其中金属矿产6种、非金属矿产17种、能源矿产2种、水汽矿产1种；探明储量的矿产有17种，其中金属矿产5种，非金属矿产10种，能源矿产1种，水汽矿产1种。矿产资源以非金属建材矿产为主，有浙江硅酸盐工业原料基地之称，其中石灰石、硅灰石、方解石、玻璃用石英砂岩、硼、煤等矿产探明储量列全省之首；石灰石、玻璃用石英砂岩、硼、方解石等矿产远景储量十分可观；建筑石、高岭土、泥岩等资源亦有很大的远景；矿泉水、地热、膨润土开发前景乐观。

（潘学新）

【水陆交通】 境内有宣杭铁路、新长铁路、杭牛铁路和杭宁高铁共4条铁路，杭宁、杭长、申苏浙皖3条高速公路，6个高速公路互通，104国道、318国道2条国道。设长兴南火车站、宁杭高铁长兴站2个火车站。2014年，县内通车公路总里程2191千米，每平方千米公路密度1.513千米，其中高速公路89千米，一级公路154千米，二级公路165千米，三级公路100千米，四级公路1427千米。

（陆　敏）

【气候特征】 2014年长兴县总的气候特点为：气温偏高、雨量、雨日接近常年，但月际分布不均，日照略偏少。冬季气温略偏高，春季气温显著偏高；夏季气温显著偏低，日照异常偏少，夏季出现罕见的连续阴雨寡照天气，对工农业生产影响较大；梅汛期降水偏少，梅雨形势不典型，期间平均气温异常偏低；秋季气温比常年明显偏高，阶段性晴雨特征较明显。总的来说，2014年度气象灾害较轻，气象条件有利于农业生产。

霾日较上年大幅减少　根据浙江省气象局《浙江省霾天气判定业务标准（讨论稿）》，霾天气分为五个等级，包括轻微、轻度、中度、重度和严重。从全省霾日分布情况来看，湖州为全省中等偏多地区，与衢州、温州相近，远高于台州、丽水和舟山。通过2013和2014年湖州市县霾日及等级对比分析发现，2014年长兴县霾日为39天，比2013年少24天。2014年长兴县霾天气基本以轻微霾为主，约占总霾日的85%，轻度霾占10%，中度霾占5%。同2013年相比，轻微霾增长15%，轻度和中度霾下降12%和3%，均无重度霾出现。

根据年内霾日分析，12月霾日最多，累计14天；其次为1月8天，11月7天；5月和8月最少，无霾日。中度霾出现在1月和11月，累计2天，比上年减少3天。轻度霾出现在1月和11月，累计4天，比上年减少10天。轻微霾影响天气33天，比上年减少11天。

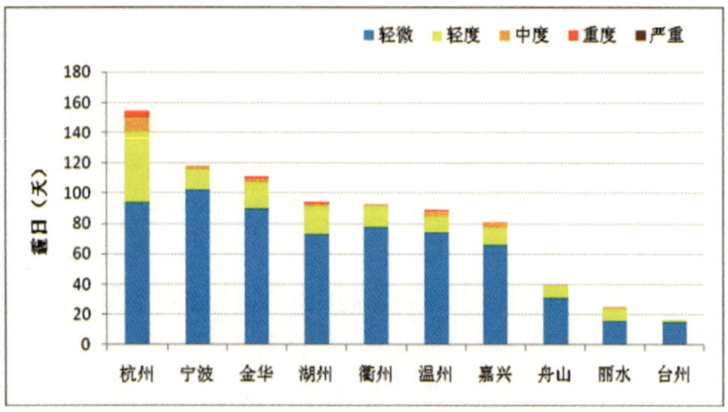

2014年全省各等级霾日分布图

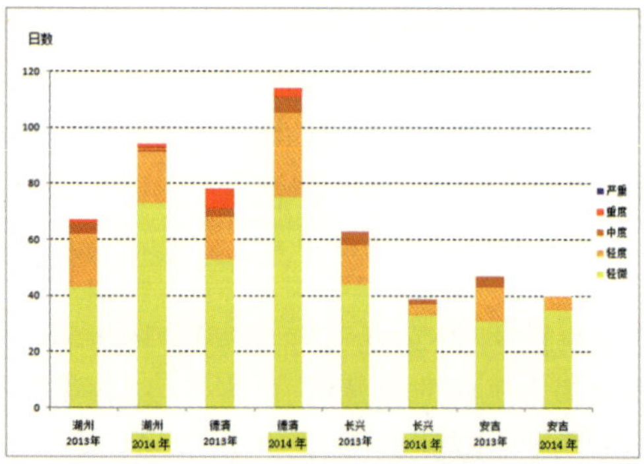

2013年和2014年湖州市县霾日及等级对比图

2014年长兴县逐月不同等级霾日分布图

主要气候事件　历史罕见多雨寡照凉夏。入夏以后，长兴县高温出现偏晚，高温日数少，强度弱。高温首次出现在7月21日，大范围高温天气出现在7月中下旬到8月上旬前期，其中7月份3天，8月3—6日出现4天高温，其后一直呈现阴雨低温寡照天气。长兴测站全年高温天数仅7天，与2002年持平，为2000年以来夏季高温日数最少的一年。

梅雨降雨充沛无险情。6月17日入梅，7月7日出梅，梅雨期20天，较常年偏少，梅雨期间副高相对偏弱，冷空气活动比较频繁，梅雨期降水呈过程性且短时强降水多发的特点。梅雨期面雨量217毫米，比常年略偏少，南部地区雨量较大，最大为洪桥257.2毫米，其次虹星桥243.0毫米。主要强降水过程出现为：6月20～21日、6月25～26日及7月2日。

台风影响程度弱。全年共有2个台风外围影响长兴县，风雨影响程度轻。7月24～25日，受今年第10号台风"麦德姆"外围影响，出现阵雨天气，太湖小雷山出现8级阵风；9月22～24日，受第16号台风"凤凰"外围影响，长兴县普降中到大雨，出现6级左右阵风，太湖湖面及沿线水域出现7级大风。

秋季温度异常偏高。9月30日入秋，比常年略偏晚，入秋后气温异常偏高。10月上中旬无降水，连续二十天晴好天气，10月日照时数显著偏多，为历史第三高值(历史极端最高值1979年280.6小时、次高值1991年211.4小时)。11月前期及中旬仍多晴好天气，晴朗干燥，对晚稻的灌浆成熟有利，也弥补前期光照不足带来的不利影响。

全年霾日少空气质量优。2014年全县霾日为39天，比上年减少24天，以轻微、轻度影响霾天气为主。全年仅出现2天中度霾影响天气，比上年减少3天，轻度霾影响天气出现4天，比上年减少10天，轻微霾影响天气33天，比上年减少11天。通过争创生态文明先行县工作，长兴县空气质量明显优于上年和周边地区，比安吉霾日少1天，比湖州少55天，比德清少75天。

表1　**2014年1—12月长兴县平均气温、雨雪量、雨雪日、日照统计**

要素	1月	2月	3月	4月	5月	6月	7月	8月	9月	10月	11月	12月	年平均/合计
平均气温(℃)	5.8	5.4	11.8	16.3	22	24.3	27.4	25.7	24	19.4	13.1	5	16.7
雨雪量(mm)	22.8	152.3	100.4	137.4	106.6	168	175.8	139.7	115.3	47.6	64.1	9.1	1239.1
雨雪日(天)	5	16	12	13	12	12	17	20	13	5	12	5	160
日照(小时)	141.1	76	171	135.2	178.7	87.4	156.1	73.6	90.5	206.9	109.2	187.9	1613.6

表2　**2014年度长兴县重要天气现象资料**

气温	年极端最高气温	36.2℃
	年极端最低气温	零下4.7℃
	日平均＞0℃正积温	6116
	日平均＞10℃积温	5573.6
	日最高≥35℃高温天数	7
	日最低≤0℃冰冻天数	28
秋季低温	23℃初日	9月17日
	20℃初日	10月4日
稳定通过10℃	初日	3月15日
	终日	11月17日
霜	初霜日	11月18日
	终霜日	3月21日
	无霜期(天)	255

续表2

降水	雪日(天)	8
	最大积雪深度(厘米)	1
	暴雨天数	2
	最大日雨量(毫米)	79.7
梅雨	入梅	6月17日
	出梅	7月7日
	梅雨量(毫米)	183.1
灾害天气	雷暴天数	—
	大雾天数	13
	大风天数	0

(缪　浪)

历史文化

【建置沿革】 长兴古称长城。春秋吴越争霸时期(前514—前495),吴王阖闾派弟夫概在今雉城东南1千米处筑城。因城狭长,故名长城。三国前为乌程县的西境。晋太康三年(282)分乌程地,置长城县,治富陂乡,属吴兴郡。隋开皇九年(589)灭陈,罢吴兴郡,长城县并入乌程县,属苏州。仁寿二年(602)复立长城县,属湖州。义宁二年(618)沈法兴割据江南,于长城县置长州。唐武德四年(621)杜伏威改为绥州,六年更名雉州,领长城、原乡二县。武德七年(624)废雉州,恢复长城县,将安吉、原乡二县并入长城县,隶属湖州,治所迁雉城。麟德元年(664)复分置安吉县。五代梁开平二年(908),吴越王钱镠为避梁太祖父讳,改长城县为长兴县,仍隶属湖州,长兴县名沿用至今。宋宝庆元年(1225)改湖州为安吉州,隶属安吉州。元元贞元年(1295)升长兴县为长兴州,属湖州路。至正十七年(1357),朱元璋部将耿炳文克长兴,改名长安州。至正二十二年(1362)复名长兴州。明洪武二年(1369)降长兴州为县,属湖州府。弘治元年(1488),划荆溪、顺零、晏子三乡归安吉县。清沿明制。民国元年(1912)废府,长兴县隶属浙江省。民国3年(1914)置道,隶钱塘道。民国16年(1927)撤道,复隶浙江省。民国21年(1932)置行政督察区,先后属三区、一区和二区。民国26年(1937)11月25日,日军侵占长兴县城。民国32年(1943)11月,新四军十六旅收复长兴西部地区,民国33年(1944)3月在槐坎桥下村建立抗日民主政府,民国34年(1945)8月19日收复长兴县城,同年10月新四军北撤,国民党县政府旋即"还治"。1949年4月26日,中国人民解放军解放长兴,5月16日建立长兴县人民政府,隶属浙江省政府第一区专员公署(1949年10月改称嘉兴区专员公署,1955年5月改称嘉兴专员公署)。1980年7月,隶属嘉兴地区。1983年10月起,隶属湖州市。

【风景名胜】 作为历史上的"帝乡佛国",长兴有南朝陈开国皇帝陈霸先的故居,境内西部有仙山和显圣寺,南有城山和清凉禅寺,东有弁山和碧岩寺,北有顾渚山和寿圣寺,形成具有长兴特色的自然山水风景和佛教文化。经过多年开发建设,全县AAAA级景区4个,AAA级景区1个。其中,顾渚茶文化景区,保存唐代诸多历史文化名人遗迹,是世界茶文化圣地;新四军苏浙军区旧址群,被誉为"江南小延安",是全国红色旅游经典景区;金钉子地质博物馆,为国家级科普教育基地;此外,还有仙山湖国家湿地公园、太湖图影生态湿地公园、十里古银杏长廊古木森林、中国扬子鳄村等景区。

【历史名人】 长兴地灵人杰,历史文化名人众多。南北朝时期陈朝开国皇帝陈霸先(503—559),字兴国,长兴下箬人,557年受禅为帝,国号陈,建都建康(南京),在位三年,史称陈武帝,庙号陈高祖,为维护和发展南方经济方面做出历史贡献,被现代著名史学家吕思勉誉为"从来人君得国,无如陈武帝之正者"。道宣(596—667),长兴人,唐代高僧,中国佛教律宗创立者。徐惠(626—650),长兴人,唐太宗妃嫔,聪慧有文采,《全唐书》存其文两篇,《全唐诗》存其诗五首。徐坚(659—729),长兴人,徐惠之侄,幼聪慧,及壮举秀才及进士第,著《大隐传》,编《初学记》《唐六典》等重要文献,其中《初学记》为我国古代第一部重要类书,书中提出的"方志直文"为最早的方志编纂原则,《全唐文》存文七篇,《全唐诗》存诗九首。钱起(约713—780),长兴人，中唐著名诗人，位“大历十才子”之首，《全唐诗》收其诗420余首，其名作《省试湘灵鼓瑟》末联“曲终人不见，江上数峰清”历代受人称道，被公认为试题诗之范本。皎然（约720—790），俗姓谢，字清昼，长兴人，谢灵运之十世孙，唐代著名诗僧，与灵沏、陆羽同居杼山妙喜寺，是长兴佛教文化与茶文化的集大成者。施宿（1164—1222），长兴人，其父施元之为翰林学士，修纂《会稽志》，陆游作序，体例严谨，风格独具，后人誉为宋元方志难得之佳作；此外施宿还是一位苏轼研究专家，编有《东坡先生年谱》，与人合笺《东坡诗集》。顾应祥（1483—1565），长兴人，官至刑部尚书，后乡居而卒，赐葬长兴西北灵山；顾应祥九流百家无所不窥，精于典章、术算，著作弘富，关心桑梓教育，在家乡创“养正书院”与“静虚书院”，嘉靖年间纂《长兴县志》一部，今不存。徐中行（1517—1578），长兴人，官至福建按察使、江西左布政使，著有《天目山堂集》《青萝馆诗》，与李攀龙、王世贞等结诗社，提倡“文必秦汉、诗必盛唐”，为明代“后七子”之一。臧懋循（1550—1620），长兴人，明朝著名戏曲家、文学家，编写、刊刻《元曲选》（又名《元人百种曲》），保存并传承珍贵的元杂剧文学遗产，对中国戏曲文化作出了重大贡献。张度（约1830—1904），长兴人，官至刑部郎中，精于书画鉴别，精通文字学、金石学，尤擅书法。长兴历代重文，唐以后进士289名，举人245名。此外，还有许多非长兴籍历史文化名人在长兴留下重要历史印迹。颜真卿（708—784），大历年间任湖州刺史时，曾多次至长兴顾渚修贡，留下遗址、碑刻数处。陆羽（733—约804），中年居湖州苕溪河畔，大历初在长兴顾渚置茶园，撰《茶经》初稿与《顾渚山记》，并荐顾渚紫笋为贡茶，后人尊之“茶圣”。明代著名散文家归有光（1506－1571）、小说家吴承恩（1500－1582），在明嘉靖时分别出任长兴知县、县丞，两位文学史上著名文人共治一县，改革时弊，勤政爱民，二人皆入《长兴县志》名宦之列。

【地方特产】 长兴物产丰富，有闻名海内外的“太湖四珍”：银鱼、白壳虾、鲚鱼、大闸蟹；有久负盛名的“长兴四宝”：银杏、板栗、青梅、栝楼；有历史悠久的“品茗三绝”：紫笋茶、紫砂壶、金沙泉。

（党史室）

区划人口

【行政区划】 年内，长兴县辖3街道9镇4乡：雉城街道、画溪街道、太湖街道、煤山镇、夹浦镇、李家巷镇、洪桥镇、泗安镇、和平镇、小浦镇、林城镇、虹星桥镇、水口乡、槐坎乡、白岘乡、吕山乡；共有221个行政村、37个居民区、28个社区。

1949年5月，全县设7个区、10个镇、16个乡（雉城区：雉城镇、夹浦乡、新塘乡，鸿桥区：鸿桥镇、横山乡、李家巷乡，和平区：和平镇、大魏乡、吴山乡，虹溪区：虹溪镇、南箬乡、夹塘乡、胥仓乡，泗安区：泗安镇、林城镇、长潮乡、仙山乡、管埭乡、畎桥乡，煤山区：煤山镇、白阜乡、白岘乡、槐坎乡，鼎新区：水口镇、鼎甲桥镇、合溪镇）。

1950年，全县设雉城镇、泗安镇2个镇和6个区51个乡（城东区：李家巷乡、长福乡、鸿桥乡、潼桥乡、横山乡、下箬寺乡、南阳乡、图影乡、新塘乡，鼎新区：水口乡、尧市乡、鼎新乡、喜鹊乡、夹浦乡、后漾乡、渚山乡，煤山区：白岘乡、新川乡、新华乡、煤山乡、新槐乡、槐坎乡、小浦乡、合溪乡、方岩乡、白阜乡，泗安区：仙山乡、民治乡、长潮乡、澄心乡、大云乡、林城乡、畎桥乡、天平乡、管埭乡、管安乡，虹溪区：吕山乡、胥仓乡、港口乡、虹溪乡、午桥乡、蠡塘乡、夹塘乡、南箬乡、新箬乡，和平区：吴山乡、和平乡、大魏乡、三雪乡、长城乡、东山乡）。

1956年，撤区并乡，全县划分为2镇（雉城镇、泗安镇），30乡（横山乡、鸿桥乡、新塘乡、李家巷乡、下箬乡、水口乡、鼎新乡、夹浦乡、后漾乡、白岘乡、煤山乡、新华乡、合溪乡、白阜乡、仙山乡、民治乡、长潮乡、大云乡、林城乡、畎桥乡、天平乡、管埭乡、吕山乡、虹溪乡、夹塘乡、新箬乡、吴山乡、和平乡、三雪乡、长城乡）。

1958年10月，在人民公社化运动中撤销乡镇建制，实行“政社合一”，建立10个人民公社（鼎新、鸿桥、李家巷、雉城、虹溪、泗安、林城、合溪、煤山、和平），38个大队。1959年3月，改大队为管理区，将原38个大队划为42个管理区。

1961年8月，撤销大公社，在管理区的基础上建立32个人民公社（新塘、鸿桥、横山、下箬寺、李家巷、水口、鼎甲桥、夹浦、后漾、城郊、虹星桥、吕山、港口、蠡塘桥、包桥、林城、天平桥、管埭、仙山、二界岭、长潮、大云寺、和平、长城、吴山、便民桥、煤山、白岘、槐坎、白阜、合溪、长桥），并恢复2镇（雉城镇、泗安镇）。

1979年6月，将李家巷自然镇从李家巷公社中划出，建立县属镇。

1980年4月，将管埭人民公社划分为泗安、管埭2人民公社。

1981年2月，撤销李家巷人民公社建制，将所属大队划归李家巷镇。至此，全县为32个公社3个建制镇。

1982年1月，经地区行署批准，将重名的大云、港口两公社，改名为太傅、观音桥公社。

1983年11月，实行党、政分设，并改“人民公社”为乡人民政府；同时，从天平桥乡划出畎桥乡。

1984年7月，将城郊乡、泗安乡分别并入雉城镇、泗安镇。

1985年9月，和平、煤山、小浦，改乡为镇。

1986年7月,林城、虹星桥、洪桥,改乡为镇。

1987年,全县设9镇(雉城镇、洪桥镇、李家巷镇、林城镇、泗安镇、虹星桥镇、和平镇、小浦镇、煤山镇),25乡(新塘乡、横山乡、下箬寺乡、丁甲桥乡、水口乡、后漾乡、夹浦乡、天平桥乡、畎桥乡、太傅乡、仙山乡、二界岭乡、长潮乡、管埭乡、里塘乡、观音桥乡、吕山乡、包桥乡、长城乡、便民桥乡、吴山乡、长桥乡、白阜乡、白岘乡、槐坎乡)。

1992年9月,撤销便民桥乡建制,与原和平镇合并,调整后的镇名为和平镇;撤销观音桥乡建制,与原虹星桥镇合并,调整后的镇名为虹星桥镇;撤销丁甲桥乡、夹浦乡建制,合并建立夹浦镇。调整行政区划后,全县设10镇(雉城镇、洪桥镇、李家巷镇、夹浦镇、林城镇、泗安镇、虹星桥镇、和平镇、小浦镇、煤山镇),21乡(新塘乡、横山乡、下箬寺乡、水口乡、后漾乡、天平桥乡、畎桥乡、太傅乡、仙山乡、二界岭乡、长潮乡、管埭乡、里塘乡、吕山乡、包桥乡、长城乡、吴山乡、长桥乡、白阜乡、白岘乡、槐坎乡)。

1998年10月,长城乡并入和平镇。

1999年1月,后漾、包桥、下箬三乡并入雉城镇,横山乡并入洪桥镇,里塘乡并入虹星桥镇,管埭、仙山二乡并入泗安镇,畎桥、天平桥乡并入林城镇。撤销白阜乡,其8个村划归小浦镇,12个村划归长桥乡。调整行政区划后,全县设10镇(雉城镇、洪桥镇、李家巷镇、夹浦镇、林城镇、泗安镇、虹星桥镇、和平镇、小浦镇、煤山镇),10乡(新塘乡、水口乡、太傅乡、二界岭乡、长潮乡、吕山乡、吴山乡、长桥乡、白岘乡、槐坎乡)。

2000年12月,撤销雉城镇、新塘乡、长桥乡建制,合并设立新的雉城镇。

2001年,撤销泗安镇、长潮乡建制,合并设立新的泗安镇;撤销林城镇、太傅乡建制,合并设立新的林城镇。调整后,全县设10镇(雉城镇、洪桥镇、李家巷镇、夹浦镇、林城镇、泗安镇、虹星桥镇、和平镇、小浦镇、煤山镇),6乡(水口乡、二界岭乡、吕山乡、吴山乡、白岘乡、槐坎乡)。

2012年6月,撤销吴山乡建制,将其行政区域并入和平镇;撤销二界岭乡建制,并入泗安镇;撤销雉城镇建制,其行政区域改由县政府直辖,在此行政区域内设立雉城、画溪、太湖3个街道办事处。调整行政区划后,全县辖3街道9镇4乡。

【人口】 年末全县户籍总人口63.05万人,其中男性31.69万人,女性31.36万人,总人口中非农业人口16.46万人。全年出生人口5907人,死亡人口3626人,人口自然增长率3.62‰。

【方言】 境内主要方言为长兴话,此外还有河南话、苏北话、安庆话、宜兴话、平阳话等。长兴话、宜兴话属吴语,河南话、苏北话、安庆话属官话(北方方言),平阳话属闽语。长兴话属吴语太湖片苕溪小片,使用人数最多;河南话使用人数仅次于长兴话。

(党史室)

国民经济与社会发展

【国民经济】 初步核算,全县地区生产总值(GDP)为438.72亿元,按可比价格计算,同比增长8.7%。其中,第一产业增加值31.1亿元,同比增长1.3%;第二产业增加值231.37亿元,同比增长9.6%;第三产业增加值176.27亿元,同比增长8.6%,三次产业占比为7.1∶52.7∶40.2。按户籍人口计算,人均生产总值为69709元,可比价增长8.3%,按平均汇率折算为11348美元。

【财政】 全县完成财政总收入70.16亿元,同比增长3.0%;地方财政收入40.23亿元,同比增长2.0%。财政支出51.41亿元,同比增长8.62%,其中教育、科技、医疗卫生、社会保障和就业分别支出11.62亿元、1.63亿元、4.13亿元和3.42亿元。

【农业】 全县实现农林牧渔业总产值56.72亿元,比上年增长1.3%。全年农作物播种面积83640公顷,其中粮食播种面积46033.33公顷,总产量29.17万吨,油料作物播种面积7066.67公顷,总产量1.56万吨。现代农业成效明显。发展提升七大特色产业2066.67公顷,改造提升特色产业示范基地5个,洪桥省级现代农业综合区顺利通过验收,新增粮食生产功能区2266.67公顷,创建国家级示范性农民专业合作社2家、市级以上农业龙头企业5家。新增省级"三品"基地3400公顷、产品104只,获评省农业标准化综合示范县。

农业基础条件方面,苕溪清水入湖工程完成投入3.5亿元,竣工验收水库4座,整治山塘10座,新增达标堤防34公里,年末实有固定泵站2293处。农业物质装备水平不断提高,年末拥有农机总动力37.52万千瓦,耕作机械动力7.43万千瓦,机耕面积51680公顷,机收面积41406.67公顷。全年农林牧渔业用电2510万千瓦时。

【工业】 全年工业增加值204.37亿元,其中规模以上工业增加值181.50亿元,同比增长10.0%。全县607家规模以上工业企业累计产值1103.96亿元,同比增长8.7%;新产品产值316.76亿元,同比增长30.7%;工业销售产值1062.75亿元,同比增长7.8%,产销率达到96.3%,同比下降0.8个百分点;主营业务收入1065.48亿元,同比下降5.0%;利税总额96.88亿元,同比增长6.8%;利润总额65.07亿元,同比增长5.5%。年主营业务收入超亿元的企业达209家。

规模以上工业中电气机械和器材制造业、纺织业、非金属矿物制品业、化学纤维制造业等四大行业累计产值817.56亿元，占全县规模以上工业产值的74.1%，同比增长6.6%。

规模以上工业高新技术产业主营业务收入268.06亿元，同比下降0.9%；利税总额25.55亿元，同比下降8.5%；利润总额17.26亿元，同比下降11.3%。规模以上工业六大特色产业主营业务收入541.07亿元，同比下降13.9%；利税总额34.99亿元，同比下降0.2%；利润总额23.42亿元，同比下降3.2%。

【固定资产投资】 全年固定资产投资326.61亿元，同比增长15.2%，其中工业性投入154.34亿元，同比增长7.1%；基础设施投资95.02亿元，同比增长27.9%。固定资产投资按三次产业分，第一产业2.35亿元；第二产业154.34亿元，同比增长7.1%；第三产业169.92亿元，同比增长23%。

【房地产业】 全年房地产开发投资93.52亿元，同比增长25.7%。全年商品房施工面积550.66万平方米，其中新开工面积153.96万平方米，商品房竣工面积86.88万平方米；商品房销售面积57.81万平方米，同比下降13%；商品房销售额37.48亿元，同比下降16.4%。

【建筑业】 全年建筑业总产值75.82亿元，同比增长8.3%。建筑业增加值27.09亿元，同比增长4.9%。全年房屋施工面积470.78万平方米，其中当年新开工面积268.19万平方米。

【交通运输】 年末全县公路里程数2132公里，每平方公里公路密度1.49公里。其中，准四级以上等级公路里程2132公里，高速公路通车里程89.5公里。全年全社会公路客运量950万人，同比下降15.7%；客运周转量33651万人公里，同比下降17.0%。全社会货物运输量4867万吨，其中公路运输2290万吨，水路运输2576万吨。全社会货运周转量59.8亿吨公里，其中公路周转量22.09亿吨公里，同比增长7.9%；水路周转量37.71亿吨公里，同比下降51.5%。

【电信】 全年电信业务收入5.36亿元，同比下降4%。年末全县各类用户总量101.5万户，同比增长8.4%。其中，固定电话15.66万户，同比下降7.3%；移动电话67.25万户，同比增长1.9%；国际互联网用户15.88万户，同比增长19.8%，其中宽带上网用户15.88万户，同比增长19.8%。

【国内贸易】 全年社会消费品零售总额185.47亿元，同比增长15.2%。全年规上批发业企业75家，实现销售额876.21亿元，同比增长23.1%；规上零售业企业63家，实现销售额45.74亿元，同比增长32.3%；规上住宿业企业14家，实现营业额2.46亿元，同比下降6.3%；规上餐饮业企业18家，实现营业额2.29亿元，同比增长26.0%。全县共有商品交易市场38个，其中生产资料交易市场8个。亿元以上商品交易市场15个，全年市场成交额150亿元，同比增长5%。

【旅游业】 全年接待国内游客1156.31万人次，同比增长11.1%；旅游景区(点)门票收入4011.3万元，同比增长33.6%。现有三星级以上酒店7家，其中四星级酒店2家；有旅行社16家，其中旅行社分社2家。仙山湖景区、水口茶文化景区成功创建国家AAAA级旅游景区；图影湿地文化园成功创建省级生态旅游示范区；超威集团成功创建省级工业旅游示范基地。

【对外贸易】 全年进出口总额18.37亿美元，同比增长7.3%；其中出口总额16.2亿美元，同比增长7.5%，进口总额2.17亿美元，同比增长6.4%。主要出口行业中，纺织服装出口9.53亿美元，同比增长8.3%；机械电子出口3.05亿美元，同比增长7.9%；化工出口1.35亿美元，同比下降6%。

【招商引资】 全年合同外资3.63亿美元，实到外资1.93亿美元，县外内资注册资本47.85亿元；新引进市“大好高”项目34个；浙商回归省外到位资金41.03亿元。全年千万美元以上外资项目14个、亿元以上内资项目72个。

【金融】 年末金融机构本外币各项存款余额530.13亿元，同比增长12.5%，其中城乡居民储蓄存款余额235.21亿元，同比增长9.3%。年末本外币各项贷款余额476.07亿元，同比增长11.2%，其中短期贷款234.54亿元，同比增长4.1%；中长期贷款228.87亿元，同比增长19.7%。

【保险】 全年各类保费收入10.88亿元，同比增长17.8%。其中财产、车辆保险保费收入5.20亿元，同比增长16.0%；人寿保险保费收入5.68亿元，同比增长19.3%。全年赔款支出3.39亿元，同比增长11.5%。

【科学技术】 全年实施政产学研合作项目115项，新列国家级项目37项，新增省级以上新产品364项。新认定国家重点扶持高新技术企业14家、省级重点企业研究院1家、省级工程技术研究中心2家、省级企业研发中心11家(其中农业2家)，省农业科技型企业6家，省专利示范企业5家，省科技型中小企业64家。规模以上工业高新技术产业增加值47.8亿元，同比增长7.1%，占规模以上工业增加值的26.3%。全年专利申请4958件，授权3276件，其中发明专利授权219件。

【教育】 年末共有幼儿园39所，在园学生15569人，专任教师943人；小学校数37所，在校学生36068人，专任教师1950人;普通中学23所,其中初级中学18所,普通高中5所,在校学生分别为18179和11095人,专任教师分别为1542和835人。

【文化体育】 顺利通过"全国文化先进县"复评,新建文化礼堂28个、农村篮球场40个、全民健身广场10个,新建全民健身路径56条,新建文体团队100个。全年举办大型文体活动60场、基层文体活动1360场,放映电影2.5万场次;百叶龙对外文化交流30场次;图书馆接待读者80余万人次,借阅图书82万册次。举办第五届环太湖国际公路自行车赛、二界岭国际山地自行车越野挑战赛、中国长兴首届山地速降国际邀请赛、全国场地自行车锦标赛等文体赛事。获市以上体育比赛金牌216枚、银牌102枚、铜牌73枚。

【卫生】 年末共有各类卫生机构344个,其中各类医院10家(含综合医院5家),乡镇卫生(分)院、社区卫生服务(分)中心26家,门诊部、诊所、卫生所、医务室、保健站122家,社区卫生服务站178家。年末全县拥有床位2535张,卫生技术人员3691人,其中执业(助理)医师1759人,注册护士1756人。每万人拥有卫生床位数40床,每万人拥有卫生技术人员59人。

【城市建设】 全县城市环境不断改善,城市内涵不断丰富,中心城区建成区面积扩大到48平方公里,年末建成区人均城市道路面积29.32平方米;建成区供水管道密度24.35公里/平方公里,排水管道密度14.21公里/平方公里。全年城市供水总量3248万立方米,天然气供气总量5182万立方米,液化石油气供气总量1041吨。建成区公园数12个,公园面积176公顷。城乡绿化工作扎实开展,建成区绿地率41.8%、建成区绿化覆盖率45.8%、人均公园绿地面积15.92平方米。

【环境保护】 全面实施"五水共治"专项行动十大工程,深化落实"河长制",整治垃圾河、黑臭河13条,清淤疏浚河道1100公里,河道保洁实现全覆盖,主要集中式饮用水源地(包漾河与合溪水库)水质达标率为100%,I~III类水质断面比例为83.3%,满足功能要求的占比83.3%。新建污水管网84.6公里,纳管改造区块46个,完成84个行政村生活污水治理;建成水厂4座,新建、改造供水管网198.6公里。淘汰高污染燃料小锅炉132台、黄标车3867辆,关闭煤堆场21个。

【人口】 年末全县户籍总人口63.05万人,其中男性31.69万人,女性31.36万人,总人口中非农业人口16.46万人。全年出生人口5907人,死亡人口3626人,人口自然增长率3.62‰。

【社会保障】 年末参加企业基本养老保险23.65万人,增长18.6%;参加城镇职工基本医疗保险22.86万人,增长12.8%;参加工伤保险15.87万人,增长3.8%;参加生育保险10.78万人,增长6.8%。全县社会福利性养老机构17家,床位2618张。城乡居民享受最低生活保障人数分别为1924人和7151人。就业和再就业工程继续推进,全年新增城镇就业1.3万人,帮扶下岗失业人员再就业5460人。年末城镇登记失业率为3.02%。

【人民生活】 根据抽样调查资料,全年城镇居民人均可支配收入39234元,同比增长9%,城镇居民人均生活消费支出24318元,同比增长5.6%。农村居民人均可支配收入22685元,同比增长10.5%,农村居民人均生活消费支出14826元,同比增长10.2%。年末民用汽车拥有量9.48万辆,同比增长14.5%;其中轿车拥有量5.74万辆,同比增长12.7%。

说明:

1. 本公报统计数据均为初步统计数。
2. 公报中地区生产总值、各产业增加值、人均生产总值绝对数按现价计算,增长速度按可比价格计算。
3. 规模以上工业企业指年主营业务收入2000万元及以上的工业法人企业。
4. 固定资产投资范围为计划投资额500万元及以上项目的投资。

(统计局)

政治建设

重要会议

【概况】 年内，中共长兴县委举行常委会议22次，常委扩大会议9次，县委全委扩大会议2次。

【县委全体(扩大)会议】 1月10日上午，县委十三届六次全体(扩大)会议在长兴大剧院举行，章根明代表县委常委会向全会做工作报告。会议的主要任务是，深入学习贯彻党的十八届三中全会、省委十三届四次全会和市委七届五次全会精神，总结2013年工作，研究部署2014年任务，动员全县党员干部群众，进一步认清形势、坚定信心、克难求进，加快推进三升一改，奋力开创“太湖望县、锦绣长兴”建设新局面。会议要求，突出“一二三五”，抓好2014年工作。围绕“一个目标”，即加快推进“太湖望县、锦绣长兴”建设；紧抓“两条主线”，即贯彻落实全面深化改革重大决定、扎实开展群众路线教育实践活动；贯彻“三个坚定不移”，即坚定不移抓好上级决策部署的落实、坚定不移抓好既定目标任务的完成、坚定不移抓好事关长远工作的推进；突出五个方面重点，即让长兴发展更加稳健、让太湖风情更加凸显、让长兴大地更加锦绣、让长兴百姓更加幸福、让长兴未来更加美好。上午大会结束后，进行分组讨论，县四套班子领导分别参加各组讨论。下午，继续分组讨论后，在长兴行政会议中心302室举行会议，章根明作会议小结并以《我的工作观》为题讲话，吕志良主持会议，县经济开发区、图影旅游度假区管委会、画溪街道、煤山镇、李家巷镇、林城镇和吕山乡作表态发言。

7月19日县委十三届七次全体(扩大)会议在长兴大剧院举行。17—18日，县四套班子领导率乡镇(街道、园区)、部门和规模以上企业负责人，分赴江苏省张家港市、昆山市、常熟市、太仓市、宜兴市、苏州市吴江区学习考察。会上，章根明代表县委常委会向全会作题为《振奋精神，聚力发展，以经济建设新成效增创长兴发展新优势》的工作报告；吕志良布置下半年经济工作；县发改委、经信委、湖州南太湖产业集聚区长兴分区、李家巷镇、夹浦镇作表态发言。会议认为，1—6月全县主要指标实现“半年红”；要求全力确保年度目标任务全面完成。

【县委常委会】 第1次会议 1月3日下午举行。会议讨论县委十三届六次全体(扩大)会议《工作报告》；听取县发改委《关于长兴县2013年主要经济指标预计完成情况和2014年预期目标安排建议的汇报》；听取县编委办关于县食品药品监管体制改革情况的汇报；听取县委组织部关于湖州市“十佳”乡镇(街道)党委书记、乡镇长(主任)、“双十佳”乡镇干部、“美丽乡村建设优秀带头人”等建议名单的汇报；听取县纪委关于2013年全县党风廉政建设责任制和推进惩防体系建设工作检查考核情况的通报；听取县纪委关于给予许智远开除党籍处分情况的汇报；听取县委党史研究室关于要求出版《中国共产党长兴历史》第二卷(1949—1978)的情况通报；研究有关干部人事问题。

第2次会议 1月8日晚举行。会议听取县人大、政协关于县“两会”筹备情况的汇报；听取关于县第十五届人大三次会议《人大工作报告(送审稿)》《法院工作报告(送审稿)》《检察院工作报告(送审稿)》和《政协第八届长兴委员会常务委员会工作报告(送审稿)》的汇报；听取县委宣传部关于“长兴发布”政务微博群建设方案的汇报；研究有关干部人事问题。

第3次会议 1月20日晚举行。会议讨论《政府工作报告(送审稿)》；听取关于《长兴县2013年国民经济和社会发展执行情况与2014年国民经济和社会发展计划草案的报告(送审稿)》，关于《长兴县2013年财政预算执行情况和2014年财政预算草案的报告(送审稿)》等汇报；听取2014年“开门红”有关情况的汇报；听取关于县四套班子实绩材料和年度总结报告的汇报。

第4次会议　1月27日上午举行。会议听取县委办、组织部、招商局、宣传部关于2013年度乡镇(街道、园区)"三比一讲"竞赛综合考核、部门"三比一讲"绩效考核、招商引资、"双百分"考核情况的汇报;听取省纪委全会精神和县纪委关于全县纪检监察工作的汇报;听取全省宣传思想工作会议精神和县委宣传部关于全县宣传思想工作的汇报;听取省市政法工作会议精神和县委政法委、县公安局关于全县政法工作、公安工作的汇报;听取《县委、县政府工作要点》的汇报(书面)。

第5次会议　2月12日晚举行。会议传达省领导到长兴调研"走亲连心、助推开门红"讲话精神;听取关于全县大气污染防治行动计划,关于招商引资、服务业、旅游业、开放型经济、金融等工作汇报。

第6次会议　4月1日下午举行。会议听取关于开展"三集中五攻坚"专项行动竞赛方案的汇报;听取关于集中拆违行专项行动方案的汇报;听取关于集中疏通"断头河"专项行动方案的汇报;听取关于集中绿化专项行动方案的汇报;听取关于《长兴县建立健全惩治和预防腐败体系2013—2017年实施方案》的汇报;听取关于长兴县2014年反腐倡廉建设和作风建设组织领导及责任分工的汇报;听取第一批县领导"领办实事、化解难题"整改任务安排情况的汇报;研究有关干部人事问题。

第7次会议　4月14日下午举行。章根明主持。王新民应邀列席。会议听取关于近期群众路线教育实践活动有关工作安排的汇报;听取县人大、政府、政协党组关于群众路线教育实践活动征求意见情况的汇报;听取第一批"领办实事、化解难题"整改任务安排情况的汇报;听取关于切实做好软弱、涣散基层党组织整转工作的汇报。章根明强调,要再深化、再落实、再改进,扎扎实实抓好党的群众路线教育实践活动各项工作。会议要求各级党组织和党员领导干部要对前一阶段的教育实践活动进行"回头看",查漏补缺;全县上下要把学习教育和边整边改作为教育实践活动的主线贯穿始终。

第8次会议　4月25日下午举行。会议听取《关于深化"民生必修课"教育活动的实施意见》的汇报;听取县级领导集中蹲点调研方案的汇报;听取县委常委会、人大党组、政府党组、政协党组、政法系统第一批综合性问题意见整改方案的汇报;听取关于2014年度乡镇(街道、园区)、部门"三比一讲"竞赛综合考核办法的汇报;听取县委党校、机关党工委、老干部工作汇报。

第9次会议　5月9日下午举行。会议听取关于开展"坚定理想信念、敢于担当克难"主题教育活动方案的汇报;听取县四套班子征集意见建议梳理情况的汇报;听取县委常委牵头的全县第一批具体问题意见整改任务进展情况的汇报;听取县委深化改革有关情况的汇报;听取关于市"依法信访"集中宣传月会议精神及长兴活动安排建议的汇报;听取关于"三改一拆"涉及宗教场所和民间信仰场所违法建筑依法处置工作情况的汇报;研究有关干部人事问题。

第10次会议　5月14日下午举行。王新民应邀列席。会议学习习近平总书记在参加兰考县委民主生活会上的讲话精神;听取全县党的群众路线教育实践活动"学习教育、听取意见"环节"回头看"工作情况的汇报;讨论《关于做好长兴县群众路线教育实践活动"查摆问题、开展批评"环节工作的通知》。

第11次会议　5月21日上午举行。会议听取房地产有关工作情况的汇报;听取全县农村生活污水治理工作情况的汇报;听取关于《长兴县工业企业发展绩效综合评价办法》情况的汇报;听取关于县纪委监察局牵头或参与议事协调机构清理方案的汇报;听取县政府领导牵头的全县第一批具体问题意见整改任务进展情况的汇报。

第12次会议　5月29日上午举行。会议听取关于"帮扶解困助转型政企同心促发展"第二季服务企业专项行动方案的汇报;听取关于进一步优化政策、鼓励各类人才在长创业创新的若干意见的汇报;听取关于全县第二批问题意见整改任务分解情况的汇报;听取关于做好二季度民情体验课教育活动有关事项的汇报。

第13次会议　6月6日举行。王新民应邀列席。会议研究党的群众路线教育实践活动县委常委班子对照检查材料。

第14次会议　6月16日上午举行。会议研究党的群众路线教育实践活动县委常委班子对照检查材料(第三审)。

第15次会议　8月8日晚举行。会议听取县安监局关于全县安全生产工作和省委、省政府《关于加强安全生产促进安全发展的意见》(浙委发〔2014〕5号)贯彻落实情况的汇报;听取县纪委关于《长兴县领导班子和领导干部作风状况评价实施办法(试行)》起草工作的情况汇报;听取县纪委关于制订《长兴县纪检监察干部监督管理办法(试行)》情况汇报。

第16次会议　8月21日上午举行。王新民应邀列席。会议听取各牵头常委关于县委常委会"四风"问题具体整改任务方案的汇报;听取县政府、人大、政协党组关于"四风"问题具体整改任务方案的汇报;传达学习市关于群众路线教育实践活动推进会有关精神、研究全县群众路线教育实践活动整改落实建章立制环节工作;听取全县安全生产自查情况汇报。

第17次会议　9月19日上午举行。会议听取《关于加强县直党政有关部门与县政协专门委员会对口联系协商工作的意见》的汇报;听取并原则通过关于部分县管干部持有长兴农村合作银行股份问题有关情况的汇报,提出正确认识、统一思想、积极配合、妥善协调和内紧外松五点要求。

第18次会议　10月8日晚举行。会议听取关于全县党的群众路线教育实践活动总结和全县总结大会报告的汇报;听取关于县纪委监察局机关内设机构调整情况的汇报;听取并研究有关干部人事问题。

第19次会议　10月13日上午举行。会议听取关于全县大气污染防治工作有关情况的汇报;听取关于服务业专项服务方案的汇报;听取关于"冬修水利、农业冬种、冬季造林、冬季防火"四项工作的汇报;听取关于全县15项专项整治和美丽乡村大检查活动方案的汇报。

第20次会议　12月12日上午举行。吕志良主持。会议传达学习省委十三届六次全体(扩大)会议精神;听取县委常委会群众路线教育实践活动有关长效机制建立情况的汇报;听取2015年全县主要指标和重点项目安排情况的汇报;听取2015年度招商引资工作实施意见及细化方案的汇报;听取长兴县旅游发展三年行动计划及旅游发展大会方案的汇报;听取县域道德文化品牌——"和文化"建设的工作汇报;听取争创全国文明城市三年行动计划的汇报;关于湖州市第二批"美丽乡村建设优秀带头人"推选工作的情况汇报;听取中央和省市委关于开展县乡党委书记抓基层党建工作述职评议考核工作的精神要求和长兴县贯彻落实安排建议情况的汇报;关于全省、全市人才工作推进会精神及长兴县贯彻落实情况的汇报;关于全省、全市加强年轻干部选拔培养工作会议精神的汇报。

第21次会议　12月25日举行。会议专题研究有关干部人事问题。

第22次会议　12月31日下午举行。会议讨论县委十三届八次全体(扩大)会议工作报告和《中共长兴县委关于全面深化法治长兴建设的实施意见》;听取2015年农业农村工作要点和全县农村工作会议方案的汇报;听取长兴县现代农业发展三年行动计划的汇报;听取长兴县农田水利建设三年行动计划(泗安塘整治方案)有关情况的汇报;听取长兴县新能源汽车产业培育发展三年行动计划的汇报;听取2014年全县党风廉政建设责任制检查考核情况的汇报;学习传达全省基层社会治理信息化建设现场会有关精神。

【县委常委(扩大)会议】　1月28日上午,县委常委(扩大)会议举行。章根明主持,县四套班子领导参加。会议听取县经信委关于2013年度工业企业工作汇报及2014年全县工业经济和科技创新大会方案的汇报;听取县发改委、经信委关于全县经济"开门红"活动实施方案以及关于开展"服务企业助推项目实现'开门红'"专项服务月活动实施方案的汇报;听取环保局、水利局、农办全县"五水共治"有关工作的汇报;会议还部署上半年全县重点工作。就经济"开门红"工作,章根明强调,不仅要抓好经济数据,更要抓好全线工作;各级党委、政府服务企业要主动作为,务求实效。就全县"五水共治"工作,章根明强调,要态度坚定,方法科学。

2月16日下午,县委常委(扩大)会议举行。章根明主持。会议传达夏宝龙在省纪委十三届三次全体会议上的讲话精神及省人大常委会副主任冯明到长兴调研讲话精神,传达市委副书记、市长陈伟俊和市政协主席吴水霖在市"两会"长兴代表团活动时的讲话精神;听取在全县开展群众路线教育实践活动方案的汇报,对教育实践活动做出统一思想、完善方案、明确要求、合理安排和推助中心工作等五点要求;听取关于全县大气污染防治行动计划的汇报。

3月3日上午,县委常委(扩大)会议举行。章根明主持。县四套班子领导参加。会议传达学习市第七届纪律检查委员会第三次全体会议精神;专题研究企业服务和项目引进、推进工作。章根明强调,抓项目是抓经济工作的核心,重点企业、重点项目是工业强县的主引擎,相关单位要增强意识、提升质量、攻坚克难,做好企业服务和项目推进工作。

4月1日下午,县委常委(扩大)会议举行。县四套班子领导参加。王新民应邀列席。会议学习贯彻习近平同志在河南省兰考县调研指导时的重要讲话精神。章根明强调,习近平总书记的重要讲话明确第二批教育实践活动的总体要求、实践载体和方式方法,全县干部要严格按标准予以落实和推进,争做焦裕禄式好干部。

6月9日下午,县委常委(扩大)会议举行。章根明主持。县四套班子领导参加。会议专题研究党的群众路线教育实践活动有关工作。王新民及省市委督导组成员应邀列席。会议学习《习近平总书记在参加兰考县委常委班子专题民主生活会时的讲话》精神;学习《赵乐际同志在学习中央政治局常委同志联系点经验座谈会上的讲话》精神;王新民通报县级领导班子作风建设及存在的问题,肯定长兴党的群众路线教育实践活动工作,要求长兴进步提高认识,务求实效。章根明作表态发言,表示会认真贯彻落实省委督导组的意见和要求,开好专题民主生活会、抓好整改工作。

7月4日上午,县委常委(扩大)会议举行。县四套班子领导参加。与会人员观看中共农安县委常委班子、中共舟山市委常委班子专题民主生活会实录剪辑;传达学习《省委常委、组织部长胡和平在调研指导嘉兴、湖州、绍兴、金华、衢州、丽水市委常委班子专题民主生活会准备工作时的讲话摘要》《省委常委、组织部长胡和平赴嘉善县调研教育实践活动讲话摘要》《市委常委、组织部长干武东在调研指导德清、安吉县委常委班子专题民主生活会准备工作时的讲话摘要》；布置县委常委会专题民主生活会召开时间、要求等相关工作。章根明强调，开好民主生活会是群众路线教育实践活动查摆问题、开展批评环节中，学习好不好、征求意见实不实、对照检查深不深的重要标准，务必以充分的思想准备和良好的精神状态开好。

7月16日下午，县委常委（扩大）会议举行。会议传达学习省委常委（扩大）会议、市委常委（扩大）会议、市委全体（扩大）会议精神；传达学习李强省长在市委常委班子专题民主生活会上、冯明在县委常委班子专题民主生活会上的讲话精神；讨论县委常委会《工作报告》，明确县委十三届七次全体（扩大）会议的主要任务是，动员和带领全县各级各部门全面完成各项既定目标任务；听取关于县委常委班子、人大、政府、政协党组关于专题民主生活会总结报告的汇报；听取县委常委会"四风"问题整改任务分解方案的汇报；听取关于县委常委班子专题民主生活会通报稿的汇报；听取关于深化农村确权赋权改革实施意见的汇报；传达省市纪检监察机关"转职能、转方式、转作风"有关会议精神；听取全县清理规范村（社区）事务、组织机构标牌标识、达标创建和台账资料工作情况的通报。

9月28日上午，县委常委（扩大）会议举行。章根明主持。县四套班子领导参加。会议听取关于《浙江省湖州市生态文明先行示范区建设长兴县实施计划》的汇报；听取关于"书记（县长）与企业家面对面谈心、一对一服务"活动问题落实情况的汇报。会议要求，贯彻《实施计划》要坚持连续性、协调性、示范性等"三性"和长兴化、具体化、项目化等"三化"；贯彻"书记（县长）与企业家面对面谈心、一对一服务"活动，相关单位要主要领导要明确责任主体、落实举措，做到用心服务、精准服务。长兴县委县政府从7月底开展与企业家面对面谈心、一对一交流活动，累计举行活动16次，参与交流企业达99家，涉及问题121个。

10月27日县委常委扩大会议举行。县四套班子领导参加。

（党史室）

重要决策

【概况】 年内，中共长兴县委团结带领全县人民，在中央和省、市委的正确领导下，认真贯彻落实党的十八大、十八届三中、四中全会精神，紧紧围绕"太湖望县、锦绣长兴"奋斗目标，坚持稳中求进、改革创新，持续深入实施工业立县、开放活县、生态优县、科教兴县、文化强县和新型城市化战略，牢牢把握全面深化改革和党的群众路线教育实践活动两条主线，全力抓好"三个坚定不移"（坚定不移抓好上级决策部署的落实、坚定不移抓好既定目标任务的完成、坚定不移抓好事关长远工作的推进），扎实开展"六大专项行动"（项目引进推进专项行动、产业转型升级专项行动、"五水共治"专项行动、大气污染防治专项行动、"锦绣长兴"专项行动、深化体制改革专项行动），全县经济社会实现持续稳步发展。

【建设工业强县】 1月26日，县委召开常委会议，提出要以"努力实现开门红，力争夺取全年红"为目标，按照"天天赶考、月月赶考、季季赶考、年年赶考"的要求，围绕信心、氛围、项目、环境等内容，只争朝夕抓好工业经济工作。

1月28日，县委、县政府印发《关于进一步加快建设工业强县的政策意见》，进一步加大对扩大企业有效投入、扶持企业做大做强、推进科技创新、节能降耗、园区建设等方面的政策支持力度。

2月7日，县委、县政府召开全县工业经济和科技创新大会，强调要多而强，通过提高招商引资和激活民资水平，不断增加企业数量；要大而强，通过联动、集聚发展，不断壮大企业和产业规模；要优而强，通过现代产业体系的建立，不断推进结构调整和产业升级；要高而强，通过企业主体、市场导向、政产学研用的紧密结合，不断提升综合创新能力；要好而强，通过提高工业附加值水平，不断提升发展效益；要新而强，通过科技创新的实施，不断提升自主创新能力；要实而强，通过实体经济的壮大，不断做稳长兴企业；要久而强，通过发展规划的确定，不断明确发展方向；要名而强，通过"三名工程"等载体实施，不断提升企业知名度。

2月8日，县委召开常委（扩大）会议，提出要扎实做好"服务企业助推项目实现工业经济'开门红'"专项服务月活动。要提高思想认识，深入企业摸实情、听真话、解难题，为企业增添温暖、增加力量、增强信心；要真心实意开展活动，坚决克服"蜻蜓点水""走马观花"，防止活动流于形式；要坚持领导带头，充分发挥表率作用，把解决企业最关心、最直接、最现实的利益问题贯穿活动始终。

2月20日，县委、县政府召开全县招商引资工作会议，强调招商引资只有跑才有机会，只有积极走出去，才能获得好的项目信息；招商引资只有谈才有可能，领导干部要带头谈判，才能了解项目达成共识；招商引资只有诚才有回报，只有真诚坦然，才能获得信任打动客商；招商引资只有实才有意义，项目信息要实、工作举措要实、考核细则要实；招商引资只有快才有效率，只有提高审批、落地和推进效率，才能有效益、有效果。

3月3日，县委召开常委（扩大）会议，听取全县"服务企业助推项目实现开门红"专项服务月活动问题解决情况汇报。会议要求，要增强服务意识、责任意识,坚持把支持企业发展作为党委政府的重要职责,进一步增强服务企业的使命感、成就感,自觉主动为企业排忧解难;要持续服务企业、联系企业,做到常态化、经常化,防止紧一阵、松一阵,热一阵、冷一阵,切实做好跟踪服务、紧密服务;要解放思想、克难攻坚,发挥职能优势,强化责任,各司其职,切实解决企业发展遇到的困难和问题。

3月6日,县委、县政府召开全县印染行业整治提升工作现场会,强调要端正思想观念、提升管理水平、提升综合效益,全面巩固整治成果,确保整治提升工作取得更大成效。

3月13日,县委、县政府召开全县工业炉产业转型升级动员大会,强调加快工业炉产业的转型升级刻不容缓,要全心全力推进转型升级,坚决克服"不敢转""不愿转""不会转""不想转"的思想;要齐心协力推进转型升级,锁定目标、政企联动、扎实推进,努力打造全国工业炉转型升级示范区。

5月7日,县委、县政府召开全县助企发展服务员座谈会,强调要增强主动性,各助企发展服务员要带着县委、县政府赋予的光荣使命,主动担当、主动作为,不当任务、不当客人,及时了解企业生产经营情况,全面支持工业创强、全力服务企业发展。

5月19日,县委书记章根明调研部分企业运行情况,强调全县上下要为企业创造优良发展环境,全力推助企业加快转型升级步伐。

5月27日,县委、县政府召开耐火产业转型升级动员大会,强调耐火产业转型升级工作必须高度重视、严格要求、抓重点、强合力、讲方法,力争将长兴打造成为全国耐火产业转型升级示范区。

6月3日,县委召开常委会议,听取"帮扶解困助转型政企同心促发展"第二季服务企业专项行动方案汇报,强调要点面结合,既要点对点解决好联系企业的个性问题,也要举一反三,研究解决好面上发展的共性突出问题;要长短结合,既要解决当前问题,也要着眼长远,建立加快转型升级的机制;要服务企业与促进发展相结合,着力以优质服务加快项目引进推进;要紧抓重点,县领导要带头落实第一季服务企业专项行动回访工作,县级机关各部门要充分发挥职能作用,在全县上下营造合力扶工的浓厚氛围。

6月25日,县委、县政府召开"小转大"培育企业座谈会,强调要强信心,对形势有信心、对市场有信心、对政府有信心、对自身有信心,及时调整产品结构、销售结构及产业结构,提高产品附加值;要抓机遇,抓住调整机遇、政策机遇、市场机遇,着力在建链、延链、补链和开发新产品、打响终端产品上实现新突破;要练内功,保持定力、稳扎稳打、争做行业"单打冠军",通过促进文化和科技融合,提高企业规模化、集约化、专业化水平;要上台阶,通过3~5年努力,使企业的销售规模达到3亿~5亿元,力争达到10亿元以上。

6月27日,县委、县政府召开全县"腾笼换鸟"工作现场会,强调全县上下要充分认识到"腾笼换鸟"对加快经济转型升级的重要作用,坚定信心决心,坚持"腾换并举""量质并举",强势推进,确保取得实效。

7月12日,县委、县政府召开耐火产业转型升级推进会,强调要摸清底数、明确路径、多管齐下、严格标准、紧密结合、配备力量,全力助推耐火产业转型升级。

7月—12月,县委、县政府先后23次召开"县委书记(县长)与企业家面对面谈心、一对一服务"活动,了解企业发展情况,理清企业发展思路,商量企业发展对策,帮扶企业化解困难,增强企业发展信心,为企业健康发展提供服务保障。

8月27日,县委、县政府召开全县工业企业"六个一批"(达产一批、竣工一批、开工一批、"机器换人"一批、"腾笼换鸟"一批、提能效促转型一批)项目推进会,强调全县上下要充分认识开展"六个一批"项目推进活动的重要性和紧迫性,明目标、强信心、重责任、解难题,切实增强开展"六个一批"项目推进活动的针对性和时效性。

9月20日,县委、县政府召开"两化"融合推进会,强调推进"两化"深度融合意义重大、势在必行,目标上要明确具体,工作上要积极主动,方法上要务实管用,措施上要精准发力,合力推动长兴在更大的范围、更细的行业、更广的领域、更高的层次、更深的应用、更多的智能方面实现"两化"融合。

9月28日,县委召开常委(扩大)会议,听取"书记(县长)与企业家面对面谈心、一对一服务"活动问题落实情况汇报。会议要求,要进一步提高思想认识,切实转变工作作风,对于"书记(县长)与企业家面对面谈心、一对一服务"活动中交办的各项任务,第一时间研究、第一时间解决,竭尽全力解决企业发展困难,坚定加快发展的信心和决心。

10月8日,县委、县政府召开全县三季度经济形势分析会暨"530"工作汇报会,强调要切实办好长治会,保持招商引资良好态势;要强化服务保障,大力推进各类项目建设;要强化协调配合,齐心协力防范化解风险,为年度目标任务的完成和全县整体经济的健康平稳发展做出更大贡献。

11月4日,县委、县政府召开全县耐火行业转型升级现场会,强调要坚持"两个严格"(严格落实"三个一批"方案、严格按照时间节点),做到"两个加大"(加大指导服务力度、加大要素保障力度),注意"两个并重"(装备提升与产品开发并重、内强行业与外拓市场并重),落实"两个重视"(重视示范引领,重视拆后利用),全力加快耐火行业转型升级步伐。

11月8日,县委书记吕志良到县经信委调研,强调要按照县委、县政府确定的“稳中求进、改中求活、转中求好”总基调，认真完成2014年年度目标任务、科学谋划明年工业经济发展、努力防范化解涉企风险三项工作，实现长兴工业强县建设再上新台阶。

12月10日，县委书记吕志良到县开发区部门企业进行调研，强调企业要增强发展信心，加大传统优势产业转型升级，积极发展战略性新兴产业，要求各级各部门“下基层、解民忧、办实事、促发展”，为企业发展提供优质服务。

12月13日，县委书记吕志良主持召开部门“大服务”会议，听取县经信委关于走访调研服务情况汇报，指出“大服务”活动具有广、深、实、准、好的特点，强调要坚持常态化走访、保姆式服务、专项性推进，全面加快经济转型升级。

12月18日，首届中国(长兴)布商大会暨长兴轻纺城开业典礼举行，县委书记吕志良在致辞中指出，发展大产业需要培育大市场，希望长兴轻纺城的建成开业为长兴纺织产业转型升级注入新的动力和活力，为长三角乃至全国“布商”合作交流提供一个新的平台；办好大市场才能服务大产业，希望进一步做好管理、服务、营销文章，努力把轻纺城打造成为长三角一流的专业市场，希望各地“布商”朋友和全县纺织企业鼎力相助、大力支持，共同参与兴市隆市，真正实现市场兴隆、产业兴旺、企业兴盛的多赢目标。

【发展服务业】 2月12日，县委召开常委会议，提出要像重视工业一样重视服务业，要以构建现代服务业产业体系为目标，努力实现服务业发展水平和经济贡献率的不断提升，打造长兴服务业的品牌亮点，提升长兴服务业的区域影响力。

2月12日，县委、县政府出台《关于加快服务业发展的若干政策意见》，围绕“推进服务业发展提速、比重提升、结构提优，着力把长兴打造成为人气旺、辐射广、带动强的区域性服务业经济强县”的目标，明确6个方面24条具体政策意见。同日，县委办、政府办联合印发《长兴县服务业发展“162”工程2014年实施方案》，要求围绕“服务业增加值力争增长11.5%以上，服务业增加值占GDP比重比上年提高1个百分点，服务业固定资产投资增速16%以上”这一目标，重点抓好招商引资、项目推进、主体培育、集聚发展、质量建设、机制创新六项工作，推动传统服务业提升发展和新兴服务业两个方面提速发展。

2月12日，县委办、政府办联合印发《长兴县加快县域休闲旅游经济提升发展实施方案》，提出以“丰产品兴业态、引高端强配套、树品牌拓市场、重人才优服务”等四项工程为重点，加快推进重点区域旅游开发建设，促进旅游与其他产业融合发展，打响长兴乡村休闲度假旅游品牌，基本形成“县域大旅游”的发展格局，实现向“长三角生态休闲度假目的地”的转变。

2月14日，县委、县政府召开全县服务业大会，强调长兴服务业要以市场化理念、项目化落实，争创目的地的地位。会议提出，要以服务业发展“162”工程为总抓手，锁定打造“区域性服务业经济强县”这一个目标，把握“抓创新、抓转型，抓融合、抓联动，抓重点、抓具体”这三项要求、突出“旅游业、金融业、商贸业和物流业”这四项重点，努力推动长兴服务业发展迈上新台阶、再上新水平。

3月3日上午，县委召开常委(扩大)会议，听取一季度全县服务业工作及全年工作计划汇报，要求严格按照时间表、任务表和责任表，推进落实服务业各项具体工作。

3月7日，县委办、政府办联合印发《2014年一季度服务业发展“162”工程实施计划安排》，明确提出2014年一季度服务业发展的具体工作目标和工作举措。

10月13日，县委召开常委会议，听取服务业专项服务方案汇报，要求围绕“冲刺四季度、实现全年红”目标，集中两个月时间开展帮扶专项行动，扎实开展好走访企业、现场协调、落实政策、解决问题、完善机制等活动，全力保障和促进服务业平稳健康发展。

10月16日，县委办、政府办联合印发《长兴县服务业帮扶企业专项行动方案》，提出利用两个月的时间集中开展帮扶专项行动，重点围绕解难题、送政策、推项目、扩总量、优结构、增效益，创新服务企业载体，加大政策落实力度，推进服务企业专项行动长效化、制度化，努力实现全年经济社会发展“全年红”。

10月17日，县委、县政府召开全县服务业帮扶企业专项行动动员大会，要求要像关心工业企业一样关心服务业企业，大力开展服务业帮扶企业专项行动，积极研究并及时解决服务业企业在发展中遇到的困难和问题，不断创新服务举措，完善长效服务机制。

12月13日，县委书记吕志良主持召开部门“大服务”会议，听取县商务局关于走访调研服务情况的汇报，指出“大服务”活动具有广、深、实、准、好的特点，强调要坚持常态化走访、保姆式服务、专项性推进，全面加快经济转型升级。

12月25日，县委办、政府办联合印发《长兴县旅游发展三年行动计划(2015—2017年)》，明确未来三年里，要围绕“长三角休闲旅游首选区”总目标，构建旅游大格局，建设旅游大项目，培育旅游大产业，打响旅游大品牌，优化旅游大环境。

【发展现代农业】 1月2日，县委办、政府办联合印发《关于2014年扶持现代农业发展的若干政策意见》，围绕推进农业特色产业发展、提升农业产业化经营水平、加快推进农业“两区”建设、精心组织实施现代农业项目等内容，明确相关扶持政策。

1月3日，县委、县政府召开全县农业农村工作大会，提出要以“农业强、农村美、农民富”为目标，全面推进农业转型升级、深化农村改革、加快农业现代化和城镇化、着力构建新型工农城乡关系。

3月3日，县委召开常委(扩大)会议，听取一季度全县农业工作及全年工作计划汇报，要求严格对照年初确定的各项既定目标任务，加快推进各项工作落实。

4月23日，县委、县政府召开一季度全县农业工作例会，会议总结分析一季度农业经济运行情况，部署下阶段农业重点工作任务。

5月8日，县委、县政府召开“农园新景”实验示范带建设动员大会，要求围绕“一轴、二区、十二园”总体布局，以新318国道为依托，以农业园区和村庄整治为重点，着力加快农业产业提升、基础配套设施完善、沿线农业景观美化，着力将“农园新景”实验示范带打造成为长兴县的农业园区集聚带、农业产业示范带和美丽乡村风情带，确保在2015年年底前基本完成。

7月2日，县委、县政府召开“农园新景”实验示范带沿线现代农业园区建设工作推进会，要求有关乡镇和部门，以打造高标准的园区、高品质的产业、高素质的主体、高质量的项目为总目标，建好“农园新景”实验示范带。

7月4日，县委、县政府召开全县半年度农业农村工作例会，指出要打造好品质产业，做好点面结合，注重调结构、育主体、强经营。

7月29日，县委、县政府召开全县“三农”工作推进会，会议回顾总结上半年“三农”工作，研究部署下半年“三农”工作任务。会议要求，要以党的群众路线教育活动为动力，抓好“三农”工作队伍建设；以县委十三届七次全会精神为指导，全面抓好全年“三农”工作。

9月17日，县委、县政府召开“农园新景”实验示范带沿线现代农业园区建设工作例会，要求加快建设进度，规划建设的12大现代农业园区要尽快启动建设；产业发展要严格执行“一园一策”园区产业发展规划，确保质量；要通过龙头带动、充分发挥合作社作用，引导农户积极参与，以快速推进园区建设。

9月22日，县委书记章根明到和平镇、虹星桥镇调研农业基础设施建设，强调要加强农业基础设施建设，增强抵御自然灾害能力。

10月13日，县委召开常委会会议，听取关于农业冬种工作汇报，要求按照“保面积、保总量、提质量、增效益”思路进行冬季播种合理布局，切实抓好农时准备、抢收抢种、土地流转、特色种植、技术服务等工作。

10月24日，县委、县政府召开全县第三季度农业工作例会，强调要分析形势、重视困难、增强发展农业的紧迫感，以最好的精气神开展农业工作；要立目标、坚持创新引领与服务支持农业工作，全面完成各项任务指标；要加强领导、合心合力合拍、及时动态完善明年工作思路与任务，努力促进“十三五”农业工作再上一个台阶。

11月3日，县委、县政府召开全县新农村建设工作例会，听取县新农村建设十大工程指挥部办公室关于各项工程年度推进情况的汇报，要求相关单位力争保持长兴新农村建设在全省、全市的领先地位，确保实现“九连冠”“六连优”目标。

12月13日，县委书记吕志良主持召开部门“大服务”会议，听取县农业局、林业局关于走访调研服务情况的汇报，指出“大服务”活动具有广、深、实、准、好的特点，强调要坚持常态化走访、保姆式服务、专项性推进，全面加快经济转型升级。

12月25日，县委、县政府召开“农园新景”实验示范带沿线现代农业园区建设工作例会，指出要根据中央经济工作会议以及中央农村工作会议最新精神，进一步明确工作思路；要咬定目标，突出园区亮点特色，做到质量好、定位高；要合力建设、同步推进，做到基础设施、产业发展、环境提升共同推进，进一步加快农园新景实验示范带建设。

12月31日，县委召开常委会议，听取长兴县现代农业发展三年行动计划的汇报，要求未来三年(2015—2017)，要按照“四化同步”要求，紧紧围绕农业强县建设，以全面推进农业转型升级为重点，通过三年努力，全面提升农业发展理念、产业结构、产品档次、主体层次、科技创新、装备水平、服务质量和保障能力。

【推进新型城市化】 2月21日，县委、县政府召开全县重点工程建设工作会议，强调要按照方案上精益求精、投入上精打细算、建设上精雕细琢、管理上精心打理的“四精”要求，抓好重点工程建设。

3月14日，县委办、政府办联合印发《让长兴的城乡美起来——“锦绣长兴”专项行动相关工作实施方案》，包括“三改一拆”、“四边三化”、码头治理、矿山整治、景区提升、“农园新景”新农村实验示范带建设和美丽乡村长效管理等7方面内容。

3月17日，县委、县政府召开让长兴的城乡美起来——“锦绣长兴”专项行动推进大会，强调要因势而谋、讲求实效，顺势而为、顺应民意，乘势而上、加快推进，全力实现长兴的城乡美起来的目标。

4月1日，县委召开常委会议，听取关于集中拆违专项行动方案汇报，提出要坚持公开公平公正，对各类违章建筑，要坚持一把尺子、一个标准，实行拆违工作必公示、必通知、必上门、必沟通，促进和谐拆违。

6月3日，县委、县政府召开全县房地产工作会议，强调房地产行业的发展事关全县经济发展大局，事关长兴新型城市化建设质量，必须抓好“五从”工作，即服务要从优、政策要从优、条件要从宽、手续要从简、工作要从宽。

6月8—9日，县委书记章根明检查城市管理工作，强调城市管理工作务必时时刻刻抓紧、抓好。

7月3日，县委书记章根明调研太湖图影旅游度假区重点工程项目情况，强调建设要突出地方特色。

7月4日，县委、县政府召开全县半年度农业农村工作例会，提出要建设好美丽乡村，进一步加快进度、强抓质量、上下联动；要让农民共享美好生活，做好强村富民工作，针对村级集体经济做好广覆盖、严准入。

7月14日，县委办、政府办联合印发《长兴县建成区环卫体制改革实施方案》，提出要按照“专业化管理、市场化运作、网格化划分、多元化投入、社会化监督”的改革思路，有序探索实践建成区环卫“一把扫帚”管理机制，着力解决在建成区环境卫生管理中出现的条块分割、职能交叉、标准不高、管理缺位等问题，稳步提升全县环卫管理工作水平。

9月1日，县委书记章根明调研全县城建和交通重点工程，先后察看三河湾公园、老剧院旧城改造地块、张家村花园、画溪垃圾中转站等重点城建工程现场及新104国道夹浦段、杭长高速北延槐坎白岘路段施工现场，强调全县重点工程建设要坚持以人为本，精心规划、精致建设、精准管理、精细打算、精确改革，加快城市升值。

9月4日，县委、县政府召开全县美丽乡村建设暨农村生活污水治理工作现场推进会，强调美丽乡村建设要发动群众、相信群众，尊重规律、尊重科学，对得起历史、经得起检查。

9月18—19日，县委书记章根明到槐坎、白岘、煤山、小浦等乡镇调研。章根明先后调研当地产业升级、项目推进、集镇面貌改善、美丽乡村建设和“三改一拆”“四边三化”等工作，对各乡镇工作富有特色表示肯定，强调乡镇理念上要以发展为先，方法上要以落实为要，坚持项目为王，加快“五水共治”“三改一拆”“四边三化”等中心工作，加快美丽乡村建设，加快民生事业建设。

9月20日，县委书记章根明先后到太湖图影旅游度假区小沉渎村、洪桥镇陈家埭村、夹浦镇滨湖村、水口乡徽州庄村调研新农村建设工作，强调要切实按照制订规划和施工计划加快施工进度，注重统筹推进，落实规范化管理，大力改善农村人居环境。

11月3日，县委、县政府召开全县新农村建设工作例会，要求相关单位力争保持长兴新农村建设在全省、全市的领先地位，确保实现“九连冠”“六连优”目标。

12月12日，县委召开常委会，听取争创全国文明城市三年行动计划的汇报，要求巩固深化“五五三”创建成果，全力争创全国文明城市，促进长兴县城市文明程度和市民文明素质不断提升。

12月30日，县委、县政府出台《关于争创全国文明城市的实施意见》，提出2017年完成全国文明城市创建。

【大力推进项目建设】 3月13日，县委办、县府办联合印发《2014年度项目引进推进“520”工作实施方案》，提出2014年度项目引进推进目标任务，确保完成新签约、新注册、新审批、新开工、新竣工项目各80个，力争突破100个。

3月17日，县委、县政府召开全县项目引进推进工作例会，强调要把项目引进推进放在首要位置，真正把思想、行动统一到抓项目、抓发展上来，全力以赴，加快项目引进推进步伐。要切实做到招商力量要强，项目协调要快，审批人员要专，配套服务要优，确保项目引进推进取得实质性成效。

3月28日上午，县委、县政府召开全县项目引进推进工作例会，强调要问自己急不急，真正把项目引进推进工作作为当前工作的重中之重，全力以赴抓项目；要问自己紧不紧，紧盯项目不放松，紧绷项目这根弦，形成你追我赶的工作氛围；要问自己快不快，对项目信息及时研究，对客商及时洽谈，对问题及时解决；要问自己有没有成就感，以项目论英雄，以项目引进推进是否取得成效作为检验工作是否成功的重要标准。

4月8日，县委召开常委会议，提出开展项目“五攻坚”（项目签约、项目注册、项目审批、项目开工、项目竣工）专项行动是推进项目建设的重要载体，要紧紧扭住项目建设这个牛鼻子，始终把项目的引进推进放在重中之重的位置，全力推进“五攻坚”各项工作。

5月28日，县委、县政府召开大好高项目引进工作会议，强调要有信心、有志气、有智慧，瞄准全市领先地位目标，全力打赢项目引进推进攻坚战。

6月3日，县委、县政府召开全县“三集中五攻坚”专项行动竞赛工作例会，强调要进一步统一思想、积小胜为大胜、倒排时间，确保时间过半、任务过半。

6月6日，县委、县政府召开全县招商引资项目集中签约仪式，提出招商引资是全县“一把手”工程，要直接参与项目谈判、主动深入项目一线、全面掌握项目信息，及时组织协调解决项目引进推进过程中遇到的问题，以诚意开展项目合作，以优质服务推动项目建设。

7月30日，县委、县政府举行7月招商项目集中签约仪式，提出全县上下要以“零距离”“保姆式”的服务，加强与企业的沟通联系，加快项目的推进。

8月2日，县委、县政府召开2014年“长洽会”动员大会，提出要深化招商工作“跑才有机会、谈才有可能、诚才有回报、比才有氛围、实才有意义”的认识，要求全县上下奋战一百天、攻坚百项目，力争全面完成全年目标任务。

8月22日，县委、县政府召开全县招商引资工作汇报会，提出“长治会”是长兴对外展示新成就、新形象和加快项目引进、推进的重要抓手，全县上下要锁定“长治会”各项目标要求，狠抓薄弱环节，突出以商引商，把握项目的科学性和有效性，加快工作步伐，全面完成各项目标要求。

8月26日，县委、县政府召开“长治会”组委会第一次工作例会，强调相关单位各负其责、强化统筹协调、狠抓推进落实，全力确保“长治会”顺利有序推进。

11月7日，县委、县政府召开2014年“长治会”总结暨项目引进推进工作会议，强调全县上下必须牢固树立、认真落实“发展是第一要务”“项目是第一工作”理念，抓好项目协调推进、外出招商、督查跟踪、机制完善等工作，深入持久扎实做好项目引进推进工作，全面完成年度目标任务。

12月8日，县委书记吕志良主持召开重大项目推进会，强调要始终坚持“项目为王”的理念不松懈，一门心思抓项目，一心一意求发展。

12月12日，县委召开常委会议，听取2015年全县重点项目安排情况及2015年度招商引资工作实施意见及细化方案汇报，提出要抓好指标的落实执行，着力做到工作标准不降低，工作要求再加压；要抓好项目的再排摸、再对接，在前期“大调摸”“大服务”基础上，进一步做好项目的深度挖潜和准确对接；要抓好项目的落实推进，完善执行重点项目推进机制，特别是联系县领导，要切实负起责任，经常谋项目、大力推项目。

12月26日，县委、县政府召开全县项目引进推进例会，强调招商引资面临的形势和任务严峻而繁重，全县上下要明确项目第一工作的理念，增强责任感和紧迫感，突出大好高项目、突出产业招商、突出领导带头，做到项目引进与推进、招商引资与激活民资、县领导与乡镇(街道、园区)部门、政府与企业社会的“四方联动”。

【建设生态文明先行示范区】 1月4日，县委、县政府召开长兴城区水系整治三年专项行动现场推进会，强调水环境治理既是贯彻落实省、市决策部署的需要，也是长兴可持续发展的现实需求，要坚持多管齐下、各负其责，注重综合效益、查漏补缺和长效管理，加快城区水环境实现彻底改善。

1月11日，县委、县政府召开“让长兴的水秀起来”水环境综合治理十五大专项行动现场督查活动，强调要坚持科学治理、依法治理、综合治理、全面治理、彻底治理的要求，确保全县水环境综合治理工作取得预期效果。

1月28日，县委召开常委(扩大)会议，听取全县“五水共治”有关工作汇报，提出要坚决地治，态度上要做到凡水必治；标准上要做到凡治必清，氛围上要做到人人参与；要科学地治，做到科学安排、科学规划、科学结合、科学统筹、科学施工、科学验收考核，全力推进“五水共治”。

2月21日，县委、县政府召开全县治水治气推进大会，强调治水治气既是省委、省政府的工作决策部署，也是改善水环境和空气环境质量、实现“让长兴的水秀起来、让长兴的天蓝起来”目标的需要，全县上下要统一思想、增强自觉，充分认识长期性、艰巨性，持之以恒、标本兼治，彻底把水和气治好。

3月10日，县委、县政府召开全县“三改一拆”暨“无违建县”创建工作推进会议，提出要明确责任、突出重点、注重疏堵结合，全力推进“无违建”创建工作，真正实现促发展、拓空间、优环境、保稳定、惠民生目标。同日，县委、县政府召开西苕溪水环境综合治理工作例会，强调要巩固治理成果，落实长效措施，治污、保洁、清淤、建设、管理齐抓并进，确保实现阶段性治理目标，三年内全面提高西苕溪水环境质量。

3月17日，县委、县政府召开让长兴的城乡美起来——“锦绣长兴”专项行动推进大会，强调“锦绣长兴”专项行动要因势而谋、讲求实效，顺势而为、顺应民意，乘势而上、加快推进，全力实现长兴的城乡美起来目标。

4月8日，县委召开常委会议，听取开展“三集中”(集中拆违、集中治水、集中绿化)专项行动竞赛情况汇报，提出要认真落实“每周一通报、半月一例会、每月一排名、季末一总结”的工作推进机制，扎实推进二季度部署的各项工作任务。

4月16日，县委召开常委会议，听取全面深化农村生活污水治理工作汇报，提出要必须认真贯彻落实上级精神，主动适应此项工作上级要求高、工作任务重、推进难度大的特点，认真扎实抓好推进实施。

5月5日，县委、县政府召开全县城区水系治理工作部署会议，强调要按照让河道“深起来”“接起来”“流起来”这三大步骤有序推进治水工作，全面疏通水系。

5月8日，县委、县政府召开全县污染物减排工作暨农作物秸秆禁烧和综合利用动员大会，要求相关单位加大工作力度，确保于2014年全县秸秆综合利用率达到85%以上。

6月3日，县委、县政府召开全县“三集中五攻坚”专项行动竞赛工作例会，强调要进一步统一思想、积小胜为大胜、倒排时间，确保时间过半、任务过半。

6月12日，县委、县政府召开全县治水工作推进会，强调全县上下要按照“深、动、堵、绿、管”五个字要求，确保84个试点村在10月底前全面完成生活污水治理工作。

8月26日，县委、县政府召开全县农村供水安全改造提升工程现场推进会，要求相关单位切实增强责任感、紧迫感，通过倒排时间、尽可能提高受益度、加强长效管理，确保于11月底前全面完成“一户一表”改造和山泉水改造提升任务，年底前实现水厂建成投产，全面完成改水工程。

9月1日，县委、县政府召开西苕溪水环境综合治理工作推进例会，要求相关单位围绕水环境综合治理近期“洁”、中期“清”、远期“净”的目标，重点抓好提升、长效管理和区域、结构的不断拓展，加快实现中期“清”的目标。

9月4日，县委、县政府召开全县美丽乡村建设暨农村生活污水治理工作现场推进会，强调要发动群众、相信群众，尊重规律、尊重科学，对得起历史、经得起检查。

9月23日，县委、县政府召开全县水面保洁工作汇报会，强调要制订详尽方案，因地制宜，明确时间、明确任务，严格按照时间节点全面做好水面保洁工作。

9月28日，县委召开常委（扩大）会议，听取《浙江省湖州市生态文明先行示范区建设长兴县实施计划》汇报，提出要坚持连续性，坚持一系列正确目标、理念，不断巩固提升好的做法和成果；要坚持协调性，统筹处理各项工作之间的关系，确保各项目标、任务、要求协调有序推进；要坚持示范性，确保跟上全市平均水平，力争领先示范、领跑全市。

10月8日，县委、县政府召开国家级生态县创建总结暨生态文明先行示范区建设动员大会，强调全县上下要以共建共享为目标，注重效率、体现特色，持之以恒、继往开来，全面推进生态文明先行示范区建设。

10月13日，县委召开常委会议，听取全县大气污染防治工作有关情况汇报，提出要统一思想，认识到大气污染防治工作既是省、市的明确要求，也是当前长兴县切实改善空气质量的实际需要；要坚定信心，相信通过强有力的措施攻坚奋战，完全可以改善空气质量，取得大气污染防治的预期效果；要明确目标，集中时间、集中精力、集中资源，全面攻坚，确保完成全年空气质量优良率等具体目标任务。同时，听取全县15项专项整治和美丽乡村大检查活动方案汇报，提出要有始有终抓完善，围绕“把锦绣写在长兴大地上”和“让长兴的城乡美起来”的工作目标，坚持整治内容不变、工作标准不变、责任主体不变、牵头部门不变，持之以恒抓实、抓好，抓长远，确保活动取得实效；要干干净净迎客人，广泛发动、积极组织，集中时间、集中力量开展城乡大扫除、大整治，创造更加整洁的城乡面貌，喜迎各方宾客。

10月20日，县委书记章根明督查全县环境综合整治工作，强调要克服了解过就是解决好、整治过就是整治好的思想，做到发现问题、及时解决问题，确保取得成果、巩固成果，坚持不懈地抓好环境综合整治工作。

10月30日，县委、县政府召开全县大气污染防治攻坚行动十五项整治任务推进情况汇报会，强调环境整治工作标准不能降低、时间不能拖延。

11月10日，县委召开县级领导干部会议，强调要切实抓好经济社会发展各项工作，确保全面完成“五水共治”、大气污染治理、“三改一拆”等各项重点工作任务。

11月12日，县委、县政府召开全县煤堆场整治提升工作部署会，强调要基本完成全县252个煤堆场的整治提升，大幅度减少储煤场扬尘等对周边环境的影响。

12月25日，县委、县政府召开全县节水型社会建设工作推进会，强调要以控制用水量、用水效率以及污水排放这三条红线为指标，建设一批载体，以促进经济社会发展与水资源、水环境承载能力相适应、相协调。

【全面深化改革】 4月16日，县委召开常委会议，审议通过《县委全面深化改革领导小组组织架构和主要职责方案》，提出要认真学习贯彻习近平总书记在中央全面深化改革领导小组会议上的重要讲话精神，增强全面深化改革的自觉性和坚定性，牢牢把握改革正确方向，强化改革责任担当，低调务实、少说多干，敢于担当、积极作为，把长兴县全面深化改革工作不断推向深入。

5月14日，县委召开常委会议，审议通过《县委全面深化改革领导小组工作规则》《县委全面深化改革领导小组专项小组工作规则》《县委全面深化改革领导小组办公室工作细则》《全县深化改革2014年度重点项目》，审议通过各专项小组组建方案，安排部署领导小组近期工作。会议强调，要坚持组自为战、抓好推进，尽快研究制订和细化2014年工作计划，特别对2014年度重点项目要抓紧推进实施，做到成熟一批研究一批。

5月15日，县委印发《全县深化改革2014年度重点项目》，明确全年组织实施经济体制改革、城乡建设体制改革、文化体制改革、民生事业领域改革、生态文明建设体制改革、社会治理体制改革、党的建设制度改革、纪律检查体制改革等8个领域20个方面46项重点改革任务。

9月28日，县委全面深化改革领导小组召开会议，提出改革要出成果出经验，改革要有一定力度，不能简单地把工作部署代替改革内容，要在改革方向、改革目标和内容上入木三分；改革要有长兴特色，从长兴实际出发，突出长兴特色，体现长兴实际，展示长兴亮点；改革要有良好环境，通过大力广泛宣传，形成理解改革、支持改革的浓厚氛围；改革要有工作机制，做到统分结合、组自为战，做到条块结合、块自为战；改革要有形象进度，围绕年度目标任务，在时序进度上及时跟进。

11月10日，县委召开县级领导干部会议，强调要不松劲、不松懈，切实抓好经济社会发展各项工作落实，确保全面完成资源要素市场化配置、行政审批制度改革、“四张清单一张网”等深化改革工作任务。

11月13日,县委全面深化改革领导小组发出通知,要求八大专项小组认真做好2014年度工作总结,科学谋划2015年度工作思路,扎实准备市对县深改工作考核,确保全县深化改革工作年度任务全面顺利完成。

12月31日,县委全面深化改革领导小组向湖州市委改革办上报《关于长兴县2014年度全面深化改革工作自查自评情况的报告》,经过自评、测评、汇总等环节,2014年度全县深化改革工作考核列湖州市第二。

到12月31日,2014年度全县在经济、城乡、文化、民生、生态、社会、党建、纪检8个领域20个方面,重点推进实施的46项重点改革项目任务全部完成年度目标任务,取得明显成效、实现良好开局。

【启动实施"三年行动计划"】 11月10日,县委召开县级领导干部会议,强调要全力抓好年前工作,努力完成年度任务。同时,会议要求,要科学谋划2015年和今后一个时期任务,做到早调研、早研究、早部署、早落实,明确由县委常委、副县长分别牵头开展深入调研,科学谋划研究制订重点领域三年行动计划(2015—2017年)。

11月24日,县委、县政府召开全县乡镇(街道、园区)党政主要领导会议,强调全县上下要主动适应新常态、积极谋求新作为、努力实现新发展。同时,会议要求,各乡镇(街道、园区)要深入开展大调摸活动,深入走访调研本辖区所有企业、重点项目、行政村,认真排摸项目,找准发展困难,协调解决问题,征求意见建议,科学谋划研究制订本区域发展三年行动计划(2015—2017年)。2015年1月4日—8日,县委召开常委(扩大)会议,分别听取各乡镇(街道、园区)三年行动计划汇报,要求各乡镇(街道、园区)必须保持清醒头脑,敏锐把握机遇,坚定发展信心,努力实现经济社会又好又快发展。

11月25日,县委办、政府办联合印发《长兴县新能源汽车产业培育发展三年行动计划(2015—2017年)》,提出未来三年里,要以新能源汽车关键零部件生产为突破口,以纯电动汽车整车生产为重点,加快培育发展长兴新能源汽车及关键零部件产业,将长兴打造成中国动力电池集聚地、新能源汽车生产基地、新能源汽车关键零部件制造基地、新能源汽车推广应用示范县。

12月12日,县委召开常委会议,听取长兴县旅游发展三年行动计划及旅游发展大会方案、争创全国文明城市三年行动计划汇报。关于旅游发展,会议要求,在目标定位上,要有大突破、大提升、大发展,着力在思想观念、工作机制、项目推进等方面取得新成效;在工作举措上,要看得远、想得深,抓得住、做得实,既要有科学合理的规划,也要有扎扎实实的工作;在品牌打造上,要叫得响、记得住,在省内外打造长兴特色、长兴品牌。关于文明城市创建,会议要求,在内容上要把管理和服务作为重中之重;在方法上要一手抓巩固提升,一手抓查漏补缺;在工作责任上要做到总分结合、统筹推进,县级层面牵头抓总,各部门分解工作任务,制订行动计划,落实具体责任人。

11月25日,县委办、政府办联合印发《长兴县旅游发展三年行动计划(2015—2017年)》,明确未来三年里,要围绕"长三角休闲旅游首选区"总目标,构建旅游大格局,建设旅游大项目,培育旅游大产业,打响旅游大品牌,优化旅游大环境。

12月31日,县委召开常委会议,听取长兴县现代农业发展、农田水利建设、新能源汽车产业培育发展三年行动计划的汇报。关于现代农业发展,会议要求,要按照"四化同步"要求,紧紧围绕农业强县建设,以全面推进农业转型升级为重点,通过三年努力,全面提升农业发展理念、产业结构、产品档次、主体层次、科技创新、装备水平、服务质量和保障能力。关于农田水利建设,会议要求,要全力做好圩区整治、小型农田水利重点县建设、水库除险加固、高标准农田建设、农业综合开发、水生态文明等六大重点工程,不断提升农村水利基础设施条件,使长兴县骨干河道得到全面治理,防汛减灾能力得到显著提高,水资源安全得到有效保障,农村水生态环境得到全面改善,水利管理水平得到明显提升。关于新能源汽车产业培育发展,会议要求,要抓住新能源汽车全球兴起的有利时机,紧密围绕工业强县建设,以"整车带动、创新驱动、协同制造、集群发展"为指导,以乘用车、专用车、关键零部件、服务与应用"四位一体"为主攻方向,着力引进一批优势企业,做强一批龙头企业,实施一批重大项目,培育一批配套企业,建成一个产业基地,发展一批生产性服务业,使新能源汽车成为长兴新一轮经济发展的先导产业和未来经济发展的支柱产业。

至2015年2月25日,工业强县建设、现代农业发展、服务业发展、旅游发展、文化产业发展、中心城市建设、农田水利建设、新能源汽车培育发展、谋划大产业招引大项目、强企工程、企业多层次资本市场挂牌上市、争创全国文明城市、发展学前教育、医疗卫生人才培养、名师名家培养、加强年轻干部选拔培养等16个重点领域三年行动计划全部制订出台。

【坚持"五个第一"要求】 11月7日,县委、县政府召开2014年长洽会总结暨项目引进推进工作会议,提出要牢固树立、认真落实发展是第一要务责任,牢牢抓住、认真落实项目是第一工作理念,深入持久、扎实抓好项目引进推进工作。

11月24日,县委、县政府召开全县乡镇(街道、园区)党政主要领导会议,强调全县上下要主动适应新常态、积极谋求新作为、努力实现新发展,在思想上要坚持敢担当、善负责、有作为，工作上要坚持发展第一要务、项目第一工作、民生第一目标、稳定第一责任，方法上要坚持识大势、顾大局、讲统筹，作风上要坚持务实、求实、扎实，全面推进长兴经济社会发展，确保继续走在省市前列。

12月26日，县委、县政府召开全县项目引进推进会议，强调一定要有时不我待的紧迫感，一定要有项目第一的好举措，一定要有领导带头的好榜样，全力加快项目引进推进步伐，切实做到真落实、快落实，见实效、早见效。

2015年1月19日，县委召开十三届八次全体（扩大）会议，提出当前和今后一个时期，长兴必须要牢牢坚持“五个第一”（发展第一要务，项目第一工作，民生第一目标，稳定第一责任，党建第一保障）的基本原则和工作要求，大力实施县级重点领域、乡镇（街道、园区）、重点企业培育发展三个层级“三年行动计划”，确保圆满收官“十二五”，顺利衔接“十三五”。

【开展党的群众路线教育实践活动】 2月16日，县委召开常委（扩大）会议，提出要进一步统一思想，进一步完善方案，进一步明确要求，进一步优化安排，进一步搞好结合，通过教育实践活动进一步推动各项工作更好开展，为加快建设“太湖望县、锦绣长兴”提供有力保障。

2月18日，县委召开全县党的群众路线教育实践活动动员大会，提出要在思想上要求自觉，深刻领会中央和省、市委精神，充分认识开展教育实践活动的重大现实意义；从巩固执政基础、保持党同人民群众血肉联系的高度，增强思想自觉；从加强作风建设、解决“四风”突出问题的高度，增强思想自觉；从深化改革发展、加快建设“太湖望县、锦绣长兴”的高度，增强思想自觉。要在过程上要求认真，始终坚持教育与实践的有机统一，认真学、认真听、认真查、认真析、认真改、认真建、认真抓。要在结果上要求实效，不断把作风建设引向深入，全力打造人民群众满意工程。

2月23日—25日，县委组织开展以“六个一”（学一天规定书目、看一部警示影片、听一场专题报告、受一回红色教育、写一篇体会文章、作一次体会发言）为主要内容的“三思三观”学习讨论专题活动，提出检验教育实践活动是否取得成效，体现在群众的呼声是否真正成为工作的第一信号，群众的需要是否真正成为第一选择，群众的利益是否真正放在第一位置，群众的满意是否真正作为工作第一标准，群众的实践是否真正地尊重，与群众的感情是否真正的深厚，对群众的认识是否正确，群众的观念是否牢固，群众工作是否真正有效，群众路线是否真正确立等十个方面，全县上下要高起点开局、高质量推进，确保党的群众路线教育实践活动在长兴取得成效。

3月24日，县委召开全县党的群众路线教育实践活动汇报会，提出要防止“上热下冷”现象，加强指导落实；要防止“手电筒”现象，既要抓下级工作更要抓自身学习；要防止“火车头”不强现象，切实履行职责；要防止“时紧时松”现象，时时注重学习；要防止“形同虚设”现象，及时形成相关材料；要防止“零敲碎打”现象，通盘考虑；要防止“时快时慢”现象，确保工作推进合理有效。

4月12日，县委举行长兴大讲堂之“群众路线教育实践活动党课辅导”专题报告会，县委书记章根明以“以焦裕禄精神为镜子，争做焦裕禄式好干部”为题作专题报告，强调要正确认识群众，正确对待群众；要正确认识组织，正确对待组织；要正确认识自己，正确对待自己，通过焦裕禄精神的学习，查找自身不足，进一步提升为群众服务的能力和水平。

4月15日，县委书记章根明调研基层组织群众路线教育实践活动开展情况，强调基层组织在开展群众路线教育实践活动时要不留死角、不留空白，让每个党组织和党员都受到深刻教育。

5月15日，县委召开全县党的群众路线教育实践活动推进会，部署“查摆问题、开展批评”环节有关工作，强调要以习近平总书记讲话精神为指导，高质量开展好查摆问题、开展批评环节各项工作。

6月6日，县委召开常委会会议，提出要围绕“深刻、生动、准确”，充分吸收每位常委提的意见建议，进一步修改完善对照检查材料。

6月20日，县委召开党的群众路线教育实践活动推进会，强调要明确工作重点，严把活动质量，推动教育实践活动取得实实在在成效。

7月4日，县委召开常委（扩大）会议，强调群众路线教育实践活动不是整风运动，而是一次以整风精神开展的学习教育实践活动；开好专题民主生活会，用好批评和自我批评武器，对形式主义、官僚主义、享乐主义、奢靡之风来一次切实有效的大扫除，是检验教育实践活动是否取得成效的关键。会议强调，要高度重视、放下包袱、相信组织、坦诚相待，认真准备专题民主生活会有关材料，做到抽象性的问题具体化、工作性的问题“四风”化、条目式的问题生动化，确保专题民主生活会真刀真枪、开出辣味、触及灵魂。

7月7日—8日，县常委会召开专题民主生活会，常委班子成员聚焦“四风”深查细照，直面问题揭短亮丑，真诚帮助动真碰硬，严肃认真地开展批评与自我批评。县委书记章根明代表县委常委班子作表态发言，表示会学习好、消化好，深入总结这次专题民主生活会成果，认真贯彻落实好会议精神，进一步振奋精神、鼓足干劲；会整改好、落实好，不断把教育实践活动引向深入，努力开创长兴科学发展的新局面；会示范好、结合好，团结带领全县各级领导班子和广大党员干部群众，坚定信心，奋力攻坚、争创一流，把教育实践活动中激发出来的干事创业热情转化为推动全县经济工作的强大动力，加快推进“三升一改”，奋力开创“太湖望县、锦绣长兴”建设新局面。

7月11日，县委召开全县教育实践活动推进会，部署各级党组织专题民主生活会的有关工作，强调各单位党委(党组)书记是第一责任人，要认识到位负起总责，会前做好充分准备，把好材料关；会中带头示范，把好程序关，做到批评既动真碰硬见辣味又要气氛融洽；会后及时梳理民主生活会上反映的问题积极研究具体方案，把好整改关。

7月29日，县委召开县四套班子专题民主生活会情况通报会，强调要把通过开展教育实践活动激发出来的干事创业热情转化为强大动力，以敢为人先、勇立潮头的创业精神，贯彻县委十三届七次全体(扩大)会议精神，拿出走在前列的使命感、敢于担当的责任感、天天赶考的紧迫感，抓住每一天，做好每件事，统筹推进教育实践活动与经济社会发展“两手抓、两不误，两促进、双成效”，全力完成各项既定目标任务。

8月22日，县委召开全县党的群众路线教育实践活动推进会，强调要将整改落到实处、将制度建在明处。

10月13日，县委召开全县党的群众路线教育实践活动总结大会，要求强化“党要管党”意识，在巩固中坚持、在坚持中巩固，从严抓好管党治党责任的落实，从严抓好思想政治建设，从严推进作风建设制度化、规范化、常态化，从严抓好党内政治生活，从严管理和要求干部，从严抓好整改落实和专项整治，从严抓好基层组织建设，从严执行密切联系服务群众制度机制；要进一步深化对新形势下开展党内集中教育活动规律性和从严治党重要性、必要性认识，一心一意谋发展，聚精会神抓党建，切实把各项工作抓得更紧、更实、更主动，为加快建设“太湖望县、锦绣长兴”做出更大贡献。

11月6日，县委召开活动办、督导组工作总结暨下阶段工作部署会议，通报有关机构和人员调整情况，明确将教育实践活动领导小组办公室和县委督导组分别调整为县委整改落实办公室和县委整改落实督查组，办公室下设综合组、指导联络组、宣传组、正风肃纪组，明确相关工作职责，进一步加强对全县整改落实、建章立制、专项整治等下步工作的统筹指导。

11月15日，县委书记、县长吕志良赴县委组织部调研，强调要不断巩固扩大教育实践活动成果，紧扣“自觉、认真、实效”要求，抓好整改落实“回头看”，提高制度规范“执行率”，使自觉践行群众路线成为常态。

12月12日，县委召开常委会议，强调党的群众路线教育实践活动长效机制的建立是基础，关键在落实，根本在坚持，各级领导干部要切实重视支持，各级组织和有关单位要严格认真落实，确保各项制度执行到位，巩固好教育实践活动成果。

(陈国庆　钱　锋)

重要活动

【党的群众路线教育实践活动】 1月10日，县委十三届六次全体(扩大)会议召开，提出扎实开展群众路线教育实践活动是全年工作的“两条主线”之一，要求全县上下要精心组织实践活动，高度重视思想政治建设，切实抓好干部队伍建设，大力推进基层组织建设，从严抓好党风廉政建设，着力加强县委自身建设。

1月24日，中共中央办公厅印发《关于开展第二批党的群众路线教育实践活动的指导意见》，决定从2014年1月至9月，以市、县领导机关、领导班子和领导干部为重点，开展第二批教育实践活动。活动主要任务是，着力解决“四风”(形式主义、官僚主义、享乐主义、奢靡之风)突出问题，着力解决关系群众切身利益的问题，着力解决联系服务群众“最后一公里”问题。活动主要环节是，学习教育、听取意见，查摆问题、开展批评和整改落实、建章立制。

1月26日，长兴群众路线网站开通。

2月16日下午，县委常委(扩大)会议暨县委党的群众路线教育实践活动领导小组第一次会议举行。章根明主持。会议听取在全县开展群众路线教育实践活动方案的汇报，对教育实践活动做出统一思想、完善方案、明确要求、合理安排和推助中心工作等要求。

2月18日下午，长兴县党的群众路线教育实践活动动员大会举行。吕志良主持。章根明作动员报告，要求全县上下要按照“自觉、认真、实效”的要求，扎实开展好群众路线教育实践活动；代表县委常委会做出六项承诺，即带头参与活动、带头创新破难、带头改进文风会风、带头深入调查研究、带头厉行勤俭节约、带头执行待遇标准。

同日县委下发《关于开展党的群众路线教育实践活动的实施意见》。意见决定以县领导班子和领导干部为重点，在全县开展教育实践活动，通过整治“四风”、抓好“五水共治”、深化基层服务型党组织建设，解决党员干部在作风方面存在的突出问题、群众反映强烈的切身利益问题及联系服务群众“最后一公里”问题。活动环节包括遵照中央部署。具体内容包括“三思三观”学习讨论专题(反思与百姓的感情深不深、与百姓的距离远不远、在心中百姓的分量重不重；树立人民创造历史的唯物史观，以人为本、人民至上的价值观，立党为公、执政为民的执政观)、“十项体验”活动(干一次农活、做一天工人、当一天村干部、经办一个审批项目、到窗口上一天班、接听一次政府阳光热线、买一次菜、乘一次公交车、就一次医或听一次课、办一笔金融业务)、征求意见、“基层走亲连心解忧”等11项。

同时，县委向各县直属单位、乡镇派出督导组。

2月23—25日，县四套班子领导、法检两长、副县级领导集中参加“三思三观”专题学习研讨会，王新民等出席。23日，与会人员在集中学习习近平关于党的群众路线教育实践活动系列重要讲话精神和中央和省、市、县委八项规定等禁令办法，阅读《论群众路线——重要论述摘编》和《之江新语》等书籍，并观看苏共亡党的历史教训纪录片。24日上午，参加“三思三观”专题学习报告会，听取中央党校教授姜跃所做的《认真吸取苏共亡党教训，努力践行党的群众路线》专题讲座，听取泗安、夹浦、雉城街道等3名基层干部群众工作经验交流。下午，到泗安镇长中村、槐坎乡新四军苏浙军区纪念馆参观革命旧址、重温入党誓词，听取《党的群众路线在浙西抗战中的实践与启示》专题报告。25日，参加“三思三观”专题学习研讨会。章根明强调，践行党的群众路线要顺应人民群众对过上美好生活的新期待，全县上下要高起点开局、高质量推进，确保党的群众路线教育实践活动在长兴取得成效。

3月1—8日，县级领导干部“进农村、进企业、进基层”，参与体验一线生产、生活、工作，全面开展“干一次农活、做一天工人、当一天村干部、经办一个审批项目、到窗口上一天班、接听一次政府阳光热线、买一次菜、乘一次公交车、就一次医或听一次课、办一笔金融业务”等十项体验活动。

3月4—11日，全县810名县管领导干部分三批参加“三思三观”专题教育班学习。

3月11日上午，省委赴湖州市督导组组长王玉娣、副组长翁鲁敏和王新民到长兴调研指导党的群众路线教育实践活动。

3月13日下午，省、市督导组到长兴重点督查干部职工上班纪律和窗口服务工作。督导组分组对长兴机关部门及办公窗口等30个单位随机督查，并结合党的群众路线教育实践活动与部门工作人员进行交流，对长兴干部职工上班纪律、窗口服务工作和党的群众路线教育实践活动的开展情况表示肯定，希望长兴进一步提高思想认识，聚焦作风建设，集中解决“四风”问题。金淦英参加。

3月10—15日，县级领导开展“三解三问”征求意见活动。县领导分别召开联系挂钩乡镇（街道、园区）和部门主要负责人、“两代表一委员”、离退休老同志等五个类别的座谈会；上门走访企业（项目）、村居（社区）和农户，到基层一线听取党员干部群众的意见建议，特别是听取工作对象和服务对象的意见，共同探讨谋划应对困难、持续发展之策。

3月24日上午，全县群众路线教育实践活动汇报会举行。会议听取各乡镇（街道、园区）、县直属单位关于群众路线教育实践活动进展情况和关于下步工作计划的汇报。章根明指出，下管一级是薄弱环节，领导干部和领导班子是重点，“一把手”要以身作则，学习要贯穿始终，意见征求、整理要及时，整改要有一盘棋意识，活动要把握节奏，要通过回头看，防偏差，求扎实，求平衡，全面推进全县群众路线教育实践活动开展。

3月27日，省市委督导组到长兴调研走访，导组先后到林城、泗安、和平、虹星桥等地察看，并召开“两代表一委员”及部分企业代表座谈会，对长兴党的群众路线教育实践活动表示肯定，强调践行党的群众路线，最根本的是要顺应人民群众对过上美好生活的新期待，要牢牢抓住发展这个第一要务，加强学习，严格按照县委教育实践活动的要求，把活动开展好。章根明、吕志良、宋波、汪荣山参加。

4月10日，全县单位党委（党组）履行党风廉政建设主体责任情况报告会召开，听取各单位党委（党组）书记分别代表各单位关于履行主体责任和履行“第一责任人”职责的报告，并就各单位党风廉政建设中存在的薄弱环节和漏洞以及计划采取的举措进行交流，要求与党的群众路线教育实践活动相结合，全面推进全县党风廉政建设。金淦英参加。

4月12日上午，长兴大讲堂之“群众路线教育实践活动党课辅导”专题报告举行。省委督导组相关领导、县四套班子领导，全县科级以上干部等参加。与会人员观看电影《焦裕禄》。章根明作题为《以焦裕禄精神为镜子争做焦裕禄式好干部》辅导报告。

4月14日，夏宝龙对长兴“民生必修课”做法做出批示。4月10日，新华社《浙江领导参考》2014年第11期（总第129期）刊登《浙江长兴推出“民生必修课”，领导一线摸排百姓冷暖》，对长兴县党的群众路线教育实践活动作了深入报道。夏宝龙批示：“有指导意义”。同日，省委常委、组织部部长胡和平也做出批示：“‘民生必修课’是一个好做法，具有典型意义，可在第二批教育实践活动中宣传推广。”

同日下午，县委常委会第7次会议举行。章根明主持。王新民应邀列席。会议听取关于近期群众路线教育实践活动有关工作安排的汇报；听取县人大、政府、政协党组关于群众路线教育实践活动征求意见情况的汇报；听取第一批“领办实事、化解难题”整改任务安排情况的汇报；听取关于切实做好软弱、涣散基层党组织整转工作的汇报。章根明强调，要再深化、再落实、再改进，扎扎实实抓好党的群众路线教育实践活动各项工作。会议要求各级党组织和党员领导干部要对前一阶段的教育实践活动进行“回头看”，查漏补缺；全县上下要把学习教育和边整边改作为教育实践活动的主线贯穿始终。

4月15日下午，章根明到槐坎乡和煤山镇调研基层组织群众路线教育实践活动开展情况，强调基层组织在开展群众路线教育实践活动时要不留死角、不留空白，让每个党组织和党员都受到教育。

4月18日，县级领导党的群众路线教育实践活动第二次专题学习讨论会举行。章根明主持。县四套班子领导、法检两长、副县级领导参加。上午，会与人员集中自学习近平系列重要讲话精神、《习近平关于党的群众路线教育实践活动论述摘编》、省委书记夏宝龙在学习贯彻习近平总书记系列重要讲话精神专题报告会上的讲话精神、《中国特色社会主义在浙江实践的重大理论成果》及市委书记马以在第二批党的群众路线教育实践活动县(区)委书记座谈会上的讲话精神。下午，分别听取省委组织部、省委政法委有关领导作的《党政领导干部选拔任用工作条例》和《关于依法处理涉法涉诉信访问题的实施意见》专题辅导。晚，部分县级领导围绕“三思三观”“十项体验”、焦裕禄精神开展学习交流。章根明强调，要通过开展教育实践活动修好民生“必修课”，练好为民服务真本领。

4月25日下午，县委常委第8次会议举行。章根明主持。会议听取关于开展“民情体验课”教育活动意见的汇报；听取关于县级领导集中蹲点调研方案的汇报。会议认为，在党员干部中开展“民情体验课”教育活动，是长兴深化党的群众路线教育实践活动的重要举措，意义重大；要求全县党员干部要虚心接受教育，融入群众、学习群众，贴近百姓、心系百姓，体验劳动、尊重劳动，深入基层、关爱基层，严格遵守“八个不”的纪律(即不作秀、不扰民、不添乱、不讲排场、不摆架子、不增负担、不误生产、不搞特殊)；要求各级党委(党组)切实把“民情体验课”作为加强服务型党组织建设的重要抓手，开展好这项活动。会议同时指出，开展县级领导蹲点调研是群众路线教育实践活动的规定动作，是深化“基层走亲连心解忧”的重要内容和再次深入基层听取群众意见的重要途径；要求蹲点调研求真务实、不搞形式。

4月26—30日县四套班子领导分别到各自联系乡镇(街道、园区)蹲点调研，听取基层党员群众的意见建议。

5月2日浙江卫视以《群众路线树清风正气：长兴——“民情体验课”走基层》为题，头条播报长兴开展民情体验课相关做法。5日晚，中央电视台《新闻联播》以《长兴拓宽渠道听民生》为题，报道长兴开展民情体验课相关做法。

5月6日下午，冯明到长兴调研党的群众路线教育实践活动开展情况，先后到林城镇北汤村、上狮村，夹浦镇滨湖村、丁新村、新城环保，水口乡徽州庄村，调研路线教育、治水、党员带头创业、村庄环境整治、服务型基层党组织建设、企业文化建设和文化大礼堂建设等工作，听取长兴县教育实践活动开展情况汇报，对长兴教育实践活动取得的成绩表示充分肯定，要求长兴联系实际，对前期工作进行“回头看”，努力在第二阶段中继续保持出彩。

5月10日，胡和平对长兴报送的关于开展“村干部每天义务劳动一小时”活动的汇报材料做出批示：“这一做法具有典型意义，要给予重点关注。”

5月12日，县四套班子领导参加“坚定理想信念、敢于担当克难”学习讨论活动。下午，与会人员重温《中国共产党章程》，学习习近平在十八届中央纪委二次、三次全会上关于严明党的政治纪律和组织纪律的讲话精神，中央政治局常委、中央书记处书记刘云山在中央党的群众路线教育实践活动视频会议上的讲话摘要，夏宝龙分别在四次县(市、区)委书记工作交流会上的讲话精神及全省乡镇(街道)干部队伍建设视频会和全省加强基层服务型党组织建设暨乡镇(街道)干部队伍建设视频会上的讲话精神。晚上，与会人员观看电影《生死牛玉儒》和《杨善洲》。章根明强调，全县上下要坚定理想信念、敢于担当克难，增强群众路线教育实践活动的针对性，以先进典型为镜，把学习的成效体现到长兴经济社会建设的实际工作上来。

5月14日下午，县委常委会第10次会议举行。王新民应邀列席。会议学习习近平在参加兰考县委民主生活会上的讲话精神，要求各单位将讲话精神贯彻到“查摆问题、开展批评”环节中去；听取并原则通过关于全县党的群众路线教育实践活动“学习教育、听取意见”环节“回头看”工作情况的汇报；原则同意《关于做好长兴县群众路线教育实践活动“查摆问题、开展批评”环节工作的通知》，要求坚持高标准、严要求、重落实做好该环节工作，严格根据中央和省市要求，放下思想包袱，认真查摆问题，开展批评。

5月15日，中共中央政治局委员、中央书记处书记、中央组织部部长赵乐际对长兴“民生必修课”做法做出批示。

同日上午，全县党的群众路线教育实践活动推进会举行。县四套班子领导参加。王新民应邀出席。会议通报“三集中五攻坚”活动督查情况；布置“查摆问题、开展批评”环节工作；对“查摆问题、开展批评”环节工作进行督导培训。章根明强调，要以习近平总书记讲话精神为指导，高质量做好查摆问题、开展批评环节工作。

5月21日上午，县委常委会第11次会议举行。章根明主持。省委赴长兴督导组有关领导列席。会议听取关于县政府领导牵头的第一批具体问题意见整改任务进展情况的汇报，布置“坚定理想信念、敢于担当克难”主题教育活动学习交流会、领导班子和领导干部个人对照检查材料的撰写以及第二批问题意见梳理等有关工作。

5月24日，中央电视台《新闻联播》以《厉行节俭从办公开始》为题报道长兴取消一次性纸杯的相关做法。同日，人民网、浙江新闻联播也分别以《厉行节约反对浪费：长兴——全面取消会议一次性纸杯》为题进行报道。

5月27日下午，省市督导组分两组对长兴公积金中心、社保中心和行政服务中心13个窗口单位执行工作纪律情况进行暗访，未发现违规违纪行为。

5月29日上午，县委常委会第12次会议举行。会议听取关于做好二季度民情体验课教育活动有关事项的汇报。

同日上午，县级领导党的群众路线教育实践活动第五次专题学习交流会举行。县四套班子领导参加。王新民应邀列席。会上，8名县级领导围绕“坚定理想信念、敢于担当克难”主题教育实践活动，交流学习心得。章根明强调，“四风”问题根源在理想信念出现偏差；“敢于担当”才是检验领导干部党性的“试金石”。

同日上午，省委常委、公安厅厅长刘力伟到长调研指导党的群众路线教育实践活动。市委常委、公安局局长金伯中，县领导沈秋伟参加。刘力伟先后到夹浦派出所水口警组、新四军苏浙军区纪念馆、县公安局调研，对长兴公安机关扎实开展教育实践活动表示肯定，强调要深入基层、不脱离群众、克服特权思想，为民办实事、办好事。

同日上午，全县三级联动便民服务管理系统培训会议召开。该系统通过改进为民服务方式，避免群众过去办一件事要找多个部门、跑多次的现象。县三级联动便民服务管理系统于2013年运行，截至2014年4月底，共受理业务46211件、办结44439件。

6月2日，《浙江日报》头版以《长兴干部必修民情体验课》为题，报道长兴开展干部民情体验课活动。

6月6日，县委常委会第13次会议举行。王新民应邀列席。会议研究党的群众路线教育实践活动县委常委班子对照检查材料。

6月9日下午，县委常委（扩大）会议举行。章根明主持。县四套班子领导参加。王新民和省市委督导组成员应邀列席。会议专题研究党的群众路线教育实践活动有关工作；学习《习近平总书记在参加兰考县委常委班子专题民主生活会时的讲话》精神；学习《赵乐际同志在学习中央政治局常委同志联系点经验座谈会上的讲话》精神；王新民通报县级领导班子作风建设及存在的问题，肯定长兴党的群众路线教育实践活动工作，要求长兴进步提高认识，务求实效。章根明作表态发言，表示会认真贯彻落实省委督导组的意见和要求，开好专题民主生活会、抓好整改工作。同日，县委常委集体审阅党的群众路线教育实践活动县委常委班子对照检查材料（第二审）。

6月16日上午，县委常委会第14次会议举行。会议研究党的群众路线教育实践活动县委常委班子对照检查材料（第三审）。同日，县委常委个人对照检查材料送交省市委赴长兴督导组。同日，县人大、县政府、县政协领导班子分别召开党组会议，研究对照检查材料。

6月17日，县四套班子领导会议举行。会议传达省市关于《县四套班子和县级领导干部近期教育实践活动工作要求》《开好高质量专题民主生活会有关事项的通知》《对照检查材料修改要求》；章根明作民主生活会前的再动员讲话，并与成员进行集体谈心。

6月16日—25日，县四套班子领导开展相互谈心谈话活动。

6月20日上午，党的群众路线教育实践活动推进会举行。章根明强调，要明确重点，对照检查要准确、深刻、生动，谈心交心要有真实内容，民主生活会要严格按照规定时间完成，做到坦荡、信任并富有定力；要动真格、抓落实；要人人参与，不能做“手电筒”，只照别人，也不能做“灯下黑”，看不到身边人的缺点。

6月26—27日，县委常委和县委、县政府主要领导的对照检查材料分批报送省委群众路线教育实践活动办公室。

6月底，长兴35名县级领导累计完成210个统一项目、70个特定项目和70个自选项目的体验内容，收集意见建议106条，解决问题71个；670多名县管领导及乡镇部门机关干部的民情体验活动按照要求全面完成。

7月4日上午，县委常委（扩大）会议举行。县四套班子领导参加。与会人员观看中共农安县委常委班子、中共舟山市委常委班子专题民主生活会实录剪辑；传达学习《省委常委、组织部部长胡和平在调研指导嘉兴、湖州、绍兴、金华、衢州、丽水市委常委班子专题民主生活会准备工作时的讲话摘要》《省委常委、组织部长胡和平赴嘉善县调研教育实践活动讲话摘要》《市委常委、组织部长干武东在调研指导德清、安吉县委常委班子专题民主生活会准备工作时的讲话摘要》；布置县委常委会专题民主生活会召开时间、要求等相关工作。章根明强调，开好民主生活会是群众路线教育实践活动查摆问题、开展批评环节中，学习好不好、征求意见实不实、对照检查深不深的重要标准，务必以充分的思想准备和良好的精神状态开好。

7月7—8日，县委常委会专题民主生活会举行。7日上午，县委常委集中观看《中共嘉善县委常委会班子专题民主生活会实录剪辑》。7日下午、晚上和8日上午，章根明主持召开专题民主生活会。冯明、王新民，省委赴湖州市督导组副组长、宁波市人大常委会副主任翁鲁敏，市领导陈伟俊、胡菁菁参加。叶白云、金树云列席。章根明代表县委常委班子作对照检查，常委班子成员作批评和自我批评。冯明对长兴教育实践活动前阶段工作、县委常委班子专题民主生活会表示肯定，强调要将教育实践活动向纵深推进；王新民点评此次专题民主生活会，认为准备工作扎实细致、贯彻认真、批评和自我批评严肃，希望长兴善始善终、取得实效；陈伟俊对长兴县教育实践活动准备工作、县委常委班子专题民主生活会表示肯定，要求长兴增强大局意识，贯彻好市委、市政府中心工作，加快发展、提高水平，克服自满情绪，为全市经济社会发展做新贡献。

7月11日下午，全县领导干部会议举行。县四套班子领导参加。章根明就召开专题民主生活会对全县20个乡镇(街道、园区)、58个县直单位党委(党组)提出7点要求，即：认识要到位、准备要充分、材料要把关、程序要完整、整改要及时、书记负总责、督导要认真。

7月10—11日，县政府党组、县人大常委会党组、县政协党组分别召开专题民主生活会。吕志良、叶白云、金树云分别主持，并代表党组分别作对照检查。王新民、姬海荣分别出席。

7月16日下午，县委常委(扩大)会议举行。会议传达学习省委常委(扩大)会议、市委常委(扩大)会议、市委全体(扩大)会议精神；传达学习李强省长在市委常委班子专题民主生活会上、省人大常委会副主任冯明在县委常委班子专题民主生活会上的讲话精神；听取关于县委常委班子、人大、政府、政协党组关于专题民主生活会总结报告的汇报；听取县委常委会“四风”问题整改任务分解方案的汇报；听取关于县委常委班子专题民主生活会通报稿的汇报；传达省市纪检监察机关“转职能、转方式、转作风”有关会议精神。

7月22—24日，县四套班子领导分别参加党的群众路线教育实践活动各自联系单位领导班子专题民主生活会。

7月29日上午，县四套班子专题民主生活会情况通报会举行。省、市委赴长兴督导组全体成员、县四套班子领导参加。章根明通报县四套班子专题民主生活会有关情况，认为准备工作充分，开展批评真刀真枪，整改措施方向明确、具体可行，取得开出“辣味”、开出团结和战斗力的效果，要求下步继续抓好活动推进、整改落实、建章立制、统筹结合。章根明并点评乡镇部门专题民主生活会召开情况，认为乡镇部门专题民主生活会思想发动有深度，查摆问题有广度，对照检查有高度，谈心交心有态度，开展批评有辣度，整改措施有力度。

8月5日，《浙江日报》头版刊登《两手抓，两促进——县级常委班子专题民主生活会促整改》，以长兴为典型案例报道县级常委班子专题民主生活会开展情况。

8月8日晚，县委常委会第15次会议举行。章根明主持。会议传达学习省委赴市县督导组组长会议精神。

8月21日上午，县委常委会第16次会议举行。章根明主持。省委督导组组长王新民应邀列席。会议听取各牵头常委关于县委常委会“四风”问题具体整改任务方案的汇报；听取县政府、人大、政协党组关于“四风”问题具体整改任务方案的汇报；传达学习市关于群众路线教育实践活动推进会有关精神、研究全县群众路线教育实践活动整改落实建章立制环节工作；听取全县安全生产自查情况汇报。

8月22日下午，全县党的群众路线教育实践活动推进会举行。县四套班子领导参加。章根明强调，教育实践活动已进入整改落实、建章立制环节，要将整改落到实处、将制度建在明处。

8月29日下午，县委理论学习中心组集中观看中央社会主义学院党组书记、第一副院长叶小文在“浙江论坛”报告会上作的《马克思主义宗教观在中国的实践》专题报告视频。

9月3日下午，省直机关工委调研组到长调研党的群众路线教育实践活动和八项专项整治工作。市委常委、秘书长高屹，县领导章根明、宋波参加。调研组先后调研长兴市民服务中心、省射击射箭自行车运动管理中心，听取章根明关于长兴党的群众路线教育实践活动和专项整治工作开展情况的汇报，对长兴整治办事服务效率不高等问题所取得的成效表示肯定，对长兴在教育实践活动和专项整治工作中的好经验和好做法表示肯定，要求长兴把专项整治工作摆上重要位置，切实提高政府部门的办事服务效率，使专项整治活动长效化、常态化。

9月5日下午，县级领导党的群众路线教育实践活动专题学习会举行。县四套班子领导参加。章根明传达习近平在听取兰考县委和河南省委党的群众路线教育实践活动情况汇报会上的讲话精神，传达学习夏宝龙到长兴考察调研时的讲话精神，传达学习夏宝龙在教育实践活动整改落实情况汇报会上的讲话精神。金淦英传达学习省纪委关于杭州市萧山区少数基层干部违规收受礼卡礼券问题的通报和纪检监察机关查处153件违反中央八项规定精神案件。宋波传达学习杭兰英同志先进事迹。与会人员并观看电影《天上的菊美》。

9月11日下午，冯明到长兴调研党的群众路线教育实践活动。王新民，章根明、夏坚定、宋波、管会斌参加。冯明先后到开发区王浜头居民区、红旗仪表和市民服务中心察看，听取章根明工作汇报，对长兴教育实践活动取得的成效表示充分肯定，要求长兴抓好整改落实各项工作，巩固活动成果，确保全年经济社会目标任务圆满完成。

9月17日上午，中央第七巡回督导组委托省委群众路线教育实践活动办公室来到长兴召开群众路线活动座谈测评会，组织开展群众路线教育实践活动测评工作。章根明代表县委党的群众路线教育实践活动领导小组，介绍长兴工作情况。在长兴的中央和省级代表委员、工作对象、服务对象代表共53人参与测评，测评满意率为100%。

9月中下旬，县四套班子、各乡镇、部分重点民生部门在县政府门户网站公布287项整改清单。

9月30日，全县30家县属部门（单位）的3761项行政权力事项正式对外公布。减权幅度近六成。

10月10日，县委组织部转发中央党的群众路线教育实践活动领导小组、中共中央组织部、教育部《关于严格规范领导干部参加社会化培训有关事项的通知》，要求全县各单位从反"四风"、解决群众反映强烈的突出问题的高度，认识和理解《通知》精神，严格贯彻落实中央提出的"两个严禁"（严禁领导干部参加高收费的培训项目和各类名为学习提高、实为交友联谊的培训项目。已经参加的要立即退出；严禁各级各类干部教育培训机构和各高等学校举办允许领导干部参加的高收费培训项目，或委托其他社会机构举办各类领导干部培训班），要求各乡镇（街道、园区）党委、县级机关各部门党组织按照干部管理权限立即开展清理。

10月13日下午，全县党的群众路线教育实践活动总结大会举行。省市委赴长兴督导组全体成员，县四套班子领导参加。夏威主持。章根明总结长兴开展党的群众路线教育实践活动，高度肯定活动取得的成效，强调教育实践活动有期限，践行群众路线无尽期，要求长兴全体干部在下步工作中，从严抓好管党治党责任的落实，从严抓好思想政治建设，从严推进作风建设制度化、规范化、常态化，从严抓好党内政治生活，从严管理和要求干部，从严抓好整改落实和专项整治，要从严抓好基层组织建设，要从严执行密切联系服务群众制度机制，认真落实习的重要讲话精神。王新民对长兴县教育实践活动所取得的成效表示充分肯定，达到了预期的目标。1—9月，县四套班子、58个县直属单位、20个乡镇（街道、园区），共计1543个基层党组织，3.25万名党员干部参加教育实践活动。全县累计征求意见建议4217条，其中县级领导征求到意见建议1143条，"四风"方面1699条。针对面上"四风"问题的各种表现，县四套班子带头制订整改项目127项。大力推进严控"三公"支出、整治文山会海、减轻基层负担等22项专项整治工作。1—9月，全县"三公"经费开支同比下降47.1%；发文同比下降25.9%，简报精简56%，会议减少13.4%；政府部门职权精简率达58%，各类行政审批、日常管理服务事项减少31%；村均取消承担事务14项、台账53项，减少标牌62块；清理整改"在编不在岗"人员68名。开展明察暗访43次，效能问责40余人，党政纪处理7人，通报典型案例8起。县委常委会牵头建立健全9项长效机制，县人大、县政府、县政协党组和各乡镇部门建立长效机制284项。

【五水共治】 1月28日上午，县委常委（扩大）会议听取环保局、水利局、农办全县"五水共治"有关工作的汇报。章根明强调，要态度坚定，方法科学。

2月21日上午，全县治水治气推进大会举行。县四套班子领导，法检两长，副县级领导，乡镇（街道、园区）、村居（社区）、县级机关各部门主要负责人，以及治水治气重点工作牵头单位和企业代表等参加。会议现场表彰2013年度全县农业农村工作先进集体和个人；吕志良作治水治气工作报告；娄显杰、史会方代表县委、县政府与开发区、和平镇、建设局、水利局签订责任书。会议现场进行"五水共治"捐款，74家企业捐款3500万元。章根明强调，治水治气既是省委、省政府的工作决策部署，也是改善水环境和空气环境质量、实现"让长兴的水秀起来、让长兴的天蓝起来"目标的需要，全县上下首先要统一思想、增强自觉、改变工作生活习惯；其次，要充分认识到工作的长期性和艰巨性，要持之以恒、标本兼治、彻底治好。

3月14日下午，"五水共治"相关部门工作例会召开。会议要求全面推进工作，到2020年全县地表水环境功能区达标率稳定在92%以上，全面消灭Ⅴ类水体。

3月21日下午，凝聚青春力量、投身"五水共治"启动仪式举行。宋波出席。此次活动由长兴县青年联合会、长兴县青年企业家协会、长兴县"创二代"联谊会共同发起。活动现场发出"五个一"的倡议：喊响一句口号，发动一次宣传，亮出一份承诺，践行一次志愿，奉献一份力量，让长兴的水秀起来。

3月27日下午，县政协2014委派民主监督小组暨助推"五水共治"民主监督工作会议召开。金树云主持。会议回顾总结2013年委派民主监督小组工作情况，部署2014年工作任务。会议指出，要切实落实好两大重点监督工作，继续深入开展好委派民主监督工作，定好位、选好题、献良策；要围绕"五水共治"这项中心工作，联动开展民主监督等监督工作；把学习、监督、履职三者有效结合起来，知情、懂行，要找问题、做工作；把规范个人言行与政协整体形象结合起来，严于律己；要以实际行动确保今年的委派民主监督工作迈上新的台阶、取得新的成绩。

3月30日上午，2014"'新长兴人'素质提升年"系列活动和"我先锋、我行动——'五水共治'立新功"主题立功竞赛活动启动暨全县缝纫工技能大赛举行。楼秋红出席。活动由长兴县总工会举办。

4月4日下午，全县水污染防治工作会议召开。史会方参加。会议通报全县重点涉水企业检查情况。为落实全省"五水共治"部署，长兴自3月18日起，对全县13家污水处理厂、11家中水回用站、13家印染企业及其他重点涉水企业进行日间检查和夜间突击检查,对查实的金三发集团等非法排污的个别企业,予以处理或处罚。

4月11日上午,让长兴的水秀起来——“五水共治”专项行动领导小组办公室召开工作例会。会议要求抓好“清三河”行动、河道清淤等重点工作督查推进,进一步畅通“上情下达”,加强宣传造势,全力以赴打好治水攻坚战。“清三河”即清理黑河、臭河、垃圾河,2月下旬确定2014年底前全面完成垃圾河治理、完成黑臭河治理5条18.8公里,并将“三河”的基本情况进行公示。至3月底,全县河道清淤完成679公里,启动打通“断头河”专项行动,农村生活污水治理和治污基础设施建设工程有序推进;启动县域内圩区整治,推进清水入湖等重点项目;在供水节水方面,完成“一户一表”改造1500户、山泉水改造672户,供水管网新建6公里、改造15公里。

4月28日上午,全县“五水共治”情况检查动员大会暨法制讲座举行。会议以贯彻防洪法、推进防洪排涝治污为重点,部署县人大常委会执法检查活动的各阶段工作,要求确保执法检查活动取得实效。根据会议精神,长兴计划围绕防洪法等相关法律法规学习宣传贯彻情况,城乡防洪排涝治污规划编制和实施情况,防洪、排涝、治污等专项资金筹集及落实情况,重点水利工程建设、山塘水库、堤防除险加固和管理以及山区小流域防洪治理情况,城乡易淹易涝地区排涝能力情况,河道治污保洁工作情况,重点检查黑河、臭河、垃圾河整治,治污工程建设进展以及河长制实施和长效管理机制建立等情况,基层队伍体系建设、工作责任制落实、应急预案制订、防汛排涝治污信息系统建设情况等七个方面。

5月8日上午,县政协界别活动月启动仪式暨“五水共治”学习培训班开班仪式举行。活动月内容包括送文化、送卫生、送科技、送法律、送教育等为主要内容的“五下乡”“一界别一主题”调研视察等主题活动。

5月29日下午,章根明会见浙江金融资产交易中心总经理丁建林,并出席“五水共治”融资合作签约仪式。根据协议,长兴通过该交易中心平台发行“五水共治”定向融资产品,额度12亿元,期限3年。

7月21日晚,全省县(市、区)委书记工作交流视频会议召开。王新民,县四套班子领导在长兴分会场参加。章根明作为10个交流发言的县(市、区)委书记之一,汇报长兴1—6月“五水共治”“四边三化”“三改一拆”等重点工作和实现半年红等工作情况,重点介绍长兴2003—2013年工业强县战略的实施历程。

7月22日上午,省教育厅副厅长于永明率省督导组到长兴检查“五水共治”和“三改一拆”工作。吕志良汇报长兴工作情况。省督导组肯定长兴两项工作力度大、措施实、成效明显,经验值得宣传推广,同时希望长兴继续扎实推进工作。长兴“五水共治”于2013年启动,推进中坚持和贯彻重点治污水、科学防洪、积极排涝、安全保供水和全面抓节水治水原则;全县“三改”累计完成任务总量597.5万平方米,完成三年目标任务的134.3%,“无违建乡镇(街道、园区)”“无违建村(社区)”创建覆盖率达90%以上。

7月25日上午,省督查组到长兴检查“五水共治”“三改一拆”工作反馈会召开。省督导组表示,长兴“五水共治”工作,特别是“让水秀起来”行动,领导重视、重点突出、健全机制、责任明确、群众参与度高,要求长兴持续推进,完成“清三河”行动、推进节水项目节水宣传。

7月29日下午,政协第八届长兴县委员会第十三次常委会议听取并讨论县环保局、县水利局、县农办关于“五水共治”工作情况的汇报。

7月31日下午,县十五届人大常委会第25次会议听取县政府关于贯彻防洪法、推进防洪排涝治污为重点的“五水共治”情况的报告,县人大常委会关于执法检查组开展贯彻防洪法、推进防洪排涝治污为重点的“五水共治”情况检查的报告。

7月31日上午,全县“五水共治”工作推进会召开。史会方参加。会议听取关于全县“五水共治”工作进展情况的通报;听取农村生活污水治理工作,治污基础设施建设工作,喷水织机整治工作,河道保洁长效管理工作进行情况的汇报。

8月12日下午,县政协关于“五水共治”提案集中协商办理会议举行。金树云、姚根泉参加。会议选取“关于开发建设中保护水资源”“关于要求加大合溪水库上游污水管网建设”等9件较有代表性的提案,与提案承办单位进行专题民主协商;县政府办、建设局、水利局、环保局等部门对“五水共治”相关提案通报办理情况,委员对提案的办理情况进行评价,承办单位与委员就提案办理情况和下一步工作进行协商。

10月13—17日,县政协领导分率60余名县政协委员,会同相关部门负责人,到全县18个乡镇(街道、园区)开展助推五水共治民主监督活动周活动,听取各相关乡镇(街道、园区)关于农村生活污水治理进展情况和河道清淤保洁情况的汇报,并提出意见建议。

10月23日上午,省委统战部常务副部长金长征率省“五水共治”专题民主监督组到长兴调研。金长征调研太湖图影生态湿地文化园,听取章根明关于长兴五水共治推进情况的汇报,对长兴五水共治工作表示充分肯定,重点治污水、科学防洪水、积极排涝水、安全保供水和全面抓节水工作取得预期效果,希望长兴圆满完成年度目标任务。

12月18日下午,吴水霖到长兴调研“五水共治”和企业发展情况。吴水霖到长水港、符家桥港察看长兴“五水共治”进展情况,对长兴治水成绩表示肯定,希望再接再厉,举全县之力治好五水。

12月25日下午，县政协助推“五水共治”、建设“锦绣长兴”书画比赛颁奖仪式举行。

【党政领导考察活动】 1月15—17日，章根明、王庆忠赴云南、广东考察。

5月16—17日，章根明、叶白云、金树云率县发改委、环保局、建设局相关负责人赴桐庐县考察农村污水治理工作。

6月20—22日，史会方、陈建奇率考察团赴安徽、江苏调研“长兴葡萄”销售市场。

7月17—18日，县四套班子领导率乡镇(街道、园区)、部门和规模以上企业负责人，分赴江苏省张家港市、昆山市、常熟市、太仓市、宜兴市、苏州市吴江区学习考察。

8月13—15日，章根明、叶白云赴四川省甘孜州得荣县考察对口援建工作。章根明、叶白云先后考察该县白松乡地日村、点仲村、夺松村、日当村、日麦村、白松村和瓦卡镇等地的对口援建项目建设及灾后重建项目，听取得荣县委书记陈洪暴相关介绍，表示长兴高度重视对口援建这一光荣而重要的政治任务，并会保质保量完成。得荣县地处川、滇、藏三省(区)结合部，经济社会发展滞后。长兴于2013年按照省委、省政府统一部署对口援建该县，每年安排援助资金不少于300万元，用以帮助该县基础设施建设。

12月22—24日，吕志良参加市委组织的赴深圳、珠海考察活动。

12月29—30日县四套班子领导赴德清、安吉县考察学习。考察团先后考察德清浙江佐力药业股份有限公司等工业企业，听取德清县委书记张晓强关于该县“3+X”的工业产业体系的介绍；考察安吉县“大年初一”风景小镇项目等建设情况，听取安吉县委书记单锦炎关于该县总体发展思路及2014年工作情况。

【重点招商活动】 2月27日下午，章根明赴上海招商。

3月13—14日，吕志良赴山东省青岛市招商。

3月19日下午，吕志良赴杭州招商。

3月20日，叶白云、夏威赴上海招商。

3月20—21日，章根明赴厦门、漳州洽谈项目。

4月3—4日，章根明赴杭州、海宁两地招商。

4月9—10日，章根明赴北京招商。

4月23—24日，吕志良、庄国良赴宁波、台州招商。

6月13—14日，吕志良赴金华招商。管会斌参加。

6月26日下午，吕志良率部分乡镇、部门负责人赴杭州招商。

6月30日—7月1日，吕志良率园区分管领导赴青岛、北京招商。

7月9—11日，章根明赴上海、苏州、绍兴招商。

7月27—28日，吕志良率队赴北京招商。

8月19—20日，吕志良率有关部门、乡镇、园区负责人赴上海招商。

8月25日，章根明赴广州、佛山招商。

9月3日，吕志良、庄国良率有关部门、乡镇、园区负责人赴宁波招商。

【项目签约及开竣工活动】 1月5日上午，上海市总工程师协会长兴网络科技工程中心入驻长兴科创园签约仪式举行。上海总工程师协会，是为上海市大中型企事业单位的总工程师开展技术研究和合作的群众性团体，集聚一大批高级人才。长兴科创园于2002年成立，累计孵化企业209家。

2月19日下午，长兴仙山湖旅游度假区合作开发签约仪式举行。章根明、吕志良、叶白云、杨福成、楼秋红、吴忠良、章玉坤出席。吴忠良与利海集团相关负责人签署战略合作协议。度假区项目总投资100亿元，分两期进行，计划于下半年开工。

3月28日上午，全县1季度项目引进推进集中开竣工仪式举行。新开工项目26个，总投资达76.4亿元；竣工项目24个，主要分布在现代纺织、装备制造、新型电池等行业，总投资22.04亿元。

4月16日上午，中央电视台农业频道《乡约》2014年长兴农业招商推介会举行。8个招商引资项目和4个产销协议现场签约。

5月18日上午，浙北商业广场招商大会暨签约仪式举行。

5月26日上午，县政府与复旦大学宁波研究院筹建“复旦大学长兴创新创业基地”合作签约仪式举行。该基地计划设立于太湖新城的浙江大学国家大学科技园(长兴)内，是复旦大学在浙北地区和环太湖地区的发展总部，通过复旦大学科研成果的转移和转化，服务长兴企业、实现合作共赢。

5月29日上午，小仓离合机(长兴)有限公司举行开业典礼。该公司位于林城镇，是小仓离合机株式会社在中国的第3个生产工厂、全球第13家子公司，一期总投资1200万美元，主要生产电梯行业、机器人行业等工业用的离合器和制动器。

6月6日上午，长兴县第二人民医院建设工程开工仪式举行。第二人民医院按国家二级甲等综合性医院标准建设，用地4公顷，分两期进行，2015年10月建成使用。

同日上午，全县招商引资项目集中签约仪式举行，共签约7个项目，总投资28.43亿元。

6月24日上午，“浙商回归引进6月行动”湖州市浙商回归项目集中开工暨瑞华(长兴)纯电动汽车动力总成系统项目奠基仪式在长兴举行。1—5月，全县申报省外浙商回归项目23个，其中新引进项目16个，完成省外到位资金18.57亿元，排名全市第一。此次集中开工的项目17个，总投资180亿元。

同日上午，开元旅业项目签约

仪式举行。该项目位于水口乡，总投资2.2亿元。

7月22日上午，长兴县综合福利中心项目举行开工仪式。该项目位于龙山新区西峰坝居民区，是2014年浙江省重点建设项目之一，总投资约3.5亿元，计划于2016年年底建成使用。

同日下午，县政府与北大医疗产业集团联合举行促进长兴县卫生事业发展战略合作项目框架协议签约仪式。北大医疗产业集团是北京大学绝对控股的核心校产企业，根据协议，将为县人民医院分批提供不少于5亿元的发展资金，帮助其在五年内达到三级甲等综合性医院水平。

7月23日上午，东华大学与浙江盛发纺织印染有限公司研究生联合培养和科技创新中心签约授牌仪式在长兴举行。

7月30日上午，7月招商项目集中签约仪式举行。签约“橙天地”文化休闲项目、吉祥铝箔板项目、皇明太阳能南方生产基地项目、智能电动工具项目、东盛光伏农业科技项目等5个项目，总投资21亿元。

同日上午，浙江新农都长兴农产品物流中心项目开工奠基仪式举行。该物流中心项目是2014年省重点建设项目，总投资10亿元，计划于2016年建成。

9月17日下午，国家级长兴经济技术开发区总部经济投资环境推介会在杭州举行。浙江掌汇科技有限公司、九五集团等9家企业签约入驻开发区总部经济园。该经济园共开发楼宇30多幢，总建筑面积约170万立方米，其中8幢已投入运营，已有中国农业银行、中国人寿保险、上海交大慧谷科技园、南都电源等100多家知名企业和机构入驻。

9月25日上午，长兴“千人计划”产业研究院启用仪式暨“长兴英才计划”推介会举行。2014年新入选“南太湖精英计划”领军人才的专家、企业签约。

10月28日上午，2014中国·太湖明珠——长兴国际投资贸易洽谈会项目集中开竣工仪式暨中汽零(长兴)汽车产业博览中心启动仪式举行。

10月31日上午，太湖颐和大酒店开工典礼举行。该项目位于太湖图影旅游度假区，是颐和集团在长投资的子项目，总建筑面积约11万平方米，计划2016年建成使用。

11月，省际承接产业转移示范区长兴分区内华能集团10兆瓦分布式发电工程项目开工。该工程总投资9000万元，计划2015年1季度全部并网发电。

(党史室)

县委办公室工作

【概况】 中共长兴县委办公室(以下简称县委办)与中共长兴县委党史研究室(以下简称党史室)、中共长兴县委政策研究室(以下简称政研室)合署办公，主要职责是协助县委领导处理县委日常事务，开展政策、党史研究等工作。共设秘书科、综合一科、综合二科、综合三科、信息科、法治科、报道组、机要局、督查室、行政科、经济发展科、社会发展科、党史编研室、党史宣教室、保密局等15个职能科室。县委办(党史室、政研室)有行政编制37人(含信访局)，其中后勤服务人员编制7名。

2014年，县委办充分发挥参谋助手、综合协调、督促检查、保障服务的作用，提高办公室工作的科学化水平，提升“三服务”能力，各项工作成效显著。综合协调方面，圆满完成各类重要会议和重大活动的组织协调工作。严格按照精简文件要求，严把发文关。2014年发文173件，同比下降27.3%；大力精简各类简报刊物，全年精简55件，同比下降56.1%。严格执行“八项规定”，严控会议数量和规模。2014年县委、县政府召开会议共256场次，同比下降16.9%。年末，在部门“三比一讲”、招商引资考核及“双百分”竞赛年度考核中，县委办均获一等奖。

(周　翀)

【调研工作】 年内，县委政研室参与起草县委十三届七次全体(扩大)会议、县委十三届八次全体(扩大)会议报告，参与起草县纪委十三届四次全会、工业经济与科技创新大会、农村工作会议、党建工作会议、党的群众路线教育实践活动动员大会、政协工作会议、国家级生态县总结暨生态文明先行示范区建设动员大会等重要会议上主要领导的讲话稿，以及县委主要领导在全省县(区、市)委书记工作交流会、台州市领导干部大会、河北省地厅级领导干部新型城市化研讨班、全市政协工作会议等会议上的发言材料，其他向中央和省、市领导汇报工作情况的材料，累计各类文稿120余篇90余万字。牵头起草《中共长兴县委关于加强和改进调查研究工作的意见》，以及参与起草《中共长兴县委关于开展民情体验课教育活动的实施意见》等文件。围绕推进传统产业转型升级、加快科技创新、发展电子商务、促进民宿发展等重点问题，组织开展调研活动40余次，形成一系列报告、内参，为县委科学决策提供参考。

加强和改进调查研究工作　年内，根据全县党的群众路线教育实践活动的整改部署，政研室组织到机关部门、乡镇(街道、园区)、村等地开展实地调研，起草《中共长兴县委关于加强和改进调查研究工作的意见》，提出加强和改进调查研究工作的要求和原则、推进调查研究制度化规范化、改进调查研究工作作风、加强调研机构队伍建设、加强对调查研究工作的领导等五条意见，为推进科学决策、民主决策发挥作用。

开展传统产业转型升级专项调研　年内，到发改委、经信委、国土局、交通局、建设局、环保局、李家巷镇、和平镇、小浦镇及部分粉体企业、蓄电池企业，就环保倒逼产业转型升级课题开展调研，撰写《长兴县强力开展行业整治有效倒逼产业升级的调研与思考》《长兴县加快转型升级建设工业强县的做法与借鉴》等调研报告。报送省委政研室《长兴县以环保倒逼产业转型升级》案例，在省委十三届五次全会上作书面交流，肯定长兴传统产业转型升级成效及做法。《长兴县大力开展腾笼换鸟推动工业提质增效升级》《长兴县开展书记（县长）与企业家面对面谈心、一对一服务活动》等信息，分别得到省委书记夏宝龙、省委副书记王辉忠批示肯定及表扬。

组织县级领导调研课题实施　年内，围绕“太湖望县·产业升级”“锦绣长兴·城市升值”大讨论中梳理出的热点难点焦点问题，牵头组织实施县级领导年度重点调研课题30个，形成系列调研报告，提出涉及工业强县建设、“五水共治”、美丽乡村建设、社会治理等多个方面对策建议，为县委县政府科学决策提供重要价值参考。县委主要领导撰写《关于加快长兴科技创新的几点思考》《长兴传统产业转型升级路径探析》等调研文章，在《江南论坛》《湖州通讯》等省市刊物杂志发表。

（钱　锋）

【法治工作】　2014年，县委法治办以法治为民为本质要求，以权力监督为工作重点，履行牵头抓总、指导协调、督促检查职能，推动法治长兴建设深入开展。年内，长兴县获评湖州市法治县工作先进单位，南太湖产业集聚区长兴分区等4个乡镇（街道、园区）获评湖州市法治乡镇工作先进单位。

法治长兴建设　按照上级要求和县委部署，12月起草制订《中共长兴县委关于全面深化法治长兴建设的实施意见》，将法治的政策措施、评价标准、激励机制与全县经济社会发展统一谋划、统筹考虑、同步推进。同时，精心拟订全县《法治工作要点》和《法治长兴重点项目建设》，通过走访调研、实地督查、部门落实等方式，一批事关民生的热点、难点问题有效解决。

开展党内规范性文件备案审查　3月正式启动党内规范性文件备案审查工作，从源头上防止侵害群众权益事件的发生。年内，共向市委报备文件26件，前置审核文件26件；对县委各机构和乡镇党委制订的规范性文件严格进行备案审查，共审查文件4件。

夯实基层法治工作　11月联合县政府法制办、县编办，以中心镇为示范，推动各乡镇建立法治（法制）办，落实工作职责。同时，将法治工作列入乡镇综合考核。

（张　雷）

【考核工作】　2011年起，县委、县政府围绕全县中心工作，按照“分类考核、同类竞赛”原则在全县各级各单位开展“三比一讲”竞赛综合考核，即在乡镇（街道、园区）中开展“比快、比好、比强、讲实绩”竞赛，在县级机关部门中开展“比对上争取、比对下服务、比内部风气、讲大局”竞赛，在工业企业中开展“比发展、比贡献、比和谐、讲责任”竞赛，2012年还在村级组织中开展“比村强民富、比村庄魅力、比村风和谐、讲大局”竞赛。2014年主要在乡镇（街道、园区）和县级机关部门（单位）中开展“三比一讲”竞赛综合考核。

乡镇（街道、园区）“三比一讲”竞赛综合考核　5月15日，县委办、县政府办印发《2014年度乡镇（街道、园区）“三比一讲”竞赛综合考核实施意见》（长委办发〔2014〕50号）。考核主体对象为全县乡镇（街道、园区）共20个单位，具体分四个考核类别：即A类（园区类5个，开发区、湖州南太湖产业集聚区长兴分区、太湖街道、太湖图影旅游度假区、龙山新区），B类（中心镇、中心城区类5个，画溪街道、泗安镇、煤山镇、和平镇、雉城街道），C类（卫星镇类6个，李家巷镇、小浦镇、夹浦镇、洪桥镇、林城镇、虹星桥镇），D类（精致小城镇类4个，水口乡、吕山乡、白岘乡、槐坎乡）。是年度，综合考核一等奖（4个）：李家巷镇、吕山乡、泗安镇、龙山新区；二等奖（12个）：二等奖第一等次（5个）：开发区、画溪街道、水口乡、虹星桥镇、雉城街道；二等奖第二等次（7个）：林城镇、和平镇、湖州南太湖产业集聚区长兴分区、小浦镇、太湖图影旅游度假区、槐坎乡、夹浦镇；三等奖（4个）：白岘乡、太湖街道、洪桥镇、煤山镇。

县级机关部门“三比一讲”绩效考核　根据《2014年县级机关部门“三比一讲”绩效考核实施意见》（长委办发〔2014〕51号），考核主体对象为全县83个部门（单位），具体分为评议类（7个）、考评类（共61个）、金融机构（15个，年终考核时调整为14个）三大类。其中，考评类细化为6个考核组别，分别考核在对上争取、对下服务、内部风气以及讲大局等方面所取得的成绩和实效。是年度，评议类7个单位均为满意单位；考评类：一等奖11个单位、二等奖27个单位、三等奖20个单位、四等奖4个单位；金融机构：一等奖3个单位、二等奖6个单位、三等奖4个单位、四等奖1个单位。

【信息工作】　年内，县委办信息科全力编好5大内部刊物：《长兴信息（领导活动）》编发248期，《长兴信息（工作动态）》编发104期，《长兴信息（专报）》编发8期，《长兴信息（交流参阅）》编发36期，《长兴信息（业务通讯）》编发3期。同时，及时有效收集、研判、传递、上报各类信息700余篇，为领导决策提供参考。2014年被中央办公厅录用信息1篇，被省委办公厅录用信息80篇，被市委办公室录用大稿18篇。2014年度全市各县区党委系统信息工作考核，长兴第一名。县委办被评为浙江省党委系统信息工作先进单位、湖州市党委系统信息工作先进单位;2人分别获评全省党委系统信息工作先进个人和全市党委系统信息工作先进个人。

领导批示信息　年内,及时向上级反映长兴县工作的成果和特色,累计获省市领导批示13次,全市第一。4月30日,省委书记夏宝龙对《浙江信息(专报)》刊登的《长兴县大力开展“腾笼换鸟”推动工业提质增效升级》做出批示:“长兴干得好,应在全省推广”。4月17日,全省“腾笼换鸟”现场交流会在长举行时,副省长毛光烈指出:“现场会在长兴召开,就是要向全省推广长兴经验。”9月4日,市委书记马以对《湖州信息(领导专报)》第57期刊登的《长兴县首创国内跨区域科技券助力企业科技创新》做出批示:“长兴科技券的做法请各县区党政主要领导和分管领导阅,学习借鉴。”10月8日,市委书记马以对《湖州信息(领导专报)》第61期刊登的《长兴县推行园林绿化“籽播技术”以低成本打造大景观》做出批示:“请市建设局、林业局、各县区负责同志阅,长兴的做法成本低、效果好。”10月20日,市委书记马以对《湖州信息(工作情况交流)》第44期刊登的《长兴县“三法”治好城市“牛皮癣”》做出批示:“请市行政执法局阅。”

(史志钢)

【督查工作】 长兴县委县政府督查办公室(绩效管理中心)成立于2013年4月。2014年,督查办共下发《督查通知》10期,编发《督查通报》35期,编发《督查反馈》2期,编发《督查专报》2期。加强批示督办工作,年内跟踪督办县委、县政府主要领导文件批示1387件,下发《领导批示抄告单》12期,督办《“书记(县长)与企业家面对面谈心一对一服务”活动抄告单》89期,跟踪督办县委、县政府主要领导信访批示件790件。保持对重点信访事项动态掌握,并就其中重点信访事项督查反馈2次,就难点信访事项督查专报1次。

专项督查　1月,对2013年招商引资已签约工业项目推进情况进行专项督查,推动招商引资工业项目建设。1月、5月,两次督查村干部“每天参加义务劳动不少于1小时”,加快改善村民居住环境。1月,督查2013年主要农产品技术服务项目落实情况,强化支农惠农政策和技术服务。5—6月,按照“每周一通报”要求,连续6次对“三集中五攻坚”专项竞赛活动推进情况进行专项督查,推动集中拆违、集中治水、集中绿化、项目攻坚工作。6月,对乡镇(街道、园区)主要领导招商引资工作开展情况进行督查。7月,督查“帮扶解困助转型、政企同心促发展”第二季服务企业专项行动推进情况。7月、10月,两次督查2014年民生实事项目进展情况。7月,督查县政府重点工作实施情况。8—11月,按照“每月一通报”要求,督查企业人才购房和拆迁安置房政策落实情况。8月,督查党的群众路线教育实践活动第二批问题意见整改推进情况。8月,督查全县清理规范村(社区)事务,强化村(社区)组织自治功能,减轻基层工作负担。9月,督查乡镇(街道、园区)“锦绣长兴”长效管理工作,进一步巩固环境综合整治工作成效。9月,督查县十五届政府第42—44次常务会议议定事项落实情况。10—12月,督查全县房地产市场平稳健康发展有关政策落实情况。10月,督查乡镇(街道、园区)住房公积金制度扩面工作完成情况。10—12月,连续3次督查全县大气污染防治(治霾)攻坚行动十五项整治任务推进情况。10月,督查2014“长治会”攻坚百项目“530”活动开展情况。11月,督查长兴二轮修志各承编单位工作推进情况。12月,督查全县项目引进推进工作。

上级督查　4月,湖州市委督查调研组到长兴开展政协工作督查调研,了解掌握长兴贯彻落实《中共中央关于加强人民政协工作的意见》(中发〔2006〕5号)和全省政协工作会议精神。5月,省推进浙商回归工作督查调研组到长督查调研长兴在浙商回归工作中的先进做法和经验,实地走访龙山新区湖州嘉兆实业有限公司、长兴和泰置地有限公司、开发区浙江海悦自动化机械股份有限公司、浙江天之望新材料科技有限公司、康迪电动汽车(长兴)有限公司、南太湖桐昆集团浙江恒腾差别化纤维有限公司、长兴芯亿微电子科技有限公司、李家巷镇长兴旗滨玻璃有限公司、林城镇长兴双胞胎饲料有限公司、浙江帝亚制冷设备有限公司、泗安镇浙江力嘉锦纶有限公司、浙江益南纤维科技有限公司。6月,市委重点项目督查组督查到长查看全市重点建设项目开工情况,实在查看仙山湖北湖“一路五园”工程、杭长高速公路北延工程、浙江帝亚制冷设备项目。9月,市清理规范村(社区)事务工作督查组到长兴实地查看龙山新区龙山社区、西峰坝村、渚山村、水口乡金山村,掌握长兴清理规范村(社区)事务、组织机构标牌标识、达标创建和台账资料工作情况,解决村(社区)组织行政化问题。9月,市委督查组督查长兴贯彻落实省市重大决策部署、全力完成全年目标任务工作情况,重点督导重点项目建设和“五水共治”工作进展情况、经济指标任务完成情况。11月,市生态市建设暨大气污染防治工作督查组督查长兴生态市建设各项工作推进情况、大气污染防治行动计划进展情况。11月,开展村(社区)“三多”事项清理整改自查工作,减轻基层负担。12月,开展长兴贯彻落实“八项规定”自查工作,重点自查“三公”经费支出、精简会议文件、“六项禁令”执行情况。

(孙黎亮)

【保密工作】 2014年县编制委员会明确,长兴县保密局为中共长兴县委办公室的内设机构,局长按副科级配备;同时,承担县委保密委员会的办公室工作。2014年,保密工作全面推进县制订的"四项任务指标"(初步形成涉密信息设备、内部工作级信息设备、非涉密信息设备"三类"管理体系;制订完善保密工作教育、检查、考核、奖惩方案;构建保密力量体系;全县保密设施设备全部达到完善配套,健全管理网络)和深化的"四个方面"(深化底数摸清,深化保密工作调查研究,深化依法治密管密,深化保密工作力量建设)。全年完成虹星桥镇、林城镇、吕山乡、太湖图影、水口乡、和平镇、行政服务中心等12家单位保密教育辅导。

2月,县委保密委传达中央和省、市委保密委员会会议精神,部署全年保密工作,下发《2014年度保密工作要点》和《2014年度保密工作考核办法》。3月,按照中保委"两识教育"(秉承夯实工作基础,增强保密意识;努力提高基层保密干部的工作能力、业务水平和管理水平等常识)要求,开展乡镇保密干部挂职保密局活动;4月,购买保密宣传教育片35套,各单位全年累计借阅57次;5月,召开全县保密工作大会,县委保密委领导小组成员,各乡镇(街道、园区)、部门的主要领导、分管领导,共155人参加会议,县委副书记、保密委主任夏威作《强化责任、狠抓落实确保长兴县保密工作再上新台阶》的讲话,会议由常务副县长、保密委副主任高胜华主持,还表彰11家先进集体和15名先进个人;5月,开展"两考"(高考和中考)试卷保密和保密室检查工作;6月,对全县21个乡镇(街道、园区)、61个县管部门,开展保密工作半年度检查,累计检查电脑5320台、台账资料95份,指导各单位完成《保密责任书》《保密承诺书》签订;完成保密电脑分类管理,规范电子、纸质文档的管理;购买检查工具2套;完成全市涉密网、非涉密工作内网和互联网等"三张网"建设管理摸排工作,并上报汇总结果;7月,做好保密红机普通密码通信调试,完成红机机房线路改建工程;8月8—13日,由县保密局牵头,政法委国安办、公安局网警大队组成联合检查组,完成全县IP地址被境外监听网络协查工作;9月,开展高考"三项考试"各项检查、协考工作;11月6~7日,举办全县保密工作培训班,夏威作《如何狠抓实效切实巩固县域保密工作成果》党课;12月,完成全县年度保密考核工作,完成全县保密手机招标、验收、配发工作。

"三合一"全覆盖 "三合一"保密设备即U盘单向导入装置、专用涉密U盘和涉密计算机防非法外联的组合。根据浙江省保密局《关于在全省开展保密技术防护专用系统配备工作的通知》(浙密办〔2012〕5号)和《关于发布在我省备案的保密技术防护专用系统研制销售单位目录的通知》(浙保函〔2012〕28号)要求,完成全县涉密计算机"三合一"的安装工作,年底全县拥有涉密计算机79台,全部安装"三合一"设备。

(莫家杰)

【接待工作】 中共长兴县委、长兴县人民政府接待办公室(简称县接待办),主要负责上级领导、考察团到长的接待和县委、县政府主要领导外出考察的服务工作。内设综合科、接待科,事业编制5人,其中领导职数1正2副。

领导视察 年内,先后接待全国政协副主席马培华等党和国家领导人,省委书记、省人大常委会主任夏宝龙,原浙江省委副书记、省长吕祖善,国家发改委副主任解振华,国家信访局副局长赵晓光,民政部副部长窦玉沛,科技部副部长王伟中,省委副书记王辉忠,省委常委、宣传部部长葛慧君,省委常委、公安厅厅长刘力伟,省委常委、秘书长赵一德,省人大常委会副主任茅临生、程渭山、冯明,副省长毛光烈、熊建平、王建满、黄旭明、郑继伟、梁黎明,省政协副主席陈艳华、孙文友、徐冠巨,原省政协副主席王玉娣,上海市原副市长胡延照等省部级领导30人次。

县市交流 年内,接待各地县(市)以上党政考察团150批次,涉及全国16个省、直辖市,全省各地市30多个县市。先后组织赴四川省成都市、得荣县、云南省丽江市、广东省广州市、江苏张家港市、常熟市、宜兴市、昆山市、太仓市、吴江区、常州市武进区、桐庐县、云和县、湖州市吴兴区、南浔区、德清县、安吉县等地为考察活动做好前站联络和随团服务保障工作。

会务招商 年内,接待瑞典南斯莫兰省地区委员会主席、皇明集团总裁、海康威视董事长、南方水泥董事长、江森自控集团副总裁、开元集团董事长、上海瑞华集团董事长、新华都董事长、广州利海集团董事长等工商界知名人士。为长治会、环太湖公路自行车赛、全省"腾笼换鸟"现场会、《乡约》走进长兴、生态旅游节、全国新能源峰会、十大农事节庆活动等重大活动的接待任务做好服务保障。

(周国强)

组 织 工 作

【概况】 中共长兴县委组织部是县委管理全县党的基层组织建设、干部队伍建设和人才队伍建设的职能部门。内设办公室、干部一科(公务员管理办公室)、干部二科、干部监督室、组织科、"两新"党建科、远程教育办公室等8个职能科室,共有正式在编干部24人,其中行政编制17人,事业编制7人。领导设部长1人(县委常委),常务副部长1人,副部长6人(其中兼职4人)。2014年,县委组织部紧扣全县工作中心,围绕加强党的执政能力和先进性、纯洁性建设,坚持稳中求进、新中求进、实中求进,各项工作都取得新的进展。全年,以“为民、务实、清廉”为主题,扎实开展党的群众路线教育实践活动,市四套班子领导和市级机关部门主要领导干部“三思三观”现场教学活动在长兴举办,组织开展“民情体验课”的做法得到赵乐际、夏宝龙等中央、省市领导批示肯定。深化干部选拔任用制度改革,全员竞聘工作被纳入省委组织部中层干部任职制试点工作。大力加强年轻干部培养,“后备型”年轻干部模拟任职适岗培养的做法被省委组织部《组工情况》刊登介绍。深入实施人才集聚工程,“国千”“省千”实现历史性突破,全年高层次人才入选国家“千人计划”4人、省“千人计划”5人,全年注册落户高层次人才项目22个,累计实现产值1.23亿元。

【党的群众路线教育实践活动】 按照中央和省市县委的统一部署,扎实开展党的群众路线教育实践活动。3月初,围绕“三思、三观”“以焦裕禄精神为镜子、争做焦裕禄式好干部”“坚定理想信念、敢于担当克难”等主题,分批次对全县领导干部、村(社区)主职干部、非公企业党务工作者进行集中轮训,县级领导集中学习时间达21天27次;同月,广泛开展“向身边典型学习”活动,共推选宣传“杭兰英”式优秀村(社区)书记23名、选树先进代表259名;严格落实“八个不开”要求,各级党组织、广大党员干部认真开展批评和自我批评,高质量地召开好专题民主生活会;各基层党组织开展“党性体检、民主评议”活动,基层党组织100%召开支委会,100%召开党员大会,党员参与率达100%,共评出“党性亚健康”党员3385名,“党性不健康”党员432名,处置不合格党员207人;坚持问题导向,大力破除“四风”之弊,全县累计征求意见建议4217条,其中县级领导征求到意见建议1143条,“四风”方面1699条;针对“四风”问题的各种表现,组织各基层党组织制订详细整改计划,共排出200个具体整改事项,由县领导领办,逐一研究,逐项解决;分两批共排出信访积案40件,由县领导包案,按照“一归零、三步走、四到位”要求,合力攻坚,成功化解12件,取得突破性进展4件;大力推进专项整治工作,严控“三公”支出、整治文山会海、减轻基层负担等22项整治任务成效明显;按照“学、清、立、改、停”要求,认真做好制度的承接配套和修订完善,共清理废止行政规范性文件64件;县委常委会牵头建立健全加强和改进调查研究、县级领导联系基层制度等长效机制9项,各常委同志分别领衔抓落实,全县各乡镇、部门坚持务实管用原则,认真抓好建章立制工作,共建立健全作风建设方面的制度机制285项。

【领导班子和干部队伍建设】 紧扣“好班子、好班长、好梯队建设”要求,深化干部选拔任用制度改革。围绕提人知情、提情知人要求,制订出台《乡镇(街道、园区)、县级机关部门领导班子和领导干部定期分析研判制度(试行)》;围绕能上能下、能进能出要求,深化完善干部选拔任用制度,认真学习贯彻新修订的《干部选拔任用条例》,结合实际情况,健全完善2014年度“五好”服务型乡镇创建考核、县级机关部门“三比一讲”绩效考核、县管领导干部“一考三评”年度考核等办法,制订出台《长兴县县管领导干部任职试用期满考核管理办法(试行)》,全县1231个中层职位全部重新竞争上岗,一般干部全部实行双向选择。

【干部监督】 围绕从严治吏、从严管理要求,严格执行干部管理监督制度,扎实开展在编不在岗、国有企业平台兼职、超职数配备干部、机关干部社会化培训等专项清理整改工作,严格执行领导干部因私因公出国境规范管理、个人有关事项报告、经济责任审计等制度,长兴县开展超职数配备清理的相关做法被省委组织部干部监督信息刊物刊登介绍;草拟领导班子和领导干部“三事一究”全程监督办法和干部监督联席会议制度,强化对领导班子、领导干部全方位、全过程监督。

【干部教育】 紧扣中心工作大局,围绕政治建设、经济建设、文化建设、社会建设、生态文明建设等五大主题,邀请9名专家教授通过“长兴大讲堂”开展专题讲座,精心组织举办招商引资、美丽乡村等党校主体班次,累计培训干部1600人次;围绕红色教育主题,深挖槐坎乡新四军苏浙军区纪念馆红色教育资源,积极探索仪式教学、专人解说、专题课程等教学培训模式,成功申报浙江省委党校现场教学基地,顺利承办市四套班子领导和市级机关部门主要领导干部“三思三观”现场教学活动,省委党校先后组织4批次约100余名处级干部到长兴参观学习;认真开展“双休日选学”活动,紧扣干部能力素质提升需求,开设法学、心理学等13门主体课程,并切实强化学分制管理,有效增强了干部选学自觉;认真开展领导干部网络教学工作,累计向737名县管干部统一发放领导干部网络学习账号;全面推行“干部上讲台”工作,组织领导干部自行确定主题和内容,利用“星期一夜校”等累计上台授课达783人次。

【年轻干部培养】 深入实施“狮子型”干部领衔破难压担培养、“后备型”干部模拟任职适岗培养、“成长型”干部挂职锻炼墩苗培养等“三项计划”,采取“上挂、外挂、重挂”等形式,先后选派43名县管科级领导干部牵头领衔参与驻点招商、治水治气等县委、县政府重点中心工作,选派143名科级副职干部参与中心工作一线实践锻炼,选派55名干部担任助企发展服务员,选派33名年轻干部到中央、省级机关以及上海等发达地区挂职锻炼，选派158名有发展潜力的干部参加上级培训班。

【基层党组织建设】 深化完善基层党建“三级约谈”“联述联评联考”、基层党组织书记“双述双评”、乡镇党委书记抓基层党建专项述职、展基层党组织“堡垒指数”星级评定、村级组织“三比一讲”考核等制度机制；制订出台《关于加强基层服务型党组织建设的实施意见》，全面推广“双全服务”工作法、社区“5678”服务准则，健全完善在职党员进社区服务活动，探索建立“民情档案”网上管理系统，建立乡镇领办、申报联系服务群众创新项目制度，夹浦镇探索推行健全网格服务体系，着力打通镇、村、组三级党员干部联系服务“最后一公里”的相关做法得到市委常委、宣传部长胡菁菁的肯定；扎实开展后进薄弱基层党组织整转工作，实行县级领导挂点联系，落实“三清三明三实”要求，乡镇部门一把手领衔推进，联村干部驻点指导，全县139个后进薄弱基层党组织全部完成整转；扎实推进基层党建示范点、示范带创建，巩固扩大江南茶乡等7条党建示范带创建成果，新建14个示范型村级组织服务场所，新建21个“造血式”孵化基地，帮扶120多户低收入农户创业增收；稳步推进李家巷镇、夹浦镇、槐坎乡3个党群服务中心建设，探索推行园区党群服务中心“10 + 3 + 3”服务运行机制，相关做法被省《组工情况》刊登介绍；规范推行党员民生联系责任区制度，探索推行“三融三化”党建模式，相关做法得到市委常委、组织部部长干武东批示肯定。

【党员队伍建设】 加强村级组织带头人队伍建设，探索推行村干部日常表现纪实、引咎辞职等制度，全面推行“每天义务劳动1小时、不承揽村里工程建设”等村干部“五项承诺”，村干部每天义务劳动1小时的做法得到胡和平、干武东等省市领导批示肯定；严格执行发展党员县级联审制度，对457名拟讨论接收为预备党员、494名拟转正预备党员进行资格审查和程序审核，严格落实《入党志愿书》编码管理，加强工作监督；全面推行“三六优先”党员人才工程，累计建成教育培训、实践锻炼和创业孵化示范基地106个，安排导师结对帮带1700余人，培训村（社区）干部3700余人次，充实进班子后备干部79人，培训村（社区）党员13400余人次；围绕五水共治、三改一拆、美丽乡村建设等中心工作，实行“一年一承诺、一季一主题、一月一劳动”，广泛动员党员干部群众自觉参与“五水共治”，充分发挥在推进中心工作中的先锋模范作用，相关做法得到王建满、干武东等省市领导批示肯定；深入开展“闪光言行”先锋指数考评管理，共评出党员20名、基层党组织10个，其中3个获评市级“闪光言行之星”。

【远程教育】 健全“五好一点”远程教育工作绩效管理办法，新建成太湖街道高铁站1个示范型LED远教广场；深化远教学用模式，充分运用已建成的LED广场，在水口乡顾渚村成功组织了全县首次村级“十大最美人物”评选和集中公开展示活动。

【两代表一委员】 以吕山乡被确定为全省11个乡镇党代会年会省级联系点为契机，完成党代会年会试点工作，相关做法在省《组工情况》刊登介绍；制订出台《乡镇党代会代表巡查制度（试行）》，选取试点乡镇探索开展党代表巡查活动，发挥代表监督职能，推动各项工作开展，在原有党代表工作室的基础上，会同人大办、政协办等单位，在各乡镇和有条件的中心村建成镇村两级“两代表一委员”工作室41个，编排代表委员1541人；结合园区党群服务中心建设，建立5个区域性“两代表一委员”工作室，充分发挥代表委员在服务发展、服务企业、服务职工方面的积极作用，推行坐诊听事、出诊询事、会诊办事“三诊工作法”，发挥工作室实质性作用。

【人才引进】 深化捆绑引才模式，健全完善乡镇部门人才工作考核、科技招商考核等办法，探索实施“一企一策”，将人才工作与乡镇部门综合考核、招商员考核、企业享受工业经济奖励政策等进行捆绑，强化引才工作责任落实，探索实施“一企一策”的做法被省《组工情况》刊登介绍，在全市推广；深化协作引才模式，加强与浙江大学校友会的合作，设立北加州、澳大利亚和新加坡3个海外引才工作站；深化活动引才模式，先后联合浦东国际人才城、交大慧谷科技等单位举办了3次海外高层次人才长兴行活动；深化中介引才模式，围绕长兴产业企业需求，充分利用海外人才网、海角网、复旦南太湖创新基地等3家中介机构资源，广泛收集高层次人才项目信息，全县累计引进各类人才3110人，其中刚性、柔性引进高层次人才分别达到187人、220人，有4名高层次人才成功入选省“千人计划”，为去年的4倍；16名高层次人才入选市“南太湖精英”高层次人才和创新团队培养计划，列全市三县两区首位；有2名高层次人才被列入省“151人才工程”第一层次人选。

【人才培育】 着眼企业经管人才特点，扎实开展系列培训、分行业培训和“4+X”区域化培训，累计培训企业经管人才2230人次；着眼“创二代”特点，深化实施“创二代”系列培育工程，组织“创二代”代表到井冈山接受红色教育、赴诸暨参观考察、投身“五水共治”、参与人才项目对接等活动；着眼大学生村干部特点，深入推行分类跟踪培养，成功流转大学生村干部41名；新选聘13名长兴籍大学生到村任职；围绕“八个一”，认真开展“践行群众路线、争当‘泥腿子’村干部”主题实践活动；着眼紧缺人才特点，深入开展“1+X”人才培养开发示范基地创建工作，引导175家企业共同参与，创建示范基地11家；探索校企人才智力紧密合作新模式，在超威、天能、诺力等6家企业启动了“教授博士柔性工作站”试点工作；着眼高技能人才特点，强化与省内外职业类院校的合作，深入推进企业技能人才自主评价工作，全年完成企业自主评价技能人才185名，全县完成鉴定高技能人才2226人；加强技师学院、职教中心等培训基地建设，技师学院成功创建浙江省高技能人才公共实训基地；强化各类平台建设，高标准建设“千人计划”产业研究院，扎实推进国家大学科技城一期工程建设，新建市级院士专家工作站2家，创建省级院士专家工作站1家，国家动力电池检测中心成功创建为国家级。

【人才政策】 加强政策支持和财力保障，制订出台《关于进一步优化政策服务鼓励各类人才在长创业创新的若干意见》，加大政策支持力度，全年安排人才发展专项资金1776.3万元，同比增长幅度7.5%；加强人才住房保障，制订出台《长兴县企业人才购房积分制管理办法(试行)》，共推动人才申请企业人才购房报审594套，新建成120套人才公寓，有效满足人才住房需求；加强服务保障，依托千人计划产业研究院，成立人才“一站式”服务平台，集中受理人才项目、政策兑现、人才服务等申报事项，组织开展人才工作集中宣传和系列评先评优活动，开展长兴县特聘专家、长兴县英才计划人才、长兴十佳创新人才等评选活动，在全社会努力营造“尊重劳动、尊重知识、尊重人才、尊重创造”浓厚氛围。

【“两新”党组织建设】 健全“两新”工委运行机制，依托民政局成立社会组织服务中心党委，负责不适合属地和行业主管部门不能归口的社会组织党组织的管理，进一步将各民协党委、总商会党委、社会组织服务中心党委，划归县委“两新”工委直接管理，形成了“两新工委+专职党委”的“1+3”体系；建立两新党建重点项目领办、月报专报等制度，13个成员单位领办了22项重点任务。每季开展两新组织党组织标准化认证和星级评估，完善“双重管理”动态管理机制，及时调整“双重管理”两新组织党组织名单；全面推行集中与分散相结合的小微企业党员“4+X”教育管理模式，坚持开展义工季、动感季、创业季、风采季为主题的“青春四季”活动，组织两新党组织开展“一企一品”建设，探索推行党员身份证制度，首批已经制发党员身份证2300张。

(潘志斌)

宣传工作

【概况】 中共长兴县委宣传部是县委主管意识形态方面工作的综合职能部门。内设办公室、干部科、党教理论科、宣传科(外宣科)、文化科等5个职能科室，下属对外宣传办公室(长兴县政府新闻办公室)、互联网信息办公室、精神文明建设委员会办公室、社会科学界联合会等4个事业单位，共有在编干部22人，其中行政编制13人，参照公务员管理编制2人，事业编制6人，工勤1人。领导设部长1人(县委常委)，常务副部长1人，副部长4人(其中兼职1人)。2014年，全县宣传思想文化战线围绕十八届三中、四中全会和习近平总书记系列重要讲话精神，狠抓意识形态这个“主业”，夯实“大宣传”格局，有效服务县委工作大局。全年，开展“我的中国梦·百姓百人讲百事”主题宣讲活动56场，双百分竞赛活动共开设214门课程，举办大讲堂9场，7万人次参与学习。做好重大主题宣传，在市级以上主流媒体刊发报道1620余篇(国家级162篇)，其中新华社刊发内参《浙江长兴推出“民生必修课”》，受到中组部部长赵乐际、省委书记夏宝龙批示。媒体融合发展的经验做法在，全省交流，“超威集团特有的文化现象及重要启示”得到省委常委、宣传部长葛慧君的批示，天能集团荣获“全国企业文化示范基地”荣誉称号。推进社会主义核心价观落实落小落细，获得全国文明城市提名奖，15人获得“中国好人”等荣誉称号，太湖图影少年宫获得中央资金支持。加快文化强县建设，通过全国文化先进县复查，被评为浙江省民间文化艺术之乡，新建农村文化礼堂28家，开展文化点餐制文化惠民活动，9件作品获省市“五个一工程”奖，全年文化产业实现增加值11.24亿元。百叶龙演出有限公司等3个团队入围市首届宣传文化系统创新团队。

【理论学习教育】 2014年，依托“长兴大讲堂”“双休日选学”“星期一夜校”“理论学习中心组”等学习载体，推进学习型党组织建设，县委理论中心组在全省党委(党组)中心组学习座谈会上作典型交流，完成省级调研课题《乡镇理论学习中心组实效性研究》。“双百分竞赛”学习活动规范有序，全年开设各类选学课程214门，举办大讲堂9场，累计7万余人次参与学习。开展“我的中国梦·百姓百人讲百事”主题宣讲活动56场，编印宣讲资料10000册。举办第三届微型党课大赛，选拔基层宣讲员40人，编选通用优秀教案40篇，茹娟荣获市微型党课第一名、省微型党课二等奖。开展“全民读书节”活动，20万群众参与。组织“社科普及周”活动，开展系列活动46场，编撰《长兴社会科学》2期；社团管理经验做法在全省社科联工作会议上交流发言。

【宣传外宣工作】 2014年，在市级以上主流媒体刊发报道1620余篇

(国家级162篇),其中新华社刊发内参《浙江长兴推出"民生必修课"》,受到中组部部长赵乐际、省委书记夏宝龙批示肯定;浙江日报头版刊发《长兴:一个县域经济的突围》,摄制微电影《长兴之约》广受好评。加大媒体融合发展,省委常委、宣传部部长葛慧君专门到长兴调研,经验做法在全省座谈会上作经验交流,得到来颖杰副部长的批示,承办全市"推动媒体融合发展座谈会"。策划重大主题宣传30余个,开设《春天奏鸣曲》等一批专栏。承办市企业文化建设座谈会,"超威集团特有的文化现象及重要启示"得到省委常委、宣传部部长葛慧君的批示,天能集团荣获"全国企业文化示范基地"荣誉称号。加快爱国主义教育基地建设,策划梳理爱国主义教育活动46项。开展"寻找最美长兴人"宣传活动,举办第三届"长兴榜样"评选,挖掘推荐各条战线人物典型103人,其中泗安乡镇干部黄际来典型事迹,受到省委宣传部副部长鲍洪俊批示肯定。"肖方兵"入选成为市"与'最美'同行"典型人物先进事迹巡讲团成员。

【互联网宣传管理】 2014年,互联网信息管理办公室发挥政府网、新闻网、百叶龙论坛、长兴在线的作用,有效传播网络正能量,做好"无线长兴"2.6版的改版工作,用户量达到2万人,完成全媒体即时报改版,长兴新闻网日均点击量提升至15000次。开展群众路线教育活动等网上主题宣传15个。维护络环境和网上新闻传播秩序,开发互联网舆情监测系统2个,编发《网上要情专报》98期,58期得到县领导批示,查删各类有害信息、低俗信息35条,图片20余张,整改问题网站1家。把握舆论主动权,建有市级骨干网评员10名、县级核心网评员50名、基层网评员400名,参与舆情网评任务80余次,发布、评论各类贴文3000余次。积极开展网络文化活动,协助省市网信部门开展"全国知名网媒长兴行""'美丽浙江生态长兴'网民寻美"等活动,主动组织8家全县重点网媒、社会商业网站开展"'爱在春天情定长兴'2014锦绣长兴相亲大会""安全伴你行安全知识网络竞赛"等主题活动9个,发布各类信息2000余条。

【精神文明建设】 2014年,围绕"践行核心价值观,争做最美长兴人"为主题,开展"礼让斑马线"等各类主题活动7个,培育践行社会主义核心价值观的做法得到省委宣传部龚吟怡副部长批示。开展道德典型选树活动,共有15人获得"中国好人"等荣誉称号。新培育社会志愿组织2个,开展专项志愿服务52场次,《长兴县探索开展乡间田头"种志愿"打造农村精神文明建设新名片》得到闵云副市长批示。推进"五五三"创建,获得全国文明城市提名奖,在建成区创新"一把扫帚扫到底"保洁体制,全年共发现各类问题25835件,整改率为90.2%,办理群众投诉件178件。文明细胞创建扎实,传媒集团创成全国文明单位、上狮村创成全国文明村,超威集团等4个单位创成省文明单位,小浦镇等6个村镇创成省文明村镇。在50个村推广"星级文明户"创评工作,开展"最美村规民约、家训家规"征集评比活动,共征集最美村规民约150余篇,家训家规358篇。开展"春泥计划""四课""网上祭英烈""童心向党"等未成年人思想道德建设主题活动,太湖图影少年宫获得中央资金20万元的支持。

【文化建设】 2014年,共完成28家文化礼堂建设,组织8个文艺家协会为文化礼堂创作村歌、楹联等作品800多件。探索文化点餐制活动,联合16个部门推出64个基层文化惠民服务项目,全年开展点选活动160余场。文艺精品不断涌现,7件作品获市"五个一工程"奖,其中长篇纪实文学《江南小延安》和广播剧《生命的延续》2件作品获省"五个一工程"奖,3部作品在全国、省美展中获奖,1组摄影作品在省摄影展获奖,1部作品获省戏剧小品大赛银奖,均为历史性突破。成功举办"舞动梦想"县第五届排舞大赛,推出幸福大舞台"周周演"等活动,开展全民体育节各类活动赛事,槐坎乡红色山乡文化节、雉城街道社区文化节、白岘乡太湖石文化节等乡镇群众文化节庆新品牌不断涌现,百叶龙应邀参加瑞士军乐节获好评,画溪合唱团荣获省第二届合唱节金奖。文化产业助推发展,制订《长兴县文化产业发展三年行动计划》《关于加快文化产业发展的若干政策意见》,成立县文化产业发展办公室,全年文化产业实现增加值11.24亿元,占GDP比重为2.56%,同比增长18.8%;重点跟踪项目8个,已正式签约的文化产业项目有4个,累计总投资11.5亿元,注册资金3.88亿元。

【长兴县荣获全国文明城市提名奖】 2014年长兴县获得"全国文明城市提名城市"称号,进入全国文明城市创建序列。2015年2月28日,县委书记吕志良同志代表长兴县参加中央精神文明建设表彰暨学雷锋志愿服务大会,受到习近平、刘云山、刘延东、刘奇葆、栗战书等中央领导同志亲切会见并合影留念。据了解,浙江省共有12个县级城市被列入本轮"全国文明城市提名城市",2015—2017年为考核年。

(陈玉泉)

统战工作

【概况】 中共长兴县委统一战线工作部简称县委统战部。长兴县民族宗教事务局、中共长兴县委台湾工作办公室、长兴县人民政府台湾事务办公室与县委统战部合署办公。

长兴县人民政府侨务办公室设在县委统战部。县委统战部是县委主管全县统一战线工作的职能部门;县民族宗教事务局是主管民族宗教事务工作的县政府工作部门;县委台湾工作办公室(县政府台湾事务办公室)是县委、县政府主管台湾工作的办事机构。县委统战部成立于1951年5月,下设办公室、党派科(党外知识分子科)、民族宗教科、联络科等职能科室。县民族宗教事务局下设县宗教事务管理所。县委统战部部长由县委常委兼任。2014年,中共长兴县委统战部以党的群众路线教育实践活动为契机,解放思想、创新破难,凝心聚力、履职实干,各项工作扎实有序推进。县委统战部被中央统战部宣传办评为“2014年度《中国统一战线》宣传先进单位”;民革长兴县总支在“伸出博爱之手——民革基层组织牵手困难群众”活动中被民革中央评为十佳基层组织;民进长兴县支部被民进浙江省委会评为“2014年度优秀基层组织”称号;九三学社长兴县基层委员会被九三学社省委会授予“2009年—2013年度九三学社浙江省先进基层组织”称号;长兴县侨联被浙江省侨联评为“全省基本侨情调查工作先进单位”。

【助推非公经济“两健”发展】 发挥统一战线优势,助推浙(长)商回归,做好招商引资工作。开展“工业经济开门红”专题调研活动,统战部、工商联班子成员和统战干部走访企业,为非公有制企业健康发展提供信息、法律、融资、人才等服务。推进校企合作,深化湖州职业技术学院与县工商联战略合作,促进重庆大学与天能集团之间关于锂电池的研发与合作。邀请湖州职业技术学院的专家、教授巡回培训,举办14个培训班,参训人员达1000余人。将30余名“海归”子女纳入“创二代”培养体系。组织“创二代”成员赴诸暨洁丽雅集团等民企考察,组织40余名“创二代”到井冈山干部学院开展革命传统教育实践活动。引导非公企业投身“五水共治”(治污水、防洪水、排涝水、保供水、抓节水),74家企业共认捐3500万元。组织84家企业结对84个行政村,开展“百企联百村、合力治污水”行动。开展“村企同心同行·共建美丽乡村”行动,在实现全覆盖的基础上,推进重点扶持村的结对共建。基层商会覆盖率达100%,会员达3082名。成立重庆(成都)长兴商会、长兴驻北京商会,组建长兴陶业(酒坛)商会、电子商务商会。抓好7个异地商会制度建设。推进长兴商会大厦建设,并于2014年8月底结顶。

【指导民主党派发挥作用】 举办中国特色社会主义学习实践活动主题报告会,邀请市委常委、统战部部长崔凤军授课。协助做好书记、县长与党派成员“面对面”交流活动,31名政协委员围绕“深化环境治理、建设工业强县”等主题提出60余条意见建议,县委、县政府召开情况通报会,18个责任部门认领相关责任,督促协商成果转化落实。开展基层统战“心连心工程”,办好民主党派、知联会联合社会服务(实践)基地,年接待师生和社会人员1.5万余人次。提升党外代表人士民主监督、参政议政的能力,县“两会”期间共上交提案、议案68件,在县政协八届三次大会上,8名党派骨干采用PPT形式作了现场汇报,得到县主要领导的充分肯定。指导民主党派加强自身建设,民盟长兴县总支完成换届,成立农工党长兴县支部委员会。成立长兴县网络界人士联谊会。民革长兴总支获民革中央十佳基层组织。

【维护民宗领域和谐稳定】 推进“少数民族低收入群众增收帮扶行动计划”,落实遂昌、安吉和桐庐等县少数民族村帮扶专项资金30万元。以雉城街道城市少数民族服务站为载体,探索少数民族服务管理新模式。完成13名高考生的少数民族成分确认,受理民族成分变更申请10份。2014年6月,首届新疆内地中职班60名学员毕业。开展以教风为主题的“和谐寺观教堂”创建活动,成功创建7处场所。召开县佛教协会第四次代表会议,选举产生了新一届佛协班子。引进道教人才,成立县道教协会。与国安部门合力做好反渗透工作。推进“文明敬香”活动。鼓励宗教界人士参与社会公益慈善事业,共为“五水共治”捐款14万元。根据全省统一部署和要求,做好“三改一拆”涉及宗教违法建筑处置工作,超额完成省民宗委下达的任务。探索民间信仰点综合管理有效办法,按照“四个一批”原则,整改规范民间信仰点管理。

【通过民间方式巩固海内外统战】 在深圳成立湖州旅港同乡会长兴分会。召开县侨联第六次代表大会。会同县文联、作协等单位,编辑出版散文集《乡音一曲》,省政协副主席、省侨联主席吴晶题写书名。参与筹备首届中国(长兴)民宿文化节,配合做好“台湾·长兴”海峡两岸民宿发展研讨会暨中国乡村度假“湖州模式”高峰论坛相关会务工作。组织好湖州侨商会参访团到长兴开展“侨企看侨企”活动。依托浙江茶乾坤食品股份有限公司,成立“侨联之家”。根据全省统一部署,开展侨情调查,建立侨情数据库。

【夯实基层统战工作基础】 3名同志分别参与群众路线、“五水共治”和“三改一拆”等中心工作。开展中层干部全员竞争上岗。加强机关廉政效能建设,在全县“勤廉指数”考评中名列前茅。推进廉政风险防控机制建设。社区统战工作纳入街道和社区党组织工作日程。村居有统战工作联络员和信息员。建有党委的非公有制企业有人负责统战工作。完善乡镇(街道、园区）统战工作目标管理考核机制。重视统战宣传信息工作，全年向市委统战部（市民宗局）上报信息稿件145条（篇），省侨联、省民宗委等统战系统录用调研宣传信息120条（篇）。

【长兴县道教协会成立大会暨第一次代表会议】 1月20日，长兴县道教协会成立大会暨第一次代表会议于长兴皇冠大酒店召开，湖州市、长兴县有关领导出席会议并讲话。会议听取县道协筹备工作组《关于长兴县道教协会筹备工作情况的报告》，审议通过《长兴县道教协会章程草案》《长兴县道教协会选举办法草案》《长兴县道教协会宫观管理办法》。选举产生县道教协会第一届理事会理事、常务理事，徐金泉道长当选会长。

【中国特色社会主义学习实践活动主题报告会】 3月5日，组织召开中国特色社会主义学习实践活动主题报告会，邀请市委常委、统战部部长崔凤军授课，各乡镇（街道、园区）统战工作分管领导、民主党派、知联会对口联系部门（单位分管领导、党外副科级以上领导干部及党外后备干部、民主党派、知联会等党外代表人士及县委统战部全体机关干部）参加会议。

【长兴县佛教协会第四次代表会议】 6月30日，长兴县佛教协会第四届代表会议在县行政会议中心举行。佛教界共111位代表参加会议。湖州市、长兴县有关领导应邀出席会议。大会审议通过有关工作报告及选举办法，选举产生第四届佛协理事会，释界隆当选会长。

【中国农工民主党湖州市长兴县支部委员会成立大会】 12月18日，中国农工民主党湖州市长兴县支部委员会成立大会在长兴县行政会议中心召开。农工党湖州市委会有关领导及市县有关领导出席会议。钱立群当选副主委（主持工作）。

（王　全）

信 访 工 作

【概况】 中共长兴县委县人民政府信访局（以下简称县信访局）主要职责是负责处理人民群众给中共长兴县委、长兴县人民政府的来信来访；承办上级机关和中共长兴县委、长兴县人民政府领导转办、交办的信访事项；向乡镇和县直单位转办、交办信访事项，并督促检查办理情况等共六项。县信访局原与中共长兴县委办公室合署办公，2009年1月与县委办分离，内设办公室、接访科、办信科、复查科。年内，长兴县信访局坚持以贯彻群众路线为主线、以推动事要解决为核心，严格落实信访工作责任，力求切实提高信访工作质量和效率，最大限度地解决信访问题。信访形势总体平稳，群众信访呈现"四降一无"（即到县信访总量、到县集体访、到市集体访、到京上访同比去年均呈下降趋势，无到省集体访），确保全国"两会"、上海"亚信峰会"、南京青奥会、中共十八届四中全会、北京APEC会议等重大活动期间长兴县的大局稳定。年内，长兴连续第9年被评为全省信访工作目标管理考核优秀县区。

【全年受理群众来信来访总量】 全年共受理群众来信来访1658件5263人次，比2013年同期分别下降17.31%和4.71%；其中，来信1096件（其中网上信访49件），比2013年同期下降16.84%；来访562批4167人次，批次比2013年同期分别下降18.20%和0.90%，集体访207批3541人次，批次比2013年下降4.17%，人数上升7.08%。到市集体访3批30人次，比2013年同期分别下降40.00%和86.43%；无到省集体访；赴京上访65批123人，比2013年同期分别下降17.72%和36.60%。年内，县级领导共接待群众63批378人次，当场解决36件；县信访局共参与协调各类信访事项216余件次。

【信访接待服务中心成立】 1月，长编〔2013〕35号《关于同意设立县信访接待服务中心等事项的批复》同意设立"长兴县信访接待服务中心"，归口县信访局管理；同意增设督查室。2月，县信访局下发《长兴县信访接待服务中心运作方案》（长信联发〔2014〕2号），针对现有硬件条件，经商议，并报信访联席会议领导小组审核同意，信访接待服务中心采取涉事部门、乡镇（街道、园区）随时派员到中心接访的模式，成员单位不再派员常驻接待服务中心办公。

【"依法信访"主题宣传】 5月，根据省、市要求并结合本县实际，立足三个层面，开展"依法信访"主题宣传月活动，共计发放各类宣传资料近20000份。当月，县信访局分别到泗安、夹浦等5个乡镇进行"依法信访·理性维权"法制宣传咨询活动，共接受群众咨询解答400余人次，利用报纸、电视、网络等媒体正面引导社会舆论，同时联动各方力量参与，通过召开座谈会等形式共征集各类意见和建议25条。

【《信访条例》执法检查】 6月，由国家信访局副局长赵晓光率队的国务院《信访条例》执法检查组到长兴开展检查活动。在信访工作座谈会上，县长吕志良代表县委、县政府汇报长兴贯彻实施国务院《信访条例》情况。检查组充分肯定长兴信访工作取得的成绩，认为长兴不仅保持了经济的快速发展，更实现了社会的和谐稳定，并实事求是地分析指出了长兴在贯彻执行《信访条例》中存在的问题和不足。并提出，在下一步工作中要进一步加大条例宣传贯彻力度，提高依法办理信访的水平；进一步深化新时期信访工作目标和任务的认识，从根本上化解矛盾、解决问题；进一步加强对条例贯彻落实情况的监督检查，探索新机制，推动经济社会全面发展。检查组一行还前往林城镇北汤村等地实地检查基层信访工作。

（陈丹丹）

机关党建

【概况】 长兴县直属机关工作委员会是中共长兴县委派出机构，负责领导县直机关党的工作，正科级建制。2014年，县直机关工委牢牢把握服务中心、建设队伍两大核心任务，认真履行职能，在年度考核中被评为湖州市县区机关党建考核一等奖第一名，并荣获浙江省机关党建信息先进单位、湖州市机关党建理论研究工作先进集体、湖州市机关党建工作十佳创新成果奖，《“四大行动”扎实推进服务型机关党组织建设》在中央国家机关工委“建设服务型机关党组织”案例征集评选中获优秀案例。刘玥同志被省直机关工委评为浙江省2014年度机关党建信息工作先进个人。年内，新成立党支部7个，调整党组织班子26个。新发展党员38人，其中35周岁以下25人、占65.8%，大专及以上学历31人、占81.6%；女性9人、占23.7%；批准预备党员转正61人。年末，下辖国税局、工商局等机关党委2个，村镇银行、总商会等企业党委2个，党总支25个，党支部218个；及县直机关团工委、县直机关妇工委和县直机关工会。评出年度先进基层党组织30个，优秀党员76人，优秀党务工作者23人。

【机关党员干部教育培训】 5月21—23日，举办入党积极分子培训班，培训内容包括党史党章、县情教育、群众路线与作风建设讲座、理论测试、撰写体会等，参训人员126人；11月6—7日，举办预备党员培训班，培训内容包括十八届四中全会精神解读、机关作风建设、党章学习等，参训人员75人。

【双星级评定】 做好2014年基层党组织和共产党员闪光言行双星级评定工作，每个季度末分3组对63个县直机关单位开展实地考核督查，现场点评亮分，督促部门进一步抓好基层党组织建设和党员队伍的教育管理，征求党建工作意见建议。星级评定结果进行通报。

【机关党建目标考核】 2月，制定《2014年县直机关党建工作要点》，确定年度党建工作主要目标和重点工作任务。5月，制定《2014年度长兴县级机关部门党建工作目标管理考核细则》，从思想政治建设、组织建设、作风建设、廉政建设和制度建设等方面明确考核内容，机关党建工作考核结果纳入2014年县级机关部门“三比一讲”绩效考核。

【“践行承诺转作风，助推发展献良策”大讨论活动】 6月，结合党的群众路线教育实践活动，与县群组办联合，在县直机关党员干部中广泛开展“践行承诺转作风，助推发展献良策”大讨论活动，要求每位机关党员干部利用组织生活会谈体会、找差距、讲打算，为长兴深化改革发展建言献策。组织开展“深化改革、助推发展”十佳金点子征集评选活动，共收到金点子建议37条，经评审确定10条金点子为“深化改革、助推发展”十佳金点子，汇编成册呈送县委领导。牵头开展机关党员干部职工“助力‘五水共治’，共建锦绣长兴”捐款活动，捐款额242万元。

【片组联系制度建立】 9月，建立全县机关党组织片组联系活动制度，将县直机关63个部门单位机关党组织和20个乡镇、街道（园区）机关党组织，划分为4个片组，明确组长和副组长成员单位，制订工作规则，联创共建网络体系初步形成。

【后进薄弱党组织整顿】 4—6月，结合根据县委对集中整顿软弱涣散基层党组织的要求，对机关部门党组织按照10%左右的比例倒排出35个相对后进薄弱基层党组织，采取分类指导、重点突破、综合治理的办法开展整顿工作，基本达到党组织班子配齐配强、能组织带领党员正常开展活动、能解决自身建设和党员“四风”方面存在的突出问题、努力做好服务群众的各项工作的目标要求。

【在职党员进社区活动】 继续深化开展机关在职党员进社区活动，组织机关在职党员到居住地社区报到，主动亮身份树形象，利用业余时间参与社区管理服务，根据自身特长和实际状况领取服务项目和微心愿。年末，开展志愿服务8400多人次，点亮微心愿4448多个。

【县直机关工会成立】 8月6日，举行县直机关工会第一次代表大会，由54家机关部门组成的县直机关工会正式成立，工会覆盖面和作用力进一步提高。

【机关文体活动】 以新中国成立65周年、建党93周年以及全民体育节等为契机，开展丰富多彩的文体活动，发动广大党员干部参与融入，展示机关党员干部积极向上的精神风貌。8月，举办“品味红色文化·传承革命精神”县直机关主题党建党史知识竞赛活动，37个部门148名选手参赛；11月，组织218名机关干部参加“富强杯·谁与争锋”2014年长兴县五通山登山比赛活动。

（刘　玥）

机构编制工作

【概况】 长兴县机构编制委员会办公室（以下简称县编委办）于2011年4月由挂靠于原县人事局办公改

为单独设置，正科级建制，列县委机构序列，既是县委工作机构，又是县政府工作机构。内设综合科、行政管理体制改革科、机构编制科、监督检查科四个职能科室，下设事业单位登记管理局，正股级建制。共有行政编制6名，事业编制（人员）1名，主要负责全县行政管理体制和机构改革以及机构编制的日常管理工作。年内，县编委办以推进政府职能清理推行权力清单制度为抓手，科学合理配置机构编制资源，强化监督检查，进一步提升机构编制规范化管理水平。严格按照机构编制管理要求，严格审批机构设置和核准各类编制使用；开展多部门联合监督检查工作，维护机构编制工作严肃性；“快捷高效、优质服务”开展事业单位各类登记管理等一系列工作。顺利完成2013年事业单位年度检验工作，其中，年审事业单位法人273家，年审合格率100%，新设立事业单位登记4家，办理事业单位变更登记154家，证书补领2家，注销登记6家；全年累计申请中文域名396个，完成缴费并开通396个，注册率达100%；顺利完成全县36家党政机关门户网站挂标工作。

【改革完善食品药品监管体制】 2月，按照“精简、统一、效能”为原则，将原食品药品监管、工商、食安办等部门职责进行整合，划入质监部门承担的生产加工环节食品安全监管职责，新组建长兴县市场监督管理局。同时，按区域设置了6个分局和10个监督管理站，加强和完善基层市场监管、执法体系，构建市场监管的长效机制，实现对生产、流通、消费环节食品安全监管的统一。

【“准实名制”规范编外用工管理】 3月，建立县编外用工管理联席会议制度，推进机关事业单位编外用工“准实名制”管理。由县政府分管领导为召集人，县编委办、纪委（监察局）、人社局、财政局、审计局主要领导为联席会议成员，负责全县机关事业单位编外用工的日常管理和监督工作。按照“总量控制、出多进少”的原则，由用人单位报县联席会议和县编委办审批。2014年召开三次编外用工管理联席会议，新增213名编外用工，同比去年增幅下降17.8%。

【深入推进政府权力清单工作】 4月，按照“清权、减权、制权”的三大工作步骤，全面梳理全县政府部门主要职权并逐条逐项分类登记。对每一项权力的法律依据及权责一致情况进行科学评估，研究提出职权清理的具体意见，并按照规定的格式和体例编制部门权力清单。最终，全县政府部门（单位）权力清单由一报时候的9062项，减少到3709项，削减比例达到59.1%。于10月24日，全部加载上传至长兴政务服务网，正式对外公布。

【开展“在编不在岗”人员清理整改工作】 6月，联合县委组织部、县纪委（监察局）、县财政局、县人力社保局等单位下发《关于进一步做好机关事业单位“在编不在岗”人员清理整改工作的通知》。通过对全县各机关事业单位的检查，共排摸出70名“在编不在岗”人员，经过四个多月的清理整改工作，70名“在编不在岗”人员，全部清理整改到位。其中，37人办理出编手续，33人回单位上班。

【机构编制核查工作】 7月中旬至8月底，联合县纪委（监察局）、人社局、财政局等部门，在全县范围内开展机构编制核查工作。本次核查，主要以完善机构编制实名制管理、人员调动管理、监督举报、机关事业单位编外用工管理制度为主要检查对象。在本次核查中，健全机构编制管理长效机制，确保机构编制管理合理、科学、规范，切实维护机构编制管理的严肃性、权威性。

【开展党政机关网站挂标工作】 10月下旬，开展全县网站开办审核、资格复核和网站挂标工作。全县共有36家党政机关网站申报材料，有36家党政机关网站已经完成挂标工作，申报率达到100%，挂标率达到100%。有力的加强党政机关门户网站安全管理工作，推进信息网络安全和电子政务建设。

【全面开展政府责任清单工作】 11月，全面开展政府部门责任清单梳理工作，着力构建与权力清单相配套的“权界清晰、分工合理、权责一致、运转高效”的部门职责体系。12月30日，全县政府部门（单位）的452项部门职责、2330项具体工作事项、311项事中事后监管事项，183项公共服务事项，在长兴政务服务网上正式对外公布。

【加强公共资源交易管理体制建设】 11月，设立长兴县公共资源交易管理办公室，与县行政服务中心合署。县公共资源交易管理办公室主要承担工程建设、政府采购、土地交易、产权交易等公共资源交易监督管理和县公共资源交易管理委员会的日常工作等。

【推进强镇扩权改革】 年内，开展煤山、泗安、和平三个中心镇的行政管理体制改革。通过理顺职责关系，优化组织结构，完善服务功能，努力形成与中心镇发展相适应、权责一致、运转协调、便民高效的中心镇管理体制，为中心镇发展提供体制机制保障。按照“精简、统一、效能”的原则，科学设置三个中心镇的党政机构，优化机构设置和人员编制配备，控制行政成本，切实提高行政效能；坚持权责一致、事财匹配，充分下放事权，赋予中心镇部分县级经济社会管理权限和相应财权，增强发展能力；按照“集中办公、联合执法、各司其职”的原则，建立健全城乡统筹执法新机制。

（陈　鹏）

老干部工作

【概况】 年末,全局共有9名在编工作人员,其中公务员7人、事业编制1人、工勤编制1人。全县离休干部平均年龄87.8岁,分布在全县29个部门系统和8个乡镇。2014年,县委老干部局围绕“思想凝聚、待遇保证、精神富有、作用发挥、促进改革”目标,把为党的事业增添正能量作为老干部工作的价值取向,加强“两项建设”,推动老干部工作转型发展、科学发展。

【开展“走基层、看变化、促发展”活动】 5月份,组织全县100多名离休干部开展“走基层、看变化、促发展”活动,重点是组织老干部“走美丽乡村,体验发展变化”。老干部们先后实地考察林城镇北汤村新农村建设及扬子鳄基地等。通过“走看促”活动,老干部们畅谈感想和体会,并积极建言献策。

【开展“长兴老干部大讲堂”活动】 平时除了坚持完善离休干部参加政治学习、列席重要会议、定期阅文等制度外,每月15日开设“长兴老干部大讲堂”,2014年共举办9次,500多人次参加。其间还组织专题学习,向全县离休干部传达中央、省、市、县委关于开展党的群众路线教育实践活动相关会议精神。邀请县委党校副校长施小荣作《党的群众路线在浙西抗战中的实践与启示》专题讲座。

【大范围开展送学上门宣讲活动】 结合群众路线教育实践活动,局领导和工作人员分成两个小组,深入到老干部家中,向老干部送去《长兴县群众路线教育实践活动资料汇编》《之江新语》《干在实处走在前列》《江南小延安》《名医零距离》等资料,积极听取老干部对县委老干部局以及主管单位的工作意见。全年共上门送学宣讲145人次,收集意见建议34条。

【及时落实老干部生活待遇】 联合有关部门及时转发《关于调整我省离休干部护理补贴费标准的通知》文件,全县离休干部护理费新标准均已到位。针对长期卧床不起的及家庭生活困难的离休干部,当年病故的老干部遗属,上门进行慰问救助。2014年到医院看望生病住院离休干部96人次,妥善处理了19位老干部的后事。对80岁、90岁以上的33位离休干部进行上门祝寿活动。

【与医疗专家开展结对活动】 协调卫生局、县人民医院、中医院、社区卫生站等建立完善老干部健康档案,对长期疾病缠身的老干部,按照医疗专家专业设置、老干部病情以及医疗专家与老干部居住就近的原则进行对口选择,达成“一对一”或“一对X”或“X对一”的结对方式,使老干部有情况及时得到救治。

【开展老干部“走亲连心”活动】 3月份起开展老干部“走亲连心”活动,按照“感情上贴近、生活上照顾”的要求,对所有离休干部进行全面走访,尤其是对安置在南京、上海、嘉兴等地的离休干部也进行走访慰问。及时帮助解决关于医疗保健、家庭服务、精神慰藉、邻里纠纷等老干部关心的实际问题16件。

【深化离退休干部“四就近”服务活动】 重点指导北门社区开展离退休干部“四就近”服务省级示范社区创建活动。全县各社区干部“送学上门”达80余人次,社区干部走访探望老干部达120余人次,社区青年志愿者定期或不定期上门为老干部修理家电、打扫卫生、义务理发等提供义务服务200多人次,“四就近”服务工作取得较好的效果。

【开展“长兴红色记忆”宣传展示活动】 以新中国成立65周年为契机,在全县离休干部中开展“讲出您的故事、展示您的辉煌”“红色典藏”挖掘行动。向老同志发放倡议书,收集老干部一生中最值得记忆、最值得珍藏、最值得宣传的战斗故事、荣誉、珍贵的照片等,分“红色传统、红色名录、红色岁月、红色典藏、红色剪影、红色言行、红色关怀”这七个方面24块展板,将老干部的风采宣传展示出来,引领社会老年人向老干部学习,引导老干部发挥正能量。

【引领老干部积极参与“五水共治”专项活动】 大力倡导全县离休干部积极投身“五水共治”活动,邀请县环保局领导为老干部进行“五水共治”专题辅导,发放“投身五水共治、共建生态家园”倡议书,组织联合签名活动。组织县处级老领导到和平镇、吕山乡、太湖图影管委会考察推进“五水共治”项目。全县100多名老干部积极响应,或入户宣传、或沿河护绿、或清扫垃圾、或捐款捐物,身体力行地为“五水共治”贡献力量,活动期间共收到老干部捐款24500元。

【发挥老干部的“传、帮、带”作用】 在全县中小学生中开展学习“全国十佳最美孝心少年徐沁烨”征文活动,进行社会主义核心价值体系主题教育,全县有40位学生、19位导师、16所学校获得表彰鼓励,有效传递感恩美德正能量。通过完善“县关工委联席会议”制度,解决关心下一代工作部门合力问题,工作执行力等问题。以适应时代、适合需求、关心青少年健康成长为要求,多方面物色师资力量,组建新的“五老”讲师团,改变以往传统宣传内容、传统宣传方式和传统宣传人员,真正体现讲师团的作用。以“叛逆期学生家长论坛”为载体,多形式开展青春期学生家长科学教育,矫正家庭教育中存在的一些问题,扩大学生和家长良好教育互动方式。同时，乡镇、街道、村、学校等基层关工委组织不断健全和提升，企业关工委工作取得明显进展，营造了全社会关爱青少年健康成长的良好氛围。

（乔国宏）

党校工作

【概况】 中共长兴县委党校（下称县委党校）位于雉城街道党校路1号，占地面积126亩，总建筑面积15000多平方米，教学楼、报告厅、办公楼、图书馆、宾馆、网球场等各项设施齐全。学校可同时容纳1000人学习、450人就餐、130人住宿，图书馆藏书20000余册。县委党校实行校委制，形成“县委党校、县行政学校、县社会主义学校、县人才培训中心”的“三校一中心”大党校格局。由县委常委、组织部部长兼任党校校长，县委常委、常务副县长兼任行政学校校长，县委统战部部长兼任社会主义学校校长。2014年，县委党校紧扣全县工作中心，围绕省委党校“四个最”（党委课题最早研究、党委决策最主动参与、党委部署最迅速贯彻、落实党委工作最讲效果）的要求，按照“一条主线、两个作用、三项建设、四大创新”（紧扣路线教育活动“一条主线”；发挥干训主渠道作用、科研咨政作用；加强队伍建设、校园建设、制度建设；创新培训形式、教学理念、组织体系、服务模式）的总体工作思路，着力打造“红色学府、向往之地、高端智库、开放平台、精神家园”，圆满完成各项工作任务。加强基层党校工作，建立并完善县委党校联系乡镇（街道、园区）基层党校制度。加强基础设施建设，对教学楼周围庭院、办公楼北与餐厅南侧山体等进行园路建造及配套绿化，动工实施2号学员楼改建、1号学员楼维修工程。重视人才引进，引进党史党建、经济学、公共管理等3名紧缺专业教师。完成群众路线教育省委督导组驻长兴期间生活、工作等方面的服务保障；参与“长治会”“五水共治”“双千万结对帮扶”“两新组织”党建、社区共建、工业经济“开门红”等活动。2014年，县委党校分别荣获2014年度全省党校系统先进集体、2014年度“省绿化模范单位”，创建浙江省委党校长兴现场教学示范基地，通过浙江省文明单位复评，荣获2014年度全市党校系统业务综合考核先进单位、2014年度县保密工作先进单位、2014年度县级机关部门档案工作优秀单位等荣誉。

【干部教育培训工作】 年内，“三校”（县委党校、行政学校、社会主义学校）共完成主体班教学20个班次22期，培训总人数2574人次。其中党校主体班教学完成16个班次18期，培训人数2249人次；行政学校完成1个班次1期，培训人数67人次；社会主义学校完成3个班次3期，培训人数258人次。人才培训中心完成县内外班次37个43期，培训人数4114人次。2014年“双休日选学”按“1+4+N”的模式设置课程体系：“1”是指长兴大讲堂，“4”是指4门专题课（哲学、心理学、法学、中国革命史4门课程），“N”是指若干门兴趣课（太极拳、乒乓球、书法、绘画、羽毛球、篮球、排球、健步跑、游泳共9门课程）。全年长兴大讲堂开设8次，听课人数8800人次。专题课开设112场次，听课人数35456人次。兴趣课开设146场次，听课人数6340人次（含单位健身月）。申请纳入选学单位35家，开课82门，培训人数11157人次。年内，县委党校外出宣讲189场次，受教人数19679人次。全年接待各类会议、培训220场42300人次。

【科研工作】 年内，县委党校教职工完成浙江省委党校课题立项4个、结题4个，完成湖州市委党校课题立项6个、结题6个。参加市级理论研讨会文章8篇、获奖3篇。调研论文报告获批示3篇。各级征文获奖2篇。在中央、省、市级刊物发表文章20篇。文章《关键在于做到》在《学习时报》上发表；《中共长兴县委党校突出“抓点牵线成面”六字方针不断提高办公水平》等3篇典型交流文章在《浙江党校通讯》上刊登；调研课题《关于县级党校加强基层党组织书记和基层党员培训的调查报告——以长兴县为例》被湖州市委常委、组织部部长干武东批示；群众路线教育活动中县委党校开展“民情体验课”活动被浙江省电视台“党建好声音”报道；校级课题《关于水口乡打造全乡域AAAA级景区的调查与建议》《关于推进长兴工业设计快速发展的建议》等供县领导决策参考。教科研创新方面，继续实行主体班次教学与调研相结合，其中，第17期中青班学员形成的《关于加快长兴电子商务产业发展的建议》《关于促进长兴县乡村民宿发展的思考与建议》《关于提升特色产业，推进长兴现代农业发展的思考与探索》《关于培育发展长兴县家庭农场的调查与建议》等4篇调研文章获县领导批示。

（付青华）

长兴县人民代表大会

综　述

长兴县人民代表大会是长兴县的地方国家权力机关，长兴县人民代表大会常务委员会是长兴县人民代表大会的常设机关，对长兴县人民代表大会负责并报告工作。长兴县第十五届人民代表大会第三次会议共有代表260名，应出席会议代表258名。三次会议以后，4名代表调离本行政区域，2名代表因病去世，其代表资格自行终止；县人大常委会接受2人辞去代表职务，暂停1人执行代表职务。有代表名额出缺的选区补选3名代表，长兴县第十五届人民代表大会四次会议共有代表255名，应出席长兴县第十五届人民代表大会第四次会议代表共252名。2014年初，县十五届人大常委会共有组成人员23人，长兴县第十五届人民代表大会第三次会议补选长兴县第十五届人民代表大会常务委员会副主任1名、委员2名，县人大常委会接受1名副主任辞去代表职务，其长兴县第十五届人民代表大会常务委员会副主任职务相应终止，年末县十五届人大常委会共有组成人员25人。年内，县十五届人大常委会以改革创新的精神，服务发展大局、推进民主法治，认真行使宪法法律赋予各项职权。

认真开展监督工作　年内，共召开常委会会议9次、主任会议11次，开展执法检查、调研、视察80多次，听取和审议“一府两院”工作报告30项，发送审议意见、工作建议书9份，圆满完成了县十五届人大三次会议确定的各项目标任务。

依法规范人事任免　年内，坚持和完善任前调查、任前法律知识考试、会议听取情况说明、颁发任命书等工作程序，切实提高任免工作质量，共依法任免地方国家机关工作人员86人次，接受辞职2人次，补选市人大代表1名，任命县人民法院人民陪审员40名。

着力提升代表水平　年内，县人大常委会注重学习培训，切实提高代表履职水平。向代表定期寄送《常委会通报》等刊物，保障代表知情知政。完善常委会联系代表等制度，常委会组成人员不定期走访基层县人大代表，常委会领导定期赴基层接待代表，认真听取代表意见和建议，及时将有关问题交职能部门办理。

联系指导基层人大　年初召开全县乡镇（街道、园区）人大工作会议，印发《2014年度乡镇（街道、园区）人大工作的指导意见》，明确工作任务。常委会领导及相关工委定向联系基层人大，加强工作联系和指导。坚持基层人大分片联席会议制度，交流工作经验，互相促进工作。组织基层人大负责人参加各类业务培训，邀请列席常委会会议，不断提高基层人大工作整体水平。制订出台《长兴县街道人大工作委员会工作职责》，进一步推进街道人大工作的规范化、制度化。

注重推动自身建设　年内，扎实做好群众路线教育实践活动各个环节工作，深入查摆“四风”方面存在的突出问题，深刻剖析思想根源，以整风精神开展批评和自我批评，针对“四风”在人大工作中的具体表现，整改落实、建章立制，不断加强作风建设。认真参加县委统一部署开展的工业经济“开门红”等活动，积极参加产业转型升级、大气污染防治、深化体制改革等专项行动以及农业面源污染治理、饮水安全工程建设、农村生活污水治理、水土保持治理修复提升、招商引资等工作。深入开展重点课题调研，为县委决策和政府工作提供依据和意见。

重要会议

【县十五届人大三次会议】　1月23日至25日召开。会议听取和审查长兴县人民政府县长吕志良代表县人民政府所作《长兴县人民政府工作报告》；审查和批准《长兴县2013年国民经济和社会发展计划执行情况的报告与2014年国民经济和社会发展计划》；审查和批准《长兴县2013年财政预算执行情况的报告和2014年财政预算》；听取和审查长兴县人民代表大会常务委员会主任叶白云受县人民代表大会常务委员会委托所作《长兴县人民代表大会常务委员会工作报告》;听取和审查长兴县人民法院院长冯新林所作《长兴县人民法院工作报告》;听取和审查长兴县人民检察院检察长潘如新所作《长兴县人民检察院工作报告》;补选长兴县第十五届人民代表大会常务委员会副主任、委员。县十五届人大三次会议共举行4次全体会议,4次主席团会议,经举手表决会议通过长兴县人民政府工作报告决议等6项决议,依法选举尚亿强同志为长兴县第十五届人民代表大会常务委员会副主任,沈玉龙、王文中同志为长兴县第十五届人民代表大会常务委员会委员。会议期间共收到代表们提出的议案、建议101件,其中4件议案合并为1件大会议案,会后,98件议案、建议分类进行交办。

【县十五届人大常委会会议】 年内,县十五届人大常委会共召开会议9次。

第21次会议 1月9日召开。会议补选陈伟俊同志为湖州市第七届人民代表大会代表;审议通过有关人事任免事项;审议通过县十五届人大三次会议有关筹备事项;审议通过《长兴县人民代表大会常务委员会工作报告(讨论稿)》。

第22次会议 3月6日召开。会议审议通过《长兴县人大常委会2014年工作要点》;审议通过关于调整县十五届人大常委会组成人员的分工;审议通过有关人事任命事项;通报县人大常委会党组开展党的群众路线教育实践活动的实施方案。

第23次会议 4月28日召开。会议许可对胡志乐采取强制措施,暂时停止胡志乐在被采取强制措施期间执行县人大代表职务;审议通过有关人事任免事项并颁发任命书。

第24次会议 5月28日召开。会议听取和审议长兴县人民法院《关于刑事诉讼法贯彻实施情况的报告》和县人民检察院《关于刑事诉讼法贯彻实施情况的报告》,审议《长兴县公安局关于刑事诉讼法贯彻实施情况的报告》和《长兴县司法局关于刑事诉讼法贯彻实施情况的报告》,审阅县人大常委会调查组《关于长兴县刑事诉讼法贯彻实施情况的调查报告》;会议听取和审议县人民政府《关于长兴县公共交通发展情况的报告》,审阅县人大常委会调查组《关于长兴县公共交通发展情况的调查报告》;会议听取和审议县人民政府《关于长兴县民办教育工作情况的报告》,审阅县人大常委会调查组《关于长兴县民办教育工作情况的调查报告》;审议通过关于同意接受何杰辞去长兴县第十五届人民代表大会代表职务事项;审议通过有关人事任职事项并颁发任命书。

第25次会议 7月31日召开。会议审查和批准县人民政府《关于长兴县2013年财政决算的报告》,听取和审议县人民政府《关于长兴县本级2013年度预算执行和其他财政收支情况的审计工作报告》,审阅县人大常委会调查组《关于长兴县2013年财政决算和财政预算执行审计情况的调查报告》;听取和审议县人民政府《关于长兴县2014年1—6月国民经济和社会发展计划执行情况的报告》,听取和审议县人民政府《关于长兴县2014年1—6月财政预算执行情况的报告》,审阅县人大常委会调查组《关于长兴县2014年1—6月国民经济和社会发展计划、财政预算执行情况的调查报告》;听取和审议县人民政府《关于贯彻防洪法、推进防洪排涝治污为重点的“五水共治”情况的报告》,听取和审议县人大常委会执法检查组《关于开展贯彻防洪法、推进防洪排涝治污为重点的“五水共治”情况检查的报告》;许可对县人大代表朱玉良采取强制措施;审议通过有关人事任免事项并颁发任命书。

第26次会议 10月9日召开。会议审议通过《2015年县级部门预算编制工作方案》;听取和审议县人民政府《关于长兴县文化产业发展情况的报告》,审阅县人大常委会调查组《关于长兴县文化产业发展情况的调查报告》;评议县环保局和县民政局工作;审议通过有关人事任免事项并颁发任命书。

第27次会议 11月28日召开。会议听取和审议县人民政府《关于2014年民生实事办理情况的报告》;听取和审议县人民政府《关于县十五届人大三次会议代表议案、建议办理情况的报告》,审阅县人大常委会调查组《关于县十五届人大三次会议代表议案、建议办理情况的调查报告》;审议通过《长兴县人民代表大会常务委员会规范性文件备案审查办法》;听取湖州市七届人大代表杨卫贞等6位同志的口头述职报告,审阅湖州市七届人大代表陈亦祥等12位同志的书面述职报告,测评市人大代表履职情况;审议通过有关人事任免事项并颁发任命书。

第28次会议 12月19日召开。会议批准长兴县2014年财政收支预算调整;审议《长兴县人民法院关于长兴县刑事诉讼法贯彻实施审议意见落实情况的报告》《长兴县人民检察院关于长兴县刑事诉讼法贯彻实施审议意见落实情况的报告》《长兴县公安局关于长兴县刑事诉讼法贯彻实施审议意见落实情况的报告》《长兴县司法局关于长兴县刑事诉讼法贯彻实施审议意见落实情况的报告》(书面);许可对县人大代表朱玉良采取司法拘留强制措施;审议通过有关人事任职事项并颁发任命书。

第29次会议 12月29日召开。会议审议通过关于同意接受汪荣山辞去湖州市第七届人民代表大会代表和长兴县第十五届人民代表大会代表职务。

【县十五届人大常委会主任会议】 年内,县十五届人大常委会共召开主任会议11次。

第26次会议 1月9日召开。会议听取和讨论关于补选湖州市七届人大代表事项；讨论有关人事任免事项；听取和讨论关于县十五届人大三次会议有关筹备事项；听取和讨论县人大常委会工作报告(讨论稿)；研究决定第21次常委会会议有关事项。

第27次会议 2月27日召开。会议听取和讨论关于调整县十五届人大常委会组成人员分工的建议；听取和讨论《长兴县人大常委会2014年工作要点》；听取和审议《长兴县人大常委会2014年度监督工作计划》；研究决定第22次常委会会议有关事项。

第28次会议 4月25日召开。会议听取和审议县人民政府《关于2014年部门预算编制情况的报告》；听取和审议县人民政府《关于全县旅游景点建设情况的报告》，听取和讨论县人大常委会调查组《关于全县旅游景点建设情况的调查报告》；听取和审议县人民政府《关于妇女权益保障工作情况的报告》，听取和讨论县人大常委会调查组《关于妇女权益保障工作情况的调查报告》；听取和讨论关于许可对县人大代表胡志乐采取强制措施事项；听取和讨论县人大常委会农环资工委关于开展防洪法执法检查的情况汇报；讨论有关人事任免事项；研究决定第23次常委会会议有关事项。

第29次会议 5月23日召开。会议听取和讨论县人大常委会调查组《关于长兴县刑事诉讼法贯彻实施情况的调查报告》；听取和讨论县人大常委会调查组《关于长兴县公共交通发展情况的调查报告》；听取和讨论县人大常委会调查组《关于长兴县民办教育工作情况的调查报告》；听取和讨论县人大常委会法工委关于制订《长兴县人民代表大会常务委员会规范性文件备案审查办法》的情况汇报；讨论有关人事任免事项；研究决定第24次常委会会议有关事项。

第30次会议 6月25日召开。会议听取和审议县人民政府《关于长兴县现代农业产业发展情况的报告》，听取和讨论县人大常委会调查组《关于长兴县现代农业产业发展情况的调查报告》；听取和审议县人民检察院《关于反贪污贿赂工作情况的报告》，听取和讨论县人大常委会调查组《关于县人民检察院反贪污贿赂工作情况的调查报告》；听取和讨论县人大常委会财经工委关于开展“双进双推”服务转型升级活动实施方案的汇报；听取和讨论县人大常委会关于对县环保局、县民政局工作开展评议实施方案的汇报；听取和讨论县人大常委会人事代表工委关于开展在长市人大代表述职活动方案的汇报。

第31次会议 7月28日召开。会议听取和讨论县人大常委会调查组《关于长兴县2013年财政决算和财政预算执行审计情况的调查报告》；听取和讨论县人大常委会调查组《关于长兴县2014年1—6月国民经济和社会发展计划、财政预算执行情况的调查报告》；听取和讨论县人大常委会执法检查组《关于开展贯彻防洪法，推进防洪排涝治污为重点的“五水共治”情况检查的报告》；听取和讨论关于许可对县人大代表朱玉良采取强制措施事项；讨论有关人事任免事项；研究决定第25次常委会会议有关事项。

第32次会议 9月16日召开。会议听取和审议县人民政府《关于长兴县饮用水水源保护工作情况的报告》，听取和讨论县人大常委会调查组《关于长兴县饮用水水源保护工作情况的调查报告》；听取和讨论县人民政府关于2015年县级部门预算编制工作方案的情况汇报；听取和讨论县人大常委会财经工委《关于确定县政府办等十六个部门2015年部门预算草案提请县人代会审查的建议》；听取和讨论县人大常委会调查组《关于长兴县文化产业发展情况的调查报告》；听取和讨论县人大常委会评议调查组《关于县环保局工作情况的调查报告》和《关于县民政局工作情况的调查报告》；讨论有关人事任免事项；研究决定第26次常委会会议有关事项。

第33次会议 10月31日召开。会议听取和审议县人民政府《关于工业强县建设规划中期实施情况的报告》，听取和讨论县人大常委会调查组《关于工业强县建设规划中期实施情况的调查报告》；审议通过《长兴县人大常委会监督司法机关工作办法(试行)》；讨论关于调整部分县人大常委会领导分工事项。

第34次会议 11月25日召开。会议听取和讨论县人大常委会调查组《关于县十五届人大三次会议代表议案、建议办理情况的调查报告》；讨论有关人事任免事项；研究决定第27次常委会会议有关事项。

第35次会议 12月15日召开。会议听取和审议县人民政府《关于长兴县宗教场所管理情况的报告》，听取和讨论县人大常委会调查组《关于长兴县宗教场所管理情况的调查报告》；听取和讨论县人民政府提请的《关于要求调整2014年财政收支预算的议案》；听取和讨论关于许可对县人大代表朱玉良采取强制措施事项；讨论有关人事任职事项；研究决定第28次常委会会议的有关事项。

第36次会议 12月29日召开。会议听取和讨论关于同意接受汪荣山辞去湖州市第七届人民代表大会代表和长兴县第十五届人民代表大会代表职务事项；研究决定第29次常委会会议的有关事项。

讨论决定重大事项和任免工作

【决定批准长兴县2013年财政决算】 7月31日，长兴县十五届人大常委会第25次会议分别听取县财政局局长倪建忠受县人民政府委托所作《关于长兴县2013年财政决算的报告》和县审计局局长葛铭松受县人民政府委托所作《关于长兴县本级2013年度预算执行和其他财政收支情况的审计工作报告》，经过审议，决定批准长兴县2013年财政决算。

【决定批准2015年县级部门预算编制工作方案】 10月9日，长兴县十五届人大常委会第26次会议听取县财政局局长倪建忠受县人民政府委托所作《2015年县级部门预算编制工作方案》，经过审议，决定批准2015年县级部门预算编制工作方案。

【决定批准长兴县2014年财政收支预算调整】 12月19日，长兴县十五届人大常委会第28次会议审议县人民政府副县长何志强代表县人民政府所提请《关于要求调整2014年财政收支预算的议案》。会议批准县人民政府提请要求调整2014年财政收支预算的议案，决定2014年财政总收入从749200万元调整为701522万元，其中公共财政预算收入从年初433816万元调整到402265万元，公共财政预算支出从年初544328万元调整到497000万元；地方政府债券资金收入11000万元，用于合溪水库和茗溪清水入湖河道整治（长兴段）工程建设；政府性基金预算收入从年初245700万元调整到364600万元，政府性基金预算支出从年初240700万元调整到283000万元；社会保险基金预算收入从年初167465万元调整到260000万元，社会保险基金预算支出从年初144440万元调整到161500万元。

表3

2014年人事任免工作

时间	会议	任免	姓名	任免职务
2014年1月9日	县十五届人大常委会第21次会议	任命	沈秋伟	长兴县公安局局长
2014年1月9日	县十五届人大常委会第21次会议	免去	沈连江	长兴县公安局局长
2014年3月6日	县十五届人大常委会第22次会议	任命	陈建奇	长兴县人民政府副县长
2014年4月28日	县十五届人大常委会第23次会议	任命	仁青扎西	长兴县人民政府副县长
2014年4月28日	县十五届人大常委会第23次会议	免去	钱永昌	长兴太湖图影旅游度假区人大工作委员会主任
2014年4月28日	县十五届人大常委会第23次会议	任命	傅仕松	长兴县发展和改革委员会主任
2014年4月28日	县十五届人大常委会第23次会议	任命	汤锦程	长兴县司法局局长
2014年4月28日	县十五届人大常委会第23次会议	任命	钱永昌	长兴县市场监督管理局局长
2014年4月28日	县十五届人大常委会第23次会议	任命	朱　伟	长兴县质量技术监督局局长
2014年4月28日	县十五届人大常委会第23次会议	免去	陈　峰	长兴县发展和改革委员会主任
2014年4月28日	县十五届人大常委会第23次会议	免去	范淦明	长兴县司法局局长
2014年4月28日	县十五届人大常委会第23次会议	任命	赵　华	长兴县人民检察院检察员
2014年4月28日	县十五届人大常委会第23次会议	任命	秦　斌	长兴县人民检察院检察员
2014年4月28日	县十五届人大常委会第23次会议	任命	凌　青	长兴县人民检察院检察员
2014年5月28日	县十五届人大常委会第24次会议	任命	阳锦翔	长兴县人民法院审判员
2014年5月28日	县十五届人大常委会第24次会议	任命	陈　烨	长兴县人民法院审判员
2014年5月28日	县十五届人大常委会第24次会议	任命	丁欢欢	长兴县人民法院人民陪审员
2014年5月28日	县十五届人大常委会第24次会议	任命	王水成	长兴县人民法院人民陪审员
2014年5月28日	县十五届人大常委会第24次会议	任命	王志立	长兴县人民法院人民陪审员
2014年5月28日	县十五届人大常委会第24次会议	任命	匡　敏	长兴县人民法院人民陪审员
2014年5月28日	县十五届人大常委会第24次会议	任命	许则潮	长兴县人民法院人民陪审员

续表3

时间	会议	任免	姓名	任免职务
2014年5月28日	县十五届人大常委会第24次会议	任命	朱柏红	长兴县人民法院人民陪审员
2014年5月28日	县十五届人大常委会第24次会议	任命	朱海章	长兴县人民法院人民陪审员
2014年5月28日	县十五届人大常委会第24次会议	任命	朱　晶	长兴县人民法院人民陪审员
2014年5月28日	县十五届人大常委会第24次会议	任命	刘　勤	长兴县人民法院人民陪审员
2014年5月28日	县十五届人大常委会第24次会议	任命	吴　贞	长兴县人民法院人民陪审员
2014年5月28日	县十五届人大常委会第24次会议	任命	吴　琪	长兴县人民法院人民陪审员
2014年5月28日	县十五届人大常委会第24次会议	任命	沈伟星	长兴县人民法院人民陪审员
2014年5月28日	县十五届人大常委会第24次会议	任命	邱世先	长兴县人民法院人民陪审员
2014年5月28日	县十五届人大常委会第24次会议	任命	邵培南	长兴县人民法院人民陪审员
2014年5月28日	县十五届人大常委会第24次会议	任命	李金荣	长兴县人民法院人民陪审员
2014年5月28日	县十五届人大常委会第24次会议	任命	李煜斌	长兴县人民法院人民陪审员
2014年5月28日	县十五届人大常委会第24次会议	任命	何笃水	长兴县人民法院人民陪审员
2014年5月28日	县十五届人大常委会第24次会议	任命	泮　华	长兴县人民法院人民陪审员
2014年5月28日	县十五届人大常委会第24次会议	任命	於文权	长兴县人民法院人民陪审员
2014年5月28日	县十五届人大常委会第24次会议	任命	郑书忠	长兴县人民法院人民陪审员
2014年5月28日	县十五届人大常委会第24次会议	任命	周水红	长兴县人民法院人民陪审员
2014年5月28日	县十五届人大常委会第24次会议	任命	周掌前	长兴县人民法院人民陪审员
2014年5月28日	县十五届人大常委会第24次会议	任命	张志尧	长兴县人民法院人民陪审员
2014年5月28日	县十五届人大常委会第24次会议	任命	陈永新	长兴县人民法院人民陪审员
2014年5月28日	县十五届人大常委会第24次会议	任命	陈春燕	长兴县人民法院人民陪审员
2014年5月28日	县十五届人大常委会第24次会议	任命	胡天红	长兴县人民法院人民陪审员
2014年5月28日	县十五届人大常委会第24次会议	任命	骆志忠	长兴县人民法院人民陪审员
2014年5月28日	县十五届人大常委会第24次会议	任命	施雪梅	长兴县人民法院人民陪审员
2014年5月28日	县十五届人大常委会第24次会议	任命	涂根生	长兴县人民法院人民陪审员
2014年5月28日	县十五届人大常委会第24次会议	任命	杨云松	长兴县人民法院人民陪审员
2014年5月28日	县十五届人大常委会第24次会议	任命	俞　敏	长兴县人民法院人民陪审员
2014年5月28日	县十五届人大常委会第24次会议	任命	钦伟娟	长兴县人民法院人民陪审员
2014年5月28日	县十五届人大常委会第24次会议	任命	钱月峰	长兴县人民法院人民陪审员
2014年5月28日	县十五届人大常委会第24次会议	任命	钱建方	长兴县人民法院人民陪审员
2014年5月28日	县十五届人大常委会第24次会议	任命	徐　吉	长兴县人民法院人民陪审员
2014年5月28日	县十五届人大常委会第24次会议	任命	徐　芬	长兴县人民法院人民陪审员
2014年5月28日	县十五届人大常委会第24次会议	任命	龚勤华	长兴县人民法院人民陪审员

续表3

时间	会议	任免	姓名	任免职务
2014年5月28日	县十五届人大常委会第24次会议	任命	曾雪君	长兴县人民法院人民陪审员
2014年7月31日	县十五届人大常委会第25次会议	免去	谷小忠	长兴县人民政府副县长
2014年7月31日	县十五届人大常委会第25次会议	任命	沈　侃	长兴县人民法院立案庭庭长
2014年7月31日	县十五届人大常委会第25次会议	任命	黎　静	长兴县人民法院民事审判第一庭庭长
2014年7月31日	县十五届人大常委会第25次会议	任命	陈慧娟	长兴县人民法院行政审判庭庭长
2014年7月31日	县十五届人大常委会第25次会议	任命	丁正新	长兴县人民法院审判监督庭庭长
2014年7月31日	县十五届人大常委会第25次会议	任命	沈小涛	长兴县人民法院执行庭庭长
2014年7月31日	县十五届人大常委会第25次会议	任命	杨建新	长兴县人民法院和平人民法庭副庭长
2014年7月31日	县十五届人大常委会第25次会议	任命	周　华	长兴县人民法院太湖人民法庭副庭长
2014年7月31日	县十五届人大常委会第25次会议	任命	徐荣方	长兴县人民法院民事审判第一庭副庭长
2014年7月31日	县十五届人大常委会第25次会议	任命	马立平	长兴县人民法院审判员、民事审判第一庭副庭长
2014年7月31日	县十五届人大常委会第25次会议	任命	臧丽娟	长兴县人民法院民事审判第二庭副庭长
2014年7月31日	县十五届人大常委会第25次会议	任命	卢　峰	长兴县人民法院审判员、民事审判第二庭副庭长
2014年7月31日	县十五届人大常委会第25次会议	任命	卢　勇	长兴县人民法院审判员、执行庭副庭长
2014年7月31日	县十五届人大常委会第25次会议	任命	王振宇	长兴县人民法院审判员、执行庭副庭长
2014年7月31日	县十五届人大常委会第25次会议	任命	鲁　骅	长兴县人民法院审判员、煤山人民法庭副庭长
2014年7月31日	县十五届人大常委会第25次会议	任命	杨　辉	长兴县人民法院审判员、和平人民法庭副庭长
2014年7月31日	县十五届人大常委会第25次会议	任命	阳锦翔	长兴县人民法院泗安人民法庭副庭长
2014年7月31日	县十五届人大常委会第25次会议	任命	赵耀中	长兴县人民法院长广人民法庭副庭长
2014年7月31日	县十五届人大常委会第25次会议	任命	陈　烨	长兴县人民法院太湖人民法庭副庭长
2014年7月31日	县十五届人大常委会第25次会议	任命	付小在	长兴县人民法院审判员
2014年7月31日	县十五届人大常委会第25次会议	任命	汪普庆	长兴县人民法院审判员
2014年7月31日	县十五届人大常委会第25次会议	任命	张　蕾	长兴县人民法院审判员
2014年7月31日	县十五届人大常委会第25次会议	任命	张周芳	长兴县人民法院审判员

续表3

时间	会议	任免	姓名	任免职务
2014年7月31日	县十五届人大常委会第25次会议	任命	贺婷婷	长兴县人民法院审判员
2014年7月31日	县十五届人大常委会第25次会议	任命	蒋小丰	长兴县人民法院审判员
2014年7月31日	县十五届人大常委会第25次会议	任命	管福生	长兴县人民法院审判员
2014年7月31日	县十五届人大常委会第25次会议	免去	杨建新	长兴县人民法院民事审判第一庭庭长
2014年7月31日	县十五届人大常委会第25次会议	免去	沈仕杰	长兴县人民法院行政审判庭庭长
2014年7月31日	县十五届人大常委会第25次会议	免去	李　勇	长兴县人民法院审判监督庭庭长
2014年7月31日	县十五届人大常委会第25次会议	免去	徐勇进	长兴县人民法院执行庭庭长
2014年7月31日	县十五届人大常委会第25次会议	免去	梅义平	长兴县人民法院执行庭副庭长
2014年7月31日	县十五届人大常委会第25次会议	免去	周　华	长兴县人民法院长广人民法庭副庭长
2014年7月31日	县十五届人大常委会第25次会议	免去	沈　侃	长兴县人民法院民事审判第一庭副庭长
2014年7月31日	县十五届人大常委会第25次会议	免去	陈慧娟	长兴县人民法院民事审判第一庭副庭长
2014年7月31日	县十五届人大常委会第25次会议	免去	田旦颖	长兴县人民法院民事审判第二庭副庭长
2014年7月31日	县十五届人大常委会第25次会议	免去	沈小涛	长兴县人民法院执行庭副庭长
2014年7月31日	县十五届人大常委会第25次会议	免去	丁正新	长兴县人民法院立案庭副庭长
2014年7月31日	县十五届人大常委会第25次会议	免去	黎　静	长兴县人民法院和平人民法庭副庭长
2014年7月31日	县十五届人大常委会第25次会议	免去	徐荣方	长兴县人民法院泗安人民法庭副庭长
2014年7月31日	县十五届人大常委会第25次会议	任命	陈小勤	长兴县人民法院人民陪审员
2014年7月31日	县十五届人大常委会第25次会议	任命	陈艳芳	长兴县人民法院人民陪审员
2014年10月9日	县十五届人大常委会第26次会议	任命	詹茂伟	长兴县人民政府副县长
2014年10月9日	县十五届人大常委会第26次会议	任命	何志强	长兴县人民政府副县长
2014年10月9日	县十五届人大常委会第26次会议	免去	何文全	长兴县人民政府副县长
2014年10月9日	县十五届人大常委会第26次会议	任命	傅伟强	长兴县住房和城乡建设局局长
2014年10月9日	县十五届人大常委会第26次会议	任命	王国良	长兴县商务局局长
2014年10月9日	县十五届人大常委会第26次会议	任命	吴厚明	长兴县农业局局长
2014年10月9日	县十五届人大常委会第26次会议	任命	杨　力	长兴县人力资源和社会保障局局长
2014年10月9日	县十五届人大常委会第26次会议	任命	陈　峰	长兴县科学技术局局长
2014年10月9日	县十五届人大常委会第26次会议	任命	王惠芳	长兴县城市管理行政执法局局长

续表3

时间	会议	任免	姓名	任免职务
2014年10月9日	县十五届人大常委会第26次会议	免去	何志强	长兴县住房和城乡建设局局长
2014年10月9日	县十五届人大常委会第26次会议	免去	杨　力	长兴县商务局局长
2014年10月9日	县十五届人大常委会第26次会议	免去	陈民华	长兴县农业局局长
2014年10月9日	县十五届人大常委会第26次会议	免去	姚晓明	长兴县人力资源和社会保障局局长
2014年10月9日	县十五届人大常委会第26次会议	免去	刘海金	长兴县科学技术局局长
2014年10月9日	县十五届人大常委会第26次会议	免去	吴厚明	长兴县城市管理行政执法局局长
2014年10月9日	县十五届人大常委会第26次会议	免去	沈银娣	太湖街道人大工作委员会副主任
2014年10月9日	县十五届人大常委会第26次会议	任命	周　华	长兴县人民法院太湖人民法庭庭长
2014年10月9日	县十五届人大常委会第26次会议	免去	倪明方	长兴县人民法院和平人民法庭庭长
2014年10月9日	县十五届人大常委会第26次会议	免去	周　华	长兴县人民法院太湖人民法庭副庭长
2014年11月28日	县十五届人大常委会第27次会议	免去	卢新良	长兴县人民法院审判员
2014年11月28日	县十五届人大常委会第27次会议	免去	周尚德	长兴县人民法院审判员
2014年11月28日	县十五届人大常委会第27次会议	任命	朱　蔚	长兴县人民检察院检察员
2014年11月28日	县十五届人大常委会第27次会议	任命	陈　敏	长兴县人民检察院检察员
2014年11月28日	县十五届人大常委会第27次会议	任命	焦岸浪	长兴县人民检察院检察员
2014年11月28日	县十五届人大常委会第27次会议	任命	陈振华	长兴县人民检察院检察员
2014年11月28日	县十五届人大常委会第27次会议	任命	王　宇	长兴县人民检察院检察员
2014年11月28日	县十五届人大常委会第27次会议	免去	吴土良	长兴县人民检察院检察员
2014年12月19日	县十五届人大常委会第28次会议	任命	丁正新	长兴县人民法院审判委员会委员
2014年12月19日	县十五届人大常委会第28次会议	任命	李　勇	长兴县人民法院审判委员会委员
2014年12月19日	县十五届人大常委会第28次会议	任命	吴　晔	长兴县人民法院审判委员会委员
2014年12月19日	县十五届人大常委会第28次会议	任命	袁雪明	长兴县人民法院审判委员会委员

监督工作

【服务经济发展】 7月，专题审议上半年国民经济和社会发展计划执行情况，深入分析经济运行中的问题和困难，督促政府稳企业、稳金融、稳投资。10月，督查工业强县建设规划实施情况，建议政府坚持发展工业经济不动摇、切实发挥规划的引领作用、加快产业转型升级步伐、深入推进“两化融合”战略。年内，开展“双进双推”活动，组织代表“进项目、推进度，进企业、推转型”，组织各类视察活动120人次，收集各类意见建议68条，协助解决45条。5月，对2011年以来引进的53个投资1000万美元以上的外资项目进行调查，梳理企业意见建议，向政府提出合理意见建议，助推大项目的建设和发展。

【推动深化改革】 年内，关注政府

部门权力清单编制、行政审批制度改革等情况,督促推进“四张清单一张网”建设。6月,听取审议全县现代农业产业发展情况报告,督促政府强化规划引导、做好适度规模经营、培育经营主体、着力品牌营销,促进现代农业产业健康持续发展。年内,将国有资本经营预算纳入人大审查。推动一级预算单位部门预算网上公开,规范乡镇预算审查监督程序和内容。调研视察科技创新、“农园新景”实验示范带建设、节能降耗、旅游景点建设等工作,推动相关工作的改革、创新和落实。

【深化法治理念】 9月,组织县人民代表大会成立60周年纪念活动,开展征文活动,开辟纪念专栏,回顾总结县人民代表大会及其常委会的发展历程、成就和工作经验,展现全县民主法治建设成果。4月至7月,开展贯彻防洪法、推进防洪排涝治污为重点的“五水共治”情况检查,提出树立科学理念、突出工作重点、完善责任体系,全面推进“五水共治”等意见和建议。加强规范性文件备案审查,11月,制订出台《长兴县人民代表大会常务委员会规范性文件备案审查办法》,2014年共备案审查政府规范性文件19件。

【开展工作评议】 下半年,组织对县环保局、县民政局工作评议。常委会专门成立两个评议调查组对被评议单位的工作进行全面调查,常委会第26次会议听取被评议部门的工作汇报和评议调查组的调查情况报告,提出整改意见建议并进行满意度测评。评议结束后,常委会综合评议情况,形成评议意见。

【强化司法监督】 10月,研究出台《长兴县人大常委会监督司法机关工作办法(试行)》,对监督司法机关工作的内容、形式、方法、步骤做出具体规定,使监督工作制度化、规范化。5月,听取和审议公检法司贯彻实施刑事诉讼法情况的报告,就律师在案件侦查阶段会见当事人难及律师执业权利保障等问题,向司法机关提出整改意见。开展检察院反贪污贿赂工作情况调研,建议检察院构建贪污贿赂犯罪社会化预防格局,不断提升反贪污贿赂工作水平。加强对法院审判执行、检察院法律监督各方面工作的经常性监督,同时组织代表旁听法院庭审、视察看守所监管工作等活动,督促司法机关规范司法行为,努力促进司法公正。

【关切民生实事】 围绕学有优教,专题审议民办教育工作情况,提出要进一步加强规划引导、提升规范管理、提升管理水平等建议。围绕食有所安,持续开展饮用水水源保护跟踪督查,建议政府创造条件促进合溪水库上游同饮共护。围绕行有所便,重点对公共交通发展情况进行监督,指出了全县公共交通发展面临的问题。对政府十项民生实事项目完成情况开展专题督查,推动民生实事全面完成。组织代表视察农贸市场改造、保障房建设、小区物业管理、居家养老、食品安全等工作,及时提出意见和建议。

【关注社会管理】 组织文化产业发展情况调研,分析长兴县文化产业发展存在的主要问题和原因,促进政府统筹规划文化产业发展方向,采取有效措施引导文化产业结构调整,推进文化产业与旅游等现代服务业融合发展。开展宗教场所管理工作调研,建议政府提高宗教事务工作水平,做好宗教活动场所规范化管理,引导宗教为构建和谐社会服务。开展妇女权益保障调研,针对调研中发现的轻微家暴维权难的问题,向有关部门提出意见建议,相关部门建立健全家庭暴力干预体系。

【重视来信来访】 探索推动涉法涉诉信访纳入法治化轨道,不断健全及时解决群众合理诉求机制,切实维护群众的合法利益。全年共受理群众来信49件,接待群众来访29批61人(次),办理浙江省人大、湖州市人大交办信访件11件。常委会领导还积极参与定期接访调解、接听市民热线、包案化解工作,促使一批群众反映的实际问题得到依法、妥善处理。

代表工作

【强化议案建议督办】 完善代表议案建议办理机制,尝试实行代表建议预交办制度,提高建议交办准确率。推行常委会领导重点督办、人事代表工委日常督办、各工委对口督办等制度,提高督办实效。加强对水环境综合治理议案的督办工作,提出意见建议,促进政府坚定信心,加大力度破解难题。98件议案建议已经落实解决或基本解决59件,占60.2%;列入计划逐步解决26件,占26.5%;因受条件限制或其他原因待以后解决13件,占13.3%。

【丰富代表活动载体】 积极推进并规范人大代表联络站建设、运行,开展业务培训,制定人大代表联络站建设标准、工作职责和代表接待群众流程。推进“浙江人大代表履职服务平台”应用,为代表履职提供信息化服务。探索开展市代表述职活动,共有18名在长市七届人大代表向县人大常委会作述职报告,增强市代表的履职意识。以“双岗建功”主题实践活动为抓手,组织代表开展“五水共治”视察检查和“查找大气污染源、依法履职做贡献”专项行动。组织代表开展“五进五访五查”、“查找不适应全面深化改革要求的法律法规条文”、代表小组定向视察、评议基层站所等活动,有效发挥代表在推改革、促发展、增和谐方面作用。

(陆宇杰)

重要会议

【概况】 年内，长兴县人民政府(以下简称县政府)召开全体(扩大)会议1次、常务会议15次。会议主题涉及经济发展、改革创新、社会建设和生态文明创建等方面内容。

【县政府全体(扩大)会议】 2月17日，县十五届政府第三次全体(扩大)会议在行政会议中心召开，中共长兴县委副书记、长兴县人民政府县长(以下简称县委副书记、县长)吕志良主持会议，县领导高胜华、顾涛、何文全、楼秋红、吴忠良、史会方、何卫宏参加会议，县领导夏威、杨福成、姚根泉应邀参加会议。会议部署议案、提案交办工作，对进一步加强和改进政府服务和自身建设提出更高要求。强调要带着感情负责任地办，讲究质量高效率地办，完善机制高质量地办，努力提高办结率和满意率，不辜负代表委员及基层群众对政府工作的期盼；要始终坚持“改革有空间，服务无止境”的理念，抓住改革试点及重点领域、重点环节，全方位、多层次、宽领域地推进改革工作，不断提升服务能力、健全长效机制、转变工作作风，全力推进党的群众路线教育实践活动取得更大成效。

【县政府常务会议】 第33次 1月14日举行。会议审议并原则通过《政府工作报告(送审稿)》《加强涉行政审批中介服务机构改革管理工作》《长兴县2013年国民经济和社会发展计划执行情况与2014年国民经济和社会发展计划草案的报告(送审稿)》《关于长兴县2013年财政预算执行情况和2014年财政预算草案报告(送审稿)》。

第34次 1月25日举行。会议原则通过《2013年度工业企业突出业绩奖考评和“三比一讲”竞赛活动考评结果》《关于进一步加快建设工业强县的政策意见》《2014年度工业行业淘汰落后产能(设备)、“腾笼换鸟”工作推进计划》《加快科技创新的若干政策意见》《长兴县管道燃气管理办法》。

第35次 2月10日举行。会议听取并原则通过《2013年度全县服务业考核结果、政策兑现和2014年服务业政策修改、服务业大会筹备情况》《旅游业发展政策修改完善有关情况》《促进餐饮住宿业持续稳定发展若干意见》《2014年金融考核办法》《长兴县财政性存款激励银行扩大信贷规模绩效考核办法》，会议原则同意《2013年度银行机构支持地方经济发展考核结果》《2013年度招商引资先进单位和先进个人评选》。

第36次 3月7日举行。会议听取并原则通过《开展“无违建”创建活动实施意见》《2013年主要污染物减排完成情况及2014年减排工作计划安排》《2013年度全县开放型经济政策兑现、2014年度政策及考核办法》《省级试点工作情况》，会议传达了全省推进法治政府建设电视电话会议和全省政府法制工作会议精神，研究审议并原则通过全县法制工作要点。

第37次 3月28日举行。会议听取并原则通过《长兴县合溪水库饮用水水源保护区生态建设办法》《长兴县工业园区主导产业发展导向目录》和《长兴县工业园区工业项目准入标准》微调情况、《2014年规上工业企业能源供应配置综合评价体系》《鼓励和推进企业多层次资本市场挂牌上市的若干意见》《实行最严格水资源管理制度全面推进水生态文明建设实施意见》；会议讨论了全县安全生产工作。

第38次 4月10日举行。会议听取并原则通过《全面深化农村生活污水治理实施意见》，会议讨论了全县一季度经济运行情况和2014年春节后企业用工情况。

第39次 4月29日举行。会议听取并原则通过《进一步完善长兴县公共资源交易管理体制机制的实施方案》《长兴县农作物秸秆禁烧和综合利用实施方案》《调整完善开发区总部楼宇项目准入的实施办法》《长兴县2014年度县外内资考核办法》《长兴县2014年大好高项目引进推进工作实施方案》。会议讨论了长兴县域农村生活污水治理总体规划。

第40次　5月14日举行。会议听取并原则通过《长兴县耐火产业转型升级实施意见》《长兴县工业企业发展绩效综合评价办法（试行）》《长兴县工业企业差别化排污权配置实施办法（试行）》《长兴县税收征管保障工作办法》《长兴县工矿废弃地开发利用情况》《开展城镇既有住宅房屋调查登记和危旧房大排查》《长兴县城区非居民计划用水管理办法》《2014年住房保障标准调整》。

第41次　5月30日举行。会议听取并原则通过《完善担保体系建设助推实体经济发展实施意见》《进一步深化农村土地承包经营权抵押贷款试点工作的实施意见》《进一步推进企业信用体系建设的通知》《加强金融债权司法处置营造良好金融生态环境实施意见》《进一步深化金融改革创新有效服务实体经济发展实施意见》《餐厨垃圾特许经营和收集运输方式有关政策》。

第42次　6月18日举行。会议听取并原则通过《深化"阳光工程"建设的意见》《深化农村确权赋权改革实施意见》《建成区保洁体制改革》《中心城区新增村庄布点、加强建筑业行业管理若干意见》《调整长兴县征地补偿标准等有关事项》《加强公务支出公款消费审计工作的实施意见》，会议学习了《中华人民共和国环境保护法》。

第43次　7月16日举行。会议听取并原则通过《长兴县两化深度融合综合性示范县建设实施方案》和《长兴县政府投资信息化项目建设管理暂行办法》《2013年冬季退役士兵安置方案》《教育系统非义务教育学校实施绩效工资》《进一步推进农贸市场提升发展的实施意见》，会议讨论了全县上半年经济运行情况。

第44次　8月13日举行。会议听取并原则通过《长兴县营业税改征增值税试点期间过渡性财政扶持政策实施办法（试行）》《长兴县社会保险费征缴办法》《长兴县水功能区水环境功能区划分修编方案》《加快"三名"培育工程建设实施意见》。

第45次　9月4日举行。会议听取并原则通过《2014第五届环太湖国际公路自行车赛长兴赛段工作方案》《浙江长兴国家大学科技园运行方案》《长兴县科技成果转化引导基金管理办法（试行）》《关于鼓励支持光伏应用促进产业健康发展实施意见》《长兴县开展民间融资规范管理试点工作实施意见》。会议还审议通过长兴县埃博拉出血热疫情防控工作建议。

第46次　9月30日举行。会议听取并原则通过《鼓励支持"电商换市"加快电子商务发展若干意见》《长兴县水利工程建设管理办法（试行）》《进一步完善被征地农民基本生活保障制度与职工基本养老保险制度衔接办法》《进一步完善城乡居民社会养老保险制度的意见》《县属单位权力清单工作有关情况》，会议原则同意《2014年长兴县营以下军队转业干部安置方案》。研究了节假日期间党风廉政、安全生产等重点工作。

第47次　11月28日举行。会议听取并原则通过《长兴县职业病防治工作情况》，《加快文化产业发展的意见》《长兴综合物流园区继续享受有关优惠政策情况》《进一步深化个体税收社会化管理工作的实施意见（试行）》《公布长兴县第二次土地调查主要数据成果情况》。

（张伟建）

重要施政

【概况】　年内，县政府围绕建设"太湖望县、锦绣长兴"目标，狠抓上级决策部署的落实、既定目标任务的完成、事关长远工作的推进，实施"六大专项行动"（让长兴的项目引进推进快起来——项目引进推进专项行动、让长兴的产业强起来——产业转型升级专项行动、让长兴的水秀起来——"五水共治"专项行动、让长兴的天空蓝起来——大气污染防治专项行动、让长兴的城乡美起来——"锦绣长兴"专项行动、让长兴的体制活起来——深化体制改革专项行动），促进经济社会持续健康发展。

【经济发展】　以调结构、转方式为目标，推进产业、行业、企业转型升级，打造长兴经济升级版。推进工业强县建设，培育主导产业，新型电池、现代纺织、特色机电三大产业规模以上工业产值占比达到73.9%，新能源汽车产业初具规模，装备制造业规模以上工业产值首次破100亿元；狠抓行业整治，深化蓄电池、粉体、纺织印染、水泥粉磨等传统行业转型升级，实施工业炉、耐火行业整治提升，工业炉企业由131家重组为38家，耐火企业由291家规范提升为167家；开展"五百行动""六个一批""四换三名"、两化融合等工作，成为两化深度融合国家综合性示范区，完成以"机器换人"为核心的现代化技改投入101.9亿元，淘汰落后装备2125台（套），实施"腾笼"企业126家、"换鸟"项目75个，列入省首批"三名"工程试点企业2家，新增规模以上工业企业78家、新三板挂牌企业4家、出口实绩企业80家。推进现代农业转型，打造"农园新景"实验示范带，洪桥省级现代农业综合区通过验收，新增粮食生产功能区2266.67公顷；流转土地1666.67公顷，发展七大特色产业2066.67公顷、设施农业666.67公顷，改造特色产业示范基地5个；新增家庭农场121家、农民专业合作社联合社1家，创建国家级示范性农民专业合作社2家、市级以上农业龙头企业5家；新增无公害农产品、绿色食品和有机农产品基地3400公顷、产品104只，获评省农业标准化综合示范县；在全省首创芦笋价格指数保险。推进现代服务业调优，实施服务业“162”工程，完成服务业增加值176.3亿元，增长8.6%，占GDP比重达到40.2%；新增服务业法人单位1116家、限额以上单位89家；轻纺城、会展中心等开业，图影湿地文化园二期、太湖石博览园开园，综合物流园区B区、新农都农产品物流中心等建设；实施《长兴县旅游总体规划》，举办首届中国（长兴）民宿文化节等活动，水口茶文化景区成为省首批乡域国家AAAA级景区；开通首条水运外贸集装箱航线，新增AAA级物流企业3家；“中国特产·长兴馆”正式上线，长兴电子商务中心投入使用，新增电商应用企业274家；落实促进房地产业平稳健康发展系列政策，规范房地产市场。

【改革创新】 以推改革、增活力为目标，转变政府职能，发挥市场力量，促进创新驱动，推动项目建设，增强经济社会发展后劲。深化各领域改革，资源要素市场化配置改革列入省首批扩面试点，建立工业企业发展绩效综合评价体系，推进排污、用能、用水等资源要素差别化配置；深化行政审批制度改革，落实行政审批“两集中、两到位”，建成启用市民服务中心，国地税实现联合办税，浙江政务服务网长兴平台建成运行，政府权力清单完成清理并公布；实施农村“三权”确权赋权改革，完成农村集体资产股份合作制改革，推进农村土地承包经营权抵押贷款试点；政府企业信用信息平台和中小企业信用信息辅助系统上线运行。推进科技创新，浙江长兴国家大学科技园一期主体工程竣工，国家动力及储能电池产品质量监督检验中心通过验收，现代纺织公共创新服务平台提升，新增高新技术企业14家、省级科技型企业64家、省级工程技术研究中心2家、省级高企研发中心9家；复旦大学南太湖创新基地成立，新增政产学研项目115个，列入省首批科技大市场建设试点；在全省县级层面率先设立科技成果转化引导基金，发放“科技券”3200万元，科技贷款余额超4亿元；开展国家知识产权强县工程试点，参与制订国家标准25件，新增中国驰名商标1件、省著名商标4件、省名牌产品6件，发明专利授权219件；实施企业人才购房积分奖励等创业创新扶持政策，“千人计划”长兴产业研究院组建，入选国家“千人计划”项目3个、省级“千人计划”项目5个、市“南太湖精英计划”项目19个，培养省首批领军型企业创新团队1个，创建省级院士专家站1家。推进项目建设，开展“520”“530”等项目引进推进活动，举办“长洽会”等各类招商活动，引进中汽零、八环轴承等一批“大好高”项目34个，项目新开工327个、投产259个，完成县外内资注册资本金47.9亿元、浙商回归到位省外资金41亿元；开展县长（书记）与企业家面对面谈心、一对一服务等活动，落实县领导包服务代办理等制度；加强土地、金融等要素保障，落实用地指标342.4公顷，城镇低效用地再开发51.27公顷，存量土地盘活132.67公顷，闲置土地处置率100%，新增社会融资总量186.9亿元，其中直接融资总额90.5亿元；各平台完成基础设施投资10.5亿元，新增入园企业97家。

【城乡统筹】 以强功能、提品位为目标，加强精致建设、精细管理，推进规划共绘、资源共享，推进城乡一体化、融合化。中心城区控制性详细规划单元划分、地下空间开发利用等规划编制实施，三河湾公园、太湖路改造等项目竣工，张家村花园、老剧院地块等城市有机更新项目进展顺利，完成老小区改造5个。中心镇改革发展加快推进，18个部门92项权限事项全面下放。美丽乡村建设深入开展，1个精品村和2个特色村建设成效初显，创建美丽乡村22个、省美丽宜居示范村8个，21个省级重点中心村通过验收。入选省首批美丽县城试点县，新农村建设工作获市九连冠、省六连优。城市管理重心下移，建立中心城区“一把扫帚扫到底”保洁模式，实施道路照明节能改造和智能化管理工程，落实“锦绣长兴”长效管理机制。健全三级物业管理体系，物业管理覆盖率达到80%以上。地理信息中心挂牌成立，“数字长兴”地理信息框架平台运行。开展中心城区交通治堵行动，中心广场、画溪新城等公交枢纽站和重要交通节点渠化改造等治堵工程竣工，新增和更新公交车32辆、公共自行车500辆，城市交通满意度测评位列全省县区第一。实施重点基础设施项目201个，完成投资183.4亿元。杭宁高速公路长兴互通、104国道夹浦段改造等工程竣工通车，杭长高速公路北延工程启动建设，新建农村联网公路67公里，改造低等级桥梁17座。华能长兴电厂“上大压小”、浙能长兴电厂天然气发电等项目投产，220千伏祥福变等工程建成运行。川气东输工程竣工，新建天然气管网25.9公里，实现天然气双气源供应。建成4G网络基站734个，信息化光网基本实现中心城区全覆盖。

【生态创建】 以优生态、美环境为目标，加大环境治理，加强生态保护，改善生态环境，打造生态文明先行示范区。开展“五水共治”专项行动十大工程，编制实施县域污水专项规划、农村生活污水治理三年行动计划；治理“三河”13条，打通“断头河”43条，清淤疏浚河道1100公里，432条河道实现保洁全覆盖；新建污水管网84.6公里，纳管改造区块46个，完成84个行政村生活污水治理；推进苕溪清水入湖河道整治工程，整治圩区3466.67公顷；完成82个行政村“一户一表”、山泉水改造，受益农户4.4万户，建成水厂4座，新建、改造供水管网198.6公里。推进治霾攻坚十五项行动，11条2000吨以上水泥熟料生产线、浙能长兴电厂等脱硫脱硝项目建成，所有在产矿山完成4S现场管理达标验收，淘汰高污染燃料小锅炉132台、黄标车3867辆，关闭煤堆场21个，农作物秸秆禁烧和综合利用成效明显。调整完善水功能区、水环境功能区划，加大合溪水库等饮用水源地保护力度。完成仙山湖国家湿地公园试点工作。“四边”绿化319.67公顷，绿化扩面提质2600公顷，坡地修复113.33公顷，完成废弃矿山复绿型治理项目17个。成为国家珍贵树种培育示范县。发展循环经济，县开发区列入省循环化改造示范试点园区，推进弁山风力发电、华能分布式光伏发电等项目，首批10辆纯电动公交车投入使用，成为全国率先使用的县级城市。国家生态县通过环保部命名，创建省级生态街道1个、市级生态村17个、省级森林村庄4个。启动生态文明先行示范区建设，实施“十大工程”、百个重点项目。开展“无违建县”“无违建乡镇(街道、园区)”“无违建村(社区)”创建工作，完成“三改一拆”241.2万平方米。

【社会和谐】 以惠民生、促和谐为目标，发展社会事业，健全社会保障，加强社会治理，提高全县群众生活幸福指数。开展省教育现代化县创建，建设长兴一小改建等工程，长兴中学获评省一级特色示范普通高中，高考成绩再创新高，新增省特级教师3人，创建全国义务教育发展基本均衡县。推进省卫生强县创建，深化县级公立医院改革，县第二人民医院(泗安)开工建设；推进城乡卫生一体化，2家乡镇卫生院挂牌县级医院分院；区域临床检验等三大中心建成试运行，成为省卫生应急工作示范县、慢性非传染性疾病综合防控示范区。推进“文化惠民八大工程”，举办首届长三角运动休闲体验季、五大自行车赛事等活动，新增农村文化礼堂28个，2部作品获省“五个一工程”奖，创建全国文明村镇1个、文明单位1个，全国文化先进县、中国民间文化艺术之乡通过复评。首部《长兴年鉴》编纂出版，推进二轮修志工作。落实单独两孩政策，网上再生育审批实现乡镇全覆盖。荣获省级双拥模范城(县)七连冠。新增城镇就业1.3万人，帮扶城镇失业人员再就业4677人。职工基本医疗保险、城乡居民社会养老保险政策完善落实，被征地农民基本生活保障制度与职工基本养老保险制度实现衔接。医疗救助、城乡低保、农村五保供养标准提高，城乡最低生活保障制度落实，筹措各类救助资金8656万元，救助困难群众11万人次。养医结合型民办养老机构实现突破，新增城乡居家养老服务照料中心73家。各类保障房货币补贴标准提高，竣工保障房1376套，改造危旧房864户。安全生产形势稳定，各类事故起数、死亡人数、直接经济损失三大指标均下降。食品安全基层责任网络初步建立，食品安全百日严打等专项行动取得实效。加大打击恶意逃废债、恶意欠薪行为力度。成立社会组织培育发展中心，完成村级事务清理规范，创建国家级民主法治村1个。完善社会稳定预警和应急联动机制，消防基层基础巩固强化。涉法涉诉信访改革推进，加强法律服务、社区矫正和人民调解工作，各类矛盾纠纷调处成功率达到99.1%。刑事案件发案数连续8年下降，人民群众安全感满意率保持在96%以上，平安长兴实现九连冠、夺“银鼎”。

(张伟建)

十方面民生实事

【概况】 年内，长兴县民生实事细分为43项具体工作，由县人力社保局等16家单位承办。各单位根据县委、县政府统一部署，按照稳增长、促改革、调结构、惠民生的要求，围绕守住底线、突出重点、完善制度、引导舆论的民生工作思路，扎实推进民生实事项目实施工作，切实解决群众最急盼的民生问题，圆满完成全年目标任务，其中“新增就业1万人”等16项工作超额完成全年任务。

表4

2014年民生实事完成情况表

序号	实事项目	实事内容	完成情况	责任部门
1	就业创业	新增就业1万人	新增就业1.15万人	长兴县人力资源与社会保障局
2		帮扶城镇失业人员再就业4100人	帮扶城镇失业人员再就业4677人	
3		吸纳以长兴籍为主的大学生就业1650名以上	吸纳以长兴籍为主的大学生就业1730名	
4		规范企业劳动用工，小微企业合同签订率98%以上	小微企业合同签订率达98.7%	
5		引导帮扶创业大学生220名以上	引导帮扶创业大学生260名	

续表4

<table>
<tr><th rowspan="2">序号</th><th colspan="2">实事</th><th rowspan="2">完成情况</th><th rowspan="2">责任部门</th></tr>
<tr><th>实事项目</th><th>实事内容</th></tr>
<tr><td>6</td><td rowspan="6">食品安全</td><td>深入推进农村安全供水改造提升工程，完成64个行政村的一户一表和山泉水改造，改扩建水厂4座，新建供水管网50公里</td><td>完成82个行政村的一户一表和山泉水改造，完成4座水厂建设任务，新建供水管网98.6公里，全年完成投资3.3亿元，占年度计划的150%</td><td>长兴县住房与城乡建设局</td></tr>
<tr><td>7</td><td>实现500人以上的企业食堂达标规范全覆盖</td><td>对11家500人以上企业的硬件设施和软件管理方面进行现场检查，并要求限期整改，目前已实现500人以上的企业食堂达标规范全覆盖</td><td rowspan="2">长兴县市场监督管理局</td></tr>
<tr><td>8</td><td>基本建成食品药品检验检测中心</td><td>2014年5月，挂牌成立长兴县食品药品检验检测中心，正常开展食品检验检测工作</td></tr>
<tr><td>9</td><td>“品牌超市进校园”实施率达100%</td><td>2014年9月1日前，中标企业已全部入驻学校开张营业，“品牌超市进校园”实施率达100%</td><td>长兴县教育局</td></tr>
<tr><td>10</td><td>新增放心早餐车20辆</td><td>新增“五芳斋”放心早餐车20辆</td><td rowspan="2">长兴县商务局</td></tr>
<tr><td>11</td><td>改造提升农贸市场3家</td><td>完成吕山、李家巷、林城3家农贸市场的改造提升</td></tr>
<tr><td>12</td><td>教育事业</td><td>基本完成长兴七小主体工程和长兴一小、实验幼儿园迁建一期</td><td>长兴七小主体工程基本完成；长兴一小一期新建工程结顶，进入装修；实验幼儿园计划迁入长兴一小，迁建一期由于受长兴一小工程有较大变更的影响（经县第31次规划例会同意），项目调整到2015年实施，需要设计新方案</td><td>长兴县教育局</td></tr>
<tr><td>13</td><td rowspan="4">教育事业</td><td>完成高中段学校住校生热水工程</td><td>2014年9月，全部完成高中段学校住校生热水工程</td><td rowspan="4">长兴县教育局</td></tr>
<tr><td>14</td><td>建成远程教育数字平台</td><td>2014年9月，建成远程教育数字平台</td></tr>
<tr><td>15</td><td>新增残障儿童随班就读试点学校3所</td><td>完成3所学校（长兴八小、李家巷小学、和平小学）的资源教室设备的安装</td></tr>
<tr><td>16</td><td>强化校车安全和服务管理，更新校车22辆</td><td>2014年9月23日，完成22辆校车更新任务，并投入运营</td></tr>
<tr><td>17</td><td rowspan="4">医疗卫生</td><td>基本完成县人民医院改扩建、妇保院二期、第二人民医院（泗安）一期主体工程和第三人民医院（和平）建设</td><td>基本完成县人民医院改扩建、妇保院二期、第二人民医院（泗安）和第三人民医院（和平）建设</td><td rowspan="4">长兴县卫生局</td></tr>
<tr><td>18</td><td>改建乡镇卫生院（社区卫生服务中心）3家，完成农村社区卫生服务站标准化改造50家</td><td>夹浦、小浦、吕山卫生院项目内部装修基本完成，槐坎卫生院主体工程结顶，完成50家社区卫生服务站标准化改造</td></tr>
<tr><td>19</td><td>实现县乡村三级医疗卫生机构电子病例和电子健康档案互联共享、乡镇以上医疗机构药品信息化监管全覆盖</td><td>实现县乡村三级医疗卫生机构电子病例和电子健康档案互联共享、乡镇以上医疗机构药品信息化监管全覆盖</td></tr>
<tr><td>20</td><td>开展红十字应急救护知识普及培训1万人次，培训红十字救护员1500名</td><td>完成红十字应急救护知识普及培训1.2万余人次，其中，培训红十字救护员1638名</td></tr>
</table>

续表4

序号	实事		完成情况	责任部门
	实事项目	实事内容		
21	住房保障	新增经济适用房150套、公共租赁住房600套、廉租住房保障家庭80户,竣工保障性住房1200套。	新增经济适用住房150套,采取货币补贴的形式进行保障;开工公租房300套,其余的300套采用补贴形式完成;新增廉租住房保障家庭80户,其中,租赁补贴30户,实物配租50套	长兴县住房与城乡建设局
22	住房保障	改造老小区5个、城中村住房800套、城市危旧房700户。	投资1100万元,完成铁鹰小区、城北小区坛家桥片、环西花园、福兴花苑、乡企局宿舍等5个老小区提升改造工程,改造面积6.1万平方米;完成城市旧住宅区改造(即城中村安置房建设和城市危旧房拆迁)1500套任务	长兴县住房与城乡建设局
23	住房保障	中心城区住宅小区物业(准物业)覆盖率达到80%	中心城区住宅小区共242个(含2000年前建造的老小零星小区140个),总户数70252户,总建筑面积为906.7万平方米。其中,实施标准化物业管理的小区有122个(户数为58616户,建筑面积为829.8万平方米),其余的120个老小零星小区由街道、社区以奖代补形式实行准物业管理。因此,中心城区实施标准化物业管理覆盖率按户数计算约83%,按面积计算为91%	长兴县住房与城乡建设局
24	住房保障	农村困难群众危旧房改造260户	完成农村困难群众危旧房改造224户	长兴县民政局
			完成农村困难群众危旧房改造40户	长兴县残疾人联合会
25	公共交通	新建农村联网公路60公里,改造低等级桥梁15座	完成新建农村联网公路67公里,改造低等级桥梁17座	长兴县交通运输局
26	公共交通	完成中心广场、龙山新区公交枢纽站和画溪新城客运中心建设	中心广场枢纽和画溪新城客运中心分别于2014年4月28日和11月16日启用,龙山新区公交枢纽基本完成,2015年投入使用	长兴县交通运输局
27	公共交通	新增和更新公交车30辆	新增更新公交车32辆	长兴县交通运输局
28	公共交通	新增城乡公交线路5条	新增城乡公交线路9条	长兴县交通运输局
29	公共交通	城区公共停车泊位200只	龙山新区已增设236只公共停车泊位(其中,行政服务中心增设216个,龙山幼儿园南侧增设20个)	长兴县住房与城乡建设局
30	养老服务	加快县综合福利中心建设	县综合福利中心1、2、14号楼结顶,11号楼动工,完成投资8000万元	长兴县民政局
31	养老服务	新建社区居家养老服务照料中心59家,改建乡镇社会福利中心1所	完成社区居家养老服务照料中心73家,覆盖82个社区;小浦镇社会福利中心一期工程投入使用,二期在建,吕山乡社会福利中心完成主体工程	长兴县民政局
32	养老服务	完善计生特殊家庭帮扶制度,失独父母特扶金每人每月提高到500元。	为全县318名计生特扶对象购买了一份"意外伤害保险",对全县56户低保失独家庭进行了慰问;制订出台《关于提高计划生育特殊困难家庭特别扶助金标准的通知》,提高特殊对象的补助标准	长兴县人口与计划生育局

续表4

序号	实事		完成情况	责任部门
	实事项目	实事内容		
33	社会救助	筹措各类救助资金7000万元以上，救助5.5万人次以上	筹措各类救助资金8655.75万元，累计救助11.08万人次（其中，民政局筹措资金5714.79万元，救助6.87人次；残联筹措资金2281.96万元，救助3.85万人次；总工会筹措资金659万元，救助0.36万人次）	长兴县民政局 长兴县残疾人联合会 长兴县总工会
34	社会救助	提高困难群众医疗救助补助标准	下发《关于加强医疗救助工作的通知》，提高8种重特大疾病门诊及住院自负部分救助标准，将1种特殊病门诊救助、相关丙类药纳入救助范围	长兴县民政局
35		为1.5万名残疾人购买意外伤害保险，为200名残疾人提供康复辅助器具，完成残疾人基本生活保障2100人以上。	为全县1.62万名持证残疾人统一购买了意外伤害险；为318名残疾人免费提供康复器具；实现基本生活保障2273人。	长兴县残疾人联合会
36	文体生活	建成全民健身广场（文化服务中心）10个、农村文化礼堂20个以上	建成10个县级全民健身广场；泗安镇文化服务中心已建成运行，白岘乡、画溪街道文化服务中心已完成改建工程；完成文化礼堂建设25家	长兴县文化广播新闻出版局
37		开展县级以上大型文化活动和体育赛事10场	开展大型文化活动50余场、体育赛事30场	
38		培育和扶持文体团队100个	培育和扶持文体团队120个	
39	生态环境	加快城区水系整治，完成15条河道整治修复、27个区块纳污改造，新建污水管网17公里	完成32条河道的整治修复和25个区块的纳管改造；新建污水管网37.9公里；城区各责任单位共完成投资1.54亿元	长兴县住房与城乡建设局
40		完成农村河道（涧滩）清淤452公里，实现全县水面长效保洁全覆盖，确保年底前消灭垃圾河，有效改善臭河、黑河水质	完成农村河道清淤约1000公里，实现全县河道保洁全覆盖，实行“河长制”河道，垃圾河、黑臭河通过省、市验收	长兴县水利局
41		创建美丽乡村20个	完成美丽乡村创建20个	中共长兴县委、县人民政府农业农村工作办公室
42		城乡绿化扩面提质3.6万亩	完成城乡绿化扩面提质面积3.9万亩，其中，城乡绿化造林1.7万亩，森林提质2.2万亩	长兴县林业局
43		治理废弃矿山15家以上	治理废弃矿山18家	长兴县国土资源局

（张伟建）

县政府办公室工作

【概况】 县政府办公室与县政府外事办公室、县政府法制办公室、县新居民事务局合署办公，共设秘书科、综合调研科、工业科、农业科、行政科、信息督查科、商贸科、社会事业科、建设发展科、外经科、出国管理科、行政法规科、执法监督科、综合协调科、基层指导科等15个职能科室。年内，县政府办公室围绕中共长兴县委、长兴县人民政府重大决策、重要部署、重点工作，以第二批党的群众路线教育实践活动为契机，发挥“综合协调、督查落实、信息调研、参谋决策”职能作用，认真细致开展各项工作，“三比一讲”、招商引资考核获部门一等奖。

【参谋服务】 坚持围绕中心、服务大局，紧贴全县发展中心，突出重点、开拓进取，出亮点、出精品，提供及时、全面、优质、高效的统筹协调服务。综合文稿上，立足长兴实际，站在宏观全局高度，提升文稿质量和文字服务工作水平，共完成重要会议讲话稿30余篇、汇报材料40余篇。调查研究上，围绕项目建设、深化改革等重点问题，谋划发展思路，开展调查研究，撰拟《关于资源要素市场化配置改革的思考与探索》等调研报告10余篇。信息报送上，完善信息采集、编制等制度，加强内部沟通联系，提高信息质量，及时总结社会经济发展的新经验、新亮点，累计向省市报送信息336篇，其中省政府累计录用27篇，涉及专报信息13篇、领导批示6篇、工作交流2篇；市政府录用86篇，涉及《湖州政务》56篇，专报信息25篇、领导批示21篇、工作交流12篇，问题建议类信息5篇。跟踪服务上，合理安排领导公务活动，对县领导布置的工作、交代的任务，办得快、办得好，做到领导满意，对基层上报的请示、报告，早协调、早答复，做到基层满意，对群众反映的问题、困难，善落实、善解决，做到群众满意。

【办文办会】 坚持从严从精、求实务实，规范来文审查、发文审核等规程，严格执行会议审批制度，提高办文办会能力和水平。公文办理上，从公文收发、校核、印制、传阅、归档等各个环节入手，严把政策关、时效关、格式关、文字关，加大考核把关力度，简化文件流转环节，力求政策清楚、主题突出、观点准确、格式规范、逻辑严谨、准确及时，并规范发文行为，精减文件数量，做到少行文、行短文。年内，共收文1940件，其中上级来文1443件，下级来文497件；起草、审核政府及办公室文件748件，其中以政府名义发文294件，以政府办名义发文454件。会务承办上，狠抓会前准备、会中服务、会后落实三个环节，力求会议主题明确，中心突出，务求实效，并认真审查会议议题，努力做到少开会、开短会。完善办会制度，注重会务服务细节，提高服务标准，保障县政府全体会议、县政府常务会议、县长办公会议等重要会议，做到上会内容规范化，会议议题重点化，会议服务细致周到，会议记录完整准确，会议纪要编发及时。年内，共承办全体会议1次，常务会议15次，县长办公会议10次，其他各种会议累计200余次。

【综合协调】 坚持事无巨细、事事倾心，发挥办公室枢纽作用和综合协调职能，加强联系，沟通上下，协调左右，确保政府的意图在传输过程中不走样、不变形，形成政令畅通的良性格局。督查督办上，按照“交必办、办必果、果必报”的工作要求，相继开展政府投资项目、土地综治项目相关政策兑现、有序用电等专项督查，针对群众关心的“热点”“难点”问题和十方面民生实事开展督查；对县政府主要领导批示件进行登记造册，就领导批示内容及督查要求进行落实，共编发《督查通报》33期，与县委督查室联合下发《督查通报》39期，转办县政府主要领导工作批示842件，信访批示1000件；明确提案议案办理时限，着重突出案件办理满意率、办结率、解决率，共承办提案、议案259件（人大议案、建议95件，政协提案164件，包括议案1件，重点提案2件），提案、议案办结率、见面率均达100%，满意率达95%以上。民情反馈上，接听“12345”政府阳光热线，打造一条体现以民为本、代表政府形象、彰显阳光特色的服务热线品牌，共接听群众来电37740件、受理36538件，其中交办量为13119件，群众理解满意率94.11%，按时办结率98%。政务公开上，相继出台完善《长兴县党政信息网络管理办法》《长兴县电子政务保密管理规定》《长兴县信息公开考核办法》《长兴县人民政府办公室关于做好当前信息公开重点工作的通知》《长兴县政府信息公开保密管理办法》以及《中国·长兴门户网站内容保障考核办法》等政策文件，加大对部门、乡镇(街道、园区)电子政务建设、信息公开工作的指导督促力度，共收到、受理县政府信息依申请公开申请50余件，指导乡镇、部门主动公开各类信息1.2万余条。

（周光健）

应 急 工 作

【概况】 年内，投入300多万元，完成和平镇、泗安镇、煤山镇、夹浦镇和画溪街道等5个乡镇(街道)的综合应急队伍建设。在保障继续投入社会应急联动平台建设的基础上，加强对县110指挥、数字城管、水利、气象、林业、环保、水上交通等应急指挥平台的互联互通。投入300万元，完成长兴县农村应急广播系统建设，安装广播650个左右，每个行政村2～3个。建立预警信息发布制度，由各相关部门提供需要发布的紧急信息，经长兴县应急办与长兴县气象局审核后发布。加强社会应急联动工作，110报警平台共发布联动指令7000多次，在社区开展《突发事件应对法》和相关应急知识宣传和普及教育，提高公民自保、自救、互救的意识和能力。强化应急联动演练，牵头进行社会应急联动演练1次，县领导亲自参加应急联动点验，提高联动单位处置能力。

【预案体系建设】 坚持预防与处置并重，常态应急管理与非常态应急管理并举，加强预案体系建设，进一步提高处置工作的协调性。完善预案体系，新制定《长兴县旅游突发事件应急预案》和《长兴县大气突发事件应急预案》2个专项预案，全县形成总体应急预案1个、专项预案53个、行动方案7个，有部门和乡镇预案380多个，行政村(居、社区)、企业、学校等制定预案2200多个，建立完善“横向到边、纵向到底”的预案体系。加强修订工作，新修订《长兴县地震突发事件应急预案》和《长兴县粮食安全应急预案》专项预案2个，累计完成修订34个，使预案更有针对性、科学性和操作性。

（鲍文斌）

政 府 法 治

【概况】 年内，组织开展规范性文件清理、案卷评查等活动，加强行政执法监督，办理行政复议案件，调解化解行政争议，做好应诉应辩工作，推动加强基层法治基础建设。创建国家级民主法治村1个。

【规范性文件清理审查】 加强对县政府（含县政府办）制定文件（包括规范性文件及政府抄告单、会议纪要等）的合法性审查，严格规范性文件制定流程。年内，县法制办共审核涉及国土、建设、交通、环保、水利等各个方面文件500余件，提出各类审核意见和建议200余条，95%以上被采纳。加大规范性文件备案力度，全年共有19件行政规范性文件分别向长兴县人大常委会、湖州市人民政府报送备案，经备案机关审查没有发现与法律、法规、规章及国家方针政策相抵触或违反法定程序等情形，均给予备案。部门有2件规范性文件向县政府进行了备案，也未发现内容有不适当情形，予以了备案。抓好规范性文件清理工作，在全县组织开展了对2013年12月31前制定的规范性文件的评估清理工作，经清理，废止县政府（含县政府办）行政规范性文件64件，废止部门的行政规范性文件131件。接受乡镇、部门法律事务咨询，承担多起县领导交办的涉法及重大疑难信访案件调查处理工作。

【行政执法监督】 年内，收到涉及劳动保障、公安等方面行政复议申请19件，其中，受理17件，对8起事实清楚、程序合法、适用法律准确案件依法予以维持，对1起乡镇行政强制执行存在程序不合法的案件做出撤销行政决定处理，确保行政相对人合法权益，督促有关部门进行整改。在办案过程中进行行政调解，通过行政调解化解行政争议8起。在全县所有行政执法单位中抽查102件行政处罚、行政许可和行政强制案卷，评出优秀案卷20件，在全县范围内进行通报表彰，并推荐15件参加全市优秀案卷评选，其中3件被评为全市优秀行政执法案卷。会同长兴县监察局对环保行政执法开展专项检查，并将存在的问题进行反馈，要求进行整改，推动行政处罚信息公开。

【法治阵地建设】 加强政府法制队伍建设，结合中心镇扩权强镇改革契机，推动所有乡镇（街道、园区）成立法治（制）办公室，并要求配备专职或兼职人员，以承担越来越多的镇政府法律事务。湖州市编委办批准在泗安、和平、煤山三个中心镇设立法制办，长兴县编委办同意在各乡镇（街道、园区）设立法治（制）办，挂牌于党政（人大）办公室。重视信息报送工作，共向浙江省政府法制办报送信息62篇，录用46篇。根据《政府信息公开条例》的规定，对政府出台的文件是否需要公开提供参考意见，并每个季度组织编印一册《长兴县人民政府公报》，免费赠发550多家规模以上企业、84家学校、221个村、37个居委会（社区）和所有机关、乡镇（街道、园区），定期向社会公布行政规范性文件等重要政策文件，提高依法行政的公开度和透明度。继续推动行政处罚信息公开工作，召开专门会议对各单位的工作情况进行通报，公布各类行政处罚信息3000多条，保障公众的知情权，促进行政执法公平、公正。

（鲍文斌）

人才人事管理

【人才开发引育】 人才引进与开发　年内，引进人才资源总量3520名，比2013年增加160名，其中引进紧缺专业人才2180名，刚性引进高层次人才245名，柔性引进高层次人才260名；引进培养高技能人才2815名，比2013年增加177名，选拔培养“长兴金蓝领”21名。精心实施紧缺急需人才引育行动，组织230多家企业分12批次赴杭州市、宁波市、安徽省合肥市、湖北省武汉市等地开展招聘活动，累计达成人才引进意向4100名；创建“1+X”人才培养开发示范基地11家，引导骨干企业与同行企业共建人才培养联盟；在超威、天能、诺力、莱美纺织、绿野仙踪、茶乾坤6家企业启动“教授博士柔性工作站”试点，建立校企人才智力紧密合作新模式，为长兴经济转型升级提供人力资源要素保障。

人事人才服务　以提升公共服务水平、优化人才环境为目标，做好人才公寓管理服务，新建120套公寓投入使用，已入住69人；健全高层次人才跟踪服务机制，为32人办理了“高层次人才服务绿卡”；完善人事档案管理系统，年度新接收档案2690份，流动档案接转450份，新增人事代理1600人，办理人事代理退休154人，办理党员转正手续103人，配合公务员、事业单位招考和征兵等政审300余人次。创新人才服务方式，依托县硕博联谊会、人力资源经理协会、大学生创业协会，开展第三批十佳人力资源部、十佳人力资源经理评选、大学生村干部评优，举办“中秋节庆联谊”等人文交流活动，营造了浓厚氛围。

高层次人才引育　实施高层次创新创业人才引育工程，以实施“千人计划”“南太湖精英计划”等重点人才工程为抓手，提升高层次人才智力引进和培养工作水平。全年共接洽海外人才及项目近百个，组织52个项目申报“南太湖精英计划”，成功入选19个，其中创业领军人才项目15个、创新领军人才项目4个。“千人计划”引育工作创历史新高，入选国家“千人计划”专家3人、省“千人计划”专家5人；引进外地国家“千人计划”人才2人、外省“千人计划”1人。推荐优秀技术人才被列入省151人才工程培养人选3人，其中第一层次2人，第二层次1人；列入市1112人才工程培养人员12人。评选“长兴县特聘专家”16人，其中10人入选市“南太湖特聘专家”。引进转化国外智力项目14个，1名外国专家被授予“长兴友谊奖”，1名外国专家入选“西湖友谊奖”，入选浙江省海外工程师3人，首次入选省外专“千人计划”1人。

技能人才队伍培养　实施技能人才队伍培养工程，年内，全县参加职业技能考核鉴定12628人，获初级证书4825人、中级证书5003人、高级证书2800人；围绕长兴产业发展特色，加快职业技能培训基地转型升级，全年新建泗安苗木高技能培训基地、林城电焊高技能培训基地、夹浦纺织高技能培训基地、水口烹饪高技能培训基地及城区电子商务（网上创业）、工程车辆驾驶等高技能培训基地，全县建立技能培训基地27个，其中高技能培训基地12个；重点推进紫砂陶瓷、商务策划、电子商务、育婴师、养老护理等高技能职业工种21个，参训2800余人。积极对上沟通、争取，成功申办省紫砂非物质文化遗产高技能人才高级研修班，创建省技能大师工作室1个、省公共实基地1个、市技能大师工作室2个。

专业技术人员管理　年内，完成职称初定、评审435人，职称晋升申报252人。学术技术带头人、企业经营管理人才培养得到加强，交通、林业和建筑系统3人被评为教授级高级工程师，天能集团、浙江莱美纺织和浙江三志纺织共6人通过省高级经济师的评审。组织县内农业龙头企业、农民专业合作社等从业人员214人申报农村实用人才职称评审。同时，创新企业人才中级职称资格评价机制，超威集团被列为2014年湖州市创新型人才评价改革试点单位。

【人事制度管理】　机关事业单位考录　坚持“公开、平等、竞争、择优”原则，全年公开招录公务员41人、县属事业单位人员73人；指导协助教育、卫生系统公开引进优秀人才45名（教育20人、卫生25人），公开招聘工作人员211人（教育112人、卫生99人）；监督指导30余家单位（系统）招聘编外用工200余人；办理公务员交流调动30人次、提前退休3人次；完成事业单位工作人员商调135人次、选调32人次。

公务员队伍建设　规范公务员年度考核，维护及细化政府口公务员（包含参公）信息系统。创新公务员初任培训工作，9月，对新招录公务员实行基层“1+3”实践锻炼模式，内容涵盖农事劳动、工厂作业、交警执勤等多方面。12月，在人社系统内部启动公务员“日志式”管理，建立健全平时考核制度，强化公务员队伍管理。

事业单位岗位管理　年内，在基本完成岗位设置的基础上，强化岗位设置后续管理，规范在岗位空缺时，岗位等级晋升、调整的正常化、制度化管理运作方式。按照编委办的控编标准，确定卫生系统三家县级医疗事业单位编制控制数的90%作为岗位设置总数，并进行岗位的重新设置和核准。

军队转业干部安置　全面落实军转安置政策，坚持“以考评绩，以绩定岗”，安置营以下军队转业干部13人[其中公务员（参公）岗位8人、事业单位岗位4人、自主择业1人]。按照省、市精神，严格落实企业军转干部解困维稳工作责任制，积极做好政策咨询、信访接待和说服劝解工作，加大特困军转干部个案帮扶力度，军转工作有序平稳。

机关事业工资福利　机关事业单位工作人员工资晋升调整、退休人员办理退休审核、审批工作顺利推进。年内，共审批机关事业单位人员职务工资203人，级别晋升人员工资379人，定级及确定新参加工作人员工资203人，完成全县2400余名行政人员正常晋升及8000余名事业单位工作人员薪级工资晋升工作（含人事代理人员）。参照市相关政策，出台改制事业单位工龄补贴、机关事业单位退休人员福利费政策，完成教育系统非义务教育学校绩效工资改革工作。

（卢　吉）

新居民工作

【概况】　围绕创新社会治理、推进平安长兴建设的总体要求，坚持强管理、优服务、抓创新、健机制、促合力，制定出台《关于完善和创新新居民管理服务工作的实施意见》，推进公共服务均等化。截至年末，全县登记在册流动人口数为130559人，其中成年男性77462人，成年女性43807人；临时居住证持有数为118933张，居住证持有数为1869张；新居民居住登记率年均90.8%，信息准确率年均73.8%；出租房屋21057户，出租房屋登记率96.6%，出租房屋治安责任书登记率100%。

【健全网络】　深化新居民服务管理，发挥基层站所作用，20个乡镇（街道、园区）新居民事务所全部配备专（兼）职人员，负责辖区新居民事务工作；根据辖区新居民总量的不同，实行A、B、C三级分类管理；全县共配备195名专兼职流动人口协管员，与当年全县流动人口比例为1∶642。发挥网底作用，分析全县流动人口的分布情况，2014年2月底，新居民超过1000人的村居（社区）共33个，新居民人数达76355人，占全县新居民总数的62.5%；新居民用工50人以上的企业共132家，用工总数达23768人（不含随迁家属子女），并专门举办企业联络员培训班，让相关部门对各种政策进行宣讲。提升信息水平，专题举办全县协管员培训班，针对基础信息排摸、出租房屋管理、企业员工信息平台推广等工作，安排先进乡镇或者优秀协管员进行经验介绍，对业务工作以及具体要求进行讲解，分析平时工作中发现的各种问题，提升全县公安分管所长和全体协管员的业务素质。

【优化服务】 就业服务方面，组织开展新春大型人力资源招聘会、网络招聘月、333就业服务月、校企对接等系列主体活动，提供就业岗位27000个；举办新居民劳动职业技能培训100期，受训人数7000人；子女就学方面，按照“进得来、学得优、处得好”的原则，义务教育阶段在长入读的9744名新居民子女，其中公立学校就读有8742人，占入学总数的89.72%；计卫服务方面，全县流动孕产妇产前建卡1048人，保健覆盖率占流动孕产妇总人数92.86%，新居民出生人口1056名；全县7岁以下新居民子女4825人，五苗免费接种32427人次，儿童覆盖率达到83.56%；全县麻风疫苗成人接种19645人次；计生部门全年提供孕环情服务29147人次，开展四项手术78例，一孩生殖健康服务证发放48张；改善住房条件方面，李家巷的上海石灰石矿、桐昆集团新开工公共租赁住房300套。以货币补贴形式落实公租房233套；县人才办落实《长兴县人才购房积分制管理办法》，计87名新居民人才享受了这一政策，优惠金额达399.2万元；司法救济方面，全年办理新居民法律援助案件457起，其中涉及讨薪人员460多人次，涉及民工工资800多万元，接待新居民法律咨询1366人次。

【加强管理】 实施“三色预警机制”，对20个乡镇(街道、园区)反复暗访检查11次，共检查用人单位256家，出租私房1715家，被检查新居民9729人次，分别对12个乡镇、16次予以红牌警告。依托党群服务中心，开展“新居民大讲堂”等主题活动；推行“以外管外”模式，在龙山新区高山岭居委会、夹浦镇环城村、雉城街道钮店湾居委会和高家墩居委会四个流动人口集聚点组建新老居民融洽促进会，在县开发区陈塘居委会组建新居民自家人互助会，探索自我教育、自我管理、自我服务的新居民自治模式；落实“以业管人”，全县有404家用工单位使用企业员工信息平台，通过该系统新登记15807人、离职13359人；推进“以房管人”“以证管人”，在流动人口较为集中的五个乡镇(街道、园区)试点实施“长兴县流动人口信息移动采集系统”。

(李花娣)

外事工作

【概况】 年内，长兴县因公出国(境)团组共25批、80人次，其中自组团4批、58人次，参加国家部委、省、市部门团组21批、22人次。

【主要来访】 2月13日，英国爱丁堡皇家国际军乐节主管DavidAllfrey访问长兴县，邀请长兴百叶龙参演2015年爱丁堡皇家国际军乐节。

3月11日，瑞典卡尔马省地区委员会新任主席拉尔斯·布鲁贝里先生一行6人访问长兴县，代表团考察长兴县2家工业炉企业和1所学校，探讨长兴县工业炉欧洲代理项目以及双方学校结好等事宜。

5月22日，来自非洲法语国家卫生人员研修班的16国、35名卫生人员到长兴县相关医院参观考察，与长兴县卫生人员开展座谈交流，切磋医务，增进了解。

【主要出访】 7月14—28日，应瑞士联邦国防、民事保护和体育部的邀请，长兴百叶龙67人代表团赴瑞士参加第九届巴塞尔军乐节。期间，长兴百叶龙参加军乐节所有的18场演出和2场行街活动，观众累计超20万人次，演出获得圆满成功。

10月9—26日，中共长兴县委副书记、长兴县人民政府县长吕志良参加省委组织部赴美国环境保护与可持续发展专题研修班。在美期间，研修班系统学习可持续发展与管理的基本原理、新加坡——包容性发展的成功案例、水资源保护与利用、芝加哥经济可持续发展及转型的案例分析、政府对新能源企业的政策和影响、美国农业可持续发展政策与模式等课程。

11月25日—12月3日，受泰国国际排联邀请，长兴县少体校女排第一次走出国门开展体育交流，与泰国、越南女排进行多场友谊赛，并参加短期集训。其间，团组还拜会国际排联泰国提高中心主任和泰国排联主席。

(沈云芳)

合作交流

【概况】 2014年，山海协作与对口支援各项工作任务全面完成，两地交流互访活动全部完成。5月，县委书记章根明带队考察桐庐莪山畲族乡；8月，县委书记章根明带队考察四川省得荣县；总计落实帮扶资金共计545万元，其中四川省得荣县帮扶资金350万元、重庆市涪陵区龙桥街道帮扶资金50万元，浙江省庆元县帮扶资金50万元、兰溪市35万元、桐庐县莪山畲族乡60万元，超额完成目标任务；开展产业转移和产业帮扶工作，多次赴对口地区及省内欠发达县市开展产业对接活动，落实丽水地区产业转移资金2000万元以上。此外，援青、援疆、援藏工作在省市的统一部署下全面完成援助任务。年内，全县有2名党政干部、2名教师在新疆阿克苏地区柯坪县挂职，1名副科级领导干部在青海省乌兰县挂职。

【支援庆元县电子商务村建设取得明显成效】 2004年起，长兴县与丽水市庆元县开展山海协作。根据庆元县实际，重点扶持椎栗、灰树花、黑木耳、吊瓜、高山蔬菜、笋竹两用林等产业，支援电子商务村建设并取得明显成效。

【启动兰溪市、桐庐县五年结对帮扶计划】 2014年新增两个结对帮扶地区：浙江兰溪市横溪镇（10个村）、桐庐县莪山畲族乡。根据上级部署，长兴县自2014年起对兰溪市横溪镇进行全面帮扶，年内完成帮扶兰溪市资金30万元。正式启动桐庐县莪山畲族乡帮扶计划，落实帮扶资金60万元，主要用于民生帮扶、社会事业、基础设施建设等。

（金逢新）

机关事务

【概况】 长兴县行政中心管理办公室主要负责行政中心动力、会务、餐饮、保安、保洁、绿化等后勤服务保障管理工作。下设综合科、保障科、服务科和节能管理科.行政中心于2006年5月主体建成并投入使用，其中行政大楼建筑面积4.78万平方米、会议中心1.02万平方米、机关食堂0.33万平方米，常驻办公人数总计约1060人。年末，在编9人，编外30人，此外，保安34人、保洁41人、绿化10人，采用服务外包形式进行合同化管理。

【会议服务保障】 会议中心完成各项会议任务千余场次，累计接待人数9万余人次（其中接待考察团60余场次、150人以上会议150余场、重大会议30余场）。重点做好县委十三届六次全体（扩大）会议、“两会”、“长洽会”等各类重大会议。5月1日起，为倡导绿色生态、厉行节约，会场全部取消使用一次性纸杯。11月，行政会议中心班组被评为第三届省级优质服务青年文明号。

【公共机构节能】 在日常精细化管理的基础上，抓住“制度节能”“全员节能”“技术节能”等重点工作。先后投入93万元，完成节能监测集中管控展示平台、能耗动态监测系统、“威奇”智能化节电系统、VRV空调集中控制系统及电梯能量回馈装置等节能项目，提高行政中心能耗管理制度化、规范化、科学化水平。协助湖州市机关事务管理局在长兴召开公共机构节能现场会。县行政中心经考核评定，3月被国家机关事务管理局、发展和改革委员会、财政部公布为“第一批国家级节约型公共机构示范单位”。

【设备设施维护管理】 做好设备设施维护管理，确保行政中心各类设备设施正常运行。每周对行政大楼和会议中心公共区域设备设施检查2次，对消防、电梯、灯光等进行定期检查和维护，共计处理日常报修6500余次。配合完成长兴县“两会”、浙江省“腾笼换鸟”现场会、农产品推介会、“长洽会”等重要会议和第五届环太湖国际公路自行车赛等重大活动设备检查维修及现场跟踪保障工作，开展市政广场音乐喷泉整修和会议中心背投屏改造项目。

【维护行政中心区域环境质量】 由牵头科室每日巡逻检查，重点检查草坪、色块带养护，全年补种金森女贞、红叶石楠等1800平方米，补种马褂木、女贞等乔木17株，补种麦冬、吉祥草等地被植物400平方米，除病虫害17次。维护行政中心环境整洁，保持行政中心内部和外围区域的路面、外墙、门窗、雨棚、幕墙玻璃以及广场区域公共设备设施清洁。定期清洗大楼前跌水池、食堂门口水池、老县委景观水池。

【接管新市民服务中心物业管理】 长兴县新市民服务中心于8月正式启用，为保障顺利运行，行政中心管理办公室派驻人员及时介入市民服务中心空调、消防、弱电、电梯等各系统设备安装、运行调试及验收工作，提出整改意见建议70余条，保障市民服务中心在8月顺利启用。引入市场竞争机制，通过招投标，确定长兴保安、京兴物业、冠龙绿化三家公司，分别为市民服务中心保安、保洁、绿化租摆的服务主体。

（金晓燕）

中国人民政治协商会议长兴县委员会

综　述

中国人民政治协商会议长兴县委员会（以下简称县政协），是长兴人民爱国统一战线组织，是中共长兴县委领导的多党合作和政治协商的重要机构。县政协工作机构有1办、4科、7个专门委员会，下属4个乡镇片区政协工作联络委员会。2014年初，八届县政协共有委员257人，年内13人因各种原因，不再担任本届政协委员。经八届县政协第十四次常委会议审议通过，增补政协委员11人。年末，八届县政协共有政协委员254人。年内，按照打造“和谐共事、用心谋事、规范议事、合力成事”的政协长兴特色目标要求，县政协团结带领全县政协组织和全体委员，认真履行政协职能。

助推发展　组织开展加快新能源汽车产业发展、促进房地产业健康发展、加快产业集聚发展等调研协商，形成《关于建设新能源汽车产业集聚区（基地）的思考与建议》《关于长兴县房地产业发展的建议》等调研报告，提出要科学制订新能源汽车产业发展规划、加大产业招商与科技投入力度、控制新增房地产供地、完善房地产政策措施等方面的对策建议。特别是关于新能源汽车产业的发展，县政府主要领导主持召开专题协商会，并出台《长兴县新能源汽车产业培育发展三年行动计划》，调研报告中的不少意见建议被采纳吸收。

协商民主　围绕“深化环境治理，着力提升生态文明建设水平”和“建设工业强县，促进长兴工业经济持续健康发展”两个重大问题，分别举办县委书记、县长与政协委员“面对面”专题协商活动，委员共提出35个方面115条建议。县政府主要领导还专题召开落实推进会，对委员提的建议逐条分解落实，并形成县政府《协调会议纪要》。建立健全对口协商制度，提请县委建立县直党政部门与政协专委会对口联系协商工作机制、乡镇（街道、园区）党委副书记联系政协工作机制，推动县政协协商民主向基层规范有序延伸。

履职工作　搭建委员知情平台，组织广大委员、党派团体、各界人士开展“发挥委员主体作用”专题讲座、“五水共治”报告会、“政情通报会”等学习培训和主题教育活动。加强委员履职服务管理，在全省率先探索建立《关于政协委员任期内退出、增补的暂行办法》，结合委员履职“积分制”管理运用，撤销委员资格1名，辞去委员职务12名，增补委员11名。长兴县的做法得到省市政协的充分肯定和推广，在全省政协委员工作会议上进行经验交流，相关宣传信息还获得湖州市“政协好新闻”一等奖。创新反映社情民意工作激励机制，受理社情民意反映86件，编发《社情民意专报》35篇，被省、市政协采纳录用9篇，其中，《对我国新能源汽车发展的几点建议》被市政协、省政协逐级录用，并转报全国政协。

团结联谊　坚持和完善政协党组成员联系党派团体、专委会联系界别工作机制，以座谈会、读书会等形式，开展深入交流，努力营造民主和谐的履职环境；加强与涉侨人员、在外浙商的联络，编辑出版《乡音一曲》散文集；关心长兴在外企业的发展，先后赴江苏、安徽、江西等地走访长兴籍企业；成功承办湖州市政协迎春联谊会。

自身建设　坚持把群众路线教育实践活动贯穿于政协履职的全过程，紧紧围绕“为民务实清廉”主题，深入开展“基层走亲连心解忧”和政协“界别活动月”等活动，全年开展34场专题界别活动，积极开展“送文化、卫生、科技、法律、教育”为主题的“五下乡”活动。广泛听取各方意见，收集各类建议121条，梳理汇总政协“四风”方面的意见建议76条。围绕这些意见建议，县政协党组制定整改落实方案，明确12项整改任务，8个方面23个整改措施，年内整改到位，并建立和完善6项长效机制。

重要会议

【概况】 年内，县政协共召开1次全体会议，3次常委会会议，6次主席会议。

【县政协第八届委员会第二次全体会议】 1月21日—24日召开。会议应出席委员257人,实到253人。会议审议通过县政协主席金树云所做的政协常委会工作报告和县政协副主席姚根泉所做的关于八届二次会议以来提案工作情况报告。与会人员列席县十五届人大三次会议,听取并讨论县政府工作报告和其他报告。会议期间收到各类提案193件。

【县政协第八届委员会常委会议】 第12次会议 3月20日召开,会议协商通过2014年县政协重点调研课题、视察活动安排及各次常委会议主要议题;协商讨论2014年委员调研工作安排;协商讨论2014年民主监督小组工作的实施方案;通报县政府领导领办重点提案情况;书面通报县政协党组《关于深入开展党的群众路线教育实践活动的实施方案》。

第13次会议 7月29日召开,会议听取县人民政府关于上半年经济运行情况及重点提案办理情况的通报;听取县环保局、县水利局、县农办关于长兴县“五水共治”工作情况汇报;会议还围绕长兴县上半年经济运行情况及“五水共治”工作情况开展分组讨论,协商议政。

第14次会议 12月5日召开。会议听取县政协2014年县委书记与政协委员“面对面”、县长与政协委员“面对面”有关情况的通报;通报县政协重点调研课题,各专委会、参加单位、界别活动组专题调研课题完成情况;审议通过任期内拟退出、增补部分县政协委员情况;审议通过有关人事事项;通报县政协机关党组党的群众路线教育实践活动开展情况(书面)。

【县政协第八届委员会主席会议】 第15次会议 1月13日召开,会议协商讨论2013年度优秀政协委员建议名单;协商讨论政协第八届长兴县委员会界别活动组分组情况和专委会联系界别情况;协商讨论大会日程(草案);协商讨论大会邀请、列席人员名单等。

第16次会议 3月13日召开,会议协商《2014年县政协工作要点》、2014年工作任务分解;协商各次常委会议主要议题;协商讨论2014年县政协民主监督小组派驻单位、实施方案;协商讨论“界别活动月”实施方案;协商讨论“五下乡”活动实施方案;协商讨论开展“构建‘五水共治’机制情况”专项集体民主监督行动的实施方案;协商讨论开展“我为深化改革献一计”活动的实施方案。

第17次会议 5月24日召开,会议协商讨论《中共长兴县委关于加强和完善人民政协政治协商,推进协商民主制度化发展的意见》(征求意见稿);协商讨论《政协委员履职服务积分制管理实施办法(试行)》(征求意见稿);协商讨论《关于民主评议政协提案办理工作的方案》(征求意见稿);通报2012年县政协宣传信息、社情民意有关情况。

第18次会议 9月9日召开,会议协商讨论《关于建立和完善“面对面”协商议政活动的工作意见》(征求意见稿);协商讨论《提案工作办法》(征求意见稿);听取经科委关于县长与政协委员“面对面”活动准备情况汇报;听取全县政协工作会议有关情况汇报;协商讨论纪念长兴县政协成立30周年座谈会活动安排(建议);协商讨论《关于加强县直党政有关部门同县政协专门委员会对口联系协商工作的意见》(征求意见稿)。

第19次会议 10月11日召开,会议协商讨论县政协主席、副主席分工调整情况;协商讨论《2014年长兴县政协常委(扩大)读书会方案》(建议);协商讨论《县政协助推“五水共治”民主监督活动周安排》(建议)。

第20次会议 11月4日召开,会议传达全省政协工作会议精神;听取县政协八届三次会议筹备工作情况汇报;协商讨论县政协八届三次会议常委会工作报告(征求意见稿)和提案工作报告(征求意见稿),并协商确定报告人;协商讨论关于召开中国人民政治协商会议第八届长兴县委员会第三次会议的决定(草案);协商讨论《政协第八届长兴县委员会第三次会议关于提案截止时间的决定(草案)》;协商讨论大会议程(草案)、日程(草案)、大会发言等大会有关事项;协商关于加强界别工作的建议;讨论通过县政协各民主监督小组《民主监督建议书》;协商讨论县政协社法人委关于委派民主监督小组工作情况的报告(征求意见稿);协商拟订县政协八届九次常委会议议题;协商讨论有关人事事项。

表5

县政协重要人事任免情况

时间	会议	任免情况
12月5日	县政协八届十四次常委会议	王惠芳同志兼任县政协资源环境建设委员会副主任;免去沈小平同志县政协资源环境建设委员会副主任职务;免去吴厚明同志兼任的县政协资源环境建设委员会副主任职务;免去黄忠志同志兼任的县政协经济科技委员会副主任职务;免去沈银娣同志兼任的雉城片区政协工作联络委员会副主任职务。

协 商 议 政

【重点调研】 3月，围绕“长兴县房地产业发展”主题开展调研，根据总存量规模过大、部分结构失衡、货币化安置率偏低、政策操作缺乏灵活性、部分房企经营不善、配套服务有待加强等问题，提出加强规划引领、控制新增房地产供地、加大货币化安置力度、完善政策措施、改进企业服务、强化行业监管建议。

5月，围绕“农村生活污水处理”主题开展调研，通过走访、座谈，发现在试点工作中存在的一些具体问题。委员们提出：一是各村可以在集中处理点的下游或周边，租用部分农田，种植慈姑、茭白、莲藕等水生植物，对尾水进行综合利用；二是各村也可以学习徽州庄村经验，在集中处理点附近利用池塘等建设蓄水池，通过灌渠用于农作物灌溉等建议。

7月，围绕“建设新能源汽车产业集聚区”主题丌展调研。根据长兴县新能源汽车产业的总量和规模比较小、产业集聚度不够高、布局比较分散、产业自主创新能力不强等问题，提出制订产业发展规划、研究出台专项扶持政策、加大科技投入力度、加强职业技术培训、加大产业招商力度、争创“新能源汽车推广示范县”等建议。

9月，围绕“工业强县”主题，加快促进长兴产业集聚发展开展调研。提出强化规划引领、突出产业招商、培育龙头企业、加强创新驱动、实施品牌战略等建议。

【委员视察】 5月15日下午，县政协组织经科委部分企业家委员，对长兴县机器换人推进情况开展视察，建议既要重视机器减人，又要重视机器增人；既要重视重点企业，又要重视中小企业；既要重要硬件设备，又要重视软件投入；既要重视政策指导，又要重视配套服务。

6月，组织部分政协委员对长兴县城乡绿化建设工作情况视察。委员们先后前往南太湖产业集聚区长兴分区、李家巷镇、太湖图影旅游度假区，实地查看河道清淤、河道绿化、村庄绿化、示范河道建设、断头河治理等工作的开展情况，听取县水利局、县林业局关于水环境综合治理情况和城乡绿化建设工作情况汇报，提出要加大宣传力度、科学生态修复、注重植物多样性、加快工程进度、严格监管执法、保护自然水系、加快城乡治污基础设施建设建议。

7月11日，港澳台侨和民族宗委组织相关政协委员对智慧农业的发展情况进行视察。委员们先后赴长兴青龙特种水产养殖有限公司和长兴县林城镇北汤村水产养殖基地详细了解企业生产、销售和发展前景等各方面的情况。提出有针对性地投放农业生产资料，根据需要调动各种执行设备，进行调温、调光、换气等动作，实现对农业生长环境的智能控制。

8月7日上午，组织社法人委部分政协委员就“12345政府阳光热线”运行情况进行视察。委员们实地视察“12345政府阳光热线”平台运转情况，听取热线中心关于群众来电的受理、转交、督办、回访等工作的详细介绍，并进行座谈交流。

9月12日下午，组织部分委员对长兴县农村废气污染控制工程建设情况进行视察。听取县农业局、国土局、林业局关于秸秆禁烧和综合利用工作、矿山综合治理工作、绿色造林工作情况汇报并进行座谈交流。

9月15日下午，组织资环建委部分委员对长兴县城市烟尘污染治理情况进行视察。委员们分别赴金莲桥路（油烟治理）、张家村花园、捷通物流码头、第七小学实地查看城市烟尘污染情况。听取县建设局关于加强施工扬尘、城市道路扬尘，县城管局关于城市油烟污染、控制装修和干洗废气，县港航局关于加强控制堆场粉尘、有烟粉尘排放的港口等方面污染治理工作的情况汇报并进行座谈交流。

11月6日下午，组织部分委员对长兴县工业大气污染治理情况进行视察。委员们实地考察浙江浙能长兴发电有限公司脱销设施、长兴旗滨玻璃有限公司脱硫脱硝除尘改造等情况，并进行座谈交流。

【提案工作】 9月制订完善《长兴政协提案工作办法》，推动提案工作规范化建设。深化提案集中协商办理，选择涉及“五水共治”的11个提案，让提案委员与县水利局等多个部门进行“面对面”集中协商办理，提高提案办理效率。创新提案“双向评议”，组织部分提案委员与县教育局、农业局开展“委员评承办单位办理成效、承办单位评委员提案质量”活动。

民 主 监 督

【概况】 组织部分委员就水环境综合整治和水资源保护开展专项民主监督，力促政协履职成果转化，全力助推“五水共治”。围绕加强重点污染源监管、农村生活污水治理、民办教育管理等重点热点问题，向7个部门委派民主监督小组，开展跟踪监督，并形成9份《民主监督建议书》，提出39条意见建议，送受派部门整改落实，促进党政决策的贯彻落实。积极响应省政协号召，动员广大委员参与“五水共治”专项民主监督活动，县政协先后4次受邀参加省市政协有关经验交流和《观点对对碰》浙江之声现场直播，5篇工作信息被省政协“五水共治”专刊录用。

（严　江）

中国共产党长兴县纪律检查委员会

综　述

年内，长兴县纪委认真贯彻中央、省、市纪委全会和县委全委会精神，强化“三转”，聚焦主业，深入推进我县党风廉政建设和反腐败斗争。

深入推进体制改革，推动主体责任落实　牢牢抓住党风廉政建设主体责任这个“牛鼻子”，建立健全主体责任报告制度，明确各单位党委(党组)报告履行党风廉政建设主体责任的时间、形式和内容。县纪委常委会逐个听取乡镇(街道、园区)和相关部门党委(党组)履行党风廉政建设主体责任情况报告，并进行质询、点评。健全主体责任体系，厘清党委领导班子责任，研究制订2014年党风廉政建设和反腐败工作重点任务组织领导及责任分工方案，按照分工履行“一岗双责”，形成认识到位、责任明晰、履职尽责的主体责任落实体系。严肃责任考核追责制度，将主体责任纳入党风廉政建设责任制考核中，出台量化考核办法。强化监督责任落实，清理议事机构，对所参与的议事协调机构进行调整，取消或不再参与97个，保留22个。调整内设机构，从事执纪监督的内设机构增加到8个，占内设机构总数88.9%。落实查办腐败案件以上级纪委领导为主的工作机制，线索处置和案件查办在向同级党委报告的同时向上级纪委报告。规范纪委书记(纪检组长)业务分工，确保其主要精力放在纪检监察本职工作上。加强干部队伍建设，制订出台《长兴县纪检监察干部监督管理办法(试行)》，严防“灯下黑”问题。

强化措施突出主业，注重查办案件工作　2014年委局机关受理信访举报345件(次)，同比上升64.3%，立案78件，结案77件，处分77人，其中科级领导干部6人，挽回直接经济损失93.78万元。转变办案理念，树立澄清问题、保护干部也是成绩的办案理念，全年共为33名党员干部澄清问题。加强线索统一管理，发挥县委反腐败协调小组作用，加强相关部门相互配合、密切联系、共享信息。坚持和完善案件线索排查分析制度，规范建立线索登记台账，落实重要案件线索上级管理制度。探索建立“乡案会审”制度，加强对基层办案工作指导，举办安全文明办案培训班，并有计划抽调基层人员参与办案，提高基层纪检干部办案水平。落实办案新要求，确保安全文明办案，坚持案件查办与安全措施并重。

聚焦“四风”问题，狠抓正风肃纪　坚持把正风肃纪工作一抓到底，以严的标准、严的措施、严的纪律，着力整治“四风”问题和影响机关作风效能的行为。坚持不懈抓督查，对违反作风效能建设各项规定的行为实行“零容忍”，针对酒局、牌局等问题，加强明察暗访、专项督查，做到每周一巡查，每月一通报。全年开展监督检查80余次，检查单位400余家(次)，各乡镇部门同步自查自纠，自行组织监督检查800余次。严肃纪律抓惩处，发现一起，查处一起，曝光一起，真正做到执纪必严、违纪必究。全年共实行效能问责45人，给予党政纪处分7人，对13起“四风”问题典型案例进行通报。健全制度抓规范，制订出台《长兴县领导班子和领导干部作风状况评价办法》及配套评价细则，全面、客观、公正评价领导班子和领导干部作风状况。进一步修改完善“勤廉指数”考评体系，开展“第三方统计”和“纵向比增幅”，客观、科学、有效监测部门作风效能状况。加强网络舆情处置，制订出台处置办法，健全网络舆情应对处置工作流程。

聚焦中心任务，强化监督检查　树立“监督的再监督、检查的再检查”工作理念，围绕中心工作，创新工作方法，以纪检的方式开展重点领域专项监督检查。开展县委、县政府中心工作落实情况的监督检查，对“五水共治”等工作开展纪律监督检查，下发《督查通报》2期，发现各类问题17个，提出意见建议7条。加强对政府投资重点建设项目的廉政监督，5个派驻廉政监察组先后对21个政府投资建设项目标后管理工作开展交叉检查，督促各业主单位和行业监管单位切实履行职责。开展进村(社区)事务清理规范工作,督促职能部门开展村(社区)事务清理,取消村(社区)承担的事务14项、组织机构48个、标牌标识62块,达标创建项目40项、工作台账53项。开展环保行政执法行为监督检查,会同县法制办等单位对长兴县环保行政执法行为进行专项检查,共查阅环保行政处罚案件34件,环保信访投诉件61件,走访基层环保所5个,企业24家,发现6方面12个问题,进一步规范环保执法行为。

纪律检查体制改革

【概况】 5月,根据县委全面深化改革领导小组的统一部署,纪律检查体制改革专项小组及时制订工作计划,明确纪律检查工作双重领导体制、向党和国家机关派驻纪检机构并实行统一管理制度、调整优化纪检监察机关议事协调机构和内设机构等三大项改革任务。具体细化为落实党风廉政建设党委主体责任和纪委监督责任、强化党风廉政建设责任追究、健全完善下级纪委向上级纪委报告工作制度、建立健全查办腐败案件以上级纪委领导为主的制度、研究探索纪委书记(副书记)的提名考察以上级纪委会同组织部门为主的具体办法、推行向党和国家机关派驻纪检机构并实行统一管理制度、调整优化纪检监察机关议事协调机构和内设机构等七项工作。通过聚焦体制改革,更加突出纪委主责主业,为强势推进长兴县党风廉政建设和反腐败工作提供有力保障。

【强化主体责任】 推动党委(党组)主体责任落实,是纪律检查体制改革的重要内容。县纪委积极协助县委向市纪委报告履行党风廉政建设主体责任情况。研究制订2014年党风廉政建设和反腐败工作重点任务组织领导和责任分工方案及相应考核办法,进一步明确党风廉政建设党委主体责任和纪委监督责任。全力推动各级党委主体责任落实,制订下发《关于做好党委(党组)履行党风廉政建设主体责任情况报告工作的通知》文件,明确各单位党委(党组)报告履行党风廉政建设主体责任的时间、形式、内容。在主体责任书面报告全覆盖的基础上,分批次听取20个乡镇和8个部门党委(党组)履行党风廉政建设主体责任情况报告,县纪委常委、委员提出质询283条,推进各单位党委(党组)履行主体责任的政治意识进一步强化。

【开展议事机构清理】 进一步转变职能、理顺关系,坚决把不该管的工作交还主责部门,把更多力量调配到党风廉政建设和反腐败斗争主业上来。5月,全面完成议事协调机构清理工作,对所参与的119个议事协调机构进行调整,取消或不再参与97个,保留22个,并及时下发《关于县纪委监察局议事机构调整情况的通报》。

【调整内设机构】 9月,按照上级纪委要求,县纪委对内设机构进行调整,撤销党风廉政建设室、执法监察室(纠风室)、行政效能监察室,设立党风政风监督室(县政府纠正行业不正之风办公室);撤销干部管理室,设立干部室;在原纪检监察室的基础上,增设2个纪检监察室。10月初,委局机关内设机构调整完成,县纪委(监察局)机关内设9个室,分别为:办公室、干部室、党风政风监督室(县政府纠正行业不正之风办公室)、信访室、案件监督管理室、第一纪检监察室、第二纪检监察室、第三纪检监察室、案件审理室。

【规范纪委书记分工】 通过明确纪委书记(纪检组长)分工、不分管具体业务工作写入纪委全会报告、到各派驻机构及政府重点部门进行专门走访和在主体责任报告会上向各单位"一把手"专门质询等方式,强调规范纪委书记(纪检组长)分工问题。将规范纪委书记(纪检组长)分工纳入考核内容,确保其主要精力放在本职工作上。全县纪委书记(纪检组长)不分管具体业务工作基本整改到位。

【"三转"大讨论大实践活动】 5月下旬,全县纪检监察系统开展"转职能、转方式、转作风"大讨论大实践活动。活动以"六项活动"为载体,即:召开乡镇部门纪委书记"三转"座谈会,邀请中央纪委有关领导给全县纪检监察干部进行"三转"工作专题辅导,围绕"三转"和党的群众路线教育实践活动开展举办纪检监察干部论坛,围绕工作中的难点、群众关心的热点问题撰写理论调研文章,开展"学党章、转作风、强队伍"专题活动,委局班子成员对83个乡镇部门纪委书记(纪检组长)开展"三转"工作的交流指导。通过大讨论大实践活动,切实转变思想观念、找准职能定位、全面提升履职能力。

党风廉政建设

【概况】 全县各级党组织和纪检监察组织紧紧围绕"三个坚定不移",坚持党要管党、从严治党,全面推进"勤廉长兴"建设。做到守土有责、履职尽责,强化制度执行和执纪监督,围绕腐败现象易发多发的重点领域和关键环节以及群众反映强烈的突出问题,进一步健全权力运行制约和监督体系;加强基层案件审理工作,实行"乡案会审";注重农村基层党风廉政建设,突出村监会工作;抓自身、作表率,全面加强纪检监察干部队伍监督管理。

【纪委全会】 3月10日,召开十三届县纪委第四次全体(扩大)会议,县四套班子领导参加了会议。县委书记章根明作讲话，肯定2013年纪检监察工作，强调围绕“四个进一步”做好2014年的党风廉政建设和反腐败工作。县委常委、纪委书记金淦英做了题为《聚焦中心、凝聚共识，努力取得党风廉政建设和反腐败斗争新成效》全会工作报告。县委副书记、县长吕志良主持会议。会上，县委、县政府主要领导分别与泗安、虹星桥等4个乡镇(街道、园区)党政主要领导代表签订党风廉政建设责任书。

【强化权力监督制约】 2014年，县纪委不断强化权力监督制约，真正让权力在阳光下运行。紧紧抓住“清权、减权、制权”三个环节，全面深入推进政府权力清单工作。按照《关于深化“阳光工程”建设的意见》，督促各责任单位落实工作措施，深入持续推进公共资源“阳光交易”等“阳光行动”。继续深入推进廉政风险防控项目化管理工作，强化制度建设和落实。加大对“三重一大”、“五不直接分管”、述职述廉、民主评议等制度落实情况的检查，确保制度执行到位。

【乡案会审】 进一步加强基层案件审理工作，制订出台《关于对基层案件实行“乡案会审”的工作办法》，明确乡镇部门自办案件、县纪委监察局交办案件中，需追究党纪政纪责任的案件，在组织集体讨论决定做出处理前由县纪委监察局案件审理室组织人员进行集中审核把关。“乡案会审”以制度化形式规范基层案件审理，促进基层案件审理工作制度化、规范化、科学化。2014年，分别在水口乡、洪桥镇等对12个有案单位的20个案件组织会审，共提出审理建议46条。

【强化村监会工作】 2014年，长兴县村监会按照“五有”(对外有牌子，监审有公章，办公有场所，监督有制度，工作有记录)标准，不断完善硬件设备。以抓“五规范”(规范学习培训，规范监督流程，规范例会报告，规范工作台账，规范检查考评)为重点，大力推进规范化建设。制订下发工作台账，制订工作流程图。进一步落实工作例会制度，不断完善奖罚激励机制。强化监督检查，开展督查12400余次，共发现问题69次，纠正违反村务民主决策程序94次，否决村级集体“三资”不合理金额291292元，纠正村工程建设项目实施问题236次。

【加强纪检监察干部监督管理】 出台《长兴县纪检监察干部监督管理办法(试行)》。办法共10章30条，突出强化对纪检监察领导班子及干部的监督，从轮岗交流、任职回避等方面明确内部管理要求，加强对执行政治纪律和民主集中制、选拔任用干部、勤政廉政及作风建设情况的监督。强调要进一步健全完善委局机关内部管理制度，加强对纪检监察干部“工作圈”“生活圈”“社交圈”的监督。成立县纪检监察系统内部督察组，负责监督检查全县纪检监察干部履行职责和廉洁自律情况。

【规范“三礼”】 健全完善《规范“三礼”上交登记管理实施办法》和《“三礼”登记处置管理制度》两项制度，明确受礼人在收到“三礼”后，自收受之日起(在外地收受的，自回所在单位之日起)一个月内，应向本单位纪检监察组织或县纪委监察局主动上交所收受的“三礼”。同时，进一步细化“三礼”的接收、保管和处置，确保“三礼”管理有章可循、有据可依。全年共收到党员干部主动上交收受“三礼”39万余元。

【网络舆情应对处置】 为及时有效应对网络舆情及突发事件，制订出台《长兴县纪检监察网络舆情应对处置办法(试行)》，成立长兴县纪检监察网络舆情应对处置工作领导小组，对网络舆情应对处置程序进行明确和规范，进一步健全网络舆情体系，提高应对能力。全年按照程序上报处置8起。

【项目化管理】 从2012年起，县纪委引入经济管理中项目化管理的理念和方法，将纪检监察的部分重点工作转化为具体工作项目，对各项工作的任务及责任进行量化分解，明确项目工作实施的责任领导、责任人和具体实施时间，实行明确目标、集聚资源、落实责任、提高绩效的项目化管理。制订下发《2014年度县纪委工作任务项目化管理责任分解落实表》，明确5大工作任务，细化为31个项目，采取工作倒逼机制，定期汇报工作进展，有力提升工作执行力和绩效。

作风效能建设

【概况】 按照上级部署要求，着力整治“四风”问题和影响机关作风效能的行为，督促党员干部增强纪律观念、改进工作作风、规范公务行为、提振精神状态。注重结合实际，创新工作方法，确保正风肃纪工作持续有效推进。建立完善内部管理、监督检查等各项制度，强化源头治理，做到用制度管人，用制度管事。充分发挥监督检查作用，完善监督方式，突出重点环节，进一步强纪律、正行风、树形象，确保工作取得实际效果。

【重要会议】 3月3日，召开正风肃纪工作会议。各乡镇(街道、园区)和县级机关部门纪委书记(纪检组长)、纪检监察工作分管领导、县正风肃纪工作小组全体人员等110余人参加会议。县委常委、纪委书记金淦英出席会议并讲话，县纪委副书记、监察局局长赵红梅主持会议。会议传达学习省市正风肃纪工作会议精神，通报2013年以到长兴县正风肃纪工作情况，分析当前形势，部署下步工作。

【正风肃纪】 制订出台《正风肃纪工作实施方案》。完善监督体系，扩大“勤廉指数”考核的范围。制订督查计划，建立督查人员库，通过“勤廉长兴”网站、“12345”政府阳光热线等及时受理群众关于作风效能的投诉举报。严格问责问效，开展常态化督查，确保每季一重点、每月一专题、每周一巡查。全年开展明察暗访80余次，涉及单位400余家（次），诫勉谈话10人，效能问责45人，党政纪处分7人，通报典型案例13起。各单位加强自查自纠，查处105人，其中通报46人、诫勉谈话9人、免职2人。

【开展作风状况评价】 认真贯彻省、市有关精神，结合长兴县实际，制订出台《长兴县领导班子和领导干部作风状况评价办法》，主要包括工作目标、评价对象、评价原则、评价内容、评价措施和结果评定及运用6个方面内容。同时制订配套评价细则，使评价工作更具有针对性和操作性。年底进行作风状况评价，分为“优秀、良好、一般、差”四个档次，评价结果与“三比一讲”考核和党风廉政建设责任制考核结合运用。

【优化“勤廉指数”】 进一步修改完善“勤廉指数”考评体系，围绕“对下比服务”和“比内部风气”两个大项，每季度组织各级各类层面共9000余人，对84个县级机关部门进行测评。同时，开展“第三方统计”和“纵向比增幅”，通过第三方的客观测评和上下季度服务满意率增减的对比，更为客观、科学、有效地监测部门作风效能状况。2014年已下发考评通报4期，红灯预警55家次。

【公车管理】 开展“贴标识、亮身份、管公车”活动，进一步充实完善公车管理数据库，下发《关于公务车辆非工作时间实行定点停放的通知》，除挂专用号牌（如警用车牌）的公务车辆外，其余900辆公务车辆统一在前挡风玻璃右上方和后挡风玻璃左下方张贴标识。加强监督检查，对违反公车管理规定的5名工作人员进行诫勉谈话。

【开展“访窗口探服务展行风”活动】 县正风肃纪工作小组联合湖州日报长兴分社，开展“访窗口、探服务、展行风”活动。邀请特邀监察员、市民代表、媒体记者等组成暗访小组，走进各服务窗口，就工作作风、工作纪律、程序规范等方面进行“把脉”，以促进基层站所（办事窗口）进一步改进工作作风，增强服务意识，提升服务水平。全年开展活动7次，成效较为明显。

【开展企业问卷调查】 年初，为全面了解掌握长兴县涉企部门服务企业、服务发展的现状，找准在服务过程中存在的问题，向全县规上工业企业负责人发放《长兴县涉企部门服务企业发展情况意见测评表》。测评表涉及各相关部门有44家，其中机关职能部门27家，金融单位17家，主要测评“服务效率”“服务态度”“总体满意度”三大方面。测评结果纳入“勤廉指数”考评。

查办案件

【概况】 保持办案高压态势，加强县委反腐败协调小组工作，注重发挥各成员单位职能作用，形成查办案件合力。委局机关受理信访举报345件（次），同比上升64.3%，立案78件，结案77件，处分77人，其中科级领导干部6人，挽回直接经济损失93.78万元。注重信访监督，对21名党员干部进行信访监督，为33名党员干部澄清了是非问题。

【科技系统窝案】 2014年县纪委联合县检察院查处的科技系统窝案，科技局原副局长吴星星等4人受到党纪国法处理，涉案人员利用其负责高新技术企业评定、企业新产品鉴定或专利申报管理的审核报批工作便利，收受服务企业、中介机构贿赂。

【重点解决“中梗阻”现象】 注重中层岗位党员干部的监督管理，加大“中梗阻”的查办力度，全年查处了县水利局、县农业局、县科技局、县质监局和县交通局等10名机关中层干部，并下发通报，警示教育广大中层岗位党员干部要心存敬畏和戒惧，牢固树立法治意识，进一步优化经济社会发展环境。

教育培训

【概况】 强化党风廉政教育培训，利用新闻媒体、县纪委网站、公益廉政宣传广告和廉政教育基地等多种载体，拓展廉政文化宣传渠道。拍摄警示教育宣传片《迷失》，举办“第三届中国（浙江）“鲁迅故里杯”廉政杂文征文比赛，推进“石廉”文化等地域勤廉文化建设。加强基层干部和纪检干部专业培训，举办各类培训班，进一步提升工作能力。邀请中央纪委法规室主任候觉非，中央纪委杭培中心教育长郑家淮，省纪委纪检九室主任尹乐平，市委常委、纪委书记陈浩等领导到长兴作党风廉政建设和反腐败工作专题报告，有效增强纪检监察干部“三转一突出”意识。

【廉政教育基地建设】 在县图书馆建立“廉政图书室”，将茶文化与廉文化进行有机结合，打造“清莲茶室”。在县看守所完善警示教育基地，通过参观监区、警示教育图片展、在押人员现身说法等，教育广大党员干部树立正确的世界观、人生观、价值观。在新四军苏浙军区司令部建立廉政文化教育基地，展示收集整理的新四军亲民、守纪、自律等故事及有关实物，教育面辐射省内外。在县委党校建立党风廉政教育培训基地，根据不同的培训对象安排不同的廉政教育内容，增强教育的针对性。"四个基地"分别从读书修德、警示醒脑、传统励志、教育明理四个不同的方面帮助党员干部筑牢党纪国法两道防线。

【拍摄警示教育片《迷失》】 为切实发挥身边典型案件的警示教育作用，县纪委根据水利系统窝串案成功拍摄的一部警示教育宣传片，时长23分钟。该片用写实的手法，真实还原涉案人员受贿场景，由相关涉案人员现身说法，并进行案件分析，是广大党员干部特别是领导干部接受警示教育的鲜活教材。全县20个乡镇(街道、园区)、60个机关部门组织人员观看。

【"石廉"文化】 充分挖掘地域廉政文化，依托白岘乡中国太湖石博览园，打造"石廉"文化品牌，通过建"石廉"文化墙、造"石廉"文化景、建"石廉"文化廊、开展"石廉"文化活动、建设石廉文化展示中心等活动，进一步弘扬廉洁奉公、勤政为民优良传统，大力倡导求真务实、敬业奉献的工作作风。

【学案例治"五病"活动】 4月，县纪委从严、从实、从紧开展"学好百个案例，整点整治'五病'"专题教育活动，制订下发文件通知，通过剖析100个"节日病、吃喝病、慵懒病、奢靡病、卡拿索要病"等典型案例，使全县党员干部对"五病"有更直观地了解，明确行为界限，熟知纪律要求。据统计，全县各单位开展集中学习249场(次)，领导干部上党课910场(次)，开展大讨论261场(次)，开展提醒谈话2429人(次)。

【业务培训】 1月，举办全县村(居)务监督委员会主任培训，全县各乡镇(街道、园区)纪委书记、各村(居)务监督委员会主任300余人参加培训；3月，举办全县纪检监察业务培训班，委局机关全体干部及部分乡镇、县直单位纪检监察干部共50余人参加培训；9月，组织全体干部参加中国纪检监察学院原副院长、中国民生研究院学术委员会副主任李永忠关于纪检监察体制改革的专题辅导报告；9月，组织参加全市纪检监察机关查办案件工作业务培训班；8至10月，组织委局、乡镇、部门13名纪检监察干部参加中国纪检监察学院相关培训；10月，举办2014年全县纪检监察干部业务培训班，全县145名乡镇(街道、园区)、部门纪委书记(纪检组长)、纪检监察干部和"两新"纪委书记参加培训。

监督检查

【概况】 树立"监督的再监督、检查的再检查"工作理念，围绕中心工作，转变工作方式，创新工作方法，以纪检的方式开展重点领域专项监督检查。全力推进中心工作，围绕"五水共治""三改一拆""四边三化"等中心工作，开展监督检查；督促职能部门开展村(社区)事务清理，深入整治村(社区)"四多"问题；开展环保行政执法行为监督检查，规范环保执法行为；深化政府投资项目廉政监督工作，促进项目建设与廉政建设同步推进。推进村级小额工程规范管理工作，开展试点工作；督促政府信息阳光公开。

【开展"五水共治"监督检查】 为确保"五水共治"工作决策部署贯彻落实到位，组织人员对长兴县"五水共治"工作开展纪律监督检查。制订下发实施方案，以日常督查与重点督查相结合，适时开展专项督查的方式开展。8月，对全县"黑河、臭河、垃圾河"整治和农村生活污水治理工作情况进行督查。9月，对全县农村生活污水治理推进情况再次进行重点督查，并分别起草印发《督查通报》。

【开展环保行政执法行为监督检查】 为进一步规范环保执法行为，县纪委会同县法制办等单位组成检查组，对长兴县环保行政执法行为进行专项检查。通过查阅案件资料、走访基层站所等方式，对2013年以来县环保局办理的行政处罚案件和信访投诉案件进行抽查，共查阅环保行政处罚案件34件，环保信访投诉件61件，走访基层环保所5个，企业24家。通过检查，对发现6个方面12个问题进行通报，提出整改意见建议并督促整改到位。

【政府投资项目廉政监督】 为进一步加强对政府投资重点建设项目的廉政监督，变更政府投资重点建设项目廉政监察巡视组工作为派驻廉政监察组工作。2月召开长兴县派驻廉政监察组工作会议，全面部署落实政府投资重点建设项目派驻廉政监察组工作。成立派驻廉政监察组5个，成员21人，派驻廉政监察项目21个。8月，制订下发检查方案，由5个派驻廉政监察组开展交叉检查，进一步深化政府投资项目廉政监督工作。

【村(社区)事务清理规范】 为切实整治行政村"制度多、标牌多、创建多、台账多"等情况，实现基层"减负"，县纪委按照上级要求，督促县民政局开展村(社区)事务清理，结合长兴实际编制准入清单，取消村(社区)承担的14项事务，取消融合组织机构48个，取消归并标牌标识62块，取消归并达标创建项目40项，取消工作台账53项。

(章　华)

民主党派·工商联·群众团体

民 主 党 派

民革长兴县总支部委员会

【概况】 2014年，民革长兴县总支在民革湖州市委的正确领导和县委统战部的指导帮助下，以加强参政议政能力为突破口，注重学习宣传和调查研究，深入开展树立和践行社会主义核心价值体系与“同心同行”教育活动，发挥自身优势，积极建言献策，切实加强自身建设，认真履行参政党职能，关注民生，服务社会，为推动经济社会发展做出应有的贡献。民革长兴县总支被民革中央授予“博爱牵手”活动“全国十佳基层组织”称号。党员苏卫琴荣获“全国三八红旗手”称号。

【社会服务】 围绕县委、县政府中心工作，以社会热点、难点问题和普通百姓切身问题为重点开展调研活动。组织泗安红宇新材料等10家企业开展科技服务活动。赴画溪街道曹家桥村考察学习葡萄交易市场。赴泗安考察花木城和花木产业。赴水口敬老院开展送温暖活动。赴长兴和平医院调研。赴长兴好和堂食品有限公司和中山村“雁塘农场”考察。赴和平镇开展“确保饮水安全、优化供水服务”走访座谈。赴和平镇庄里村考察葡萄相关项目。组织和平镇庄里村兴庄物业公司有关人员赴三狮小区开展物业管理经验交流。开展送金融服务下乡，为画溪街道南石桥中心村新农村建造提供2000万元贷款服务。组织党员结对开发区贫困大学生。结对2个行政村，为其提供法律咨询和服务。参加“长兴百灵志愿服务工作室”，致力于“济困、安老、扶幼、助学、环保”的志愿服务，参加“送法律下乡，服务基层”、“治水治气、法律护航”等法制宣传活动。党员罗冬英通过慈善总会资助虹星桥镇宋㽏村新农村建设10万元。党员张培顺通过县慈善总会分别资助和平镇长城村5万元、资助和平镇新农村建设13.7万元以及捐助周坞山村美丽乡村建设30万元。

【参政议政】 在省市县“两会”期间，总支党员提交提案、议案等共57件。党员张真玉撰写的《率先建设“汽车电子身份系统”，实现城市交通精细化管理》《关于湖州市建设微软技术实践中心，打造国际先进标准人才培养平台的建议》被市政协录用，在《浙江民革》上刊登；章敏芳撰写的《关于优化湖州市地下空间开发利用的建议》得到了市委书记马以的批示；许建民撰写的《关于有效利用秸秆，努力从源头上控制露天焚烧秸秆的建议》在大会上发言，为县重点提案；范益平撰写的《关于加快我农产品电子商务发展的建议》为县重点提案；王伟敏的《转变思路、多管齐下，有序开展政府购买服务》在大会上发言，被评为县优秀提案；彭志清撰写调研报告《关于停止审批新增沥青拌和项目的建议》，其领衔议案《关于加强天然气管理，促进长兴县天然气事业健康有序发展的建议》被县人大常委会列为督办议案。张真玉撰写的《关于加快长兴电子商务产业发展的建议》得到了县委书记吕志良的批示。2014年，新发展党员4名，其中县党外后备干部2名；研究生1名，在读研究生1名。

【自身建设】 10名党员参加“2014年统战委员及党外干部培训班”。组织佛教文化讲座。参加长兴县全民终身学习活动。举办“携手并进、共谋中小企业融资新路径”专题研讨交流活动。

民盟长兴基层委员会

【概况】 2014年，在中共长兴县委和民盟湖州市委会的领导下，在县委统战部的指导下，民盟长兴基层委以“深入学习盟章盟史、提高盟员履职能力”活动为契机，组织开展各类组织生活，关注民生，了解民情，围绕长兴县委、县政府中心工作参政议政，各项工作再上一个新台阶。

【自身建设】 2个支部定期开展组织生活,学习中国特色社会主义理论体系、十八届三中、四中全会精神,参加民盟市委会组织的报告会、座谈会、研讨会、培训班。邀请盟市委李雪华围绕盟章盟史开展培训。邀请盟省委讲课组成员培训辅导。

【参政议政】 参加县委统战部组织的各种协商会、征求意见会、座谈会,参加市、县人大、政协组织的"农村生活污水治理""招商引资""污水管网现状调研和对策""矿山开采和治理""饮用水供水安全"等考察、视察活动,提出意见建议。在2014年市、县"两会"期间,围绕县委、县政府中心工作以及群众关心的热点、难点积极建言献策,共提交议案、提案等18件。

【社会服务】 发挥民盟优势和特色,开展社会服务工作,接待民盟省环保支部到长兴考察指导,参观长兴超威电源集团公司锂电池生产项目并进行座谈。接待中科院上海分院盟组织到长兴考察指导。接待省参政议政培训班学员到长兴考察治水工作。与社会服务基地青少年宫共同结对帮扶长兴蓝天民工子弟学校,开展送书送课活动。做好结对帮扶工作,总支盟员代表赴五峰村慰问结对帮扶孤寡老人姚和民,送去慰问品及600元慰问金。到长兴老年乒乓球协会捐赠保温杯、毛巾、乒乓球等礼品给义工。

【盟务活动】 2014年,组织新入盟的盟员参加盟市委组织的培训班。组织骨干盟员听取了有关协商民主的专题讲座和学习了市委全委会会议精神。组织老盟员梳理和编写长兴盟史。组织全体盟员考察长兴县太湖新城建设情况。赴南京参观南京大屠杀遇难同胞纪念馆。11月21日,民盟长兴县总支换届暨基层委员会成立大会在长兴县行政中心会议厅隆重召开。大会选举产生民盟长兴县基层委员会领导班子,何新中当选主委。新一届基层委设立3个支部。2014年,发展3位新盟员,2位是在教学一线的优秀教师,1位是年轻的优秀律师。

民建长兴县基层委员会

【概况】 2014年,民建长兴基层委员会在中共长兴县委和民建湖州市委会的领导下,在长兴县委统战部的指导下,切实履行参政党职能,加强组织建设,开展组织活动,为长兴经济社会发展做出贡献。民建长兴县基层委被民建省委会评为"全省基层组织学习交流基层"。

【参政议政】 组织会员开展调查研究,反映社情民意,向民建省委会、市委会及省、市、县有关部门报送信息16篇、金点子7件,献计2件。潘惠敏撰写的"关于加快工业锅炉转型升级、减少烟尘排放的建议"和、梁钰龙撰写的"关于废旧电脑处理的建议"被市政协和市委统战部采用。2014年"两会"上,民建会员提交省政协大会个人提案4件,市人大议案1件,市政协集体提案5件,县政协个人提案16件。陈峰会员"关于进一步改革完善中介服务,规范发展我市中介机构的建议"被市政协列为2014年重点提案。杨文龙委员关于"加快电子商务发展,助推实体经济转型"的发言获市委、市政府主要领导批示。围绕县委、县政府中心工作,参与有关议事协商活动。在县委书记、县长与政协委员"面对面"协商活动中,5名民建会员与县委书记、县长协商议政。会员胡利姿和朱毅媛被评为县优秀政协委员。

【服务社会】 与夹浦镇滨湖村结对,专题制订帮扶活动实施方案,确立实施回报家乡工程、村庄环境综合整治工程等2项工程。5月11日和9月17日,基层委员会到夹浦镇滨湖村开展走访活动,开展2次专题对接活动。2014年,民建会员在"五水共治"、滨湖村建设、困难户帮扶解困、慈善捐赠等方面共投入117.76万元。如杨文龙会员"五水共治"认捐50万元,捐助滨湖村困难户和孤寡老人10万元,捐助乡镇道路修建6.4万元,代表长兴基层委赴大别山助学,捐助1万元。戴顺华给董胡�捐款10万元,捐款环城村新农村建设8万元,捐款夹浦综合办5万元。会员周清泉用于困难学生、孤寡老人捐赠20万元。会员邹凯的长兴永新小额贷款公司向五丰居委会慈善捐助贫困户16户金额1.6万元。会员金训岭、陈祖发、周红、臧满英等10位会员与12名贫困学生长期结对,每年捐款5万元。在机关事业单位的会员响应号召,"五水共治"捐助5100元,困难户及孤寡老人2500元。3月7日,民建长兴县基层委员会女工委组织到长兴县米行弄社区开展了走访慰问贫困妇女活动。

【自身建设】 2014年,经民建市委会批准,有4位同志新加入,分别有1名企业董事长,1名留学博士,1名是部门科长,1名教育界新秀。加强理论学习,分别于2月、5月和6月组织了3次专题学习培训会。委派高永华会员参加民建省委会组织的民建企业家学习培训活动。戴顺华、杨文龙、陈峰等会员4人次参加由省市政协、民建市委会组织的专题调研活动,就工业转型升级和科技创新等方面提出建议。6月15日,民建长兴县基层委员会参政议政工作会议在长兴教育实践中心党派活动室召开,全体会员树立"重视参政议政是尽职、不重视参政议政是失职"的责任意识,积极建言献策。做好民建省市委员会领导、民建浙江省工业经济委员会、省内余杭区、玉环、嘉善、温岭等基层委到长兴调研考察接待工作。开展以"五水共治"为主题的参观学习活动,到白岘乡、夹浦镇考察新农村建设。建立关心慰问老同志制度，上门慰问生病老会员。6月15日，民建长兴县基层委员会在长兴县教育实践中心运动场举行了以“合作、健康、快乐”为主题的趣味运动会。5月28日，全国人大常委会副委员长、民建中央主席陈昌智到长兴民建高永华会员所办的粉体企业进行实地考察。10月26日，全国政协副主席、民建中央常务副主席马培华应邀到天能电池集团进行调研。

民进长兴县支部委员会

【概况】 2014年，民进长兴县支部在中共长兴县委和民进湖州市委会的领导和县委统战部的指导下，发挥自身优势作用，积极履职，建言献策，为经济社会发展做出了贡献。民进长兴县支部被评为“2014年度民进浙江省先进支部”。

【自身建设】 2014年共发展会员5人。物色企业、教育系统、社会新阶层入会积极分子8人。组织会员分批学习民进中央开展坚持和发展中国特色社会主义学习实践活动相关情况、民进市委会七届十二次全体(扩大)会议精神和市委会成立三十周年纪念大会精神。与民进湖州师院支部进行交流活动。与上海虹口区民进教育支部进行工作交流。浙江省委会省直三联支部到长兴交流，蔡秀军主委参加活动。6月20日，邀请市委会郑勇和梁军两位副主委就民进会史、会章和民主党派如何参政议政进行专题培训。会员潘颖川被县政府任命为县水利局总工程师，严伟琪的油画入围全国画展，莫晶获浙江省微课大赛一等奖。2014年，以生活法律常识讲座、现代农业参观、课题调研等为主题开展支部会员活动4次。

【参政议政】 2014年县“两会”上，提交提案2件，主委周文胜和会员施宏杰分别就《当前长兴县中介机构存在的主要问题及其对策》和《关于加快推进长兴县新型城镇化建设统筹城乡一体化发展的建议》在大会上交流发言。围绕长兴经济社会发展主题开展调研，形成了《围绕‘工业创强’主题，加快促进长兴产业集聚发展》《关于房地产预售制度的思考》《拆迁公司在长兴县从事征拆工作中存在的问题要引起重视》等共12篇社情民意，11篇被市委会录用。开展各类社会服务活动，开展校企共建活动，发挥长兴职教中心技术优势与企业结对。

【社会服务】 尽管我们的组织建立时间短、资源有限，但我们坚持开展各类社会服务活动，积极拓展组织形象。及时开展了校企共建活动，通过长兴职教中心的技术优势与企业结对，服务企业。

九三学社长兴县基层委员会

【概况】 2014年，九三学社长兴县基层委员会在中共长兴县委和九三学社湖州市委会的正确领导下，在县委统战部的精心指导下，认真履行参政党职能，全体社员紧紧围绕“12345”行动，建言献策，发挥特色，服务社会，为推进长兴县政治经济建设和社会发展做出积极贡献。九三学社长兴县基层委员会荣获“2009—2013年度先进基层组织”称号。

【参政议政】 2014年湖州市、长兴县“两会”期间，共递交提案、议案、建议案35份。陆康康、邱飞2名社员在县政协大会上发言，2篇大会发言材料得到县委主要领导批示。向社市委、县政协报送社情民意和金点子。社员邱俊报送的《关于循环再生我市路面沥青混凝土废料的建议》获得湖州市委主要领导批示，并被市委统战部评为金点子一等奖。社员李文伟撰写的文章——《建议对我国劳动能力鉴定标准进行再次修订和完善》被社省委、社中央录用。李彩琴、邱飞2位社员是成为县政协委派部门民主监督小组成员，参加行风评议和民主监督。开展基层调研工作，李彩琴、杨伟锋2名社员参加以“深化环境治理”为主题的“县委书记与政协委员面对面”活动，郭连伟、邱飞2位社员参加以“工业创强”为主题的“县长与政协委员面对面”交流活动。

【自身建设】 深入学习《中共中央关于进一步加强中国共产党领导的多党合作和政治协商制度建设的意见》，组织不同形式政治理论学习4次，各支社组织学习2~3次。2014年，新增社员4名，有1名高级会计师、3名县管后备干部。每月组织社员活动，通过多种形式凝心聚力，加强组织建设。2014年编辑内部刊物《长兴九三》4期。

【社会服务】 与浙江省农业厅合作，为长兴和平肥猪阁家庭农场申报2个项目，生猪标准化规模养殖场项目争取中央资金70万元，生态循环农业示范工程项目争取浙江省资金30万元。依托洪桥卫生院建立社会实践基地，为群众开展培训、义诊、健康检查等服务。2014年结对贫困生1名。组织社员赴洪桥、煤山、虹星桥、北汤等开展医卫服务5次，发放相关健康资料千余份，受益群众达800多人次。

（沈慧霞）

工 商 联

【概况】 长兴县工商业联合会是中国工商业联合会的县级地方组织，简称长兴县工商联，又称长兴县总商会。年末，全县有行业商会4个，乡镇商会13个，街道商会2个，园区商会1个，异地商会7个；有工商联会员单位3082个，其中企业会员3007个、团体会员25个、个人会员50个。

【参政议政】 年内,县工商联动员广大非公人士代表积极参政议政,在长兴县第十五届人民代表大会第三次会议和政协第八届长兴县委员会第三次会议上,县工商联及会员中政协委员和人大代表共上交提案、议案30件,县工商联在大会作《关于长兴县战略性新兴产业培育与发展对策》专题发言;9月,与湖州市职业技术学院联合到乡镇和企业开展调研,撰写《长兴民营企业资产确权办证的途径与思路》《发挥行业协会作用,助推长兴县产业转型升级的对策和建议》上报县政协。

【服务经济发展】 发挥异地商会作用助推招商引资,先后引进2只项目,注册资金共达5000余万元,分别落户夹浦镇和虹星桥镇。从盛泽、绍兴引进3家贸易公司落户浙北轻纺城,注册资金达500万元;开展培训助推企业转型升级,全年共举办14个培训班,组织参训人员800余人;8月,邀请中央党校经济学专家陈建奇为工商联常委分析经济形势;邀请民营企业家参加"长兴大讲堂",全年累计150余家企业主先后参加6场次经济类讲座。

【加强交流合作】 年内,县工商联先后到鄞州、慈溪、温岭、黄岩、溧阳、广德等地参观学习。同时,邀请海盐、鄞州、吴江、安吉、德清、广德等地工商联到长兴交流。3月,举办全县基层商会会长和秘书长培训班,邀请专家解读中共十八大精神,并到盛泽、绍兴、宁波等地参观学习。

【光彩事业】 年内,县工商联广泛组织非公企业和非公人士参与光彩助学与"送温暖、献爱心"活动,超威集团资助39名贫困学生、11万余元,宁波长兴商会,盛泽长兴商会、绍兴长兴商会、广州长兴商会共组织40多名在外投资创业的长兴人出资15万元资助长兴中学50名贫困学生。开展企业赴农村(社区)"送温暖、献爱心"活动,捐资捐物400余万元。

【提升基层商会】 按照基层商会"服务提升年"活动安排,在各基层商会中开展"制度落实好、活动开展好、会员服务好、作用发挥好"活动,抓好乡镇、街道(园区)商会的制度建设,规范运作,提升商会服务水平,彰显商会活力。指导基层商会注册登记,规范基层商会运作。

【培育创二代】 4月30日,召开长兴县创二代联谊会一届二次会员代表大会,新增创二代会员代表55名,总代表人数达126名。邀请全国人大代表、天能集团董事长张天任为创二代作"创业、创新"主题报告。6月,组织30多名创二代赴诸暨市考察,参观洁丽雅集团和万安科技集团,与诸暨市创二代交流。7月,会同青企协、妇联举办长兴创二代井冈山革命传统教育专题培训班,组织40多名创二代成员参加。8月,推荐10名创二代成员参加湖州市新生代企业家联谊会。10月,湖州市新生代企业家联谊会成立暨"311"领航计划启动仪式在超威集团举行。

【异地商会】 6月14日,重庆(成都)长兴商会在重庆正式成立,会员23人;11月15日,北京(长兴)商会成立,首批会员65名。在县工商联指导下,广东等4个异地商会制度建设得到加强,绍兴(长兴)商会完成换届。

(武　艳)

群众团体

长兴县总工会

【概况】 2014年,县总工会在县委、县政府和上级工会的领导下,围绕中心,服务大局,按照县委提出"打造全县经济升级版,推动经济稳中求进、健康发展"的要求,坚持以构建和谐劳动关系为主线,认真开展党的群众路线教育实践活动,继续实施"四大工程",努力建设"四型"工会,圆满完成年度目标任务,推动工会工作新发展。年内,县总工会荣获全国总工会二〇一四年度《工会信息》发行先进奖;在全国总工会"娘家人暖心事——工会在身边"全国职工微博大赛中获得优秀组织奖、优秀官方微博奖;荣获浙江省"安康杯"竞赛优秀组织单位;1人在全国总工会举办的"神圣的使命——学习贯彻中国工会十六大精神"微感言征集活动中荣获三等奖;1人荣获"全国工会贯彻落实工资集体协商三年规划"先进个人;1人获全国"安康杯"竞赛活动先进个人。

多管齐下,为职工做好事办实事。年内县总工会共筹集帮扶资金650万元,慰问鲁甸地震灾区、患大病职工、爱心透析和困难职工1175人;做好职工住院医疗互助活动工作;为困难职工改造危房13户;开展外来务工人员"平安返乡"和与留守员工同吃年夜饭活动;与人力社保局等部门在长兴体育中心联合举办2014年春风行动暨春季人力资源招聘会;举办"相约城山沟、爱在春天里"和"爱在葡萄架下"为主题的2次青年职工联谊活动;举办女职工保健知识讲座和免费体检活动,有5600多名外来女职工享受免费体检,建立困难女职工帮扶信息档案156人,开展"六一"节和金秋助学活动,慰问困难职工(新长兴人)子女57人。

积极抓好乡镇和基层工会组织建设。完成煤山、水口、白岘、吕山等4个乡镇(总)工会到届换届和夹浦镇、雉城街道工会主席退休和即将退休的替补工作。开展"工会组建月"活动,新建工会6家,累计共建工会组织2553家。全县职工总数162201人,工会会员157228名,入会率97%。

县总机关建设水平迈上新台阶。认真落实党风廉政建设主体责任，确实抓好党风廉政建设。完成机关中层干部新一轮的竞聘和一般干部双向选择工作。进一步完善机关干部联系乡镇（街道、园区）和企业制度、乡镇（街道、园区）工会工作考评等制度。抓好党组理论学习中心组、“星期一夜校”、“双百分”和参加省市工会的培训等工作。认真抓好群众路线教育实践活动各项工作的落实，浙江工人日报报道有关做法6篇次。

【长兴县总工会十六届五次全会】 2月21日下午，县总工会召开了十六届五次全委（扩大）会议。通报2013年度乡镇（街道、园区）工会工作考核结果；听取和审议长兴县总工会常委会所做工作报告和长兴县总工会经费审查委员会工作报告。县总工会主席王晓瑜代表工会十六届常委会总结2013年全县工会工作，部署2014年全县工会主要工作任务。县委常委、纪委书记金淦英，县总工会十六届全体委员、经审委员，县工会五届女职委员，各乡镇（街道、园区）主席（主任）、副主席（主任），县教育、县直机关党工委、县建设行业、县直企事业工会（工委）主席（主任），县总工会机关全体工作人员等90余人参加了会议。

【探索区域性职工之家创建】 在虹星桥镇工业园区利用东鑫纺织的空余厂房建立探索区域性职工之家，内设心声园、图书阅览室、乒乓球室、台球室、卡拉OK厅、篮球场、培训中心等多个功能室的职工活动中心，为园区内120家企业、3800余名职工就近、就地提供了学习、娱乐的新平台，扎实推进职工文化建设新发展。

【开展行业性工资协商试点工作】 针对全县行业性职工工资没有统一的标准，容易造成同行业企业相互之间挖人才，影响到职工队伍不稳定的情况。8月19日，在槐坎乡召开电子行业会员（职工）代表大会暨电子行业工资集体协商协议签约仪式会议，统一制订了电子行业内的工时、工序、工价标准，得到省市工会的充分肯定。

【开设职工大讲堂】 以社会主义核心价值观教育作为主战场，深入开展“中国梦·劳动美”主题宣传实践活动，推动社会主义核心价值观宣传教育进企业、入车间、下班组，在天能集团电源有限公司举办职工大讲堂启动仪式，并对该公司2000多名干部职工分批分期进行全员培训。年内，大讲堂共为8500名职工授课。

【巩固微博晒成绩赛工作】 继原腾讯上开通“长兴工会”、新浪开通“长兴工人”官博认证之后，又在第三参赛平台人民网对“长兴工会”、各个乡镇（街道、园区）、产业工会以及3个集团工会等25家官博进行认证。举办“娘家人·暖心事——工会在身边”“超威杯”全县职工微博大赛，全县各级工会在人民网、新浪、腾讯3个平台共发1256条，每条平均被转发3次以上，切实抓好工会微博的推广扩面工作。长兴共获得全国职工微博大赛先进集体和个人12个，并作为全国唯一一个县级工会作了典型交流发言；浙江工人日报头版头条以《让工会的声音在网络世界更响亮》进行报道。

【开展职工工间操，强身健体保安康】 10月份在红旗仪表（长兴）公司举行全县重点企业推行工间（前、后）操制度推进会暨首批工间（前、后）操教员培训班，来自全县46家重点企业的工会和有关乡镇（街道、园区）（总）工会、县直企事业工委负责人等近70人参加培训，进一步深化“安康杯”竞赛活动。红旗仪表、天能、超威、盛帮化纤等12家企业共1.68万人次参与工间（前、后）操。

（杨家胜）

共青团长兴县委

【概况】 年内，中国共产主义青年团长兴县委员会（以下简称团县委）开展“我的中国梦”、“我和国旗合个影、我为祖国点个赞”、祭扫革命烈士主题活动132场次；举办少先队鼓乐队大赛；建成长兴青少年宫画溪分站；开展寻找“乡村好青年”，评选10位县级道德好青年和创富好青年，举办“乡村好青年”事迹座谈分享会16场；集中宣传“创二代”、大学生村干部、“青年网商”优秀典型30名；举办“致青春·对话梦想”纪念五四运动95周年特别活动；开设“学子微讲堂”活动42场；打造“3+2+1+N”一体多元的宣传格局，开设特色专栏4个。建成两个青年网商孵化基地；办理“青创贷”贴息贷款5笔，成功孵化项目38个，举办网络创业实训26期，培训青年1100人次；开展“十佳青年网商”评选活动，举办“网聚梦想·青创未来”首届电子商务与青年创业论坛；组织青年文明号开展社会公益活动12场次；深化“良师高徒结对帮带竞赛”，组建师徒帮扶对子235对；开展电焊技术、叉车技能等青工技能比武大赛12场；开展“大学生暑期实习计划”，帮助102位实习青年对接争取实习岗位97个；新建青年见习基地27个，见习青年331人；举办青年创业贷款现场咨询对接会，发放小额贷款544笔，贷款金额8398万元；组织7名浙大青讲团成员驻点挂职。组织42名“创二代”赴井冈山开展革命传统教育；开展“凝聚青春力量，投身‘五水共治’五个一”活动，现场募集爱心款16100元；组织开展户外素质拓展训练；举办“创业梦想秀”圣诞沙龙活动。出台《志愿服务组织管理办法》。建立12个志愿服务幸福驿站，开展志愿服务103场次；开展首届“微电影·大公益”微电影剧本创作活动；开展“十佳志愿者”评选、表彰、慰问活动。完成环太湖国际公路自行车赛、长治会大型赛会的志愿服务工作;开展“三进三示范”生态文明志愿服务行动96场次,组建青春护水责任岗84个,成立治水突击队11支,开展“青春护水岗”志愿服务五水共治集中行动。实施“大学生金秋圆梦助学”行动,为77位贫困新生发放助学金30.3万元;开展双百结对工作,为低收入家庭青少年发放助学金12万元;举办“相约葡萄架下·爱在七夕”“春田花花同学会”大型青年联谊活动5场;举办三对三篮球赛、趣味运动会文体活动9场次。实施“我在你身边”预青阳光专项行动,闲散青少年、不良行为青少年结对率分别达到88.7%和97.3%;举办“平安自护促成长”暑期公益夏令营,开展12355“心灵花园”体验活动6场次。筹建长兴县青少年综合服务中心。培育示范性网格20个;新建两新团组织112家。开展“青春党建·青春四季”活动;制订出台《青春社团建设实施意见》,培育青春社团44家。深化“青春零距离·走青连心”活动;开展全县团、少干部培训班。2014年,团县委在湖州市共青团工作获得第一。

【省青少年科技创新大赛】 4月18—20日,省科协、团省委主办,长兴县委、县政府、市科协、团市委承办,长兴县科协、团长兴县委协办的第28届浙江省青少年科技创新大赛在长兴县实验中学报告厅举行。在全省749个申报项目中,长兴共有4个申报项目入围并最终获奖。实验中学张颖的《预警安全生命防盗窗》和太湖高级中学罗佳迎等的《全自动恒温自洁节能雏鸡喂水系统》获青少年科技创新项目一等奖,中心幼儿园都行的《神奇的连衣裙》和长兴一小施隽为的《能干的“人”》分获少儿科幻画二三等奖。今年是湖州地区首次举办此项赛事,本届大赛主题为创新、体验、成长,分青少年和科技辅导员两个板块,竞赛活动主要包括小学生和中学生科技创新成果竞赛、青少年机器人创意项目;展示活动主要是优秀青少年科技创新成果、青少年科技实践活动成果和少年儿童科学幻想绘画。自今年1月启动以来,共有749个项目进行申报,并最终评出66项青少年科技创新项目、27项机器人创意项目入围终评展示和答辩。

【“致青春·对话梦想”】 4月28日下午,“致青春对话梦想”——长兴县纪念五四运动95周年特别活动在长兴传媒集团600米演播厅举行。活动以“青春访谈”“与梦想对话”的形式呈现,分别邀请曼曼de爱创始人王维仁、长兴县小浦镇小京班顾问老师梁学仁、身残志坚张卫兵以及来自长兴县12355青少年工作室“心灵畅响屋”公益使者孙霞、全国武术冠军马国亮、全国烹饪冠军段海斌等6位“梦想代表”,进行了现场互动访谈,以先进典型、榜样示范等方式鼓舞全县广大青年人以自己的双手去创造、践行自己的梦想。

【少先队鼓乐(管乐)队展示赛圆满落幕】 5月30日,“金色鼓号与梦想同行,争做长兴最美好少年”长兴县第三届少先队鼓乐(管乐)队展示赛决赛在长兴实验二小体育馆内举行。展示赛分为一、二、三级纵向评比,前期,共有29支代表队1000余名少先队员报名参加,最终有16支队伍通过激烈角逐,挺进决赛。决赛最终,由长兴县第一小学等4所学校鼓乐队荣获金奖;长兴县实验小学等5所学校管乐队荣获银奖;长兴县第三小学等7所学校鼓乐队荣获铜奖。

【红色教育】 7月10—14日,长兴青年企业家协会联合创二代、女企业家协会,共同组织了40多名企业家赴井冈山开展革命传统教育。活动通过访谈袁文才、曾志等革命后代,瞻仰井冈山革命烈士陵园、小井烈士墓,参观井冈山革命博物馆,红色拓展训练,体验红军战士如何不畏艰难险阻,将“24字”井冈山精神,继续发扬光大,让企业与长兴一起又好又快发展。

【十佳青年网商】 10月18日下午,长兴县首届电子商务与青年创业论坛暨第二届“十佳青年网商”颁奖礼在县文化馆举行。活动表彰了“长兴县第二届十佳青年网商”,邀请浙江大学电子服务研究中心、中国电子商务协会电子服务专家委员会主任陈德人、知名电子商务企业“麦包包”总裁、省电子商务促进会副会长叶海峰、丽水农村电子商务服务中心主任王军龙等知名高校学者及国内知名电商人才,相继就电子商务发展趋势、机遇挑战以及电子商务产业与青年创业如何实现双赢等问题开展了主题演讲,设置了“我的电商梦”对话沙龙环节,著名电商自媒体人、杭州蚊米电子商务有限公司总经理吴蚊米担任主持嘉宾,同时,现场发布《2014年长兴县青年电子商务创业现状需求调研报告》,围绕“网聚梦想·青创未来”“青年·激情”以及“青年·期冀”等主题,以宣传片的形式带领大家一起回顾了近年到长兴县致力青年网商创业的逐梦之旅。

【团县委开展“青春党建青春四季”活动】 2014年,团县委进一步加强基层团建工作,组织阵地进一步夯实:围绕“青春党建·青春四季”,开展了“义工季”两新志愿服务、“动感季”两新青年文体娱乐、“创业季”良师高徒帮带竞赛、“风采季”两新青年风采展,有效促进青春党建与两新组织发展互动双赢。制订出台《关于推进长兴县两新组织青春社团建设实施意见》,重点培育青春社团44家。年内,新建立“两新”团组织122家,农村专业合作社团组织50家,进一步深化完善了“党建带团建”基层工作格局。2014年,长兴县

“双网互动”工作受到团中央、团省委到长兴调研一致好评，“一统四联”模式在全省范围内推广。

（庄　稼）

长兴县妇女联合会

【概况】 2014年，县妇联以全省实施妇女儿童发展规划示范工作会议在长兴召开为契机，实施“五大计划”服务妇女，在全市县区妇女工作考核中为优秀，分别在省妇联“我与中国梦：半边天的责任与担当”、市“感恩亲情、共同成长”和“童眼看湖州、你我共护水”征文活动中荣获优秀组织奖。

实施巾帼创业助推计划　成立女领导干部助企服务团，开展“三带三进”活动62次。继续推进妇女巾帼创业信贷工程，发放信贷资金1225万元，争取省妇联“爱娟基金”和专项工作经费38万元，发放妇女创业贷款小额贴息补助3.5万元。全年共开展葡萄、苗木、西瓜、河蟹等农村实用技术培训48期，培训人数2486人次，开展育婴员、插花、芳香保健师、养老护理员等就业培训113期，培训人数4320人次。

实施家庭创建促进计划　举办庆“三·八”关爱环卫女工暨“五水共治、巾帼并行”启动仪式。开展“美丽女性·和谐家园”好家风建设暨寻找“最美家庭”活动，征集好家规家训300余条，选报、寻找“最美家庭”136户，创建省绿色家庭3户，省“最美庭院”2户，市美丽乡村示范样本户20户，市“平安家庭”6户。

实施妇女维权保障计划　完善信访接待制度，制订《长兴县家庭暴力告诫制度实施办法》（全市首创），启动政策法规性别平等咨询评估机制，建立县婚姻家庭矛盾纠纷调解委员会，成立“长兴县1+1婚姻家庭辅导工作室”，共对405对离婚夫妇进行了调解，劝和117对，成功率达30%。

实施关心关爱民生计划　举办“点亮微心愿、放飞新梦想”庆“六一”活动暨全县流动儿童之家建设启动仪式，全年共发放关爱基金12.7万元，救助特困儿童66名，特困母亲93名，新建企业流动儿童之家1所，流动妇女平安之家5所，婴幼儿早教指导中心1所，举办家庭教育讲座31场，创省级示范家长学校4所，市级5所。

实施固本强基推进计划　探索建立县妇联常委“六个一”联系制度、妇联执委“五个一”区域工作联系制度和妇女代表“四个一”服务妇女群众制度等三项工作机制，完善妇女儿童之家的综合服务功能，组织基层妇女干部集中培训2次，新创省、市级示范妇女儿童之家1个和3个。

【长兴县第十三次妇女代表大会】 3月7日，长兴县第十三次妇女代表大会在会议中心召开，会期一天，出席大会的正式代表220名，列席代表29名。大会听取孙宏惠作《凝心聚力担使命、同心共筑“中国梦”团结带领全县广大妇女为建设“太湖望县、锦绣长兴”而努力奋斗》工作报告，并作出决议。选举产生长兴县妇女联合会第十三届执行委员33名。当天，县妇联第十三届执行委员会召开第一次全体会议，选举产生常务委员会委员9名，其中主席1名、副主席2名。孙宏惠当选为主席，刘勤、丁欢欢当选为副主席。县委书记章根明在开幕式上讲话，县委常委、纪委书记金淦英在闭幕式上讲话。县领导叶白云、金树云、夏威、顾涛、张群英、楼秋红、袁健出席大会。

【寻找“最美家庭”】 2月26日，召开“寻找最美家庭”工作布置会议。3月17日，县妇联、县文明办联合出台《关于开展“美丽女性·和谐家园”好家风建设暨寻找“最美家庭”活动的通知》（长妇〔2014〕9号）文件。6月11日，在槐坎乡召开全县“最美家庭”故事宣讲启动仪式，组建县、乡镇、村三级最美家庭故事巡讲团，深入基层进行宣讲。10月10日，县委宣传部、县文明办、县妇联和县传媒集团联合下发《关于开展长兴县首届“最美家庭”评选活动的通知》（长妇〔2014〕31号）文件。年末，共寻找到夫妻和睦、孝老爱亲、教子有方、热心公益、勤俭持家、邻里和睦等各类最美家庭136户，其中何莲芳家庭获全国“最美家庭”提名奖，罗红美家庭获省“最美家庭”称号，金鸣芳等9户家庭获市“最美家庭”称号。

【认领“巾帼护水岗”】 5月15日，制订《关于开展“巾帼护水岗”创建活动的实施意见》（长妇〔2014〕22号）文件，开展“清河治水、美丽人居”巾帼行动。全县272个村（居）、社区妇代会按照“就地就近、便于管理”的原则认领1条河道，成立“巾帼护水岗”，岗长由妇代会主任担任，形成“四个一”的长效机制，即每月至少开展一次入户宣传引导、一次垃圾清扫活动、一次沿河植绿护绿、一次全河段监视。

【成立婚姻家庭调解委员会】 10月29日，县司法局、县民政局、县妇联联合下发《关于成立长兴县婚姻家庭纠纷人民调解委员会的通知》（长妇〔2014〕29号）与《关于印发<长兴县婚姻家庭纠纷调解委员会实施细则>的通知》（长妇〔2014〕30号）文件。县婚姻家庭纠纷人民调解委员会为县专业性人民调解组织，常设办事机构设于长兴县民政局婚姻登记处（雉城街道明珠路859号）。主要职责是接受委托调解婚姻家庭领域的有关纠纷；主持调解家庭纠纷，干预家庭暴力；为有需要的妇女儿童提供法律咨询、维权服务，维护妇女儿童合法权益；宣传妇女儿童维权、人民调解相关法律法规。截至年底，共调解纠纷267例，其中离婚215例，和好52例，劝和率19.5%。

【县妇联常委“六个一”联系制度】 8月12日，县妇联出台常委“六个一”制度，即县妇联十三届执委会9名常委每人负责一个片（区）、牵头一项工程（或创新工作）、联系一家“妇字号”基地（或合作社），联系一支“五水共治”巾帼志愿者小分队、帮扶一个困难家庭、跟踪一项课题调研。该制度要求每位常委根据联系情况明确工作目标、细化工作方案、设定工作载体，将其作为听取基层意见建议的重要渠道，作为向基层学习、开展调查研究的必修课目，作为履行工作职责，服务基层、服务群众、服务发展的有效途径。

【女企业家素质提升】 长兴县女企业家协会成立于2011年，现设有会长1名，副会长8名，理事8名，共有来自全县各行各业的女企业家68名。7月10日至14日，组织女企业家赴井冈山干部教育学院学习5天，通过访谈袁文才、曾志等革命后代，瞻仰井冈山革命烈士陵园、小井烈士墓，参观井冈山革命博物馆，让女企业家们重温黄洋界保卫战、十送红军等井冈山峥嵘岁月，领会传承“坚定信念、艰苦奋斗，实事求是、敢闯新路，依靠群众、勇于胜利”的井冈山精神。8月组织部分女企业家赴山东龙口等地考察学习企业文化。

（朱　晶）

长兴县科学技术协会

【概况】 2014年，县科协立足于提升全民科学素质，服务经济社会发展，发挥科技人才优势，切实履行“三服务一加强”工作职能，努力践行党的群众路线教育实践活动，为建设“太湖望县、锦绣长兴”贡献智慧和力量。县科协被中国科协评为2014年全国科普日活动优秀组织单位，被浙江省科协评为县级协科协工作先进单位，在年度考核中被湖州市科协评为县区科协工作先进单位。浙江茶乾坤食品股份有限公司院士专家团队被中国科协等五部委授予全国“讲理想、比贡献”活动创新团队称号，泗安镇童鸣初获得全国“基层科普行动计划”先进个人暨全国农村科普带头人称号。

【成功举办第28届浙江省青少年科技创新大赛】 4月18—20日，第28届浙江省青少年科技创新大赛在长兴县实验中学举行，这是省创新大赛首次在湖州市举办。县科协作为举办地牵头负责单位，统筹协调推进，确保大赛有序、安全、圆满开展。省科协党组副书记、副主席陈世权，省教育厅副厅长韩平，省科技厅副厅长陈洪涛，团省委副书记朱斌，浙江大学招生处处长吴敏，湖州市副市长李上葵，县委书记章根明，县委常委、县纪委书记金淦英，副县长楼秋红等省、市、县的领导参加活动并进行颁奖。本次大赛中，长兴县取得一等奖2项，二、三等奖各1项，其中一项代表浙江省参加第29届全国青少年科技创新大赛终评大赛，一名选手获得浙江大学自主招生资格推荐函。大赛期间，展出县内各校近年来科技教育成果展板80余块，县内师生4500多人到现场观摩学习。

【建言献策为县域经济发展出金点子】 围绕县委、县政府关注的重大问题及经济社会发展中关注的热点、难点问题，动员各界科技人员开展调研，积极建言献策，为党和政府科学决策提供有效服务。全年收到县级学会（协会）相关的调研报告、建议意见10篇，其中县老科技工作者协会围绕洪桥蔬菜种植和夹浦镇轻纺产业发展撰写的两篇调研报告，得到县委主要领导的批示和肯定。

【院士专家工作站建设】 3月，浙江中山化工集团股份有限公司与中国工程院欧阳平凯院士合作签约，建立院士专家工作站，以院士领衔与南京工业大学生物制药工程学院专家团队共同组建“中山化工—南工大联合实验室”，助力企业科技创新。7月，浙江万享科技有限公司与中国科学院郑平院士合作签约，建立院士专家工作站。6月，超威集团院士专家工作站成功通过省级评审，认定为省级站，使长兴县省级工作站达到3家。12月2日，中国工程院院士、东华大学教授周翔和浙江盛发纺织印染有限企业产学研项目签约，成为盛发企业院士专家工作站第二位进驻院士，同日下午为长兴县纺织印染企业做了题为“永续纺织业”的专题讲座。

【实施“金桥工程”服务科技创新】 年初，对2013年列入市级重点金桥工程的8个项目，争取财政补助经费，每个项目3万元共计24万元。今年重点对农业龙头企业、农民专业合作社、家庭农场、农村专业技术协会、专业种养大户等对象项目优先立项，县级项目立项24项，推荐市级“金桥工程”重点项目9项，有效促进中小微企业和现代农业产业科技创新发展。

【开展“百项科技”服务活动】 5月7日，在泗安镇，邀请专家开展园艺工培训班，进行苗木培育、修剪、养护专题讲座，把“科技服务”送进乡镇，送进农村，为农民解决实际问题，提高科学种植水平。5月9日，在洪桥镇，联合县政协经科委举办“送科技、送文化、送服务下乡”大型科技咨询服务活动，组织县水产学会、县医学会等7个学会，30多名农、林以及医疗卫生科技专家深入基层，开展特色水产农业现场咨询，为当地百姓提供医疗卫生义诊服务，使得科技服务做到更有针对性和实效性。全年各学会组织科技专家开展形式多样的科技培训、科技讲座共47次，科技人员送科技下乡指导服务300余人次，发放宣传资料1800余份。组织全县农民参加“省千万农民素质提升工程”培训，全面开展农函大农村实用技术(种养技术专业)培训,全年累计开展农村种养技术培训班75个,农民培训农函大结业证书2580名。

【科普节赛活动推动科普创新】 举办第十届青少年科技节系列活动。围绕"体验、创新、成长"主题,县教育局、科协联合举办长兴县第十届中小学幼儿园科技节系列活动,立足普及、积极参与、因地制宜、注重实效、创新实践为原则,广泛开展有利于培养学生创新精神和创造能力的科技活动,培养和提高学生的整体科技素养和科学素质。举办第六届县级青少年科技创新大赛。突出未成年人科学实践和创新成果,县科协会同教育局、县青少年教育协会开展第六届县青少年科技创新大赛,对青少年科技创新作品进行评定,并从中推选一批优秀作品参加市级科技创新大赛评选。科技(科普)活动周科普活动精彩纷呈。5月科技(科普)活动周期间,突出"科学发展,创新驱动,转型升级,惠及民生"的活动特色,组织开展青少年科学实践创新活动,清洁能源、五水共治专题科普宣传活动,组织科技工作者和科普志愿者进社区、进学校、进农村等科技服务科普活动,科普场馆、科技基地,以及众多科研机构和企业的重点实验室、科普展示馆向公众开放活动,向公众展示身边科学和最新科技成果,营造普及科学知识、倡导科学方法、传播科学思想、弘扬科学精神的社会氛围。

【开展科普惠农活动】 利用城乡科普宣传画廊(栏)开展科普知识进村巡回展览,加大科普宣传力度,提高人民群众的科学文化素质。利用农村党员现代远程教育网络平台开设科普专栏节目,专栏增加科普教育内容。制作140块五水共治和农村生态环境保护科普展板开展巡回展教活动,在县图书馆、县青少年宫及洪桥镇洪桥村、夹浦镇滨湖村、雉城街道水木花都社区等村居社区展出。结合"5·12全国防灾减灾日",利用"防灾减灾科普挂图"40幅在社区展教展示,发放《防灾减灾100问》科普图书40册,"防灾减灾动画视频"5盘,利用移动短信平台定向发送宣传防灾减灾知识和应急措施。参与农村文化大礼堂建设,入选"2014年长兴农村文化礼堂点餐式志愿服务活动项目单位",为20个已建成农村文化大礼堂提供价值380元一套19张科普养生讲座光盘。

【积极开展学术交流】 县蜂业协会举办国家蜂产业体系学术研讨会,邀请蜂业协会会员、蜂农参与,积极探讨最新的养蜂技术和蜂产品开发;邀请亚非等30多个国家的养蜂专家、学者参与对外畜牧业养蜂产业研讨会,取得较好的学术交流和社会影响。县中医学会为弘扬中医学术,增进中医药人员的学术交流,推动中医药事业发展,举办了"中医经方论坛"学术活动,市县中医药专家50多人参加了论坛。县医学会为提高基层医院的医疗水平,提高基层临床医师的业务水平,推广新理论、新技术、新方法,举办"诊治新进展学习班"省级学术交流活动。

(夏　鑫)

长兴县文学艺术联合会

【概况】 年内,长兴县文学艺术界联合会坚持"二为"方向和"双百"方针,履行联络、组织、协调、服务职能,扶持文艺精品创作,培育文艺品牌,服务文艺人才,服务人民群众。全年完成作家协会、书法家协会、美术家协会、摄影家协会、音乐舞蹈家协会、戏曲家协会、诗词学会等8个专业协(学)会换届工作,新增1个合唱协会。新增国家级会员2名,省级会员4名。

文艺精品创作获重大突破　报告文学《江南小延安》和广播剧《生命的延续》2部作品获浙江省第十二届五个一工程奖;歌曲《春风伴我行》、儿童文学《栀子花开》等7部作品获得湖州市五个一工程奖。

文艺作品创作丰收　3部作品在全国、省美展中获奖,1组摄影作品在省摄影展获奖,1部作品获省戏剧小品大赛银奖,均为历史性突破;出版锦绣长兴系列文集《生命的灯》、《秀水》、《乡音一曲》、《印象仙山湖》;举办长兴县"超威杯"第十五届师生文学大赛;开办公益书画展览8场;组织各类文艺志愿者参与农事节庆和下乡采风创作活动60多场次;组织长兴文艺家"八进"农村文化礼堂,为文化礼堂创作800余幅文艺作品,开展各类文化活动80余场;19件作品获长兴优秀文艺作品奖。

【八个协会完成换届工作】 文联下属八个协(学)会任期届满,根据县文联、各协会章程和《社会团体登记管理条例》的有关规定,组织各协会完成换届选举工作,以进一步凝聚长兴县文学艺术界队伍力量,繁荣文艺创作,发展文艺事业。年初,县文联下发关于协(学)会换届的具体指导意见和原则,5月,县文联又召开各协(学)会换届动员大会暨下一届领导班子的民主推荐会,及时统一各文艺队伍的思想认识,周密而妥善地做好有关准备,全面启动换届工作。至12月底,8个专业协(学)会均顺利换届,新老班子平稳交接,并新增1个合唱协会。

【文艺精品创作获重大突破】 重视文艺精品创作,认真规划,精心组织,大力扶持,五个一工程奖获重大突破。田家村创作的长篇纪实文学《江南小延安》和丁天等创作的广播剧《生命的延续》2部作品荣获浙江省第十二届精神文明建设五个一工程奖。钟旭林创作的歌曲《春风伴我行》、田家村创作的儿童文学《栀子花开》等7部作品获得市湖州市五个一工程奖,成为长兴历史上获得五个一工程奖最为丰盛的一年,也突破了长兴县图书、广播剧在该奖项上的空白。

长篇纪实文学《江南小延安》创作出版，发挥了文艺作品的教育和催人奋进的功能，在文联策划下，省作协、红旗出版社、长兴县委隆重召开该作品的研讨会，邀请中国作协副主席何建明、省作协党组书记臧军等省、市有关领导、作家、新四军后代和媒体记者近50人来长，《浙江日报》、新浪、网易等30多家主流媒体和网站对长兴进行50余次报道。6月8日，《钱江晚报》以"长兴有不该被忘却的硬气"为标题用一个整版进行重点报道。该书还作为全县群众路线教育活动读本，被送到全县各机关和基层党组织阅读。

【长兴优秀文艺作品奖】 年内，第四届优秀文艺作品奖申报作品21件，评出获奖作品19件，其中特等奖1件，一等奖1件，二等奖3件，三等奖10件，优秀奖4件。

表6

长兴县优秀文艺作品奖一览表

获评等级	作品名称	类别	作者姓名
特等奖	《百叶龙》	民间艺术	百叶龙演出有限公司
一等奖	《天镜》	长篇散文	张加强
二等奖	《栀子花开》	长篇小说	田家村
二等奖	《神韵壶》	民间艺术	吴伟华
二等奖	《小城故事》	短篇小说	张振宇
三等奖	《殇情》	中篇小说	陈　琳
三等奖	《神秘爆炸下的幸存者》	长篇小说	尹奇峰
三等奖	《画室》	油画	严伟琪
三等奖	《草书中堂》	书法作品	骆　炜
三等奖	《春风伴我行》	音乐作品	薛　虔　钟旭林
三等奖	《陈湾故事》	短篇小说	曹秋华
三等奖	《阳光遍布》	中篇小说	李思雨
三等奖	《后来》	中篇小说	曾思懿
三等奖	《寻光》	中篇小说	黄　蕾
三等奖	《大修现场》组照	摄影作品	陈鲜忠
优秀奖	《茶场表情》组画	水彩画	黄建鑫
优秀奖	《月河桥头(外一首)》	诗歌	陈美霞
优秀奖	《期待幸福》	短篇小说	钱爱康
优秀奖	《家园》	摄影作品	任丽萍

【长兴县艺术馆举办公益活动】 年内，长兴艺术馆努力完善服务设施，稳定工作团队，服务社会、服务广大艺术家，全年共举办文艺公益展览8次，有"意大利著名画家作品展"、"长兴教师书画展"、"桐庐民间剪纸艺术展"、"美丽嘉善姚庄农民画展"、"长兴实小师生书画展"、"袁永群、罗廉娴书画展"、"长兴实验二小师生书画展"、"老年书画展"，先后展出民间工艺品及书画作品1200余幅，吸引观众近万人。另外，艺术馆还举办艺术交流活动5次，接待文艺交流座谈会22场，培训文艺人才600人次。

【长兴县第十五届"超威杯"师生文学大赛】 长兴县第十五届"超威杯"师生文学大赛于2014年9月举行，全县65所中小学共7万余名学生和600名教师参赛。12月，召开隆重颁奖大会，省作协党组书记臧军专程到长兴为获奖者颁奖。

【"长兴少年作家"文艺品牌建设】 少年作家协会全年顺利完成文学培训、文学大赛、实践活动等各项活动目标，继续深化少年作家写作人才的培育成果。成功策划"大作家小作家面对面"活动，邀请中国作协副主席何建明、著名作家李炳银、袁敏、海飞等与长兴少年作家进行互动；顺利实施七万人参与的第十五届师生文学大赛；组织少年作家参与省少年文学之星大赛，收获1名少年文学之星特等奖，并获大赛团体奖；组织少年作家参与全国中小学生作文大赛，有230名少年作家获国家级奖项及省级奖项；少年作家李思雨再次出版个人作品集《最好的时光》；举办有400余名少年作家参与的仙山湖微童话大赛；举办“超威老爸与少年作家”采风活动；举办“今夜不回家，书香入梦来”、“当兵一天”等3次少年作家文学体验活动；长兴少年作家学校义务培训少年作家750人次；成功举办“有梦想，有花香”为主题的“田家村巡回公益文学讲座进校园活动”20场。召开少年作家工作表彰会，30家理事学校的理事参加，有22家理事学校和22位理事获得表彰。

【锦绣长兴系列文集出版】 年内，共出版锦绣长兴系列文集四本。配合“五水共治”活动，县文联、县作协组织50多位会员深入河道溪塘，采集第一手资料，创作18万余字的散文和拍摄大量图片资料，编辑并出版《秀水》文学集；配合县政协和统战工作，编辑出版《乡音一曲》散文集；配合全县医疗卫生工作，出版30万字的报告文学集《生命的灯》；配合旅游工作，编辑出版大型图文册《印象·仙山湖》。

【长兴文艺家“八进”文化礼堂】 长兴县文联以省文联下发的《关于做好省文联农村文化礼堂共建点文艺志愿服务工作的实施方案》为指导，拟定全县文艺家“八进”文化礼堂实施方案，并召开动员会，明确各协会以内容建设为核心，以文艺志愿服务为载体，启动全县25家建成和20家新建文化礼堂文艺共建点。

各协会文艺家积极开展文化进礼堂活动80多场，根据文艺专长为文化礼堂创作了800件左右的文艺作品。县作家协会积极配合县“文化点餐制”，组织开展少年作家讲座进礼堂活动，为各个文化礼堂的文字大纲编写进行指导；县美术家协会为每个文化礼堂进行布展的艺术指导，还为文化礼堂布展，创作连环画、人物画等作品；县书法家协会和县戏曲家协会，利用节假日开展书法进礼堂和戏曲演出进礼堂活动；县书法家协会为39个文化礼堂题写门匾和楹联；县摄影家协会全面负责各个文化礼堂的布展摄影作品拍摄工作；县音乐家协会为每首村歌进行谱曲；县民间文艺家协会为文化礼堂进行民间儿童游戏等特色布展进行创作；县戏曲家协会为文化礼堂进行曲艺节目的创作，特别是为丁新文化礼堂专门创作反映长兴元曲大家生平的小戏作品；县舞蹈家协会的会员，开展排舞中国风进文化礼堂的培训，为农村妇女和学生义务培训和排练排舞节目；县诗词学会为39个文化礼堂各创作了1首村歌和1幅楹联。

（曹秋华）

长兴县残疾人联合会

【概况】 长兴县共有各类残疾人约3.9万人，其中持证残疾人1.6万余人。年内，长兴县残疾人联合会（以下简称县残联）以残疾人社会保障体系和服务体系建设为主线，以“缩小差距、加快发展”为理念，以开展党的群众路线教育实践活动为契机，实施“残疾人共享小康工程”、推进残疾人就业创业、扶助残疾人学生接受教育、创新设立残疾人大病保险再保险制度，开展残疾人“走亲连心”大走访活动，约1.7万人次的残疾人得到了生活、康复、就业、教育等方面的救助。

【生活保障】 保障基本生活，将二级以上低保和低保边缘残疾人及低保的三、四级智力残疾和精神残疾人纳入基本生活保障范围，全额发放低保金，农村每人每月400元，城镇每人每月530元。截至2014年，全县2273名重度残疾人纳入基本生活保障工程。开展集中托（安）养，对1006名生活不能自理、残疾等级为一级的重度残疾人以及18～60周岁且生活不能自理的基本生活保障对象、残疾等级为二级的重度残疾人实施集中托养和居家安养。力推安居工程，2014年共为40户贫困残疾人实施危旧房改造。完善救助机制，对因突发事件导致家庭生活困难残疾人，给予临时生活补助，2014年共救助帮扶32人，救助资金达4.69万元。为全县2400名18～60周岁在劳动年龄段内真正无固定收入的困难持证残疾人实施无固定收入残疾人生活补贴。结对帮扶低收入残疾人，对低保标准200%以内的3991名低收入残疾人家庭进行结对帮扶。健全社会保障，对全县所有持证残疾人（除企业上班外）参加城乡居民医疗保险中个人缴费部分由县残联给予全额补助，2014年为13049名残疾人补助260.98万元；投入48.5万元为全县16165名持证残疾人购买意外伤害保险；为城乡居民二级以上残疾人办理社会养老保险，为个体经营户补助养老保险50%。

【康复服务】 为402例贫困残疾人免费开展助行、助听、助行活动。开展贫困残疾儿童人工耳蜗植入等抢救性康复专项行动。为贫困残疾人家庭实施无障碍改造，使残疾人及残疾人家属日常生活更加方便，2014年共为151户重度残疾人家庭实施无障碍改造。对440户残疾人开展“助残五进家庭”。为低保精神障碍患者免费检查身体、会诊、配送药物，2014年为380名残疾人免费送药。规范社区康复站建设，水口乡卫生院创建省级残疾人康复示范站，水口龙山社区康复服务站、李家巷社区康复服务站创建市级残疾人康复示范站，全县20个社区卫生服务中心均建立残疾人社区康复指导站，169个社区卫生服务站全部建立了残疾人康复站，社区残疾人康复服务实施率达到90%以上。

【就业创业】 以多方面扶持创业、多渠道安置就业、多角度探索康复就业等方式，拓宽残疾人就业渠道。新增残疾人就业219人。为125名残疾人创业奖励扶持资金30万元，新建残疾人扶贫基地4个。

新建立残疾人庇护中心4家，为智力、精神和二级重度残疾人提供辅助就业、职业康复、文化娱乐和生活照料等服务。投入18万元，组织残疾人职业技能培训812人，举办手语培训班，66人经过考试获得手语初级证书。

【教育扶助】 建立完善残疾儿童少年义务教育体系，对7名学龄前困难家庭的残疾人儿童每人补助3000元，对适龄重度肢体、智力、孤独症、脑瘫和多重残疾儿童少年实施义务教育，全县300多名残疾儿童少年接受义务教育率达到99%以上。注重教育扶助激励，对残疾学生和低保残疾人子女考取高等教育实行扶持奖励制度，考取大专以上全日制院校后实行大专每人每学期3000元、本科及以上每人每学期4000元的标准给予学费补助；低保残疾人的子女和非低保家庭的残疾子女接受全日制院校，给予一次性奖励，大专每人3000元、本科及以上每人4000元。2014年共扶持123名困难残疾人接受学前、初、中、高等教育。

【长兴残疾人免费享受大病保险再保险】 作为湖州市试点，长兴县投入100万元为全县16165名持证残疾人购买残疾人大病医疗再保险，投保金额为每人每年60元。凡是持有中华人民共和国第二代“残疾人证”的残疾人，每个自然年度内，参保残疾人中住院和特殊门诊发生的医疗费用，按当地基本医疗保险政策规定报销和长兴县大病保险理赔后，个人累计自负费用超过残疾人住院和特殊门诊再保险理赔起付标准10000元的，可以进行再报销，10000元以上(含10000元)~30000元以内的，再按20%支付；30000元以上(含30000元)的，再按30%支付。对丙类药报销进行限制，年度累计限额5万元。如单次住院和特殊病种门诊未超过起付标准，在年度内可进行多次累计，达到标准给予赔付。

【残疾人服务状况和需求专项调查】 按中残联部署，县残联于11月起对1.6万残疾人进行基本服务状况和需求专项调查，此次专项调查重点了解各类残疾人在生活救助、社会保障、康复服务、辅具服务、接受教育、就业帮扶、托养照料、扶贫开发、住房保障、无障碍改造、权益维护等方面的现有服务状况、托底服务需求等内容，分残疾人数据核查、入户人员培训、入户调查、复核、数据录入五个阶段完成。全县555名调查员共入户核查残疾人16052人，确定在户15980人、不在户321人、死亡删除49人，在户率99.6%。年底调查数据录入全部完成。

【长兴残疾人运动员首获国际比赛金牌】 10月21日，残疾人运动员吴云龙在2014仁川亚残运会上以3′34的成绩获得有舵手赛艇项目金牌，填补长兴县残疾人运动员亚残会金牌空白。是年6月19—23日，吴云龙在第九届残疾人运动会提前赛暨2014年全国残疾人赛艇锦标赛男子500米四人单桨有舵手、男子1000米四人单桨有舵手、男女混合1000米四人单桨有舵手中一举夺得三枚金牌。

【走亲连心残疾人大走访】 县残联结合基层残疾人组织建设年活动和党的群众路线教育实践活动，对全县1.6万名残疾人开展“走亲连心”大走访活动。活动按照县残联10%，乡镇(街道、园区)残联20%，村(社区)残疾人协会专(兼)职委员70%的比例，遵循每户必到的原则，通过直接登门拜访的方式，了解残疾人的生活状况和真实需求。走访中，采用“领导带兵制”，分组行动，三级联动，层层监督的方式，随身携带“政策宣传卡”“康复服务卡”“需求意见征询卡”和“爱心手记”簿，做到“政策、服务、信息”三进家庭。

(田　静)

长兴县台胞台属联谊会

【概况】 2014年，长兴县台胞台属联谊会在中共长兴县委统战部的指导帮助下，围绕县委、县政府中心工作，发挥自身优势，突出招商引资和服务台企工作，为建设“太湖望县、锦绣长兴”做出应有的贡献。通过招商引资发挥自身优势，与台胞台属密切联系、畅通信息的优势，配合有关部门做好招商引资工作，为引进台资企业牵线搭桥。多次接待台胞参观考察，接待台湾龙盟环保纸集团董事长梁石辉一行，推进石头造纸项目。配合做好湖州市台胞台属联谊会换届工作，安排台联代表参会。接待台湾可爱马科技股份有限公司与浙江超威电源有限公司相关人员，推进电动车电源采购和代理前期服务工作。与湖州市台企协会对接，服务社会，奉献爱心，赴水口购买250公斤“爱心杨梅”。8月22日，台湾(湖州)同乡会会长吴神农重返故乡长兴，向长兴县档案馆捐赠《一位抗战飞行员的日记》一书。

(王　全)

长兴县归侨侨眷联合会

【概况】 2014年，长兴县归侨侨眷联合会围绕县委、县政府中心工作，认真贯彻省市侨务工作会议和县委十三届八次全会精神，立足侨联工作实际，开拓创新，履职实干，推进侨联工作科学发展，较好地完成全年工作目标任务。发挥侨界人士联系广泛、信息量大的优势，参与招商引资工作。确定专人负责信息撰写工作，主动挖掘涉侨信息，2014年共上报涉侨信息80余篇，被省侨联网站录用38篇。参加浙江省侨联组织的“寻找侨界‘最美’系列”活动，推荐长兴县侨界人士参加最美侨商、最美侨务人、最美归侨侨眷、最美海归评选角逐。参加浙江省侨联组织的“中国梦侨联情”暨浙江省侨界“最美现象”演讲比赛，长兴侨界人士陈美霞获得三等奖，为湖州市唯一参赛获奖选手。根据省、市的统一部署和要求，完成基本侨情调查工作。长兴县侨联荣获“全省基本侨情调查工作先进单位”，李彩琴荣获“全省基本侨情调查工作先进个人”。11月26日，召开长兴县侨联第六次代表大会，选举产生县侨联第六届领导班子，表决通过《关于县侨联第五届委员会工作报告的决议》，为浙江绿野仙踪生态农业发展有限公司进行“侨联之家”授牌，李彩琴当选侨联主席。

（王　全）

长兴县党外知识分子联谊会

【概况】 2014年，长兴县党外知识分子联谊会在县委、县政府的正确领导下，按照县委统战部的工作部署，以健全工作机制、完善自身建设为基础，以拓展办会思路、发挥联谊优势为重点，以培育知联品牌、扩大社会影响为目标，借助联谊、结对互助等平台，充分发挥会员自身优势，积极开展特色活动，不断加强队伍建设。加强理论学习，建立会员教育培训机制。鼓励会员建言献策，培养会员撰写信息、反映社情民意。健全知联会各项规章制度，推动知联会工作规范化。以小组为单位制订学习计划，定期交流学习体会。开展特色活动，强化服务意识，确定蓝天民工子弟学校和利民民工子弟学校为服务对象。会员分别于3月和6月进行调研活动，开展随堂听课、师生座谈、学生特长辅导等服务。8月26—27日，蔡永进为2所民工子弟学校的所有教师就“教学常规规范”做专题辅导报告。陆凤林集中辅导教师多媒体教学技术运用。韩孔亮、林毅、李云娟、莫晶等会员参与“送教下乡”活动。搭建锻炼和培养人才的平台，有2人提拔为副校长，4人在校教导处工作，1人成为校团支部书记。推荐优秀会员参加民主党派组织，向民进长兴县支部推荐积极分子。推荐会员参与各级各类业务竞赛，承担省、市、县级公开课10余节。2014年，在县青年教师综合素养大赛中，莫晶、林毅、颜丰毅、韩孔亮、李云娟等5位会员获得一等奖。会员在县级以上业务竞赛荣获一等奖60余次，会员莫晶的微课获浙江省一等奖，包奇佳的多媒体技术运用比赛获省三等奖。会员论文发表获奖30余篇。

（王　全）

长兴县慈善总会

【概况】 长兴县慈善总会成立于2003年12月31日，是由热心慈善事业的单位、组织和个人共同发起组建的具有法人资格的公益性非营利民间社会团体。至2014年年底，有团体会员116家（其中副会长单位26家，理事单位57家，会员单位33家），下设14个乡镇慈善分会，248个行政村（社区）慈善工作站。自成立以来，累计募集慈善资金1.33亿元，救助支出8899.5万元。

【募集慈善资金】 7月15日，全县248个行政村（社区）慈善工作站和帮扶资金的建立实现全覆盖，募集慈善帮扶资金640.5万元；11月14日，2014年“慈善一日捐”活动仪式启动，当日募集善款136万元；留本捐息冠名基金本金总量达9100万元，按每年6%的利息捐赠，本年度到账429万元。年内，县慈善总会共计接收善款2867.9万元（含“五水共治”捐款1109万元）。

【开展慈善救助】 全年共支出救助资金1828.9万元，受助困难群众8000余人次。其中定向资助新农村、学校等公益事业项目20个，资助金额545.2万元；发放助学金134.6万元，受助学生420人；春节集中慰问贫困家庭875户，救助资金70万元。此外，还有定向助医助困、企业慰问困难职工、鲁甸地震赈灾捐助等。

【宣传慈善文化】 年内，以开展慈善宣传和树立慈善形象为主宣传、塑造慈善文化。利用“2014年长兴大型数字电影下乡”平台，播放慈善公益宣传片，全年放映约3000场次。2014年第3期《浙江慈善》“慈善典型”专栏刊发《锦绣长兴慈善新星》及《创新思路推动慈善事业发展》，报道长兴慈善工作。1月，组织参加湖州市首届“慈善好新闻”评选，1人获电视广播类一等奖，1人获电视广播类三等奖，1人获报刊网络类三等奖。1月，组织参加“浙江农信杯”万村慈善帮扶基金工程竞赛活动，煤山镇新安村获评“慈善村”，林城镇慈善分会获优胜奖。8月，组织参加第二届浙江慈善工作先进集体和个人评选，县慈善总会钱琼、夹浦镇慈善分会赵明贵获评“优秀慈善工作者”，百灵公益义工吴强获“优秀义工（志愿者）奖”。此外，画溪街道包桥村任友年获浙江省第四届“十大慈善之星”入围奖，寿圣寺方丈释界隆被聘为“湖州市首届慈善大使”。

（强　毅）

长兴县红十字会

【概况】 年内，共开展红十字应急救护知识普及培训12034人次，其中培训红十字救护员1638名。开展“博爱送万家”活动，共走访困难群众118户。开展志愿者服务工作，组织志愿者到社区、敬老院、孤儿院开展慰问服务活动。加快基层红十字组织建设步伐，年内，15个乡镇（街道、园区）全部建立红十字会。

（房文聪）

政法综治维稳平安工作

【概况】 年内，全县政法工作以确保平安长兴“九连冠”“夺银鼎”为总目标，以开展党的群众路线教育实践活动为抓手，推进社会治理创新，深化平安长兴、法治长兴和过硬队伍建设，较好实现“不发生大规模群体性事件、不发生重大安全事件、不发生重大恶性事件”等“三个不发生”的年初目标，为长兴经济社会提供了和谐稳定的社会环境、公平正义的法治环境和优质高效的服务环境。

【不断深化平安建设】 年内，继续将平安综治工作纳入县委、县政府“三比一讲”绩效考核，以推动各单位责任落实。2月，建立健全每月检查梳理一次、汇总通报一次、例会推进一次、约谈督办一次的“四个一”工作机制；建立常态化检查模式，每月由县委分管领导带队，召集有关部门深入企业工厂、村居（社区）、学校、市场、商店、车站等一线进行暗访，现场发现问题、督办问题、解决问题。继续开展平安宣传活动，9—12月，先后开展平安宣传“主题街道”“主题栏目”“主题广告”“主题教育”“主题行动”“主题会议”“主题彩铃”“主题网络”等“八大主题”活动。实现平安创建知晓率、参与率和安全感满意度“三率”水平持续保持在全市前列。

【统筹政法重点工作】 6月9—20日，组织开展“查短板、强基层、固基础、创平安”专项活动，对各乡镇（街道、园区）平安创建工作开展地毯式排查问诊，共查处问题839个，全部整改到位。着重加强护路护线联防工作，深入排查输油气管线安全隐患，全年排摸出29处隐患点，并全部落实到责任单位。

【全力确保社会稳定】 年内，圆满完成各级“两会”、上海亚信峰会、“6·4”、青奥会、十八届四中全会、北京APEC会议及世界互联网大会等重要时期的维稳安保任务。年内，省挂牌督办2件已化解；市挂牌督办8件，化解7件、销号1件；县挂牌督办29件，化解22件。反恐防范工作方面，全面加强社会面防控。5月和9月，先后对15个反暴恐重点单位及学校、医院、商场、火车站等人员密集场所开展全面排查。年内，共组织开展2次防暴恐应急演练，切实提升反恐防范的水平。继续深化无邪教“三级联创”工作，成功创建全省无邪教县。

【推进社会治理创新】 4月，成立社会治理体制改革专项小组，以加快推进涉法涉诉信访工作改革，加快大调解格局完善，加快基层民主建设体制机制改革。全面启动社会治理示范点建设，6月，制订出台《长兴县社会治理示范点培育工作实施方案》。年内，推进《长兴县社会管理重点项目建设三年行动纲要（2013—2015）》的落实生效，共培育完成15个市级示范点和20个县级示范点。推动基层治理，深化“网格化管理、组团式服务”工作，着重加强网格长及服务团队建设；加强乡镇（街道、园区）社会服务管理中心、村居（社区）社会服务管理室和基层“两所一庭一室”规范化建设；重视基层社会管理综合信息系统建设，全年定期组织开展教育培训，积极推动实现“四个村”（村村通、村村用、村村看、村村响）建设与村居（社区）社会服务管理室“同处一室，融为一体”，全部完成5000个社会治安视频监控点设置。

【公平正义不断彰显】 年内，以实现公平正义为重点，严格内部管理，强化执法监督，不断提高执法司法公信力。于2014年12月制订出台《长兴县关于依法处理涉法涉诉信访问题的实施意见》《关于处置信访活动中违法犯罪行为适用法律的指导意见》，稳妥推进涉法涉诉信访改革。以新刑诉法、民诉法实施情况为重点，开展专项执法检查活动。对“涉及罚金刑的减刑、假释案件”“刑事法律援助案件”“财产保全类案件”进行集中案件评查，针对梳理出的问题案件进行了纠错究责，督促责任部门及时整改落实，确保执法公正。以公开促公正，健全领导干部办案制度，对领导干部办理案件的数量、类型、要求等作出明确规定，将领导干部办理案件作为常规动作，形成长效机制。持续做好司法救助工作，发放司法救助资金约100万元，最大限度发挥司法救助制度的良好作用。法律援助案件做到应援尽援，全年共办理1615件。

【抓好政法队伍建设】 年内，扎实开展党的群众路线教育实践活动，先后开展“我学习”“我找茬”“我体验”“我练兵”“我亮相”“我承诺”“我服务”“我行动”等“八大主题”活动，有关经验做法获得市委政法委肯定。11月，组织广大政法干警学习中共十八届四中全会精神。年内，县法院被评为全省阳光司法优秀法院；县委政法委、县检察院被评为市级人民满意政法单位；县公安局被确定为全省公安队伍正规化建设优秀单位，全国公安监管场所医疗专业化现场会在长兴召开；县司法局被授予“全国‘六五’普法中期先进单位”荣誉称号；法院臧峻月被评为全省劳动模范，检察院赵忠华被评为省级优秀侦查员，“爱民特警”黄杰被评为“全省政法先进个人”，“老娘舅”王楚雄被评为省司法行政系统第四届“百名优秀人物”。

（钱　毅）

公安工作

【概况】 年内，全县公安机关以开展“守卫”系列行动为载体，紧紧围绕平安长兴建设、“惠民十大行动”及“十项重点工作”，锐意进取、真抓实干，圆满完成各项公安工作任务，为推进“太湖望县、锦绣长兴”建设、创造和谐稳定治安环境。2014年，县公安局内设机构17个，下辖派出所13个（含长广分局），共有民警608人、协警1269人、文职208人。年内，一名民警获全省政法系统先进个人、“全省公安机关爱民模范”称号；全国公安监管场所医疗专业化现场会、全省消防多功能训练塔改造工作推进会、湖州市公安机关执法规范化建设现场会先后在长兴县召开，多个“长兴模式”亮相。“解放派出所13条措施”得到浙江省公安厅肯定，洪桥派出所被评为全省公安警务保障“113”工程示范单位，“试验田”工作成效明显，贯彻省公安厅1号文件做法在浙江省主会场作经验介绍；县公安局机要室通过公安部一级机要室验收。全年未发生有影响的重大群体性事件、恶性刑事案件及交通、火灾安全事故，未发生严重队伍违法违纪问题，辖区群众安全感、满意度继续保持较高水平（98.8%、98.49%）。

【构筑浙北安全屏障】 围绕全县社会稳定大局，突出重点领域和重点问题，落实重点动态掌控措施，未发生恐怖破坏、联络等涉恐活动；加大对反恐重要目标单位安全防控检查巡查力度，发现整改问题隐患12处，确保绝对安全。强化应急防范处置，制订完善六大应急处置预案，组织开展不同层面反恐防暴实战演练6次，全面更新增置警械装备，加强重点时段值班备勤，提升应急处置能力水平；深入细致做好重点人和事的排查稳控化解工作，大力开展矛盾纠纷排查化解，11个派出所全部挂牌成立人民调解驻派出所调解室，调处各类矛盾纠纷2356起，调处成功率达95%以上。雉城派出所“董平调解室”被评为“全市先进人民调解委员会”。加强重大活动安保审查审批工作，严格督促落实安全监管责任，严密各项警卫措施落实，先后圆满完成十八届四中全会、上海亚信峰会、南京青奥会、第五届环太湖公路自行车赛等重大活动的安保和警卫任务46次。

【服务企业助推环境治理】 紧扣全县中心工作，制订出台全县公安机关《进一步加强护航发展的工作意见》，积极主动加强和改进服务举措，全力保驾护航。组建“维稳处置、打击整治、办事服务”三个护航服务工作专班，完善重大事项会商、跟踪服务、领办督办“三项制度”，推行重点企业、项目警企联系制度，为重点项目和中心工作推进提供“零距离”的“贴身服务”。全年落实项目警官制项目607个，建立重点项目警务室9个，全县603家规上企业全部落实“一企一警”做好上门跟踪联系服务。提前介入、主动服务企业项目消防审核，指导服务企业297家，提出审核意见374条，直接为企业节省资金5000余万元。全力护航助推全县“三改一拆”工作，全年排查化解涉及矛盾纠纷130起，及时查处阻碍施工等案件7起10人。围绕全县治水、治气重点工作，强化职能，积极履职尽责。配套16条县级“河长”河道建立“河道警长制”，全面参与、护卫全县水环境综合治理。大力推进治理淘汰黄标车及燃油助力车禁行工作，提前完成全年任务指标，淘汰黄标车3811辆，查处黄标车违法行为722起，查扣燃油助力车205辆，责令商家停止销售1家。

【扫除影响发展障碍】 深入排查打击建设工程领域黑恶违法犯罪，打掉涉及的黑恶违法犯罪团伙2个23人。严厉打击各类经济犯罪活动，查破各类经济案件49起，打击处理62人，抓获逃犯10人，追缴挽回经济损失1.35亿元，可追赃率达60%以上。其中及时查破涉及企业的职务犯罪13起、合同诈骗案4起，有力维护企业经营秩序和合法权益。成立打击食药环侦查大队，开展“放心餐桌”护卫行动，严厉打击“食药环”犯罪，侦破涉及食品、药品、环境污染案件15起。强势推进安全生产隐患排查整治，组织开展人员密集场所、居民小区、新居民集中生活就业区及夹浦轻纺工业园区、劳动密集型企业等消防安全重点区域场所专项治理行动,及时发现整改火灾隐患1228个,抢救被困人员136人,疏散人员242人,抢救财产价值8600.6万元,全年未发生亡人火灾事故;深入推进道路交通压事故保畅通行动,升级改造中心城区34个路口信号控制系统、科学设置重点路段绿波带,极大提高路面通行率。保持对重点时段、重点路段交通常态严管态势,查处各类交通违法行为238480起,其中酒驾1587起,追究刑事责任195人,行政拘留172人。全县发生交通事故162起,死亡67人,受伤121人,直接经济损失27.9万元,比上一年分别下降9.50%、1.47%,10.37%、9.12%。

【严厉打击犯罪活动】 保持命案连续8年全破,全年发破命案6起,成功突破"2013.9.27"林城故意杀人隐性命案和"1998.9.19"命案积案。全面深化打击侵财犯罪专项行动,严厉打击入户盗窃、盗窃"三车"、通信网络诈骗等犯罪,加大逃犯缉捕和赃款赃物追缴力度,破获各类侵财案件1251起,其中10起以上的系列性案件26串,打掉各类团伙30个,其中5人10起以上案件团伙2个,追缴赃款赃物约270余万元。成功破获"6·16"特大入室盗窃金店案,追回全部被盗财物价值50余万元。侦破通信网络诈骗案件40起,追缴赃款7万元,破获率、打击数、追赃数均高于去年。保持对黄赌毒恶等群众深恶痛绝治安突出问题的常态高压严治态势,查破黄赌毒案件1073起,打掉赌博团伙10个52人,查处2371人,其中采取刑事强制措施208人,行政拘留967人。查破涉黑恶案件87起219人,成功铲除"东北人"恶势力等3人3起以上团伙7个。严厉打击整治传销活动,捣毁相关窝点65个,及时查处传销引发的非法拘禁等案件7起,打击处理19人,教育遣返554人次,传销警情比上一年下降35.5%,传销诱发刑事案件比上一年下降75%。

【织严织密防控网络】 开展信息警务大提升行动,不断提升情报信息准确导防、精确打击能力水平,社会治安掌控能力全面增强。全年刑事发案3764起,比上一年下降13.4%,破案1190起,破案率31.6%,高于全市平均破案率10.3个百分点,打击处理766人。查处各类治安案件4548起,查处违法人员3174人,其中治安拘留1419人,比上一年分别上升3.4%、22.5%、4.5%。突出对重点区域、要害部位、重点时段的巡防管控,加大对可疑人员、可疑车辆的盘查检查,实现"巡中防、防中打"。全年主动巡逻盘查可疑人员58554人,从中打击处理违法犯罪嫌疑人315人,查破案件472起。全面推进社会治安视频监控系统建设应用,建成并接入视频共享平台监控点位5017个,其中城区3000个,农村乡镇2017个,完好率达95%以上。新建或改建完成11个派出所"三室合一"(视频监控室、指挥室、信息室)建设,建成指挥(情报)中心、各派出所视频侦查队伍12支38人,全年视频监控服务实战发挥作用率达37%,直接和协助抓获犯罪嫌疑人80余人,破案280余起,破案占全局总量的38%。

【推出减负增效举措】 贯彻落实省公安厅"1号"文件精神,制订出台"解放"派出所13项举措,全面为派出所松绑减负、强体增效,确保其更加专注、专业做好基层基础工作。精简优化派出所工作考核内容、方式,提高派出所工作主动权;健全完善110社会应急联动处置工作机制,110社会联动处置警情占比达15.7%,从源头上分流派出所非警务警情处置工作;加大派出所警力财力倾斜力度,严格机关警力三年"零增长"和派出所警力"先进后出、只增不减"原则和逐年增加派出所经费保障政策,派出所警力占比达45.82%,经费保障同比增加10%以上;加强基层基础设施建设,完成雉城派出所改建、城南消防站多功能训练塔改造等基础设施工程,全局单警装备全部更新。9月26日全省消防部队多功能训练塔改造工作推进会在长兴县召开,县公安局和洪桥派出所被评为全省公安警务保障"113"示范单位,"解放"派出所工作做法在全省加强和改进派出所工作电视电话会议上作经验介绍。加强监所安全管理,全面完成监所医疗卫生专业化建设,全国监管场所医疗卫生专业化建设现场会在长兴召开,监所管理实现连续26年安全无事故记录。

【警民共建夯实基础】 大力实施警务共同体品质工程,全年推动25个警务共同体建设项目,组建起警民合作共建队伍100余支,吸纳社会力量2500余人。夹浦派出所水口景区"2+5"模式做法得到省委常委、公安厅厅长刘力伟的充分肯定。常态开展广场警务活动,依托校局合作平台,成立长兴中学全市首支"学生警察团";创立长兴公安微信公众账号及部门警种微信群,及时宣传发布信息1000余条,参与粉丝群众达5000余人,进一步开放警营增进群众对公安工作的理解和支持。深入开展户口清理整顿,采集人口实际居住地信息13559余条,全县常住人口人户信息一致率达80%(目标要求70%);加强流动人口登记管理,登记流动人口166581人、出租房屋2778家,发放"居住证"1884张,流动人口、出租房屋、旅馆住宿登记率分别达91.08%、95.91%、91%,均高于省市考核标准要求。大力推进平安细胞创建工程,开展老旧小区、新农村、校园等治安防范薄弱点治理,加强治安巡逻和防范宣传,指导推动技防物防人防建设,不断提升安防能力水平。全年建成"校园警务室”91个，居民小区入户盗窃案件比上一年下降10.0%。

【实施阳光监管工程】 围绕“一法两规”等基本执法程序规定，组织开展典型案例评析、专题讲座、庭审旁听、执法资格和司法考试等学习培训活动；加强法制大队和专（兼）职法制员队伍素质建设，全局法制员全部取得中级以上执法资格，7人取得高级执法资格，4人取得公职律师证；狠抓中层领导办案制度落实，提高中层领导干部执法办案和依法决策能力，全局中层领导办理各类案件853件，其中刑事案件338件、行政案件515件，占全局办案总量的39%。坚持每月一次飞行检查、每季一次交叉检查，及时复查复评，并及时组织开展执法“回头看”活动，实行重点执法问题专项督查、常见反复问题随时抽查，边查边改、严查严改，做到执法问题隐患监督整改制度化、常态化。坚持硬件倒逼软件，不断改进执法功能区，完成县局“三中心”建设和雉城派出所“三室一区”试点建设，严格执行公安部办案区“四个一律”规定，有效从源头发生执法安全问题发生。全面推进执法办案信息化建设，严格落实办案网上流转单轨制，行政案件和刑事案件电子化率分别达到98.9%和92.5%。全面推行执法活动同步录音录像，有效促使执法行为规范。修订完善《长兴县公安局执法质量考核评议实施办法》，全面推行执法办案积分制，严格实行一案一评一档，全面实时记录、跟踪、督促执法问题整改，增强执法监督考评效果。紧抓阳光执法促公正。大力推进行政案件公开办理、交通事故责任公开认定、案件互联网公开查询等，不断深化“阳光执法”内容范围，最大限度用群众看得见的方式实现执法公平公正。全年公开办理行政案件95起、公开认定交通事故责任23起，通过互联网可公开查询案件6649起，互联网公开场所内发生的行政案件214起，已结行政案件、已破刑事案件和未破的两抢、盗窃刑事案件信息公开率达100%。

【正风肃纪，提升活力形象】 年初开展以“六个一”活动为内容的队伍教育集中整训活动；围绕“为民务实清廉”主题，严格学习教育、查摆剖析、整改提升各个环节规定动作落实，全面查摆“四风”问题；以狠抓“三个必查”制度落实为抓手，从言行举止、警容风纪、制度执行等日常管理的细微层面入手，严查严纠，抓小抓早抓习惯养成；建成启用民警廉政风险信息数据系统和分色预警机制，已输入信息2000余条，提升队伍信息化管理效能。全年组织开展正风肃纪明察暗访636次，发现查处队伍违法违纪苗头性、倾向性问题56个，问责查处10人。紧紧围绕群众实际感受和需求来进一步找差距、抓整改，组织全警开展“民情体验课”活动，切实从感受群众的酸甜苦辣、劳动艰辛、所需所盼中接受教育、换位思考，找准差距、改进提升。全县公安民警到2498家企业、12151个农户等开展劳动、岗位、活动、生活等体验活动2408次，人均时间4天以上，搜集各类意见诉求256件，涉及“四风”问题38个，并力所能及解决实际问题困难686个。更多地站在方便群众角度考虑窗口服务，开展了窗口装备设施完善提升行动，创新窗口服务举措，全面改进提升窗口服务形象和效能，车管所窗口满意度98.41%，排名全市第一。

【创优民警成长环境】 组建民警民主议事委员会，从组织机构上搭建起让民警参与全局重大事项的平台，开展金点子征集表彰活动，并改版县局局域网主页，凸显基层一线工作和民警风采，让民警的主体地位和作用得到充分保障和发挥。全年征得民警意见建议655条，评出“十大警务金点子”和“十大人围金点子”。实施人才强警工程，建立人才评定标准和人才信息库，开展每月之星评比活动，评出“每月之星”86名、首批入库人才53名。深入推进文化育警，成立公安文联、警察协会、前卫体协三个社团组织，启动长兴公安陈列馆，打造了“六个文化”示范所队，提升长兴公安百叶龙队伍和威风锣鼓队品牌，开展警察故事评选，举办公安理论研讨会、书画交流笔会及篮球等体育活动友谊赛等活动，丰富拓展警营文化。优化爱警惠警措施，建成“民警休闲屋”，落实县局食堂夜宵，按照公安系统补贴标准，解决消防官兵高危津贴、执勤补贴和同城同酬等福利待遇，提升队伍凝聚力和战斗实力。加强民警执法权益保障，受理办理维权案件8起，依法查处抗法袭警行为2起，其他6起，追究刑事责任1人，行政拘留7人，有力地维护民警的正常执法权益。

（曹忻春）

法院工作

【概况】 年内，长兴县人民法院（以下简称县法院）新收各类案件12059件，办结12105件，一线法官人均结案数212件，比全省平均数高13%，是全国平均数的2.5倍，二审改判发回瑕疵率1.3%，比全省平均数少3个百分点。25项审判质效数据和22项执行质效数据均处在浙江省高级人民法院（以下简称省高院）设定的合理区间内，且位于全省前列。年内，被评为全省阳光司法优秀法院和全省法院审判管理工作先进集体，另有7个集体和12名干警荣获市级以上荣誉，泗安法庭荣立集体二等功并被评为省级模范“五好”法庭，臧峻月获省劳模称号。

【惩治刑事犯罪】 年内，审结刑事案件876件，比2013年增长15.6%，判处罪犯1219人，比2013年增长11.4%，判处五年以上有期徒刑41

人，判处非监禁刑424人。审结故意杀人、两抢一盗、强奸、涉毒等犯罪案件484件654人。审结贪污、贿赂犯罪案件12件15人，涉副科级以上干部4人。审结未成年人犯罪案件32件45人，对32人适用缓刑，3人免于刑事处罚，刑事审判庭入选省青少年维权岗单位。为83名符合条件的被告人指定辩护人，判处三年以上有期徒刑的罪犯辩护率87.2%。严格落实省防止冤假错案33项制度，有效防范冤错案，无一刑事案件因瑕疵而被发回改判。推行简易刑事案件快速审理工作，对710件案件适用简易程序审理，占审结案件的81.1%，案均审理用时14天。

【化解民事纠纷】 年内，审结各类民商事案件7323件。审结买卖、借贷等合同类纠纷2759件，涉案标的额23.36亿元。审结婚姻家庭纠纷案件731件。审结房屋买卖、租赁，建设工程，物业纠纷案件506件，比上年增长90.9%。坚持“调解优先”，通过委托调解、引导调解和诉讼调解，依法调处各类案件3487件，调撤率64%。对不宜调解、调解不成的3345件案件，及时依法做出裁判，发挥司法裁判教育、评价、指引和示范功能。

【促进依法行政】 年内，审结行政案件46件，比上年增长109%。6月份全市行政案件相对集中到德清法院管辖以后，充分发挥联系沟通作用，配合做好长兴县行政案件诉前化解、诉中协调工作，实时掌握和梳理总结涉案情况及主要态势，在府院联席会议上进行通报、提出建议。对102件行政非诉案件依法审查后做出裁决，交付强制执行。积极争取政府支持，出台《关于“裁执分离”工作机制专题会议纪要》，为破解房屋征收、国土和环保等领域的行政执法执行难题打下基础。

【加大执行力度】 年内，办结执行案件3754件，标的清偿率51.31%。加大对拒不履行生效法律文书行为的处罚力度，全年共将4名涉嫌拒执罪的被执行人移送公安立案侦查，2029名被执行人纳入失信名单库，21家失信企业纳入联动惩戒黑名单，对68名被执行人依法实施司法拘留。依法消除长期租赁、恶意转让、非法占有等执行障碍133件次。全年使用网上“点对点”查控平台，查控银行存款1151万元。全年实行网上布控追逃被执行人197人，布控成功39人，到位金额129万元。网络拍卖车辆、房产、土地等529件次，成交额1.41亿元，为当事人节省佣金357.4万元。继续做好非法吸收公众存款案件的债权催收和赃物追缴工作，累计执行到位500余万元，29处房产移交评估拍卖。

【服务转型升级】 审结涉企纠纷3585件，标的额29.48亿元。对有市场有前景的涉困企业，灵活运用司法举措，帮扶企业维持生产、渡过难关，想方设法创造司法条件，为企业提供自救路径。积极探索以市场为导向、司法为主导的企业破产重整新路，审结破产案件3件，依法处置全省首例重整方案通过后注资企业违约案件，通过调整重整方案重新引入投资方的方式，使破产企业二次获得新生。通过执行程序，促使被市场淘汰的“僵尸企业”的生产要素进入市场，得到重新利用，金沙泉、百仕盾、友耐、君泰生物等一批企业实现腾笼换鸟。

【支持金融发展】 出台加强金融债权司法处置营造良好金融生态环境的实施意见13条，整合资源，集中力量，开展金融债权治理专项活动。实行金融案件集中审理，审结金融案件328件，标的额7.4亿元，审结率97.6%。针对恶意逃废债行为提出分类处置、因案施策的办法，在全市专项活动部署中进行经验交流。推进“七个一批”(集中曝光一批；刑事追责一批；督查落实一批；大要案重点突破一批；强制腾空一批；联合惩戒一批；外地法院协助执行一批)金融债权执行方案，取得较好执行效果。执结金融债权执行案件336件，执结率98.2%，集中曝光拖欠银行贷款人员3批184人，移送刑事追责3件3人，执行到位标的2.93亿元，标的到位率66%。对142件旧存金融债权案件恢复执行，到位标的2678.23万，标的到位率31.1%。

【探索司法改革】 完善审判委员会制度，在全省率先推行审判委员会委员办案，审委会委员示范开庭169次。重点关注劳教制度废止后的分流入罪问题，对事实清楚、证据充分、被告人认罪并依法可能判处三年有期徒刑以下刑罚的198件案件适用轻微刑案快速办理，平均审限用时仅5天，当庭宣判率100%。稳妥推进涉诉信访改革，将涉法涉诉信访纳入法治化解决轨道。落实“诉访分离”，加强源头甄别，将甄别后的涉诉信访案件依法导入司法程序，受理申诉、申请再审5件。健全涉诉信访终结机制，共甄别出4件符合终结备案条件的信访老案，移交县信访联席办和政法委。健全公众参与司法机制，落实人民陪审员“倍增计划”，增选人民陪审员40名，陪审员参与合议庭审理案件1131件，陪审率99.4%。

【推进阳光司法】 全面推进审判流程公开、裁判文书公开和执行信息公开三大平台建设，在巩固已有成果基础上实现五个全部：庭审过程全部同步录音录像；符合上网条件的裁判文书全部上网；案件审理信息、拍卖信息全部可通过网络或热线查询；符合网拍条件的执行财产全部上淘宝网拍卖；鉴定评估机构全部通过网络公开摇号选定。在官方网站、微博和微信平台发布工作动态、重大案件情况和各项司法信息200余条。举办公众开放日4次，组织200余人旁听案件庭审。到企业、社区、学校和基层组织举办法制讲座12次。做好《法庭直击》栏目，播放47期，其中4期被省高院《法庭聚焦》栏目采用。开通12368司法服务热线，提供查询、咨询、业务办理、投诉举报等综合服务，共处理来电162件。完成历年案卷电子扫描工作，基本实现诉讼档案电子化阅卷。2014年度浙江省法院阳光司法指数测评时，在93家基层法院中名列第十八位。

【保障涉案民生】 继续实行财产保全信用担保，由担保公司提供信用担保241件，被担保金额3.34亿元，有效化解财产保全担保难题。建立法官联村、三类案件前置联系以及法官宣讲团等三项制度，将司法工作触角延伸到行政村一级，从源头上预防和化解矛盾纠纷，效果良好。严厉打击危害食品药品安全犯罪，12人依法被追究刑事责任。集中审理交通事故损害赔偿纠纷，审结2716件，涉案标的额9200余万元。加强与事故处理部门、保险公司的沟通联系，进一步完善诉前委托鉴定工作机制，97.4%的案件在开庭前达成和解，94.5%的赔偿款在结案后及时兑付，案均审理用时16.8天。对劳动争议案件实现专业化审判，妥善化解劳动争议类案件552件，及时兑现劳动报酬740余万元。扩大司法救助范围，为340名困难当事人、刑事案件被害人发放救助金93.8万元，缓、减、免诉讼费168.8万元。创新司法救助方式，通过慈善捐款定向捐助的方式发放救助金30万元。

（程笑盈）

检察工作

【概况】 年内，长兴县人民检察院以争创省级先进基层检察院为总目标，以党的群众路线教育活动为总抓手，立足全县经济社会发展全局，坚持把服务发展作为第一要务，把维护稳定作为第一责任，把队伍建设作为第一保障，全面正确履行法律监督职责。年内，县检察院在全省检察机关绩效考评工作中位列同类院第6名，集体和个人共获16项市级以上荣誉。

【服务中心工作】 3月，制订出台《保障“五水共治”服务经济社会发展实施意见》。开展“环保检察、知识产权检察、金融检察”三项检察工作，全年共批准逮捕破坏环境资源犯罪3人，起诉1人，起诉侵犯知识产权犯罪4人，积极参与集中打击恶意逃废债专项整治行动，严厉打击信用卡诈骗、非法吸收公众存款等犯罪，起诉11人。积极参与整顿和规范市场经济秩序。全年共批准逮捕制假售假、合同诈骗、传销等严重破坏市场经济秩序犯罪46人，起诉62人。服务企业发展。加强对企业合法生产经营活动的司法保护，全年共批准逮捕职务侵占、挪用公司资金、商业贿赂等犯罪3人，起诉10人。推进社会治理。加大对青少年的法治教育和挽救力度，加强对涉罪未成年人的司法保护；加强监外执行人员社区矫正的法律监督；加强对行政执法活动的监督，全年共发出检察建议书15份；加强同期介入重大责任事故调查工作；加强刑事犯罪预警研判工作，落实办理刑事案件年度报告制度，为防控刑事犯罪提供依据。

【维护社会稳定】 年内，依法打击刑事犯罪，批准逮捕各类刑事案件嫌疑人574人，提起公诉1196人，较同期分别上升6.9%和4.9%。开展专项整治，开展危害民生刑事犯罪专项立案监督活动。全年先后开展打击“两抢一盗”、禁毒禁赌、打击电信和网络诈骗、食品安全百日严打、打击酒驾和交通肇事等专项整治工作。全面推进涉法涉诉信访工作改革，继续落实信访案件首办责任制和检察长接访、定期巡访等制度。全年共受理信访案件117件、接待群众来访330人次、化解初信初访案件84件。加强民事检察调解工作，达成民事申诉案件和解5件。贯彻宽严相济刑事政策，依法决定不批准逮捕67人，不起诉27人，促成刑事和解5件，开展司法救助3次。落实修改后刑诉法，贯彻防止冤假错案的指导意见和相关制度，加强证据审查，主动提前介入，不断提高办案质量和水平。

【惩治职务犯罪】 年内，加大查案力度，共立案查处贪污贿赂案件19件19人，查处渎职侵权案件3件5人。加大对行贿犯罪打击力度，依法对5名行贿人追究刑事责任。继续开展查办和预防发生在群众身边、损害群众利益的职务犯罪专项行动。年内，先后查办发生在水利机电排灌系统、农机补贴等涉农领域职务犯罪6件6人，查办发生在生猪屠宰检疫领域和水资源保护领域的渎职犯罪3件5人。贯彻修改后刑诉法关于规范执法的新要求，确保办理的每个案件程序规范，执法文明。坚持预防为先，年内提供行贿犯罪档案查询580次，坚持县预防工作领导小组机制，加强专业化预防，探索建立同步预防工作中的预防谈话制度，加强预防宣传，开展预防宣讲17次，4—10月组织实施全省“千场职务犯罪预防宣讲进乡村”活动，自编自导预防微电影《青瓷殇》，并在最高检及省检察院的微电影评选活动中分别获优秀奖、三等奖。

【强化法律监督】 年内，落实县人大常委会对县检察院贯彻落实两法情况的审议意见，全年共加强诉讼监督，监督立案10人，监督撤案6人，纠正不规范侦查行为12件，追诉9人，提出刑事抗诉2件，法院已改判1件，提请民事行政抗诉1件，发出再审检察建议1件。开展减刑、假释、暂予监外执行专项检察活动。加强对社区矫正的监督，纠正不当2件；加强对监管场所的监督，发出检察建议1份；创新监督内容，开展羁押必要性审查工作10次，对其中9人建议变更强制措施，对3件民事审判案件和3件民事执行案件进行审查并提出检察建议，向公安机关移送虚假诉讼线索2件5人。完善监督机制，推行瑕疵通报制度，定期向侦查部门通报分析侦查轻微违法和不规范行为；坚持检察长列席审判委员会制度，完善案件评查、信息通报、联席会议等常态化制度，加强对“两所一庭”的法律监督力度，强化内部监督制约机制。

【打造检察品牌】 4月，在湖州市率先出台《关于深化检务公开推进阳光检察全力提升检察公信力的实施意见》，设置7大平台加强执法公开和检务公开。开通微信、飞信平台方便律师参与诉讼等做法被《中央电视台》《检察日报》等媒体关注报道。完成案件信息公开系统的上线和运行工作，年内公开法律文书38份，更新案件程序性信息405条，发布重大案件信息3条。12月在新浪网开通“长兴检察”官方微博。9月制订《案件管理工作办法》，积极开展打造长兴特色案管品牌工作。年内共接待律师预约阅卷137次，接待犯罪嫌疑人家属、被害人及其家属、律师等相关人员了解案件程序性问题510余人次。有效开展对案件的办案流程、办案期限、涉案财物处理等监督管理，全年共向办案部门发布书面预警提示330余次。

（朱胜平）

司法行政

【概况】 年内，全县司法行政工作以改革创新为动力，深入开展党的群众路线教育实践活动，推进“法治长兴”“平安长兴”及队伍建设，为加快建设“太湖望县、锦绣长兴”提供优质高效的法律服务和法律保障。县司法局先后获得“全国‘六五’普法中期先进单位”、社区矫正工作管理科获“浙江省社区矫正工作先进集体”等荣誉称号；开发区司法所被省司法厅授予集体二等功；兴长律师事务所、众成律师事务所被市司法局授予湖州市“优秀律师事务所”；王楚雄获“浙江省司法行政系统第四届百名优秀人物”，臧纪学获“湖州市指导人民调解工作先进个人”，缪伟峰等3人获湖州市优秀青年律师，徐雪峰获“全市十佳法律援助工作者”。

【法治宣传】 年内，县司法局重点从开展专项普法宣传活动、组织法治教育学习和加强法治宣教平台建设三方面推进工作。首先，整合全县法治宣传资源，围绕“五水共治”“三改一拆”、企业欠薪问题专项整治行动等中心工作开展活动。2—11月，先后组织开展“送法下乡·服务基层”“治水治气·法律护航”“依法信访·理性维权”“保护合法权益·维护社会稳定”“浙江电视台流动大舞台法制宣传行”等系列普法宣传活动220场次，发放各类宣传材料共计75000余份。其次，为强化重点对象学法用法工作，开展党委（组）中心组集体学法和政府常务会议学法活动，组织实施领导干部任前法律知识考试。3—12月，利用“长兴大讲堂”“双休日选学”等平台对全县领导干部、公务员、行政执法类事业干部进行集中法制宣传教育。再者，加强法治宣教平台建设。6月，升级建成青少年法制教育中心“一庭五馆”，筹建新居民法制学校2所，设立新居民法制宣传窗口2个。5—12月，新建法治文化公园、法治文化长廊等普法阵地13个，争创全国民主法治村1个、省级民主法治村3个、市级民主法治村（社区）17个、市级诚信守法企业2家。

【法律服务】 年内，县司法局围绕中心工作，从助推经济社会发展、完善工作机制两方面开展工作。全年先后指导律师、基层法律服务工作者到村（社区）、农户集中开展排查走访，解决涉及“三改一拆”“五水共治”相关矛盾纠纷问题，组织县公证处主动服务“三改一拆”，对拆违公证事项采取优先受理、上门公证、优先出证，并对相关公证费用实施减免。3—12月，引导法律服务工作者积极为工业园区建设、重大建设项目投资、招商引资工作提供全程法律服务，组织多名律师参与总投资额为100亿元的长兴仙山湖旅游度假区开发项目全程跟踪法律服务。4—12月，开展“百名律师联百企”活动，为企业健康发展提供法律保障。另一方面，健全县、乡镇（街道、园区）、村（社区）法律服务网络。11月，出台《关于进一步深化“一村（社区）一法律顾问”工作的通知》，规范村（社区）法律顾问定人、定内容、定时服务工作模式，强化检查、监督、考核具体措施，落实政府购买法律服务经费保障。1—12月，全县律师、法律服务工作者共担任法律顾问620家、办理各类案件6364件，县公证处办理国内外公证3571件。

【法律援助】 年内，县司法局重点从组织专项行动、完善服务网络等方面推进工作。组织开展“知名律师法律援助行”活动方面：先后开展法律援助“夕阳红”“护青苗”“助残”等专项维权活动，组织实施“法律援助民工讨薪”行动，全年共处理农民工讨薪群体性案件35批次。完善法律援助网格化建设方面：8月，7家律师事务所、8家基层法律服务所全部挂牌设立“法律援助工作室”；加强新《中华人民共和国刑事诉讼法》实施后法律援助工作，5月出台《长兴县法律援助经费使用管理办法》，为应援尽援夯实基础。年内，全县共受理指派法律援助案件1615件，接待群众来电、来访4468人次，12348

法律服务专线、12345政府阳光热线服务众满意率100%。

【人民调解】 年内，司法局重点抓好矛盾纠纷排查化解、调解组织建设、打造调解品牌等方面工作。首先，深入推进"大调解"机制建设，实现"警调对接"全覆盖。1—12月，全县各类人民调解委员会共受理矛盾纠纷7955件，调解成功率99.1%。其次，加强专业性行业性调委会建设。7—12月，成立学生伤害纠纷调委会、婚姻家庭纠纷调委会、环境保护纠纷调委会及和平镇、钮家湾村、高山岭村3个新居民调委会。全县共建各类调委会317个，其中乡镇（街道）人民调解委员会20个，村居人民调解委员会237个，企事业人民调解委员会24个，行业性（区域性）人民调解委员会12个，调解人员总数1128名。再者，加强人民调解品牌建设。10—11月，拍摄全市司法行政系统首部微电影，开通"长兴好娘舅"官方微信公众平台。办优办强《娘舅来了》专栏，共播出180期，收视率稳居县台首位。12月3日，召开全县第五次人民调解工作会议，开展第二届"长兴好娘舅"评选表彰活动，全面提升人民调解工作社会影响力。

【监管帮教】 年内，县司法局重点抓好日常监管、执法规范、特色帮教等方面工作。首先，落实动态监管措施。借助手机定位、指纹报到等系统对在册对象活动轨迹进行日常巡查，落实联动集中点验制度。其次，规范执法工作。4—8月，开展社区矫正工作队伍警示教育活动，组织矫正专管员参加集中培训，引导广大社区矫正工作人员严格按照工作流程和操作规程开展工作。9月，出台《社区矫正工作执法监察试行办法》，法制科落实专人开展社区矫正执法检查工作。再者，推广专群结合帮教模式。5月，探索实施"511"社区矫正结对帮教工程，共有5家政法综治部门102名干警参与帮教，"1对1"落实入户走访、谈心谈话、帮扶解困等帮教措施。8月，推进政府购买社工服务用于社区矫正工作，选取阳光、携手两家资质完备的社工组织作为合作对象，结对帮教101名矫正对象，组织开展"孝亲敬老·鸿雁传书""重阳节公益宣传"等社工志愿活动。1—12月，全县矫正对象、五年内刑满释放人员无脱漏管，各项指标均在省、市控范围内。

【基层基础】 年内，县司法局重点抓好司法所建设、社区矫正监管中心建设、法律服务中心建设等方面工作。首先，加强直属司法所建设。8—11月，新投放司法行政专项编制3名至雉城、和平、泗安司法所，进一步配齐配强一线工作力量。积极开展星级规范化司法所创建活动，全县各司法所已获得五星级称号1家、四星级1家、三星级6家，年内新参评三星级1家、四星级2家、升级四星级2家。其次，积极筹建县社区矫正监管指挥中心。10月，完成设备安装调试并投入运行，实现社区矫正信息化监管平台网上输入和网上审批，成为全市首家使用升级系统的单位。再者，实施服务窗口升级工程。11月，完成司法行政法律服务中心外观装修，全面优化"一站式"法律服务体验。

（陆闻倩）

人民武装

【概况】 年内，县人武部、和平镇武装部分别被省军区表彰为信息化建设先进单位和基层建设标兵单位，郑振良部长被省军区表彰为军事训练先进个人。

【思想政治建设】 2—3月，集中学习十八届四中全会、全军政治工作会议、省军区相关工作会议精神，利用军区政工网"专家解读"组织学习讨论，集中开展"牢记强军目标、献身强军实践"和"战斗精神教育"等主题教育，以及"军队要像军队的样子""战斗力标准"大讨论活动，以及"读经典、学哲学"活动。同时，贯彻上级精神，统一干部职工思想认识，清理清查涉徐才厚相关信息8类78份。4月，召开干部、职工、专武干部、民兵连长三个座谈会，开展意见征集活动，共征集3个方面38个问题，聚焦"四风"查摆问题，共梳理学风不够扎实、战斗队思想不够牢固等52条具体问题，按军分区要求完成"五个报告一个材料"。5月，对营区周边"三资企业"、废品收购站、文印社和民情社情进行定期走访调查。做好"6·4""7·5"等重要时期干部职工的教育引导工作，加强对网络涉军负面信息管控，网评员队伍参加省军区网上点验到点率达94%。投入7万余元建设"听党指挥、能打胜仗、作风优良"强军目标大型标语牌，进一步浓厚军事文化氛围。

【党管武装工作】 2月27日，召开党委议军会，结合长兴实际，对全县武装工作建设目标和重点进行明确，县委、县政府主要领导和分管领导与会。8月，召开县委武装工作暨国动委全会，组织乡镇（街道、园区）党委书记进行党管武装工作述职。9月16日，县长现场办公会议举行，专题研究解决基层规范化建设、兵器室建设、征兵等工作。

【召开县国防教育委员会工作会议】 11月10日，长兴县召开县国防教育委员会工作会议。县委副书记夏威等部分县领导，县人武部政委沈玉龙，国防教育委员会全体委员、各成员单位联络员以及国教办工作人员参加。常务副县长、县国教委副主任高胜华主持。会议传达学习上级会议精神，总结肯定长兴2014年度国防教育工作情况，部署2015年工作任务。

（邵汉良）

【国防动员和后备力量建设】 年内，根据人事变动先后2次调整县国动委成员，先后2次召开部署会和业务培训会，对照上级规定的要素内容，完成潜力调查任务。5月，召开全县国防教育工作例会。7月，对新交流干部实行一对一帮带，结合岗位实践提高能力素质。调整使用专武部长2名，新招录副部长4名、干事2名。利用“八一光荣榜”宣扬先进典型事迹，激发适龄青年参军热情。9月，以纪念甲午战争120周年和全国首个抗战胜利纪念日为契机，开展爱国主义宣传教育；参与中小学“军人荣誉墙”建设；预编预设基干民兵党组织，推进“民兵红旗党支部”创建活动。全年继续推进全民国防教育，开展祭奠烈士、中小学生国防书画展等系列活动。根据全省民兵工作会议要求，并组织任务明确分队“三个现地”点验拉动，到点率93.2%，点到率100%。年内，调整107名民兵连长，确保民兵连长队伍年龄和进“两委”率100%达标。年内，共处理涉军维权事件2起，走访慰问团以下现役干部家庭178户，县双拥工作获得省级“双拥模范县”七连冠。

【参与“五水共治”】 年初，县人武部下发《长兴县后备力量参与“五水共治”活动的通知》，动员部队参与“五水共治”活动。年内，共组织干部职工捐款5900元，先后4次参与县委、县政府赋予的临时性“五水共治”任务，6次赴人武部联系乡镇槐坎乡进行河面保洁和清理工作，8次带领民兵分队参与“五水共治”活动，先后出动民兵7300余人次，清理整治河道136条，清理垃圾等杂物2130余吨。

（邵汉良）

消防工作

【概况】 长兴县公安消防大队位于画溪大道，下属两个中队（长兴中队、城南中队），现有官兵90人，其中干部11人、士官11人、义务兵10人、合同制消防员25人及文职人员33人。全队共有消防车12辆和全套灭火救援装备及部分高端特种装备，依据《中华人民共和国消防法》承担火灾扑救和以抢救人员生命为主的应急救援任务，同时依法履行消防监督检查，行政处罚，消防审核、验收和备案抽查，公众聚集场所开业前检查，火灾事故调查等法定职责。2014年度，县消防大队工作成果显著，省消防总队训练塔改造现场会在县城南中队举行；大队先后被省双拥办评为“拥政爱民模范单位”，被省消防总队评为先进基层党委，被市委市政府评为“文明单位”，获得省消防总队“全国青年文明号”单位评选唯一推荐资格；“肖方兵”爱心事迹入围“最美湖州人”，沈燕斌参赛作品《无声的承诺》获得首届全省公安微剧本创作大赛剧本类优秀奖等多项荣誉；全年群众安全感、满意度在第三方测评中列全市第一。

【火灾防控】 2014年年初，县政府召开全县消防工作会议，由各乡镇（街道、园区）和相关部门签订《消防安全工作目标责任书》，部署年内重点工作任务。8月8日，县委、县政府部署开展“四套班子下基层，查找隐患提要求”活动。9月25日，县政府启动了夹浦镇重点火灾等安全事故防控综合治理体系建设和劳动密集型企业消防安全专项治理工作，市政府专门在夹浦镇召开推进会给予肯定。10月31日，8家市、县级重大火灾隐患单位整改完毕并按期销案。2014年度，相关部门共开展联合消防检查行动58次，检查单位649家，其中对36家存在火灾隐患的单位实施了联合执法，拆除违章彩钢板临时建筑51000余平方米、门窗障碍物2300余平方米。安监、建设、市场监管、文广新、旅游等职能部门经常组成联合检查组，深入到各类单位场所开展火灾隐患排查整治，严厉惩治消防安全违法行为，全面消除火灾隐患，切实形成隐患整治合力。年内，全县共接处警701起，出动消防车1404辆次，消防官兵7889人次，抢救被困人员136人，疏散人员242人，抢救财产价值8600.6万元；共发生火灾445起，无人员伤亡，直接财产损失256.3万元。

【城乡消防基础】 以提升消防工作软实力、服务民营经济发展为目标，全面推动基层消防基础建设、提升基层火灾防控能力，满足人民群众对消防工作的新要求、新期盼。2014年2月，根据《长兴县乡镇街道推行消防安全网格化管理的指导意见》，重新明确乡镇（街道、园区）、各有关部门及基层消防组织“网格化”排查责任，实行“1+2”联合工作模式，每个网格系统确定1名负责人和2名消防监督人员，实行责任人分片包干制度，推进落实政府职责，确保隐患排查“零遗漏”。2014年5月，联合安监局提请县委下发了《关于进一步加强基层公共安全监管工作的实施办法》，明确将乡镇级消防安全工作站纳入事业编制，将工作站经费纳入各级政府财政预算，核定了乡镇不少于2名、街道不少于1名消防安全工作站人员编制名额，保证了人员队伍的长期稳定。2014年12月，先后在和平、泗安、煤山、画溪和夹浦建立了乡镇消防综合应急救援队，对功能进行有效整合扩展，将人武部、人防、森林进行有机整合，实现了资源共享，优势互补。

【消防管理创新】 2014年1月，县消防大队建立了“大好高”项目消防军政主官全程跟踪审批制度和乡镇审批代办员制度。2月，出台服务经济相关举措，全面清理涉企收费，切实杜绝强制征订报纸杂志和拉赞助、慰问行为。3月，按照公安“惠民行动”要求，先后开展了社区消防安全文明行为、人员密集场所消防安全、新居民集中生活就业区消防隐患整治、青少年安全技能培训等四大提升行动，共完成宣传培训、行为劝导社区35个、农村152个，完成率89%；组织开展进学校57次，受教育55000余人，完成率82%；组织开展人密场所消防宣传活动125次，发放宣传资料6000余份，完成率87%；24个社区基本达到消防安全要求，消防通道畅通率、消防设施完好率同比上升18%。年内，县消防大队共办理消防审核项目47个，消防验收项目20个，消防设计备案256个，竣工验收备案150个，开业前检查114个，设计制作"警民联系卡"，共指导服务企业297家，审核建筑工程175项、提出审核意见374条、审核面积182.7万平方米、验收工程82项，为企业直接节省资金5000余万元。

【监督执法工作】 坚持"控大防小"，牢牢抓好消防安全"网格化"排查和社会单位"户籍化"管理，先后按要求开展了第二次"清剿火患"战役、消防安全"打非治违"、消防安全"六打六防六治"专项行动等高频次、高密度消防安全专项整治。2014年，全县共检查单位7509家，整改火灾隐患1079处，下发责令改正通知书663份，下发行政处罚决定书385份，强制执行4家，责令"三停"30家，罚款161.378万元，拘留17人，累计排查出租房屋近1029家，整改隐患879处。在夹浦镇重点区域火灾等安全事故防控综合治理体系建设推进中，常态化排查辖区内各类企业、场所、出租房的消防安全状况，并逐一登记造册。强化物防、技防措施运用，重点落实"换、添、搬、拆、建、关"等六项措施。2014年共排查单位2577家，发现火灾隐患3269处，整治隐患2685处(其中套管2177家、添置消防设施5000余件、改建厂房2家、关停超市2家，1家企业年后搬迁)，拆除违章建筑15家2万余平方米，有效净化了全县消防安全环境。

【消防宣传教育】 2014年度，县消防大队以长兴媒体集团《长兴新闻》《小彤热线》《长兴新闻网》等主流媒体为主阵地，150个电梯视频、1600多个感应灯箱、50个海报机、300辆出租车LED显示屏等户外媒体积极配合，长兴消防官方微信、微博共同发力，大力营造浓厚消防宣传氛围。2014年2月，县消防大队建立健全火灾隐患举报投诉机制，全面发动社会民众深入开展"火灾隐患大家找"活动。11月9日，县旅游集团在消防大队的配合下，在金钉子远古世界地质公园建成湖州市首个景区消防教育馆。2014年度，县消防大队组建讲师团到企业、学校、场所、社区开展全方位教育培训，共外出培训162场次，发放资料近5万册，受育人数达12万余人，消防培训工作走在湖州市前列。年内共举办大型消防宣传活动12次，发放资料6.8万份，悬挂标语横幅1200余条，大屏幕播放28条，电影开场插白1500场，受理投诉35件，核查35件，发布12件，曝光火灾隐患16条，公示"火灾隐患大家找"32条，培训建(构)筑物消防员146人、社会单位消防安全责任人和管理人182人，人密场所从业人员6782人次。

【消防基础设施建设】 县政府大力加强消防部队基础设施建设，完成城南消防站营房建设及正规化建设。2014年9月，县政府投入70万元完成城南消防中队多功能训练塔改造任务，得到省消防总队冷俐总队长的肯定。9月26日，浙江省消防部队多功能训练塔改造工作推进会在城南消防中队召开。2014年度新增消火栓146只，总数已达1389只，县城所在地消火栓安装率已达到100%。2014年县政府划拨正常业务经费预算收入418万元，车辆装备购置经费566.23万元。此外，还购置了防化洗消车、消防宣传车等装备器材。

(沈燕斌)

人民防空

【概况】 长兴县人民防空办公室(长兴县民防局)着眼于有效履行战时防空、应急支援、平时服务的使命任务，创新举措，防空防灾综合能力不断增强。年内，4个乡、9个单位成立人防领导小组，建成3个民防应急指挥平台，成立首支近千人的民防志愿者队伍，新增4台防空警报，中心城区警报覆盖率达到95%以上；组织人防应急逃生演练、应急疏散演练和社区人口临战疏散与接收安置演练，1500余人参加，超额完成省市下达的目标任务，在湖州市考核名列第一，获浙江省人民防空工作先进单位、湖州市人民防空工作先进单位等称号。

【人防指挥通信平台建设】 年内，人防125工程主体结构结顶，地下指挥信息系统通过专家评审，内装进场施工，完成指挥信息系统工程量清单编制和招投标工作。10月，和平镇、太湖图影民防应急指挥平台建成并通过验收；11月，洪桥镇民防应急指挥平台通过验收，镇级民防应急指挥平台建设进一步完善。

【城市人民防空演习】 4月，长兴县人民防空办公室派员参加湖州市民防疏散地域应急通信保障演练。5月，完成7支人防专业队整组。5月12日，长兴县人民防空办公室在长兴实验初中举行"2014年长兴实验初中消防(人防)应急逃生演练"，1000余名师生参加。7月，长兴县人民防空办公室参加湖州市民防应急救援比武，夺得3个单项第一和团体第一。9月，长兴县人防指挥部组建心理防护和网电防护2支新型人防专业队；9月18日，长兴县人民防空办公室、长兴县教育局联合组织主题为"防空防灾减灾让生活更美好"的应急疏散演练，300余名师生参加。9月29日，长兴县人民防空办公室组织社区人口临战疏散与接收安置演练，出动人防指挥车、公安巡逻车、客运大巴车、卫生救护车将60名老年群众成功安全疏散至煤山镇尚儒村农户家中。

【人防工程建设与管理】 年内，完成人防审批质监受理等事项59项，涉及人防面积达19.5万平方米，参与人防工程质量监督129次；加强工程审批监管，6月6日，长兴县人民防空办公室、长兴县住房和城乡建设局联合印发《关于进一步加强长兴县结合民用建筑修建防空地下室建设审批管理的通知》，明确2部门在建设前期、中期、后期的监管职责；7月22日，长兴县人民政府办公室出台《关于调整长兴县人防结建政策促进城市地下空间开发利用》，调整结建政策促进地下空间开发利用；是月，长兴县人民防空办公室印发《长兴县人防工程平时使用与维护管理规定》，进一步加强人防工程平时使用与维护管理工作。7月29日，长兴县人民防空办公室、长兴县住房和城乡建设局联合印发《住宅小区人防工程物业维护管理考评办法》，明确将住宅小区人防工程物业维护管理纳入《长兴县住宅小区物业维护考评办法》，占总分值的20%。8月1日，长兴县人民防空办公室、长兴县住房和城乡建设局组织召开住宅小区人防工程物业维护管理座谈会，签订物业维护管理责任书30份。

【人防125工程】 人防125工程是长兴县人民防空办公室首个集地下人防指挥中心、地面民防应急救援指挥中心、民防公共安全教育中心为一体的自建工程。2012年5月，该工程设计方案经长兴县人民政府规划例会审议通过；同年八、九月，分别获长兴县发展改革委员会、浙江省人民防空办公室批复同意立项；同年12月，本工程可行性研究报告分别获长兴县发展改革委员会、浙江省人民防空办公室批复同意；2013年1月、3月，项目初步设计分别获长兴县发展改革委员会、浙江省人民防空办公室批复同意。该工程与长兴建设商务楼合建于同一地块，计划总投资9469万元，被列入2013年、2014年长兴县重点建设工程。年末，人防125工程主体结构结顶并完成幕墙安装，累计完成投资6600万元。

【人民防空宣传教育】 2月28日，在长兴八小召开城区小学人防教育工作推进会。3月1日，与县教育局联合举办万名小学生“人防飞行棋”大赛。4月8日，长兴县人民防空办公室印发《关于进一步加强基层人防信息宣传报道的通知》。5月，在人民广场举行防灾减灾月宣传活动，共发放宣传资料500份，并邀请湖州民防学院在马巾巷社区、金陵社区、齐北社区、明珠路社区、高阳桥社区举办人防民防知识讲座。5月16日至18日，长兴县人民防空办公室、长兴县教育局、长兴县国防教育办公室联合对全县189份中小学人防教育课件与教案进行评比，推荐上报湖州市人民防空办公室19份，18份获奖，其中一等奖4个，二等奖6个，三等奖8个。9月，印发《关于做好“烈士纪念日”宣传教育活动的通知》，各中小学、人防重点镇分批开展宣传教育活动，累计发放资料14862册，参加各类疏散演练41584人，组织展板板报、知识讲座、观看教育片等百余场，参与度达到9万人次。年内，完成《小学民防教育读本》《小学人防优秀教案集》《初中人防优秀教案集》等3本人防知识宣传教材的编写。人防工作信息被国家人防网、浙江人防网、浙江在线、湖州人防网、长兴新闻等媒体录用52篇，其中在《中国人民防空》发表经验类文章1篇。

【基层人防组织建设】 2月，中共长兴县委员会、长兴县人民政府、长兴县人民武装部联合印发《2014年国防后备力量建设要点》，将“学校人防教育”和“基层人防规范化建设”纳入建设要点，人防工作被纳入对乡镇（街道、园区）党管武装工作考核条目，分值为5分。年内，4个乡、9个单位先后成立人防领导小组。

【人防权力与责任清单】 年内，完成行政权力清单梳理上报，完成全省网上政务大厅行政审批权力事项梳理及便民服务事项填报。9月30日，长兴县机构编制委员会公布权利清单，长兴县人民防空办公室共有权力清单18项（不包含审核转报和共性权利），其中行政许可3项、行政处罚7项、行政征收1项、行政奖励1项、行政监督检查3项、其他3项。12月，浙江政务服务网长兴平台公布县级机关各部门责任清单，长兴县人民防空办公室共有责任清单10大项，涉及具体工作事项83项，事中事后监管制度15项。

（卓考斌）

❶ 省纪委全会电视电话会议夏宝龙书记作重要讲话
❷ 县纪委十三届四次全会
❸ 中央纪委法规室主任侯觉非作当前反腐倡廉形势任务专题讲座
❹ 省纪委预防腐败室到长兴开展调研活动
❺ 全县纪检监察专职干部培训班开班
❻ 组织人员参观市警示教育基地
❼ 参加党建党史知识竞赛

❶ 5月7日，省委“两新”工委书记、省委组织部副部长庄跃成（左二）一行到天能集团、超威集团、画溪党群服务中心走访调研，座谈“和合”文化

❷ 2月26日，省委组织部调研室到长兴蹲点调研洪桥镇党员治水护水责任区工作

❸ 3月23日，市委“两新”工委书记、组织部副部长项乐民（左三）到超威集团调研党建引领“和合”文化

❹ 11月15日，县委书记吕志良（左三）到组织部调研

❺ 2月25日，全县党的群众路线教育实践活动“三思三观”专题学习研讨会

❻ 7月11日，长兴县召开创二代（青年企业家）革命传统教育培训班

❼ 6月28日，上海浦东高层次人才长兴行活动

❽ 9月25日，“长兴英才计划”政策推介会暨“南太湖精英计划”项目签约仪式

❶8月15日，省委常委、宣传部部长葛慧君(左二)在县传媒集团调研媒体融合发展工作

❷7月8日，我的中国梦·百姓百人讲百事巡回宣讲会走进高家墩社区

❸11月21日，"崇尚生态文明 建设锦绣长兴"社科普及周启动仪式在人民广场举行

❹7月9日，全县精神文明建设推进会在吕山召开

❺8月9日，"春泥计划"活动走进高家墩社区

❻8月27日—29日，全县宣传骨干主体培训班在县委党校开班(图为模拟新闻发布会现场)

❼6月28日，县道德讲堂总堂明伦堂举办"学子微讲堂"—国学精粹专题讲座

❽12月12日，吕山乡雁陶村文化礼堂举办首届"村晚"活动

❾12月29日，小百花越剧团赴上泗安文化礼堂演出

长兴县委统战部

❶开展党的群众路线教育实践活动
❷全县统战工作会议
❸1月20日，成立长兴县道教协会
❹6月30日，长兴县佛教协会第四次代表会议
❺民盟长兴县总支换届暨基层委员会成立大会
❻长兴县侨联第六次代表大会
❼举办统战委员及党外干部培训班
❽12月18日，农工党长兴支部成立大会

❶ 11月27日，县委书记吕志良到县直机关工委调研机关党建工作
❷ 5月21-23日，举办长兴县直机关入党积极分子培训班
❸ 8月6日，长兴县直属机关工会成立，第一次代表大会召开
❹ 9月3日，省直机关工委调研组来长开展"深入整治办事服务效率不高问题"的专项调研
❺ 9月25日，"品味红色文化·传承革命精神"长兴县直机关主题党建党史知识竞赛活动决赛现场

❻ 8月22日，省委政法委副书记刘树枝（左二）到长广集团调研
❼ 6月11日，全县政法系统集中点验活动，县委副书记、县委政法委书记夏威（左二）在雉城街道司法所与社区矫正人员进行谈话
❽ 4月25日，全县重大决策社会稳定风险评估培训会

❶2月21日，县总工会召开十六届五次全委（扩大）会

❷6月6日，县总工会职工大讲堂首场在天能电池集团有限公司正式启动

❸3月30日，在浙江多蒙佳乐服饰有限公司举办2014年度长兴县缝纫工技能大赛

❹4月27日，举办职工文艺进社区暨鱼巷口社区庆“五一”文艺晚会

❺8月19日，在槐坎乡举行行业性工资集体协商签约仪式

❻8月22日，举行金秋助学活动助学金发放仪式

❼1月6日，县总工会2014年度职工读书活动启动仪式在浙江天能电源材料有限公司举行

❶12月19日，团中央组织部组织处到长兴调研画溪街道青少年综合服务站

❷4月28日，中共长兴县委常委、纪委书记金淦英出席“致青春·对话梦想”——长兴县纪念五四运动95周年特别活动并讲话

❸3月19日，团市委到长兴开展“青春邀约走基层·服务青年听结办”活动

❹5月20日，团市委到雉城街道调研基层团工作

❺6月1日，“金色鼓号与梦想同行，争做长兴最美好少年”第三届少先队鼓乐（管乐）队展示赛顺利举行

❻12月25日，团市委领导到长兴调研了青少年综合服务中心平台建设以及“青春党建”工作

❶

❷

❺

❸

❻

❹

1 5月30日，“点亮微心愿、放飞新梦想”庆“六一”活动暨全县流动儿童之家建设启动仪式在包桥小学举办

2 3月7日，长兴县第十三次妇女代表大会召开

3 11月24日，浙江省实施妇女儿童发展规划示范工作会议在长兴召开

4 6月11日，长兴县“最美家庭”故事宣讲启动仪式在槐坎乡召开

5 7月2日，巾帼志愿者在大云寺村开展“清河治水、美丽人居”巾帼行动

❶ 2月27日，县委党校党的群众路线教育实践活动动员大会召开

❷ 3月，长兴县县管领导干部“三思三观”专题教育班举办

❸ 4月9日，省委党校纪委书记杨仲林（左三）调研党校系统系统建设情况

❹ 6月17日，湖州市社科联专家组对县域经济与转型升级研究基地建设现场考评

❺ 7月1日，湖州市党校系统理论研讨会在长兴举行

❻ 7月15日，省委党校副校长何显明（左一）授牌“浙江省委党校长兴现场教学示范基地”

❼ 11月27日，县委书记、县长吕志良（左四）到县委党校调研

❶ 第28届浙江省青少年科技创新大赛于4月18日—20日在长兴县实验中学成功举行

❷ 11月25日，县委书记吕志良（左一）调研科协工作

❸ 3月14日，中国科协副主席、书记处书记陈章良（左一）考察长兴白茶协会“国家科普惠农兴村”基地

❹ 2014年“全国科普日”长兴科普大讲堂之中国科学院院老科学家科普报告会于9月11日—12日在长兴举行

❺ 7月12日，中国科学院郑平院士（右一）与浙江万享科技有限公司产学研合作签约，建立院士专家工作站

❻ 5月9日，县科协联合县政协经科委在洪桥镇举办送科技、卫生、文化“三下乡”活动

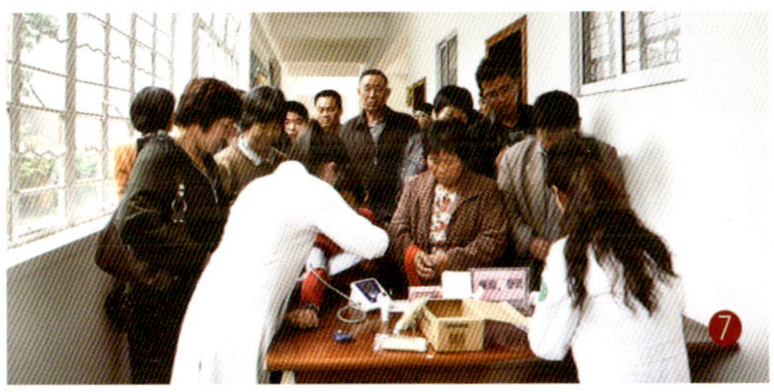

❶ 5月7日，县残联到槐坎乡东风村“走亲连心”，走访残疾人

❷ 5月23日，县残联工作人员在煤山集镇老菜场口设摊，对群众进行有针对性的残疾人保障法知识宣传

❸ 白岘乡和岕口村妇女主任罗红美二十一年如一日，义务照顾智残三兄弟

❹ 4月14日-18日，全省残疾人葡萄种植技术培训班在长兴举行

❺ 2014年“慈善一日捐”活动启动仪式

❻ 与县关工委联合举行2014年慈善助学金发放仪式，仪式现场为118名贫困生共计发放助学金27万元

❼ 春节前夕联合浙江诺力机械股份有限公司慰问画溪街道社会福利中心

❽ 邀请浙江绿城医院心血管专家团为贫困家庭心脏病患者义诊，并成功为3名患者实施手术

❶12月4日，县法院17名新任审判员向宪法庄严宣誓
❷4月18日，市中院在县法院设立知识产权巡回审判点
❸6月9日，院长冯新林在十五号法庭公开开庭审理案件
❹10月31日，县法院审判员开展巡回法庭方便群众诉讼
❺12月4日，县法院举办法制宣传活动

❻检察长出庭支持公诉
❼召开人民监督员会议

❽ 拍摄预防微电影《青瓷殇》

❾ 开展“职务犯罪预防宣讲进乡村”活动

❿ 开展“举报宣传周”活动

⓫ 10月17日，浙江电视台“流动大舞台——法治浙江行”活动走进长兴

⓬ 7月3日，召开长兴县社区矫正“511”帮教工作部署及培训会议

⓭ 12月3日，召开全县第五次人民调解工作会议

⓮ 12月3日，举办第二届十佳“长兴好娘舅”颁奖晚会暨《娘舅来了》微电影首映式

❶ 2014年长兴最美警察颁奖典礼

❷ 2月9日，县公安局开展队伍集中教育训练活动

❸ 对车站、大型商场等要害部位和中心城区人员聚集场所开展武装巡逻

❹ 3月16日，参加保卫“益南杯”2014年中国·长兴（泗安）第五届山地自行车越野挑战赛

❺ 组织反恐防暴实战演习活动

❻ 11月18日，2014第五届环太湖国际公路自行车赛（长兴赛段）在长兴举行，县公安局参与长兴段赛事各项安保工作

❼ 10月19日至23日，省委常委、公安厅厅长刘力伟（右二）到长兴县公安局洪桥派出所开展“下基层当一周民警”活动

❽ 2014年度全省政法系统先进集体和先进个人表彰会

1

2

3

4

5

- ❶3月21日，在全县消防工作会议上县政府与部门签订责任书
- ❷8月18日，县长吕志良（左三）带队开展消防检查
- ❸3月21日，县政府召开全县消防工作会议
- ❹6月30日，在众森环保能源有限公司开展灭火演习
- ❺7月1日，消防官兵走上街头开展知识宣传
- ❻9月26日，全省消防部队多功能训练塔改造现场会在城南中队召开
- ❼城南消防中队车辆装备
- ❽长兴公安消防大队全貌

6

8

7

长兴县人民武装部

❶4月1日，民兵射击训练

❷4月3日，“寻根铁军精神，野外拉练”3公里奔袭活动

❸5月8日，开展践行党的群众路线活动调研

❹6月17日，组织五通山雷达站协防演练

❺9月12日，在槐坎带队参加“水面保洁”活动

❻9月3日，在浙北大厦长兴分店广场组织抗日战争胜利69周年纪念日图片展

经济建设

工业经济·信息化

综　述

2014年，全县继续坚持工业强县建设不动摇，扎实开展“四换三名”“五百行动”“六个一批”等工作，努力推动工业经济稳增长、调结构、促转型，工业经济运行总体平稳，转型升级工作有序推进。

工业支撑地位更加突出　全年完成规模以上工业产值1103.96亿元，同比增长8.7%，总量规模继续保持湖州市第一；完成规模以上工业增加值181.5亿元，同比增长10%，占GDP总量的52.7%；完成工业税收35.5亿元，同比增长10.4%，占财政总收入的50.5%；完成工业有效投入154.34亿元，同比增长7.1%，占全社会固定资产投资的47.3%。

工业产业结构更加优化　支柱产业的支撑作用进一步稳固，新型电池、现代纺织、特色机电三大支柱产业全年完成产值811.14亿元，占全部规上工业产值的73.9%，较2013年底提高0.8个百分点；传统建材行业完成规上产值134.69亿元，占全部规上工业产值的12.2%，较2013年下降0.5个百分点；新能源汽车及关键零部件完成规上产值39.12亿元，同比增长48.2%。

工业发展基础更加扎实　形成以一个国家级经济技术开发区和两个省级工业平台为核心的“三区五园”工业平台体系；全县拥有规上工业产值超百亿的乡镇(街道、园区)4个，50亿～100亿元的4个；拥有规模以上企业648家，年销售收入超亿元企业209家，超10亿元企业13家，超500亿企业2家；完成“机器换人”投入101.9亿元，同比增长14.5%，其中设备投资67.25亿元，设备抵扣税额达到7.43亿元，同比增长54.9%，占湖州市总抵扣额的48.9%。

工业创强氛围更加浓厚　年初和年中分别开展了“服务企业助推项目实现工业经济开门红”和第二季“帮扶解困助转型政企同心促发展”服务企业专项行动，共为工业企业解决难题521个，并在第三季度开展了“书记县长‘面对面’谈心‘一对一’服务”活动，极大地提振了企业发展信心；此外，人大、政协主动参与产业研究，参与指导、支持和服务工业强县建设，进一步营造了全县上下全力以赴建设工业强县的浓厚氛围。

表7

2014年1—12月长兴县工业经济主要指标完成情况

单位：亿元、名次、%

主要指标	完成实绩	湖州市实绩排名	增幅	湖州市增幅排名
规上产值	1103.96	1	8.73	/
规上工业增加值	181.5	1	10	1
利税	96.88	1	6.80	5
利润	65.07	1	5.54	5
工业性投入	154.34	1	7.1	5
工业现代化技改	101.91	1	14.5	2

表8　**2014年长兴县规上工业主要行业产值**

单位：亿元、%

行业名称	2014年	比上年+、-%
电气机械及器材制造业	321.99	0.5
电池制造业	265.49	-0.3
纺织业	280.73	10.4
非金属矿物制品业	128.48	4.0
水泥制造业	46.06	4.9
化学纤维制造业	86.36	25.4
电力、热力的生产和供应业	63.41	7.8
汽车制造业	33.08	53.5
化学原料及化学制品制造业	30.55	8.1
橡胶及塑料制品业	20.69	13.8
有色金属冶炼和压延加工业	17.24	56.9
通用设备制造业	15.98	2.4

【传统产业转型升级】 年内，重点加快工业炉和耐火传统产业转型升级。工业炉产业升级方面，先后出台《长兴县工业炉产业转型升级实施意见》《关于鼓励工业炉企业实行兼并重组的政策意见》《长兴县工业炉企业转型升级标准》等政策文件。3月13日召开全县工业炉产业转型升级动员大会。通过关停“三无”和联合重组，取缔“三无”经营户48家，至5月全县工业炉企业数从原有128家减少到38家。6月制订转型升级“一企一策”实施方案，21家兼并重组企业3年计划总投资6787万元，8家企业明确提出建设研发中心。耐火产业方面，先后出台《长兴县耐火产业转型升级实施意见》《长兴县耐火企业转型升级标准》等政策文件。5月27日召开全县耐火产业转型升级动员大会。各乡镇和“联片帮扶”牵头部门成立工作组，制订转型升级“一乡一案”。至12月关停企业126家，制订转型升级“一企一策”实施方案，146家耐火企业排出技改项目，总投资4.5亿元。耐火园中园建设加快推进，8家耐火企业达成入园意向。10月17日，召开中国（长兴）新常态下耐火材料行业转型升级研讨会，全力打造中国（长兴）绿色耐火材料行业转型升级示范区。

【新兴产业培育】 年内，重点培育新能源汽车、现代装备制造、信息等新兴产业。11月出台《长兴县新能源汽车产业培育发展三年行动计划（2015—2017年）》，69家新能源汽车产业企业（其中规上企业20家）全年完成产值39.1亿元，同比增长48.2%，占全部工业规模以上产值的3.5%。实施《关于加快发展现代装备制造业的实施意见》，打造集产品创新、智能制造、品牌培育、技工培养“四位一体”的装备制造业发展新模式，59家装备制造业企业全年完成产值81.87亿元，同比增长11.3%，销售收入77.77亿元，同比增长9.7%。信息产业以电器制造和电子电容为主，25家电子电容企业和5家电器制造业企业全年完成产值54.81亿元，同比增长8.23%，销售收入54.19亿元，同比增长9.3%。

【腾笼换鸟】 全县“腾笼换鸟”工作连续两年被评为全省“腾笼换鸟”先进县。年初，铅蓄电池行业被列入浙江省“低端落后块状经济腾笼换鸟”试点县；4月，浙江省“腾笼换鸟”现场推进会在长兴召开，省委书记夏宝龙重要批示“长兴干得好，应在全省推广”；10月，长兴县被列为全省综合性“腾笼换鸟”试点县。全年共淘汰落后装备2125台（套），腾出能耗4.3万吨标煤；完成126家企业“腾笼”工作（超额完成3家），腾出土地2517亩，新引进项目73只，总投资65亿元。

【工业企业发展绩效综合评价】 6月出台《长兴县工业企业发展绩效综合评价办法（试行）》，从发展规模和质量效益（基本项）、企业综合实力和科技研发能力（加分项）等方面对规模以上工业企业和成长性较好的科技型小微企业进行综合评价。根据评价得分将企业分为A、B、C、D四类，在用能、用地、用水、排放等资源要素配置上按照“优先保障、一般保障、有限限制、重点限制”实施差别化政策，并与资源要素市场化有偿交易、政策扶持、项目申报等挂钩，引导企业加快转型升级。

【三名工程】 8月出台《长兴县加快“三名”培育工程建设的实施意见》，以创建“名企、名品、名家”为载体，强化扶优扶强政策导向，积极开展“三名”培育试点工作。重点在百亿企业中打造“三名”示范，推动天能、超威2家百亿企业加强名企、名牌、名家建设，2家企业均被列入浙江省首批38家“三名”工程试点企业。

【百企转型升级】 年内，重点针对主导产业中的百家规上企业，制订“一企一策”转型升级指导方案，引导企业实施装备升级、技术创新、节能降耗、品牌创建、管理提升、总部发展“六大”工程，实现由传统模式向现代制造模式转变、由粗放型发展向节约集约型发展转变，成为长兴县转型升级的“领跑者”。2014

年，全县114家企业进入“百企转型升级”企业培育库。

【百小扶优助长】 年内，按照“百小扶优助长”培育计划，以销售收入2000万元以下科技型、主导产业协作型、成长型企业为重点，指导制订“一企一策”上规培育发展计划，建立一对一结对帮扶制度，出台“小升规”扶持政策，加快105家小微企业上规培育。3月，长兴县被列为2014年度浙江省“小升规”重点县(区)。7月30日，浙江省上半年“小升规”工作推进会在长兴县召开；10月22日，长兴县作为典型县区在浙江省“小升规”工作培训会上交流经验。至年底，全县新增规模以上工业企业84家，上规企业家数全市第一。

【百项百亿投入】 年内，“百项百亿投入”重点项目动工建设97项，动工率97%，累计完成投资101.2亿元，完成年度计划的100.3%，占全部工业有效投入的比重为65.6%。其中，亿元以上新建项目当年完成投资33.3亿元，5000万元以上技改项目当年完成投资83.4亿元。

【机器换人】 年内，加快落实《关于促进企业技术改造的实施意见》和《长兴县推进企业“机器换人”四年(2013—2016年)行动计划》，全县276项现代化技术改造项目累计完成投资101.9亿元，同比增长14.5%，占全部工业有效投入的66.0%；105项“机器换人”试点项目，开工101项，累计完成投资68.6亿元，完成计划的108.2%。

【六个一批】 8月，长兴县开展“六个一批”(即达产一批、竣工一批、开工一批、“机器换人”一批、“腾笼换鸟”一批、提能效促转型一批)项目推进活动。至12月，128个县级层面“六个一批”项目累计完成投资21.7亿元，其中12月当月完成投资6.3亿元。

【“大好高”项目引进】 5月出台《长兴县2014年度“大好高”项目引进推进工作实施方案》，至年底新引进工业“大好高”项目14个，完成年度目标的140%，其中，首期固定资产投资5亿～10亿元项目2个，10亿元以上项目2个；开工项目12个，完成年度目标的200%，其中，新开工项目10个，完成年度目标的250%；竣工项目7个，完成年度目标任务的140%；完成投资额24.97亿元，完成年度目标的138.7%。

【优化用能配置】 年内，继续推行差别化配置能耗电量指标，1月完善出台《2014年规上工业企业能源供应配置综合评价体系》，按照“重点保障、优先保障、一般保障、有限限制、重点限制”，将规上企业分为A+、A、B、C、D五类。加快探索建立能源要素市场化交易机制，逐步建立和完善用能确权和分解、用能信息报告和审核、用能交易运作和监管等相关机制。

【节能增效】 年初，全县排出工业节能技改项目87个，非工技改项目18个，乡镇道路路灯技改项目300万个，并逐步实施。年耗能1000吨标煤以上的工业企业要求配备能管员，创建一批管理节能标兵企业。同时，超威、特拉二期等5个新能源应用项目安装完毕准备发电，益南6兆瓦屋顶光伏项目顺利实现并网发电，煤山和虹星桥50兆瓦的农业光伏发电项目加快推进。104个百家节能示范企业(项目)全年完成投资3.01亿元，节能量约9850吨标煤。

【实施“创新驱动”战略】 年内，全力推进项目创新、产品创新和平台创新。全年列入省重点创新项目B类7项，省重点高新技术产品开发项目8项，省首台套项目3项，省优秀工业新产品项目6项，通过省级创新能力建设项目验收1项(诺力机械)，市技术创新项目15项。列入省级新产品备案216项，入选“湖州市工业十大创新成果”3项，全年新产品产值率为28.7%，同比增长4.45%。新增省级企业技术中心1家，组织参加省级企业技术中心复评6家，新认定市级企业技术中心5家。

【推进两大试点】 年内，深入推进新型动力电池行业综合试点，加快建设装备优化提升试点示范。12月，编制完成《长兴县新型动力电池行业技术创新综合试点工作方案》，集中力量培育和发展以铅酸蓄电池为核心、以锂电池、镍氢电池等为重点的新型动力电池产业，促进动力电池行业创新发展。9月，组织申报浙江省“百企装备优化提升工程”试点示范，方案入选带动性特别强的A类方案(浙江省仅4项)，获奖励资金220万元。

【服务企业专项行动】 2—4月，组织开展以“鼓干劲、送政策、听意见、推项目、促生产、解难题、优服务”为主要内容的“服务企业、助推项目，实现工业经济开门红”活动，县四套班子领导率20个调研小组，分赴全县601家工业企业。企业共反映困难和问题366个，活动期间解决333个。5月，开展“帮扶解困助转型政企同心促发展”第二季服务企业专项行动，对全县605家工业企业进行帮扶，活动期间收到企业反映问题157个，解决问题126个。

【企业家培训】 年内，组织开展企业经营管理人才培训，共培训经营管理人才2990人；参加网络学院学习的企业163家。其中，高端班有工业炉转型升级培训班、电子电容总裁班、创新驱动和工业强县高端培训班、两化融合培训班、现代纺织培训班等共6期，培训企业家308人；中小企业创业辅导等短期专题班12期，培训企业家350人。

【企业减负】 4月制订出台《2014年长兴县减轻企业负担工作要点》，

开展企业减负“阳光行动”“五项治理”回头看等专项行动。9月18日，召开全县减轻企业负担工作推进会。据统计，全年减轻企业负担24.03亿元，其中增值税转型减轻企业负担7.43亿元，出口退税减免9.14亿元，高新企业税收优惠7773万元，土地使用税、房产税、水利建设专项资金减免1.26亿元，省级以上减负政策为企业减负合计减轻企业负担2.86亿元，县财政扶持企业专项资金2.56亿元。

（史晶晶）

支柱产业

【概况】 至2011年，长兴县工业经济基本形成以新能源、现代纺织、新型建材、机械装备和电子电器五大支柱产业为主的现代产业体系，五大支柱产业规上产值占全部规上工业产值的84%。2012年，出台《长兴县工业强县建设规划（2012—2016年）》，首次明确提出三大支柱产业，即以铅酸蓄电池为核心的新型电池、以织造（非织造）为主的现代纺织、以物流机械与电子电器为重点的特色机电。2014年，三大支柱产业完成规上产值811.1亿元，占全部规上产值的73.5%。其中新型电池、现代纺织、特色机电分别完成规上工业产值265.5亿元、375.5亿元、170.1亿元，占全部规上工业产值比重分别为24.1%、34.0%、15.4%。

【新型电池】 长兴县新型电池产业以新能源高新园区（城南工业功能区、郎山工业集中区）、国家级长兴经济技术开发区、画溪工业功能区为主要平台，以铅蓄电池、锂电池、镍氢电池和太阳能光伏电池为重点发展领域，形成电池研发、生产组装、原辅材料加工、零配件制造、销售以及废旧电池回收等较为完善的产业链，拥有天能、超威、江森、汉能等一批国内外知名蓄电池品牌，持有中国驰名商标4只、国家免检产品5只，拥有“中国电池产业之都”“中国绿色动力能源中心”“中国产业集群品牌50强”“浙江省蓄电池专业商标品牌基地”等9块国家级、省级牌子，拥有“天能国家级技术中心”“超威电源研究院”“天能动力电池及材料研究院”等3个省级以上研发平台。2014年，全县34家规模以上新型电池企业完成产值265.5亿元，与2013年同期基本持平，占全部规上工业产值的比重为24.1%。

【现代纺织】 长兴县现代纺织产业以浙北现代纺织产业园（夹浦镇）、经编和非织造产业园（李家巷镇）、家纺产业园（虹星桥镇）、差别化纤维产业园（泗安镇）为主要平台，基本形成从纺织原料、织造、印染后整理到纺织服装生产的相对完整的产业链，是全国家纺面料、服装辅料、窗帘布主要供应地之一，获得“中国长丝织造名城”称号，拥有桐昆纺织、益南纤维、威达纺织、金三发、长兴丝绸、盛发印染、多蒙佳乐、东鑫纺织等龙头企业。2014年，全县248家规模以上现代纺织企业完成产值375.5亿元，同比增长13.2%，占全部规上工业产值的比重为34.0%。

【特色机电】 长兴县特色机电产业是长兴县实现跨越式发展的关键性产业，主要包括物流机械、电池装备和纺织装备、电子元器件、家用电器等，以国家级长兴经济技术开发区、省际承接产业转移示范区（泗安镇、林城镇）、长兴电子产业园（槐坎乡）、画溪工业功能区为主要平台，有诺力、惠而浦、海信等龙头企业。2014年，全县106家规模以上特色机电企业完成产值170.1亿元，同比增长16.5%，占全部规上工业产值的比重为15.4%。

（史晶晶）

强企工程

【概况】 年内，根据《长兴县工业企业发展绩效综合评价办法（试行）》，从发展规模和质量效益、企业综合实力和科技研发能力等方面对2013年度全县658家规模以上工业企业进行综合评价。根据评价结果，将得分前50位的企业列入《长兴县“强企工程”三年行动计划（2015—2017年）》的首批培育名单。2014年，首批50家“强企工程”重点企业共实现产值531.37亿元，占全部规上工业产值（1134.8亿元）的46.8%；销售收入504.38亿元，占全部规上销售收入（1097.66亿元）的46.0%；利税42.31亿元，占全部规上利税（100.83亿元）的42.0%。“强企工程”重点企业在长兴工业强县建设和工业经济转型升级中的支撑、引领和示范作用进一步凸显。

（史晶晶）

信息化

【省两化深度融合综合性示范县】 7月出台《长兴县信息化和工业化深度融合综合性示范县建设实施方案（2014—2016）》，从企业、行业、园区、县域四个层面深入推进两化深度融合。培育13家市级“两化”融合试点企业，重点实施64个省级两化深度融合示范项目、12个市级两化融合重点项目和30个县级两化融合重点项目。分两期在省委党校和浙江大学对乡镇分管领导、经发办主任和两化融合重点企业进行电子商务和两化融合专项培训。9月，长兴县成功争创浙江省两化深度融合综合性示范县。同月召开长兴县两化深度融合推进会，开展两化融合进企业之电信服务月、联通行和移动服务周活动。

【三化建设】 2014年是开展“三化建设”活动的第3年，在全县乡镇（街道、园区）申报的51家企业中，择优选取32家进行“三化建设”试点创建。采取“政府出资、中介服务、企业主体实施”这一服务模式，加快企业信息化基础建设，提高企业现场管理能力，营造企业人文化氛围，全面提升长兴县工业企业综合竞争力。全年共投入8216.37万元完成改善建议1057项，其中，精益化792项，信息化134项，人文化131项，产生经济效益9762.77万元。年终评审评出"三化建设"达标单位1家，"信息化"先进单位4家，"人文化"先进单位4家，"精益化"先进单位17家。

（史晶晶）

上市工作

【概况】 2014年，长兴县重点推进企业多层次资本市场股改挂牌上市和直接融资工作。至年底，全县共有4家上市企业和4家新三板挂牌企业，其中，天能国际、超威动力、长安仁恒在香港证券交易所上市，诺力股份在上海证券交易所上市，茶乾坤、中晶股份、中德科技和维涅斯在全国中小企业股份转让系统（即新三板）挂牌。

【挂牌上市及直接融资】 2014年，长兴县新增2家企业通过上市审核（诺力股份、长安仁恒），4家企业在全国中小企业股份转让系统挂牌（茶乾坤、中晶股份、中德科技和维涅斯），12家企业在省级各类股权交易平台挂牌。2014年，新增直接融资总额累计达90.5亿元，其中，企业债券52亿元，短期融资券2亿元，私募债券5亿元，股权融资10.7亿元，租赁、网络融资、资产管理计划等融资20.8亿元。

表9　**长兴县上市(挂牌)企业一览表**

企业名称	股票代码	上市时间	上市板块	发行价格	发行股本	所属行业
天能动力	00819	2007.6.11	香港证券交易所主板	1.92港元	3000万股	蓄电池制造业
超威动力	00951	2010.7.7	香港证券交易所主板	2.18港元	2500万股	蓄电池制造业
诺力股份	603611	2015.1.28	上海证券交易所主板	18.37元	2000万股	机械、设备、仪表制造业
长安仁恒	08139	2015.1.16	香港证券交易所H股创业板	9.70港元	800万股	特殊化工用品原材料业
茶乾坤	831108	2014.8.29	新三板	—	1000万股	酒、饮料和精制茶制造业
中晶股份	831214	2014.10.21	新三板	—	5030万股	化学原料和化学制品制造业
中德科技	831294	2014.11.6	新三板	—	6000万股	通用设备制造业
维涅斯	831250	2014.10.29	新三板	—	2900万股	建筑装饰和其他建筑业

（王兴锋）

农业·林业·水利

农业经济

【概况】 长兴县农业局是主管全县农业和农村经济发展的县政府工作部门，内设办公室、农业科教信息科、行政许可科（政策法规科）、农场管理科、农业产业发展科5个职能科室，主管长兴县农业行政执法大队、长兴县农业机械监督所、长兴县畜牧兽医局、长兴县农村经营管理站、长兴县农产品质量安全监督管理站、长兴县农业技术推广服务总站、长兴县水产技术推广站、长兴县科教综合站、长兴县农机技术管理站9个事业单位，年末，在编107人，编外62人。全县七大农业特色产业总面积近8万公顷，实现产值43.8亿元，占全县农业总产值77%。其中，名优水果1.14万公顷、商品蔬菜0.9万公顷、优质茶叶0.7万公顷、特种水产0.77万公顷、现代蚕桑0.14万公顷、花卉苗木1.89万公顷、高效竹林2.41万公顷，形成洪桥镇河蟹、和平镇白茶、水口乡紫笋茶、画溪街道葡萄、泗安镇苗木等一大批特色农业产业强镇和特色产业村。长兴县葡萄种植总面积0.27万公顷，其中投产0.25万公顷，投产面积约占湖州市85%、浙江省10%；芦笋种植总面积506.67公顷，其中投产466.67公顷，居全省第二；河蟹养殖面积0.11万公顷，居全省第二。全县共有县级以上农业龙头企业154家，其中省级5家，农民专业合作社530家，其中国家级3家、省级18家。培育新型职业农民536人，登记注册家庭农场144家，“长兴不凡家庭农场”成为长兴县首家省级示范家庭农场。2014年，长兴县农业局获浙江省海洋与渔业系统政务信息工作先进县级单位、农业依法行政示范单位称号，长兴县防治动物疫病指挥部获评湖州市重大动物疫病防控和畜产品安全监管目标管理考核先进县，吕山湖羊荣获全国十大魅力农产品称号。

表10　**2014年长兴县农业产值构成**

单位：万元、%

行业名称	2014年	比上年+、-%
合计	567216	1.3
其中：农业	399247	2.6
林业	54232	4.5
牧业	47490	-15.8
渔业	54069	6.1
农林牧渔服务业	12178	7.3

种植业

【粮食高产创建】 长兴县以粮食生产功能区示范方建设为重点，以“粮食高产创建活动”为抓手，实施水稻产业提升项目建设，认真抓好各级示范方和示范户建设，以点带面，促进面上生产。开展以水稻精确定量栽培等为核心的生产技术试验示范和推广应用，在0.07万公顷单季稻部级万公顷高产创建示范片建设和8个省级千公顷高产示范方建设中强化技术集成应用，对全县的粮食生产发挥示范带动作用，在遭受8、9月连续低温阴雨天气影响的情况下，采取一系列抗灾措施，确保了粮食生产的稳产，全县水稻产量达到了34.93千克/公顷，比上年增产0.53千克/公顷；以乡镇技术人员、示范方农户、种粮大户和专业合作社人员为对象，强化技术培训和指导，提高农户粮食生产水平；以长兴省级种子区试站为展示平台，引进推广优质高产新品种，通过试验示范和推广应用，不断提高全县粮食优质高产品种的覆盖率，良种覆盖率达到95%以上；加强与科研院所合作，开展技术攻关和推广应用，春甬优84高产示范方平均单产达51.32千克/公顷，高产攻关田达到了55.4千克/公顷，获得湖州市高产竞赛三等奖。

【病虫害防治】 农作物病虫草鼠总体为中偏重发生。大小麦病虫以麦类赤霉病为主,中偏重发生;油菜病虫菌核病为主,中偏重发生;水稻病虫总体中偏重发生,其中螟虫轻发生,稻飞虱中偏重发生,稻纵卷叶螟中偏重至大发生,纹枯病中偏重发生,稻瘟病在山区、半山区、老病区和感病品种上偏重发生,条纹叶枯病发生较轻。蔬菜病虫害以夜蛾类、蓟马、蚜虫、霜霉病等为主,中等发生。长兴县农作物病虫草鼠发生面积35.79万公顷,防治面积52.45万公顷,挽回损失7.8万吨。强化病虫害的监测预报,利用农民信箱、乡镇村、农资经营连锁网店等三条途径发布病虫情报,发布病虫情报13期,开展国家植保工程长兴县植保田间观测场及应急药械库项目建设,推进农作物病虫综合防治和绿色防控,继续在水口乡后坟村建立水稻病虫综合防治示范方,在和平镇长城村建立蔬菜绿色防控示范基地,实施农药减量增效控害工程2.53万公顷。强化技术培训和指导,规范组织建立、协议签订、机械配备、药剂选用、施药安全和防效保障,在林城镇塘南村、向阳村和午山岗村由长兴塘天农机服务专业合作社实施整建制统防统治建设,稳步推进统防统治。长兴县以48个植保、农机、粮油专业合作社为主开展统防统治0.77万公顷,县财政配套补贴109.12万元。

【测土配方施肥】 围绕"增产、经济、环保"施肥理念,开展"土壤测试、田间试验、配方肥下地、示范推广"等工作,共采集代表土样455个,检测2275项次,实施粮油大田作物田间肥效试验和"2+X"试验共5个;制订粮经作物配方10个;测土配方施肥技术覆盖全县221个村,实施面积5.35万公顷,配方肥推广应用面积在去年的基础上提高3%以上,公顷均节本增效450元以上;其中建成县、乡级测土配方施肥示范区5个,涉及面积59.33公顷,公顷均节本增效2700元;建立3个效果监测点,发放技术资料5000余份,普及测土配方施肥知识,继续强化配方肥的推广、生产、经销、使用"四合一"联合运作机制,推广配方肥,完善配方肥加工和营销网络,提升长兴县配方肥的运用水平。

【新品种推广】 推广优质高产稻麦油良种11个:水稻品种有甬优538、春优84、浙粳88、嘉58、嘉33、秀水134等;油菜品种有浙油50、浙油51、浙农大619等;大小麦品种有镇麦8号、华麦8号等,全县农作物良种覆盖率达到95%以上。开展稻麦油作物新品种区域试验及示范,共实施完成大麦区试品种8个,水稻区试品种101个;落实水稻、小麦和油菜新品种展示示范方5个,展示示范品种10个,展示示范面积66多公顷。其中春优84高产攻关达55.4千克/公顷,创长兴县水稻单产最高水平。继续加强与中国水稻研究所、浙江省农业科学院、嘉兴市农业科学院和宁波市农业科学院等科研单位的技术合作,加快长兴县新品种推广应用。推广名优新水果品种有软籽石榴、阳光玫瑰葡萄、红肉火龙果、黄金蜜(黄肉型)猕猴桃等;蔬菜重点引进和推广UC308、绿龙等芦笋品种,黄妃番茄等;茶叶重点推广黄金芽、黄金叶、黄(白)叶型新品种。

【芦笋产业】 长兴县从2008年11月由水口乡开始引种芦笋2公顷,2009年种植面积扩大到13公顷,2010年达到53余公顷。2011年,县政府专门邀请蔬菜产业联盟省地专家对全县芦笋产业发展进行调研和论证,在政府引导下,经过蔬菜产业联盟省地专家的技术指导,芦笋种植区域开始向和平、吕山、水口、林城、李家巷、虹星桥等6个乡镇扩展,全县大棚绿芦笋总面积506.67公顷,种植面积列居浙江省第二,仅次于富阳市。长兴拥有芦笋产业协会1家,合作社20余家,产品打入上海市、南京市、杭州市等周边城市,2014年长兴开始芦笋价格指数保险封闭式试点工作,共承保8个芦笋合作社,受益109户农户,投保面积为78.2公顷,总保费840748元。在产业联盟专家及农业技术人员的指导下,2011年、2012年和2014年相继规范建设3个高标准芦笋生产基地,实施了大棚无公害栽培技术。通过基地的引领与示范,全县芦笋生产技术进一步得到提升,全县投产面积达466余公顷,年平均采摘期200天左右,总产量达900万余千克,总产值9000万元,平均公顷产量达19500余千克,公顷产值19.5万元,最高公顷产值超30万元,经济效益显著,如长兴许长蔬菜专业合作社,以效促产,基地规模从2012年的20余公顷迅速扩展到目前的80公顷,销售上也与超市建立农超对接,并在上海建立芦笋销售点,生产经营管理均得到规范,走出一条可持续发展之路。

【茶产业】 推进浙江省十县三万公顷茶产业升级转化工程项目。长兴茶产业升级转化工程是浙江省"十二五"农业重大成果转化项目,涉及名茶连续化自动化加工生产线应用与示范、现代茶园绿色防控技术应用与示范、茶及功能性成分在食品加工中的产业化应用技术与示范3个子项目成果转化,建成2条名茶连续自动化加工示范生产线和1条茶叶烘焙食品产业化示范线。培育建设2家省级标准化名茶厂。高效利用夏秋季茶叶资源,大力开发名优红茶,建成6家有影响力的红茶生产企业。实施品牌战略,强化"紫笋"商标保护,争创"紫笋茶"国家地理标志证明商标。

【农产品推广】 2月19日,长兴县吕山乡10多名芦笋合作社代表和种植大户由吕山乡人民政府和县农业局牵头,在南京众彩物流园蔬菜批发市场举办1次长兴芦笋推介会；5月8日下午，长兴县农业局联手长兴星网电子商务创业园举办农产品电子商务业务培训会，60多名农业企业、农业专业合作社代表以及乡镇农业干部参加本次培训会。与会者参观考察长兴星网电子商务创业园部分入园电商企业，听取园区发展情况介绍，接受业内专业授课老师关于农产品电子商务的入门培训。长兴县农产品电子商务总额约6000万元，其中"曼曼de爱"旗舰店约占90%。

【葡萄保温促成栽培】 葡萄保温促成栽培模式于2008年在长兴县试验取得成功后进行推广，面积迅速扩大。全县葡萄保温促成栽培面积达到0.08万公顷，占全县葡萄投产面积33.6%。由于葡萄成熟前期(6月中旬—7月中旬)气温偏低，葡萄市场供不应求，全县保温促成栽培模式的葡萄平均公顷产值达到19.5万元，净收益超过0.8万元。2014年葡萄保温促成栽培与普通避雨模式相比产值翻一番，净收益增加0.5万元，这与8月雨水较多，避雨模式的葡萄出现烂果现象导致效益不好有关。

水 产 业

【渔业资源增殖】 从1月开始，为期3个月在太湖放流花白鲢冬片鱼种64万尾，西苕溪放流太湖白鱼、花鱼骨等380万尾，在包漾河饮用水源保护区水域放流冬片花鲢、白鲢、草鱼、鳊鱼、鲫鱼、黄颡鱼、花鱼骨等130万尾。12月在合溪港等水域放流花白鲢、花鱼骨、螺蛳2330万尾。全年共完成鱼类增殖放流数量2904万尾，共计投放资金157.7万。

【太湖渔业】 长兴县现有太湖渔业捕捞船舶52艘，其中夹浦镇24艘、图影旅游度假区28艘；渔业运销船舶97艘(属太湖新城新塘村)，9月6日—31日季节性从事太湖水产品贩销。

【渔业安全】 加强重点时段、重点区域监管，开展一系列安全专项检查整治活动：长兴县人民政府于8月下旬召开太湖渔业安全工作协调会，成立太湖捕捞综合领导小组；加强太湖捕捞安全管理，在太湖捕捞期间，继续实行公安水警、乡镇、村和县渔政站联合执法行动，及时处置捕捞期间的各类突发性事件；继续对太湖运销渔船安装GPS卫星定位仪，对船只实施动态在线监控，要求入湖从事太湖渔业运销的渔民、农民办理人身安全保险；完善以太湖渔业运销船舶为主的县、乡(镇)、村、组、船主五级安全管理网络，落实各级安全管理责任。

畜 牧 业

【湖羊产业】 长兴县湖羊养殖量达到13.2万只，规模羊场20家，其中千头以上羊场有8家，年产值超9130万元。实施湖羊标准化建设。借力全县现代农业发展扶持政策，进一步提升湖羊产业规模化、标准化、良种化、生态化水平。新建规模化羊场5家，建成标准化羊舍7600平方米，创建省级标准化示范场2家，市级1家。做好湖羊节庆活动建设。1月7日承办浙江省湖羊产业振兴计划启动仪式暨长兴(吕山)第三届湖羊美食文化节，旨在弘扬湖羊传统文化，打造湖羊精品产业，吕山乡被授予"浙江省湖羊之乡"荣誉称号。加快湖羊种质提升，已在长兴永盛牧业有限公司建成350只以上核心种母羊群、12个以上种公羊血统的保种群，5月通过湖羊原种场现场评审，成为浙江省唯一一家湖羊原种场。长兴湖羊良种远销新疆阿克苏、福建龙岩、河南郑州、安徽安庆等地。推进生态循环养殖。利用湖羊草食动物特性，结合长兴县特点，大力推广"芦笋秸秆—羊—肥"等生态循环养殖模式，经测算，全县533多公顷芦笋基地每年可为羊场提供1.6万吨的秸秆饲料，秸秆过腹后产生的8000多吨有机肥还田，实现种养增收680多万元。

【屠宰监管职能移交】 1月长兴县机构编制委员会办公室将原商务局承担的生猪定点屠宰监管职责划入县畜牧兽医局，并核增县畜牧兽医局事业编制2名(长编〔2014〕02)。在长兴县人民政府的统一领导下，4月初生猪屠宰监管职责由县商务局移接到县畜牧兽医局，12月建立畜禽屠宰管理工作联席会议制度，并组建长兴县畜禽屠宰联合稽查队。

【畜禽养殖场生态化治理】 为严格实行区域和总量双"控制"，有保有压深化畜牧业排泄物治理，出台生态畜牧业规划和禁、限养区优化方案。根据浙江省人民政府、湖州市人民政府出台转型升级意见，结合长兴县实际，已出台《长兴县人民政府关于印发长兴县生态畜牧业发展规划(2014—2016年)的通知》(长政发〔2014〕17号)和《长兴县人民政府关于印发长兴县畜禽养殖区域规划的通知》(长政发〔2014〕18号)。严格控制生猪养殖总量。根据调整后禁养区、限养区规划，全年需关停畜禽养殖场16家，已关停33家。对宜养区内新建规模畜禽养殖场层层把关，严格准入，长兴县存栏生猪8.87万头，低于控制数的9.8万头。持续深化排泄物治理。整合生猪标准化项目、生态项目和减排项目等资金，做好年出栏1000头以上养殖场标准化提升，已完成4家。落实生态消纳地。根据自我就地消纳与协议对接消纳两种类型，分类指导，全县已落实生态消纳地0.57万公顷。

【病死动物无害化处理收集点建设】 实行"统一收集、集中处理"的病死动物无害化处理模式，和平镇、洪桥镇、林城镇、小浦镇4个收集点均已完成建设并投入使用，既解决养殖场(户)因土地等因素制约无法彻底处理病死动物的后顾之忧，同时又杜绝病死畜禽随意丢弃、不按规定处理或处理不彻底等现象,实现病死动物"收集、运输、存储、无害化处理"的全程封闭运作和全程监管。2014年以来,已收集病死猪420头,共21448千克;其他病死动物2212只(羽),共3473千克。落实病死动物无害化处理经费24.7万元,无害化收集点运行经费20万元,确保病死动物无害化收集、处理的运行。

农村管理

【"三资"管理】 出台相关文件,《长兴县农村集体"三资"管理工作考核细则》及《关于认真做好村干部任期和离任经济审计的通知》。组织"三资"触摸屏大检修。排查故障原因完成268台触摸屏检修和主板更换工作。完成农村集体"三资"管理公开进村入户。通过农户电视"三务公开"平台按季公开"三资"运行情况。开展"三资"管理检查。根据《关于组织开展全省农村集体"三资"管理专项检查调研的通知》(浙农办〔2014〕31号)文件要求,联合相关部门在7月中下旬,对全县20个乡镇(街道、园区)进行农村集体"三资"管理检查考核工作。开展一次培训。与财政局联合举办全县乡镇(街道、园区)农经员、"三资"中心代理会计和村报财账员共计315人培训。完成248个村(股份)经济合作社审计工作,审计总金额139005.02万元。

【农民负担监督管理】 通过浙江省农民负担监督管理领导小组办公室、湖州市农民负担监督管理领导小组办公室一年两查,全年没有发生一起涉农负担恶性案(事)件。年初,长兴县农民负担监督管理领导小组办公室制订下发《2014年全县农民负担监督管理工作要点》,明确工作重点是严格执行村级组织公费订阅报刊限额制和审批制、村级公务"零招待"制度,对重点工作进行分解,落实到各成员单位和涉农收费部门,汇编"农民负担监督管理相关政策文件选编"发至乡镇、村。针对人事调动情况,重新明确各乡镇(街道、园区)和涉农部门分管领导、审批审核人和农民负担管理人员,建立县级、20个乡镇(街道、园区)和18个涉农收费部门共计275人的农民负担监管组织。4月配合长兴县物价局开展涉农价格和涉农涉企收费检查。6月根据中共长兴县委党的群众路线教育实践活动领导小组办公室推进"八项专项整治"要求,下发农负专项检查通知,要求乡镇(街道、园区)开展自查自纠。7月中下旬,在自查的基础上,联合长兴县纪律检查委员会、长兴县物价局组成二个检查组,对20个乡镇街道全面检查,重点检查农民负担源头监管、阳光行动、一事一议筹资筹劳等监督机制落实情况,汇总梳理检查问题,书面反馈到乡镇街道,督促整改到位。8月初,下发"做好2015年度村级组织公费订阅报刊工作的通知",要求做好报刊限额预算告知到村,严格执行报刊订阅审批制度。同时深化农民负担监督管理阳光行动,实行涉农收费、惠农政策、村级财务收支、监管制度、监管责任、投诉渠道"六公开",及时更新"涉农主要收费项目标准公示"和"2014年长兴县支农惠农政策明白卡",把粮油生产、畜牧生产、渔业生产、农业机械报废补贴、设施农业设备补贴中央、省、县各项政策汇总起来制成一张支农惠农政策明白卡,在村务公开栏中、农村集体"三资"管理触摸屏、长兴县人民政府阳光网上及时公示,向社会布农负监督举报电话,主动接受全社会监督。

深化农村综合改革

【村集体资产股份合作制改革】 按照中共湖州市委、湖州市人民政府提出2014年"对未完成股份合作制改革的村年内全面完成"的要求,完成148个村(居)股改任务。年初,制定出台《长兴县关于深化农村确权赋权改革的实施意见(试行)》,中共长兴县委、长兴县人民政府成立农村确权赋权改革工作领导小组,领导小组下设办公室和专项行动工作小组,集体资产股份合作制改革专项行动工作小组设在县农业局,根据职责分工,切实抓好各项具体工作的指导落实,制订《长兴县农村集体资产股份合作制改革实施方案》《长兴县农村集体资产股份合作制改革资料汇编》等相关文本,针对改革中可能遇到的操作层面和政策性层面问题,在调研基础上列出成员界定方面4类25种情况,供乡镇、村参考。在半年度农业农村工作例会上,动员部署全县村集体资产股份制改革工作,7月23日专题召开由乡镇分管领导、农经员、村报账员、村党组织书记、合作社社长参加的全县农村集体资产股份合作制改革培训会议。农业局业务人员分成3片,包片负责,责任到人,业务指导,掌握情况,督促进度,坚持每半个月一进度统计,适时召开农经员会议,传达上级精神、统一操作要求、加强工作推进,二次对全县股份合作制改革工作情况进行通报。10月底,148个村已完成股份制改革,核实总资产8.49亿元,其中经营性资产3.75亿元,量化资产数量1.47亿元,股东人数27.19万人。

【土地流转经营权登记发证工作】 根据湖州市提出"开展农村土地流转经营权登记确权发证工作"试点,要求每个县区选择并完成一个乡镇(街道)的试点任务。长兴县选择吕山乡作为试点乡镇,制订《长兴县农村土地流转经营权登记确权发证试点专项行动实施方案》,实施方案提交长兴县人民政府常务会议审议通过。对照土地流转工作的要求,对土地流转相关文件档案进行规范完善,吕山乡流转期限5年以上的流转土地面积为458.47公顷,涉及经营主体141户，其中流转面积0.67公顷以上、发展设施葡萄、蔬菜的经营主体有85户。以村为单位建立土地流转登记簿，并根据土地流转变化情况及时调整，土地流转登记情况报乡土地流转服务中心备案。由经营主体申请，村、乡镇初核，农业局审核，统一颁发土地流转经营权证，吕山乡有66户经营主体提出申请，并提供承包地块的谷歌地图，申报材料经审核通过后，68本“土地流转经营权证”已下发。通过试点，制订出台《长兴县农村土地流转经营权登记确权发证暂行管理办法》，探索形成一套完整的确权登记工作制度。在完成试点的基础上，向“农园新景”沿线现代农业园区涉及行政村延伸。“农园新景”涉及林城镇4个村、经营主体24户，虹星桥镇5个村、经营主体14户，泗安镇4个村、经营主体28户，经审核，发放土地流转经营权证31本。

【农村土地承包经营权抵押贷款】 自2010年4月起，积极探索土地承包经营权抵押贷款工作。结合长兴县农业生产实际，制订出台《关于深化农村土地承包经营权抵押贷款试点工作的实施意见》，完善修订《长兴县农村土地承包经营权抵押贷款管理办法》，拓展涉农贷款的抵质押物范围，扩大土地承包经营权抵押贷款规模。《实施意见》提出今年农村土地承包经营权抵押贷款新增5000万元，原则上要求执行贷款基础利率，对贷款人发放农村土地承包经营权抵押贷款发生风险的，按实际损失部分的30%进行风险补偿，每年累计补偿金额为150万元；对贷款人直接经办的客户经理、审批人员和相关管理人员，按农村土地承包经营权抵押贷款净新增额的0.5%进行考核奖励。在县政府的政策推动下，土地承包经营权抵押贷款由点向面铺开，银行纷纷跟进，贷款对象从单纯的种植承包大户向合作社、龙头企业拓展，年内共为82家各类经营主体进行土地承包经营权抵押价值测算31330万元，抵押贷款5072万元，涉及面积1271公顷。

农业机械化建设

【新机具、新技术推广应用】 长兴县继续实施“农机购置、作业环节、装备设施”等农业机械化扶持政策，使得农机装备总量快速增长，存量结构不断优化。农机总动力达37.52万千瓦。新增联合收割机57台、大中型拖拉机69台、旋耕机66台，捡拾压捆机7台，手扶拖拉机396台、高速插秧机11台、粮食烘干机13台（套）、粮食清选机1台（套）、保鲜储藏设备2套。2014年全县完成水稻机插面积0.51万公顷，覆盖全县所有粮食生产乡镇，将油菜机收纳入农机作业补贴范畴，给予每公顷补贴600元。2014年，长兴县共有设施农业大棚45.2万平方米享受中央财政补贴491万元。全县共推广秸秆还田配套机械51台（套），捡拾压捆机7台，全县共落实秸秆还田、园地覆盖、集中收集、结扎草绳等综合利用示范点75个，全年实现秸秆还田3.06万公顷，秸秆综合利用率达到93.2%，推动秸秆禁烧工作的开展。

【农机农艺融合】 推进农机、农艺融合，加强与种植、种子等部门及相关科研单位的沟通合作，组建农机、农艺融合协调小组，建立健全融合长效机制和部门联动工作机制。深化融合示范区建设，加强融合技术研究，加快推动作物品种、栽培技术和机械装备的集成配套试验示范，推进农机社会化服务，各类农机合作组织、农机大户发展壮大，提高农机生产组织化程度和农机化作业效率。2014年，长兴县新建农机、农艺融合示范点1个，粮食烘干中心3个。推广水稻机插面积达0.51万公顷，稻麦机收面积达4.17万公顷，油菜机收面积达0.07万公顷，粮食批烘干能力1300吨，耕、种、收综合机械化率达78%。

【创建“农机安全示范镇、村”】 落实各项农机安全责任和农机安全措施，强化农机安全意识，全面推动社会主义新农村建设，制订创建平安农机示范镇、村实施计划。全县创建“平安农机示范镇”1个，“平安农机示范村”3个。

【农业机械安全监管】 长兴县农机管理部门有序开展农机安全监管工作，严格落实安全生产责任制，推进“平安农机”创建，开展专项督查行动，防范农机事故发生，构建农机安全监管长效机制。全年共发生拖拉机道路交通事故2起，死亡1人，受伤4人。农机事故四项指标均比上年有所下降。落实农机安全责任制，长兴县农机主管部门与乡镇签订安全责任书，与各位机手签订安全责任状。2014年6月组织开展“全县农机行业安全生产隐患排查治理和安全生产百日督查专项行动”，深入排查农业生产经营单位、拖拉机驾驶培训机构、农机维修站点、农业机械操作人员中存在的安全隐患。严格牌证发放，确保“谁主管谁负责，谁签字谁负责”的制度落实到位。考核各类农机操作技术人员267人，注册登记核发纯农田拖拉机牌照463台，核发联合收割机牌照81台。完善警农协作机制，加强公安驻农机警务联络室建设，建立健全信息交换和联合执法执勤机制。

农产品质量建设

【农产品质量安全检测】 加强监管体系建设，初步建立“纵横交错、全面覆盖、分级管理、层层负责、网格到底、责任到人”的县、乡镇、村三级农产品质量安全监管队伍体系。加快完善检测监测网络，将长兴县农产品质量检测中心建设纳入全县食品（农产品）药品检测中心建设，完成仪器设备招投标采购140余万；

县区内所有乡镇(街道、园区)建成农残快速检测室,并对社会公众免费开放;部分示范企业、合作社建立自律性监测机制。积极开展农产品质量安全专题培训,多次举办长兴县农产品质量安全培训班,邀请专家讲课;9月在长兴县委党校举办2014年发展现代农业农产品质量安全专题培训研讨班。积极探索农产品安全追溯管理模式,建立农产品生产主体档案信息库,推行农产品产地编码标识应用,主要在草莓、芦笋、葡萄、蔬菜等特色产业推广运用,长兴县使用编码的生产主体已达130户。2014年全年开展草莓、蔬菜、茶叶、桃子、葡萄、猕猴桃、稻米、中草药等多个专项抽检,累计完成各类农产品定量检测667批次(种植业465个,畜产品100个,水产品102个),检测合格率99.4%,较去年提升0.1个百分点,农残定性检测7070批次,检测合格率98.9%。

【农业投入品监管】 继续推行禁限用高毒农药定点经营,实现禁限用高毒农药定点经营、实名购买、限量供应,做到销售信息可查询、流向可追踪;开展农资质量抽检活动,在农资产品经营销售旺季前,组织执法人员对市场上经营的农资产品开展全面抽检活动,对24家农资经营单位,共抽取种子、农药、肥料、兽药等50个批次的农业投入品,对6家经营不合格农资的单位全部进行立案查处。履行执法职责,强化市场监管。从1月开始,在长兴县范围内开展打击侵犯品种权和制售假劣种子行为专项行动。在3月开展以规范种子、农药、肥料等农业投入品市场秩序为重点的“绿剑”春季集中执法行动。从6月开始,为期2个月的水产养殖环节专项治理行动在全县范围内开展。根据浙江省农业厅部署于9月针对兽药、饲料及饲料添加剂等农业投入品领域存在的突出问题组织开展“绿剑”秋季集中执法行动。按照“重源头、重巡查”工作要求,采取日常巡查与重点监管结合,围绕重点产品、重点单位和重点区域,深入查处农资生产经营领域各类违法行为。全年共出动执法人员419人次,检查生产、经营单位436家次,共立案查处11起,全年罚没款18.4万元,其中3牛蛙养殖户因非法使用孔雀石绿被移送公安机关刑事立案。

【三品一标】 “三品一标”是对无公害农产品、绿色食品、有机农产品和农产品地理标志的统称。“三品一标”是安全优质农产品公共品牌,全年,新申报无公害农产品106个、产地(含渔业)0.33万公顷,新申报绿色食品10个;新增无公害农产品98个、无公害农产品产地0.33万公顷、绿色食品8个,有机食品1个,推进完成“洪桥镇省级现代农业综合区”无公害农产品产地整体认证工作。

【农业标准化】 农业标准化是以农业为对象的标准化活动,即运用“统一、简化、协调、选优”原则,通过制订和实施标准,把农业产前、产中、产后各个环节纳入标准生产和标准管理的轨道。全年,全县新制订公布省、县级农业标准5个;新实施县级农业标准化项目5个,示范辐射面积580公顷;新增“三品”农产品98个,产地面积0.34公顷。全县农作物种植标准化生产程度达到62.41%,畜禽标准化生产程度达到61.85%。

省级农业园区建设

【概况】 和平综合区已于2013年12月25日通过省级验收;泗安综合区已完成建设任务准备验收,洪桥省级现代农业综合区累计投入资金16203万元,完成计划投入的112%,于2014年11月17日通过省级验收。林城北汤翘嘴红鲌示范区、夹浦陶家湾名优鱼类精品园、夹浦葡萄精品园、二界岭乡木龙岕茶叶精品园等4个园区2014年通过省级验收。

主体培育

【新型职业农民培育】 2013年,长兴县被筛选确定为10个省级新型职业农民试点县之一,在全省率先开展新型职业农民培育,并要求于2014年底前培育新型职业农民500名。根据试点工作要求,长兴县成立试点工作领导小组,农业局及时制订《长兴县新型职业农民培育试点工作实施方案》《长兴县新型职业农民培育认定及管理办法》等文件。2013年,根据长兴县实际及试点工作要求,确定长兴县职教中心承担该试点工作,遴选水果、水产、茶叶、蔬菜等4个专业开展新型职业农民培训,完成认定新型职业农民254人,其中有167人通过国家技能资格鉴定。2014年,农业部办公厅、财政部办公厅印发《关于做好2014年农民培训工作的通知》,湖州市作为全国14个示范市之一,被列为全国新型职业农民培育整体推进示范市。根据湖州市统一部署,要求年底前完成新型职业农民培育400人,分水果、水产、茶叶、蔬菜、粮油、畜牧等6个专业开展,培育认定新型职业农民536名,其中生产经营型新型职业农民401名、社会服务型新型职业农民55名、直接认定新型职业农民80名。

【农民专业合作社】 年末,有农民专业合社530家,合作社成员3.42万名,带动非成员农户2.33万户,合作社联结基地面积1.5万公顷,销售额超百万的合作社有118家,其中国家级3家,省级18家,市级34家,县级59家。长兴县已基本形成水产、蔬菜、葡萄、茶叶等七大主导产业、九只高效特色农产品。合作社做到统一生产规程,统一技术培训,提高自律意识,统一制订和实施产品生产和安全质量标准,及时应用新技术,做到生产标准化、产品安全化、营销品牌化,有力提升的农产品的品质。解决了千家万户小生产与千变万化大市场之间的矛盾，解决单家独户干不了，干了不合算的难题，拓展农产品进市场、进企业的途径，实施订单农业和“农超对接”，畅通了销售渠道，走出了分散的农户应对大市场的新路子，极大地保护农户的利益，弱化市场风险，提高经济效益。

【家庭农场】 年末，长兴县家庭农场144家，注册资本达9815万元，总劳动力502人，经营总面积0.1万公顷，其中省级3家。2013年5月，长兴洪桥镇一位农场主杨月琴拿到了家庭农场营业执照，她经营的“长兴洪桥月琴家庭农场”成为长兴的首个家庭农场，也是湖州市首个真正意义上的家庭农场。长兴不凡家庭农场是长兴县首家省级示范家庭农场。以种植玉米，毛豆，芦笋等能与羊配套的秸秆类为主，同时制订适宜于现代化、规模化、集约化饲养管理的工艺规程和企业化经营管理等一系列规章制度。通过种养合理布局，协调发展，真正做到农牧结合，资源循环利用，营造“羊—沼—牧草”生态循环体系，打造种养结合、生态循环家庭农场模式，为实现农业增产，农民增收起广泛带头作用。

【市级农业龙头企业申报工作】 获得市级农业龙头企业称号5家：浙江兰特园艺有限公司、中国长兴花木城（长兴浙安苗木有限公司）、浙江绿野仙踪生态农业发展有限公司、长兴百姓豆制品有限公司、长兴玉山果生态农业开发中心。

【“五水共治”农业面源污染治理工程】 年内，继续深化养殖环节治理。严格落实禁、限养区制度，对禁养区内规模畜禽养殖场实行关停或搬迁，对宜养区内养殖场严格把关，实现畜禽养殖区域与总量双控制，关停转迁畜禽养殖场33家，完成污染治理244家，生猪存栏8.87万头，低于控制数的9.8万头。推进化肥农药减量控害。组织人员对各乡镇（街道、园区）种植业生产情况开展调查摸底，根据调摸情况，及时将5.33万公顷测土配方施肥技术推广应用任务分解落实到乡镇。加强科学使用化肥农药应用技术培训，对农资经营单位、有关专业合作社和种植大户分期进行培训。推广应用测土配方施肥技术5.35万公顷、配方肥8460吨、有机肥1.23万吨、化肥减量795吨。推进水产清洁养殖。严格控制温室龟鳖养殖面积，全县养殖面积为1.15万平方米。推行清洁养殖技术，主推河蟹、甲鱼、青虾生态养殖、底部增氧、生物制剂应用和山塘水库洁水渔业养殖等技术，推广清洁化养殖技术面积达5347公顷，水塘水库洁水渔业面积333公顷、稻鱼（鳖）共生、轮作143公顷。推进渔业增殖放流工作，全年在西苕溪流域、包漾河饮用水源保护区等水域投放鱼苗2000多万尾。抓好渔业资源保护，开展打击非法电力捕鱼专项行动26次，收缴电鱼工具32套，电视台宣传3次，没收并销毁地笼、无证丝网和鱼簖2000余条。

【秸秆禁烧和综合利用】 年内，制订出台《长兴县秸秆禁烧与综合利用工作实施方案（试行）》和《长兴县秸秆禁烧与综合利用工作考核办法（试行）》，建立保证金制度，按照考核办法严格进行考核。各乡镇（街道、园区）均建立镇村两级巡查小组，制订实施方案和考核办法。建立县、乡镇、村、组四级禁烧巡查网络，在夏、秋作物收割期加强巡查执法，严防第一把火。通过广播电视、农民信箱、气象发布平台发送秸秆禁烧和综合利用短信，各乡镇（街道、园区）都召开动员大会，与种粮大户签订禁烧承诺书，张贴禁烧通告，开展多形式的宣传发动。印发《关于切实抓好秋季农作物秸秆综合利用工作的通知》，举办长兴县农作物秸秆综合利用培训会；各乡镇、街道召开种粮大户的培训会，落实综合利用示范点，开展秸秆收集试点，探索秸秆利用新模式，推进秸秆综合利用，2014年秸秆综合利用率达到93.2%（不包括燃料），长兴模式在湖州市范围内得以推广。

（刘佳颖）

林　业

【概况】 林业局1979年7月12日成立，现设办公室、人事教育科、森林资源科（行政许可科）、绿化造林科4个科室，长兴县森林公安局（挂长兴县公安局森林警察大队牌子）1个直属单位，长兴县森林病虫防治检疫站、长兴县林业技术推广中心、长兴县营林站、长兴县林权管理中心、长兴县森林消防指挥部办公室（参公）、长兴仙山湖国家湿地公园管理处、长兴县尹家边扬子鳄保护区管理处、长兴县木材检查总站8个事业单位和下属企业长兴县永绿林业发展中心（长兴县林场）。年末，在编56人，编外29人。2014年，长兴县林业局以“让森林走进城乡、让城乡拥抱森林”为总目标，创新工作，积极参与创建“国家生态县”建设。年内，长兴县相继获国家级珍贵树种培育示范县、浙江省平安林区县等荣誉；创建浙江省级林业精品园3个、浙江省森林食品基地2个；创建培育国家级农民示范性专业合作社1家、市级林业龙头企业1家；创建省级森林村庄8个、市级森林村庄12个、市级森林单位3个；森林火灾受害率、发生率分别控制在1‰、25次/10万公顷以内，林业有害生物成灾率控制在9.4‰以内，森林覆盖率稳定在51.3%以上。长兴县林业用地面积7.64万顷，占县域面积的53.4%；森林面积7.37万公顷，森林覆盖率达51.3%。2014年长兴县林业总产值346947万元，比2013年同期增长3.02%。其中，一产产值15.39亿元比上年同期增长0.54%，二产产值8.47亿元比上年同期下降2.06%，三产产值10.83

亿元上年同期增长11.44%,一、二、三产占比为44:25:31。

年内,长兴县林业局与泗安镇共同引进湖州利能光电科技有限公司(注册资本9000万元,其中林业局3500万元);与小浦镇共同引进长兴陈常电子商务有限公司(注册资本3000万元,其中林业局2000万元),长兴励鑫电子产品有限公司(注册资本3000万元,其中林业局2000万元);与李家巷镇共同引进注册长兴米索家居有限公司(注册资本3000万元,其中林业局500万元),争取到资金8000余万元。

绿化造林

【概况】 以"生态文明以林为先、生态建设从林开始"理念,按照"扩大森林面积、增加森林总量、提高森林质量"要求,通过创建浙江省森林城市、承办全省平原绿化工作座谈会、创建全国绿化模范县等工作载体,连续5年深入实施"亿(亿元以上购苗资金)、万(万亩以上绿化面积)、千(千个以上绿化项目)、百(百个以上人造片林)、十(十个以上森林公园)、一(让森林走进城市,让城市拥抱森林)"工程。

【绿化】 完成集中绿化面积1149公顷,占总任务132.6%;牵头做好水土保持治理修复提升工程和"图影湿地河长制综合治理"工作,完成各类绿化造林1682公顷,占计划116.6%;完成坡地修复113公顷,占计划165%。长兴县平原绿化面积3.23万公顷,平原林木绿化覆盖率达37.2%。

【造林】 长兴县造林更新任务为525.93公顷,森林抚育1866.67公顷。年内,长兴县完成各类造林更新面积525.93公顷(完成长防护林国债项目413.33公顷,并通过省级检查验收);结合松材线虫病除治工作,完成森林抚育1866.67公顷(其中森林抚育项目666.67公顷);完成当年新育苗20公顷;仙山湖林相改造任务13.67公顷,各项任务完成率100%。

【水土治理修复】 编制《长兴县水土保持治理修复提升工程三年专项行动方案》,完成坡地修复113.33公顷,占计划165%;完成合溪水库上游北涧清洁型小流域建设3.12平方千米,占计划100%;新增治理水土流失面积6.59平方千米,占计划101.4%;在和平地区完成133.33公顷坡地修复工作任务。

【关注森林活动】 完成省级森林村庄4个、市级森林村庄12个、市级森林单位3个的创建任务,获得省级绿化模范单位1个。年内,通过在全县范围组织开展各种形式的义务植树活动,累计完成义务植树共约50万株。

森林资源保护

【概况】 按照《森林长兴建设规划》,继续深化森林长兴,增加长兴县森林资源总量,围绕"蓄宝于林、藏富于民"目标,开展国家珍贵树种发展示范县创建工作,推动珍贵树种发展,培育珍贵树种总面积达1.2万公顷,建立珍贵树种精品园8个,示范基地10余处,面积666.67公顷。年内,获国家珍贵树种培育示范县。

【森林资源保护】 开展"阳光执法",组织开展"雷霆1号"暨平安清明森林火患火案清剿专项行动、"雷霆2号"林区禁种铲毒专项行动、"雷霆3号"涉林违法犯罪专项打击行动和2014天网行动、2014利剑行动,有效打击破坏森林资源的违法行为。年内,长兴县森林公安局共出动警力760余人次,车辆260余次,共处理林业行政处罚案件161起,罚没款148万(其中擅自改变林地用途6起,滥伐林木18起,盗伐林木2起,过失引起森林火灾13起,违法用火4起,擅自开垦林地14起、非法采挖树木1起、非法收购野生动物1起、毁坏林木1起、未经许可加工疫木5起、未建立购销、加工台账2起、非法运输木材94起),查处率97.1%,挽回经济损失148万元。

【集体林权制度改革】 年内,长兴县共流转林地326.67公顷,办理林权抵押3笔,抵押贷款610万元。选择确定泗安镇云峰村为试点村,引导、鼓励村民以林地使用权或林木所有权自愿入股建立林业股份合作社。推进政策性林木保险,全县完成商品林林木综合保险3.67万公顷,投保金额15.4万元。

【野生动植物湿地保护】 开展中德合作项目,长兴县林业局完成《湿地环境教育手册》编撰;开展古树名木普查建档、管理等保护工作,全县共有以银杏为代表的17科29属36种共计3372株古树名木,均张挂标志牌,对古树名木全部落实管护单位(人)和管护措施。组织开展最美古树评选上报工作,小浦镇八都岕十里古银杏长廊被评为浙江最美森林(古树群),举办浙江省野生动物疫源疫病监测防控工作会议。组织开展"爱鸟周""野生动植物保护月"等活动和破坏野生动物资源专项行动,发放宣传资料300余份,完成仙山湖鸟类画册制作。完成省大样地调查、陆生野生动物资源夏季调查和县重点野生植物采集经营利用等调查工作。

【林业行政许可】 林业局原有权力清单265项,年末经过清理简化到134项。提高服务效能,加强林业票证管理,为林业企业和林农做好林业审批服务工作,共办理各类林业许可事项2860多件,按时办结率100%。配合中国长兴花木城苗木交易,主动延伸林业办证窗口办公场所至花木城,方便林业企业和林农办证服务，共办理木材运输证及植物检疫证9万份。

林业有害生物防控

【概况】 坚持“预防为主，科学防控，依法治理，促进健康”的方针，突出重点抓好松材线虫病防控、植物检疫专项执法检查、林业有害生物监测预报工作。

【林业有害病虫防治】 年内，长兴县共发生林业有害生物危害1341.2公顷，其中松材线虫病538.4公顷、松褐天牛危害474.8公顷、卵圆蝽53.67公顷、竹螟182.07公顷，其他病虫害92.27公顷（竹长白蚧40.13公顷、樟脊网蝽46.47公顷、煤山新源村“长广民爆器材公司”附近首次发生毛竹叶螨危害约28.6公顷）。长兴县林业有害生物发生率1.73%，比上年同期下降1.77%。2014年，松材线虫病除治549公顷，其他松林病死木清理6266.93公顷，完成卵圆蝽防治面积53.67公顷，竹螟防治182.07公顷，松褐天牛防治474.8公顷，其他病虫防治92.27公顷，防治率100%。无公害防治作业面积5725.07公顷，无公害防治率98.68%。成灾面积538.4公顷，成灾率8.28‰。测报准确率95.49%。完成湖州市下达的林业有害生物防治目标管理指标，投入防治经费497.78万元。

【林业有害病虫防治技术】 强化香樟樟颈曼盲蝽、无患子溃疡病、苗木白蚁、竹类害虫灯光诱杀等4项森林病虫害防治技术进行推广，关注合溪流域饮用水源保护，精心选择合适的农药类型、品种，推荐使用农药合理剂量。年内，对于苗木种植中易发生病虫害树种进行梳理，形成适用于长兴本地榉树的秋四脉棉蚜、桂花叶斑病、无患子溃疡病、银杏茶黄蓟马、食叶害虫、香樟樟脊网蝽、紫薇绒蚧和构骨红蜡蚧等防治技术，八都岕古银杏长廊“古银杏不正常落叶”修复技术，应用“花木病虫害综合治理防治历”。长兴县林业局对泗安镇、煤山镇苗木和毛竹种植经营户，进行病虫害防治技术培训2次，参加人员280人次。推广无公害森林虫害防治，在长兴县内挂设松褐天牛诱捕器120余套，采用新型“昆虫性诱剂”诱杀松褐天牛5196只，频振式光控杀虫灯350台，捕杀竹林食叶害虫成虫约1430250只（测报点共捕杀28605只）。积极推广无公害防治，采无公害防治措施防治林业有害生物面5725.07公顷。

【“绿剑”检疫执法检查】 开展“绿剑”检疫执法专项行动，在全县范围内开展检疫检查，共调查登记木材加工及使用木制品企业84家，发放宣传资料126份，打击查处非法加工松疫木行政处罚案件4起，没收松木2.23立方米，查处疫木板材定点加工企业违规2起。

林　业　产　业

【概况】 年末，长兴县林业总产值34.7亿元，其中花卉苗木27亿元。完成2014长兴农业招商推介会，组织20名林业企业人员参加《乡约》栏目拍摄。

【林业网站建设】 完善华东花木电子商务平台，免费发布供求信息590多条，先后6次开展花木行情调查，发布本土花木20种130个规格价格行情，并做好价格行情对比。年内，网站点击量47.5万人次，据不完全统计销售额达1500多万元。建成县林业网站，网站点击量4.7万多人次，发布信息500多条。

【泗安省级农业综合区建设】 完成建设内容和内业档案和资金管理相关验收台账资料，综合区建设规模1646.67公顷，投入资金11698.5万元，占总投资9921.5万元117.9%。

【林业精品园建设】 共实施完成“泗安薰衣草精品园、煤山富申苗木精品园、水口兰特苗木精品园”等3个省级林业精品园建设，已通过省级验收，待下文批复。

【林业产业提质增效】 完成林业产业提质面积733.34公顷，占计划110%，（其中花卉苗木400公顷、杨梅66.67公顷、毛竹266.67公顷）。完成泗安镇香樟精品苗培育改造示范基地（6.67公顷）、洪桥镇西府、睡美海棠小苗引种示范基地（15.33公顷）、水口乡兰特种子种苗（100万株）等三个县级示范基地建设。

【“农园新景”实验示范带建设】 编制泗安鲜切花产业园、泗安现代农业观光园和林城泥斗苗木产业园三个园区“一园一策”发展规划，年末，各园区基础设施建设已基本完成。

【食用林产品质量安全监管】 制订并下发《2014年长兴县食林产品安全例行监测方案》，落实食品安全百日行动工作要求，深入食用林产品种植企业、基地宣传，重点对30户竹笋种植大户进行排查，对2户违规企业进行约谈。加大林业生产投入品监管力度，对春笋25批次、鞭笋15批次、冬笋10批次，板栗15批次、银杏20批次进行质量安全检测和抽查工作。完成长兴盛源水果专业合作社、长兴春蕾竹笋专业合作社等两个省级森林食品基地申报和认定命名。

【林业科技推广】 开展优“新经济竹类产业化开发关键技术集成与推广”“毛竹林高效生态可持续发展经营技术示范推广”“竹材深加工关键技术示范与推广”三个省竹产业效益提升工程子项目和省林业厅“笋竹两用毛竹林高效生态可持续经营技术示范推广”项目，完成“杨梅三疏一改”省级农业技术推广项目。参与开展浙江省林科院“毛竹秋冬季高效培育关键技术研究”国家林业公益性项目和湖州市林科所“毛竹林机械化经营装备技术应用示范"省级项目,建成毛竹高效培育示范基地320公顷、竹类优新品种繁育基地3.33公顷、毛竹覆盖示范基地3.73公顷。组织申报和实施"兰特公司黄金构骨栽培基质配制""煤山银杏绿化大苗切根技术研究示范""森达竹木复合地板新材料研制"及"和平镇兰花高效栽培示范基地""吕山水生花卉示范基地建设"等多项县级科技项目和种子种苗工程,并通过验收。利用花卉苗木产业联盟和省级科技特派员团队平台,积极开展推进杜鹃花资源收集的示范栽培。在林城镇、和平镇等地推广种植杜鹃花新品种,在龙山新区川步村引进高山杜鹃1万盆,开展区域试验和美丽乡村建设。开展香樟残次林改造、多抗香樟种源收集、银杏控果技术研究等多项涉及苗木转型升级的开创性工作。在泗安镇罗家地村建成香樟精品苗培育改造示范基地100公顷。

生态公益林管理

【县级生态公益林扩面】 规范2013年1310.07公顷县级公益林扩面材料(其中白岘乡205.2公顷、煤山镇308公顷、槐坎乡288.53公顷、泗安镇508.33公顷),2014年新界定县级公益林541.27公顷(其中白岘乡122.33公顷、煤山镇180公顷、槐坎乡238.93公顷);2013—2014年县级公益林扩面共计1851.33公顷。

【省级公益林调整及矢量数据完善】 完成湖州泰玛仕矿业开采项目1.99公顷省级生态公益林调整,做好合溪水库淹没区2.6公顷省级公益林补调材料。及时报送最新行政区划调整结果、深入全县13个乡镇(街道、园区)、国有林场,对21个无法匹配的数据和698个单个小班面积误差超过15%的数据逐一核对修正。

【公益林损失性补偿资金】 长兴县现有公益林面积2.4万公顷,其中国家级公益林4580.73公顷,省级1.5万公顷,县级4429.93公顷。分布于全县12个乡镇、1个街道和太湖图影旅游度假区、南太湖产业集聚区和1个国有林场,涉及94个行政村和9991户农户,其中面积在3333.33公顷以上的有和平镇、小浦镇和县永绿林业发展中心。共计发放损失性补偿资金774.04万元,停发53.19万元。组织全县115名专职公益林护林员规范化队伍建设培训,完善护林员DPS卫星定位考勤系统。

森林消防

【概况】 长兴县专业扑火队伍2支,扑火队员92人;乡镇(街道、园区)、县旅游集团组建25人以上半专业扑火队伍18支,扑火队员1317人。开展"引水上山,以水灭火"实战演练,长兴永绿林业发展中心消防队在浙江省森林消防高压接力水泵灭火技能比赛中获优秀奖。森林火灾发生率比上年同期下降67.7%、森林火灾受害率比上年同期下降70%。

【森林消防设施建设】 年内,长兴县森林消防基础设施建设投入63.2万余元专项经费,为乡镇级已组建的扑火队伍配置橘红色阻燃服725套、消防水袋160只、二号扑火工具450把、风力灭火机46台、柴刀670把。在雉城街道、龙山新区、水口乡、小浦镇、泗安镇风景区、公墓区等重点防火区域设置森林防火宣传牌30块,埋设森林消防专用5吨贮水桶20只。

【网格化管理林地】 对全县7.35万公顷林地,按每333.33公顷配备一名护林员标准,实行网格化管理,配备管护人员221人。指导涉林乡镇(街道、园区)和单位为641名扑火队员进行人身意外伤害保险投保。年内,共发生森林火48起,成灾1起,火灾发生率2%,过火面积4.7公顷。

【"平安林区"创建】 编辑"平安林区"简报3份,发放各类宣传资料600余份,张贴通告400多份,在重点林区道路两侧和进山路口悬挂宣传横幅30余条。获浙江省"平安林区"荣誉称号。6月18日,参加长兴县"安全生产月"咨询日活动,向社区居民宣讲森林防火安全知识、发放森林防火知识宣传资料210份。开展"六打六治"打非治违消防安全专项行动,对局所属各单位进行检查,对发现的安全隐患问题及时进行整改。

扬子鳄保护区

【概况】 新建生态池16个,统一配备防护网、池内岛等相关的配套设施,对生态池水深实行动态监控,确保将生态池控制在适宜扬子鳄交配的水位2~3米;监测站全年巡视352次,监测总路程8000千米,监测辖区覆盖范围373平方千米,监测有效覆盖范围286.6平方千米。11月25日承办"全省陆生野生动物疫源疫病监测防控应急演练";开设"扬子鳄近交繁殖和远交繁殖对种群遗传品质的影响"以及"冰冻灾害对冬眠存活力的影响"两个课题。10月,开始向浙江省林业厅及国家林业局申报选取十条扬子鳄进行科学利用并已得到批复,逐步展开冬季气温对扬子鳄生存力影响数据记录工作。

国有林场

【概况】 完成绿化造林面积65.4公顷,占计划数61.67公顷106%,造林成活率90%以上,其中珍贵树种人工造林10公顷,补植造林31.67公顷,其他人工造林23.73公顷,林区房前屋后、沿边道路、与周边村庄交界处种植苗木3000株;完成仙山湖林相改造面积2公顷、中幼林抚育面积214.27公顷/次,占计划面积数2964公顷/次的108%。培育大径材,划定储备林724.6公顷,蓄积88187立方米,后备林66.87公顷,蓄积8471立方米；年内，收取承包金209.65万元；新接收城市苗圃48.07公顷，补植水杉、池杉苗木12116株，合溪苗圃补苗6027株；采伐林木蓄积4257.11立方米，在限额采伐指标5200立方米范围内，清理死松树1679.5立方米，采伐杉木971.85立方米，采伐松木1300.45立方米，征占用项目采伐305.31立方米；完成14个林区防火线清理面积40.87公顷。年内，组织“引水上山——以水灭火”森林消防演练10次，共300人。

（陈国登）

水利建设

【概况】 长兴县水利局是长兴县人民政府主管水利行政的职能部门，主要结合本县实际，研究制定、组织实施和监督检查水利工作政策措施，管理全县水资源，和组织指导水政监察和水政行政执法，负责县防汛抗旱指挥部和县水土保持机构的日常工作等。内设办公室、财务审计科、计划建设科、行政许可科（水政水资源科）4个科室；水政监察大队、防汛防旱指挥部办公室、太湖水利工程建设管理局、合溪水库管理局、泗安水库管理所、和平水库管理所、二界岭水库管理所、水文站、机电排灌站、水利水电勘测设计所、水资源办公室（水土保持监督管理站）、苕溪河道管理所、农村水利管理所、河道管理站、农村饮用水办公室、水利水电工程质量监督站16家事业单位（含参公事业单位）。年末，在编95人，编外54人。

长兴县属亚热带湿润季风气候区，水资源分区主要分为乌溪片、箬溪片、泗安塘片、长兴平原和南片。长兴县本地自产水的主要补给来源为降水，按降水特性大致可分为梅汛、台汛和非汛期三期，4月15日—10月15日为汛期，其余月份作为非汛期，汛期降水量约占全年降水量70%，从空间分布来看降水量趋势为自西北向东随地势的降低而逐渐减少，年降水量在1300～1600毫米之间。多年平均降水量为1347.7毫米，多年平均水资源量为8.84亿立方米，人均水资源占有量1426立方米，低于全国（2200立方米）、全省（2100立方米）平均水平。地表水资源量时空分布不均，多年平均年径流深的地域变化范围在600～900毫米之间，自西北向东逐渐递减，低值区在雉城镇一带，高值区在白岘乡一带，径流年内变化趋势与降水量基本一致，峰值发生在6月—9月，低值一般发生在12月—次年2月。2014年，全部蓄水工程总库容2.12亿立方米，新增改善灌溉面积0.08万公顷，固定灌溉泵站2231处，总装机4.24万千瓦。

【防汛防台抗旱】 2014年汛期，长兴县总的降雨特点是略低于多年平均，总降雨量841毫米，比常年少近一成。整个汛期，降雨量正常、分布均匀，梅雨典型、雨量偏少，盛夏多雨寡照、未出现伏旱，仅梅汛期受台风“凤凰”影响期间，个别水库水位超汛限、部分河道水位超警戒水位，防汛防台形势总体较平稳。6月17日入梅，7月7日出梅，梅汛期共20天，略少于常年，属典型性梅雨，共出现4次系统性降水过程（分别是：6月20日—21日、25日—26日、7月1日—2日、4日—5日）。据长兴县水文站统计，梅汛期全县累计面降水量198.7毫米，比常年237毫米的降雨量少两成，属于雨量偏少年份。全县河网水位均维持在警戒水位以下，西苕溪、长兴平原、太湖水位均接近常年同期水位，水库水位总体平稳，个别水库正常溢洪，大部分水库控制在限汛水位以下，各乡镇（街道、园区）未出现较明显灾情。9月18日凌晨，菲律宾以东洋面上生成第16号台风“凤凰”，19日中午加强为强热带风暴（10级）。受台风“凤凰”外围风雨影响，全县面雨量31毫米，河网水位总体有所上涨，均未超警戒水位，小（二）型以上水库蓄水率从56%提高到63%，个别水库略超汛限水位，其余均在汛限水位以下，全县各乡镇（街道、园区）未出现较明显灾情。

长兴县“早谋划、早部署、早检查、早落实、早整改、早准备、早巩固、早提升”做好防汛准备工作。1月，部署开展“让长兴的水秀起来”水环境综合治理、城区水系整治等“五水共治”专项行动；2月，召开全县治水推进大会、水利工作会议，与乡镇签订工作目标责任书，布置新一轮防汛、水利工作重点；3月，组织全县开展汛前准备与大检查工作；4月，县领导调研防汛工作，全面开展防汛隐患排查和整改工作；5月，围绕“五水共治”开展重点督查，县领导带队集中检查并解决防汛隐患整改中的困难和问题；6月，完成入梅前各项准备工作，备战主汛期。落实以行政首长负责制为核心的防汛防台责任制，落实基层防汛防台责任人4502人；储备编织袋239万只，桩木2638立方；完成水毁工程修复230项；建立“山塘水库智能巡查系统”，提升信息化山塘水库管理水平，强化全县31座小型水库的日常管理；初步建立各级抢险队伍192支5302人，长兴县人武部组建125人固定民兵抢险队伍。4月，召开2014年全县基层防汛能力培训会，220名基层防汛工作者参加培训。6月11日，开展防汛应急演练。

【重点水利工程及农田水利基础设施建设】 合溪新港中小河流治理工程，2014年至2016年实施，完成合溪新港新长铁路到东庄段8.1千米河道治理，启动一期工程，完成河道治理0.9千米。农村河道综合整治，完成河道清淤500千米，堤防加固43千米。圩区整治工程，完成圩区整治面积0.47万公顷。已完成3座闸站建设，新建排涝站13座，新建涵洞14处，加高加固堤防20.24千米；水库出险加固工程，青山水库除险加固工程完成投资800万元，实施溢洪道整修、隧洞开挖、套井回填工作，泗安水库除险加固工程完成初步设计审查，进行报批；农村饮用水安全工程，铺设PE200以上供水管道31.7千米，增设无负压设备5套，解决2.54万人饮水安全问题。

【水环境整治】 “治污先行”，推进河道清淤。按照全地域、全流域治理目标将全县河道分成三批实施清淤，开展示范河道创建活动，通过河道清淤、河岸绿化、河边整治、河中净化等一系列措施打造一批具有亮点和特点“示范河道”。38条“示范河道(漾荡)”经现场评选产生“十佳最美乡村河道(漾荡)”。提高水生态循环，沟通水系。以实现“让水动起来，让水秀起来”为目标，开展“断头河”治理、垃圾河治理、城区水系沟通和太湖内河治理等工作。完成“断头河”治理43条63处，垃圾河治理8条14.55千米、黑河臭河治理5条18.8千米，疏通太湖沿岸内河堵塞位置29处。推进“河长制”管理。按照“清淤一处、保洁一处、堵截污水一处”要求，对全县20个乡镇，432条河道，实施“河长制”管理，实现“河长制”管理全覆盖。成立河道保洁队伍44个，对432条，长1522千米河道实行长效保洁。

【严格落实水资源管理】 落实水资源有偿使用制度，全年受理取水换证16家，对取水量10万立方米以上的18家企业安装取水在线监控系统，水资源费按计量规范征收。制订出台《长兴县建设项目占用水域补偿费征收管办法》《长兴县水资源费征收管理办法》。严格执行“三条红线”制度，建立用水总量控制、用水效率控制和水功能区限制纳污“三项制度”，划定用水总量、用水效率和水功能区限制纳污“三条红线”。坚持开发建设项目水土保持监督管理、矿山治理与生态环境保护并重。完成合溪水库上游北涧清洁型小流域建设3.12平方千米，新增治理水土流失面积6.59平方千米。完成水保方案审批32个，水土保持补偿费征收762万元。

【节水型社会创建】 强化管理和制度建设，相继出台《长兴县关于实行最严格水资源管理制度全面推进节水型社会建设的实施意见》《长兴县实行最严格水资源管理制度考核暂行办法的通知》《关于开展公共机构节水型单位建设工作的通知》《长兴县水资源费征收管理办法》《长兴县地下水资源管理办法》等管理制度，编制完成《长兴县节水型社会建设工作方案》，成立长兴县节水型社会建设工作领导小组，明确各单位工作职责和具体任务；推进农业节水，实施农业综合开发、粮食功能区、土地整治提升三大项目，完成高标准农田及现代农业综合区等节水改造面积达到0.32万公顷，建设机埠39座，新建高压供水泵站29座，新建蓄水池6座；加强工业节水，淘汰落后产能，推广清洁生产，完成印染行业整治提升12家，化工企业关停3家，提升6家，关停长兴纸业有限公司；完成43家企业清洁生产审核，推广清洁生产，完成22家省级节水型企业(单位)，2家省级节水型小区，3家节水型工业企业，16家节水型服务业单位建设工作，完成3家企业水平衡测试工作，10家企业启动水平衡测试工作；提升城镇公共节水，投资5200万完成乐泉供水有限公司和小浦自来水厂提升改造工作，投资8100万元，推进永达水务和水口水务公司提升改造工作。完成53个行政村，32156户“一户一表”改造，新增受益人口达95878人，投资890万元完成8.72公里城镇供水管网改造，完成实验中学等4家中学节水器推广计划；推广非常规水利用，建设中水回用工程5个，中水回用率达30%以上；加强监测能力建设，累计完成年取水量10万方以上安装取水实时在线监控49套，按规定接入省级平台49套；探索节水《合同能源管理》，获浙江省副省长黄旭明批示并要求在全省推广。12月10日，节水型社会建设通过中期评估。

【行业能力建设】 编制完成《长兴县水利综合规划》《长兴县“十三五”水利发展规划》《长兴县农田水利建设发展三年行动计划》等6项规划方案。优化行政审批，编制出台《县水利局行政审批、规费征收和行政处罚工作内部管理制度》。加强工程建设管理，出台《长兴县水利工程建设管理办法》，对全县水利工程建设实行项目储备化、补助标准化、资金预算化、流程规范化、考核责任化管理。推行权力清单，梳理出职权600项，通过取消、调整、合并的方式整合后保留职权222项，清理率63%。加强中介服务管理，督促入驻长兴市场的11家中介服务机构签订服务承诺书，并进行资料报备管理。组织、参与水法“宣传日”、科普“宣传日”等活动，共展出宣传版画30幅，发放宣传资料3000份，发放宣传纪念品800份；加大水行政执法力度，全年共出动水政执法人员巡查112人次，接到举报案件21件，查办和处理21起，查处率100%，其中立案查办7起，结案7起，无行政败诉案件发生，实现案件办结率100%，群众满意度100%。建立8个水利服务工作组定期到乡镇、村及农户督促指导基层开展防汛防台等各项准备及应急工作，动态掌握水利工程建设情况；认真办理提案、议案，承办建议案、提案共11件，基本解决8项，受条件限制不能解决3项，并向代表作出书面解释。开展岗位交流，实施全员竞聘上岗工作，涉及中层岗位变动18人次，一般干部双向选择岗位变动10人次。加强人才引进，全年通过公开招聘引进水利专业人才，共招聘大专以上人才8人，安置转业干部2人，进一步充实水利干部队伍力量。

(于　涛)

服务业

综　述

2014年，长兴县实现服务业增加值176亿元，同比增长8.6%，服务业占GDP比重40.2%，比上年同期提高1.1个百分点；服务业对GDP增长的贡献率为48%，拉动GDP增长3.9个百分点，成为经济增长新引擎。完成三产税收收入21.6亿元，占全部税收收入32.5%。服务业完成投资170亿元，同比增长23.0%，高于全县固定资产投资增速7.8个百分点；列入市服务业“双百计划”项目22个，全年累计完成投资59.4亿，完成年度计划196.1%；新认定市服务业“大好高”项目11个，完成年度目标的275%，其中首期固定资产投资10亿元以上项目3个，完成年度目标任务的300%，连续两年获得湖州市服务业“大好高”引进推进第一名。服务业企业新增县外内资注册资本28.78亿元，实到外资5613.5万美元，合同外资2.11亿美元；新签约服务业项目15只，计划总投资55.2亿元，其中总投资5亿元以上6个。

商贸业，实现社会消费品零售总额185.5亿元，比上年同期增长15.2%，增幅列全市第一。实现商贸业增加值55.9亿元，同比增长15%，占GDP比重12.7%；实现市场总成交额155.95亿元，同比增长9%。物流业，实现物流业增加值23.95亿元，比上年同期增长0.6%；完成货物运输周转量220864万吨公里，同比增长7.9%。完成水路运输周转量377144万吨公里，同比下降51.5%。旅游业，全县接待游客1156.31万人次，同比增长10.7%；旅游总收入93.02亿元，同比增长10.7%；乡村旅游仍在旅游业中发挥主导作用，接待游客527万人次，同比增长85.0%。金融业，全县新增社会融资总量186.86亿元，完成年度计划的124.6%。银行机构本外币各项存款余额530.1亿元，同比增长12.5%，高于全市平均增幅3.34个百分点。本外币贷款余额476.1亿元，同比增长11.2%，高于全市平均增幅1.0个百分点。房地产业，全年房地产开发投资93.5亿元，同比增长25.7%；出台人才购房优惠政策，加快推动存量房去化，一定程度上缓解房产销售快速下滑趋势。至12月底，全县销售商品房面积57.81万平方米，同比下降12.9%。销售额45.18亿元，同比下降12.8%。

主体培育　按照梯队培育原则，加大对服务业“下转上”“个转企”“小转大”培育力度，将指标任务分解落实到部门、乡镇（街道、园区）年度考核，进一步拉动服务业扩量提质，围绕商贸业、物流业、中介业等服务业重点行业，全县新办服务业法人单位1116家，完成年度计划的372%。新增服务业“个转企”345家，完成年度计划的345%。新增服务业限上企业89家，完成年度计划的107.2%。

项目推进　完善项目推进制度，落实和深化县领导联系服务业重点项目推进制度，明确责任乡镇和联系部门，完善重大项目协调机制和跟踪服务机制，形成每个重点项目县领导总负责、相关部门联系协调、责任乡镇具体负责的合力推进项目建设机制，提升为项目建设服务水平，签约项目抓落地，落地项目抓开工，开工项目抓进度，加快服务业项目建设步伐。共推进县服务业重点项目44只，年度投资计划65亿元，全年累计完成投资67亿元，完成年度计划的103%。其中，25个项目超时序进度要求。

集聚发展　九大服务业集聚区累计完成投资20亿元。依托中心城区和龙山新区，集聚公共服务资源和生活性服务业资源，增强城区综合服务功能和承载能力，重点推进海洋城、长兴龙山商业中心等项目。围绕总部经济园区建设，加快推进商务服务业发展，引进企业总部入驻，开发区总部经济园规划建设总部楼宇28幢，建筑面积170余万平方米，2014年共有8幢楼宇建成并投入使用，建筑总面积达25万平米，其余楼宇预计2015年底前投入使用。截至目前，8幢建成楼宇入驻项目146只，其中2014年新引进项目86只；所有入驻企业2014共实现销售额超100亿元，实现税收超亿元。依托已有汽配市场、汽车4S店等，引导汽车4S店和有关汽车销售服务网点合理布局,奔驰、奥迪、福特、斯柯达、五菱等汽车4S店陆续开业,全县品牌4S店达16家。

质量建设　围绕服务业重点发展行业,抓好行业优势企业、重点企业培育工作,鼓励各行业重点企业通过兼并、重组等途径加快扩张规模、做大做强。2014年确定服务业龙头企业23家、服务业重点企业56家、服务业突出业绩奖18家。深入推进服务业标准化和服务业品牌建设,明确各重点行业层次提升计划和目标,有针对性开展服务业企业提档升级工作。全年新获ISO 90001质量管理体系认证企业5家,新增AAA级物流企业3家,新增市县服务业标准化试点企业9家,新获四星级农贸市场2家、三星级农贸市场1家,新获县政府质量奖企业2家。

要素保障　完善服务业政策,加大对新兴服务业、商业模式创新等方面扶持力度。以“现代服务业中高端人才开发工程”为载体,制订服务业各行业高端人才年度引进计划,全县服务业共引进现代服务业人才128名,完成年度任务的128%,其中中高端人才22名,完成年度目标的110%。

(牛忠远)

商贸流通

【概况】　10月,长兴县商务局与长兴县招商局合并,实行县商务局、县粮食局、县招商局合署办公,三块牌子,一套班子。长兴县商务局为全县主管国内外贸易、粮食流通和县级储备粮行政管理、外商投资、对外经济合作和招商引资管理工作的长兴县人民政府工作部门。年末,在编41人,聘用人员20人。内设职能科室14个:办公室、组宣人事科、综合科、行业管理科(行政许可科)、粮食管理科、外经贸管理科、外资管理科(外商企业投资促进中心)、招商管理科(外商投资促进中心)、市场管理科、商贸发展科、电子商务科,浙商回归科、项目管理科、改制办。直属单位4个:长兴县粮食收储公司(军粮供应站)、长兴县商业集团总公司、长兴县生猪定点屠宰服务中心、湖州物资汽车设备更新回收有限公司长兴分公司。年内,以商务、招商职能整合为契机,坚持开放招商、扩大贸易、促进消费,扎实工作,全年商务经济运行态势良好,圆满完成上级部门确定的各项工作目标,促进全县经济发展和民生改善。入选浙江省首批流通综合改革试点城市,获评浙江省县级市场监测运行先进单位,获评浙江省吸引浙商设立功能性机构考评优秀单位,获评浙江省县区利用外资考评三等奖,成为湖州市唯一连续三年获此奖项的县级单位。

年内,长兴县坚持规划引领科学发展,不断优化商业布局、丰富商贸业态、完善商业设施、强化商业管理,商贸流通业发展平稳有序。“十二五”以来(2011—2014年),社会消费品零售总额年均增长16.3%,商贸业增加值年均增长17.5%,市场成交额年均增长7.8%。年内,全县实现社会消费品零售总额185.47亿元,比上年增长15.2%,增幅高于全市平均水平1.5个百分点,社零增速排名湖州市第一;实现市场成交额150.1亿元,比上年增长5%;实现商贸业增加值55.9亿元,比上年增长15%,占服务业增加值比重达31.7%;商贸业实现税收7亿元,占服务业税收比重达32.5%,占全县财政总收入比重达到10%,税收贡献日益突出。入选浙江省首批流通业综合改革试点城市、获得浙江省县级市场监测运行先进单位等荣誉。

表11

2014年长兴县各类商贸行业完成情况表

单位:亿元

项目	本年金额	上年金额	比上年增长%
限额以上批发业	876.2	711.8	23.1
限额以上零售业	45.7	34.6	32.3
限额以上住宿业	2.5	2.6	-6.3
限额以上餐饮业	2.3	1.8	26

【入选浙江省首批流通业综合改革试点城市】　年内,长兴县成为浙江省首批5个流通业综合改革试点城市县(市、区)之一,根据浙商务联发〔2014〕117号《浙江省商务厅等6部门关于做好浙江省流通业综合改革试点工作的通知》精神,长兴县围绕深化流通体制机制改革、完善商贸规划执行保障机制、加快公益性流通基础设施建设、培育新型商贸业态,在发展大流通、构建大市场、促进大开放方面进行重点突破。

【商业网点布局】　长兴县商业布局不断优化,老城区商贸业逐渐形成“四纵五横+特色商业街”空间布局(“四纵”自西向东分别为长安路、金陵路、人民路和明珠路,“五横”自北向南分别为龙山大道、县前街、解放路、长海路和海兴路,西鱼巷童装街、龙山大道旅游休闲商业街、解放中路品牌服饰特色街、新世界女人服饰街、水木花都特色餐饮街、长海路电子信息商业街)。商业设施迅猛发展,全县限额以上批零贸易、餐饮企业174家;商品交易市场41个(其中亿元以上商品交易市场15个);全县5000平方米以上的商贸零售企业12家;累计建成商业营业面积117万平方米,人均商业面积1.87平方米。

【商贸集聚区发展】 根据“1331”商贸规划总体布局,以商贸集聚区为重点,加快促进产业集聚发展,中心商务区商业氛围日益浓厚,八佰伴百货运营良好,绿城商业街全部竣工,引进一批主题餐厅,中心广场商业街逐步投入使用;浙北商业广场主体完工,市政、景观、桥梁等配套工程有序推进,物美超市、华豪酒店、皮草城等主力业态项目相继签约;汽贸集聚区强势推进,一汽马自达、丰田4S店分别于2月、4月投入运营,已营业品牌4S店达到16家。

【商贸企业培育】 年内,开展“四转”企业培育工作,引导企业做大做强,壮大产业发展主体,新增限额以上商贸企业15家,累计达到168家,占到服务业限上企业总数的50%左右。支持企业争强创优,指导企业创建市优强企业达10家,欧尚超市获得全省首批诚信示范企业。“刘井舞狮”通过浙江省第四批老字号企业并获得授牌,全县已通过认定老字号企业(品牌)已达5家。十大商贸项目完成投资19.7亿元,完成年度计划112.19%。

【节会经济】 通过部门资源整合,政企协作,商贸企业充分发挥市场主体作用,出台各类促销方案,强化银企合作,增加优惠资源投放力度,活跃消费市场,做到“月月有节庆、周周有活动”。年内,先后举办“主流品牌车展”“金秋购物节”“百强县汽车巡展”“婚博会”“首届中国(长兴)布商大会”等主题促销活动,累计达到18场次,带动销售近5亿元。特别是9月“金秋购物节”“主流品牌车展”的带动,单月社零实现15.4亿元,比上年增长30%,单月增速全年最高。

【商务惠民实事】 年内,推进农贸市场提升改造,制订出台《农贸市场提升发展实施意见》,完成3家(中心农贸市场、水木花都农贸市场、和平农贸市场)创建省放心市场,完成3家市场(吕山乡、李家巷镇、林城镇农贸市场)提升改造。推进“放心早餐”工程建设,新增投入20辆流动餐车,累计在营车辆达44辆,网点覆盖城区主要节点及部分乡镇,引导放心早餐进门店,五芳斋长兴首家直营店于2月初营业。推进“放心肉”工程建设,落实生猪活体储备养殖场4家和完成储备任务4000头。10月6日起,全县中小学及幼儿园在内90所学校食堂肉品由县生猪定点屠宰服务中心统一配送,确保全县近9万名学生吃上“放心肉”。推进“放心柜”创建,完成大润发、大统华等2家超市“放心柜”创建任务,督查企业投入使用专业食品安全检测设备。

(章云鹏)

电子商务

【概况】 年内,制订出台《关于鼓励支持“电商换市”加快电子商务发展的若干政策意见》,推进实施电子商务“333”工程,全年各类电商企业超6000家,总销售额15亿元,比上年增长50%。新增电商应用企业274家。全县年销售额百万以上网商34家,天猫旗舰店42家。“长洽会”期间“1号店特产中国·长兴馆”正式上线运营。星网电子商务创业园、长兴电子商务中心两大平台,签约、入驻企业145余家,其中星网电子商务创业园被评为湖州市电子商务示范园区。全县举办各类电商培训30余次,基础知识培训2442人,专业知识培训1600余人次,全县电子商务发展氛围不断浓厚。

(章云鹏)

粮食流通管理

【概况】 全县共有粮食收储有限公司和军粮供应站(一副班子,两块牌子)2家国有粮食企业,职工37人,库点10个,分布在7个乡镇,总仓容68850吨(其中完好仓容37200吨),主要承担政府的粮食储备、订单粮食收购、军粮供应等政策性粮食业务。

年内,全县完成18437吨县级储备粮油和600吨储备成品粮规模,做到规模、仓储、费用“三到位”,库存粮食宜存率达100%。规范开展储备粮油轮换,通过网上粮食市场竞价和“订单粮食收购”完成8080吨储备粮油轮换任务(早籼稻970吨、杂交稻1100吨、晚粳稻2500吨、晚粳米310吨、小麦3000吨、菜油200吨)。严格监管储备粮油安全,开展“一符四无”粮仓季度鉴定,鉴定合格率达100%。认真履行军粮供应职能,保质保量完成军供任务。县中心粮库再次荣获省“三星级粮库”称号,县粮食收储有限公司被评选为全省粮食系统先进集体。

【启动县中心粮库迁建】 为解决县中心粮库老旧、无法安全储粮及粮食仓容紧缺矛盾,经长兴县人民政府批准,年底启动县中心粮库迁建工作,已完成项目选址、申请立项报告等准备工作。项目拟投入1亿元,建设5万吨仓容的散装储粮仓库和500吨储油罐。新粮库选址吕山乡318国道吕山大桥西北侧,占地80亩,计划在2017年6月完工。

(章云鹏)

专卖专营

【烟草经营】 长兴县烟草专卖局

(湖州市烟草公司长兴分公司)为法定政企合一的县级机构,主要职能为县域烟草市场行政管理和卷烟配送服务。内设专卖监督管理科、业务科、财务科和办公室4个科室,下辖专卖稽查大队和6个专卖管理所,员工总数143人。2014年卷烟销售额12.7亿元,年毛利达3.78亿元。

年内,各所队联合市场监督管理部门开展"秋风2号"、"非流"整治、"蓝天1号"、"百日会战"等专项整治行动,对市场、物流园区严格监管。全年共出动市场检查1872次,查获各类违法案件642起,其中5万元以上案件5起,10万元以上案件3起,查获各类违法卷烟26298条,总案值达589万余元,市场净化率保持在99%以上。成功办结"4·17"国标网案和"8·29"二级国标网案,有效打击不法分子的违法行为。年内,累计销售卷烟36090箱,完成500户现代终端店建设任务,并改造近800户非现代终端客户。全县有终端客户851户,占零售户总数的13.08%。

(周　丹)

【成品油管理】 全县共有加油站(点)84座,其中加油站61座,加油点23座。通过中石化公司、中石油公司向上争取油源,民营加油站点进入市场参与成品油经营,全年成品油经营量实现26.1万吨,保障成品油市场供应平稳。配合做好大气污染复合防治工作,督促成品油经营企业提升油品质量,10月份开始,两大公司陆续更换油品,11月1日起,两大公司汽油已提升为国Ⅴ标准,车用柴油已提升为国Ⅳ标准。

(章云鹏)

现 代 物 流

【概况】 年末,长兴县共有冠名物流企业124家,个体工商户3200家;AA级以上物流企业19家,2014年全县物流业增加值23.95亿元,增幅0.6%;物流业全年完成税收1.52亿元,比上年增长2%,占全县服务业税收比重7%。

【物流企业培育】 年内,新增AAA级物流企业3家:长兴宝丰货物配载部、长兴越顺物流有限公司、浙江湖州鹿富物流有限公司。在推进企业规范化建设同时,引导传统运输企业向现代物流企业转型,培育物流龙头企业,发挥龙头企业引导示范效应,促进物流资源进一步整合、重组,有效提升物流服务水平。

【长兴综合物流园区】 园区总占地面积159.87公顷,总投资23.16亿元,园区分A、B、C三区规划建设,其中占地25.67公顷、总投资4.83亿元的A区于2011年整体投入运行,有140家物流企业入驻,B区已完成投资2.48亿元,配套服务功能继续完善,农产品冷链系统、长兴电子商务物流产业园、城乡配送中心等项目同步推进。

【开辟首条水运外贸集装箱航】 6月,捷通物流有限公司开通全县首条外贸集装箱航线(长兴—乍浦—宁波),全年承载6260标箱。自此,长兴本地集装箱可直接通过乍浦、宁波港与国际航线连接,改变了单一集装箱运输方式。

(陆　敏)

旅 游 业

【概况】 2014年,长兴旅游围绕"县域大旅游"发展主线,以"丰产品兴业态,引高端强配套,树品牌拓市场,重人才优服务"4项工程为抓手,推进项目建设,培育新兴业态,塑造旅游品牌,强化行业发展,开展各项工作,获得"旅游业最美中国榜"称号,通过"第三批旅游经济强县复核"。全年接待来自甘肃省、山东省、江苏省、安徽省等乡村旅游、民宿考察70多批次1000余人。全年接待游客1156万人次,比去年同期增长10.74%,旅游总收入93亿元,比去年同期增长10.74%;乡村旅游仍然在旅游业中发挥主导作用,全年接待游客630万人次,比去年同期增长85.03%。1月,成立长兴县乡村旅游事业发展中心,增加2名编制专职开展工作,12月26日召开全县旅游发展大会,授牌成立长兴县旅游委员会。下设办公室、市场科、规建科、行管科,下属事业单位有长兴县旅游质量监督管理所、长兴县乡村旅游事业发展中心。年末,在编11人,编外7人。

旅 游 资 源

【概况】 长兴旅游资源比较丰富,无论是自然资源还是人文资源,类型多,内涵丰富,独具五大特色,即"探远古生态、品唐代贡茶、访帝乡佛国、赏太湖风光、享农家乐趣"。

【"三古三闲三色一重点"】 古迹——金钉子远古世界　国际上保存最完整的二叠系/三叠系界线层型剖面点位,完整保存2.5亿年前地球史上最大一次生物灭绝事件丰富信息。主要由金钉子剖面广场、金钉子纪念碑、金钉子博物馆、地球馆、恐龙馆、古木化石馆、超动感4D影院组成。景区为国家AAAA级旅游风景区、全国科普教育基地、全国李四光中队科普教育基地、中国地质大学长兴野外教学与研究基地。

古树——十里古银杏长廊　以"原、野、奇、趣"为特色十里古银杏长廊内有3万多株原生银杏树。100年以上银杏有2700多株,300百年以上有376株,500年以上有11株,1000年以上有5株。

古物——中国扬子鳄村　扬子鳄村为国家AAAA级景区、省级自然保护区,国家林业局定点"扬子鳄种源自然繁殖基地"。景区总面积为33.3公顷。主要划分为主入口区、自然繁殖区、观鳄赏鱼区、科研办公区四大功能区，拥有4000余条扬子鳄，并引进国外品种鳄鱼。

清闲——仙山湖国家湿地公园　国家级湿地公园、国家AAAA级旅游景区，由仙山和仙湖两大地貌单元组成。仙山，是地藏王菩萨的祖庭，历史上就有“先有小仙山后有大九华”说法。仙湖，位于仙山一侧，水域面积约为7平方千米，地貌景观独特，各种生物丰富而繁茂。

悠闲——图影旅游度假区　长兴位于太湖西岸，有着绵延34千米太湖湖岸线，160平方公里环太湖旅游度假区内既有雄峻山体气势，又有浩瀚水景韵味，更具乡村田园气息，维持着原始优质的生态景观。2011年长兴太湖图影旅游度假区获批为浙江省级旅游度假区，成为浙江省第22个省级旅游度假区。2013年图影湿地文化园于10月正式开园。

闲暇——江南山乡二界岭　以“中国的普罗旺斯”为目标，二界岭山清水秀，气候温暖，山野遍绿，溪流交错，生态优良。拥有樱桃节、山地自行车赛等为代表的品牌旅游节庆活动。以果圣庄园、赛梦庄园等为代表的农业休闲度假旅游；以二界岭水库、逃牛岭水库为代表的周末休闲旅游正逐步发展成熟。

茶文化　顾渚山位于水口乡，水口三面环山、东临太湖，是中国茶文化的发祥地之一，出产贡茶紫笋茶、贡泉金沙泉，是世界上茶人“朝圣”之地，亦曾是茶圣陆羽研究茶道并编撰第一部茶学专著《茶经》的主要场所。顾渚山上仍留有“古茶山”和中国历史上的第一个皇家贡茶院的遗址。2008年5月，大唐贡茶院景区在原址上重建开放，占地10公顷，建筑面积2万平方米，为全国文保单位。顾渚茶文化景区主要由大唐贡茶院、唐代古茶山、唐宋摩崖石刻、寿圣寺、霸王潭等景点组成。

宗教文化　长兴文化底蕴深厚，历来有“帝乡佛国”之称，县内东南西北四座历史名山上分别矗立着四大寺庙——顾渚山寿圣寺、仙山显圣寺、城山清凉禅寺、弁山碧岩寺，每年宗教节日前来朝拜者络绎不绝，香火鼎盛，游客如云，成了浙北一大胜景。长兴是南北朝时期陈朝开国皇帝陈霸先故乡，陈武帝故宫景区总占地面积8.4公顷，建筑面积10361平方米，由遗址广场、陈武帝故居、天居寺三部分组成。陈武帝故宫是天下陈氏寻根访祖必到地和展示陈朝历史的重要窗口。

红色旅游　新四军苏浙军区革命旧址群是江南地区保存最完整、规模最大、内涵最丰富的革命旧址群之一，记载苏浙军民英勇奋战的光荣历史以及粟裕等老一辈革命者的光辉史迹，被誉为“江南小延安”。新四军苏浙军区革命旧址群是以新四军苏浙军区司令部旧址为中心，包括苏浙公学、后方医院等17处旧址。现被评为国家AAAA级景区、国家级爱国主义教育基地、浙江省青少年红色经典景区。

【乡村旅游】　乡村旅游主要包括农家乐、休闲农业观光园、农事节庆活动等内容。全县各类农家乐383家，床位数21150张，餐位数23800个，从业人员2400多人。有全国农业旅游示范点1个，省级休闲农业示范园3个，省级农家乐特色示范村5个，省级特色旅游村10个，省五星级农家乐3家，省四星级农家乐9家，省三星级农家乐31家，全县乡村节庆活动18个。

旅游规划建设

【规划建设】　12月，由上海复旦大学旅游系沈祖祥等专家完成《长兴县旅游发展总体规划》编制，构建“一轴两翼一区”旅游产业发展空间格局；指导编制《顾渚山茶文化景区创建国家AAAA级景区提升方案》《古银杏长廊景区创建国家AAA级景区提升方案》，开展乡域景区化创建工作。12月31日，水口乡成功创建浙江省首批乡域国家AAAA级景区。小浦十里古银杏长廊开展AAA级旅游景区创建，游客中心、生态停车场、星级厕所、标识标牌、骑行驿站、休闲绿道等配套设施正在建设中。

【项目发展】　年内，长兴县旅游大项目22个，总投资167亿元，完成投资21.05亿元。长兴顾渚陆羽茶文化风景区提升建设项目成功申报《2014全国优选旅游项目》，美合房车营地项目、雨润城市综合体成功申报浙江省级重点项目，美合房车营地项目、雨润城市综合体、太湖石文化产业园成为浙江省级重点服务业项目，同时成功申报湖州市级重点建设实施类项目5个，湖州市服务业“双百”计划项目12个；超威电源有限公司成功创建浙江省级工业旅游示范基地创建。

【招商引资】　举办2014中国·太湖明珠——长兴国际投资贸易洽谈会休闲旅游产业推介会活动，邀请开元旅业集团等24家国内及港台大型旅游集团董事长、总经理及中国旅游报、浙江日报等12家重点媒体单位参加活动。编印旅游招商手册开展对外招商，其中24个项目列入省级重点招商项目及乡村休闲项目，进入省级招商平台开展项目招商。7月花间堂禅茶精品酒店签约落户长兴，12月开元芳草地休闲旅游度假村项目落户长兴。

乡村旅游发展

【集聚区建设】　3月，以争创国家AAAA旅游景区为载体，推进水口乡村旅游集聚区建设，新征1.67公顷土地建设游客中心、生态停车场、星级厕所，加快景区一体化供水工程建设，完成休闲绿道示范段、古茶山游步道、摩崖石刻保护等建设。推进泗安乡村旅游集聚区建设，薰衣草风情园大地说书园、石榴园、玫瑰园全面建设中。

【特色民宿】 开展特色民宿改造培育工程，制订民宿发展扶持政策，给予10万～30万元的改造补助，邀请上海市、杭州市民宿设计专家考察长兴，3月25日召开农家乐业主座谈会，指导农家乐改造提升，水口芭堤雅、紫茗山庄、明轩农家乐正在开展改造工作。

【“八大碗”美食品牌】 5月13日，在水口举办农家菜肴“八大碗”评选活动，邀请美食专家从八大系列96道菜品中评选出最具长兴特色的“春江水暖·十里稻香鸭”“环肥燕瘦·农家红烧肉”“凤凰涅槃·农家土鸡煲”“团团圆圆·笋干元宝蛋”“山农素烧·芥菜金竹”“鲜汤甜羹·小鱼元地衣汤”“年年有余·番茄鱼”“水果点心·茶香饼”8个农家菜肴，被称为水口“八大碗”美食。

旅游宣传推广

【四季诱惑乡村度假】 3月，策划“四季诱惑乡村度假”品牌形象，即“春·花醉人、夏·果迷人、秋·色诱人、冬·食暖人”，设计制作“四季诱惑”主题卡册、《悦城—长兴特刊》、“四季长兴”乡村度假推广资料。围绕桃花、薰衣草、杨梅、桃子、葡萄、银杏等13个乡村节庆及农事体验活动，开展“四季诱惑”乡村度假系列宣传推广活动。

【第六届中国·湖州国际生态(乡村)旅游节暨首届中国(长兴)民宿文化节】 5月17—19日，由浙江省旅游局、湖州市人民政府主办，湖州市旅游局、长兴县人民政府协办，长兴县风景和旅游管理局、水口乡人民政府承办的第六届中国·湖州国际生态(乡村)旅游节暨首届中国(长兴)民宿文化节在水口举行，活动主要包括“台湾·长兴”海峡两岸民宿发展研讨会暨中国乡村度假“湖州模式”高峰论坛、水口乡村民俗展演汇及水口“八大碗”美食评选、主题民宿创意设计大赛、寿圣寺“华严梵音，畅想佛国”法会，邀请高铁沿线百强旅行社总经理、OTA网络企业代表、长三角乡村旅游联盟成员代表以及台湾嘉宾等240人参加。

【旅游业最美中国榜】 7月30日，由新华网主办的第二届旅游业融合与创新论坛暨2014最美中国榜评选结果揭晓，长兴因文化旅游、人文(休闲)旅游等方面的特色成为2014最美中国榜——目的地旅游城市，提升长兴城市和旅游品牌形象。

【新媒体宣传】 与新浪浙江、凤凰网、大浙网、杭州19楼等知名网站论坛合作，加强长兴旅游形象品牌宣传；完善自媒体平台建设，开发长兴旅游网和长兴旅游官方微信，实现微信、微博、网站的一体化管理运营，结合微信平台的推广，举办旅游进社区、进高校等宣传推广活动。

行业规范管理

【规范行业发展】 6月26—28日，举办《现代旅游业主题研讨班》，提升旅游管理队伍发展理念。联合县工商局开展旅游市场“两黑一低”专项整治，加强旅游市场监管。春秋假日旅行社创建浙江省级四星级品质旅行社，康辉旅行社创建浙江省级三星级品质旅行社，新紫金大酒店创建湖州首家国家金叶级绿色饭店。

【十佳旅游之星】 3月—5月，举办“十佳旅游之星”评比活动，分客房组、餐饮组、厨师组、导游组、讲解员组开展服务技能比赛，评选出长兴“十佳旅游之星”，树立行业典范，引导优质服务。选拔5名导游参加湖州市“金牌导游”大赛，郭文文获中文组比赛第一名，选送新四军苏浙军区纪念馆史佳璐参加全国红色景区讲解员大赛，作为全市唯一代表被推荐到国家旅游局参赛。

【旅游安全监管】 3月，召开旅游安全生产工作会议，与旅游企业负责人签订安全生产责任书，落实责任主体。4次联合县卫生局、县工商行政管理局、县安全监督管理局、县环境保护局开展节前旅游安全检查，举办全县消防安全现场演练教学工作，联合公安局开展旅游企业安保人员专业培训。联合交通运管局重点检查旅游包车安全、安全应急预案、旅游用车规范操作。制作旅游客车安全提示物品系列包，包含导游专座椅套、旅游乘车安全警示光盘和安全提示卡，在万宏公司旅游大巴车上投放。

表12

2014年长兴县星级饭店一览表

单位	星级	地址	电话
国际大酒店	★★★★	雉城街道太湖大道1号	6266155
新紫金大酒店	★★★★	太湖街道明珠路1268号	6622999
金陵大酒店	★★★	雉城街道金陵南路25号	6031628
紫金大酒店	★★★	雉城街道县前街328号	6044287
和平华达宾馆	★★★	和平镇和兴小区	6959999
红玫瑰大酒店	★★★	雉城街道明珠二路298号	6238171
维多利亚大酒店	★★★	龙山新区龙山大道179号	6722222
华辰大酒店	★★★	迎宾大道9号	6526126

表 13

2014 年长兴县旅行社一览表

单位名称	星级	地址	电话
天马旅行社	★★★★	雉城街道县前街 20 号	6030015
万宏交通旅行社	★★★★	雉城街道县前中街 49 号	6030616
中青旅旅行社	★★★★	雉城街道金陵北路 70 号	6251155
春秋假日旅行社	★★★★	龙山新区金陵北路 22 号	6250766
京兴旅行社	★★★	雉城街道解放西路 77-79 号	6029666
光大旅行社	★★★	雉城街道金陵中路 450-452	6056888
阳光旅行社	—	龙山新区花菇山路 5 号	6251000
新世界旅行社	—	雉城街道县前中街 299-301 号	6037588
五一旅行社	—	龙山新区龙山大道 215-217	6563200
天宏旅行社	—	雉城街道明珠二路 14-16 号	6208856
锦绣旅行社	—	龙山新区金陵北路 188 号	6210055
美景旅行社	—	龙山新区太湖中路 168 号	632111
山水假日旅行社	—	雉城街道解放西路 87 号	6570030
湖州新国际旅长兴分社	—	龙山新区县龙山大道 245 号	6033388
中国旅行社长兴分社	—	龙山新区龙山大道 211-213 号	6567666
美都旅行社长兴分社	—	雉城街道金陵中路 116 号	6127222

表 14

2014 年长兴县旅游景区(点)一览表

单位	等级	地址	电话
金钉子远古世界	AAAA	槐坎乡葆青山麓	6795333
新四军苏浙军区旧址群	AAAA	槐坎乡温塘村	6078039
中国扬子鳄村	AAAA	泗安镇尹家边	6017171
仙山湖国家湿地公园	AAAA	泗安镇仙山村	6892088
水口茶文化旅游景区	AAAA	水口乡	6220789
城山沟风景区	AAA	和平镇城山村	6970629
大唐贡茶院	—	水口乡顾渚村	6552777
古银杏天泉	—	小浦镇大岕口村	6305906
清泉自然科学探索园	—	夹浦镇父子岭村	6019222
太湖图影湿地文化园	—	图影度假区图影大道与横山路交叉口	6068111

表 15

2014 年长兴县农家乐一览表

名称	业主	县星级	省星级	联系方式
城山沟桃源山庄	陈小究	★★★★	★★★★★	6970669　13967250626
毛草屋农家乐	陈会棠	★★★	★★★★★	6532792　13175230267
紫笋农家乐	林瑞华	★★★	★★★★	6530178　13587221000
方苑农家乐	蒋建东	★★★	★★★	6306877　13757252146

续表15

名称	业主	县星级	省星级	联系方式
顾渚风情农家乐	倪丽萍	★★★	★★★★★	6214531 13587903299
陶家湾渔庄	陶爱辉	★★★	—	6505195 13706530353
木家庄农家乐	徐秀琴	★★★	★★★★	6014175 13819218877
银桂山庄农家乐	蒋明堂	★ ★	★★★★	6306716 13645824267
银杏林农家乐	蒋学强	★ ★	★★★★	6306576 13626725977
仙山湖农家乐	郭发珍	★ ★	★★★	6086888 13587928798
仙农阁农家乐	杨培德	★ ★	★★★★	6086025 13587902630
望湖山居农家乐	王小云	★ ★	—	6850777 13656729631
嘉木园农家乐	张庆祥	★ ★	★★★	6214158 13819298728
茗即茶农家乐(宇红)	郑本良	★ ★	★★★	6214208 13967263338
张家大院农家乐	周　红	★ ★	★★★	6214185 15967236528
香樟树农家乐	谢利平	★★★	★★★	6532738 13567239102
紫藤阁农家乐	周佰民	—	★★★	6214051 13754216290
仰天佛农家乐	章国平	★★	★★★	6214387 13868271721
成兴农家乐	柏成兴	—	★★★	6305129 13868266131
鳄鱼村农家乐	孙叶红	—	★★★	6017518 13587902788
颜板桥农家乐	汪卫成	★★★	★★★	6214232 13587201599
翠竹园农家乐	陈树棠	—	★★★	6532622 13655824262
翠竹林农家乐	郑晓良	—	★★★	6214126 13105728168
毛竹屋农家乐	陈玉良	—	★★★	6214444 13587203088
茄茄树农家乐	洪月娥	—	★★★	6530065 13705725064
北川园林农家乐	李士卫	—	★★★	6116088 13868271851
顾渚山农家乐	郑水祥	—	★★★	6214248 13515828248
龙头农家乐	宁满良	—	★★★	6214408 13095857128
毛竹园农家乐	倪应龙	—	★★★	6214061 13515823976
柏家村农家乐	柏国强	—	★★★	6305096 13587202989
随缘农家乐	汪敏儿	—	★★★	6970090 13705820701
蠡塘渔村渔家乐	费荣珍	★★★	★★★	6092996 15967207222
槐坎民乐农家乐	许利群	★ ★	★★★★	6789366 13905822251
湘琳农家乐	陈炳荣	★ ★	★★★	6116796 13857245739
清香园农家乐	唐吉英	★★★	★★★★	6533188 13819299768
望湖农家乐	朱土明	★★★	★★★	6970788 13396720658
樱桃苑农家乐	陈德泉	★ ★	★★★	6852190 13868267578
溪畔居农家乐	何文忠	★ ★	★★★	6825377 13754211698
清河漾农家乐	许晓梅	—	★★★	6114988 13567964999
南山农家乐	孙希芸	★★★★	★★★	13868278697
陈家小院农家乐	陈海红	★★★	★★★	18768214493
尧韵农家乐	宋美方	★★	★★★	6214888 13567986359
牛脚湾农家乐	李建敏	★★	—	18768212999
逍遥谷农家乐	倪林杰	★★	—	13868273055

(魏　燕)

旅游集团

【概况】 长兴旅游集团有限公司(简称集团)是中共长兴县委、长兴县人民政府批准授权经营国有旅游资产的直属单位,注册资本2.51亿,总资本7.02亿。主要经营旅游产品开发、旅游线路策划、旅游客源组织、旅行社业务、旅游商品开发销售、景区经营管理、饭店经营管理、旅游电子商务、旅游交通客运、旅游项目建设投融资、小城镇建设等项目。完成推进高铁咨询中心运营,实现长兴县旅游资讯联网,为游客提供旅游咨询、旅游投诉等无缝隙对接服务。集团设办公室、计划财务部、项目建设部、经营管理部4个科室,有顾渚茶文化旅游投资发展有限公司(大唐贡茶院、陈武帝故宫)、长兴金钉子景区旅游发展有限公司、长兴红村旅游发展有限公司、长兴扬子鳄景区管理有限公司、长兴水口天地酒店管理有限公司、浙江省中国旅行社集团长兴有限公司、长兴乐悠游电子商务有限公司等7家全资子公司。

年内,集团办理完成扬子鳄景区、江南红村、陈武帝故宫、水口天地酒店、大唐贡茶院等各项土地证、房产证的涉税、财政补助工作,完成长兴城市旅游公司、长兴旅游营销公司、长兴仙山湖景区管理公司3家公司注销工作,陈武帝故宫景区由集团接手直接经营管理;协助开元旅业集团注册成立长兴开元芳草地酒店有限公司,投入资金100万元,更改原参股公司中国旅行社长兴分社为全资控股公司,完成浙江省中国旅行社集团长兴有限公司和乐悠游电子商务公司2家新公司注册、税务衔接、公司启动后制订工资体系等;对企业的现金进行集中管理、构建企业财务管理体系内控机制;加快电商产业开发、规模和力度,依托现代网络营销合作平台,深化经营国内、入境旅游业务,票务代理、展示展览服务;投入资金1500万元。提升下属旅游景区项目29项,重点完成在所有售票景区设置电脑门禁系统,实现智慧宝平台与各大旅游网站网上电子销售,统筹营销、统筹运作、统筹管理。集团下属旅游企业全年共接待游客493554万人次,总收入2201.27万元,比上年同期增长36%,实现减亏64.19%。

【景区(饭店、旅行社)建设】 长兴扬子鳄景区管理有限公司(中国扬子鳄村) 于2013年11月正式成立,注册资金1000万元,设综合管理部、接待部及经营管理部3个部门,员工29人。景区先后获"国家AAAA级旅游景区""浙江省生态道德教育基地""游客最喜爱的美景乐园""浙江省林业观光园""青少年科普教育基地"等称号。获"长兴县2013年度安全生产先进企业"称号。

年内,景区在经营产品和品牌宣传上设计推出扬子鳄卡通形象的吉祥物等商品,获"长兴首届旅游商品大赛十佳旅游商品"称号。与长兴高速服务区连接处开设大门,为在高速服务区提供旅客入园服务,完善推进人鳄表演、儿童乐园、农事采摘、人鳄同游等特色体验项目,是以湿地野趣、科普教育、寻胜访古和休闲观光为一体的多功能景区。全年共接待游客40210人次,比上年同期增长59.1%,经营总收入178.88万元,比上年同期增长71.4%,门票收入163.71万元,比上年同期增长69.7%。

长兴顾渚茶文化旅游发展有限公司(大唐贡茶院) 成立于2008年6月,注册资金1000万元。设置办公室、工程安全与运行部、接待服务与学术部3个科室,员工47人。景区获"浙江省十大老年养生旅游基地""长三角城市群茶香文化体验之旅示范点""浙江省茶叶包装优秀奖""浙江楹联研究会创研基地"称号,获"湖州市服务业百家优强企业"、六个十大"游客喜爱的旅游品牌""湖州市'天下湖品'旅游商品示范企业(基地)""湖州市服务业标准化试点项目""长兴县旅游业龙头企业"等称号。

景区重点推进国家AAAA级旅游景区(点)旅游基础配套设施建设,深化景区"四边三化"提升建设,完成重点工程建设、停车场三星级厕所提升打造;丰富完善茶饮、茶宴、会议、交流、展示、购物、4D影院、茶体验等特色休闲区域服务功能,规划投资300万元,启动"皇家茶厂"扩建项目,总建筑面积500平方米,11月中旬动工建设。年内,成功争创水口顾渚茶文化景区(点)国家AAAA级旅游景区。获荣誉奖牌省级2块,市级3块,县级3块。全年共接待游客14.20万人次,完成全年接待目标任务的105.1%,比上年同期增长42%,收入总额462.03万元,完成全年销售目标的115.5%,比上年同期增长65%。

长兴金钉子景区旅游发展有限公司 成立于2007年6月16日,注册资金1000万元,设办公室、接待服务部和安全工程部3个科室,员工37人。是全国科普教育基地、全国李四光中队科普教育基地、中国地质大学长兴野外教学与研究基地、国土资源科普教育基地、国家AAAA级旅游景区。

景区有时空滑索、水上滚筒、皮划艇、烧烤、野外露营及团队素质拓展训练等系列特色参与性项目,落实完成大配套项目建设,由长兴旅游集团有限公司指导建造的金钉子地震火灾逃生体验馆建成开放,体验馆总面积450平方米,共投资200万元,是集防震体验、火灾模拟逃生为一体的综合型科技馆。体验馆新建开放后,长兴县消防科普教育基地、吴兴区实验中学环境科学、地震消防、逃生急救教育实践基地等先后在此挂牌。年内,创"旅游业重点企业""县级服务业标准化试点企业"称号,长兴县"十佳旅游之星"导游(讲解员)大赛景区员工获讲解员组冠军。年接待游客50456人次,比上年同期增长11.5%,总收入207万元,比上年同期增长11.3%,门票收入169万元,比上年同期增长13.4%。

陈武帝故宫景区　5月19日运营开放。总建筑面积10361平方米。景区为回字形木结构建筑，具有典型南朝建筑风格，由遗址广场、陈武帝故居、天居寺三部分组成，故居陈列馆内部主要是陈武帝生平事迹介绍及部分文物展示，天居寺主要包括山门、宝塔、东西回廊、讲堂、金堂、东西厢房6部分。遗址广场主要有陈武帝头像、圣井遗址以及部分石碑遗址。

景区前期经营运作以皇家文化为主线，兼容陈氏文化和佛教文化，开发系列宫廷饮食、旅游商品市场、文艺表演、儿童乐园、夜游等项目，以景区“帝乡佛国”文化为主要特色，结合长兴本土特产，融合旅游六要素，吃、住、行、游、购、娱多种类别的产品，组合开发景区人文特色旅游产品，满足各类游客消费群体需要。景区重点推进陈祖文化开发和服务配套设施建设，完善旅游要素，提升产业素质，促进品牌发展。年接待游客2.09万人次；实现旅游综合收入40.63万元，其中门票收入36万元。

长兴红村旅游发展有限公司(简称红村)　成立于2013年11月27日，注册资金1000万元。机构设置综合办公室、餐饮部、客房部3个科室，员工42人，长兴县现代服务业重点企业。

年内，重点开发红色旅游项目，完成内部基础服务配套设施的节能、增设、重建和改造。由集团出资60万元，铺设完成红村内部自来水供水管路，完成客房供电大功率供电线缆的增设等重大整改提升项目；完善重建爱国主义教育活动基地“永珍馆”“永慰馆”两大展馆，长兴新四军英勇抗战文物史料以及抗日战争期间日军南京大屠杀纪实资料，并申报全国红色旅游书屋项目。推出开展“春游”、“红村三周年”“小小新四军夏令营”、“中秋美食节”、“过大年”等特色主题活动。全年接待北京新四军研究会六师分会“长兴行”、湖州市三县一区等地开展党的群众路线教育实践活动70场，累计3700人次；湖州市晚报红色夏令营、特色亲子活动等30余场，累计320人次；经营总收入296.09万元，比上年同期增长36.2%。

长兴水口天地酒店管理有限公司　成立于2011年7月23日，注册资金1000万元。设办公室、餐饮部、管家部、工程部、财务部、营销部、安全娱乐部7个科室，员工44人。

年内，公司重点发展江苏省、上海市等外省客源，以及散客消费作为酒店主要经济增长点，接待湖州市建设工程优秀勘察设计“飞英杯”奖评选大会，清华大学总裁培训班、民宿文化节、工商年会等相关重要接待，推出“水口农家土鸡煲”获长兴县“八大碗”比赛精品菜式之一。全年经营总收入382.48万元，支出467.39万元，比上年同期支出下降13.39%，实现年初目标节省支出扭亏105.1万元。

长兴乐悠游电子商务有限公司　7月成立，是长兴旅游集团有限公司下属子公司，注册资本50万元，员工2人。公司主要通过网络经营茶叶、花茶、炒货、茶饼等长兴旅游特产，是长兴旅游特产销售平台。

浙江省中国旅行社集团长兴有限公司(简称中旅)　6月1日成立，注册资金50万元。设总经办、客服部、营销部3个科室，员工22人。公司主要经营国内、入境旅游业务，票务代理、展示展览服务，是长兴旅游集团有限公司下属的一家综合性旅行社企业。以浙江省中国旅行社集团和长兴旅游集团经营管理部的雄厚操作平台为依托，秉承“服务长兴，领略全球”的经营理念，“品质服务，品牌经营”的服务宗旨，贯彻“以游客为本”的服务信条，为广大游客提供丰富的品质化，个性化旅游产品。

年内，针对集团下属旅游景区和特色线路进行宣传，设计并完成学生市场宣传资料“最美长兴”，与同程网络科技股份有限公司、上海驴妈妈兴旅国际旅行社有限公司、美景天下、领航假期、去哪儿等网络平台深化推进合作关系，成功开拓杭州社区老年市场、苏北市场，与淮安翔宇旅行社合作，开通散客班。配合景区新增的项目和亮点，及时进行多渠道宣传和上线。6月—12月，共接待游客4.94万人次，收入总额为153.58万元；组团数1.13人万次，完成销售额为452.5万元。

【旅游开发】　中央七套《乡约》走进长兴　4月16日，中央电视台大型栏目——《乡约》走进长兴在水口乡大唐贡茶院景区进行节目录制。栏目摄制以长兴本土青年男女相亲为载体，结合长兴本地人文风情、特色旅游、特色服务、物产经济，通过男女嘉宾现场互动，展现百姓生活风貌，长兴“三农”发展建设以及乡村生态旅游发展情况。

民宿文化节活动　5月17日，“超威杯”第六届中国·湖州国际生态(乡村)旅游节暨首届中国(长兴)民宿文化节在大唐贡茶院开幕。活动现场以形式多样的节目会演展示水口风情风味，为游客更好地了解水口的乡土特色、茶文化、佛教文化，提供零距离休闲体验平台。

智慧旅游体系建设　5月，长兴旅游集团有限公司与浙江深大智能科技有限公司建立门禁系统合作，完成各景区门禁系统建设和景区游客咨询服务中心，规范景区的门票售检、信息统计和接待服务管理。逐步完善配套网络销售平台“智游宝”系统，实现景区联票、不同产品组合销售功能，为游客提供现代化、最便捷旅游服务。

开元旅业项目落户水口　6月24日，开元旅业项目举行签约仪式。项目计划投资2.2亿元，规划建设开元高端文化主题五星级水准酒店项目。9月17日，在长兴县第十五届政府31次规划例会上，长兴开元度假村项目开建方案审议通过。12月，启动成立长兴开元芳草地酒店有限公司，注册资金3000万元，项目设计、建设、管理、运营以五星级酒店标准为起点。计划新增配套住宿120间，综合配套服务中心1座，新增建筑面积约12500平方米。

星级旅游商品店建设　8月22日，长兴旅游集团有限公司邀请湖州市旅游局、长兴县风景和旅游管理局有关领导、专家赴大唐贡茶院、江南红村、中国扬子鳄村等景区建设星级旅游商品购物点进行现场指导、调研。10月10日，组织旅游企业赴外地学习考察，推进整改提升，完成星级旅游商品店创建1家。

长兴旅游走进芜湖　8月30日，2014长兴旅游走进芜湖文艺展示、咨询展示活动在国家AAAA级景区芜湖鸠兹风景区举办。长兴旅游集团有限公司、长兴传媒集团，芜湖市旅游和风景管理局、镜湖区旅游和风景管理局、芜湖市本地新闻媒体和合作旅行社出席推介会。推介会上，各旅游景区以新娘喜茶、鳄鱼style、新四军军歌、独唱、诗歌朗诵等文艺表演形式，推介陈武帝故宫夜游项目，金钉子地震火灾逃生体验馆、仙山湖一路两园新景等长兴特色旅游新产品，浙江省中国旅行社集团长兴有限公司与芜湖青年旅行社、芜湖市国际旅行社有限责任公司现场签订战略合作协议。

休闲旅游产业推介会　9月27日，由长兴县风景和旅游管理局、长兴旅游集团有限公司联合组织筹办“2014中国·太湖明珠——长兴国际投资贸易洽谈会休闲旅游产业推介会”。24家省内外大型旅游集团董事长、总经理和企业高管和《中国旅游报》《浙江日报》《华东旅游报》《浙江交通之声》等12家知名媒体共100人参加活动。长兴旅游包装推介的34个旅游项目，利用招商手册、会务指南、现场推介、微信等方式进行宣传推介。

永愆馆项目筹建　12月13日，江南红村永愆馆项目启动筹建。新馆规划分为7大区域、5个场景，采用现代化声、光、电系统营造展厅氛围，通过陶俑写真作品，再现日寇侵华战争史实，永愆馆及原永珍馆重新定位规划，门票与讲解分别采用电子门禁系统和耳麦语音导览。计划推进完成筹建、装修、布展为期4个月。

创新营销　年初，长兴旅游集团有限公司建立启动长兴旅游集团官方网站政务资讯版，集团微信、手机短信平台相继建立。5月，成立长兴乐悠游电子商务有限公司，启动运行淘宝网乐悠游特产专营店经营旅游商品销售；组团外拓营销跟随放映队下乡进行宣传活动，旅游资源联营共谋，和谐并进，实现长兴县景区整体营销。全国知名网络平台深化合作，与同程网络科技股份有限公司、上海驴妈妈兴旅国际旅行社有限公司分别签订10万营销活动宣传费和6000旅游人次的风险合作协议。针对景区新项目制作拍摄特色专题片，在村镇银行大型电子屏、公交车移动电视上进行滚动播放。参加省内外各类推介活动；举办加旅游微信走进湖州高校活动。设计完成学生市场宣传资料，及时在学生市场上推广亮相。与同程网络科技股份有限公司合作“一元风暴”、上海驴妈妈兴旅国际旅行社有限公司“自驾游特惠活动”等。年内，接待同程网络科技股份有限公司、携程国际有限公司、上海驴妈妈兴旅国际旅行社有限公司等到长兴游客8638人次，接待大、中学生共3688人次，接待老年游客5000人次。

（周新凤）

农丰源股份有限公司

【概况】　农丰源股份有限公司主导仙山湖生态旅游开发与经营管理工作，公司下设办公室、建设科、经营管理科等3个科室。年末，在编5人，编外11人。

仙山湖国家湿地公园位于长兴县泗安镇，是浙江省、江苏省、安徽省三省交界处，距上海市、杭州市、南京市、苏州市、无锡市等大中城市均在75～200千米之间。仙山湖总规划面积50平方千米，其中核心区规划面积10平方千米，由仙山显圣寺、仙山湖湿地等部分组成，分布有212种植物，206种动物（含111种鸟类），其中国家二级（含）以上重点保护物种有21种，景观资源丰富而独特。自2008年对外开放以来，先后获得国家湿地公园、国家AAAA级景区、浙江省生态旅游区、浙江省林业观光园、浙江省科普教育基地、湖州市十大旅游品牌等荣誉称号。1月，通过国家AAAA级旅游景区验收，4月，正式获得批文；11月，组织申报国家科普教育基地。

【项目建设】　公司续建工程建设重点是实施“一路五园”工程，第一期为“一路两园”工程（环北湖道路、荷博园、古潮观渔）。续建工程年内完成投资1.2亿元，环湖道路路基全部填筑完成，水泥稳定层完成85%。荷博园景观工程基本完成，荷花完成种植，绿化乔木种植完成85%，灌木种植完成40%。古潮观渔土方工程已完成，景观工程完成70%，绿化乔木种植完成30%。第二期“三园”工程根据长兴县人民政府意见通过招商引资进行建设。完成仙山湖湿地科普馆、索桥维护、景区入口改造、坝顶道路改造等工程，完善仙山湖景区基础设施。

【经营管理】　全年共接待游客人次为15.3万人，比去年增长31.99%；门票收入为528.28万元，比去年增长46.51%。景区进一步规范经营管理，建立仙山湖网站，编撰出版《印象仙山湖》书籍。在游船码头区域开辟自划船水域，购入6艘自划船、9辆观光电瓶车和1只高15米的大黄鸭。景区九华阁饭店重新开张，组织仙山湖广告语征集大赛，邀请苏浙皖三省知名文人书画家到仙山湖采风，扩大仙山湖知名度。

【招商引资】　年内，为完善景区旅游度假配套设施，丰富旅游活动，推进吃、住、行、游、购、娱旅游全要素等建设，接待12批次来自广州市、上海市、杭州市等地客商，就酒店、康体度假村、房车营地、商业街等项目进行洽谈，其中与广东利海城市运营集团签订共同开发仙山湖旅游度假区框架协议。

(王美玲)

金融业

【概况】 年内，各金融机构认真贯彻稳健货币政策和中共长兴县委、长兴县人民政府中心工作，深入开展"金融转型务实提升年"活动，积极向上争取总量、对内优化存量，全面推进金融服务创新，努力扩大社会融资总量，金融运行总体保持稳中有进。全年新增社会融资总量186.9亿元，其中银行新增表内贷款47.9亿元、新增表外业务融资49.8亿元，企业债券类等直接融资90.5亿元。全县本外币存款余额530.1亿元，比上年同期增长12.5%；本外币贷款余额486.1亿元，比上年同期增长11.2%，存贷款总量达到1006.2亿元，居湖州市三县首位。

防范金融风险建立金融风险监测体系，定期开展工业企业景气、民间借贷利率、企业商品交易价格等监测分析，掌握辖内企业运行状况、资金需求、行业综合前景等。加大涉企金融风险处置协调力度，建立企业运行监测、突发信贷风险会商帮扶等机制，健全部门联动惩戒机制。改善金融生态环境，组织开展以曝光一批、强制执行一批、刑事处罚一批、联合惩戒一批、妥善化解一批、督查落实一批等"六个一批"为抓手的金融债权司法处置专项行动，重点查处和打击恶意逃废银行债务行为，全县不良贷款处置金额达8.4亿元。年末全县不良贷款比率1.35%，比年初下降0.16个百分点。

完善金融服务积极延伸农村金融网点，银行业金融机构在乡镇新设网点2家，全县银行业机构达到15家，营业网点达109个。深化农村土地承包经营权抵押贷款试点取得新突破，继续领跑全省；深入开展"e支付"工程，农村网上支付、手机支付应用工作取得突破。全县现有保险业机构28家，证券业机构3家。

金融监管

【概况】 全县有县政府金融工作办公室(以下简称县金融办)、中国人民银行长兴县支行(以下简称县人民银行)、中国银行业监督管理委员会长兴监管办事处(以下简称县银监办)、国家外汇管理局长兴县支局(以下简称县外汇管理局)4家金融监管机构。

【县政府金融工作办公室】 2014年，长兴县金融部门以金融业发展"1610"行动为载体，优化激励机制，实施六大金融工程，抓好十项具体金融工作。全年新增社会融资总量186.86亿元，完成年度计划的124.6%；当年银行存贷款总量破千亿规模，位居湖州三县第一；全年直接融资实现历史性突破，达90.5亿元，其中企业债券达52亿元，4家企业在新三板挂牌，12家企业在各类区域性股权交易平台挂牌；重点推进科技小微企业专项信用贷款、小额贷款保证保险贷款、机器设备抵押贷款、市场化过桥转贷等新型的融资方式；全年举办重点项目融资对接会、多层次资本市场推进会和直接融资暨企业重组对接会等大型对接活动，构建多层次融资服务体系。

打击恶意逃废债。2014年，协同相关部门对严重损害金融单位合法权益的企业和个人，加大打击和惩戒力度，改善金融生态环境。由县信用办(金融办)牵头，对恶意逃废债失信行为进行认定，定期对黑名单进行曝光。由政法委牵头，把打击恶意逃废债工作列入今年稳定重点工作。重点选取184名恶意逃废债行为人，通过媒体曝光恶意逃废债行为人信息。各金融单位加强内部管理，积极提供恶意逃废债行为人线索，主动配合联合惩戒失信黑名单行为人。

出台金融债权司法处置税收优惠政策。6月出台《关于印发长兴县加强金融债权司法处置营造良好金融生态环境的实施意见的通知》，对金融债权司法处置实施税收优惠政策，推进银行不良资产处置核销。鼓励各银行采取灵活对策，强化清收，加大不良资产盘活处置。年内，全县银行机构不良资产处置金额8.4亿元，处置不良贷款余额6.4亿元，不良贷款率降至1.35%，比年初下降0.16个百分点。

(杨 莉)

【中国人民银行长兴县支行】 中国人民银行长兴县支行为中央银行派出分支机构，属正科级行政单位，内设办公室、信贷调统股、外汇管理股、营业室4个股室，有从业人员25人。2014年，县人民银行认真贯彻国家稳健货币政策，强化窗口指导，引导信贷资金合理投向，促进全县信贷总量较快增长。年末贷款余额476.1亿元，比年初新增47.9亿元，比上年同期增长11.2%，高于全市平均增幅1.1个百分点。认真落实"定向调控"政策，积极引导金融机构将释放资金用于支持小微企业和"三农"，积极发挥再贷款、再贴现引导作用，累计发放支农再贷款2.7亿元、办理再贴现1.92亿元，为地方法人金融机构提供再融资支持。履行征信管理职能，加强企业和个人信用信息基础数据库运行管理，推进社会信用体系和农村"三信"创建评定工作。优化国库服务，全年办理税款入库166.91万笔，办理财政拨款8010笔，办理退税5245笔。加快农村金融基础设施建设，全县建立银行卡助农服务点169个，布放ATM机447台、POS机5842台，创建网上支付应用示范区6个、手机银行示范群体23个、刷卡无障碍示范乡镇(街区、市场)20个。加强现金管理，开展“人民币收付业务示范点”创建和假币“零容忍”专项治理活动，全县银行柜面A类点验钞机普及率达100%，建立249个反假货币工作站。推进银行与社会联动残损币回收机制建设，建立157个残损币宣传兑换服务点。加快新型电子支付工具推广力度，大力推动金融IC卡的应用。与公安、工商等部门建立反假货币合作机制，与公检法加强反洗钱工作联动机制。

【中国银行业监督管理委员会长兴监管办事处】

【国家外汇管理局长兴县支局】 县外汇管理局认真贯彻外汇管理工作要求，以外汇管理理念和“五个转变”为指导，创新管理方式，推进外汇管理改革，防范跨境资金流动风险，支持地方招商引资，切实提升服务实体经济能力。全年新登记出口企业111家，累计办理出口外汇登记企业630家、付汇企业91家。新登记外商投资企业18家，投资总额3.16亿美元，比上年同期增长16.7%；注册资本2.42亿美元，比上年同期增长36.34%。办理国际收支申报36561笔，比上年同期增长6.29%，金额17.66亿美元，比上年同期减少0.36%。办理货物贸易收汇16.07亿美元，比上年同期增长1.62%；付汇2.87亿美元，比上年同期下降4.4%。

银　行

【概况】 2014年年末，全县共有政策性银行1家，国有和股份制商业银行12家，地方法人银行2家；二级支行76个；分理处15个；储蓄机构18个。

表16　**2014年年末金融机构本外币存贷款余额主要情况**

单位：亿元

项目	2014年年末	比年初增减
金融机构本外币存款余额	530.13	58.83
#单位存款	269.60	31.88
#储蓄存款	235.21	20.03
金融机构本外币贷款余额	476.07	47.87
#短期贷款	234.54	6.08
#个人消费贷款	5.87	0.35
#经营贷款	173.14	13.75
#贸易融资	9.57	-5.84
#中长期贷款	228.87	37.68
#固定资产贷款	99.55	21.49

表17　**2014年年末长兴县银行业金融机构本外币存贷款概览表**

	本外币存款（万元）			本外币贷款（万元）		
	余额	增长	全年新增	余额	增长	全年新增
农发行	27776	10.10%	2548	222822	18.24%	34376
工商银行	683240	12.85%	77814	583625	9.97%	52902
农业银行	544523	0.72%	3904	488093	5.67%	26202
中国银行	210492	9.06%	17482	333992	-0.82%	-2770
建设银行	514567	0.75%	3839	544365	-4.26%	-24238
交通银行	134514	60.54%	50723	192755	36.80%	51856
浦发银行	127868	5.20%	6320	115063	-0.15%	-170
中信银行	162694	24.04%	31532	150144	45.31%	46815
招商银行	99258	37.78%	27218	126863	23.62%	24240

续表17

	本外币存款(万元)			本外币贷款(万元)		
	余额	增长	全年新增	余额	增长	全年新增
华夏银行	128904	59.54%	48107	107423	93.28%	51845
邮储银行	377196	35.91%	99660	115101	3.62%	4018
湖州银行	158102	-10.59%	-18728	215867	16.57%	30682
嘉兴银行	60727	60.41%	22869	51215	40.65%	14802
合作银行	1612879	11.46%	165829	1173716	12.78%	132968
村镇银行	296933	3.61%	10339	339663	11.54%	35145
合计	5301259	12.48%	588301	4760705	11.18%	478672

注:因人民银行统计口径与各银行统计口径不一,故表中数据与文中数据可能略有不同

【交通银行股份有限公司湖州长兴支行】 2014年,交通银行股份有限公司湖州长兴支行(以下简称交行长兴支行)各项贷款19.27亿元,比上年增加5.19亿元,增长36.8%,完成政府贷款新增任务的115%;各项存款余额13.45亿元,比上年增加5.07亿元,增长60.5%;表外融资余额26.09亿元,比上年增加16.80亿元,增长181%。年内,交行长兴支行通过P2P互联网金融引进资金1.82亿元,该笔创新业务为交通银行浙江省分行首笔;通过为公司发债提供流动性支持的方式引进资金14亿元,通过交通银行总行直投的方式引进资金2亿元,这两笔业务是交通银行湖州分行首笔创新。年内,交行长兴支行新增自助银行1处,新增ATM机3台,共组织进企业活动70场,进社区活动9场,通过上门服务的方式累计为3000余人办理业务。年内,交行长兴支行荣获长兴县人民政府"三比一讲"绩效考核一等奖。

(吴　萍)

【上海浦东发展银行湖州长兴支行】 2014年,上海浦东发展银行湖州长兴支行各项贷款余额11.5亿元,全年办理湖州浦发全辖首笔"电子商票保贴""存贷赢""证付兑"等多项创新产品和业务,表内累计各项贷款26.88亿元,表外累计各项贷款21.07亿元。各项存款余额12.8亿元,全年国际结算量16601万美元。年内,获得浙江省"省级治安安全示范单位"荣誉称号和长兴县银行业金融机构综合评价A等行等荣誉。

(郭爱华)

【招商银行股份有限公司湖州长兴支行】 2014年,招商银行股份有限公司湖州长兴支行(以下简称县招行)本外币各项存款余额9.93亿元,比上年增加2.72亿元,增长37.8%。本外币各项贷款余额12.69亿元,比上年增加2.43亿元,增长23.68%。全年国际结算量3694.16万美元,其中开立信用证307.42万美元,交单议付316.32万美元,结售汇3438.67万美元。全年实现中间业务收入1210万元,比上年增加425万元,增长54.1%。全年实现利润2072万元,比上年增加637万元。年内,县招行获招商银行杭州分行授予"公司业务优秀行部奖",获中共长兴县委、长兴县人民政府授予"县文明单位"等荣誉称号。

(钱淑红)

【浙江长兴农村合作银行】 2014年,浙江长兴农村合作银行各项存款余额161.29亿元,比上年增加16.58亿元,增长11.46%;各项贷款余额117.37亿元,比上年增加13.30亿元,增长12.78%,其中涉农贷款102.67亿元,小微企业贷款69.98亿元,实现"三个不低于"目标。全年上缴税费1.9亿元。全面开展普惠金融工程,推进创业普惠、便捷普惠、阳光普惠。推行农户贷款"整村授信、整村批发"公议授信模式,扎实做好农户信息档案建设工作。探索专利权质押、商标权质押等信贷产品,推广农村土地承包经营权抵押贷款、"普惠乐"小额农户信用批发贷款。全面实施丰收村村通工程,在长兴县域所有行政村布放便民支付机具,在全县所有行政村布放便民支付机具,真正打通金融服务最后"一公里"。年内,成功创建省级文明单位,获湖州市农信系统2014年度经营管理先进单位、普惠金融先进单位、全县2014年度推动现代农业发展先进单位等。

(周吴鋆)

【中国工商银行股份有限公司长兴支行】 2014年,中国工商银行股份有限公司长兴支行本外币各项存款68.34亿元,本外币各项融资96.51亿元,年末贷款不良率0.2%。当年实现票据贴现总量3.18亿元,国际结算总量6.17亿美元,各类理

财销售48.41亿元,POS交易总量15.12亿元。当年净新增个人网上银行客户1.13万户,新增个人手机银行客户1.24万户,新增企业网上银行客户292户,新发各类银行卡3.8万张。全辖自助服务点达到39个,辖内总安装投放ATM自助柜员机79台,自助设备硬件运行率达到99%以上,列全省工行系统第一。年内被浙江省公安厅授予"浙江省治安安全示范单位",被浙江省工商银行评为"2014年全省内控案防工作先进支行",湖州分行评为"2014年湖州市全市信贷资产质量最优支行"。

(罗 燕)

【中国农业发展银行长兴县支行】 2014年,中国农业发展银行长兴县支行(以下简称农发行长兴县支行)各项存款余额3.11亿元,比上年增加2580万元,增长9.06%。各项贷款余额22.28亿元,比上年增加3.44亿元,增长18.24%。实现中间业务收入208万元,利润5438万元,比上年增加966万元,增长21.60%。不良贷款持续保持零余额。全年"双轮驱动"战略稳步实施,在确保传统粮棉油收储信贷资金及时足额供应的同时,突出推进水利和新农村建设信贷业务。年内投放新农村建设中长期贷款5.75亿元,存贷总规模在浙江省系统43家县级支行中排名第7位。获"中国农业发展银行浙江省分行文明单位""中国农业发展银行浙江省分行'先进职工之家'""2014年度业务发展突出贡献集体"等荣誉。

(苏 颖)

【中国银行股份有限公司长兴县支行】 中国银行股份有限公司长兴县支行内设综合管理部、公司业务部、个人金融部、营业部4个部门,下设绿城广场支行、煤山支行、解放中路支行、金陵北路支行4个二级支行,有9家自助银行和离行式ATM机。年内,中国银行股份有限公司长兴县支行本外币存款余额21.05亿元,比上年增加1.75亿元,增长9.07%,其中人民币存款余额19.89亿元,比上年增加1.64亿元,外币存款余额1894万美元,比上年增加171万美元。各项本外币贷款余额33.42亿元,比上年下降0.26亿元,贷存比达158.76%,其中人民币贷款余额32.83亿元,比上年下降0.38亿元,外币贷款余额963万美元,比上年增加188万美元;本外币不良余额7090万元,不良率为2.12%,全年核销处置不良贷款1.14亿元。全年完成国际结算量3亿美元。

(王国良)

【中信银行股份有限公司湖州长兴支行】 2014年,中信银行股份有限公司湖州长兴支行本外币各项存款余额16.27亿元,比上年增加2.13亿元,增长15.06%;本外币各项贷款余额15.01亿元,比上年增加4.68亿元,增长45.31%。其中对公贷款余额12.85亿元,比上年增加4.57亿元,增长55.19%。全年实现中间业务收入1821.51万元,全年实现账面利润2461万元。年内新增离行式自助银行网点1家。

(杨伟忠)

【浙江长兴联合村镇银行股份有限公司】 2014年,浙江长兴联合村镇银行股份有限公司各项存款余额29.69亿元,比上年增加1.03亿元,增长3.61%;各项贷款33.97亿元,比上年增加3.51亿元,增长11.55%,其中涉农贷款余额32.07亿元,比上年增加3.37亿元,增幅11.74%,占各项贷款的94.41%;小微贷款余额27.43亿元,比上年增加2.85亿元,增长11.59%。实现各项业务收入2.71亿元。年内新增乡镇支行2家,ATM取款机2台、存取款一体机4台。发放联合借记卡17574张,新增银杏小额贷款卡2009张,金额3.11亿元,新增网上银行2620户。被评为2014年度湖州市银行业平安金融单位、长兴县银行业金融机构2014年度综合评价A等行,被授予长兴县2014年金融系统"四比四讲"劳动竞赛金融贡献奖。

(黄 锋)

【湖州银行股份有限公司长兴支行概况】 2014年,湖州银行股份有限公司长兴支行各项存款余额15.81亿元,各项贷款余额21.59亿元,比上年增加3.07亿元,增长16.57%。年内,推出国际业务,实现国际业务零的突破;新增离行式自助银行1家,ATM取款机1台,存取款一体机1台。开展金融创新,深化农村普惠金融服务,推出"房票贷"产品;与长兴县人力资源与劳动保障局合作,推出"小额创业贷款",为下岗失业人员、退伍军人、高校毕业生、持证残疾人等自主创业或合伙经营提供贴息贷款支持。

(钱佳丽)

【中国建设银行股份有限公司长兴支行】 2014年,中国建设银行股份有限公司长兴支行(以下简称县建行)本外币存款余额达到51.47亿元,存款比上年增长1.2亿元,其中,企业存款余额28.06亿元,新增1.67亿元,个人存款23.41亿元,贷款余额54.44亿元,全年国际结算量26189万美元。其中,信用证业务1386万美元,交单议付714万美元,结售汇18000万美元。年内,实现中间业务收入6305万元,全年实现账面利润1.95亿元。年内新增离行式自助银行5家。

(施云忠)

【中国农业银行股份有限公司长兴县支行】 2014年,中国农业银行股份有限公司长兴县支行(以下简称县农行)本外币余额54.45亿元,比上年增长3904万元。本外币各项贷款余额48.81亿元,比上年增加2.62亿元。全年国际结算量2.76亿元,比上年增长0.71亿元,2014年新推广错币参融通、内外贸融易通、国内订单融资等新兴业务。年内,新增离行式自助设备点3个,新增网银体验机3台,更换ATM机6台。在洪桥镇、夹浦镇分别开立有人值守自助银行。在长兴县发展11个金融自治村。新推广大型农机具(钢管大棚)抵押贷款、农村土地承包经营权抵押贷款、专业大户(家庭农场)贷款等产品。被长兴县人民银行评为当地银行机构2014年度综合评价A等行,2014年度外汇管理A类行。

(姚碧琳)

【中国邮政储蓄银行股份有限公司长兴县支行】 2014年,中国邮政储蓄银行股份有限公司长兴县支行各项存款余额37.75亿元,比上年增加9.97亿元,增长35.89%。各项贷款余额11.53亿元,比上年增加4490万元。全年实现收入6045万元,比上年增长14.08%,实现利润3560万元,比上年增长60.65%,获系统内湖州市分行绩效考核第一名。全年新增个人网上银行2.24万户,新增个人手机银行2.12万户。年内新增离行式自助银行1家,新增存取款一体机4台,新增ATM取款机1台。年末,有包括附行及离行26个自助服务区,城乡覆盖80个助农取款点,结存7.47万户网银和5.62万户手机银行客户。

(冯　晨)

保　险

【中国人寿保险股份有限公司长兴县支公司】 2014年,中国人寿保险股份有限公司长兴县支公司内设综合管理部、客户服务中心、个险销售部、团体业务部、银行保险部5个部门,4个营业部和9个营销服务部,从业人员500余人。年内,总保费收入2.43亿元。全年累计赔款支出4606万元。相继承办保险示范村(农村小额意外保险)、新农村建设建工险、采茶工意外险、农家乐游客意外保险、大学生村干部意外险、残疾人意外险、学生平安保险、计划生育系列保险、大病保险等一系列政保合作项目。

(储慧敏)

【中国太平洋人寿保险股份有限公司长兴支公司】 2014年,中国太平洋人寿保险股份有限公司长兴支公司有从业人员126人。年内新增险种3个,分别为《东方红·少年智年金保险(分红型)》《东方红·老来福年金保险(分红型)》《安行宝两全保险》。全年完成保费8003万元。全年理赔支出164万元。公司主打产品《东方红·少年智年金保险(分红型)》《东方红·老来福年金保险(分红型)》是公司入驻上海自贸区后第一个与投资项目挂钩产品;"东方红保险理财计划"获"2014年度最佳理财保险产品大奖";《安行宝两全保险》获得行业年度最受欢迎保险理财产品。

(徐月红)

【中国人民财产保险股份有限公司长兴支公司】 中国人民财产保险股份有限公司长兴支公司下设18个业务部门,外设6个营业网点,20个农村保险服务站,248个三农保险服务点,从业人员128人,乡村保险协保员260多人,机构网络遍布全县各个乡镇。现已开办业务有企事业单位财产保险、家庭财产保险、机动车辆保险、船舶保险、货物运输保险、建筑工程保险、信用保险、意外险及各种责任保险等100多个险种。

2014年,长兴支公司根据中国人民财产保险股份有限公司基层建设年战略部署,对标市场,效益为先,按照"保费增速与市场同步,完成上级公司下达的保费利润目标,客户满意度领先长兴财险市场"工作目标,年末,实现保费收入23543.46万元。与去年同期相比增长15.56%,车险业务累计完成保费18383.43万元,与去年同期相比增长13.05%,非车非农业务累计完成保费3934.64万元,与去年同期相比增长17.59%,政策性农险保险完成保费1225.38万元(共保体份额为70%),与去年同期相比增长59.87%,农房险保费149.5万元,保费市场份额为45.29%,综合成本率80.6%,;简单赔付率45.62%,综合赔付率56.7%,实现利润3975.43万元。

(张建军)

注释:"共保体":即有两家以上商业保险公司组建的浙江省政策性农业保险共保体,成员有人保财险、太平洋财险、平安财险、大地财险等10家商业保险公司,浙江分公司为共保人,人保财险浙江省分公司为首席承保人,在共保体中所占份额为70%。

典　当　管　理

【概况】 全县共有典当经营企业3家,其中典当公司2家,为长兴盛源典当有限责任公司、长兴德源典当有限责任公司;典当分公司1家,为浙江丰源典当有限责任公司长兴分公司。年内,商务部门对典当企业开展2次相关业务情况检查,宣传典当经营政策法规、业务规范,未发现有非法集资、放贷等违法违规情况。

(商务局)

小　额　贷　款

【概况】 至2014年年底,长兴县共有4家小额贷款公司(简称诺力、恒力、永鑫、中高),注册资本合计7亿元。2014年,全县4家小额贷款公司本年累计发放贷款10.88亿元,贷款余额8.25亿元,贷款加权平均年化利率17.24%。

表18

2014年末长兴县小额贷款公司一览表

公司	法人	成立时间	资本	2014年度贷款额度	2014年度贷款余额	备注
长兴诺力小额贷款有限责任公司	丁　毅	2008年12月10日	2亿元	41467万元	24762万元	
长兴恒力小额贷款有限公司	戴顺华	2010年5月28日	1.5亿元	4020万元	17931万元	
长兴永鑫小额贷款有限公司	杨云山	2011年7月1日	1.5亿元	16422万元	18759万元	
长兴中高科创小额贷款有限公司	李步高	2012年12月21日	2亿元	46923万元	21069万元	

（杨　莉）

融资担保

【概况】 年内，为进一步规范融资性担保行业发展，通过委托会计师事务所进行专项审计、与会计师事务所约谈、对融资性担保公司现场走访、邀请省市经信委指导、赴平湖等地学习考察等方式，制订出台《关于完善担保体系建设助推实体经济发展的实施意见》，从完善内部管理、落实银保风险共担机制、鼓励设立民营担保公司、创新融资担保模式、进一步提高抵押物评估价值等五个方面完善融资担保体系，引导融资性担保公司做大做强。2014年，长兴县2家融资性担保公司累计为236家中小微企业贷款担保281笔，贷款担保总额达7.72亿元，有效缓解中小微企业融资难题。

表19

2014年长兴县融资性担保公司运行情况

单位：万元、户、笔

序号	担保公司名称	注册资本	担保户数		期末在保户数	贷款担保笔数	贷款担保总额		当年日平均担保额	期末责任余额
		本年累计	本年累计	其中中小企业	本年	本年累计	本年累计	其中中小企业	本年累计	
1	长兴县诚信中小企业科技担保有限公司	10000	107	107	103	152	52915	52915	38889	47350
2	长兴县农业发展担保有限公司	10000	129	129	112	129	24332	24332	20898	21546
合计		20000	236	236	215	281	77247	77247	59787	68896

（史晶晶）

房地产业

【概况】 年末，全县有119个房地产项目，其中中心城区64个项目，乡镇31个项目，总部经济园区24个项目。全年完成房地产开发投资93.52亿元，比上年同期增长24.7%；商品房新开工153.96万平方米，比上年同期下降12%；竣工121.12万平方米，比上年同期增长8.73%；销售60.97万平方米，比上年同期下降9%；全县普通住宅销售均价5990元/平方米，中心城区普通商品住房销售均价6289元/平方米。

【房地产业管理】 全县有房地产开发企业130家，其中一级资质1家，二级资质4家，三级资质16家，四级资质78家，暂定资质31家。年内，长兴县住房和城乡建设局全面执行房地产开发项目手册以及网上填报制度，对房地产开发项目全过程进行动态管理。印发《关于进一步加强房地产市场监管和规范商品房销售的通知》，强化房地产预售监管，对存在违规行为的白鹭湾和利时广场等2个楼盘做出停盘整顿、收回预售许可证和企业诚信扣10分的处罚。

表20

2014年长兴县主要竣工楼盘情况

楼盘名称	区域	开发面积（平方米）	开发公司	竣工时间
兴业大厦	泗安镇	12632.66	长兴畅宇房地产开发有限公司	2014年1月2日
兴业公寓	泗安镇	3595.18	长兴畅宇房地产开发有限公司	2014年1月2日
香溪美庭	开发区	19800.88	长兴万嘉房地产有限公司	2014年1月6日
画溪·银杏景苑	小浦镇	13357.17	长兴画溪房地产开发有限公司	2014年1月26日
香堤雅墅（香堤苑）	雉城街道	31457.33	浙江云厦集团有限公司长兴房地产分公司	2014年2月25日
南门新天地	雉城街道	53294.72	浙江和地置业有限公司	2014年3月10日
林城商贸新城	林城镇	16718.46	湖州晟泰实业投资有限公司	2014年5月26日
镜水蓝庭	龙山新区	45614.51	长兴环宇置业有限公司	2014年6月25日
东方绿洲	雉城街道	9324.59	长兴中兴房地产开发有限公司	2014年8月4日
长兴轻纺城	夹浦镇	70645.64	长兴金地轻纺市场开发有限公司	2014年8月7日
天兴广场	泗安镇	20388.09	长兴水木清华置业有限公司	2014年9月1日
鑫和花苑	和平镇	15984.22	长兴景达房地产开发有限公司	2014年9月17日
德信·泊林公馆	开发区	181887.37	长兴德信置业有限公司	2014年9月23日
星龙湾	开发区	25345.62	长兴星龙置业有限公司	2014年9月24日
新丰小区	龙山新区	64983.58	长兴新元房地产开发有限公司	2014年10月13日
白鹭湾清荷苑	开发区	92949.88	长兴靖宸置业有限公司	2014年10月15日
恒源商住楼	煤山镇	4065.9	长兴恒源房地产开发有限公司	2014年10月17日
锦绣花园	雉城街道	17964.55	长兴建设房屋开发有限公司	2014年10月31日
香堤雅墅	雉城街道	18435.81	浙江云厦集团有限公司长兴房地产分公司	2014年11月7日
紫金南苑	雉城街道	54494.4	长兴建设房屋开发有限公司	2014年11月18日
城南花都	虹星桥镇	17072	浙江长兴绿洲房地产开发有限公司	2014年12月2日
龙山泰景	龙山新区	98326.3	长兴和泰置地有限公司	2014年12月3日
兴和广场	泗安镇	37724.58	湖州兴和房地产开发有限公司	2014年12月5日
绿城·玉兰花园	开发区	71343.6（其中地下18637.96）	长兴恒通房地产开发有限公司	2014年12月25日
德信·泊林公馆	开发区	181787.37	长兴德信置业有限公司	2014年12月26日

【房地产业政策】 为促进全县房地产业健康发展，长兴县人民政府出台了一系列惠市政策。3月26日，长兴县人民政府召开县长办公会议，研究并出台《2014年长兴县房地产市场操作手册》，提出严控新项目、延缓开发进度、预售总量控制、集体土地拆迁商品房安置、适当放宽商业项目产权分割等12项政策措施；5月30日，中共长兴县委人才工作领导小组印发《关于进一步优化政策服务鼓励各类人才在长创业创新的若干意见》《长兴县企业人才购房积分制管理办法》和《企业人才购房操作手册》，提出"畅通人才落户安家渠道""加大人才创业创新扶持""全力满足人才安居需求""积极创优人才政策环境"等4项政策措施；6月3日，中共长兴县委员会、长兴县人民政府召开全县房地产业工作会议，解读《关于进一步优化政策服务鼓励各类人才在长创业创新的若干意见》和《企业人才购房操作手册》；7月16日，中共长兴县委员会、

长兴县人民政府召开全县人才工作推进会议，解读《长兴县企业人才购房积分制管理办法》。

【房产登记管理】 年内，全县完成各类房产权属登记发证38576件，比上年同期减少6.2%；建筑面积1651.2万平方米，比上年同期减少1.13%。办理房产证17383件，比上年同期增长6.57%；建筑面积415万平方米，比上年同期增长3.15%。其中，二手房住宅交易过户办证1252件，比上年同期减少24.44%；建筑面积13.7万平方米，比上年同期减少19.41%。办理各类贷款房产抵押登记8447件，建筑面积587万平方米、权利价值7.53亿元。办理预告登记3058件，比上年同期减少26.42%；建筑面积40万平方米，比上年同期减少24.53%。办理他项权注销登记8562件，比上年同期减少11.62%；建筑面积610万平方米，比上年同期减少10.43%。

【农村住房确权登记】 7月28日，中共长兴县委办公室、长兴县人民政府办公室印发《关于深化农村确权赋权改革的实施意见（试行）》和《长兴县农村住房登记发证工作专项行动实施方案》，明确农村住房登记范围、目标任务、工作原则、工作步骤和工作内容。是月，长兴县住房和城乡建设局在吕山乡开展农村住房确权登记试点工作。8月27日，长兴县住房和城乡建设局制订出台《长兴县农村集体土地范围内住宅房屋登记暂行办法》，进一步规范农村集体土地范围内住宅房屋登记行为，明确适用范围和登记程序。9月，在全县范围内全面铺开农村住房确权登记工作。年末，全县共完成农房确权发证27513户，在湖州市各县区考核中获第二名。

【物业管理】 6月，长兴县人民政府召开全县物业管理工作会议，印发《长兴县物业管理工作推进落实责任分解表的通知》，明确责任单位，落实工作措施。11月3日，长兴县住房和城乡建设局与长兴县物价局联合出台《长兴县普通住宅物业菜单式服务参考收费标准》，在全县普通住宅小区物业管理推广“菜单式服务、等级化收费”收费机制。11月，长兴县住房和城乡建设局出台《长兴县物业服务企业信用档案管理办法》，进一步健全物业服务企业信用体系，加强行业监管。12月，开展全县物业小区年度考核，领域龙山、绿城百合园等9个小区获评长兴县物业管理优秀小区。年内，指导成立住宅小区业主委员会28个，住宅小区业主委员会累计达到110个。兑付老小区物业管理补贴289万元，归集新建房屋专项维修资金1800万，受理维修申报32件。承接新建小区验收19个，新增物业管理面积87万平方米。受理12345县长热线投诉件287件。至年末，全县物业服务企业达到59家（本地37家，外地在长22家），其中一级资质13家，二级资质3家，三级资质24家，暂定级资质19家。

【第十四届房地产博览会】 9月28日至10月2日，由长兴县人民政府主办，长兴县住房和城乡建设局、长兴县传媒集团协办的第十四届房博会在浙北商业广场举行，31家房产商旗下35楼盘参展，规模与档次均高于历届。据统计，此次房博会累计成交256套，比上年同期下降15%，交易额达2.1亿元。

（徐　渊　张志成）

开放型经济

综　述

长兴县实施“工业强县”“开放兴县”战略，千方百计拓市场，提高对外开放水平。年内，全县开放型经济保持平稳发展态势，外贸进出口完成18.37亿美元，比上年增长7.3%；其中出口16.2亿美元，比上年增长7.5%，进口2.17亿美元，比上年增长6.4%；完成合同外资3.63亿美元，实到外资1.93亿美元；新批境外投资项目11个，境外中方投资总额2150万美元；完成服务外包执行额3667.67万美元，比上年增长17.2%，其中离岸执行额1759.03万美元，比上年增长26.5%，在岸外包执行额1908.64万美元，比上年增长9.8%。

利用外资

【概况】 “十二五”期间(2011—2014年)，外资利用规模稳定发展，实际到位外资年均达到1.86亿美元以上。年内，全县外资工作获评浙江省县区利用外资考评三等奖，成为湖州市唯一连续三年获此奖项的县。新批外资项目33个，其中新批项目18个，增资项目13个，减资项目2个，完成合同外资3.63亿美元，实到外资1.93亿美元。利用外资质量明显提升，现存外商投资企业215家，投资来源于全球28个国家和地区，投资规模超1亿美元5家，超3000万美元29家，超1000万美元88家，其中世界500强投资的外资企业7家。引进外资项目以机电、纺织服装、建材、汽配等产业为主，带动传统产业转型升级。引资方式不断创新，落户开发区总部经济大楼的中小企业融资租赁公司为全市首家设备融资租赁外资项目；长兴华润燃气有限公司、长兴县金沙泉有限公司等企业通过民外嫁接提升，实现转型发展；浙江江森自控电池有限公司、高田(长兴)汽车安全装置有限公司等一批世界500强和行业领军企业纷纷增资扩股扩大生产规模。

【成立首家外商融资租赁公司】 年内，由晶瑞科技有限公司与浙江联合中小企业金融服务有限公司合资设立的长兴中小企业融资租赁有限公司，总投资4980万美元。实现湖州市外资融资租赁项目零的突破，经营范围包括为长兴县企业提供融资租赁业务，特别是向国内外购买租赁财产、租赁交易咨询和担保及资产管理，提供更便捷的服务和渠道。

【4家企业获得省外商投资企业“双百强”称号】 年内，浙江省商务厅发布公告，天能电池集团有限公司、超威电源有限公司、桐昆集团浙江恒腾差别化纤维有限公司、浙江江森自控电池有限公司等4家企业获得2013年度浙江省外商投资企业“双百强”称号。其中，天能电池集团有限公司、超威电源有限公司、浙江江森自控电池有限公司3家企业入选独资“百强”外资企业，桐昆集团浙江恒腾差别化纤维有限公司入选合资“百强”外资企业。这是浙江省自2010年来连续第5年发布“双百强”外商投资企业名单，是根据营业收入、净利润、企业税收三项指标综合得分排名。在此次考评中，湖州市共有6家外商投资企业获得“双百强”称号，长兴县占据4家。

(章云鹏)

对外贸易

【概况】 “十二五”期间(2011—2014年)，外贸出口规模平稳增长，自营出口年均增长6.8%。年内，全县进出口总量达到18.37亿美元，其中出口16.2亿美元，出口比上年增长7.5%。出口队伍不断壮大，进出口实绩企业达到400多家，民营、外资、流通3支队伍齐头并进，其中民营企业占比达70%以上，在全县外贸增长中发挥主力军作用。结构调整稳步推进，纺织服装、机械汽配、精细化工3大出口主导产业加速集聚，出口占比为59:19:8。全县新增“浙江省出口名牌”4个、“湖州市出口名牌”3个，累计省级7个、市级16个。实施市场多元化战略，全县商品出口国家和地区扩大到163个，其中超过1000万美元的国家和地区达到43个，亚洲、欧洲、拉丁美洲成为长兴县主要出口市场，占比达到80%。

【出口商品结构】 年内，全县主导产业出口保持平稳，新兴产业出口增势良好。其中，传统产业纺织、机电稳步增长，纺织面料出口81676万美元，出口占比50.4%，比上年增长9.1%；机械电子出口30518万美元，比上年7.9%；家纺、汽配、家具出口增幅较大，其中家纺比上年增长17%，汽配比上年增长28.2%，家具比上年增长14.9%；化工出口113481万美元，比上年下降6%。贸易方式以一般贸易为主，出口额150281万美元，进口额15588万美元；加工贸易出口额11783万美元，进口额4787万美元。

【出口市场格局】 从出口市场看，传统市场恢复增长，新兴市场变动较大。全县出口贸易扩展到全球163个国家和地区。其中，传统市场出口增幅持续增长，累计出口50857万美元，比上年增长5.1个百分点。对欧洲比上年增长0.7%、美国比上年增长10.1%、日本比上年增长13.5%。新兴市场呈现两极分化，受部分新兴经济体政局动荡、外汇管制、货币对美元贬值等因素影响，对阿根廷比上年下降24.1%、俄罗斯比上年下降21.6%、澳大利亚比上年下降20.1%、泰国比上年下降10.5%。但部分新兴市场开拓成效明显，对埃及比上年增长126.6%、墨西哥比上年增长20.5%、韩国比上年增长27.6%、土耳其比上年增长19.3%、东盟比上年增长11.5%。特别是县经编行业协会发挥行业自律作用突出，对印度市场出口15062万美元，比上年增长39.4%。

表21

2014年长兴县主要出口商品情况表

单位：万美元

名称	出口额	比上年增长%	产业出口占比%
纺织服装	95343	8.3	58.8
纺织面料	81676	9.1	50.4
服装	7473	-4.4	4.6
家居家纺	6194	17	3.8
机电	30518	7.9	18.8
机电设备	18975	-2.1	11.7
车辆及配件	9286	28.6	5.7
贱金属制品	2257	33.9	1.4
化工	13481	-6	8.3
家具及竹木制品	10465	13.4	6.5
玻璃及建材	1919	-20.6	1.2
箱包及皮革	2021	-3.2	1.2
塑料制品	2627	6.9	1.6
农产品	1617	112.8	1.0
高新技术产品	4053	10.5	2.5

表22

2014年长兴县商品贸易方式情况表

单位：万美元

贸易方式	出口额	比上年增长%	进口额	比上年增长%
一般贸易	150281	7.1	15588	98.2
加工贸易	11783	11.1	4787	-32
来料加工	692	-12.7	347	-18.9
进料加工	11091	13	4441	-32.8
其他贸易	0	2292	1277	-76.6

表23

2014年长兴县商品对各大洲出口情况表

单位：万美元

国别地区	出口额	比上年增长%	出口占比%
亚洲	61305	13.9	37.8
欧洲	33471	-3.1	20.7
拉丁美洲	33267	3.5	20.5
北美洲	19175	10.9	11.8
非洲	12859	20.4	7.9
大洋洲	1989	-18	1.2

【出口企业情况】 出口主体队伍快速壮大，民营企业占据主导。全年新增备案企业126家，新增出口实绩企业80家，累计出口实绩企业达到382家。其中，民营生产企业240家，出口115316万美元，出口占比71.2%，比上年增长6.5%，全年45家新增企业出口3580万美元，拉高全县出口增幅2.4个百分点；流通企业66家，出口19215万美元，出口占比17%，比上年增长19.6%；外资企业76家，出口27534万美元，出口占比11.8%，比上年增长4.5%。

【进口贸易方式】 从进口贸易看，一般贸易进口较快，投资设备和加工贸易进口下降明显。一般贸易完成进口15588万美元，比上年增长98.2%，主要是浙江江森自控电池有限公司和长兴旗滨玻璃有限公司2家企业完成进口8723万美元，拉高全县进口增长35.2%。受桐昆一期设备上年基数较高、新投产进口项目较少影响，全县投资设备进口减少4412万美元，拉低进口增长21.7%；加工贸易主要受浙江益南纤维科技有限公司主要原料进口转为国内采购影响，全年企业加工贸易进口1204万美元，比上年减少2564万美元，拉低全县进口增长12.6%。

（章云鹏）

外经合作

【概况】 “十二五”以来，全县境外投资项目27个，境外中方投资7058.18万美元。全县境外投资合作快速起步，逐步形成境外投资设厂、境外企业并购、境外营销网络等多元化发展模式。年内，加强“走出去”战略的宣传、引导和推进，对外投资实现快速发展。境外投资主体不断增多，全年新增境外投资项目11个，境外中方投资总额2150万美元，境外投资氛围不断浓厚。

【布局新兴市场】 推进实施境外营销网络建设三年行动方案，在南美洲、阿联酋等新兴市场设立营销窗口10个，其中浙江长兴丝绸有限公司、长兴县晨茂织造有限公司、浙江思德宝纺织品有限公司、长兴华海纺织有限公司先后在墨西哥设立营销网络，越来越多的外贸企业通过出口市场营销窗口，直接面对客户接订单，全年境外投资带动出口7834万美元。

【拓展投资领域】 浙江永达实业集团有限公司在非洲安哥拉投资电力产业工业园，2012年安哥拉永达项目被安哥拉政府列为安哥拉新投资法出台后的第001好外资项目，填补了在安哥拉没有中国工业园的空白。8月，安哥拉永达实业有限公司的电力电杆车间成功进入试生产。浙江爱侣健康科技有限公司并购美国公司增资1000万美元，利用美国公司原有品牌、技术、渠道，加快市场开拓，带动企业出口968万美元，比上年增长19.8%。

（章云鹏）

服务外包

【概况】 以省级服务外包示范园区为载体，继续做好“扩量固基”工作。加大服务外包扶持政策引导推动，鼓励企业开展服务外包业务，全年新增6家企业获得商务部系统服务外包企业资格认证，全县服务外包实绩企业累计18家。邀请浙江省外国语学院辅导培训服务外包业务，全年完成服务外包企业参加培训人数511人。年内，实现服务外包执行额3667万美元，比上年增长17.2%。

【文化出口】 长兴百叶龙演出有限公司主要从事“百叶龙”这一极具地方特色的艺术表演，以往主要在国内进行演出。通过宣传引导“百叶龙”赴瑞士开展文艺演出，取得营收17.48万美元，同时也是湖州市唯一一家文化出口企业。

【外包展会】 年内，组织驻点招商员参展第二届中国(北京)国际服务贸易交易会；组织浙江诺力机械股份有限公司参展首届中国(上海)国际技术进出口交易会，展示叉车四向行驶的机构专利，并签订300万美元技术服务贸易合同；9月，组织浙江多蒙佳乐服饰有限公司参加2014中国浙江商务服务交易博览会；长兴文广新局原创的电影作品《茶恋》参加中东市场看片会，向不东客商展示具有地方特色文化产品。

（章云鹏）

招商引资

【概况】 年内，中共长兴县委、长兴县人民政府坚持招商引资“一把手”工程地位，开展以“管理创强、方法创新、服务创优、作风创先”为内容的“四创”行动，调整北京片区、上海片区、杭州片区、浙南片区、广东片区驻点总人数至56人，并优化广东片区和北京片区招商模式，侧重中介招商。全年签约项目123个，总投资363.97亿元，其中内资项目101个，总投资270.46亿元，外资项目22个，总投资17.33亿美元；一产项目14个、二产项目81个，三产项目28个；总投资亿元以上项目72个。在湖州市县区招商引资考核得分位列第一，其中支持浙商刓业创新工作考核排名第一，“大好高”项目引进推进工作考核插名第二，利用外资考核中位列第二，获“大好髝”驹目引进推进综合先进县区奖。

长兴县招商局下设办公室、招商管理科、项目管理科、浙商回归管理科4个科室。10月县招商局合并至县商务局实行合署办公。主要负责政府招商引资管理工作贯彻执行上级有关招商引资工作的方正、政策；

牵头拟订长兴县招商引资工作中长期规划和年度计划；负责组织引进项目初评，推进及协调工作；负责全县招商员业务管理和牵头制订全县招商引资政策、考核办法和组织实施；及时掌握全县招商引资工作情况及存在问题，并提出相应对策；指导各部门和乡镇（街道、园区）开展招商引资工作；组织协调重大招商活动以及其他相关工作。

【资金引进】 外资：完成合同外资3.63亿美元，完成湖州市任务2.85亿美元的127.4%，长兴县任务3.5亿美元的103.7%；完成实到外资1.93亿美元，完成湖州市任务1.9亿美元的101.6%，长兴县任务1.8亿美元的107.2%；县外内资：完成县外内资注册资本47.85亿元，完成全年任务40亿元的119.64%；浙商回归资金：完成申报市级省外浙商回归项目38个，省外到位资金41.03亿元，完成市定任务32亿元的128.22%；省内市外浙商回归项目36个，到位资金17.36亿元，完成市定任务11亿元的157.8%。成功申报人才科技项目40个，完成浙商信息库在外长商及知名人士报送1950条。

【重点项目】 年内，共计签约项目123个，总投资363.97亿元，其中内资项目101个，总投资270.46亿元，外资项目22个，总投资15.33亿美元；一产项目14个、二产项目81个，三产项目28个；总投资亿元以上项目72个，10亿元以上项目7个。

湖州市“大好高”项目引进推进　2014年湖州市政府人民下达给长兴县目标任务　是：新引进项目17个（其中工业首期固定资产投资5亿~10亿元项目2个以及10亿元以上项目1个，服务业首期固定资产投资10亿元以上项目1个），开工项目13个（其中工业首期固定资产投资5亿元以上新项目开工1个），竣工项目11个，完成投资额29.5亿元；新批外资项目4个，开工项目6个，竣工项目2个，合同外资1.5亿美元，实到外资0.65亿美元。年内全县新引进项目34个（其中工业首期固定资产投资5亿~10亿元项目2个以及10亿元以上项目2个、服务业首期固定资产投资10亿元以上项目3个），完成年度目标任务的200%；开工项目31个（其中工业首期固定资产投资5亿元以上新项目开工3个），完成年度目标任务的238.5%；竣工项目18个，完成年度目标的163.6%；完成投资额57.49亿元，完成年度目标的194.9%。外资项目新批12个，完成年度目标的300%；开工7个，完成年度目标的116.7%；竣工项目6个，完成年度目标的300%；合同外资3.24亿美元，完成年度目标的216%；实到外资1.22亿美元，完成年度目标的187.7%。

浙商回归项目　年内，各乡镇（街道、园区）上报县级浙商回归省外项目73个，经筛选成功申报市级省外浙商回归项目38个，省外到位资金41.03亿元，完成市定任务32亿元的128.22%；省内市外浙商回归项目36个，到位资金17.36亿元，完成市定任务11亿元的157.8%。成功申报人才科技项目40个，完成浙商信息库在外长商及知名人士报送1950条。

【招商活动】 每季度开展“520”或“530”活动（即在规定时间内完成签约、注册、审批、开工、竣工五项工作任务）。先后在上海市、杭州市、北京市、台州市、深圳市成功举办以产业推介为主题的小型推介会，组织上海中介机构长兴行活动，邀请150多家有意向企业参加活动，安排参加“浙洽会”“厦洽会”等招商活动，扩大长兴对外知名度和美誉度。

长兴县支持浙商创业创新（上海）恳谈会　7月11日，在上海扬子江万丽大酒店举行长兴县支持浙商创业创新（上海）恳谈会，与30多位乡友、嘉宾进行洽谈交流，共商合作大计。通过观看宣传片、听取介绍以及座谈交流等形式，与会客商了解长兴，发挥自身优势，宣传和推介长兴，将更多的优质资源引到长兴来。

长兴县承接产业转移（装备制造）招商推介会　9月3日，长兴县承接产业转移（装备制造）招商推介会在杭州天元大酒店举行。来自杭州市区及萧山等周边地区约40家企业代表参会交流。会议以《关于装备制造业的探讨》为题，重点介绍长兴的投资环境，就项目投资情况以及对长兴县发展的对策建议进行沟通交流。

浙江长兴—北京招商恳谈会　9月12日，长兴县在北京朝阳区举行浙江长兴—北京招商恳谈会。中国科技产业投资管理有限公司、北京大学资产经营管理有限公司、中国神华集团、中国保利集团、中国高新投资集团等中央企业、国有企业、高等院校和重点知名企业的20余名负责人参加活动，结合自身文化、旅游、科研等项目与长兴各大园区平台进行交流对接。

机械制造产业招商推介会　9月18日，长兴县机械制造产业（台州）招商推介会举行。活动邀请当地机械制造的规模性企业30余名客商代表参加。通过宣传册、宣传片和PPT等多种推介形式向来自台州市、宁波市、金华市、温州市等地的企业负责人介绍长兴的投资环境、区位优势、优惠政策及产业基础。活动安排现场推介、企业回访等两个环节巩固洽谈成果。

长兴机械制造和电子信息产业招商推介会　9月18日，机械制造、电子信息产业招商推介会在广东省深圳市召开。通过多种推介渠道向飞利浦中国投资有限公司、艾默生电气有限公司等25家知名企业介绍经济社会发展和产业规划情况，并重点推介长兴的投资环境、优惠政策、优势项目。推介会对接广东市场，在与有意向在长投资的企业代表进行洽谈的过程中，推进、储备一批重点项目。

上海中介机构长兴行活动　10

月28日,"上海中介机构长兴行活动"座谈交流会在长兴县召开。20多家国内外知名的中介机构代表参加座谈,介绍长兴的基本情况、区位优势、招商环境和投资制度、奖励政策等。县商务局局长王国良介绍现代装备制造产业的发展情况与长兴重点引进的数控装备、新能源设备、新能源及汽车零部件等6大类装备制造业项目。中介机构代表先后参观考察城市展览馆、长兴县市民服务中心、国家级长兴经济技术开发区、太湖新城、太湖图影省级旅游度假区等地。

【长洽会百日攻坚签约项目】 年内确定的"长洽会"攻坚百项目"530"活动目标要求完成新签约项目不少于30个,力争41个,其中集中签约市级"大好高"项目20个以上(其中工业项目10个以上,力争20个,含总投资20亿元的工业项目1个以上)。先后召开4次招商引资项目引进推进工作领导小组办公室会议,对各单位上报项目进行"七评一看",共计预评价项目56个,通过评审项目50个,另6个项目因能耗、环保和产业准入等问题暂缓或终止。"长洽会"攻坚百项目"530"活动共计签约项目47个,总投资227.76亿元,其中内资项目38个,总投资158.65亿元,外资9个,总投资11.33亿美元;一产项目2个、二产项目32个、三产项目13个;总投资亿元以上项目38个;符合市级"大好高"项目投资标准的项目有28个(工业17个、服务业9个、农业2个)。其中工业"大好高"项目国家级经济技术开发区完成5个,南太湖产业集聚区长兴分区3个,画溪街道、林城镇、虹星桥镇各完成2个,太湖新城、和平镇、李家巷镇各完成1个。

按照"大好高"项目优先、工业项目优先、外资项目优先的原则,长洽会开幕式上集中签约项目20个,涉及总投资117.1亿元,其中内资项目14个,总投资60.8亿元,外资项目6个,总投资9.23亿美元;一产项目1个、二产项目15个、三产项目4个;总投资亿元以上项目19个。符合市级"大好高"标准项目有15个(工业10个、农业1个,服务业4个);20个签约项目分布情况是国家级长兴经济技术开发区4个,林城镇2个,南太湖产业集聚区长兴分区、太湖新城、画溪街道、泗安镇、和平镇、李家巷镇、煤山镇、小浦镇、夹浦镇、洪桥镇、虹星桥镇、水口乡、吕山乡、槐坎乡各1个。挑选2个浙商回归项目和3个央企合作项目赴北京参加湖州市支持浙(湖)商创业创新暨央企对接系列活动集中签约仪式,涉及总投资61亿元,其中二产项目1个,三产项目4个。

【招商队伍管理】 结合2013年度招商员考核结果,对原县统一抽调招商队伍进行适度调整,驻点总人数为56人。其中北京片区、广东片区分别为4人,上海片区18人,杭州片区16人,浙南片区14人。各乡镇(街道、园区)自派招商人员33人。优化片区力量分配。北京片区、广东片区进一步调整招商思路,人员精简至8人,侧重开展中介招商。在原驻点招商范围基础上,上海片区、杭州片区、浙南片区进一步扩大辐射区域:上海片区要兼顾苏南、苏中地区招商;杭州片区1组驻点杭州城区,兼顾嘉兴地区招商,2组驻点萧山区,兼顾绍兴地区招商;浙南片区1组驻点宁波,兼顾舟山地区招商,2组驻点温州市,兼顾金华和台州地区招商。加强驻点日常管理。每周汇总招商员驻点周报、项目周报,规范片区经费报销,并将驻点周报、督查、备案结合建立招商员个人驻点档案,根据招商员个人驻点档案每月核算招商员补贴及全勤奖。出台《长兴县片区招商办事处管理细则》,进一步强化"主任负责制",每季度开展以日常管理、招商业绩等为考核内容片区招商竞赛(上海片区、杭州片区、浙南片区为A组,北京片区、广东片区为B组),每季度评选最佳片区,竞赛结果与工作经费、片区主任年终考核等次评定挂钩。

【招商方法创新】 出台《关于加强后台招商服务工作的意见》,并从南太湖产业集聚区长兴分区、煤山镇分别借调1名精通信息采集和网络科技的年轻干部组建后台网络招商服务信息组,专门从事网上招商信息收集和网上宣传工作。以长兴招商网业务平台和招商员论坛为依托,定期对五大片区驻点招商员发布,加强后台信息支撑。出台《关于加强和规范中介招商活动的意见》,明确机构选择原则,规范合作方式,明确奖励标准与兑现工作。出台《关于进一步加快产业招商的实施意见》,深化新能源、现代纺织、装备制造、现代服务业、现代农业等重点产业的招商,明确全县产业招商的方向、重点区域、主攻项目,建立工作机制,明确工作举措。

【项目引推机制】 坚持和完善一把手招商机制,对全县各级层面参与招商工作精力、召开招商工作例会做出明确,中共长兴县委、长兴县人民政府主要领导定期听汇报、抓推进,保证每周有1人外出招商或推进项目、每月定期召开"一把手工程"例会,及时了解掌握项目进展情况,协调解决"大好高"项目引进推进过程中的各类问题。按照"凡签必审"的要求,对所有项目进行"七评一看"预审,组织召开项目例会10次,组织3次签约项目督查活动,协调松德刀具等4个项目进行异地落户。出台《长兴县服务中小投资项目预评价工作方案》,健全投资项目准入机制。全年收集首报信息280多条,排出60余个项目供县领导跟踪推进。

(孙春兰)

园区建设

综　述

长兴县工业园区经过十几年的建设发展，从无到有，从小到大，从无序到有序，已逐渐成为全县工业经济发展的重要载体和产业集聚区，在全县经济社会发展中发挥重要作用。经过多年建设，形成了以"三区五园"（国家级长兴经济技术开发区、南太湖产业集聚区长兴分区、省际承接产业转移示范区、新能源高新园、城东工业园、画溪工业园、城北工业园和煤山工业园）为核心的工业园区群体。总规划面积110平方公里，已开发面积60平方公里，累计完成基础设施投入93亿元，累计入区企业1867家，从业人员6.9万人。2014年，全县工业园区新拉开框架950公顷，新增盘活存量土地260公顷，新增入区企业101家，完成基础设施投入10.5亿元，完成工业总产值1137亿元，其中规模以上产值894亿元。

基础设施建设　年内，全县工业园区完成基础设施投入10.5亿元，加快推进了工业平台内道路、电力、管网、污水处理等基础设施建设。进一步增强园区基础设施对主导产业的匹配性，提高了承接大项目、大企业的能力。同时，以"浙江省两化深度融合综合性示范县建设"为契机，对重点工业园区分梯队开展"125"计划，"1"是将信息化应用程度较高的国家级长兴经济开发区打造为市级智慧工业园区示范，"2"是将具备一定信息化基础的湖州南太湖产业集聚区（长兴分区）、湖州省际承接产业转移示范区长兴分区打造为市级智慧工业园区试点，"5"是加快城东、城南、城北、画溪、煤山五个工业园区的信息化建设。

明确产业导向　年内，完善出台《长兴县工业园区主导产业发展导向目录》和《长兴县工业园区工业项目准入标准》，进一步明确园区产业导向，严格准入标准，增强园区产业集聚度，着力提高园区的承载力和吸引力，有力促进了企业定向集聚，产业定向集群，资源定向集约。和平镇工业园区（新型电池与配件）、槐坎乡工业园区（电子电容及元器件）、夹浦镇工业园区（现代纺织）等一批具有明显产业特色的工业园区已经形成。

（史晶晶）

长兴国家级经济技术开发区

【概况】　长兴经济技术开发区成立于1992年，1994年经省政府批准为升级开发区，2010年经国务院批准升级为国家级经济技术开发区，经国务院批准升级为国家级经济技术开发区，被国家四部委列入国内首批太阳能光伏发电集中应用示范区，是浙江省第一家县域国家级开发区和唯一一家光伏集中应用示范区。年内，成功获评"浙江绿色家电特色品牌园区"。区内环境优美、配套完善，基础设施实现"十通一平"（通路、供电、供水、排污、排水、供气、供汽、网络、数字电视，场地平整）。年内，开发区紧紧围绕"二次创业"奋斗目标，突出"3+1"产业集群培育这一主线，狠抓"招商引资、企业培育、项目推进、平台建设"四大突破，全年共完成财政收入9.23亿元，比上年增长9.15%；完成规上工业产值181亿元，比上年增长11.7%；完成工业性投入24.25亿元，比上年增长7.37%。

【招商引资】　厘清招商方向，组织开展产业专题调研，厘清新能源汽车及关键零部件、家用电器、装备制造和生产性服务业等"3+1"产业的方向和路径。整合招商力量，组建投资服务中心，通过网络信息等平台新获取项目信息96条，引进项目30只；组建3个招商分局，围绕"3+1"产业体系，在上海、杭州、北京、温台等地开展源头攻坚。创新招商方法，在驻点招商基础上，积极开展"以商引商""技改招商""基建招商""金融招商”,其中通过海信空调牵线,新引进家电配套项目11家,总投资超6.5亿元。积极开展“节会招商”,成功举办新能源汽车及关键零部件研讨会、开发区装备制造产业发展研讨会、总部招商推介会等经贸交流活动。年内,共引进瑞华新能源、吉祥铝业、中汽零、八环轴承、奥普等项目75只,其中,亿元以上项目18只,10亿元以上项目3只;工业项目27只,装备制造业项目13只、新能源汽车及关键零部件项目2只、家用电器项目11只、生产服务业项目29只,总投资超96亿元。

【企业培育】 梯度推进“股改”“四转”“四换”等工作,中晶科技、中德自控先后在新三板挂牌;诺力机械通过发审会审核,准备主板上市;海悦自动化、达峰汽配、万享科技等企业完成股权重组。“机器换人”方面,共启动海信惠而浦、康迪二期等技改项目40只,完成现代化技改投入10.35亿元;“腾笼换鸟”方面,收回福尔富邦、志诚电子等低效土地4宗共27.6公顷,完成低效利用土地“二次开发”31.4公顷,盘活闲置土地11.97公顷;“电商换市”方面,“星网电商创业园”“长兴电商中心”等平台运营步入正轨,累计引进乐淘、锐达等电商企业60余家,培育“电商换市”实体企业24家。创新体系不断完善,完成国家级高新技术企业3家(利佳、威泰、新世管道);高新技术企业省级研发中心1家(瑞高建筑);省级以上重大重点项目8只;省级科技型中小企业12家;县级科技型企业20家;新列省级新产品50只,省级以上一般项目12只,产学研项目15只;专利申请812件(其中发明专利194件)。推进企业6S管理18家。

【项目推进】 坚持AB岗、每日晨会、每周例会、每季评比、质量反馈以及链式服务等工作机制,开展“三集中五攻坚”等专项攻坚行动。全年共推进各类项目51只,完成工业性投入17.4亿元。其中中汽零、瑞华新能源汽车、恒星传动科技、莱维游艇、德玛克机械、光普太阳能、发恩集成科技、吉祥铝业等新签及扩建项目如期开工;兴海能源、天达环保、达峰汽车、中德阀门、天之望新材料、慧源动力、盈洲新材料、陶野科技、中屹机械、海悦自动化等项目竣工投产。望湖国际、世贸大厦、万华金御湾、置和总部顺利竣工,总部四幢、港信大厦、凯悦大厦、国贸大厦、森富大厦等项目有序推进。

【平台建设】 有序推进硬件设施和软件配套建设。硬件方面,全面启动三河湾中轴道路、文苑路、温州路、莘桥路、祥符路等重点市政项目,新建主干道路4公里、道路绿地20.83公顷,新增“十通一平”覆盖面积146.67公顷。以祥符变、金陵变建设改造为契机,新建220千伏、110千伏电力通道4条。加强污水管网排查和改造建设,共完成污水管网排查70公里,新建和改造污水管网16.5公里,新增供水管网2公里,新建河道、社区绿化7.42公顷。征拆工作按需推进,先后启动三河湾新区南区、王浜头自然村、八字桥竹桥头自然村、官斗西南湾等4个区块的征拆工作,共完成征地87.4公顷,拆迁331户,共12.6万平方米。安置工作有序推进,其中,陆家斗三期和许家桥三期项目按节点顺利推进,白鹭湾小区交付使用,新增安置房源436套,共4.4万平方米。软件方面,以生产性服务业十大项目为抓手,着力完善公共平台服务体系,上海交大慧谷科技园投入运营,引进科技孵化项目6只;开发区综合展厅建设完毕,异地金融服务中心接近扫尾,长兴会展中心正式营业,软件配套进一步健全。

(张艳嫣)

湖州南太湖产业集聚区长兴分区

【概况】 年内,全年完成财政收入2.05亿元,比上年增长46.4%;实现规上企业工业产值51.72亿元,比上年增长22.7%;实现工业增加值5.4亿元,比上年增长26%;完成工业性投入8.4亿元,其中技改投入4.09亿元;工业平台基础设施投入1.5亿元。完成服务业增加值1.9亿元,比上年增长11.5%;服务业税收5735万元,比上年增长106.4%;服务业项目投入4.8亿元,新增限额以上单位3家。完成县外内资5.9亿元,实到外资200万美元。

【项目推进】 年内,牢固树立“项目为王”理念,重点推进实施11个在建重点项目。采取“五个一”工作机制和每周一次督查通报、半月一次进度例会等形式加快工作节奏、督促工作进度、提高工作效率。桐昆二期动工建设;总投资9.5亿元的渤海物流一期项目仓库3、6、9和辅房已完成主体建设;天地物流一期项目已投入试运营;鑫华物流项目1号、2号仓库主体施工完成;诺英五金、捷明机械等一批新项目也已竣工投产。此外,鹤翔水泥干粉砂浆技改项目正在进行主体设备安装,盛昌纺织项目正在进行办公楼主体建筑施工。

【平台建设】 年内,围绕工业平台建设“提档升级”,盘活用地空间,大干快上推进园区平台建设,加强用地保障。征地拆迁全力推进。以实现“有效征迁”为目标,三大重点区块平台征拆工作较快推进。区块一为综合物流园区B区港北村一带,其中港北村共需征地33.33公顷、拆迁123户,已完成征地31.13

公顷、签约100户。区块二渤海物流项目新增土地顺利征收，进入工程施工阶段。区块三清水入湖工程建设用地征收，已确定红线范围，征收到户方案已形成。低丘缓坡有序开发。结合区域发展实际，科学有序推进低丘缓坡开发进程，通过对318国道沿线以南低丘缓坡调查摸底，共有可开发面积113.33公顷。其中石泉低丘缓坡场平工程已经启动，一期计划于2015年5月完成；老虎洞低丘缓坡一期平整工程已于3月全面完成，二期工程待实施方案通过后即可启动。通过对低丘缓坡的开发，将建成318国道沿线连片266.67公顷的装备制造产业园，产业园发展规划编制已初步形成。

【基础设施建设】 年内，园区共有县重点基础设施项目10个，总投资7.1亿元。启动实施供水、供电、供热等一批重大基础性建设项目。其中，石泉安置房一期、白泥山场平、老虎洞经编纺织园、天地物流信息大楼、电子商务楼装修工程已全部完成；横山路工程、综合物流园区B区加工仓储及配套工程、物流园区安置公寓房、污水二期管道全部完工；桐昆二期项目2条110千瓦高压线（甘玻线、长甘线）搬迁完工。九号路、电子商务楼室内装修、渤海项目自来水接入、一号路污水管道及截洪沟工程等工程已完工，计家浜幼儿园完成主体建设。

（黄益华）

湖州省际承接产业转移示范区长兴分区

【概况】 2012年7月16日，浙江省人民政府正式批准实施湖州省际承接产业转移示范区发展规划。示范区成为全省第一个也是唯一一个明确以承接产业转移为重点的开发区。示范区长兴分区规划控制总面积86.3平方公里，其中规划建设区面积25.2平方公里，生态保护休闲区面积50.1平方公里，生态农业区面积11平方公里。示范区以“一年打基础，三年成规模，五年大发展”为目标，着力打造长三角承接产业发展重点区、浙江山区经济转型发展示范区、浙北地区“三化”同步发展先行区，逐步承接以装备制造、现代纺织、新材料和电子信息制造为主的先进制造业，以现代物流、生态旅游和文化创意为主的现代服务业，以湿地生态养殖和特色花卉苗木种植为主的高效生态农业。

【平台建设】 年内，基础设施投入（含征地拆迁）完成3.99亿元。道路工程中，林城区块的两横一纵道路进展顺利，一号路路基已全部完成；林畈路至新318国道段及林天路至林城大道段已完成并投入使用；泗安区块府前路延伸线已完成；绿洲大道南延伸线施工单位已完成路基施工。供电线路中大云变扩容（40+50兆伏安）及配套10千伏公用线路均已完成。防洪渠318国道路段和04省道段已完成。泗安至林城供水主管网已完成8.5公里管道铺设。

【项目推进】 推进示范区跨越式发展，必须推进工业突破，以工业项目带动发展，实现产业升级。2014年示范区共排出新建项目9家、续建项目14个。示范区长兴分区工业投资累计完成13.07亿元。其中，奇碟汽车、力嘉锦纶、万华包装、天奇新材料、振发家居、浙江物产主体施工建设完成；帝亚制冷设备、迈拓不锈钢、科澳洁具、可博司、中科新光铭、腾百实业、锦瑞纤维一期已投产；布莱蒙、润格木业、立光染整进行基础建设。示范区华能光伏项目6月份完成项目备案，第一批9家园区企业光伏已完成首批并网发电。华能热电项目已于年初取得路条。近日，华能总公司已初步同意华能热电项目的可行性报告等前期工作。

【项目引进】 强化驻点招商。管委会按照“六统一”要求，配强招商力量，目前示范区12名招商人员分别在上海、杭州、浙南等地驻点招商。不断拓宽招商渠道。积极探索协会招商、中介招商，制作网站实施网络招商，分别赴杭州、上海、昆山等地举行招商推介会。围绕产业招商。围绕先进装备制造、现代纺织、新材料、电子信息等产业定位，泗安片区以“现代纺织产业园”，林城区块以“机电产业园”为重点。2014年1—12月累计签约项目17只，总投资22.9亿元，注册资金6.5亿元，实到外资1434万美元。已有力嘉锦纶、帝亚制冷、迈拓不锈钢、中科新光铭、布莱蒙农业机械、浙江物产等亿元以上项目落户建设，华能浙江公司投资示范区的热电联产和顶光伏发电项目也在全面推进。

【产城互动】 产城互动促发展。按照示范区三次产业定位，在狠抓工业经济的同时实现产城互动，一二三产联动发展，区镇共建，提升城市配套服务功能。市民文化活动中心已基本完成，配有图书馆、乒乓球馆、羽毛球馆、苏红馆（健身馆）等。长兴县第二人民医院进行主体结构施工。客运中心完成工程方案设计，待报县规划例会审核。泗安区块安置房二期、林城区块桥南安置点、姚洪安置点一期全部完成，正在办理移交。商住项目万禾欣城、康城华府、丹桂公寓、凤凰城五期等房地产项目也在有序推进。吸引“百叶龙”影视传媒入驻的天星广场已经完成初步验收，兴和广场项目通过复审验收，浙北超市试营业。

（周志强）

新能源高新园区

【概况】 浙江省新能源高新园区是中共长兴县委、长兴县人民政府重点扶持发展的工业功能区,包含和平镇吴山、小浦镇郎山两个区块,规划面积19平方公里(吴山12平方公里,郎山7平方公里),已拉开框架9.5平方公里。2014年,完成基础设施投入1.56亿元。新增园区绿化5.6万平方米、亮化4.8公里;已开发区域内,所有管线设施均一次性铺设到位,基本实现"八通一平",园区初步形成"三横九纵"路网结构。

【企业培育】 园区落户企业65家(新能源企业21家),投产企业48家,在建企业7家,拟开工企业6家。其中,亿元以上投资企业23家,外资企业3家。当年新引进企业5家。园区聚集了以天能国际、超威电池、江森自控为代表的行业龙头企业。2014年,园区实现全部工业产值262.3亿元,其中规上工业产值222.5亿元;实现全部税收4.7亿元,其中规上税收4.4亿元。新增高新技术企业1家(浙江天能动力能源有限公司),上市企业1家(浙江太湖远大新材料股份有限公司);浙江省行业龙头企业1家(浙江天能动力能源有限公司)。

【项目推进】 年内,共推进园区工业项目建设46个,其中,新开工项目10个,续建项目17个,竣工项目19个,完成工业有效投资16.6亿元。重点推进江森自控年产150万只AGM起停电池技改项目、诺力电源年组装1700万只蓄电池及配套700万套内化成极板项目、众益电源年产1000万千伏安小时高性能全封闭先进型电池组装项目、赫克力动力能源年组装1000万只电动车用铅酸蓄电池项目、一鼎电源年组装600万只小型启动铅酸蓄电池及配套500万套内化成极板项目、聚优电源年产新型密封铅酸蓄电池300万只项目、铁鹰电气铅酸蓄电池内化成技术装备改造项目等。

(史晶晶)

画溪工业功能区

【概况】 画溪工业功能区(原雉城新兴工业园区)位于长兴县城南面,毗邻县城中心区,始建于2000年,2012年6月根据城市化发展战略需要,县委县政府进行区划调整,撤镇建街道,更名为画溪街道,工业功能区由此更名。总规划面积17.65平方公里,分三期组织实施,目前一、二期基本开发完毕,三期已完成控制性详细规划。工业功能区位置优越,交通便利,园区设施配套完善,布局合理,功能齐全,入选省首批百家智慧小企业创业基地。已落户企业275家,2014年全年实现经济总量28.63亿元,比上年增长9.1%;完成财政总收入6.4亿元,比上年增长10.82%;规模以上工业产值97.64亿元,比上年增长13.8%;规模工业增加值18.9亿元,比上年增长15.5%;固定资产投资15.3亿元,其中工业性投入14.1亿元;合同外资2528万美元;实到外资600万美元;县外内资注册资本金4.1亿元;浙商回归2.19亿元;自营进出口1.31亿美元。

【园区规划】 画溪工业功能区结合画溪新城的规划,以"现代产业与生态人居融合的实力新城、活力新城、魅力新城"为发展目标,以"长兴城市副中心,综合配套齐全、生态宜居的南部产业新城"为总体定位,以"产业发展基地、综合服务平台、物流集散中心、生态宜居新城"为功能定位进行建设。形成了以2家上市企业超威动力和天能动力为代表的新能源产业,以央企中钢集团子公司中钢新型材料有限公司为代表的新材料产业,以湖州威达纺织有限公司为代表的现代纺织产业,新能源、新型材料、现代纺织三大主导产业。功能区严格企业准入标准,其中新能源(含新型电池与配件)投入强度不少于250万元/亩、税收12万元/亩、容积率不少于1.2,新型材料投入强度不少于220万元/亩、税收12万元/亩、容积率不少于1.2,现代纺织投入强度不少于250万元/亩、税收10万元/亩、容积率不少于1.2。

【项目建设】 以六大工程为载体,2014年实施工业项目39个,总投资亿元以上项目7个、千万元以上项目22个、500万元以上项目10个,累计完成投资11.39亿元,宝信炉料一期、海联纺织、新峰印染等一批项目相继竣工投产,紫琅衬布、晶壹光电等项目顺利开工建设。纺织面料、家居家纺、新型照明等外向型企业做大做强,新增出口实绩企业9家。加大招商引资力度,街道党政主要领导亲自挂帅,奔赴宁波、温州、杭州、上海、山东等招商一线与企业谈项目,对于重点项目亲自跟踪。同时派出3名驻点招商员分驻宁波、杭州、上海三个片区,2014年成功签约皇明新能源、松德刀具、韩联纺织等一批新项目。

【企业培育】 2014年完成"小转大"企业7家、完成"低转高"企业13家、"下转上"企业2家、"个转企"企业39家,其中公司30家;完成县级"机器换人"项目15个、"腾笼换鸟"企业6家、"空间换地"企业4家。超威、巨源机械、万峰包装等14家"百企转型"示范企业实现销售收入67.12亿元、增长33.25%;超威创元、瀚氏模塑、山鹰化纤等13家"百项节能"企业中光伏发电项目6只;13只总投资5000万元以上项目"百亿投入"完成投资12.35亿元。新增认定省级科技型企业12家,新增县级以上科技型企业13家,新增研发机构13个。科技经费支出完成1.56

亿元，申报省级以上重点项目5个，实施政产学研项目13项。新增省级新产品59项，完成专利授权345件，新增市著名商标1件、省著名商标1件、省级名牌产品1只，获评省专业商标品牌基地。开展安全生产综合整治试点工作，发现各类隐患1955件，责令限期整改单位33家，发送书面整改通知书33份，落实整改1951处，隐患整改率达99.8%；60家单位通过安全标准化验收；完成安全资质培训409人；完成6S达标企业数8家；导入卓越绩效管理企业1家；建成消防户籍化档案规上企业36家；完成市级“平安企业”创建13家。

【平台建设】 工业功能区已累计完成基础设施配套资金投入6.1亿元，基本形成了四横五纵的道路框架结构，现有110千伏变电所和日处理污水2万吨的污水处理厂各一座，整个工业功能区基本实现了水、电、通信、路、气、热、污水处理一应俱全的基础设施配套功能。2014年结合“四边三化”“三改一拆”和“五水共治”，开展以“整道路、整污水、整管网、整水系”为内容的“四整”行动，完成道路亮化3000米；完成河道水系整理、污水管道疏通、改造，新建污水管网1.3千米；完成新建绿化28000平方米，改造绿化22000平方米，全年完成基础设施投入5190万元。通过“腾笼换鸟”，腾出土地4.8公顷、能耗1092吨标煤，基本完成三星斗区块新材料产业园26.67公顷土地的征拆。全年入选省“千人计划”3人、南太湖精英计划项目1人、省领军型创新创业团队1个、“1112人才工程”5人、“151人才工程”3人，新建省级院士工作站1家。实行“菜单式”服务方式，发挥工业功能区党群服务中心功能，为企业提供项目办证、纠纷调解、人才交流、职工娱乐等综合性服。

（周　顺）

城北工业功能区

【概况】 2009年6月20日，长兴县人民政府（长政发〔2009〕115号）正式批复同意成立长兴经济开发区城北工业功能区，同年12月，夹浦镇政府结合新一轮土地利用总体规划，对环沉村、夹浦村、太平桥村共征地66.67公顷，实施长兴经济开发区城北工业功能区建设。2010年10月，基础设施建设工程经建设局、国土局、水利局、港航管理处同意，县发改委立项审批（批号：2010、364）后，采用BT项目由江苏通达建设集团有限公司开工建设，相关线路搬迁同步进行。城北工业功能区遵循“高起点规划、高标准建设、严把入驻关、精筛选项目”的原则，注重结合夹浦地区纺织产业的特点，努力打造“浙北现代纺织产业园”，使之成为纺织产业转型升级的主战场和示范区。

三年来，基础设施投入累计完成5500万元，共落户工业项目20只，总投资17.3亿元，其中亿元以上项目9只，大好高项目5只，外资项目1只。

【机构架设】 夹浦镇成立项目审查领导小组和工业平台推进指挥部，项目审查领导小组的组长由镇主要领导兼任，指挥部的指挥长由分管领导兼任，经济发展办负责日常工作，工作中制订完善工作规则和运行机制，形成招商引资例会、项目推进例会、规划审查例会等例会机制。实施重点工作督查机制，对重点工作、项目推进、基础设施建设工作按期进行现场督查，查找问题确保落实。

【规划编制】 城北工业功能区规划编制工作完成，功能区主道路工程、雨污水管网、供水管网已全部完成。供电线路搬迁及架设、地下军用民用等管线已完成搬迁，弱电管线已完成埋设，基本已形成功能齐全的工业功能区。

【项目引进】 工业功能区严格按照产业定位，严把项目准入，制订《长兴经济开发区城北工业功能区入区规定》和《城北工业功能区规划意见书》，对所有招商引资拟落户项目进行项目初审，慎重签订项目投资协议书。结合夹浦纺织产业的特点，推进专业招商、以商引商和中介招商，主攻杭萧绍、上海、温州和南通等地进行驻点招商。分别在绍兴柯桥、江苏南通等地召开招商推介会，向外推介工业区。

【项目推进】 落户于工业区的20只项目，已有12只项目完成一期投资并投产或部分投产，分别是长兴兆丰纺织、长兴美盛纺织、长兴永达纺织、长兴诗婷纺织、长兴金通纺织、浙江常鑫纺织、湖州欧莱尔纺织、长兴诗卉纺织、长兴金诺纺织、浙江鑫涛纺织科技、长兴维尔士纺织和长兴兴浦纺织。有4只项目已开工建设或近期开工，预计2015年可投产或完成厂房主体结构，分别是浙江凯瑞博纺织科技、湖州绿蒙纺织科技、长兴兴丰纺织和长兴天佳纺织。另外还有4只项目正在论证投资内容和审核中，分别是浙江莱美纺织印染、长兴园顺纺织、长兴恒杨纺织和长兴千尺度纺织品。为规范入区项目建设行为，落实专人对工业区进行日常管理，每天一次的巡逻，发现问题及时制止并整改。

（周　武）

煤山镇工业园区

【概况】 煤山工业园区规划面积5.8平方公里，2001年被农业部评为“全国乡镇工业科技园区”；2004年被评为省级工业园区，2006年被湖州市评为“市示范乡镇工业功能区”；2007年被湖州市评为“优秀投资环境”园区。入园企业达130余家,形成新能源、新型建材、新型耐火、现代纺织为主导的产业格局,具有一定的产业规模和集聚效应。2013年开始,新规划建设三期工业平台占地146.7公顷,为项目落地提供强有力的承载力,规划在其东北区块的中国新材料(耐火)科技创业园和煤山镇青年科技创业园以加速器和孵化器为定位,为培养创业人才提供强有力的支撑。年内,完成工业总产值116亿元,同比增长0.87%,其中规上工业产值105亿元,规上工业增加值12.7亿元。

【机构架设】 镇党委、政府把工业平台建设作为工业经济发展的引擎,专门成立工业平台建设指挥小组,由主要领导担任组长,党委副书记和工业分管领导担任副组长,下设工业园区办公室,成员15人,并制定园区建设管理制度、服务制度等,负责园区的基础设施建设、项目推进、招商引资、规划审查等各项日常工作。

【企业培育】 完成转型升级企业9家,6S质量管理企业59家,机器换人项目15个,“个转企”12家,新增亿元销售企业1家。天能集团等大公司带动产业链发展延伸作用明显。腾笼换鸟行动完成集约利用土地7.1公顷、淘汰落后设备166台(套)。推进节能减排,完成县百项节能示范项目9个,完成投资2.9亿元,节约标煤2.45万吨。经过政企共同努力,共完成申报省级新产品31只,申报专利300项,产学研项目9项,申报省级研发中心1家,申报省级科技中小型企业3家,申报县级科技型企业5家,省级以上重大项目3项。云峰炉料正在筹建博士后工作站,宝仕电源与湖州师院成立绿色能源技术研发中心。开展安全生产综合整治试点工作,安全生产标准化达标企业达到52家,特种设备检查覆盖率100%,人员持证上岗率100%。

【平台建设】 工业园区已累计完成投资4.85亿元,已建成面积4平方公里,基础设施实现“八通一平”:道路、水、电、天然气、排水、排污、通讯、多媒体和土地平整。基本形成四纵四横总长8.7公里的道路框架结构,现有110千伏变电所一座,日产3万立方米水厂一座和中水回用厂一座,拥有3万立方米/日供气能力的天然气站一座,建有日处理1.5万吨的污水处理厂一座,宽带、有线电视、无线网络等多媒体接入系统的全面到位,为现代化的信息系统提供高端服务平台。

建设中的三期工业平台主要拟建以发展新材料产业和改造提升传统产业为定位的工业平台新园区,位于镇区西部五通村地块,距离建设中的杭长扬高速出口2公里,交通便捷,总规划146.7公顷,一期建设66.7公顷。基础配套设施包括二纵二横框架道路,共计4.5千米,雨污水管网10千米,防洪系统建设、护坡建设、强弱电建设等,预计总投入8000万元。1#路与3#路已经实现贯通,其他各项基础设施已基本完成。平台内已有意向入驻项目6只,包括4只新材料项目、1只特色机电项目、1只液化天然气项目。

平台内东北区块规划建设两个“园中园”。一是“立足当前”建设中国新材料(耐火)科技创业园,为新材料产业发展提供平台,以打造“生态化新材料产业集聚区”为主要目标,实现煤山经济的提质增效。二是“着眼长远”建设煤山镇青年科技创业园,为创二代提供优质的创业平台,以培养创业人才为主要目标,实现长远发展。“园中园”建设总用地约33.3公顷,一期建设13.3公顷。

(李微霞)

科学技术

综　述

长兴县科技局是长兴县人民政府综合管理全县科技工作的职能部门，主要结合本地实际，制订科技发展规划、政策、计划、措施，并组织检查和督促各乡镇、街道、园区和各部门实施情况，负责县级科技经费的使用管理工作。年末，在编23人，内设办公室（综合科）、高新技术与工业科、农业与社会发展科（地震办）和科技合作与成果科4个科室，县知识产权局（副科级事业单位）、县科技信息中心、县科技开发服务中心和长兴国家大学科技园管理委员会4个局属事业单位，长兴民营科技园发展有限公司1家局属企业。

年内，全县科技财政支出为1.63亿元，比上年增长18.12%，占本级财政支出比例4.36%。根据浙江省科技厅监测报告显示，全县科技投入综合评价列浙江省第9位、技术创新综合评价列全省第12位、科技产出综合评价全省第9位、转型升级综合评价列全省第8位，变化情况综合评价列全省第3位。全县研究与实验发展（R&D）经费支出9.77亿元，占地区生产总值（GDP）比例2.4%，增长11.11%。企业技术开发费加计抵扣所得税0.74亿元。国家重点扶持高新技术企业享受税收减免额1.43亿元。长兴县被评为2014年浙江省重大科技活动知识产权评议试点县、浙江省网上技术市场工作先进县，长兴县科技局被评为省县（市、区）防震减灾工作先进单位。天能集团董事长张天任成功入选“首届光荣浙商”，超威电源总裁杨新新成功入选第五届“科技新浙商”，超威电源领军型创新创业团队创建为浙江省领军型创新团队。

科技政策

【概况】　年内，先后完成修订《关于加快科技创新的若干政策意见》，制订《长兴县科技成果转化引导基金管理办法（试行）》《浙江长兴国家大学科技园运行方案》《长兴县引导鼓励科技金融发展考核办法》《长兴县奖补类科技券实施管理办法》《长兴县科技型企业研发中心管理办法（试行）》和《长兴县科技保险补贴资金管理办法》。

载体建设

【概况】　国家大学科技园一期主体竣工，上海交通大学长兴慧谷科技园、“千人计划”研究院投入运营；长兴现代纺织创新公共服务平台对外运营并挂牌浙江省现代纺织工业研究院长兴分中心。天能企业研究院被列入省级重点企业研究院；天能电池、超威电源创建省级工程技术研究中心，实现长兴县省级工程技术中心零突破。

科技金融

【概况】　10月27日，邀请浙江省科技风险投资有限公司董事长、浙江省创业风险投资行业协会秘书长顾斌，浙江华睿投资管理有限公司执行总裁张旭伟，浙江安丰创业投资有限公司总经理阮志毅，通联创业投资股份有限公司副总经理项永旺，浙江如山投资管理有限公司投资总监丁世平，浙江省创业投资集团有限公司投资部经理陈波与浙江长兴新瀚发动机有限公司、浙江友友桥网络科技有限公司、浙江骏德自动化设备有限公司、浙江中长光电技术有限公司、浙江兴海能源科技有限公司进行项目对接。年内，新增科技银行2家，科技类银行贷款余额达4.12亿元，财政贴息达282万元，惠及86家科技型企业。科技券累计发放3192万元，兑现2750万元。

科技惠农

【概况】　年内，获批国家科技支撑计划1项，国家农业成果转化资金项目1项，国家星火计划17项，省级农业成果转化资金项目1项，市级农业科技项目10项，县级农业科技项目60项，争取资金768万元；新认定省级农业科技企业6家，省级农业研发中心2家，市级优秀农业研发中心3家。

高新技术产业

【概况】 年内，新增省级高新技术企业研发中心9家、市级高新技术企业研究开发中心9家、县级研发中心29家。新认定国家重点扶持高新技术企业22家、国家火炬计划重点高新技术企业2家、省级工程技术研究中心2家、省级创新型试点企业1家、市级创新型企业6家、省级科技型中小企业64家、县级科技型企业85家。

表24 2014年新认定省级农业科技企业名单

序号	企业名称
1	浙江元森态木塑科技有限公司
2	长兴希望田野农业开发有限公司
3	浙江绿野仙踪生态农业发展有限公司
4	长兴忻杰生态农业开发有限公司
5	浙江长兴古银杏食品科技有限公司
6	长兴城山沟桃源山庄生态农业开发有限公司

表25 2014年新认定省级农业研发中心名单

序号	研发中心名称
1	浙江景盛农产品加工科技研发中心
2	龙青特种水产养殖科技研发中心

表26 2014年新认定市级优秀农业研发中心名单

序号	研发中心名称
1	浙江长兴艾格生物制品科技研发中心
2	浙江长兴意蜂蜂制品科技研发中心
3	浙江梅源青梅制品科技研发中心

表27 2014年新增省级高新技术企业研发中心名单

序号	研发中心名称
1	莱美绿色环保功能性面料省级高新技术企业研究开发中心
2	超威创元动力与储能电池省级高新技术企业研究开发中心
3	华强超小型电容器省级高新技术企业研究开发中心
4	金鸟PLC全程自控压滤机省级高新技术企业研究开发中心
5	新型炉料环保耐火材料省级高新技术企业研究开发中心
6	瑞高新型建材省级高新技术企业研究开发中心
7	家宝电子绿色照明省级高新技术企业研究开发中心
8	科迪半导体照明系统省级高新技术企业研究开发中心
9	精盛机械蓄电池自动化设备省级高新技术企业研究开发中心

表28 2014年新增市级高新技术企业研究开发中心名单

序号	研发中心名称
1	超威创元动力与储能电池市级高新技术企业研究开发中心
2	明天冶金耐火材料市级高新技术企业研究开发中心
3	柏成电子片式电感器市级高新技术企业研究开发中心
4	泛亚智能照明技术市级高新技术企业研究开发中心
5	华鼎特种不锈钢管市级高新技术企业研究开发中心
6	盛发特种面料市级高新技术企业研究开发中心
7	新高高强度功能性薄膜市级高新技术企业研究开发中心
8	金太阳绿色动力电池市级高新技术企业研究开发中心
9	三伟绿色环保型服装衬用胶浆市级高新技术企业研究开发中心

表29

2014年新认定县级研发中心名单

序号	研发中心名称
1	锦尚聚氨酯合成革县级科技型企业研发中心
2	德传无缝管材县级科技型企业研发中心
3	天能新能源电池县级科技型企业研发中心
4	攀江冶金耐火材料县级科技型企业研发中心
5	永达电力输电杆塔县级科技型企业研发中心
6	天能电源新材料县级科技型企业研发中心
7	河桥耐火材料县级科技型企业研发中心
8	万顺保温材料县级科技型企业研发中心
9	三晶LED照明县级科技型企业研发中心
10	圣帆纺织新材料县级科技型企业研发中心
11	竹园锂电县级科技型企业研发中心
12	威达色纺纱县级科技型企业研发中心
13	巨源燃气轮机县级科技型企业研发中心
14	振义汽车铝合金铸件县级科技型企业研发中心
15	金三发医卫非织造布材料县级科技型企业研发中心
16	杭泰汽车空调离合系统县级科技型企业研发中心
17	友邦LED驱动系统县级科技型企业研发中心
18	明晟冶金耐火材料县级科技型企业研发中心
19	百汇纳米碳酸钙县级科技型企业研发中心
20	威泰汽配长寿命环保机油滤芯县级科技型企业研发中心
21	汉维通信光电信息产品县级科技型企业研发中心
22	众成电子硅材料县级科技型企业研发中心
23	畅通新能源电池用新型材料县级科技型企业研发中心
24	万享板式蒸发式冷凝器县级科技型企业研发中心
25	新高高强度功能性薄膜县级科技型企业研发中心
26	特拉建筑节能保温材料县级科技型企业研发中心
27	明天冶金耐火材料县级科技型企业研发中心
28	盛华耐火水泥窑节能耐材县级科技型企业研发中心
29	奥利尔即热式热水器县级科技型企业研发中心

表30

2014年长兴县新认定国家重点扶持高新技术企业名单

序号	企业名称
1	浙江天能动力能源有限公司
2	浙江长兴前进机械铸造有限公司
3	长兴和兴电子有限公司
4	浙江长兴裕丰精密机械有限公司
5	浙江维涅斯装饰材料股份有限公司
6	长兴铁鹰电气有限公司
7	浙江新世管道股份有限公司
8	湖州纳尼亚实业股份有限公司
9	长兴友畅电子有限公司
10	浙江长兴巨源机械有限公司
11	浙江威泰汽配有限公司
12	长兴友邦电器有限公司
13	浙江润阳新材料科技股份有限公司
14	浙江利佳运动器材有限公司
15	天能电池集团有限公司
16	超威电源有限公司
17	浙江达峰汽车技术有限公司
18	浙江金三发粘合衬有限公司
19	浙江诺力机械股份有限公司
20	浙江省长兴艾格生物制品有限公司
21	浙江长安仁恒科技股份有限公司
22	浙江兄弟路标涂料有限公司

表31

2014年新认定国家火炬计划重点高新技术企业名单

序号	企业名称
1	浙江浙矿重工股份有限公司
2	浙江天能能源科技有限公司

表32

2014年新认定省级工程技术研究中心名单

序号	企业名称
1	超威电源有限公司
2	天能电池集团有限公司

表33 **2014年新认定省级创新型试点企业名单**

序号	企业名称
1	浙江兄弟路标涂料有限公司

表34 **2014年新认定市级创新型企业名单**

序号	企业名称
1	浙江海悦自动化机械股份有限公司
2	浙江莱美纺织印染科技有限公司
3	浙江金鸟压滤机有限公司
4	长兴科迪光电有限公司
5	浙江中科兴环能设备有限公司
6	浙江锦诚耐火材料有限公司

表35 **2014年新认定省级科技型中小企业名单**

序号	企业名称
1	长兴恒动光电有限公司
2	浙江长兴森大竹木制品有限公司
3	浙江天能动力能源有限公司
4	浙江锦尚合成革有限公司
5	浙江德传管业有限公司
6	浙江湖州威达纺织集团有限公司
7	长兴五洲皮革机械有限公司
8	浙江特拉建材有限公司
9	长兴铁鹰电气有限公司
10	长兴华洋皮革机械有限公司
11	浙江巨宏机械科技有限公司
12	浙江杭泰汽车零部件有限公司
13	长兴明晟冶金炉料有限公司
14	浙江博奥铝业有限公司
15	浙江维涅斯装饰材料有限公司
16	浙江长兴强立耐火材料有限公司
17	长兴县三金特种纺织有限公司
18	长兴宏业高科高温耐火材料有限公司
19	湖州纳尼亚实业股份有限公司
20	浙江青松轻纺有限公司
21	浙江鑫涛纺织科技有限公司
22	湖州金强涂料厂
23	长兴华亿机电有限公司

续表35

序号	企业名称
24	浙江长兴金盛光电科技有限公司
25	湖州大山丰蜂产品有限公司
26	浙江利帆家具有限公司
27	浙江金指科技有限公司
28	浙江畅通科技有限公司
29	浙江乐客来机械有限公司
30	浙江太湖远大新材料有限公司
31	浙江华晨电缆科技有限公司
32	百利得(湖州)汽车安全系统有限公司
33	长兴明旺橡胶制品有限公司
34	长兴宏能电热膜元件厂
35	长兴新源机械设备科技有限公司
36	长兴巨大勘探机械有限公司
37	湖州华顺炉业有限公司
38	长兴志恒服装辅料有限公司
39	浙江翔发耐火材料有限公司
40	浙江宝信新型炉料科技发展有限公司
41	长兴金程橡胶有限公司
42	浙江慧德新材料有限公司
43	长兴新峰印染有限公司
44	浙江天虹能源科技有限公司
45	浙江华彩光电科技有限公司
46	中钢集团新型材料(浙江)有限公司
47	湖州浙宝冶金辅料有限公司
48	湖州诚鑫纺织印染有限公司
49	长兴宏峰纺织印染有限公司
50	浙江光普太阳能科技有限公司
51	湖州兴德瑞明节能门窗有限公司
52	今朝电气(湖州)有限公司
53	浙江钧铭机械有限公司
54	浙江长兴诺万特克玻璃有限公司
55	红旗仪表(长兴)有限公司
56	浙江长兴威尔鹰电缆科技有限公司
57	浙江万享科技有限公司
58	浙江省长兴精工电炉制造有限公司
59	浙江润阳新材料科技有限公司
60	长兴星盛新材料有限公司
61	长兴兴林苗木科技有限公司
62	浙江长兴四达复合材料有限公司
63	浙江长兴昌盛新光源有限公司
64	浙江昌盛玻璃有限公司

表36

2014年新认定县级科技型企业名单

序号	企业名称	序号	企业名称
1	长兴恒动光电有限公司	44	浙江中茂耐火材料有限公司
2	长兴兰红手工艺绣品厂	45	长兴协和高分子材料有限公司
3	浙江太湖远大新材料有限公司	46	长兴兴林苗木科技有限公司
4	浙江诺比德机械科技有限公司	47	浙江长兴裕丰精密机械有限公司
5	百利得(湖州)汽车安全系统有限公司	48	浙江锋盛机械制造有限公司
6	长兴兴德生物科技有限公司	49	浙江长兴四达复合材料有限公司
7	长兴学海分子筛有限公司	50	浙江星盛新材料有限公司
8	长兴超越动力科技有限公司	51	浙江益南纤维科技有限公司
9	浙江圣奥耐火材料有限公司	52	长兴亿帆电脑袜机厂
10	浙江东鑫纺织有限公司	53	湖州兴德瑞明节能门窗有限公司
11	湖州恒辉工业炉有限公司	54	浙江钧铭机械有限公司
12	湖州华顺炉业有限公司	55	长兴科为软件科技有限公司
13	长兴志恒服装辅料有限公司	56	长兴鑫祥新能源科技有限公司
14	长兴新峰印染有限公司	57	浙江绿建住宅科技有限公司
15	浙江宝信新型炉料科技发展有限公司	58	红旗仪表(长兴)有限公司
16	中钢集团新型材料(浙江)有限公司	59	浙江长兴诺万特克玻璃有限公司
17	浙江万峰包装有限公司	60	浙江长兴加泰尔汽车部件制造有限公司
18	浙江慧德新材料有限公司	61	浙江万享科技有限公司
19	湖州浙宝冶金辅料有限公司	62	今朝电气(湖州)有限公司
20	长兴新城环保有限公司	63	长兴铁鹰电气有限公司
21	长兴宇鑫纺织印染有限公司	64	长兴固特电子有限公司
22	长兴金发纺织有限公司	65	浙江金三发新材科技有限公司
23	浙江泉能纺织有限公司	66	长兴飞扬能源科技有限公司
24	长兴国圆印染有限公司	67	浙江中屹纺织机械科技有限公司
25	浙江正宇纺织印染基地有限公司	68	浙江威世汽车配件有限公司
26	湖州诚鑫纺织印染有限公司	69	浙江长兴汉能光伏有限公司
27	湖州众友物流技术装备有限公司	70	桐昆集团浙江恒腾差别化纤有限公司
28	长兴旗滨玻璃有限公司	71	长兴鸿运织造有限公司
29	长兴绿地建材有限公司	72	长兴虹波纺织有限公司
30	长兴正豪耐火材料有限公司	73	长兴艾飞特塑料科技有限公司
31	长兴玖佳机械科技有限公司	74	湖州丰盛新材料有限公司
32	浙江立鑫高温耐火材料有限公司	75	湖州众磊物流科技有限公司
33	长兴飘伊禽业有限公司	76	浙江长兴诺博特自动化设备有限公司
34	浙江长兴正达电炉制造有限公司	77	长兴大宇科机电有限公司
35	浙江尚鼎工业炉有限公司	78	长兴县华达耐火有限公司
36	浙江绿野仙踪生态农业发展有限公司	79	长兴鑫鼎耐火材料厂
37	长兴丰盛畜禽食品有限公司	80	长兴科峰耐火材料有限公司
38	浙江澳琪同济停车配件制造有限公司	81	长兴金润大正机械有限公司
39	浙江宝仕电源有限公司	82	浙江七星青和电子科技有限公司
40	长兴华亿机电有限公司	83	长兴盛强电子器材有限公司
41	长兴盟友耐火材料有限公司	84	长兴锦龙纸业有限公司
42	长兴父子岭特种耐火有限公司	85	长兴奔能燃具有限公司
43	浙江长兴西林链条链轮有限公司		

科技项目

【概况】 年内,新增市级及以上科技计划项目433项。其中,国家科技中小企业技术创新基金4项目、国家级科技支撑计划项目1项、国家级农业成果转化资金项目1项、国家星火计划17项、国家火炬计划11项、省级重大专项3项、省级重点企业研究院重大科技专项2项、省级网上技术市场一般交易项目8项、省级农业成果转化资金项目1项、市级攻关项目12项、市级农业及公益性项目7项。全年新增国家重点新产品2项、省级新产品364项。

表37 **2014年长兴县新增国家级科技计划项目名单**

类别	项目名称	承担单位
国家科技型中小企业技术创新基金	低黏度高防沉有机膨润土	浙江红宇新材料有限公司
	蓄电池全自动生产线智能控制系统	长兴科为软件科技有限公司
	基于物联网和太阳能驱动的农业设施智能控制系统	湖州中安农业智能科技有限公司
	片式超小型高电压大电流金属化薄膜电容器	长兴友畅电子有限公司
国家级科技支撑计划项目	再生铅行业重金属污染治理与利用关键技术与工程示范	浙江省长兴天能电源有限公司
国家级农业成果转化资金项目	高品质朗德鹅综合利用技术集成与示范	长兴县荣耀鹅业有限公司
国家星火计划	优质南瓜新品种的引进及栽培技术的产业化	长兴鑫丰农业发展有限公司
	樱桃谷SM3种鸭高效生态养殖技术开发与产业化	长兴金丹种鸭养殖专业合作社
	杨梅、青梅集成深加工关键技术研究与产业化	浙江味之源食品有限公司
	浙系蓝莓标准化高产种植示范与推广	长兴林城绿健蓝莓专业合作社
	两用麦冬高效种植技术的研究与推广应用	长兴众乐药材合作社
	长兴芦笋秸秆—湖羊—有机肥循环利用示范项目	长兴百益芦笋专业合作社
	蛋品加工技术和质量安全控制研究与开发	长兴飘伊禽业有限公司
	优质浙粳系列新品种繁殖示范与推广	长兴南庄农机服务专业合作社
	优质雪藕、甲鱼立体生态种养植技术示范与推广	长兴县吕山乡胥仓雪藕生产专业合作社
	中华鳖养殖环境原位生态修复与改良技术推广应用	长兴和平神塘甲鱼养殖专业合作社
	乌饭树嫁接高丛蓝莓技术研究与推广应用	长兴欧蓝农业发展有限公司
	中华鳖生态高效养殖技术推广示范	浙江张老汉生态鳖业股份有限公司
	银杏果黄酮萃取技术产业化	浙江长兴古银杏食品科技有限公司
	超微茶粉加工技术的研究和推广应用	长兴茶乾坤食品有限公司
	抗衰老超绿色蔺草新品种引进及示范推广	长兴县土仓生物科技有限公司
	乌骨鸡健康高效养殖技术集成与示范	长兴白水国坤特种家禽养殖专业合作社
	南方冬枣标准化高效种植技术研究与示范	长兴泰湖冬枣专业合作社

续表37

类别	项目名称	承担单位
国家火炬计划	高功率因数节能环保照明系统的研发	浙江长兴家宝电子有限公司
	高性能通信用磷酸铁锂电池组产业化项目	浙江超威创元实业有限公司
	水泥回转窑三次风管专用高温耐磨阀板	长兴兴鹰新型耐火建材有限公司
	新型钝化精细球型镁粉	长兴攀江冶金材料有限公司
	超高建筑用安全复合陶板	瑞高（浙江）建筑系统有限公司
	高品质功能性提花制品生产关键技术及产业化	浙江三志纺织有限公司
	2024免浆超细环保纤维生产技术的产业化	长兴圣帆纺织有限公司
	C.S新型聚酯长丝的开发及产业化	浙江永能化纤有限公司
	CD20两门架双提升电动堆高车	浙江诺力机械股份有限公司
	高效节能智能型LED照明系统的产业化	长兴科迪光电有限公司
	动力电池用新型复合超细玻璃纤维隔板产业化	浙江畅通科技有限公司
国家重点新产品计划	混合动力汽车用高倍率Pb-C超级电池（6-HEV-12）	天能电池集团有限公司
	电动汽车用磷酸铁锂电池93140225	浙江超威创元实业有限公司

表38

2014年长兴县新增省级科技计划项目名单

类别	项目名称	承担单位
省级重大专项	风光发电铅碳储能电池关键技术引进再创新产业化项目	浙江长兴金太阳电源有限公司
	单体50-100Ah高安全动力锂离子电池规模化制造及装备产业化	浙江兴海能源科技有限公司
	微型混合动力车起停系统用AGM蓄电池关键技术研发及应用	天能电池集团有限公司
省级重点企业研究院重大科技专项	电动汽车用动力锂离子电池关键技术的研究开发	超威电源有限公司（浙江省超威电源研究院）
	基于智能控制的四向堆高车研究	浙江诺力机械股份有限公司（诺力高端仓储物流机械研究院）
省级网上技术市场一般交易项目	利用废弃型制备莫来石轻质隔热砖	长兴云峰炉料有限公司
	高效特异性中性蛋白酶制剂	浙江湖州笑果生物科技有限公司
	超高温耐火测温锥标准测量具	浙江宇清炉料科技有限公司
	高性能大功率LED驱动器改进研发	长兴友邦电器有限公司
	新型蒸发冷却（冷凝）设备研发	浙江万享科技有限公司
	汽车扭杆弹簧成型新工艺设计与开发	浙江玛斯特汽配有限公司
	蓄电池全自动包片机控制系统的开发	长兴精盛液压机械有限公司
	高炉主沟接头料的研究开发	长兴煤山新型炉料有限公司

续表38

类别	项目名称	承担单位
省级农业成果转化资金项目	青虾良种选育及无公害养殖技术产业化示范	浙江张老汉生态鳖业股份有限公司
省级新产品计划	ZHFM-II系列烟酰胺腺嘌呤二核苷酸磷酸	长兴中昊化工有限公司
	ZHFM-I系列烟酰胺腺嘌呤双核苷酸	长兴中昊化工有限公司
	高浓度异丙基-β-D-硫代吡喃半乳糖苷	长兴中昊化工有限公司
	极板自动收片整理机,型号：JSL-2000	长兴精盛液压机械有限公司
	GJLB-180/240型皮革毛孔熨平机	长兴华洋皮革机械有限公司
	360℃放射型推拉式绷平干燥机	长兴华洋皮革机械有限公司
	GJLB-120/320型链式四向自动绷平干燥机	长兴华洋皮革机械有限公司
	发酵型酵母蛋白饲料	浙江湖州笑果生物科技有限公司
	高活性木聚糖酶制剂	浙江湖州笑果生物科技有限公司
	膨化磷脂粉	浙江湖州笑果生物科技有限公司
	ZFT-121新型复合脱氧剂	长兴志锋炉料有限公司
	冶金用高效净化剂	长兴志锋炉料有限公司
	合金锰球中间料	长兴志锋炉料有限公司
	高分散性直流式浇注料	长兴正发热电耐火材料有限公司
	ZFJ-88钢包用自流耐火浇注料	长兴正发热电耐火材料有限公司
	ZFJ-95刚玉质钢包浇注料	长兴正发热电耐火材料有限公司
	特种窑头罩直墙砖	长兴盛华耐火材料有限公司
	新型水泥窑口专用浇注料	长兴盛华耐火材料有限公司
	新型轻质硅莫红砖	长兴盛华耐火材料有限公司
	XYT-328耐磨碳化硅陶瓷管道预制件	长兴鑫宇耐火材料有限公司
	XYT-313碳化硅陶瓷管道接头结构件	长兴鑫宇耐火材料有限公司
	XYT-311弯管用新型碳化硅陶瓷	长兴鑫宇耐火材料有限公司
	LX-323 锆莫来石匣钵	浙江立鑫高温耐火材料有限公司
	LX-225 托砖	浙江立鑫高温耐火材料有限公司
	低烧结温度镁锆砖	浙江立鑫高温耐火材料有限公司
	高铝质阻流块	浙江立鑫高温耐火材料有限公司
	FN80芳香除螨家纺用非织造布	浙江金三发非织造布有限公司
	G180系列多功能双层环保窗	浙江博奥铝业有限公司
	BA-115节能铝合金窗	浙江博奥铝业有限公司

续表38

类别	项目名称	承担单位
省级新产品计划	BA-3系高效铝合金断热窗	浙江博奥铝业有限公司
	PT-7203型磁控自发电竞赛车	浙江神耀运动器材有限公司
	高遮光防皱面料	浙江三志纺织有限公司
	远红外功能环保遮光布	浙江三志纺织有限公司
	防螨环保环保遮光布	浙江三志纺织有限公司
	MST-2902011/12型汽车悬挂扭杆	浙江玛斯特汽配有限公司
	BQ2906011-064型汽车前横向稳定杆	浙江玛斯特汽配有限公司
	1B20050200033-1型汽车翻转机构扭杆弹簧	浙江玛斯特汽配有限公司
	健身车5108	浙江利佳运动器材有限公司
	椭圆机8101	浙江利佳运动器材有限公司
	椭圆机8209	浙江利佳运动器材有限公司
	LKL-250新型秸秆粉碎还田机	浙江乐客来机械有限公司
	偏置悬挂式秸秆粉碎还田机	浙江乐客来机械有限公司
	LKL-160高效秸秆粉碎还田机	浙江乐客来机械有限公司
	高经密色织提花布	浙江富客莱化纤有限公司
	全遮光涤纶印染印花窗帘布	浙江富客莱化纤有限公司
	半遮光涤纶印染印花窗帘布	浙江富客莱化纤有限公司
	保健雅饰型即热式电热水器(DTR-502)	浙江德凌电器有限公司
	液晶型即热式电热水器(DTR-705)	浙江德凌电器有限公司
	HNS-BT52H 硅基薄膜BIPV组件	浙江长兴汉能光伏有限公司
	HNS-ST65H 非晶硅薄膜组件	浙江长兴汉能光伏有限公司
	HY-ZII全自动铸焊机	浙江长兴海悦自动化机械设备有限公司
	高强度金属釉面陶板	瑞高(浙江)建筑系统有限公司
	PC幕墙配套陶板	瑞高(浙江)建筑系统有限公司
	大规格荔枝面陶板	瑞高(浙江)建筑系统有限公司
	新型20H侧挂陶板	瑞高(浙江)建筑系统有限公司
	高速斜轮分路器	湖州众友物流技术装备有限公司
	温室大棚智能喷滴灌控制系统ZA-GHCS-B	湖州中安医疗科技有限公司
	温室大棚智能遮阳温度控制系统ZA-GHCS-A	湖州中安医疗科技有限公司
	农业灌溉抽水泵自动调节系统ZA-GHCS-Z	湖州中安医疗科技有限公司
	HNS-ST63G 非晶硅薄膜组件	浙江长兴汉能光伏有限公司
	全自动极群包膜入盒机控制系统	长兴科为软件科技有限公司
	极板自动收片整理机控制系统	长兴科为软件科技有限公司
	多头联动高速包片包膜机控制系统	长兴科为软件科技有限公司
	CBB21E型片式阻容降压LED灯专用电容器	长兴华强电子有限公司
	CL21E型片式恒流恒压LED灯专用电容器	长兴华强电子有限公司
	超小型高压内串灯具电容器	长兴华强电子有限公司

续表38

类别	项目名称	承担单位
省级新产品计划	无极灯用大功率软磁铁氧体磁环(66*34*18)	长兴柏成电子有限公司
	高频功率平面变压器(3绕组输出)	长兴柏成电子有限公司
	高频功率平面变压器(双绕组输出)	长兴柏成电子有限公司
	高频功率平面变压器(单绕组输出)	长兴柏成电子有限公司
	TH-4800家用型UPS	浙江天虹能源科技有限公司
	多用途圆柱形锂电池组合盖帽	浙江长兴竹园锂电池材料有限公司
	ZY-17HC高倍率圆柱形锂离子电池防爆组合盖帽	浙江长兴竹园锂电池材料有限公司
	ZY-18D高倍率圆柱形锂离子电池防爆组合盖帽	浙江长兴竹园锂电池材料有限公司
	55dtex48F涤纶环保色丝	长兴圣帆纺织有限公司
	33dtex24F衬布专用涤纶黑色纱	长兴圣帆纺织有限公司
	16.5dtex12F衬布专用涤纶纱	长兴圣帆纺织有限公司
	高温耐酸耐碱浇注料	长兴吉成工业炉有限公司
	料道槽	浙江康星耐火材料有限公司
	华顺环保焚烧炉(HSF-50-10)	湖州华顺炉业有限公司
	碳化硅马弗套板	浙江康星耐火材料有限公司
	二合一羽绒服防钻绒无纺布	长兴百泓无纺布有限公司
	天然木棉纤维热轧无纺布	长兴百泓无纺布有限公司
	HCTTW系列陶瓷防火电缆	浙江华晨电缆科技有限公司
	HRTTW系列金属护套无机绝缘电缆	浙江华晨电缆科技有限公司
	HYTTW系列柔性防火电缆	浙江华晨电缆科技有限公司
	密封式稀油站	长兴山润机械有限公司
	洗砂机用稀油站	长兴山润机械有限公司
	可加热式稀油站	长兴山润机械有限公司
	箱型单梁桥式起重机	浙江大唐起重机械制造有限公司
	MH16电动葫芦门市起重机	浙江大唐起重机械制造有限公司
	高频高波长驱蚊灯	浙江长兴立信光电科技有限公司
	深紫外线杀菌灯	浙江长兴立信光电科技有限公司
	全角度发光LED面光源灯具	浙江长兴立信光电科技有限公司
	LHL-50竹制精品鸟笼	长兴兰红手工艺绣品厂
	LHL-22专用画眉笼	长兴兰红手工艺绣品厂
	LHL-33便洁式竹木鸟笼	长兴兰红手工艺绣品厂
	耐低温抑菌聚丙烯塑料(制品)	长兴东兴塑业有限公司
	精密电子包装用聚丙烯塑料(制品)	长兴东兴塑业有限公司
	高光无熔痕聚丙烯洗衣机面板	长兴东兴塑业有限公司
	6-EVF-40纳米氧化硅基胶体型电动道路车用电池	长兴铁鹰电气有限公司
	颗粒二氧化硅增强型6-DZM-14Ah电动车电池	长兴铁鹰电气有限公司

续表 38

类别	项目名称	承担单位
省级新产品计划	FZL 低碳镁碳砖	长兴父子岭特种耐火有限公司
	结合型钢包铝镁碳砖	长兴父子岭特种耐火有限公司
	FZL-ZLMC 再生铝镁碳砖	长兴父子岭特种耐火有限公司
	微混汽车启停系统用高倍率电池(6-QFM-80)	天能电池集团有限公司
	2Cr13 不锈钢油压新型赛车碟刹器	长兴华亿机电有限公司
	双泵加大型 ABS 电动车改装后鼓刹	长兴华亿机电有限公司
	铜基底合金机械式耐磨碟刹	长兴华亿机电有限公司
	窑头罩专用预制件	长兴国盛耐火材料有限公司
	三次风管专用预制件	长兴国盛耐火材料有限公司
	抗结皮预制件	长兴国盛耐火材料有限公司
	窑门框专用预制件	长兴国盛耐火材料有限公司
	MY-NH85T 莫来石质高强耐磨预制件	长兴盟友耐火材料有限公司
	MPA 高强度耐磨陶瓷涂料	长兴盟友耐火材料有限公司
	MY-NH80 莫来石质窑口专用耐火浇注料	长兴盟友耐火材料有限公司
	JD-MFA75 镁铁铝尖晶石窑口浇注料	长兴兴鹰新型耐火建材有限公司
	JDY-60S 水泥窑烟室缩口专用抗结皮预制砖	长兴兴鹰新型耐火建材有限公司
	JD-PT-AZ45 窑头罩高强喷涂料	长兴兴鹰新型耐火建材有限公司
	TSA-13002NY 高安全性密码挂锁	长兴西川锁业有限公司
	50JS 智能机械密码锁	长兴西川锁业有限公司
	TSA-XC1101 双模密码挂锁	长兴西川锁业有限公司
	摆动浇注料	长兴明天炉料有限公司
	刚玉质铁口通道预制件	长兴明天炉料有限公司
	快干式浇注料 MFC-R	长兴明天炉料有限公司
	超高强度 SiAlON 结合铁沟浇注料	长兴云峰炉料有限公司
	环保型 SiC-C 复合重质炮泥	长兴云峰炉料有限公司
	水稻专用水溶性肥料	长兴县土仓生物科技有限公司
	浓缩型葡萄专用液体肥料	长兴县土仓生物科技有限公司
	茶叶促早发氨基酸叶面肥	长兴县土仓生物科技有限公司
	氧化锌窑炉炉顶用耐碱抗热震耐火浇注料	长兴正豪耐火材料有限公司
	镍铁矿热炉用新型环保炮泥	长兴正豪耐火材料有限公司
	镍铁包用高强度铝镁浇注料	长兴正豪耐火材料有限公司
	轮毂定位分离器	湖州众友物流技术装备有限公司
	抽屉式皮带机	湖州众友物流技术装备有限公司
	色选机	湖州众友物流技术装备有限公司
	餐厨垃圾预处理设备　CC450	浙江中科兴环能设备有限公司
	ZYT-53 型有机硅涂层壁纸	浙江维涅斯装饰材料有限公司
	ZWF-70 型涤纶长纤维无纺布壁纸	浙江维涅斯装饰材料有限公司

续表38

类别	项目名称	承担单位
省级新产品计划	ZR-53型环保阻燃壁纸	浙江维涅斯装饰材料有限公司
	高平整缩绒专用纤维82dtex/48F	桐昆集团浙江恒腾差别化纤维有限公司
	直纺半光异彩纤维134dtex/36F	桐昆集团浙江恒腾差别化纤维有限公司
	高温糙皮复合坩埚JC1	长兴嘉诚耐火材料有限公司
	低温糙皮复合坩埚JC3	长兴嘉诚耐火材料有限公司
	中温糙皮复合坩埚JC2	长兴嘉诚耐火材料有限公司
	18650-3(2.5Ah)高容量电芯	浙江兴海能源科技有限公司
	电动工具用高功率电芯	浙江兴海能源科技有限公司
	备用电源48V50Ah	浙江兴海能源科技有限公司
	ALR-08A节能环保型即热式饮水机	浙江长兴奥利尔家用电器有限公司
	ALR-6D-3节能高效即热式水龙头	浙江长兴奥利尔家用电器有限公司
	ALR智能即热式热水器	浙江长兴奥利尔家用电器有限公司
	新型纳米二氧化硅夹层AGM隔板	浙江畅通科技有限公司
	新型高性能混合材料纤维隔板	浙江畅通科技有限公司
	HF-17M高耐磨抗侵蚀浇注料	浙江恒丰建材有限公司
	PT 27R美式高速电动搬运车	浙江诺力机械股份有限公司
	压杆驱动式助力搬运车	浙江诺力机械股份有限公司
	RT 15M四向前移车	浙江诺力机械股份有限公司
	OPH14高位拣选车	浙江诺力机械股份有限公司
	HF-50S抗结皮耐火浇注料	浙江恒丰建材有限公司
	HF-ET莫来石-刚玉喷煤管专用浇注料	浙江恒丰建材有限公司
	高品质涤纶隐条弹力丝	浙江永能化纤有限公司
	家纺用高线密度细旦涤纶长丝	浙江永能化纤有限公司
	涤纶仿麻珠光丝	浙江永能化纤有限公司
	新型支撑	长兴飞扬动力能源科技有限公司
	增程宝	长兴飞扬动力能源科技有限公司
	老年折叠代步车	长兴飞扬动力能源科技有限公司
	金属化干式高压脉冲薄膜电容器	浙江七星电容器有限公司
	太阳能逆变器风能变流器用直流支撑薄膜电容器	浙江七星电容器有限公司
	冶金脱硫用高品质生石灰	湖州浙宝冶金辅料有限公司
	食品级高纯氢氧化钙	湖州浙宝冶金辅料有限公司
	食品添加剂用高纯重质碳酸钙	湖州浙宝冶金辅料有限公司
	全角度玻璃管LED日光灯	长兴泛亚照明电器有限公司
	36W带调光功能的LED条形灯	长兴泛亚照明电器有限公司
	仿卤素高亮度LED灯	长兴泛亚照明电器有限公司
	JC-70AZM锆刚玉莫来石质窑口预制件	浙江锦诚耐火材料有限公司
	XF-01新型抗菌三防座椅套用面料	长兴新峰印染有限公司

续表38

类别	项目名称	承担单位
省级新产品计划	xf-02新型双面磨毛涤纶斜纹仿棉印花面料	长兴新峰印染有限公司
	高强度电动车用整体铅酸蓄电池槽6-DZM-12	长兴悦达塑业有限公司
	阻燃型免维护整体铅酸蓄电池槽6-DZM-20	长兴悦达塑业有限公司
	JC-60MS固体废物热解炭化炉用内衬材料	浙江锦诚耐火材料有限公司
	JC-65A鱼雷罐用热态喷补料	浙江锦诚耐火材料有限公司
	大型可控气氛井式渗碳炉	湖州华顺炉业有限公司
	电加热台车式热处理炉	湖州华顺炉业有限公司
	25m×Φ5.5m可变容半圆形台车式电阻炉	湖州华顺炉业有限公司
	BDL-1012341正面(副驾驶侧)安全气囊气体发生器	百利得(湖州)汽车安全系统有限公司
	BLD-1026423正面(驾驶员侧)安全气囊气体发生器	百利得(湖州)汽车安全系统有限公司
	BLD-1035431 VW Yeti安全气囊气体发生器	百利得(湖州)汽车安全系统有限公司
	BLD-正面安全气囊气体发生器	百利得(湖州)汽车安全系统有限公司
	可变燃烧室安全气囊气体发生器	百利得(湖州)汽车安全系统有限公司
	小型化安全气囊气体发生器	百利得(湖州)汽车安全系统有限公司
	高效高安全一体式稀油动力系统	长兴山润机械有限公司
	对辊机用龙口调节液压系统	长兴山润机械有限公司
	SRXY-2B大型圆锥破碎液压系统	长兴山润机械有限公司
	成人尿裤生产线带卧式推垛机设备系统	浙江诺比德机械科技有限公司
	NBD-200全自动成人尿裤生产线	浙江诺比德机械科技有限公司
	NBD智能高速失禁裤全自动生产设备系统	浙江诺比德机械科技有限公司
	COB封装LED球泡灯	长兴恒动光电有限公司
	大功率全能LED灯	长兴恒动光电有限公司
	片式超小型高性能长效寿命电容器	长兴友畅电子有限公司
	PAR30高显节能LED射灯	浙江寰龙电子技术有限公司
	智能控制变色变亮度LED吸顶灯	浙江寰龙电子技术有限公司
	ST手持应急可调光LED灯	浙江寰龙电子技术有限公司
	PTFE聚四氟乙烯微孔薄膜复合面料	湖州诚鑫纺织印染有限公司
	新型防水透气多微孔porelle薄膜面料	湖州诚鑫纺织印染有限公司
	聚四氟乙烯树脂膨体高分子面料	湖州诚鑫纺织印染有限公司
	yxxp-01涤纶色丁仿真丝面料	长兴宇鑫纺织印染有限公司
	yxxp-02防水防霉芳香遮光门帘面料	长兴宇鑫纺织印染有限公司
	具有阻燃功能的抗菌防螨麂皮绒台布面料	长兴宇鑫纺织印染有限公司
	家居用抗静电经编短毛绒沙发面料	浙江莱美纺织印染科技有限公司
	高耐磨抗静电仿麂皮绒汽车坐垫面料	浙江莱美纺织印染科技有限公司
	超双疏高密轻质弹力尼龙经编面料	浙江青松轻纺有限公司
	高舒适性DOWXLA/多孔细旦导湿锦纶高弹复合经编面料	浙江青松轻纺有限公司

续表38

类别	项目名称	承担单位
省级新产品计划	高舒适性滑爽型超仿棉/Cooldry涤纶长丝交织经编面料	浙江青松轻纺有限公司
	防霉阻燃抗静电家居用遮光窗帘布	浙江鑫涛纺织科技有限公司
	防紫外线、遮光隔热仿麂皮绒轧花窗帘布	浙江鑫涛纺织科技有限公司
	新型纳米负离子阻燃遮光窗帘布	浙江鑫涛纺织科技有限公司
	水泥回转窑用耐火砖砌筑胶泥	浙江瑞泰耐火材料科技有限公司
	水泥回转窑用锆莫红砖	浙江瑞泰耐火材料科技有限公司
	水泥回转窑用耐磨防堵浇注料	浙江瑞泰耐火材料科技有限公司
	抗油脂环保水性油墨AFT-K	长兴艾飞特塑料科技有限公司
	水冷式蓄电池用玻璃纤维充电架	长兴鑫瑞复合材料有限公司
	玻璃钢工字型蓄电池充电架	长兴鑫瑞复合材料有限公司
	W60新型耐磨黑碳化硅	长兴县金秋节能耐火材料厂
	电炉顶用高铝砖	长兴明晟冶金炉料有限公司
	炉底镁质捣打料	长兴明晟冶金炉料有限公司
	炉墙用高性能镁碳砖	长兴明晟冶金炉料有限公司
	W63新型研磨绿碳化硅	长兴县金秋节能耐火材料厂
	6-EVF-50高容量密封稀土胶体动力电池	浙江宝仕电源有限公司
	6-DZM-11长寿命电动助力车专用密封纳米胶体电池	浙江宝仕电源有限公司
	6-EVF-40高性能电动道路车辆用密封纳米胶体电池	浙江宝仕电源有限公司
	PMF1600型多晶莫来石纤维	长兴正发热电耐火材料有限公司
	H90氧化铝刚玉质球状蓄热体	长兴县华达耐火有限公司
	ZL65加热炉用自流快干防爆浇注料	长兴县华达耐火有限公司
	GT95刚玉质碳化硅管	长兴正发热电耐火材料有限公司
	高铝SK系列刚玉坩埚	长兴正发热电耐火材料有限公司
	HD80刚玉莫来石挡板砖	长兴县华达耐火有限公司
	TS94自适应锆质水口	浙江省长兴铁狮耐火材料有限公司
	TSBP板坯镶嵌式锆质上水口	浙江省长兴铁狮耐火材料有限公司
	TS-CPC高速轧辊固液面用氧化锆新型材料	浙江省长兴铁狮耐火材料有限公司
	改进的LED 球泡灯	长兴友邦电器有限公司
	高功率因数LED驱动电源	长兴友邦电器有限公司
	多路输出大功率LED 恒流驱动电源	长兴友邦电器有限公司
	高转速皮带轮HT8011146	浙江杭泰汽车零部件有限公司
	新型气体氮化井式电阻炉	浙江省长兴精工电炉制造有限公司
	改进型蒸汽氧化井式炉	浙江省长兴精工电炉制造有限公司
	真空脉冲钟罩式电阻炉	浙江省长兴精工电炉制造有限公司
	减震驱动盘HT803204	浙江杭泰汽车零部件有限公司

续表 38

类别	项目名称	承担单位
省级新产品计划	无碱玻璃纤维池用高致密锆砖	浙江立鑫高温耐火材料有限公司
	G82 型陶瓷和磁性材料用窑具	浙江立鑫高温耐火材料有限公司
	W95 型刚玉莫来石钼丝炉炉管	浙江立鑫高温耐火材料有限公司
	CM 型低温混凝土早强防冻剂	湖州丰盛新材料有限公司
	断桥式铝塑复合窗	浙江博奥铝业有限公司
	多功能铝合金窗	浙江博奥铝业有限公司
	断桥铝合金门窗	浙江博奥铝业有限公司
	782 型低碱高效混凝土速凝剂	湖州丰盛新材料有限公司
	UEA—H 新型自给水式混凝土膨胀剂	湖州丰盛新材料有限公司
	铝木复合门窗	浙江博奥铝业有限公司
	隔热铝合金门窗	浙江博奥铝业有限公司
	WM50 水溶可降解水刺非织造布	浙江金三发非织造布有限公司
	5050 高弹有光立绒	长兴县三金特种纺织有限公司
	全涤纶卫材专用亲水功能非织造布	浙江金三发非织造布有限公司
	7575 镂空网眼平布	长兴县三金特种纺织有限公司
	7575 吸湿透气网格金光绒	长兴县三金特种纺织有限公司
	纺织品涂层用防渗化增稠剂 SW-ZA08	长兴三伟热熔胶有限公司
	水性核壳型含氟丙烯酸酯无粉基浆 SW-9018	长兴三伟热熔胶有限公司
	纺织品用亚光型水性丙烯酸酯胶浆 SW-YG001	长兴三伟热熔胶有限公司
	环保型矿用自承式通信电缆	浙江汉维通信器材有限公司
	一种新型防鼠阻水防火屏蔽电缆	浙江汉维通信器材有限公司
	环保型阻水阻燃耐弯曲电线	浙江汉维通信器材有限公司
	超纯水处理电源 YN-3000B	湖州亿能电气科技有限公司
	高性能阻燃型复合材料铅蓄电池槽(6-EVF-120AH)	浙江畅通科技有限公司
	高温环境用聚合物锂离子模块电池	浙江振龙电源股份有限公司
	便携式多功能聚合物锂离子移动电源	浙江振龙电源股份有限公司
	水暖一体型即热式电热水器(DTR/RXH)	浙江德凌电器有限公司
	智能型 IC 卡即热式电热水器(DTR/ICH)	浙江德凌电器有限公司
	柱状多功能即热式电热水器(DTR/60H)	浙江德凌电器有限公司
	低温环境用聚合物锂离子模块电池	浙江振龙电源股份有限公司
	PT-9111 型新型高性能人机同步磁控轨道车	浙江神耀运动器材有限公司
	JN—MIX—75 高耐磨浇注料	浙江长兴嘉吉石化工程建设有限公司
	新型纳米微孔绝热材料	浙江长兴嘉吉石化工程建设有限公司
	JN—ZX120 陶瓷纤维折叠块	浙江长兴嘉吉石化工程建设有限公司
	8910 耐洗型非织造丝绸黏合衬	浙江金三发黏合衬有限公司
	JC751 抗静电功能黏合衬	浙江金三发黏合衬有限公司
	TC2133 警服专用防水衬布	浙江金三发黏合衬有限公司

续表38

类别	项目名称	承担单位
省级新产品计划	高光效高显指COB面光源	长兴科迪光电有限公司
	高功率LED专用氮化铝陶瓷覆铜板	浙江长兴电子厂有限公司
	食人鱼白光LED灯珠	长兴科迪光电有限公司
	SMD2835白光LED灯珠	长兴科迪光电有限公司
	J2SOP28-1.27-0014型老炼测试插座	浙江长兴电子厂有限公司
	低光衰白光LED灯珠	长兴科迪光电有限公司
	超高亮低热阻大功率贴片式LED	长兴科迪光电有限公司
	纳米碳与气相法二氧化硅复合法6-DZM-12高容量动力电池	浙江长兴金太阳电源有限公司
	气囊型帽式蓄电池橡胶安全阀	长兴金程橡胶有限公司
	蓄电池清洁用连体胶帽	长兴金程橡胶有限公司
	电动助力车用动力型铅碳电池(6-DZM-12)	超威电源有限公司
	重卡发动机MJ100出水管	浙江振义汽车部件有限公司
	二氧化硅高安全型电动助力车用动力电池DZM20	超威电源有限公司
	重卡发动机调温器座I6500	浙江振义汽车部件有限公司
	DX—T1200陶瓷高耐磨涂料	长兴县东兴耐火材料有限公司
	AZM—1550型三次风管用超强高耐磨砖	长兴县东兴耐火材料有限公司
	DXAM—20型蓖冷机矮墙用莫来石耐磨砖	长兴县东兴耐火材料有限公司
	HDXS-P01型高吸湿排汗性面料	浙江慧德新材料有限公司
	真空管太阳能热水器	浙江英科新能源有限公司
	平板太阳能热水器YK6C/S	浙江英科新能源有限公司
	HDXC型保健透气消臭型面料	浙江慧德新材料有限公司
	PA胶有纺低弹经编衬布	长兴天美服装辅料有限公司
	高强度多轴向经编织基布	长兴天美服装辅料有限公司
	高强度无纬衬全经编衬布	长兴天美服装辅料有限公司
	环保型缝编无纺衬	长兴天美服装辅料有限公司
	全智能太阳能热水器YK002	浙江英科新能源有限公司
	蓄电池加酸用橡胶连接器	长兴金程橡胶有限公司
	HDPE/PET/HDPE民用炸药自动包装机用灌装膜	浙江新高包装有限公司
	PE/PET/PE交叉复合包装膜	浙江新高包装有限公司
	叶蜡石砖	浙江翔发耐火材料有限公司
	SDI-X汽车副驾驶室安全气囊气体发生器	高田(长兴)汽车安全装置有限公司
	SDI-X汽车主驾驶室安全气囊气体发生器	高田(长兴)汽车安全装置有限公司
	CY60汽车内饰用阻燃非织造布	长兴百泓无纺布有限公司
	PA染色涤纶色丁布	长兴志恒服装辅料有限公司
	涤氨弹力抗静电印花布	长兴志恒服装辅料有限公司
	竹碳纤维不倒绒保暖面料	长兴志恒服装辅料有限公司

续表38

类别	项目名称	承担单位
省级新产品计划	环保型热熔标线涂料	浙江兄弟路标涂料有限公司
	彩钢瓦翻新防护涂料	浙江兄弟路标涂料有限公司
	丙烯酸(热熔)路面标线底胶	浙江兄弟路标涂料有限公司
	超高压(110kV-220kV)电缆用硅烷交联聚乙烯绝缘料	浙江太湖远大新材料有限公司
	高压电缆用90℃低烟低卤阻燃聚氯乙烯护套料JH-90	浙江太湖远大新材料有限公司
	35kV及以下电缆用过氧化物交联聚乙烯绝缘料YJ-35	浙江太湖远大新材料有限公司
	Armadillo远征者VL1房车	浙江锐野专用车辆有限公司
	阿莫迪罗.攀爬者CD2型越野房车	浙江锐野专用车辆有限公司
	阿莫迪罗探索者E3ATV型越野房车	浙江锐野专用车辆有限公司
	家装干混砂浆	浙江长兴海立新型建材有限公司
	机械喷涂预拌(干混)砂浆	浙江长兴海立新型建材有限公司
	抛光打蜡PU革	浙江锦尚合成革有限公司
	超共轭纤维PU革	浙江锦尚合成革有限公司
	负离子PU革	浙江锦尚合成革有限公司
	镁-镁橄榄石涂抹料	长兴攀江冶金材料有限公司
	铝镁质挡渣墙	长兴攀江冶金材料有限公司
	铝-铝镁尖晶石质钢包直流浇注料	长兴攀江冶金材料有限公司
	电动汽车用高比能量、高比功率和长寿命超级电容器	长兴恒动光电有限公司
	高功率因素交流LED驱动电源	长兴恒动光电有限公司
	箱型单梁半门式起重机	浙江大唐起重机械制造有限公司
	欧式电动双梁桥式起重机	浙江大唐起重机械制造有限公司
	抗折耐高压环保竹胶板	浙江长兴森大竹木制品有限公司
	重组竹指接仿古地板	浙江长兴森大竹木制品有限公司
	重组竹家具拼接台板	浙江长兴森大竹木制品有限公司
	高性能环保可拆装蜂窝纸箱	长兴锦龙纸业有限公司
	多规格环保蜂窝纸板托盘	长兴锦龙纸业有限公司
	绿色包装用蜂窝纸板	长兴锦龙纸业有限公司
	CH533高效复合碳化硅脱氧剂	长兴县金秋节能耐火材料厂
	数码喷墨印花家庭装饰墙布面料	浙江莱美纺织印染科技有限公司
	新型喷墨印花超细纤维无尘面料	浙江莱美纺织印染科技有限公司
	新型三防易去污超柔爽抱枕面料	浙江兆新织造有限公司
	抗菌防臭防螨婴儿用床品面料	浙江兆新织造有限公司
	芦荟护肤负离子被套面料	浙江兆新织造有限公司
	高强度新型环保不烧铝镁碳砖	长兴县宏丰炉料有限公司
	锂电池粉料烧结专用堇青石质匣钵	浙江科奥陶业有限公司
	特种钢冶炼用钢水促净剂	长兴县宏丰炉料有限公司
	烧结氮窑用高性能刚玉莫来石质推板	浙江科奥陶业有限公司

续表38

类别	项目名称	承担单位
省级新产品计划	高强度碳化硅莫来石复合承烧板	浙江科奥陶业有限公司
	耐磨抗热震高强度镁碳质倒渣砖	长兴县宏丰炉料有限公司
	加厚型绳索取芯钻杆	长兴巨大勘探机械有限公司
	NQ系列绳索取芯钻具总成	长兴巨大勘探机械有限公司
	高精度冷拔地质岩心管	长兴巨大勘探机械有限公司
	高效能物理导热垫	浙江润阳新材料科技有限公司
	高吸音隔板	浙江润阳新材料科技有限公司

表39

2014年长兴县新增市级科技计划项目名单

类别	项目名称	承担单位
市级攻关项目	高品质朗德鹅肥肝现代生产新技术研究与产业化示范	长兴县荣耀鹅业有限公司
	光伏热电联供智能立体植物工厂关键技术研发与示范应用	浙江绿野仙踪生态农业发展有限公司
	设施樱桃番茄墩式非耕栽培关键技术研究与示范	长兴鑫丰农业发展有限公司
	中华鳖清洁生态养殖与尾水生物净化处理技术研究与应用示范	长兴希望田野农业开发有限公司
	青虾良种选育及无公害养殖技术集成示范	浙江张老汉生态鳖业股份有限公司
	霞雾山有机红茶加工技术的研究与应用	浙江长兴百岁爷茶业有限公司
	鲜食葡萄(提子)无公害生产关键技术研究与集成	长兴县吕山华蕾葡萄专业合作社
	无公害富硒芦笋种植及综合利用技术的研究	长兴聚丰果蔬专业合作社
	化工固体物料干燥和粉碎的环保型连续化生产关键技术开发项目	浙江中山化工集团股份有限公司
	单体50-100Ah高安全动力锂离子电池规模化制造及装备产业化	浙江兴海能源科技有限公司
	微型混合动力车起停系统用AGM蓄电池关键技术研发与应用	天能电池集团有限公司
	新型功能性提花制品及关键装备技术的研究及产业化	浙江三志纺织有限公司
市级农业项目	扩大秸秆在有机肥生产中的应用研究	长兴金土有机肥有限公司
	藏红花球茎无土栽培根系复壮技术研究与推广	长兴兴林苗木科技有限公司
市级公益性一般	蛋白C途径和血流灌注不足在创伤性脑损伤后凝血功能异常中的作用	长兴县人民医院
	2型糖尿病患者肥胖表型和骨量变化与维生素D受体关系的研究	长兴县人民医院
	孕期个体化营养指导控制新生儿出生体重在围产保健中的应用	长兴县妇幼保健院
	经会阴超声测量宫颈长度预测早产的价值	长兴县妇幼保健院
	综合护理干预预防妇科肿瘤术后DVT的效果研究	长兴县妇幼保健院

科技合作与科技成果转化

【概况】 年内，共推进产学研合作项目115项。5月，组织长兴县30家企业参加第五届中国·湖州政产学研合作大会，征集企业科技合作与技术需求项目36项、签约项目16项、达成意向5项。12月，组织长兴县20家企业参加"2014浙江省技术成果拍卖交易暨网上技术市场活动周"，签约4项合作、拍得5项技术成果。全县获浙江省科学技术奖励三等奖4项，是历年以来获省奖最多的一年；湖州市科技进步奖励二等奖3项，三等奖4项。

表40 **2014年市级以上获得科学技术奖名单**

类别	项目名称	完成单位
省科学技术奖励	超威新能源电池技术创新工程	超威电源有限公司
	电动三轮车用高性能复合胶体蓄电池(6-DZM-30)产业化	天能电池集团有限公司
	造纸废水用有机污染物吸附剂	浙江长安仁恒科技股份有限公司
	超宽幅功能性提花织物复合织造关键技术与产业化	浙江三志纺织有限公司
市级科技成果转化奖	全天候反光路面标线涂料	浙江兄弟路标涂料有限公司
	宽带接入与智能信息传输通信产品研发与产业化	浙江汉维通信器材有限公司
	CH-PL7300立轴式冲击破碎机	浙江浙矿重工股份有限公司
	高性能不定形耐火材料的产业化及应用	浙江锦诚耐火材料有限公司
	高品质功能性窗帘面料生产关键技术及产业化	浙江三志纺织有限公司

【长兴举办"政产学研"活动】 全年举办多次政产学研活动，此类活动以政产学研合作专题活动为载体，促进政府、高校院所和企业交流合作，加快高校院所科技成果与地方产业需求有效对接。4月25日，举办浙江大学科技成果材料专场对接会，邀请7名材料专家，与县17家企业座谈对接；10月27日，在"长治会"期间，举办新型技术成果发布与专场对接会、科技人才项目与创投对接会等活动，挑选10个政产学研合作项目和10个科技招商项目进行集中签约。建立企业产学研合作项目库，定期跟踪服务。

知识产权

【概况】 10月，长兴县被浙江省知识产权局批准成为全省首家重大科技活动知识产权评议试点县。年内，新认定省级专利示范企业5家、市级专利示范企业8家，评选湖州市突出发明人3人、优秀发明人5人，天能电池集团有限公司1项发明专利获得中国专利优秀奖。全年专利申请总量4958件，其中发明专利申请1692件，占比达34.1%。专利授权3276件，其中发明授权219件。

（雷冬宇）

表41 **2014年新增省级专利示范企业名单**

序号	企业名称
1	浙江天能能源科技有限公司
2	浙江锦诚耐火材料有限公司
3	湖州凯恩涂层有限公司
4	浙江七星电容器有限公司
5	浙江永达电力实业股份有限公司

表42 **2014年长兴县新增市级专利示范企业名单**

序号	企业名称
1	长兴友邦电器有限公司
2	长兴玖佳机械科技有限公司
3	长兴明天炉料有限公司
4	长兴煤山新型炉料有限公司
5	浙江天能动力能源有限公司
6	长兴华亿机电有限公司
7	浙江达峰汽车技术有限公司
8	浙江七星电容器有限公司

发展规划

【概况】 年内，县发改委按照《长兴县人民政府关于加强和改进规划工作的意见》（长政发〔2008〕87号），强化全县规划工作的规范化和制度化，在专项规划与总体规划的一致性和规划衔接等方面严格把关，努力推进发展规划体系和实施保障机制不断健全。建立健全以季度、半年经济形势分析和年度计划报告为重点、月度分析和重点指标快速分析为补充的经济运行分析机制，定期汇报经济运行情况，编制年度计划报告。围绕热点、难点问题，深入开展调查研究，相继在推进资源要素市场化配置改革、谋划招引大产业大项目等10多个方面开展调查研究，形成一批研究成果。启动“十三五”规划编制工作，按照改革创新的总体要求制订《长兴县十三五规划编制工作方案》，开展3项重大谋划工作，排出17个重点调研课题。积极开展专项规划编制工作，完成《长兴县集中供热规划》《长兴县天然气综合利用规划》《长兴县天然气汽车加气站布点规划》等重点领域的专项规划。

【启动“十三五”规划编制】 根据国家和省“十三五”规划编制工作电视电话会议精神，12月完成“十三五”规划编制工作方案的起草工作，组织开展“十三五”规划前期研究课题的申报工作，提出拟争取列入国家、省“十三五”规划的“三个重大”事项7个；与省发改委、省发展规划研究院、上海福卡智库等单位对接联系，借智借力推进规划编制工作。

（陈雪峰）

【谋划服务业发展三年行动计划】 坚持以科学发展观为指导，以规模化、多样化、市场化为导向，以融合发展、集聚发展、提升发展、创新发展为路径，12月起草完成《长兴县服务业发展三年行动计划》，提出以“十大工程”为载体，加快构建特色鲜明、功能完善、结构合理的现代服务业新体系，全力打造“现代服务业经济强县”。计划2015—2017年，服务业增加值年均增长9%以上，服务业固定资产投资年均增长15%以上，全县社会消费品零售总额年均增长13%以上。到2017年，服务业增加值占GDP比重达到43%左右。2015年1月，经政府常务会议、县委常委会讨论通过后下发实施。

（牛忠远）

【谋划大产业招引大项目三年行动计划】 按照县委要求，以科学发展观为指导，依托现有产业基础，突出新能源汽车及关键零部件、装备制造、信息、现代物流、旅游和健康产业等六大重点产业，12月起草完成《长兴县重大产业项目制订三年（2015—2017）行动计划》。计划通过2015—2017三年努力，谋划重大项目50个以上，招引重大项目50个以上，推进重大项目50个以上，三年完成投资300亿元以上，切实谋划、招引、推进一批符合省重大产业项目标准及以上的大项目，推动全县产业转型升级。2015年2月，经政府常务会议、县委常委会讨论通过后下发实施。

【有效投资及重点项目】 2014年，完成固定资产投资326.6亿元，同比增长15.2%。列入省重点建设项目21个，当年计划完成投资54.3亿元，实际完成投资71.5亿元。其中总投资55亿元的华能电厂上大压小项目竣工投产，2台660兆瓦级机组并网发电，总投资40亿元的杭长高速北延工程和总投资30亿元的苕溪清水入湖长兴段工程也快速推进。列入市重点建设项目23个，当年计划完成投资62.5亿元，实际完成投资84.5亿元。13个新开工项目开工，开工率100%。国家大学科技园、赫克力电源等7个项目竣工，超额完成年度目标。瑞华新能源、恒星传动、桐昆二期等7个项目被列入省重大产业项目，获得省级奖励土地指标234亩。完成签约项目123个，总投资415.6亿元；完成新审批项目124个，总投资202.7亿元；完成注册项目283个，总注册资本76.8

亿元；完成开工项目121个，总投资242.5亿元；完成竣工项目112个，总投资135.6亿元。

（唐　亮）

【推进生态文明先行示范区建设】根据《浙江省湖州市生态文明先行示范区建设方案》，按照县委总体要求，深入实施“六大战略”，坚持“目标化管理、项目化推进、责任化落实”，加快产业转型，推进绿色发展，深化环境整治；10月起草完成《浙江省湖州市生态文明先行示范区建设长兴县实施计划》，明确“七大体系”，重点推进“十大工程”，梳理出两年内的“百个项目”，总投资425.5亿元，其中2014年计划完成87亿元，实际完成103亿元；突出体制机制创新，资源要素配置市场化改革列入全省首批扩面试点，节水型社会建设取得重大进展。

（张蓉爱）

【高污染燃料小锅炉淘汰整改】2014年长兴县高污染燃料小锅炉淘汰整改攻坚行动，目标是全面淘汰中心城市建成区范围内高污染燃料锅炉和县内其他区域内的1蒸吨以下高污染燃料小锅炉，共计98台，鼓励主动淘汰1蒸吨/小时以上锅炉。截至12月31日，共淘汰改造完成高污染燃料小锅炉132台，完成县年度目标的135%，完成市年度目标的440%。

（周　游）

经济体制改革

【概况】　2014年，县发改委牵头全县13项经济体制改革，其中负责具体推进的改革项目为：资源要素市场化配置改革、政策性农业保险、中心镇发展改革、特色小镇创建、公务用车制度改革。长兴县为全省首批资源要素市场化配置改革扩面试点县，共涉及各项改革17项；政策性农业保险保费达1714万元，列全省90个县市区第5位、全市第1位；出台新一轮强镇扩权改革实施方案，分三批推进落实权限下放事项197项。

【经济体制改革】　5月，长兴县经济体制改革专项小组成立，是县委全面深化改革领导小组下设的八个专项小组之一，发改委为牵头单位。当年共安排重点项目13项，其中食品药品监管体制改革于1月完成市场监管局组建并正常运行；年内完成国地税联合办税试点改革，李家巷、煤山、和平、泗安、开发区、直属分局六个点实施国地税联合办税；中小企业信用体系试验区建设取得明显成效，长兴县企业信用平台和长兴县中小企业信用信息辅助系统平台上线运行；8月行政审批“两集中、两到位”改革，39个审改部门全部进驻长兴市民服务中心，进驻事项达96.5%，既受理又办理事项达95.2%；8月中介机构入驻市民服务中心改革，有20家中介机构实行窗口入驻，70家中介机构实行目录入驻；涉行政审批中介机构信用评价改革，11月制订出台《长兴县涉行政审批中介服务机构信用等级考评细则及评分标准》；权力清单制度改革，各部门权力清单由9062项减少到3709项，削减率59.1%，并于10月全部上网加载至浙江政务服务网正式对外公布；公共资源交易体制机制改革，11月成立县公管办，建成县公共资源交易网和公共资源交易监管电子化平台；资源要素差别化配置改革列入全省扩面试点，自10月起按照总体方案分类启动实施，14个项目具体实施方案基本制订完成；中心镇强镇扩权改革推动92项权限事项下放工作，并按照省政府要求，制订新一轮强镇扩权实施方案，分批下放权限事项197项；战略性新兴产业技术创新综合试点建设，诸力企业研究院和超威纯电动汽车技术创新综合试点顺利推进；国家知识产权强县工程试点建设对照考核指标逐条落实和完善，试点工作进展顺利；省创新型试点县建设，根据考核验收的要求统筹推进，科技创新型城市建设取得较好成效。

【政策性农业保险】　4月，出台《长兴县人民政府办公室关于做好2014年政策性农业保险工作的通知》（长政办发〔2014〕57号），明确考核结果纳入新农村建设综合考核。年内，全县政策性农业保险参保保费达1714万元，较上年增长56.57%，位列全省90个县市区第5位、全市第1位。参保品种包括水稻、大小麦等14个，其中芦笋价格指数保险为长兴县特有险种。积极试点推广大棚芦笋价格指数保险，成为全国首个大棚芦笋价格指数保险试点县、全省首个蔬菜价格指数保险试点县，全年共有69户、78.2公顷参加春、夏、秋三季保险，参保费用达84.07万元。

【中心镇发展改革】　年初共安排38个市中心镇重点建设项目，计划完成投资20.7亿元，实际完成投资26.7亿元。2013年12月出台《长兴县人民政府关于推进中心镇扩权强镇工作的实施意见》，涉及18个部门92项权限事项，全部事项于年内下放落实；下半年按照省政府要求，启动新一轮强镇扩权工作，12月研究制订并出台实施方案，按照“健全完善一批”“及时下放一批”“研究探索一批”分批下放权限事项197项。积极对上争取各类资金政策，争取省人民政府研究室牵头的特色小镇（街区）申报工作。

【资源要素市场化配置改革】　9月，长兴县成为全省首批资源要素市场化配置改革扩面试点县区。6月，提出以工业企业绩效评价体系建设为重点的资源要素市场化配置改革，制订出台工业企业绩效评价办法、非居民用水超计划累进加价、排污权差别化配置和交易办法、企业用能差别化配置等;6月省政府印发推广海宁经验、推进扩面试点后,7月制订《长兴县资源要素市场化配置改革总体方案》并报省政府积极争取扩面试点县区。至年底,按照总体方案制订14个项目具体实施方案。

(刘　利)

财政工作

【概况】 长兴县财政局是主管全县财政工作的政府部门,内设13个职能科室,派出机构6个,与县地方税务局、县国有资产监督管理办公室合署办公。2014年,全县财政总收入70.16亿元,比上年同期增收2.05亿元,同比增长3.01%,其中:地方财政收入40.23亿元,比上年同期增收7889万元,增长2.00%,占总收入的比重为57.34%;税收收入占财政收入的94.76%。全县财政总支出51.41亿元,比上年同期增长8.62%。全年公共财政预算收支平衡。

【组织财政收入】 2014年,国税部门完成34.38亿元,比上年增长3.29%,增收1.10亿元,占财政总收入的49.00%;地税部门完成32.10亿元,比上年增长0.58%,增收1861万元,占财政总收入45.76%;非税收入完成3.68亿元,比上年增长26.31%,增收7665万元,占财政总收入5.24%。财政收入结构稳中有调,地方财政收入占总收入的比重为57.34%,同比下降0.57个百分点,分别高于全省、全市平均2.55和0.58个百分点。

【推动转型升级】 全力推进"四换三名"工程,鼓励企业实施"机器换人",推动产业升级项目实施,全年兑付各类奖励补助资金2.56亿元。落实科技专项支出3750万元,支持浙江长兴国家大学科技园、复旦大学南太湖创新基地等重大创新平台建设,在全省率先设立科技成果转化引导基金,促进重大科技项目转化。投入人才专项资金1776万元,支持省级"千人计划""南太湖精英计划"、省"151人才工程"以及人才公寓建设和人才购房补助。

【保障民生投入】 全县公共财政民生投入42.81亿元,增长18.33%,新增财力用于民生支出的比重达82.64%。安排教育支出11.62亿元,支持省教育现代化县创建,改善教育基础设施,实施校车安全工程。安排医疗卫生支出4.13亿元,积极推进省卫生强县创建,巩固深化县级公立医院改革,支持乡镇卫生院改造,强化社区卫生服务中心、社区卫生服务站一体化管理。加大社会保障投入力度,拨付就业、优抚、各类保障和救助对象补助资金2.06亿元,提高城乡居民社会养老保险保障水平,基础养老金从90元/人月提高到115元/人月,完善落实职工基本医疗保险、城乡居民社会养老保险政策,推进城乡最低生活保障制度的全面落实。投入5682万元,用于城市公共交通、数字城管、智能交通和公共自行车等项目建设,提升城市管理服务功能。

【支持生态建设】 年内,安排资金2.23亿元用于"五水共治";安排资金2.34亿元,支持环湖河道整治、苕溪清水入湖等水利工程建设;安排资金2.32亿元,用于循环经济、节能降耗、农村生活污水治理、废弃矿山生态修复等环境治理;安排资金1.57亿元,支持美丽乡村、"农园新景""太湖风情"和"芥里人家"实验示范带建设。

【压缩公务支出】 年内,认真落实厉行节约各项规定,加强公务支出管理,新出台会议费、培训费、差旅费、公务接待管理办法,明确开支范围和标准,有效压缩公务支出。一般公共服务支出4.9亿元,同比下降4.99%;"三公"经费支出同比下降38.55%。

【深化财政改革】 完善全口径政府预算体系,编制一般公共预算、政府性基金预算、社会保险基金预算和国有资本经营预算4本预算,并全部纳入县人大审查监督范围;依法编制部门预算,细化编制内容,完善定额标准体系,实行分类管理和核定,建立共性标准16个,涉及所有财政拨款的主管部门,建立个性标准125个,涉及31个部门,做到共性标准全覆盖,个性标准差异化;纵深推进国库集中支付扩面、公务卡改革和乡镇公共财政服务平台建设,国库集中支付实现所有乡镇全覆盖,公务卡改革在县级预算单位基本完成,14个乡镇建立公共财政服务平台;推进信息公开,除涉密信息外,政府财政预决算、部门预决算、"三公"经费预算信息全部公开;探索政府购买公共服务,确定购买公共服务指导目录,推动政府购买服务市场化。

【强化财政监督】 创新绩效评价方式,采用财政(科室)组织评价、项目单位自评、社会中介机构评议等形式开展评价,并将评价结果及时反馈到来年的预算编制和执行中,2014年共核减新增项目56个,核减金额1220万元;全年完成绩效评价项目39个,涉及产业发展、环保建设、农林水、社保卫生等领域;制订《长兴县政府性债务管理暂行办法》,加强地方政府债务管理,完善审批、使用、管理制度,实行总量控制、计划管理、动态监控,规范债务"借、用、还"行为,对各融资平台年融资综合成本进行考核,同时做好存量债务清理甄别工作。

(鲁逸帆)

地税工作

【概况】 长兴县地方税务局负责全

县地方税费、社会保险、基金等的征收管理，内设10个职能科室，派出机构6个，其中4个综合科室和6个派出机构与县财政局综合科室和派出机构合署办公。2014年，全县地税部门组织各项收入65.26亿元，同比增长25.69%，增收13.34亿元。其中，县级税收收入32.10亿元（金融和烟草税收因体制分解划拨净收入7867万元），占财政总收入的45.76%；社保基金收入29.10亿元，增长76.87%，增收12.65亿元（主要是失地农民一次性补缴入库）。

【税收特点】 受经济增速换挡等因素影响，2014年全县地税部门组织县级税收收入32.10亿元，增长0.58%，税收增速从往年的高速增长逐步转向低速增长。共享级税收方面，全年中央级税收入库6.01亿元，增收6296万元，增幅11.66%，同比上年占比提高2.08个百分点。房土两税方面，受土地使用税标准提高及以前年度税款入库1.18亿元影响，入库4.33亿元，增收1.07亿元，增幅32.68%。房地产业方面，相关税种大幅减收，其中营业税减收4858万元（房地产营业税减收3612万元），负增长5.6%；土地增值税减收7607万元；契耕两税分别同比减收7522万元、490万元。重点税源企业方面，重点税源企业入库20.33亿元，比上年减少6071万元，负增长2.9%，占税收比重由66.59%下降到64.92%。

【规费征收】 全年归口规费入库31.14亿元，同比增长68.96%，其中，社会保险费入库29.10亿元，同比增长76.87%；地方水利建设基金入库1.46亿元，同比增长1.59%；残疾人保障金入库3142万元，同比增长4.7%；工会经费入库2579万元，同比增长10.1%。

【税费减负】 落实财税优惠政策，全年为企业减税（费）3.86亿元，社保减免9577万元，其中，审批减免企业房产税2362万元，城镇土地使用税2885.96万元，水利建设基金7247万元，分别比2013年减免金额增长65.7%、65.4%、39.02%。

【信息控税】 完成《征管质量控制平台》《龙版辅助管理平台》和《日常税源管理平台》搭建，依托征管质量控制平台，对《税友龙版》中信息缺失、管理缺位、信息失真等不合格事项及时修改，确定不合格项规则38项，推出不合格项29704条，处理29363条，处理率98.85%；依托《行业税负模型监控平台》，建立水泥、耐火、轻纺、石粉、砖瓦、塑壳等多个行业的税负模型，定期做好行业的指标比对分析工作，组织纳税评估。

【税收保障】 5月制订出台《长兴县税收征管保障工作办法》，将税收保障工作列入“三比一讲”考核，并牵头对52个部门税收保障工作进行考核。利用全县企业信用平台将纳税人信息集中，全年获取涉税信息98万余条，全部实现按户匹配。加强部门协作，与县国税局对印染行业开展联合评估，补缴税款460万元；与县法院在案件执行过程中开展协作，清缴15家企业税（费）300万元；与县建设局协作冻结房产达3000余万元。同时在全县全部乡镇（街道、园区）建立个体税收社会化管理服务办公室，全面履行个体税收社会化管理职责。

【税收法制】 加强专项督察，对欠税管理、二手房转让、乡镇卫生院股权转让税收管理等进行专项执法督察，共检查136户，有问题的109户并全部整改到位；出台《长兴县地税系统行政处罚裁量权基准》，压缩自由裁量权，特别对偷税行为的处罚，从主观意识、手段、金额等方面细化成以20%为尺度的五类五档具体标准；对行政许可、非许审批等行政权力事项进行全面梳理，梳理各类权力事项149项，精减事项58项；试行新的减免税管理办法。

【地税稽查】 全年共开展检查214户（其中责成自查172户），重点检查42户，入库税费、滞纳金、罚款等合计1031万元；对房地产及建筑安装业、股权转让交易的企业及个人、非学历教育培训行业等开展税收专项检查，责令77户企业开展自查，查补税费、滞纳金491万；全年查处发票违法案件8件。

【纳税服务】 推动国地税联合办税，年内实现4个基层分局（李家巷、煤山、和平、直属）与国税联合办税；贯彻落实《全国县级税务机关纳税服务规范》，推行“免填单”“同城通办”、《新办纳税人登记认定规范》等服务举措，简化办税手续；搭建纳税人网上学校，完成第一批5个课题的课件制作。

【税收宣传】 以深入开展党的群众路线教育实践活动为契机，各基层党支部分层级召开企业座谈会8场次，合计122人参加；开展“基层走亲连心”活动，共走访企业353户，走访村居（社区）68个，走访群众620户，宣讲政策、征求意见。组织开展税法宣传月、“12·4国家宪法日”法制宣传日等活动，宣传税收优惠政策，接受现场政策咨询，共发放各类宣传物品600余件。

（鲁逸帆）

国家税务

【概况】 长兴县国家税务局是主管本地区国家税收工作的行政机构，实行垂直领导管理体制。全局现有在职干部职工146人，下设16个职能科室，其中，内设机构12个，办公室、人事教育科、机关党办、监察室、政策法规科、征收管理科、收入核算科、进出口税收管理科、纳税服务科、纳税评估科、税源管理一科、税源管理二科;派出机构2个,泗安税务分局、煤山税务分局,分别在泗安镇和煤山镇办公;直属机构1个,稽查局;事业单位1个,信息中心。2014年,累计组织税收收入37.64亿元,比上年增收1.38亿元,增长3.80%,其中县级收入34.38亿元,比上年增收1.10亿元,比上年增长3.29%,收入总量列湖州市第一。

【税收特点】 国税收入占比提升。由国税组织的县级财政收入占全县财政总收入的比重由上年同期的48.86%提高到49%,国税财政贡献度同比提高0.14个百分点。所得税占比提升。全年企业所得税入库89315万元,同比增长6.16%,占国税总收入比重为23.73%,比上年同期的23.20%提高0.53个百分点。出口免抵调库提升。全年共办理出口免抵调库38000万元,同比增加8317万元,增长28.02%。税源结构优化。全县695户纳入重点监控的企业入库296922万元,占全县国税收入比重为78.88%。全年增收前十位的企业中电动汽车、医药等新兴行业占比50%,同比增收8371万元,占总增收额的60%;减收前十位企业均为蓄电池、房地产等传统产业,长兴县蓄电池、房地产、发电和金融四大行业合计同比减收18787万元,同比下降16.15%。

【落实国家税收优惠政策】 全年累计办理各类税收优惠政策超25亿元。其中,办理固定资产抵扣74285万元、同比增长54.89%;出口退(免)税129366万元;高新技术企业所得税减免3082万元;企业研发费用税前加计扣除21534万元;民政福利企业和资源综合利用企业退税5891万元;“营业税改征增值税”企业减负12603万元;全县14100户小微企业落实小微企业增值税和企业所得税优惠政策890.35万元。

【税务稽查】 全年共检查自查企业119户,立案检查51户,选案准确率100%。全年查补税款4582万元,查处50万元以上的大要案4起,与公安经侦部门联合办理“昂达虚开发票窝案”,对16家涉案企业立案检查,追缴入库373万元。对2户办理出口退税企业进行立案检查,查补税款11.85万元。对2户县内高污染、高能耗及产能过剩企业及13户企业进行重点辅导,共查补税款513.19万元。开展交通运输企业、苗木企业重点整治活动,共查补税款328.03万元。配合政府做好行业转型升级工作,全年对电炉行业、耐火行业进行税收检查,共涉及企业11户,查补税款13.5万元。全年收到税务举报案件6起,查补税款316.76万元,案件结案达到86%。抓好“一案双说”工作机制,举办“以案说法”宣讲会5场次,向管理部门提交征管建议书21份,召开案件查办分析会10次,行业检查政策辅导5场次,通过搭建对内说查、对外说法两个平台,全面深化“一案双说”税务稽查工作机制。

【优化纳税服务】 开展“便民办税春风行动”,在全市第三方纳税人满意度调查中,综合得分为91.50分,列三县首位。对全局进户执法事项进行梳理,建立执法清单,自主开发运用“规范进户执法管理平台”,经验做法在全省国税系统作经验交流并在全市推广,《人民日报》、中央人民广播电台“中国之声”等国家级重要媒体予以刊发介绍。全面推行《全国税务机关纳税服务规范》,规范9大类212小类1120个办税流程。重新修订《涉税审批事项一览表》,清理取消12项,将32项需要流转审批的涉税事项前移至办税服务厅审批办理,实现“一站式”办结。在全县范围内设立6个4S店自助网络办税站点,推进车购税社会化网络办税。与地税及有关乡镇部门合作,推进国地税联合办税工作,县局办税服务厅整建制迁入县市民服务中心,李家巷、煤山、和平等延伸办税点全面实现国地税联合办税。推进个体税收社会化管理工作,管理和服务覆盖面从夹浦镇延伸到全县所有乡镇,代征范围从个体轻纺拓展到所有行业个体税收。

【依法治税】 全面梳理行政权力事项,累计梳理税务行政许可事项4项,非行政许可审批事项52项。深化执法系统考核管理,坚持税收执法按日监控、按月通报,及时督促整改,严格责任追究。2014年,全局发生执法行为181596户次,执法正确率达99.99%。推行柔性执法工作,2件税务行政处罚决定书被评为全市优秀说理式税务执法文书。深化一级评估和二级评估,全年评补税款5264万元。开展重点税源风险应对,对36户有问题户查补税款、罚款和加收滞纳金合计1488万元。组织开展税收宣传月、法制宣传日等活动,累计在省级以上媒体发表新闻51篇。成立“纳税人学堂”,累计组织培训5000人次。探索实施工作事项标准化、工作要求标准化、工作程序标准化和工作考评标准化的标准化建设。

【“营改增”扩围】 全县共有5475户“营改增”纳税人,占湖州市总户数的39.14%,较试点之初新增2376户,增长76.67%,其中,交通运输业户数增幅61.48%,部分现代服务业户数增幅158.09%,基本形成交通运输业、邮政业、电信业和部分现代服务业“3+7”的试点行业格局。2014年度全县入库“营改增”增值税12208万元,实现企业减负12603万元。

【以税咨政】 积极向县委县政府建言献策,参与制订《税收征管保障工作办法》《工业企业发展绩效综合评价办法》《进一步深化个体税收社会化管理工作的实施意见》等。结合全县“服务企业、助推项目，实现工业经济‘开门红’”专项服务月活动和群众路线教育实践活动，班子成员走访企业72户，了解企业困难和征集意见建议25条，现场解决18条。

（嵇　赟）

国 资 管 理

【概况】 长兴县国有资产监督管理办公室在县国有资产监督管理委员会的领导下开展工作，依法履行全县国有资产的监督管理职能，确保国有资产保值增值，内设3个职能科室，现有工作人员9人，与县财政局合署办公。

【产权登记】 全县国有企业登记年检130户，新登记企业2家，涉及28个主管部门，针对出资企业产业基础和企业特性，其中国有控股企业116户，参股企业15户，国有资本193亿，与上年同比新增资本5.2%。

【资产处置】 按照“谁使用，谁保管，谁负责”的要求，对资产处置实行严格的分级审批制度，全力维护资产的安全、完整，严防国有资产流失。2014年，共处置公车30辆，其中公开转让3辆，账面价值98.32万元，报废27辆，账面价值334.6万元，另外批量处置资产2514.31万元，无偿划拨资产4976.73万元，涉及房屋面积28858.87平方米。

【资产监管】 推进行政事业单位通用国有资产配置预算编制工作，出台《长兴县行政事业单位通用办公设备、家具资产配置标准（试行）》，与县财政局预算局协商，全年选取9家单位开展试点，对未列入试点的单位，暂设一年过渡期，对标准实施前已超单位标准配置数或者账实不符的单位，要求抓紧清查单位资产情况，录入行政事业单位资产管理信息系统。

【国有企业考核】 8月出台《长兴县国有融资性担保公司业绩考核暂行办法》，并与诚信担保和农业担保两家国有担保公司签订2014年度考核责任书，通过经营目标任务、风险控制、资产保值增值和内部管理等考核指标对担保公司进行年度考核；国有企业在以前年度“三比一讲”考核试点基础上，对交投、城投、商投和旅游集团等国有企业进行走访调研，形成《长兴县国有企业经营业绩考核办法》（建议稿）；配合县委宣传部对传媒集团进行经营指标方面的年度考核。

【风险防范】 建立融资月报制度，认真做好融资数据统计工作，对融资数据进行汇总分析，及时掌握各融资单位的融资现状、融资风险和存在的问题；严格按照《长兴县政府性债务管理操作办法》，做好出资企业的融资审核工作；对交投、城投、开发区总公司及兴长公司等重点国有企业，通过整合资产及调整股权，做优公司总资产、净资产、现金流、主营收入和利润等指标；对重点国有企业开展信用评级，其中交投、城投、开发区总公司取得AA的信用级别，并成功发行企业债券。

【国有资本经营预算】 2014年度国有资本经营预算首次纳入全县的财政预算草案报告，全年收入执行情况：国有资本经营预算收入总额为1080万元。国有资本经营预算支出1080万元，其中30%安排为社会保障和就业支出共计324万元，其余70%支出安排为国有企业资本性支出和费用性支出。收支相抵，全县国有资本经营预算收支平衡。

【其他资产管理】 做好国有山林维护工作，多次处置相关国有山林纠纷，推进国有山林管理移交工作。同时对全县行政事业单位、乡镇园区开展有资产情况统计。

（鲁逸帆）

审 计 工 作

【概况】 长兴县审计局内设6个科室和一中心一分局（国家建设项目审计中心、经济责任审计分局），在编人员25人，其中行政编制20人，事业编制5人。2014年完成审计项目71个，向本级人民政府和上级审计机关提交审计报告71份，编报审计信息48期，获评全省审计机关先进集体，1个项目获评全省优秀审计项目，2篇计算机审计方法入选全省计算机审计方法库。

【预算执行和其他财政收支审计监督】 年内，组织实施县本级2013年度预算执行情况审计，并对2013年度全部政府性资金情况和县水利局、县科技局、县环保局、县经济和信息化委员会4部门预算执行情况进行审计。组织对本级财政存量资金情况进行审计，并延伸审计20个一级预算单位，切实提高财政资金使用效益。

【经济责任审计监督】 年内，根据经济责任审计规定和经济责任审计实施细则相关内容，对乡镇、部门分别进行经济责任审计，并探索量化评价办法。全年实施经济责任审计项目10个，涉及领导干部14人，其中涉及部门6个6人，涉及乡镇（街道）4个8人。全年共提交审计结果报告和上报信息35篇，提出整改意见25条。

【政府投资项目审计监督】 年内，县审计局加大对项目招投标、设计等环节事前审查力度，加大对施工、监理、结算等事后核查力度，将全县已完成政府建设项目全部纳入到审计监督范围。采取加强标前审计及变更管理、强化工程绩效审计、合理利用中介协审等手段，注意把握好程序、结算、服务三个环节，对审计发现问题，提出整改意见和合理化建议，促进建设单位提高工程质量和资金使用效益。全年共完成234个政府性资金投资建设工程项目审计，从加强政府投资建设项目管理、提高建设项目投资绩效等方面提出31条审计意见和建议。

（朱海星）

统计管理

【概况】 长兴县统计局内设办公室（法制科、行政许可科）、综合科、工贸投资科（能源科）、农业科、社会调查科（服务业科）5个职能科室，有行政编制11人，参照公务员管理编制12人，其中局长1名、副局长2名，纪检组长1名，总统计师1名、农调队队长1名。年末，有2人有高级职称，有7人有中级职称。

【“小升规”“下转上”单位入库】 “小升规”即年应税销售收入2000万以下的工业企业转为规模以上工业企业；“下转上”即限额以下服务业企业转为限上服务业企业。年内，县统计局加强乡镇对接，开展调研排摸，加强培训指导，做好“小升规”“下转上”单位入库工作，实现“小升规”企业入库78家、“下转上”单位入库89家。

【投资统计改革县级试点】 2014年是全国投资统计实行新老统计办法“双轨”运行改革的试点年，改革主要内容有：由投资项目填报转变为法人单位直接填报；将固定资产投资额计算方法由形象进度法转变为财务支出法；调查对象分四类：现行“一套表”直报平台范围内的单位、小微企业调查单位、部门调查单位、新建企业等。按照湖州市统计局统一部署，长兴县于8月确定李家巷镇为县级试点单位，县统计局加强力量配备，组织业务培训，于9—11月完成投资统计改革县级试点工作。

【乡镇统计规范化建设】 年内，县统计局从健全基层网络、推进基础建设、抓好统计业务、强化法制保障等方面推进统计基础规范化建设。年内，全县5个乡镇（街道）、36家企业被评为湖州市统计基础规范化建设先进单位，其中3个乡镇被评为湖州市统计基础规范化建设示范点，10家企业被评为湖州市统计诚信企业，总数居全市首位。

【第三次经济普查完成】 1月1日，长兴县第三次全国经济普查上门调查正式启动，对长兴县境内从事第二、第三产业的所有经济活动单位开展为期三个月的全面调查。根据第三次经济普查结果，长兴县有法人单位8644家，其中第一产业法人单位422家，第二产业法人单位3522家（工业法人单位3385家），第三产业法人单位4700家；产业活动单位1353家，个体户40430户。第三次经济普查首次大量应用电子信息技术，数据采集第一次全面使用手持电子数据采集设备（PDA），到普查现场进行数据采集、拍照、核实，并依托统计直报平台，当日、现场完成数据审核、上报工作。

（王　皇）

物价服务

【概况】 2014年，县物价局坚持依法定价，履行定价程序，调定价项目以成本资料为依据，广泛征求社会各界意见。严格执行行政事业性收费验审和行政机关培训收费管理，清理和规范涉行政审批中介服务收费行为，加大清费减负力度；注重居民生活必需品和重要生产资料价格监测，全年完成日常价格监测132期，发布《居民生活消费品零售价格监测》24期；坚持依法治价，严厉打击各项价格违法行为，先后开展医药价格、教育收费专项检查，并会同县纠风办、县减负办，对建设、交通、环保等部门的行政事业性收费进行联合检查。全年没收违法所得27.8万元，罚款4万元。落实价格举报首问制，全年共接到举报投诉案件45件，举报投诉案件办结率100%；依法受理涉案物品价格鉴定服务工作，全年完成涉案物品价格鉴定450起，涉案标的350多万元。

【规范涉企收费、涉行政审批中介服务收费】 年初，县物价局对全县涉行政审批中介机构中介服务过程中存在收费依据不充分、收费标准不统一、服务承诺不公开等不规范行为进行专项清理。在此基础上，重新公布长兴县22项涉行政审批中介服务事项收费依据和收费标准，并以中介机构向社会承诺的方式加大收费优惠力度。1月，县物价局重新编印《长兴县行政事业性收费公示手册》，提高了收费政策的透明度，推进收费“阳光工程”。10月，依据中央、省市统一部署，县物价局会同减负办对公安等7个部门行政事业性收费项目的收费执行情况进行督查。

【加强价格监督检查稳定物价】 年内，没收价格违法所得278276元，罚款40000元，退还消费者7770元。7月，会同县纠风办、县减负办先后开展涉农、涉企价费联合检查，以及对建设、交通、环保等部门的行政事业性收费专项检查；9月，开展医药价格、教育收费专项检查。节假日重点对商贸领域内的大型超市、家电连锁商店、农贸市场的明码标价、价格促销及旅游景区服务价格行为的巡查。全年，共出动巡查116人次，巡查农贸市场14个，大型超市、家电连锁商店15家，旅游景点8个。

【大棚芦笋地头收购价格监测】 年初，县物价局会同县保险公司在4个乡镇芦笋种植合作社的芦笋种植成本进行成本调查，形成《长兴县大棚芦笋地头收购价格监测预警实施方案》，报省物价局审核后决定在长兴县开展大棚芦笋价格指数保险试点工作。2月起，开展大棚芦笋地头收购价格监测工作，先后公布长兴县大棚芦笋2014年地头收购春季平均价格为8.35元/公斤，夏季为7.18元/公斤，秋季为13.64元/公斤。此项试点工作有利于降低长兴县农户芦笋销售中的价格风险，开拓了浙江省政策性农业保险的全新领域。

【加强市场价格监管】 加强民生价格监测。探索网格化监管方式，加强对粮油、液化气、肉禽蛋奶菜等生活必需品特别是基本蔬菜品种、当地居民日常消费特色食品的市场及价格信息的动态监测、跟踪分析，发现苗头性、趋势性问题，迅速预警并上报。加强节日旅游价格监管。制订《关于开展2015年元旦、春节期间商品市场监管实施方案》；督促旅行社严格按照规定明码标价，加强对旅游线路报价，及星级宾馆、门票、农家乐、旅游购物店、游乐项目等价格的监管，严肃查处以低价招徕顾客高价结算、零负团费，价格欺诈等违法行为。加强诉求渠道畅通和应急处置能力。专人值守"12358"价格举报电话，及时解答群众价格政策咨询，快速办理群众价格投诉举报，并及时落实交办、转办、督办案件，办结率100%。配备必要的机动装备，加强应急处置演练，提高快速反应能力。

（史会明）

行政服务

【概况】 2014年，经过公共资源交易体制改革，长兴县行政服务中心与县公共资源交易管理办公室（公管办）合署办公，下设综合科、审批协调科、交易监管科、督查科、政策法规科等五个科室及公共资源交易中心、政府投资项目招标事务处、政府采购办公室、建设工程招标投标管理站等四个事业单位，共有工作人员56人，其中班子成员5人。2014年，依托"全面深化改革"和"党的群众路线教育实践活动"两大主题，县行政服务中心抓好深化行政审批制度改革、优化公共资源交易市场化体制改革、强化党员干部队伍作风建设三项重点，推进"两集中、两到位"工作全面落实、三级联动便民服务更加深入、五大联审联办机制不断深化、中介机构改革管理提质增效等四项机制，全面完成县委县政府下达的各项目标任务。全年累计办件254015件，日均受理1129件（225天）。其中，即办件180258件，承诺件68392件，联办件5365件。即办件均即收即办，承诺件均在承诺期内提前办结，未发生任何超期办件事项，群众满意率达99.9%以上。全县乡镇（街道、园区）、各行政村"三级联动便民服务管理系统"累计受理业务82058件，办结76856件，其中代办服务35590件，证明28585件，咨询服务12681件。公共资源交易中心完成交易1607宗，累计交易额83.2亿元，共节约资金3.82亿。

【公共资源交易体制改革】 为了促进长兴县公共资源交易管理工作进一步步入公开化、规范化、法制化的轨道，在县委县政府的高度重视下，按照"政府引导市场、市场公开交易、交易规范运作、运作统一监管"的要求。经前期充分调研，2014年5月经十五届县政府第39次常务会议研究通过了《关于进一步完善长兴县公共资源交易管理体制机制的实施方案》。根据方案要求，6月份开始先行办理县建设工程招标投标管理站、县采购办、县政府投资项目招标事务处等机构的管理关系调整工作。8月份，县建设工程招标投标管理站、县政府投资项目招标事务处等单位与县行政服务中心一并入驻长兴市民服务中心。9月份县公管办进行了中层干部竞聘上岗和一般干部双向选择，现公管办下设两个科室，分别为交易监管科和政策法规科，人员已落实到位，其中交易监管科5人，政策法规科3人。"一委一办一中心"的组织架构基本形成，"一委"（即原长兴县招投标市场管理委员会变更为长兴县公共资源交易管理委员会）、"一办"（即长兴县公共资源交易管理办公室）和"一中心"（即县公共资源交易中心）已经基本完成建构。建设工程项目、政府采购项目交易监管职责已全部划入公管办，并办理了相关交接手续。

【市民服务中心正式启用】 县行政服务中心自2001年成立以来，在简化办事程序、提高办事效率、推行政务公开、规范行政行为、优化长兴县经济发展软环境以及源头遏制腐败等方面发挥了重要作用，切实为企业、群众提供了优质、高效、便捷的行政服务。但随着形势的发展，长兴县原有的行政服务中心在办公场所、服务规模和服务内容上已经跟不上时代的步伐。2011年，县委、县政府决定在龙山新区核心区块建设一个"省内领先、国内一流"的市民服务中心。经过近三年的紧张建设，位于锦绣路8号的长兴市民服务中心于2014年8月18日正式启用并对外服务。长兴市民服务中心建筑面积24422平方米，其中地上14673平方米，地下9749平方米。地上9层，地下1层。其中，地面二层、三层为行政审批服务大厅，面积分别为4010、4100平方米，共设置窗口180个，后台办公室61间；四层、五层为公共资源交易服务区，共设置窗口12个以及相关服务和评标区域；六层为机房、政务监控、评标监控、档案用房等公共用房；七至九层为行政服务中心管理层及公共资源交易管理办公室集中办公区。

【"两集中两到位"工作】 近年来，长兴县根据上级的要求和部署，不断深化行政审批制度改革，推进简政放权。全面落实"两集中、两到位”,即为深化行政审批制度改革,建立规范高效的审批运行机制,提高行政服务效能,推进长兴县各涉行政审批部门的审批事项向一个科室集中、行政审批科室向长兴县行政服务中心集中,保障进驻行县行政服务中心的审批事项到位、审批权限到位。截至2014年年末,39个审改部门全部进驻市民服务中心,共176人,进驻率达100%。各部门上报审批事项共637项(其中29项下放至乡镇),进驻市民服务中心587项(含分中心),占上报事项的96.5%;各部门上报既受理又办理事项数共559项,占进驻事项的95.2%。对确因场地限制、技术条件等原因暂不适合集中入驻市民服务中心的事项,采用“1+6”模式,即在市民服务中心的基础上,授牌成立6个分中心,包括长兴市民服务中心社会保险分中心、就业服务分中心、农机分中心、交管分中心、住房公积金分中心、婚姻登记分中心。同时,国地税联合办税、公安出入境、中介超市窗口等入驻市民服务中心,企业、群众办事更加便捷。

【“中介超市”设立】 为全面加强中介服务机构规范管理,长兴县行政服务中心设“中介超市”。年初,面向全国招聘遴选90余家中介机构入驻,其中20家实行窗口入驻,70余家实行目录入驻。挂牌成立“长兴县中介机构管理服务中心”,负责做好中介机构目录入驻、窗口入驻备案登记及入驻中介机构的办件统计、跟踪回访、考核评定等工作,对其在行政审批过程中履行承诺的情况进行监督。制订出台了《部分涉行政审批中介服务事项实施区域性综合评估机制试行办法》,有效实现分散项目的中介服务集中化,减少不同项目之间带有很大的关联性造成的重复性工作,从程序和功用上简化中介服务,把中介服务时限彻底降下来。明确收费标准和收费依据,对有收费区间的能够细化尽可能细化,不能细化的在执行收费优惠幅度后按对应比例计算确定收费标准。中介机构改革管理后,服务时限得到了大幅压缩,22项中介服务事项的办结时限均明确到了具体的自然日,累计节约中介服务时间326天,14项中介服务事项时间缩减40%以上,其中6项时间缩减60%以上。中介机构服务时限平均下降50%以上,所有项目收费在核定的最低价的基础上降20%,部分项目在降20%的基础上再降20%。

(李欢欢)

国土资源管理

【概况】 长兴县国土资源局设办公室、组宣科、监察室、财务室、规划科、土地整理中心、土地储备中心、市场所、监察大队、耕保科、地籍科、统一征地事务所、地矿科、地环站、地勘站、生态治理办、土地勘测中心、法规科、国土办证窗口等19个科室;下属开发区国土分局、泗安国土分局、和平国土分局、煤山国土分局、雉城国土所、虹星桥国土所、洪桥国土所、李家巷国土所、夹浦国土所、林城国土所、小浦国土所11个国土所(分局),年末全系统在编107人、编外105人。年内,长兴县国土资源局以改革为统领,以保发展、保资源、保权益为目标,突出抓好耕地保护、资源保障、节约集约用地和矿政管理工作。强化和落实党委政府耕地保护共同监管责任,探索建立耕地保护补偿机制,在2014年湖州市对县耕地保护目标责任制考核中获一等奖。制订出台《长兴县土地要素市场化配置实施意见》,完成《长兴县城镇低效再开发2014—2017专项规划》编制,推行村级土地利用总体规划编制和工矿废弃地开发利用建设试点,促进土地节约集约利用。围绕“四边三化”“五水共治”、大气污染复合防治等中心工作,强化在产矿山6S标准管理,加大废弃矿山综合治理和绿色矿山创建力度。

【耕地资源保护】 完善国土资源管理工作考核体系,年初签订县、乡镇(街道、园区)人民政府《2014年度耕地保护目标责任书》,切实落实政府首长负责制。完成浙江省人民政府下达给长兴县耕地保有量面积44526.67公顷,基本农田保护面积37433.33公顷,标准农田保护面积为27786.67公顷目标任务。全年完成耕地垦造任务121.07公顷;完成高标准基本农田建设6180公顷;推进浙江省人民政府批准实施的15个农村土地整治项目,拆旧总面积269.45公顷,规划复垦新增耕地面积264.55公顷,完成拆旧复垦面积95.87公顷;新上报立项农村土地综合整治项目3个,规划拆旧复垦面积21.01公顷,筹集挂钩指标21.01公顷。开展永久基本农田划定、耕作层剥离再利用试点和建设占用标准农田置换、核减工作。以县乡级两级土地利用总体规划调整完善工作省级试点为契机,整合优化全县规划空间布局,全年组织申报36个规划修改方案,调整总面积585.04公顷。

【国土资源保障】 年内,共获取各类新增建设用地指标342.38公顷,优先保障省际承接产业转移示范区、南太湖产业园区、浙(湖)商创业创新、转型升级项目和民生项目的用地需求。争取计划指标93.2公顷,用于农民建房用地指标7公顷,实际安排农民建房指标9.51公顷,占应安排指标135.81%,占计划指标总量10.20%;用于工业用地指标57.6公顷,占计划指标总量61.8%;落实保障性安居工程用地17.13公顷,不涉及新增建设用地。执行建设项目用地预审和节约集约用地有关规定,全年共审查用地预审项目33个143公顷。开展工矿废弃地复垦利用,编制工矿废弃地专项规划与实施方案,确定工矿废弃地开发利用建设试点区块，会同乡镇（街道、园区）完成了开发利用方案的编制任务，启动7个工矿废弃地开发利用项目，平整土地68.67公顷。

【节约集约用地】 执行节约集约用地政策，落实项目准入、差别化地价、土地税收调节、履约保证金、分阶段权证管理、履约认定制度，年度新增工业用地平均投资强度增幅为8%。完成盘活存量任务132.67公顷，完成率110%；完成城镇低效用地再开发任务51.27公顷，完成率110%；消化利用批而未供土地245.93公顷，完成率132%。落实“亩产倍增”计划和“空间换地”实施方案，单位建设用地亩均GDP产出明显提升。初步建立长兴县城镇低效建设用地再开发数据库，共分四大类，总数量756公顷。完成《长兴县城镇低效再开发2014—2017专项规划》编制，明确城镇低效再开发近、中、远实施目标，为探索“控增量、控存量”打下基础。

【矿政资源管理】 强化在产矿山管理，创新机制引入6S现场管理体系，制订6S考核验收体系和标准，提升在产矿山管理水平，年末，15家在产矿山已全部达标。实施矿产资源规划，完成长兴县采矿权设置方案编制和矿产资源规划数据库建设工作，关闭矿山2家，压缩产能68万吨。保有采矿权总数24个，其中建筑石为5个，核定规模536万吨/年，矿产资源补偿费征收入库845万元。加强矿产资源开发监管，完成矿山年检，完善矿产资源开发督查、储量动态实测、日常巡查工作。创建市级绿色矿山3家，完成废弃矿井治理3个，启动废弃矿山采用边坡复绿型矿山治理项目18个，投入治理经费0.87亿元，已完工项目18个，完成治理面积117.5万平方米。

【国土资源监察】 全县查处违法用地251宗，总面积153.66公顷，耕地面积71.45公顷；查处矿产案件37宗，收缴罚没款68.58万元。提出党政纪处理建议书132份，移送法院强制执行251宗，移送司法机关追究刑事责任19起。根据《关于开展“无违建”，乡镇、村创建活动的实施意见》，结合“三改一拆”专项行动，拆除违法建筑67.35万平方米。配合做好国家土地督察上海局例行督察工作，对例行督察问题积极进行整改，按照“倒排时间、落实责任、自查自纠”要求，已对2宗临时用地和1宗设施农用地立案查处，对4宗未变更违法用地全部处置到位。

【民生权益维护】 年内，调整征地补偿标准，完善征地补偿制度和被征地农民参加生活保障制度，完成征地面积570.97公顷，被征地农民参保3247人，参保率达到95%。建立信访工作程序制度、初信初访上门走访制度、领导接访下访制度、信访联系制度、信访听证制度、重大信访事项风险评估制度六项制度。全年共受理群众来信、来访、12345投诉及转办、交办信访件148件。信访受理率、领导阅批率、办结率和报结率均100%，未发生因不按时或不按规定程序受理、办理信访件引发异常访、集体访和重复访。规范农民建房管理，加快农村宅基地确权登记发证，完成农村宅基地确权登记11.15万宗。制订《长兴县2014年度地质灾害防治方案》和各乡镇《2014年度地质灾害应急预案》，排查全县地质灾害隐患点，落实建设项目危险性评估和农民切坡建房防治，完成工程治理地质灾害隐患点2个。

（潘学新）

表43

长兴县征收土地区片综合价补偿标准

单位：万元/亩

土地类型	区片综合价的补偿项目	一级区片
耕地、园地、农水用地、养殖用地、建设用地	土地补偿费、安置费	4.5
林地	土地补偿费、安置费	3.15
未利用地	土地补偿费、安置费	2.3
区片级别范围		全县范围内的集体土地
备注		交通、水利、军事、能源等重点建设项目，土地补偿费、安置费除另有特别规定的均参照本标准执行。

表44

成片青苗、树木及地面附属物补偿标准(一)

品种	生长期及现状	单位	标准	备注
水田		元/亩	1800	
旱地		元/亩	1800	
成片菜地	全钢结构双棚	元/亩	10000	含棚内种植蔬菜在内;钢竹混合结构钢、竹各半补6000元/亩,其他作相应增减
	钢竹混合结构	元/亩	7000	
	全竹结构	元/亩	4500	
茭白、藕	未投产期	元/亩	1500	
	投产期	元/亩	2000	
养殖塘	普通鱼塘	元/亩	2500	
	特种养殖	元/亩	按实评估	由农业部门确认后按实评估
茶园	盛产期	元/亩	4500	白茶相应增加1000元/亩
	衰产期	元/亩	3500	
	未投产期	元/亩	2500	
桑园	盛产期	元/亩	4500	每亩达到或超过600棵,按本标准补偿,低于本标准按比例核减
	衰产期	元/亩	3000	
	未投产期	元/亩	2000	
果园	盛产期	元/亩	6000	按农业部门规定标准种植或超过按本标准补偿,低于本规定按比例核减
	衰产期	元/亩	4000	
	未投产期	元/亩	2000	
毛竹	盛产期	元/亩	4000	
	衰产期	元/亩	3000	
	未投产期	元/亩	2000	
早园竹	盛产期	元/亩	4500	
	衰产期	元/亩	3500	
	未投产期	元/亩	2500	
小竹	盛产期	元/亩	2500	
	衰产期	元/亩	2000	
	未投产期	元/亩	1700	

表45

成片青苗、树木及地面附属物补偿标准(二)

品种	生长期及现状	单位	标准	备注
用材林	成熟林	元/亩	2000	
	中龄林	元/亩	1800	
	幼龄林	元/亩	1200	
苗木林(灌木)	成熟林	元/亩	6000	种植密度按林业部门规定密度标准
	中龄林	元/亩	4000	
	幼龄林	元/亩	3000	

续表45

品种	生长期及现状	单位	标准	备注
苗木林（乔木）	成熟林	元/亩	8000	种植密度按林业部门规定密度标准
	中龄林	元/亩	6000	
	幼龄林	元/亩	4000	
育籽苗圃	水杉	元/亩	4000	密度　7000株/亩
	其他苗圃	元/亩	4000	密度　7000株/亩
葡萄	盛产期	元/亩	8500	葡萄设施按实评估
	衰产期	元/亩	6000	
	未投产期	元/亩	3500	

表46

零星树木及地面附属物青苗补偿标准(一)

品种		单位	标准	品种		单位	标准	备注
果树	大	元/棵	200	香椿	大	元/棵	200	1. 树木规格： 大号胸径：20厘米以上 中号胸径：10～20厘米 小号胸径：5～10厘米 大苗胸径：3～5厘米 2. 桑树： 盛产期为大号 衰产期为中号 幼龄期种植时间超过1年的为小号 种植时间不到1年的为苗 3. 黄杨、茶树花木冠径： 10～30厘米为小号 30～80厘米为中号 80厘米以上为大号 10厘米以下为苗 4. 果树(包括葡萄)： 盛产期为大号 衰产期为中号 种植超过二年未投产为小号 种植1～2年以内为大苗 5. 各种花木冠径10厘米以下超过1平方米以上块状或成片种植花木每平方米补偿标准为4元
	中	元/棵	150		中	元/棵	100	
	小	元/棵	50		小	元/棵	30	
	嫁接苗	元/棵	5		大苗	元/棵	2	
杂树	大	元/棵	100	杨树柳树	大	元/棵	30	
	中	元/棵	30		中	元/棵	20	
	小	元/棵	20		小	元/棵	5	
	大苗	元/棵	2		大苗	元/棵	1	
桑树	大	元/棵	10	黄杨	大	元/棵	50	
	中	元/棵	6		中	元/棵	20	
	小	元/棵	3		小	元/棵	5	
	嫁接苗	元/棵	1		大苗	元/棵	0.5	
茶树	大	元/墩	20	松树杉树	大	元/棵	50	
	中	元/墩	8		中	元/棵	30	
	小	元/墩	4		小	元/棵	20	
	大苗	元/墩	0.5		大苗	元/棵	1	
棕树	大	元/棵	50	葡萄	大	元/棵	50	
	中	元/棵	30		中	元/棵	30	
	小	元/棵	20		小	元/棵	20	
	大苗	元/棵	2		大苗	元/棵	2	
柏树	大	元/棵	30	吊瓜	大	元/棵	10	
	中	元/棵	20		中	元/棵	5	
	小	元/棵	10		小	元/棵	3	
	苗	元/棵	2	荆树条		元/米	10	
草坪		元/平方米	5					

表47

零星树木及地面附属物青苗补偿标准(二)

品种	规格		单位	标准
桂花	冠径	10厘米以下	元/棵	7
	冠径	11～30厘米	元/棵	20
	冠径	31厘米以上	元/棵	24
含笑	胸径	5～10厘米	元/棵	11
	胸径	10厘米以上	元/棵	16
花石榴	株高	1.5米	元/棵	70
	株高	2.0米	元/棵	110
白玉兰	株高	2米	元/棵	11
	株高	3米	元/棵	20
牡丹	球冠	0.6～0.8米	元/棵	20
香樟	胸径	3～5厘米	元/棵	7
	胸径	6～10厘米	元/棵	33
	胸径	11～14厘米	元/棵	70
	胸径	15～25厘米	元/棵	195
	胸径	26厘米	元/棵	650
	胸径	26厘米以上每增加2厘米	元/棵	加160
杜英	胸径	3～5厘米	元/棵	4
	胸径	6～10厘米	元/棵	26
	胸径	11～14厘米	元/棵	59
	胸径	15～25厘米	元/棵	130
	胸径	26厘米	元/棵	520
	胸径	26厘米以上每增加2厘米	元/棵	加130

品种	规格		单位	标准
四季桂	株高	1.0米	元/棵	6
	株高	1.5米	元/棵	7
	株高	2.0米	元/棵	20
月季花	株高	1～2米	元/棵	7
雪松	株高	1.5米	元/棵	13
	株高	2.5米	元/棵	26
	株高	3.5米	元/棵	52
	株高	4.5米	元/棵	91
	株高	5.0米以上	元/棵	104
广玉兰	胸径	3～5厘米	元/棵	7
	胸径	6～10厘米	元/棵	33
	胸径	11～14厘米	元/棵	70
	胸径	15～25厘米	元/棵	195
	胸径	26厘米	元/棵	650
	胸径	26厘米以上每增加2厘米	元/棵	加160
马褂木	胸径	3～5厘米	元/棵	4
	胸径	6～10厘米	元/棵	26
	胸径	11～14厘米	元/棵	70
	胸径	15～25厘米	元/棵	195
	胸径	26厘米	元/棵	520
	胸径	26厘米以上每增加2厘米	元/棵	加130

续表47

品种	规格		单位	标准
黄山栾	胸径	3～5厘米	元/棵	7
	胸径	6～10厘米	元/棵	26
	胸径	11～14厘米	元/棵	70
	胸径	15～25厘米	元/棵	195
	胸径	26厘米	元/棵	520
	胸径	26厘米以上每增加2厘米	元/棵	加130
银杏	胸径	3～5厘米	元/棵	4
	胸径	6～10厘米	元/棵	39
	胸径	11～14厘米	元/棵	70
	胸径	15～25厘米	元/棵	195
	胸径	26厘米	元/棵	520
	胸径	26厘米以上每增加2厘米	元/棵	加160

表48

零星地面构筑物、坟墓补偿标准

补偿标准 / 地物分类		补偿（元/米、只）	备注
水泥地		50元/平方米	
石埂		100元/立方米	
三面光渠道		70元/米	
水泥池		100元/立方米	
水井		800元/眼	
农用低压电杆		700元/根	7米（每增减1米补偿增减50元）（包括线路）
竹木篱笆		10元/米	
粪缸	小缸	50元/只	
	大缸	100元/只	
坟墓	一坟一棺（土坟）	400元/只	
	一坟多棺（土坟）	400元/只+300元/只	
	一坟一棺（砖坟）	500元/只	
	一坟多棺（砖坟）	500元/只+300元/只	
	一坟一骨甏	200元/只	
	一坟多骨甏	200元/只+100元/只	
	进县公墓的按迁坟单与殡葬所结算。进镇、村公墓的由业主单位与镇、村按建设镇、村公墓标准结算。		

表49

2014年长兴县地质灾害(隐患)点基本情况表

序号	编号	名称	类型	乡镇	地理位置	地理坐标		规模(m3)	稳定性	危害程度(险情)				防治措施建议
						北纬	东经			户数(户)	人口(人)	财产(万元)	等级	
1	CX03	茅山滑坡隐患	滑坡	白岘乡	白岘乡三洲山村茅山62号施泉生屋后	31°07′29″	119°38′03″	6000	较差	6	24	60	较大	监测/治理
2	CX06	丁岕滑坡隐患	滑坡	白岘乡	白岘乡白岘村丁岕匡根宝家后山	31°07′21″	119°39′26″	3600	较差	6	35	40	较大	监测/治理
3	CX09	青东地面塌陷隐患	地面塌陷	槐坎乡	槐坎乡十月村青东张阿根屋周边	31°03′32″	119°40′06″	31400*	较差	5	11	48	较大	监测
4	CX10	东风岕地面塌陷隐患	地面塌陷	槐坎乡	槐坎乡东风村东风岕周培林屋周边	31°05′39″	119°39′28″	17600*	较差	7	25	56	较大	监测
5	CX11	礼贤岕村滑坡隐患	滑坡	槐坎乡	槐坎乡礼贤岕村206号王荣华家后山	31°03′26″	119°43′17″	180	较差	1	3	21	一般	监测/治理
6	CX28	范湾村采石场滑坡隐患	滑坡	洪桥镇	洪桥镇范湾村锦鹏采石场	30°57′45″	120°02′11″	6000	差	1	25	200	较大	正在治理
7	CX36	石岕口滑坡隐患	滑坡	林城镇	林城镇周吴村石岕口118号李满昌后山	30°59′45″	119°43′18″	5400	较差	2	8	20	一般	计划搬迁
8	CX41	前头岕泥石流隐患	泥石流	小浦镇	小浦镇潘礼南村大园里116号	31°00′39″	119°45′23″	3090	低易发	1	5	13.5	一般	监测
9	CX42	坞川岕泥石流隐患	泥石流	小浦镇	小浦镇方一村坞川岕	31°01′21″	119°47′04″	15000	低易发	4	12	25	较大	监测
10	CX43	黄泥山岗泥石流隐患	泥石流	小浦镇	小浦镇高地村黄泥山岗	31°03′11″	119°49′47″	18000	低易发	1	6	110	较大	正在治理
11	CX44	方山坞泥石流隐患	泥石流	林城镇	林城镇周吴岕村方山庙	31°00′11″	119°43′20″	5000	低易发	1	5	50	一般	监测/治理
12	CX47	茅山泥石流隐患	泥石流	白岘乡	白岘乡三洲山村茅山62号	31°07′30″	119°38′01″	3000	低易发	1	3	2	一般	监测
13	CX48	楼下后岕泥石流隐患	泥石流	煤山镇	煤山镇新川村楼下	31°09′02″	119°45′20″	3000	低易发	3	15	19.5	较大	监测/治理

续表 49

序号	编号	名称	类型	乡镇	地理位置	地理坐标		规模(m3)	稳定性	危害程度(险情)				防治措施建议
						北纬	东经			户数(户)	人口(人)	财产(万元)	等级	
14	CX49	前山岕泥石流隐患	泥石流	煤山镇	煤山镇东川村桥里	31°09′29″	119°45′45″	3500	低易发	1	4	10	一般	监测
15	CX50	抛法水岕泥石流隐患	泥石流	煤山镇	煤山镇尚儒村389号	31°10′27″	119°46′47″	4000	低易发	4	13	27	较大	正在治理
16	CX55	北大坞滑坡	滑坡	李家巷镇	李家巷镇李家巷村北大坞青石矿	30°57′47″	119°59′49″		差	0	0	0	较大	正在治理
17	CX57	长兴宏诚橡胶制品有限公司后山崩塌	崩塌	洪桥镇	长兴宏诚橡胶制品有限公司后山	30°58′10″	119°59′40″		较差	1	20	200	较大	监测
18	CX58	周吴水库西侧滑坡	滑坡	林城镇	林城镇周吴岕村周吴水库西侧	30°59′02″	119°43′42″	15000	较差	行人	0	0	较大	正在治理
19	CX64	韦山村鑫龙矿滑坡	滑坡	和平镇	和平镇韦山村窑头自然村原鑫龙矿西南侧	30°47′51″	119°49′39″	130000	差	茶农	0	100	较大	工程治理/已设计
20	CX65	窑山金属制品公司滑坡	滑坡	吕山乡	浙江窑山金属制品有限公司西侧	30°55′28″	119°56′02″		差	厂房	30	500	较大	工程治理
21	CX66	第二石矿滑坡	滑坡	南太湖	长兴县李家巷第二石矿	30°56′06″	119°58′45″	110000	差	工业区	0	400	较大	工程治理
22	CX67	弁山陈桥村崩塌	崩塌	洪桥镇	洪桥镇弁山陈桥村长兴中欣机械有限公司	30°57′57″	120°00′53″	1200	差	厂房	0	200	较大	工程治理
23	CX68	九条岗泥石流	泥石流	小浦镇	小浦镇高地村九条岗茶场	31°03′46″	119°50′30″	6000	低易发	茶厂	5	50	一般	监测/搬迁

市场监督管理

【概况】 2014年1月21日，长兴县人民政府办公室下发《长兴县市场监督管理局主要职责内设机构和人员编制规定》，明确“设立长兴县市场监督管理局，挂长兴县工商行政管理局、长兴县食品药品监督管理局、长兴县食品安全委员会办公室牌子”。3月3日，长兴县市场监督管理局(以下简称县市场监管局)挂牌成立，划入原县工商行政管理局、县食品药品监督管理局和县食品安全委员会办公室承担的职责，划入县质量技术监督局承担的生产加工环节食品安全监督管理职责。内设办公室、组宣人事科、政策法规科、食品安全综合协调科、行政审批科、个体私营经济监督管理科、食品生产与流通监督管理科、保健食品化妆品监督管理科、餐饮服务监督管理科、市场合同监督管理科、网络经营监督管理科、商标广告监督管理科、药品医疗器械监督管理科等13个科室，下设雉城分局、泗安分局、和平分局、煤山分局、夹浦分局、李家巷分局等6个派出机构，另设市场稽查大队和检测中心，业务指导长兴县消费者权益保护协会、长兴县个体劳动者协会、长兴县民营企业协会、长兴县广告协会、长兴县商标协会、长兴县工商行政管理学会和长兴县药学会。年末，县市场监管局在编209人，聘用85人。

县市场监管局贯彻执行工商行政管理、食品药品监督管理方面法律法规、规章和政策，负责各类市场经营主体登记注册和食品、药品、医疗器械、保健食品、化妆品等行政许可，负责规范和维护市场经营秩序，依法承担消费者权益保护工作，依法承担生产环节、流通环节及餐饮服务食品安全的监督管理，查处违反工商行政管理和食品药品监督管理法律法规规章行为。

【食品安全基层网络建设】 5月23日，长兴县人民政府办公室下发《关于进一步加强食品安全基层责任网络建设的意见》，要求强化基层食品安全综合协调、监管执法体系建设，推进食品安全工作重心下移、力量配置下移，加强属地网格化管理。县市场监管局坚持“关口前移、重心下移”，在不设分局乡镇设置10个市场监督管理站，督促22个乡镇(街道、园区)完善乡镇食品安全委员会和食品安全委员会办公室，形成以乡镇(街道、园区)为大网格单元、行政村(社区)为中网格单元、一定数量村民小组(居民小组)为小网格单元的网格化管理体系。年末，实现全县283个行政村、社区全覆盖，网格数从原来1002个增加到1490个，落实食品安全协管员351名，食品安全信息员1187名。

【食品安全监管及示范创建】 全年出动食品安全检查10831人次，检查食品商户12159户次，抽检食品样品2247个，排查出隐患33013个，查处违法行为422起，行政立案329起，刑事立案8起，受理食品安全投诉举报350起，发放奖励金额1.6万元，罚没款201万元。全年全县未发生一起重大食品药品安全事故。创建餐饮服务食品安全示范街1条、示范单位6家；11家食品经营单位(大型商超及食品批发部)创建市级食品安全电子化管理示范单位，4食品经营单位(大型商超及食品批发部)家创建省级食品安全电子化管理示范单位。

【千万学生饮食放心工程】 定期检查学校周边餐饮单位，共出动执法人员135人次，检查学校食堂及周边餐饮单位256户次，检查覆盖率达100%；定期检查学校周边食品摊位，学校周边有证餐饮摊位健康证执政率达到100%；开展学校食堂量化分级管理工作，确保量化分级管理A、B登记保持在100%以上；实施“品牌超市”进校园，全县20所学校食品超市分别由长兴县第一百货商店有限责任公司和湖州欧尚超市有限公司2家品牌超市实施食品统一配送工作，在湖州市率先实现“品牌超市”进校园全覆盖；实施学校食堂生猪肉品统一配送，自10月1日，全县93所学校食堂所使用的生猪产品统一由长兴县生猪定点屠宰服务中心配送。

【阳光厨房】 根据《浙江省“阳光厨房”建设标准和考评办法(试行)》，县市场监管局先后制订下发《长兴县学校食堂“阳光厨房”工程实施方案》和《长兴县大型及以上餐饮服务单位“阳光厨房”建设工程实施方案》，明确以15家大型及以上单位和12家学校食堂为建设单位，在原料清洗、切配、烹饪、专间、餐具消毒等重点环节，通过玻璃幕墙和在食品加工关键区域安装视频监控设备等方式，全程公开餐饮服务单位操作间的卫生条件、原料使用、操作过程，现场接受消费者的监督。年内，27家单位创建“阳光厨房”。

【行政审批制度改革】 下放行政审批权限，除法律法规和国务院明确不能下放的权限外，先后将户外广告登记、个体工商户、个人独资企业及分支机构登记(含设立、变更、注销)、小型餐饮等行政许可项目和发送烟草广告品审批等非行政许可项目下放至基层所(分局)，其余登记事项则全部纳入行政审批服务中心窗口，实行“一个窗口统一办理”。推行“一址多照”“一照多址”“多证联办”“筹建登记”等改革事项，放宽注册资本登记条件，简化登记事项和登记流程，全年共办理“一照多址”24家，“一址多照”162家，筹建执照41家，免征费用650万元，惠及市场主体12617户，办理多证联办2398件，开设“一址多照”、“一照多址”、“多证联办”等绿色窗口，窗口数占100%。推进道路运输许可、煤炭开采许可、成品油销售许可等113项行政许可项目工商登记前置审批事项改为后置审批工作，帮助企业先行获得主体资格，提前启动账户申请、贷款申请、合同订单等工作，缩短市场主体运行周期，提高周转效率，全年办理涉及前置改后置事项登记共237件。开展涉行政审批中介机构改革，在去年出台《长兴县涉行政审批中介服务机构管理暂行办法》《信用等级评价管理办法》等文件基础上，制订《长兴县涉行政审批中介服务机构信用等级考评细则及评分标准》，在年底组织信用等级评价。

【注册资本登记制度改革】 3月1日起，县市场监管全面落实国务院《注册资本登记制度改革方案》和新《公司法》，推进注册资本由实缴登记制改为认缴登记制；放宽注册资本登记条件，除法律、法规另有规定外，取消有限责任公司最低注册资本3万元、1人有限责任公司最低注册资本10万元、股份有限公司最低注册资本500万元的限制，不再限制公司设立时股东（发起人）首次出资比例和缴足出资期限，公司实收资本不再作为工商登记事项；将企业年检制度改为年度报告制度；放宽市场主体住所（经营场所）登记条件；大力推进企业诚信制度建设。年内，长兴县新增各类市场主体（含分支机构）6153户，比上年减少4.70%，新增各类注册资本（金）130.05亿元，比上年增长52.58%，其中新设立内资企业1985户，比上年减少18.08%，新增注册资本（金）125.27亿元，比上年增长54.85%，新增公司制企业1486家，比上年增长55.93%，新增注册资本（金）为100.91亿元，比上年增长41.61%。

【民营企业概况】 年内，新设民营企业1869户，比上年减少22.32%，新增注册资本（出资金额）114.11亿元，比上年增长82.43%；累计登记民营企业9966户，累计注册资本（出资金额）439.79亿元，其中个人独资企业2532户，合伙企业243户，有限责任公司7137户，股份有限公司54户。

【个体工商户】 年内，新登记个体工商户4135户，比上年减少4.42%，新增注册资本（金）4.75亿元，比上年减少1.07%。累计登记个体工商户45386户，累计注册资本（金）34.19亿元。

【个体工商户转企业】 以个体工商户转企业（以下简称"个转企"）提质扩面为目标，出台《关于开展"个转企提质扩面暨长效机制建设年"活动的实施意见》，在稳步推进数量增长、做好转型孵化工作基础上，重点提升转型企业质量和优化后续服务。全年新增"个转企"541家，累计完成1945家，其中新增公司制442家，公司制占比81.7%，累计完成公司制企业734家，占比37.74%。

【商标品牌战略】 制订出台《长兴县规模以上企业开展消除"无牌企业"专项活动实施方案》，计划从2014年起到2018年，分5年时间逐步在规模以上企业中消除"无牌企业"，实现规模以上企业注册商标全覆盖。2014年共消除规上"无牌企业"198家，规上企业商标覆盖率达81%。开展商标品牌实务"乡镇巡讲"活动，宣传5月1日实施的新《商标法》和《商标法实施条例》，引导企业商标注册。全年完成6个乡镇（园区）巡讲，850余人接受培训和宣讲，发放新商标法宣传资料1500多份。实施"三名"（知名企业、知名品牌、知名企业家）培育工程，16件商标被湖州市人民政府列为"名品"培育试点企业，其中"超威"被浙江省人民政府确定为省级"名品"培育试点企业。开通商标品牌信息化管理和服务平台，该平台由"商标品牌建设服务网"和"商标信息化管理平台"两大子系统架构而成，实现商标数据库信息化管理、商标宣传推荐、商标品牌建设网上指导服务等功能。年内，全县新增注册商标申请552件（工业类商标申请360件，涉农商标申请102件、服务商标申请90件），新增注册商标455件，累计注册商标6002件，"百叶龙"商标成功申报为中国驰名商标，新增省市著名商标18件，新增集体商标1件（CHANGXINGZISHA长兴紫砂），地理标志证明商标2件（胥仓雪藕29类、31类），新申报普通证明商标2件（紫笋茶、CRZLB长兴即热）。

表50 长兴县48件浙江省著名商标名录（截至2014年年底）

序号	商标名称	商标注册人	使用商品或服务	类别
1	金三发	浙江金三发新纺织集团有限公司	黏合衬	24
2	紫笋	长兴县紫笋名茶开发公司	茶叶	30
3	明华	长兴新明华化工建材有限公司	水泥	19
4	天能	天能电池集团有限公司	蓄电池 蓄电池箱、电池	09
5	丰达	浙江湖州父子岭集团有限公司	镁钛砖、沥青镁砖	19
6	诺力	浙江诺力机械股股份有限公司	液压搬运车	07
7	BUGAO	浙江省中山化工集团有限公司	杀虫剂、除草剂	05
8	CXCS	浙江昌盛玻璃有限公司	玻璃	19

续表50

序号	商标名称	商标注册人	使用商品或服务	类别
9	超威	超威电源有限公司	车辆用蓄电池	09
10	XINDALI	浙江新大力电光源科技股份有限公司	包装用塑料膜	16
11	铁鹰	浙江铁鹰电缆有限公司	电线、电源材料	09
12	长	长兴制药有限公司	人用药	05
13	漾荡	长兴洪桥漾荡牌河蟹专业合作社	河蟹、青虾、鳜鱼	31
14	YINMEI	长兴县永绿林业发展中心	银杏、青梅	31
15	虹观	长兴县天地瓜类研究开发中心	西瓜	31
16	永达	浙江永达电力实业股份有限公司	水泥电杆	19
17	振龙	浙江振龙电源股份有限公司	蓄电池	09
18	百叶龙	长兴百叶龙演出有限公司	演出	41
19	长明	浙江省长兴泰明食品有限公司	栝楼子、蔬菜罐头	29
20	太极	浙江长兴昌盛新光源有限公司	节能灯、荧光灯	11
21	长欣	浙江湖州威达纺织集团有限公司	棉纱、丝纱及绢丝、人造丝	23
22	汝民	长兴意蜂蜂业科技有限公司	蜂蜜、食用蜂胶、食用王浆	30
23	忘不了	长兴县虹星桥如兴养殖场	活鱼、虾、甲壳动物	31
24	显圣	长兴县显圣稻米专业合作社	米	30
25	新星	浙江兄弟路标涂料有限公司	路面标线涂料	02
26	HEADWAY	浙江汉维通信器材有限公司	通信电缆、通信光缆	09
27	英特来宁	浙江金三发新纺织集团有限公司	无纺布、领衬布、衬布	24
28	新桃花岕	长兴县桃花岕有机茶厂	茶叶	30
29	铁狮	浙江省长兴铁狮耐火材料有限公司	耐火材料	19
30	盛宝	浙江莱美纺织印染科技有限公司	伞面绸、面料	24
31	张岭	长兴县张岭茶场	茶叶	30
32	锦诚	浙江锦诚耐火材料有限公司	耐火材料	19
33	太湖远大	浙江远大高分子材料有限公司	绝缘材料	17
34	新塘一尺红	长兴县新塘为农综合服务站	茄子	31
35	KDD	浙江凯迪汽车部件工业有限公司	等速万向节、传动轴、总成	7
36	神塘	长兴和平神塘甲鱼养殖专业合作社	甲鱼	31
37	图形	浙江盛邦化纤有限公司	长丝、丝线、弹力丝	23
38	冠龙	浙江冠龙园林绿化有限公司	树木、自然花、新鲜的园艺草木植物	31
39	后漾	长兴三河葡萄专业合作社	鲜葡萄	31
40	天照	长兴县荣耀鹅业有限公司	鹅肥肝	29
41	盛彩	浙江盛发纺织印染有限公司	纺织织物;浴帘布;阻燃布	24
42	富亿达	浙江东鑫纺织有限公司	布、床上用品	24
43	青和	浙江七星电容器有限公司	电容器	09
44	长广	浙江长广集团有限责任公司长广水泥分公司	水泥	19
45	百岁爷	浙江长兴百岁爷茶业有限公司	茶	30
46	泗安红	长兴县长绿特种园林工程技术研究所	树木;植物	31
47	磊发	浙江鑫涛纺织科技有限公司	装饰织物;织物;帘子布	24
48	RINCON	瑞高(浙江)建筑系统有限公司	非金属建筑壁板;非金属建筑材料;建筑非金属墙砖	19

表51

长兴县5件中国驰名商标名录(截至2014年年底)

序号	商标名称	商标注册人	使用商品或服务	类别
1	天能	天能电池集团有限公司	蓄电池、蓄电池箱、电池	09
2	诺力	浙江诺力机械股股份有限公司	液压搬运车	07
3	超威W	浙江省超威电源有限公司	车辆用蓄电池	09
4	百叶龙	长兴百叶龙演出有限公司	演出	41
5	超威CHILWEE	浙江省超威电源有限公司	车辆用蓄电池	09

【消费者权益保护】 推动全县16个乡镇(街道)建立健全消费维权站,形成"12315中心+乡镇消费维权站"二级消费维权网络,确保农村消费者一般消费纠纷在当天协商和解。多种形式宣传新《消费者权益保护法》,联合县传媒集团组织全县商贸服务类经营单位开展"履行新消法、落实新责任"诚信自律承诺活动,开展"拒绝餐饮霸王条款,营造和谐消费环境"宣传活动,3月15日,在浙北大厦组织开展"3·15国际消费者权益日"暨长兴"新消费运动日"宣传纪念活动,当天接受消费者咨询3596人次,受理消费者投诉89件,调处消费者投诉67件,提供检测服务16件次。5月,制订下发《2014年度长兴县流通领域非食品类商品质量抽查检验工作计划》,对眼镜、家居建材开展集中抽检。在长兴县教育实践中心成立长兴新消费教育基地,这是长兴第7个消费教育基地,有1.2万余名中小学生学习消费教育课程,均通过测评拿到"消费教育结业卡"。在长兴星网电子商务创业园建立长兴星网电子商务消费者监督联络站,推动消费者网购消费纠纷方便快捷处理。年内,县市场监管局共处理各类消费投诉举报咨询1400余件,为消费者挽回经济损失70万余元。

【医药产业】 年内,全县有药品医疗器械生产经营单位217家,其中药品生产企业1家、药包材生产企业1家、医疗器械生产企业5家;药品批发企业2家、药品零售连锁总部2家;药品零售连锁门店70家、零售药店170家;医疗器械经营企业39家。

表52

长兴县药品医疗器械生产、批发企业一览表

序号	单位名称	单位地址	负责人	单位类型	联系电话
1	长兴制药厂	长兴经济技术开发区太湖东路经四路	谈伟平	药品生产	6236388
2	湖州维诺医药包装有限公司	长兴县泗安镇绿洲工业园区	瞿祥鹏	药包材生产	6822861
3	长兴中兴齿科材料厂	长兴县经济开发区	刘友荣	器械生产	6576018
4	湖州都康医疗器械有限公司	长兴县雉城镇后洋村192号	李金标	器械生产	13757228177
5	浙江长兴东升生物科技有限公司	长兴县虹星桥镇龙从村中村	沐建武	器械生产	13735157333
6	长兴益康医疗设备有限公司	长兴县经济开发区县前街东延伸段801号3#(海路新都汇1幢)	李　杰	器械生产	6290818
7	长兴神农灸中医诊疗设备有限公司	长兴县县前东街508号长兴科技创业园8号厂房	费早成	器械生产	6521299
8	浙江三通医药有限公司	长兴县雉城镇金陵中路183号	孙其祥	药械批发	6041368
9	浙江亿升药业有限公司	浙江省长兴县雉城镇人民南路88号	徐　勤	药械批发	6568088
10	长兴三通大药房有限责任公司	浙江省长兴县雉城镇金陵中路185号	林玉云	连锁总部	6218160
11	湖州新新大药房有限公司	浙江省长兴县雉城镇新都汇12幢204-205室	丁忠忠	连锁总部	13706531710

【广告】 年内,县市场监管局指导广告企业参加广告资质认定申报及其他信用资产申报。组织广告企业参加浙江省工商行政管理局、浙江省广告协会联合举办的“金桂杯”广告大赛,参加由县市场监管局与中共长兴县委创建办联合主办的“讲文明树新风”公益广告征集活动,共有参赛作品85件,征集公益广告作品115件。落实广告监测职能,全年监测县域广告12580条次(其中“四大类”广告2320条次),累计监测网站2081家,监测网上广告9002条次,发现违法广告6条次,违法率0.047%。年内,新增广告市场主体38家,总量达251家,其中,中国二级广告企业12家,三级广告企业3家,拥有执业广告师4人,助理广告师4人,年度营业额达1.5亿元。

表53

2014年长兴县中国二级广告企业一览表

序号	广告单位	申报资质	等级	联系人
1	长兴广告有限公司	综合服务类	二级	周红霞
2	长兴泓天凯广告有限公司	综合服务类	二级	蒋芬芬
3	长兴新天地数码喷画有限公司	设计制作类	二级	徐　炜
4	长兴质感广告有限公司	综合服务类	二级	李洪真
5	长兴县经纬广告装饰有限公司	设计制作类	二级	沈月伟
6	长兴海燕广告有限公司	综合服务类	二级	施海燕
7	长兴天工装饰广告有限公司	综合服务类	二级	申屠宝平
8	长兴恒嘉广告有限公司	综合服务类	二级	陈乐芳
9	长兴龙腾盛世广告有限公司	综合服务类	二级	朱卫斌
10	长兴领秀广告有限公司	综合服务类	二级	杨丽华
11	长兴卫示广告传媒有限公司	综合服务类	二级	戴　卫
12	长兴广电广告有限公司	媒体服务类	二级	许劲峰

【网络经济监管】 县市场监管局自主开发长兴网络经济服务监管平台,联合县商务局对长兴重点网站、网店、网上亮照企业、网商服务企业等进行统计和梳理,在平台上进行备案和展示,开通不良网站投诉举报功能,联合县公安局对不良网站信息进行核实,对经核实的不良网站进行公示。全年共查处网络违法案件7件,罚没款12.65万元。

【政府企业信用平台二期建设】 长兴政府企业信用平台是在信息化手段基础上,采集分散在各政府职能部门各类企业信用信息,整合到一个综合平台并发布在网络上供政府部门及社会公众进行相关查询了解。4月,县市场监管局在一期开发基础上,对企业信用建设作需求分析,提出二期建设方案。4月24日,长兴县人民政府组织14个部门召开协调会。6月,完成部门数据调研工作。7月,软件公司正式开发。8月,平台继续开发以及相关测试完善。9月,制订信用评价体系初稿以及完成对27个部门联络员培训。平台现归集县财政局、国税局、国土资源局、经信委、商务局等27个部门信用信息,涉及155个数据大项,信息条数达160万多条。

【创建“无传销县”】 5月9日,长兴县人民政府办公室出台下发《长兴县创建“无传销县”活动三年工作计划(2014—2016年)》,成立由县政法委、县人民法院、县人民检察院、县公安局等14个部门组成的创建“无传销县”工作领导小组,将“无传销县”创建工作纳入社会综合治理范畴,使部门行为提升为政府行为,计划到2016年,分别完成全县全部276个社区(村)、20个乡镇(街道、园区)“无传销社区(村)”和“无传销乡镇(街道、园区)”创建工作。9月25日,湖州市无传销社区(村)创建工作现场会在长兴召开,会议确定长兴县雉城街道米行弄社区为全市无传销社区(村)创建示范点。全年共出动执法人员216人次、执法车辆68台次,捣毁传销窝点23个,遣返传销参与人员212人次,会同县公安局、乡镇(园区)相关人员组织重点乡镇专项打击行动8次,组织全县集中打击统一行动2次,涉传举报数比上年下降53%,检查实数比上年下降45%。

【行政执法】 先后开展食品安全百

日严打行动、餐饮服务环节食品安全规范整治、医疗器械"五整治"专项行动、酒类质量专项整治、六打六治专项行动、扫黄打非·清源2014、红盾净网4号、农贸市场自制食品清源、卤味烤禽及食品生产加工小作坊等9项专项执法行动，全年出动执法人员2117次，执法车辆719台次，查办各类违法案件611起，罚没款800万元，移送司法机关5起，刑拘18人。查处不正当竞争，查获汽车销售、家具建材、医疗等领域案件55件，罚没款159万元。开展"双打"(打击侵犯知识产权和制售假冒伪劣商品)专项行动，查办商标侵权案件14件，罚没款22.34万元。

（叶素红）

长兴海关

【概况】 2014年，湖州海关长兴监管点深化区域通关一体化改革，联合县商务局走访乡镇并对长兴县外贸企业开展政策培训，突出"家门口"报关有优势，让更多的企业享受一体化通关便利；6月23日，首票长兴—乍浦—宁波内河支线集装箱运输货物成功通关，并到达宁波港区，该通关模式可以实现在长兴报关，货物通过班轮内河集装箱运输，至乍浦港查验放行，最终转关至宁波出口，可以有效降低物流运输成本；年内，优化服务，重点帮扶长兴县的世界500强企业和市县重点项目，解决通关过程中的归类、审价等难点，营造良好通关环境；落实注册企业的便利化措施，取消进出口货物收发货人换证、年审等手续。

年末，共审核出口报关单7727票，监管集装箱10796标箱，金额为3.1亿美元；进出口收发货人注册数539家，办理变更企业297家。长兴监管点被长兴县人民政府评为"2014年度外贸服务优胜单位"。

（沈中辉）

出入境检验检疫

【概况】 2014年，湖州检验检疫局按照应放尽放、有序运转的原则，全面下放法检业务和所有原产地证签证业务。共受理出境植物制品报检3582批，涉检金额9573.2万美元；出境工业品报检1149批，涉检金额4836.1万美元；入境工业品524批，涉检金额5269.1万美元，不合格检出率8.4%；年内，新受理自理报检企业备案57家，受理新备案原产地证业务企业130家，原产地签证申报企业总数达371家。原产地签证数量大幅增长，全年签证金额达2.85亿美元，为长兴县出口产品减免进口国关税约1425万美元。年内，对6批从国外退运锂电池、挂锁、万向节组件等货物进行备案调查，帮助企业了解国外技术要求、贸易壁垒等情况。开展原产地证国外退证查询4次，做到及时准确答复，未出现2次催函情况，帮助企业货物及时清关。配合开展表外商品抽查2次，做好技术性贸易措施信息收集、上报工作。维护口岸安全，配合排查辖区内进口奔驰汽车"怀档"安全隐患和进口汽车"三包"责任落实情况。协助对两起不如实申报案和擅自使用进口法检货物案开展立案查处。2月，办事处试行省域通关单无纸化和产地证签证无纸化，全年共签发无纸化通关单426份，107家原产地证申领企业申请无纸化签证。在辖区内竹木草企业建造简易熏蒸库房4个，既降低生产成本，又降低生产安全风险和外贸风险。

年内，通过湖州市级青年文明号复核考评工作，被继续认定为市级青年文明号，获得县级"文明单位"称号，长兴县"外贸服务优胜单位"、湖州检验检疫局"文明处室标兵"荣誉称号。

（朱兴荣）

❶省发改委到长兴调研

❷省物价局到长兴调研芦笋试点工作

❸6月10日，省经信委主任张金如（左二）调研长兴汉能光伏公司

❹3月13日，长兴县工业炉产业转型升级动员大会

❺9月20日，长兴县两化深度融合推进会

❻8月1日，全县安全生产工作会议

❼6月6日，长兴县“安全生产月”活动启动暨“安全生产宣讲团”成立仪式

❽7月1日，长兴县石油化工应急救援演练

❶ 1月22日，长兴农产品走俏湖州名特优农产品新春大联展

❷ 5月8日，长兴县农业局联手长兴星网电子商务创业园举办农产品电子商务业务培训会

❸ 6月20日，长兴县农业局组织清网行动以巩固五水共治成效

❹ 9月20日，浙江大学湖州市现代农业产学研联盟专家来长考察吕山湖羊养殖现状

❺ 9月25日，长兴县森林消防在小浦镇广福寺组织“引水上山、以水灭火”实战演练

❻ 3月5日，全县开展水面集中清理义务劳动

❶ 3月15日，县市场监管局在浙北大厦广场举行“3·15国际消费者权益日”宣传活动

❷ 1月28日，县市场监管局检查节前农贸市场

❸ 10月8日，县市场监管局在人民广场开展全国安全用药月暨全国高血压日宣传活动

❹ 9月1日，个体工商户感受“四证联办”快捷办证

❺ 5月22日，县消保委组织消费者代表在长兴自来水厂水质体验

❻ 5月23日，县市场监管局在欧尚超市开展“我执法你参与”活动

❼ 8月15日，县市场监管局在长兴国际大酒店举办 “电商换市”实战训练营

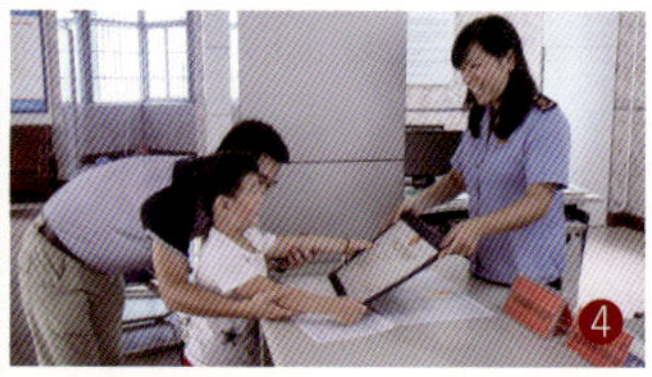

❽ 12月26日，获评2014年度“质量之光”

❾ 12月27日，国家质检总局组成专家小组对长兴县国家动力电池产品质量监督检测中心进行筹建验收

❿ 4月15日，在实验二小开展“纤检保健康”儿童服装产品专项执法检查

❶ 10月30日，浙江省商务厅调研长兴商贸流通业发展情况

❷ 2月27日，浙江省商务厅调研长兴走出去工作

❸ 9月9日，长兴县外贸工作座谈会

❹ 10月31日，海洋城项目建设现场调研服务

❺ 12月12日，长兴县第十二届汽车博览会

❻ 6月24日，开展粮食收储搬运体验活动

1 12月26日，召开全县旅游发展大会

2 12月26日，在全县旅游发展大会上授予长兴县旅游发展委员会牌子

3 5月17日，“超威杯”第六届中国湖州国际生态（乡村）旅游节暨首届中国（长兴）民宿文化节在长兴水口举行，优美庭院、优美民宿代表合作签约

4 5月17日，“台湾·长兴”海峡两岸民宿发展研讨会暨中国乡村度假“湖州模式”高峰论坛在长兴举行

5 9月27日，2014“中国·太湖明珠——长兴国际投资贸易洽谈会休闲旅游产业推介会”在长兴水口天地酒店举行

6 6月25日，举行“2014年长兴县现代旅游业发展”专题研讨班

7 5月9日，举办“十佳旅游之星”导游讲解员服务技能大赛

8 8月30日，2014长兴旅游走进芜湖文艺展示

9 4月16日，由中央电视台、长兴县委办、长兴县政府主办，长兴旅游集团有限公司承办的大型栏目——《乡约》走进长兴

10 5月17日，“超威杯”第六届中国·湖州国际生态（乡村）旅游节暨首届中国（长兴）民宿文化节在大唐贡茶院拉开序幕

11 9月，开展“我们的节日·中秋节”主题惠民服务活动

12 1月28日，景区迎来国家AAAA级旅游景区验收创建工作

13 白鹭岛仙山湖湿地科普馆

14 5月19日，中央四台“快乐汉语”节目在仙山湖国家湿地公园拍摄，长兴百叶龙表演团队参加拍摄活动

长兴县招商局

❶6月24日，举行开元旅业项目签约仪式
❷2月12日，全县招商引资工作大会
❸2月14-15日，全县招商引资实务培训班
❹4月4日，全县第一次招商员全体会议
❺6月6日，全县招商引资项目集中签约仪式
❻9月3日，长兴县承接产业转移(装备制造)招商推介会在杭州召开
❼9月12日，浙江长兴—北京恳谈会
❽9月18日，在台州举行产业招商推介会
❾9月24日，在深圳举行机械制造及电子信息产业招商推介会

1 财政地税系统党的群众路线教育实践活动动员大会
2 财政地税系统党的群众路线教育实践活动"八学"专题考试
3《全国县级税务机关纳税服务规范》培训会议
4 全县财政地税工作会议

5 全县国税工作会议
6 党的群众路线教育实践活动动员大会
7 "和美国税"登山比赛
8 省级"青年文明号"
9 2014年度创建工作先进集体
10 践行党的群众路线先进典型事迹
11 入驻市民服务中心
12 企业涉税风险集中辅导"双百"专项活动

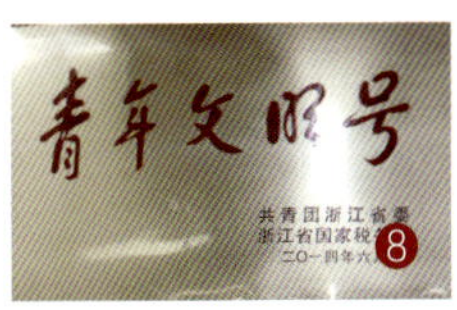

❶ 农村宅基地确权登记发证工作现场
❷ 废弃矿山生态复绿后新貌
❸ 3月2日群众路线教育“江南红村”重温入党誓言
❹ 625全国“土地日”宣传

❺ 6月10日，超威集团总裁杨新新（左三）荣获第五届“科技新浙商”荣誉称号
❻ 12月25日，全县高新技术企业发展培育工作会议
❼ 4月24日，省科技厅厅长周国辉（左二）到长兴调研科技创新工作
❽ 4月18日，湖州市中院在长兴设立知识产权巡回审判点

❶ 省审计厅厅长徐宇宁(前排左三)到长兴调研

❷ 深入开展党的群众路线教育实践活动

❸ 县人大调研审计工作

❹ 县统计局群众路线实践教育活动动员会议，县委常委、副县长顾涛(右三)出席会议，并做动员讲话

❺ 省统计局到长兴调研经济运行情况

❻ 县统计局全体干部就“加强学习、提升能力”为主题开展讨论活动

锦绣长兴建设

新农村建设

综　述

2014年，长兴县委县政府农业和农村工作办公室内设秘书科、综合科2个职能科室，下设农业农村工作指导站1个事业单位。年末，共有在职在编工作人员11人，其中公务员8人，事业编制3人，编外4人，下属长兴富美好新农村建设有限公司编外12人。年内，长兴县农业农村工作以“农业强、农村美、农民富”为目标，实施新农村建设“新十大工程”，推进农业转型升级、美丽乡村建设、农村改革发展，加快农业现代化和城镇化步伐，构建新型工农城乡关系。全县实现农业总产值56.7亿元，比上年同期增长1.3%；农业增加值31.8亿元，按可比价比上年同期增长1.4%；农村居民人均可支配收入达到22685元，比上年同期增长10.5%。在新农村建设年度考核当中，获湖州市一等奖、浙江省优胜单位。

现代农业发展

【概况】　以农业产业化、园区化发展为方向，以建设农业“两区”为总抓手，打造“农园新景”示范带，改造提升传统产业，推进农业产业结构调整，提升全县农业综合实力。

【农业产业升级】　年内，全年新增流转土地面积1701.8公顷，新发展和提升农业七大特色产业2046.7公顷，新增设施农业670公顷，七大特色产业总面积达到79333.3公顷。

【农业两区建设】　年内，重点推进农园新景实验示范带沿线11个现代农业园区建设工作，全年完成土地流转509.5公顷，新发展特色产业280.9公顷，已落实具体经营主体的181.7公顷；完成基础设施建设投入2040万元，10个园区建设任务完成过半，其中柳福蔬菜精品园、桥南葡萄精品园、吕山果蔬精品园等6个园区基本完成建设任务，洪桥省级现代农业综合区通过省级验收，新建粮食功能区2266.7公顷，总面积达到10666.7公顷，粮食播种面积和产量基本稳定。

【农业经营主体】　年内，新增家庭农场121家，获评省级示范性家庭农场3家；新增农民专业合作社32家，获评国家级示范性合作社2家（许长蔬菜专业合作社、绿美苗木专业合作社）、省级4家；成立农民专业合作社联合社1家。培训农村实用人才12000人次，认定新型职业农民806名。引进农业“大好高”项目7个，实到内资4.19亿元、外资1778.7万美元，新开工农业项目9个、竣工3个，完成投资3.6亿元。茶乾坤成为浙江省首家在新三板挂牌上市茶叶企业。

【农产品营销】　7月，联合央视举办《乡约——走进锦绣长兴》活动，《每日农经》栏目连续一周播出《魅力农产品走进浙江长兴》，省级以上媒体刊发长兴“三农”相关报道280条，加大农产品对外推介力度，长兴县主要农产品外销比率逐年上升，其中芦笋外销比例达到90%。10月18日，举办第四届中国长兴花木大会，现场销售签约2.9亿元，达成意向性购销信息1000余条。在拓展传统营销渠道的基础上，加快“电商换市”进程，累计建成“曼曼的爱”等农产品电商企业10余家，全年网上销售额预计近7000万元。特产中国长兴馆顺利入驻“1号店”，首批上线紫笋茶、大闸蟹等农产品近30种，当日销售额突破45万元。

美　丽　乡　村

【概况】　2014年，长兴县深入推进美丽乡村建设，开展农村生活污水治理，深化中心村建设培育，加强长效机制建设,改善全县农村环境面貌和生产生活生态条件。

【美丽乡村建设】 年内,实施美丽乡村创建22个,累计完成美丽乡村创建144个,覆盖率达到77.4%。健全美丽乡村长效管理机制,落实专人分片包干对卫生日常保洁、设施日常维护等工作进行专项检查,建立“四个有”(有人干事、有人管事、有钱办事、有章理事)保障机制和“四个一”(县领导一月一指导、锦绣办一月一督查、乡镇干部一周劳动半天、村干部一天劳动一小时)推进机制,推进美丽乡村长效管理。全年美丽乡村长效管理平均分达到80分以上。

【中心村培育建设】 年内,按照“人口集中、产业集聚、功能集成、要素集约”的要求,结合农村土地综合整治、农房改造和重点工程建设,强化用地保障,推进26个试点(重点)中心村建设。全年完成21个省级重点中心村建设任务并通过验收。林城镇北汤村、泗安镇兴隆村、和平镇吴山村等一批中心村初步建成。年内中心村新建农民住房1804户。

【农村生活污水治理】 实施农村生活污水治理三年行动计划,全年完成首批84个行政村的治理任务,新增治理农户万户,完成省市下达的年度治理任务。

农村改革发展

【概况】 2014年,围绕农村“三权”确权改革、省级农村改革试验区、村级集体经济发展等关键环节,创新体制机制,推进农村改革发展。6月,获批浙江省“探索发展壮大村级集体经济有效实现方式”示范试点县,获省补助资金1000万元(其中,2014年500万元)。

【农村“三权”确权改革】 年内,推进农村“三权”确权改革工作,全年完成农村宅基地外业调查15.18万户,发证11万本,完成率达72.52%;农村住房外业调查10.8万户,发证2.75万本。村级集体资产股份合作制改革实现全覆盖。完成吕山乡农村土地流转经营权确权登记发证试点,并向“农园新景”实验示范带沿线乡镇延伸,共计发证99本,实现应发尽发。

【省级农村改革试验区】 年内,选择吕山乡龙溪村、胥仓村两村清水入湖工程安置项目作为试点推动省级农村改革试验区工作,稳步推进农村宅基地用益物权保障机制创新。年末,两村共拆迁户数144户,涉及620人,其中不安置41户,182人,在安置的103户中,有节省土地面积的共涉及38户,减少人口安置76人,按人均占地30平方米/人,节省占地面积0.23公顷,按人均土地80平方米/人,节省土地0.61公顷,三户人口只有1人的农户实行公寓房安置。

【村级集体经济发展】 年内,继续组织实施“村级集体经济五年振兴计划”,4月和10月分别启动第一批和第二批村级集体经济以奖代补项目申报工作,全县乡镇(街道、园区)共申报项目40余个,其中35个项目经县村级集体经济联席会议研究通过列为村级集体经济以奖代补项目。年末,共有14个乡镇(街道、园区)34个项目建成并申请验收,通过查看台账和现场检查,其中32个项目经县村级集体经济联席会议研究通过,并拨付奖补资金。

【山区经济发展】 年内,制订出台《长兴县山区经济发展专项资金和项目管理办法》(长财农〔2014〕92号),重点推进县省际承接产业转移示范区长兴分区的产业平台基础设施配套建设和低丘缓坡开发,2014年获山区经济省补助资金1000万元。

农事节庆活动

【草莓节】 1月18日,2014中国·长兴(画溪)第二届草莓文化旅游节在长兴主城区中心广场举行。草莓节以“品尝甜蜜草莓,享受幸福生活”为主题,推出精品草莓展示展销、草莓科普知识展、草莓主题文艺表演、精品草莓评比大赛等一系列活动。全街道草莓种植面积达760亩,主要集中区位于城西草莓精品园,包括白阜村西区基地和新庄村东区基地,栽培总面积近40公顷,年内草莓亩产值超3万元,总产值超1800万元。

【梅花节】 2月20日,2014年中国·长兴(林城)第九届梅花节在林城镇东方梅园举行。梅花节以“梅”为媒,以文化活动为载体,将民众开春踏青赏梅的风俗与长兴的农事节庆有机结合起来,大力推介林城生态休闲旅游产业。

【桃花节】 3月28日,2014中国·长兴(和平)第六届桃花节在长兴县和平镇城山沟举行。桃花节以“最美桃花·最美城山沟”为主题,推出《爸妈去哪儿》亲子游、寻找最美春色,小记者采风行、实景歌舞《城山桃花红》和“拥抱幸福、向爱出发”城山沟桃花相亲会、同程网会员日活动和水上步行球、垂钓、品茶等各类活动。全镇桃园种植面积达1万余亩,直接从事生产人数达5000余人,一、三产联动,产值近2亿元。

【樱桃节】 4月26日,2014中国·长兴(泗安)第七届樱桃节在长兴县泗安镇毛家村樱桃园举行。樱桃节以“樱桃红了·心飞了”为主题,推出浙江大学泗安樱桃产业示范园揭牌仪式、最佳樱桃户进行表彰、樱桃主题文艺表演、樱桃采摘品尝体验等各类活动。全镇樱桃种植面积近133.33公顷，主要分布于泗安镇毛家村一带，直接从事樱桃种植人数达600余人，樱桃年产值超3000万元，樱桃苗木种植户户均年收入3万至5万元。

【民宿文化节】 5月17日，2014"超威杯"第六届中国·湖州国际生态（乡村）旅游节暨首届中国（长兴）民宿文化节在长兴县水口乡举办。民宿文化节包括"台湾·长兴"海峡两岸民宿发展研讨会暨中国乡村度假"湖州模式"高峰论坛、水口乡村民俗展演汇等主要活动，以及水口乡"八大碗"美食评选活动、主题民宿创意设计大赛、寿圣寺"华严梵音，畅想佛国"法会、陈武帝故宫开业仪式、长兴县"四季诱惑"乡村度假系列活动等其他活动。

【薰衣草风情旅游节】 5月28日，2014中国·长兴（泗安）首届薰衣草风情旅游节在长兴县泗安镇罗家地村薰衣草风情园举行。本届薰衣草风情旅游节以"花开泗安"为主题，推出《花开泗安》短片欣赏、县文联采风基地授牌仪式、"花开泗安"主题文艺演出等各类活动，并与游客开展DIY香皂和精油制作体验、婚纱拍拍乐、春田花花同学相亲会、幸福亲子乐等互动活动。薰衣草风情园种植面积23.33公顷，由浙江香境农业科技开发有限公司开发，系江南地区最大薰衣草种植与观光体验基地，基地常年用工60余人，年接纳游客5万多人次，年产值1000万元，年效益300万元。

【杨梅节】 6月12日，2014中国·长兴（渚山）第十一届杨梅节在长兴县龙山新区渚山村杨梅山庄举行。杨梅节以"六月龙山好去处，又见渚山杨梅红"为主题，推出杨梅栽培技术培训、文化下乡杨梅节专场、征文比赛等各类活动。全区盛产期杨梅种植面积达373.33余公顷，杨梅苗圃面积达20余公顷，直接从事杨梅种植人数达1800余人，杨梅产值4000余万元，梅农户均年收入5万至8万元。

【采桃节】 6月21日，2014中国·长兴（和平）第十届采桃节在长兴县和平镇城山沟举行。采桃节以"以桃为媒·相约城山沟"为主题，推出谁是采桃王·城山沟水蜜桃采摘大赛、湖州人游湖州，城山沟采桃一日游、王母娘娘蟠桃会COSPLAY秀、现代农业成果展示、展销等各类活动。全镇桃园种植面积达1万余亩，直接从事生产人数达5000余人，产品销售超亿元。

【采梨节】 7月18日，2014中国·长兴（和平）第五届采梨节在长兴县和平镇韦山村吴山梨园举行。采梨节以"心系中国梦情牵韵之梨"为主题，推出"心系中国梦情牵韵之梨"采梨节专场文艺演出、参观和平现代农业成果、游客采摘和平蜜梨等各类活动。全镇梨园种植面积近万亩，直接从事生产人数达4000余人，产品销售近亿元。

【葡萄节】 7月26日，2014中国·长兴（画溪）第六届江南吐鲁番·葡萄节在长兴县画溪街道城南万亩葡萄园曹家桥葡萄会场举行。葡萄节以"长兴葡萄，果真好吃"为主题，突出"好看、好吃、好玩"，推出现场精品葡萄大赛、葡萄文化展示、画溪特色农产品展示展销、葡萄趣味活动等一系列活动。全街道葡萄种植面积达9200余亩，80%已实行小拱棚连体保温促早栽培，年内葡萄亩产值上升至14000元，每亩净利超万元，比周边其他地区高出2000元左右。

【花木大会】 10月18日，2014中国·长兴（泗安）第四届花木大会在长兴县泗安镇花木城举行。花木大会以"长兴花木美化中国"为主题，推出湖州市十佳诚信苗圃授牌、2014年浙江省十佳花木经纪人颁奖、中国花木经纪联盟揭牌、国家珍贵树种培育示范县授牌、中国长兴花木城公共微信平台开通、长兴花木购销签约仪式等开幕式活动，并举办花卉苗木展览展销活动、"花开泗安"文艺表演、浙江花木大讲堂（长兴站）及花木基地考察、对接、洽谈等各类活动。全镇花卉苗木种植面积达11000公顷，其中绿化苗木10666.67公顷，直接从事花卉苗木产业人数达16000余人，花卉苗木年产值超10亿元，花卉苗木种植户户均年收入5万至10万元。

【河蟹节】 10月20日，2014中国·长兴（洪桥）第五届太湖大闸蟹节暨太湖休闲观光农业推介会在长兴县洪桥镇七斗漾河蟹养殖基地举行。活动以蟹为媒，搭建平台，突出休闲农业及螃蟹营销两大主题，发挥"太湖"品牌效应，加快洪桥休闲观光农业创建步伐，推进"太湖风情"建设进程。全镇拥有河蟹养殖面积1万余亩，年产商品河蟹600多吨，产值近亿元。

【芦笋节】 10月20日，2014中国·长兴（吕山）芦笋节在长兴县吕山乡南杨村举行。芦笋节以吕山乡芦笋交易市场奠基为契机，扩大和提升长兴县芦笋种植规模和技术水平，拓展芦笋营销市场，推动芦笋产业健康、可持续发展。全乡大棚芦笋面积达200公顷。

【垂钓节】 10月28日，2014中国·长兴首届"雉城杯"全国垂钓节邀请赛在长兴县虹星桥镇龙从垂钓园举行。本届垂钓节邀请中国垂钓协会会员参加，采用标准垂钓赛赛程规则，垂钓协会、虹星桥镇政府、雉城街道办安排专项活动资金对优胜者进行奖励。

（周　慧）

城乡建设与管理

综　述

长兴县住房和城乡建设局是长兴县人民政府综合管理全县城乡建设事业的职能部门，与长兴县规划局（长兴县测绘与地理信息局）、长兴县人民防空办公室（长兴县民防局）合署办公，履行城乡规划、城乡建设、行业管理、住房保障和管理、测绘与地理信息及人民防空工作等6大职责。局内设办公室、城市建设管理科、规划管理科、建筑业管理科、房地产管理科、法制科、财务科、行政许可科、人防工程科等9个职能科（室），下设长兴县住房和城乡建设局开发区分局、长兴县规划局泗安分局、长兴县规划局和平分局、长兴县规划局煤山分局等4个派驻机构，下辖长兴县村镇建设管理服务站、长兴县规划设计室、长兴县地理信息中心（长兴县住房和城乡建设局信息中心）、长兴县城建档案馆、长兴县城市建设发展中心、长兴县公用事业管理处（长兴县人民政府节水办公室）、长兴县园林管理局、湖州市住房公积金管理中心长兴分中心（长兴县住房制度改革办公室）、长兴县市政环境卫生管理处、长兴县建设工程质量监督站（长兴县建设工程安全监督站）、长兴县房地产管理处（长兴县住房保障办公室）、长兴县房地产交易产权登记服务中心、长兴县路灯管理处、长兴县人民政府房屋征收管理办公室、长兴县房屋征收服务中心、长兴建设房屋开发有限公司、长兴城市建设有限公司、浙江长兴滨河实业有限公司、长兴丽城建设发展有限公司、长兴利源污水处理厂、长兴清泉污水处理有限公司、长兴宏华市政建设有限公司、长兴恒信拆迁有限公司等23个企事业单位。年末，在编319人，编外275人。

年内，获浙江省“五水共治”工作先进集体、浙江省人民防空工作先进单位、全省县区交通拥堵治理满意度测评第一名、湖州市民防应急救援力量训练比武团体第一名、湖州市重点工程建设先进单位等称号。年末，中心城市建成区面积达到48平方千米，城市框架达到80平方千米，全县城市化率达到61%。

城乡规划

【概况】 年内，先后完成《长兴县域农村生活污水治理总体规划》《长兴县域绿道网专项规划》《长兴县环境卫生专项规划》《长兴县中心城区控制性详细规划编制单元划分规划》《长兴县中心城区地下空间利用规划》等5项规划编制和报批，完成《长兴县中心城区绿地系统专项规划》《长兴县中心城区景观风貌专项规划》《长兴县中心城区防洪防涝综合规划》《长兴县中心城区照明专项规划》《长兴县中心城区户外广告专项规划》等5项专项规划初稿，完成12个中心村村庄建设规划调整方案初审，中心城区控制性详细规划覆盖率达到95%以上，城乡规划体系进一步完善。

【规划管理】 严格例会审批、“一书两证”等规划管理制度，加强规划批前、批中、批后管理。年内，共核发建设项目选址意见书30件，建设用地规划许可证54件、涉及用地面积755万平方米，建设工程规划许可证118件、涉及建筑面积188万平方米。召开建设项目方案专家内审会7次。召开规划例会11次，审议方案类项目75件，选址类项目6件，选材类24件。出具出让地块规划设计要求及红线97件，总出让面积126万平方米，其中工业项目设计要求及红线60件，出让面积64万平方米。召开经营性建设项目用地联审会议5次，审议地块出让20个。组织召开房地产开发项目方案变更联审会议8次，审议项目调整方案30件。发放建设工程规划核实确认书31件。配合长兴县城市管理行政执法局对3个擅自变更规划许可内容的项目立案行政处罚。严格私人建房及维修审批，受理房屋维修11件，符合审批条件的已批3件。

【重点工程项目设计】 完成老剧院和老丝厂地块旧城改造方案设计；完成三河湾公园和陈王路道路绿化亮化、立面改造景观工程施工图设计；完成长海路、长安路、回龙山道路等市政基础设施改造施工图设计；完成黄土桥港、长水港（东护城河）、竹埂里、画溪湿地公园河流等河段的清水入湖清淤疏浚施工图设计及黄土桥港污水纳管工程的施工图设计；完成望春南路、长春南路的微循环交通组织方案设计及县前街和金陵路、齐山路与植物园路、菱山路和职教路道园路道路交叉口渠化改造工程施工图设计。

【地理信息与测绘】 4月，完成长兴县中心城区108平方千米1:500数字线划图基础地理数据建库工作。6月，完成中心城区及泗安镇、和平镇、煤山镇3镇驻地57平方千米地名地址数据（含兴趣点）的外业采集、加工与整理工作。9月，完成长兴县全境0.2米分辨率航空摄影及数据处理项目，长兴县全境1:2000数字航测成图及建库项目生产通过验收。12月，建成12.3平方千米城市三维精细模型和33平方千米体块的三维景观数据库。

【“数字长兴”建成投入运行】 1月，筹备“数字长兴”项目（即“数字长兴”地理空间框架建设项目）前期准备调研工作，明确生产计划，编写项目设计书。2月，基本完成数据中心机房装修，确定内外网改造方案。明确“数字长兴”地理信息公共服务平台及应用示范系统承建单位，开展方案设计、评审工作。3月，开展“数字长兴”项目应用示范单位调研工作，确保各应用示范系统开发按进度进行。4月至6月，完成数据机房改造工程及硬件采购计划。配合“数字长兴”项目承建单位采集建设需求资料，跟踪平台及应用示范系统开发进程。起草《长兴县人民政府关于加快推进“数字长兴”地理信息公共服务平台推广应用的实施意见》。7月，“数字长兴”项目主体建设工程完成，投入试运行。9月，长兴县人民政府办公室组织召开《“数字长兴”地理信息公共平台共享及推广应用实施意见》征求意见座谈会。10月，“数字长兴”项目通过湖州市测绘与地理信息局预验收。11月，长兴县人民政府办公室印发《长兴县人民政府办公室关于加快“数字长兴”地理信息公共平台共享及推广应用的实施意见》。12月，建成数字规划管理信息平台、三维城市景观系统、数字化城市管理系统、重金属污染防治信息平台、数字气象信息平台和水资源综合治理一张图系统，“数字长兴”项目通过浙江省测绘与地理信息局、湖州市测绘与地理信息局和长兴县人民政府三方验收，投入正式运行。

【长兴县地理信息中心（长兴县住房和城乡建设局信息中心）成立】 8月，经长兴县机构编制委员会批复同意（长编〔2014〕17号），设立长兴县地理信息中心，挂长兴县住房和城乡建设局信息中心牌子，隶属长兴县规划局。长兴县地理信息中心系公益一类事业单位，核定事业编制3名，其中设中层职数1名，主要负责建设“数字长兴”地理空间框架、地理空间数据交换和共享平台，负责平台系统的数据搜集、整合、保管、更新、维护和服务工作；负责指导和组织协调县地理信息资源开发利用和地理信息产业发展工作；负责长兴县保密测绘、应急测绘、城市仿真、互联网地图及部分重点建设项目测绘等基础测绘工作；负责长兴县住房和城乡建设局门户网站及政务公开平台内容的更新、维护和舆情监控处理工作，为建设系统各单位提供计算机信息网络技术服务。

【第一次地理国情普查】 1月，与长兴县发展改革委员会、长兴县林业局、长兴县农业局等部门对接，征求县级普查拟新增内容。2月，联系长兴县新闻单位，组织开展地理国情普查宣传活动。3月，研究制订《长兴县第一次地理国情普查实施方案（征求意见稿）》。4月，召开长兴县地理国情普查实施领导小组工作会议，征求地理国情普查实施方案（征求意见稿）意见。5月，长兴县测绘与地理信息局根据浙江省地理国情普查相关政策法规及技术依据，提出长兴县地理国情普查实施方案和技术方案。7月至8月，开展长兴县地理国情普查工作，配合浙江省第二测绘院搜集地理国情专题资料及整理建库。9月，完成长兴城市建成区用地类型、城镇已批用地红线、基础服务性设施分布等专题资料收集，完成城市建成区范围初步普查成果，10月，长兴县测绘与地理信息局同浙江省第二测绘院核查确认城市建成区范围面积。11月，开展长兴县“清三河”行动基础信息调查工作。

【城市地下空间及管线普查工程】 9月30日，测绘与地理信息局与保定金迪地下管线探测有限责任公司签订长兴城市地下空间及管线普查工程合同，此次普查总范围约60平方千米（东至杭宁高速、太湖，南至城南路，西至回龙山路，北至合溪新港），其中详细普查范围约13平方千米（东至长州路，西至画溪大道，南至宣杭铁路，北至龙山大道），地下管线普查长度约3000千米。10月18日，保定金迪地下管线探测有限责任公司正式进驻长兴，启动长兴县地下空间及管线普查工程。年内，累计完成管线探测1850千米，管线点测量29000个，地下人防测量25个。

城市建设

【概况】 建设局根据建设“一主四轴八组团”[1]的现代化滨湖城市要求，加快推进中心城市建设四年行动计划，实施空间优化、功能强化、交通畅达、管理提质、整治提升“五大行动”。年内，实施23项城建重点工程，完成投资24.11亿元，占年度计划112.84%，完成三河湾公园、陈王路景观绿化工程、紫金南苑二期、画溪花园三期、锦绣花苑二期、城南画溪生活垃圾中转站等一批重点基础设施项目。

表54

2014年长兴县城建重点工程建设情况

单位：万元

项目名称	建设性质	建设规模和内容	建设年限	计划总投资	2013年底累计完成投资	2014年投资计划	2014年实际完成投资	年末进展情况
张家村花园(北区)	续建	建筑面积17.7万平方米	2012—2015	95000	20000	32000	32000	二次砌体工程完成。商铺钢结构(共5幢)主体完成总量的60%；二次砌体完成总量的50%。主楼外粉刷完成总量的90%(超出计划40%)。内粉刷完成总量的10%(滞后计划60%)
张家村花园(南区)	续建	建筑面积10.9万平方米	2013—2016	56000	15000	20000	20000	地下室底板和顶板已完成总量的95%(滞后计划5%)；主楼完成楼面砼浇捣21层，完成总量的55%(超出计划5%)
画溪花园(三期)	续建	建筑面积11万平方米	2012—2014	16000	5000	10000	10000	报资料备案中，做交房准备
紫金南苑(二期)	续建	建筑面积5.5万平方米	2011—2014	66000	60000	6000	6000	备案已完成，做交房准备
锦绣花苑(二期)	续建	建筑面积1.8万平方米	2013—2015	9000	4000	5000	5000	已交付使用
莱茵河畔	续建	3.5万平方米公共租赁房	2013—2015	9800	5500	1700	1700	进行基础圈梁支撑施工
环卫基础设施工程	续建	城西南片大型垃圾中转站	2013—2014	3500	1500	2000	2000	工程竣工，已投入使用

[1]“一主四轴八组团”：“一主”即长兴主城区，“四轴”即西部的山体绿轴、东部的水体篮轴及山水之间的两条沟通轴(主要沿长湖申与合溪两条水脉)，“八组团”即夹浦组团、科教生态组团、水口组团、小浦组团、画溪组团、李家巷南太湖产业平台组团、洪桥组团及图影组团。

续表54

项目名称	建设性质	建设规模和内容	建设年限	计划总投资	2013年底累计完成投资	2014年投资计划	2014年实际完成投资	年末进展情况
农村安全用水改造（二期）	续建	农村安全用水配套改造	2013—2014	13000	4000	9000	33000	完成56个行政村一户一表改造、26个行政村的改水工程已通过县联合验收小组的资料审查和现场验收，共完成改造户数44138户，完成总投资金额1.6亿元（其中13个行政村改水工作伴随着新农村建设实施）。和平水厂、乐泉水厂、小浦水厂、水口水厂4座水厂完成建设任务，泗安水厂、第三水厂完成工程前期手续审批工作，共计完成投资金额1.7亿元
长兴天然气工程	续建	长兴接轨川气东送工程	2010—2015	34221	28500	3800	3820	完成长输管线及各房地产配套天然气管道工程25.9千米，新增天然气用户5900户，川气东输工程全面竣工
陈王路绿化	新建	绿化面积37000平方米	2014	2800		2800	2800	2014年9月25日通过竣工验收，10月25日完成问题整改，11月1日正式进入养护期
中心城区重要交通节点交叉口渠化改造工程	新建	完成龙山大道与金陵北路、画溪大道交叉口，长海路与紫金路交叉口等路口改造	2014	1200		1200	2000	已完成建设
中心广场公交枢纽	新建	面积约5000平方米，增设公交车位12辆	2014	7000		7000	7000	已完成，并与4月28日正式投入使用
画溪新城公交枢纽站	新建	面积约15000平方米，定位6个乡镇公交始发站及城市公交换乘站	2014	8000		8000	8000	8月竣工，已移交
太湖路改造	新建	东起明珠路，西至金陵路，长约1000米，宽37米	2014	4000		4000	4005	3月工程已完工
长海路工程	新建	东起明珠路，西至长安路，长约1300米，宽36米	2014—2015	20000		5000	6604	征收工作：完成调摸，进入拆迁工作，涉及被征收户16户（包括国有和集体），已完成签约13户，其中4户已拆除；施工图：施工图初稿已完成，启动线路搬迁
三河湾公园建设工程	新建	三河湾公园建设工程约46.67公顷（含水域面积13.33公顷）	2014	5000		5000	5900	已完工

续表54

项目名称	建设性质	建设规模和内容	建设年限	计划总投资	2013年底累计完成投资	2014年投资计划	2014年实际完成投资	年末进展情况
城市污水管网整治工程	新建	完善城区污水管网配套建设,实施书院弄等地块污水纳管改造;结合道路改造新增污水管网,实现污水应收尽收,改善城区水环境	2014—2015	6000		5000	5000	结合坛家港及西护城河沿河、黄土桥港截污工程、金陵南路及5个老小区改造已完成污水管网建设约8千米
城市道路修缮工程	新建	回龙山道路、解放路、金陵中路等维修	2014	2000		2000	2000	解放路与金陵路维修已完成;回龙山公园道路已完成
园林绿化及老城区水系生态修复工程	新建	完成紫金路连接线及回龙山新区绿化及西护城河、长水港等城区段生态修复	2014	3000		3000	3000	全部完成
旧城改造	新建	老剧院地块拆迁	2014—2015	110000		70000	70000	累计完成签约820户(包括县前中街原政府办公楼14户),签约率98.8%,腾空816户,拆除房屋约6.5万平方米
农房改造	新建	完成2个农房示范村创建,推进6个农房改造示范村建设(完成市下达1300户农房改造任务)	2014	9000		9000	9120	已通过市验收
规划体系编制及基础测绘	新建	专业规划编制完善及基础测绘等	2014	1000		1000	1000	数字长兴地理空间框架建设项目,12月9日已经通过省、市、县三方共同验收,该项目已经完成
老小区基础设施	新建	完成5个老小区改造	2014	1200		1200	1200	5个老小区已全部竣工,铁鹰小区、环西花园、福兴花苑,原乡企局宿舍、城北小区坛家桥片已全部通过验收

【中心城区交通拥堵治理】 继续开展中心城区交通拥堵治理行动,通过优先发展公交,完善路网结构,治理拥堵点,加强交通管理等综合整治措施,提高城市交通拥堵治理效率和城乡居民交通拥堵治理满意度。年内,共投入资金8.5亿元,新建改建城市道路4条、打通断头路3条,完成道路拥堵点渠化改造4个;建成中心广场和画溪新城公交枢纽站并投入使用;新增公交站点14个、公交车22辆、公共自行车500辆;新增公共停车位236个、专用停车位2788个,减少路面停车位100个,城区执行差别化停车收费政策;完成105个路口交通信号灯及控制系统智能化升级改造,统一联入交通指挥中心平台进行智能化管理。完成长春南路、钟楼南路、望春南路等治堵重点区域循环交通建设。中心城区交通拥堵治理取得明显成效,连续两次在浙江省县区交通拥堵治理满意度测评中获第一名。

【太湖中路改造工程】 太湖中路改造项目位于主城区,改造范围东起明珠路,西至金陵北路,全长约989米。此次改造工程于2013年11月1日启动,2014年4月竣工并投入使用,项目总投资4000万元,改造内容包括道路拼宽、交叉口渠化、截污纳管、给水管改造、路灯节能改造、交通设施提升、强弱电上改下等。改造后,太湖中路道路标准宽度为37米,双向六车道。

【中心广场公交枢纽站】 中心广场公交枢纽站项目位于中心广场东南侧，2013年12月启动建设，2014年4月竣工并投入使用，总投资7000万元(含拆迁费用)。该工程占地面积约5000平方米，建筑面积416平方米，建设内容包括公交枢纽站管理用房、公交枢纽场外停车场、县前街北侧道路拓宽渠化等3部分，建成启用后有4条公交线路始发，3条线路途经站点，共7条换乘线路。

【画溪公交枢纽站】 画溪公交枢纽站项目位于长兴县城南画溪工业功能区长和公路西侧，于3月15日开工，8月15日完工，10月16日正式投入使用，总投资约8000万元(含拆迁费用)。该工程总用地面积约13626平方米，总建筑面积1969.64平方米，建设内容包括站务用房、维修用房及车辆冲洗装置等，建成启用后有4条城市线路始发，8条城乡公交始发，设有夜间公交停车位96个。

【城市道路修缮】 年内，对解放中路(八佰伴南侧)、金陵中路(八佰伴东侧)及回龙山道路等3处城市道路进行修缮。其中，解放中路(八佰伴南侧)和金陵中路(八佰伴东侧)系因八佰伴商业楼二层地下室开挖、建设，造成道路破损，由八佰伴商业集团有限公司负责道路修缮，此次道路修缮总长度约120米，维修费用56万元。回龙山道路修缮工程于8月25日开工，11月20日完工。此次修缮总长度约为1500米，包括一段45米原有挡墙修复，维修费用约868万元。

【浙江省首批美丽县城建设试点县(市)】 12月22日，浙江省推进城市化工作协调指导小组发文公布第一批“浙江省美丽县城”建设试点县(市)名单(浙城指〔2014〕2号)，全省仅11个试点县(市)入围，长兴县名列其中，成为湖州市唯一入选县(市)。

(李爱晶)

园 林 绿 化

【概况】 长兴县园林管理局是长兴县园林绿化主管部门，承担中心城市建成区绿化建设、养护管理、园林监察和全县绿化技术咨询、服务、指导等职能。内设综合科、绿化建设科、绿化养护科(公园养护站、绿化养护站)、行业管理科、绿化督查科、太湖风情管理办公室等6个职能科室。下设长兴建设园林工程有限公司。年末，在编人员21人，聘用编外用工13人。

【城市绿化建设】 累计投入资金1.1亿元，完成绿化建设项目9项，新增和改造绿化面积82.45万平方米，其中三河湾公园新增绿化68万平方米，陈王路绿化改造提升5万平方米，城区沿河绿化改造提升7.34万平方米，街头美化工程1.5万平方米，中心广场公交枢纽站、金莲桥安置房东侧地块、太湖路、坛家桥、小西门桥等零星地块新增改造绿化0.61万平方米。年末，中心城市绿地达到2007万平方米，绿地率41.8%，绿化覆盖率45.8%，人均公园绿地15.93平方米。

【城市绿地管护】 直管行道树2万株，绿地180万平方米，其中老城区130万平方米，太湖风情示范带滨湖大道50万平方米。年内，共补植行道树700株，修剪法国梧桐树1500株、抹芽4遍，疏枝修剪香樟树3000株，更换、修补、支撑1600株；冯家湾、龙山大道绿地草坪混播黑麦草3.5万平方米。投入资金230万元，对古城公园、台基山遗址公园、画溪湿地公园、花菇山公园、方家港绿地及长兴港绿地进行维护改造。古城公园纪念碑前草坪改建为花岗岩铺装，木花廊架更换成大理石，对园内茶楼、园路、围墙、河边驳岸进行维修养护；台基山遗址公园展厅屋面翻新，园路原木栈道更换为花岗岩；画溪湿地公园亭子、停车场翻新，新增部分护栏；花菇山公园管理房、亭子重新油漆；方家港绿地新建花廊架1个；长兴港绿地路面、厕所进行维修，增设座凳3只。

【绿化养护市场化运作模式】 开展园林管理体制改革，探索实施绿化养护市场化运作模式，逐步推动园林绿化管理市场化从无形到有形，从无序到有序转变。5月9日，园管局将画溪大道南延伸线10.3万平方米和滨湖大道沿线50万平方米绿化养护公开对外招标，引入市场化运作。5月29日，长兴佳源园林建设有限公司、杭州汇达绿地有限公司、长兴天林市政园林工程有限公司、长兴市政工程有限公司等4家企业中标，负责以上范围绿化养护。园管局负责做好上述4家企业养护绿地的监管、考核及技术指导工作。

【三河湾公园建设】 三河湾公园位于中央大道和发展大道之间，与杭宁高速和陈王路相连。该公园于2月9日动工建设，7月10日建成，总投资5800万元，占地面积68万平方米，其中绿地36万平方米。该公园分“花”主题片区、“草”主题片区、保留片林区和“水”核心轴。其中，“花”“草”片区主要以草花、草坪为主题，通过大尺度、大对比、大色块的绿化来营造景观，花卉面积7.8万平方米、草坪面积15万平方米，通过推行草花、草坪“籽播技术”，累计节省成本250余万元。保留片林区主要种有枫香、雪松、乌桕、旱柳、珊瑚朴、黄山栾树、河柳、水杉、银杏、香樟、八角金盘、洒金珊瑚、木芙蓉等树种。“水”核心轴有荷花、水蜡、时花等水生植物。

【太湖风情示范带管理品质提升】 2014年，园管局落实车辆、人员，继续做好“太湖风情”实验示范带绿化、道路、内河水体保洁及路灯设施日常管护等工作。10月16日—11月15日，为进一步提升太湖风情实验示范带管理品质，长兴县人民政府办公室组织长兴县城市管理行政执法局、长兴县住房和城乡建设局、长兴县水利局、长兴县市场监督管理局、长兴县交警大队、长兴县公路管理局等6个职能部门组成联合整治小组，对滨湖大道沿线乱设摊、乱停车、违规闯禁、占绿毁绿等现象进行集中整治。此次综合整治行动共取缔摊位10只，规范设摊15处，处罚车辆违章30起，劝导占绿行为460起，制止毁绿行为8起。

【古城公园成为反邪教主题公园】 古城公园位于雉城街道人民南路，是长兴建立最早的公园，总占地面积近4公顷，是古典园林风格的开放式公园。1月2日，成为以"崇尚科学、珍爱生命、反对邪教、共建和谐"为主题的反邪教主题公园。反邪教主题公园宣传阵地主要由5块350厘米X150厘米规格的不锈钢大型橱窗和34块不锈钢的宣传标语组成。橱窗内容主要介绍邪教的定义、主要表现形式、危害性、如何识别和防范、与宗教的区别等内容。帮助市民更加直观认清邪教组织，正确区分传统宗教和冒用宗教名义的邪教组织，从而树立"崇尚科学，反对邪教"的科学理念，营造一种健康向上思想文化氛围。6月19日，全省无邪教"三级联创"推进现场会暨涉外工作会议召开，200名参会人员到古城公园现场观摩。

【古城公园举行首个烈士公祭仪式】 9月30日，长兴县首个烈士公祭仪式在古城公园烈士纪念碑前举行。长兴县领导干部代表、驻长兴部队代表、社会各界人士代表共300人参加公祭活动，瞻仰烈士纪念碑，缅怀英灵。

(章　堂)

村镇建设

【概况】 小城镇建设完成投资11.4亿元，36项基础设施建设有序推进，中心集镇辐射带动能力进一步提高。完成省下达农房改造任务，第一、第二批8个省美丽宜居示范村创建通过省级验收，第三批4个省美丽宜居示范村项目启动建设。

【中心镇建设】 年内，泗安镇、和平镇、煤山镇等3个中心镇完成投入5.57亿元，重点实施城镇基础设施配套、绿化美化、公共设施建设等，泗安镇第二人民医院、和平镇水厂三期、煤山镇工业园区三期等重点工程基本完成，中心镇集聚辐射功能进一步增强。

【农村垃圾收集处理】 年内，调整各乡镇(街道、园区)生活垃圾集中收集清运任务数，全县垃圾日均清运任务量483.5吨，其中乡镇(街道、园区)垃圾日均清运任务量363.5吨。年末，除中心城区外，各乡镇(街道、园区)共收集清运垃圾155620吨，日均清运426.4吨，完成日均清运基础任务数的117.3%。发放补助资金约1098万元。

【农房改造建设】 年内，累计投资8790万元，完成农房改造1490户，在建75户，改造建设房屋总建筑面积约32.7万平方米。完成264户危旧房改造，累计投资2687.6万元，其中县财政补助约173.35万元，乡镇财政补助103.25万元，其他投入2411万元。

【省美丽宜居示范村建设】 年内，推进太湖村、港口村、小沉渎村、新塘村、沉渎港村、北汤村、新联村、玉泉村等8个省美丽宜居示范村建设，建成住宅1730套，旧房改造1330户，基础设施配套完备，12月通过省验收。6月，长中村、庆丰村、方一村、徽州庄村等4个行政村列入第三批省美丽宜居建设示范村，10月，启动第三批4个省美丽宜居示范村建设。全县共有12个省美丽宜居示范村，总数居全省各县区首位。

(余筱敏)

城市有机更新

【概况】 9月，出台《长兴县国有土地上房屋征收评估管理办法》(长建设〔2014〕166号)，进一步规范国有土地上房屋征收评估工作；推广房屋征收信息公开系统，运用平台发布各类征收补偿工作信息，提高群众知晓率和信息透明度，实现阳光征收、和谐征收。年内，老剧院、长海路、步云桥等3个地块完成签协871户，完成任务数的98.6%；面积7万平方米，完成任务数的74%。"三改一拆"专项活动及"无违建"创建活动有序推进。

【老剧院地块房屋征收】 老剧院地块征收范围东至护城河、南至解放中路、西至长春北路、北至县前中街，总用地面积6.09万平方米，总拆迁面积8.46万平方米，共涉及被征收户830户(包括县前中街原政府办公楼14户)。2013年9月启动签约，年末，累计完成签约820户，签约率98.8%，腾空816户，拆除房屋约6.5万平方米。

【长海路地块房屋征收】 长海路地块征收范围东起明珠路、西至长安路，沿路共涉及征收户16户(包括国有和集体)。3月10日启动签约，年末，累计完成签约13户，签约率81.25%。

【步云桥地块房屋征收】 步云桥地块征收范围东起长水港、西至城北小区小河、南起城北小区、北至太湖大道，涉及被征收户40户，6月

20日启动签约，7月20日全面完成，创下全县房屋征收进度最快的新纪录。

【"三改一拆"专项行动】 2月24日-28日，浙江省"三改一拆"督查组对长兴县"三改一拆"工作进行第一轮督查，督查反馈民乐苑、长岭苑、西山新村、画溪玫瑰园及梅花庄小区一带彩钢棚、阳光房等违建突出，要求限期整改。3月2日，中共长兴县委员会召开常委（扩大）会议，通报浙江省"三改一拆"督查组在长督查情况，并部署相关整改工作。3月4日，长兴县"三改一拆"办公室组织龙山新区管委会和雉城街道进行现场踏勘，排摸违建情况，制订整改方案，确保限期整改到位。5月，长兴县"三改一拆"办公室组织开展"三改一拆"回头看活动，认真对照"八看"要求，全面组织开展自查自纠和查漏补缺，在"回头看"中解决问题、总结经验，把"回头看"作为"无违建"创建的重要衔接和有力保障，达到预期目标。5月底，浙江省"三改一拆"督查组要求整改的问题全部整改拆除到位。7月21日，浙江省"三改一拆"督查组对长兴"三改一拆"工作进行第二次督查，重点查看第一轮督查整改情况。8月开始，全县"三改一拆"专项行动重心逐步转入"无违建"创建。年内，完成"三改一拆"241.3万平方米，其中三改166.9万平方米，拆违74.4万平方米。至年末，全县累计完成"三改一拆"639.6万平方米（其中完成"拆违"169.5万平方米，"三改"470.1万平方米），完成省下达三年指标的147.4%，提前超额完成省下达的"三改一拆"目标任务。

【"无违建"创建活动】 2月，长兴县人民政府印发《关于开展"无违建"创建活动的实施意见》（长政发〔2014〕12号），提出"无违建"创建总体目标和创建标准，明确泗安镇、太湖新城、太湖图影3个创建主体为"无违建乡镇（街道、园区）"试点单位。是月，长兴县人民政府办公室印发《长兴县违法建筑认定标准及处置办法》（长政办发〔2014〕26号），明确违法建筑认定标准，提出立即拆除、暂缓拆除及其他有效处置方式等3种处置办法，基本建立覆盖城乡的违法建筑即查即拆机制，为全县依法、规范、有力做好违法建筑防控和治理工作提供保障。4月—5月，开展集中拆违专项行动，集中时间、人力，全面依法拆除既有违建50.5万平方米、浙江省"三改一拆"督查组反馈整改0.19万平方米、高铁国道沿线违建1.87万平方米、国土部华东督察局例行督察及卫片执法项目6.31万平方米以及涉及宗教违建0.32万平方米。截至5月底，开展集中拆违160余次，拆违953处59.4万平方米，完成任务总数的100.3%。5月23日，长兴县"三改一拆"办公室在中共长兴县委党校开设一期"无违建"创建培训班，重点对《长兴县"无违建"考评细则》《长兴县违法建筑认定标准及处置办法》、规范农民建房政策、卫片执法整改及农村非法"一户多宅"相关政策等进行解读，全面部署全县"无违建"创建工作。6月，浙江省建设厅副厅长、浙江省"三改一拆"办公室副主任朱永斌带队调研长兴"无违建"创建工作。7月开始，组织指导各乡镇（街道、园区）、村（社区）开展"无违建"创建活动。年末，全县"无违建"创建覆盖率达到100%，20个乡镇（街道、园区）完成"无违建村（社区）"验收工作，并接受湖州市验收。

（李爱晶　高浩健）

城市管理

【概况】 年内，长兴县城市管理行政执法局在县委、县政府的领导下，认真贯彻落实中共十八大精神和县委、县政府的各项决策部署，深化五项重点工作、开展五大难点工作、推进队伍建设，推动城市管理水平整体提升。

【深化五项重点工作】 重心下移工作：5月，设立水口执法中队。6月，设立太湖街道执法中队。9月，设立太湖图影执法中队，派出机构数量增至12个。全力参与乡镇城市管理工作。至12月底，共配合当地党委政府"无违建县"创建、"四边三化""三改一拆""五水共治"等重点工作536次。数字城管工作：5月，将数字城管工作纳入县级机关共34个部门的"三比一讲"绩效考核。年内，共上报案件40229件（其中事件37016件、部件3213件），结案率达99.68%。公共自行车工作：3月，启动公共自行车二期工程规划。8月，进入施工阶段。10月，正式投入运行。二期建成站点26个，投入使用公共自行车500辆，配置自行车锁车柱650个。至12月底，累计办理公共自行车租赁卡3.9万余张，总骑行次数189万余人次，平均每天借车4800余车次。"微博、微信"管理工作：1月，开通长兴城市管理政务微博。10月，开通长兴城管微信公众平台。规划执法工作：县城市管理行政执法局严格按照县"三改一拆"和创"无违建县"的部署要求开展违法建设的查处工作。年内，共立案查处一般程序案件5起，自行组织拆违49次，拆除违章建筑面积16373平方米。配合乡镇、街道、园区和城市有机更新办公室拆违、拆迁共计18次。

【开展五大难点专项整治工作】 菜场周边秩序整治：加强对中心城区四大菜场周边的环境秩序管理及集中整治力度，对违法占道、越店经营等行为进行重点治理。年内，共取缔无证摊点74起，规范占道经营3500余起，暂扣物品150余件。无证夜酒摊、烧烤摊整治：对中心城区夜间摊位实行夜间6时到次日早上6时的无缝管理机制。7—8月，联合公安、环卫等部门，开展专项整治18次。8月，对经过审批的20个有证摊位餐车进行统一的更新，包括餐车的选择、服装的统一、地毯的铺设、三桶的配备，并出台十分制考核标准。流动水果摊整治：年内，加强对中心城区金陵路、人民路、解放路、仓前街、米行弄、百草园市场等路段流动水果摊的管控。年内，集中整治32次，取缔非法摊贩95处，扣押违法物品130余次。为缓解自产自销季节性水果的销售压力，6月，开辟应季产品临时销售点7处。烟花爆竹燃放整治：年内，对28家大中型酒店及70家小型饭店、农家乐进行上门宣传，建立工作联系卡，签订烟花爆竹限放管理责任书。年内，开展烟花爆竹燃放整治41次，查处违法燃放行为90起，移交派出所处理4起，现场教育120人次。犬类管理整治：年内，长兴县城市管理行政执法局免费为市民办理犬牌71起，成立犬类管理中队，重点突出对小区、广场、城郊接合部等区域早晚时间段的巡查。年内，共开展整治55次，捕捉收容流浪犬58只，无害化处理3只。

【扎实推进队伍建设】 党的群众路线教育实践活动方面：2月27日，县城市管理行政执法局召开教育实践活动动员大会，正式启动该项活动。7月25日，党组班子召开专题民主生活会。8月4日起，8个基层党组织相继召开了组织生活会，全局95名党员参加“党性体检、民主评议”。人才选拔机制建设方面：6月，根据县组织部要求，该局组织实施中层干部竞争上岗工作，44人报名参加，6人得到提升，3人实现中层换岗。9月，通过公开招聘向社会选拔编外聘用人员，共选拔出21人。投诉案件处理方面：年内，办理各种投诉、举报、信访等共计1644件(其中12345县长热线为715件)，办结率为100%，回复率100%；主要领导签批率100%，满意率为97%，无超期办理、超时响应问题；内电接办356件，110联动办理555件；信访件18件，接待群从来人访共21批29人次。全县统一部署工作方面：4月，开展黄土桥港河面保洁、河道清淤、截污纳管以及岸坡整治、管网铺设工作，共打捞清理垃圾2吨，清理出各类垃圾、杂草1吨。清淤河段里程3.8千米，清淤7万立方米。10月，制订治霾攻坚行动整治活动工作方案，进行动员布置。年内，共对工程车辆发放通知300余份，处理扬尘车辆和超重车辆200余辆；共张贴和发放中心城区餐饮油烟治理相关通知2000余份，整治餐饮业25家，安装油烟净化器安装率95%以上；查处违法燃放行为93起，其中移交派出所处罚33起，批评教育60起。依法行政方面：3月，成立一般案件办理指导小组，到派出机构指导工作，对案件主办人员进行专业法律法规知识、调查取证要求、办案的技巧、典型案例等针对性培训。年内，共指导派出机构办案22次，组织培训学习10次，立案登记一般案件20件，审核案件20件。

（施震宏）

建筑业

【概况】 全年完成建筑业总产值75.82亿元，比上年同期增长11.43%；竣工产值52.03亿元，比上年同期增长4.3%；全县房屋建筑施工面积470.78万平方米、竣工面积304.95万平方米。全县超亿元建筑企业共18家，完成建筑业产值66.27亿元。全年建筑企业资质增项、升级5批7家次，其中一级资质4家，设计施工一体化资质2批3家次。年末，全县建筑业资质企业总数达到71家，其中设计与施工一体化资质企业5家、施工总承包企业34家(一级5家，二级11家)、专业承包企业34家(一级2家，二级9家)、劳务分包企业1家，企业主、兼营(增项)涉及专业30个。有工程监理、造价咨询、招标代理等中介服务机构7家，其中监理企业4家，包含甲级2家、乙级1家、丙级1家；工程造价咨询企业3家，包含甲级1家、乙级2家；招标代理机构3家，包含乙级1家、暂定级2家。有国家一级注册建造师127人(临时3人)、国家二级注册建造师593人(临时57人)，有国家注册监理工程师75人、省注册监理工程师56人，有国家注册造价工程师28人。

【建筑市场管理】 年内，推行网上、现场“双轨”审批，建立跟踪联系制度、重大项目服务制度，及时协调解决项目建设过程中的疑难复杂问题。全年核发施工许可142项，造价89.35亿元，建筑面积409万平方米。针对外来建筑业企业多、杂、备案阻力大等特点，修订《长兴县建筑业企业诚信备案管理办法》。年末，100家企业进入“诚信库”备案，其中本地企业24家，园林施工企业25家，专业承包企业7家；19家企业进入“非诚信库”备案。结合“安全生产年”“打非治违”各专项活动，全年开展6次安全和质量大检查，对存在违规行为的18家施工企业单位进行停工整改。根据《长兴县建筑市场主体和从业人员不良行为监督管理办法》，针对各方责任主体人员到位情况、现场管理、合同履行等方面进行考核。抓好清欠工作，全年协调处理农民工工资拖欠投诉事件60余起，涉及人数2000余人次，金额3000余万元。

【建设工程质量监督】 年内，新增监督工程175项，监督面积192万平方米。其中，土建类136项，市政类(含小区及公建配套市政)39项，总投资约16435万元。竣工备案137个，竣工工程一次性验收合格率100%。对工程各环节验收监督1040次，下发《工程实体质量监督检查记录》930份。审核各类工程资料500余份，出具《资料审核告知书》662份。全年开展日常质量巡查52

余次，专项检查5次，下发限期整改意见书27份，对27家施工、监理企业不良行为扣分178分。

【建设工程安全监督】 年内，累计检查项目272个，发出限期整改意见书242份，停工整改通知书30份，召开预警约谈会8次，开工前安全生产条件审查项目135个，办理起重设备备案769台次。组织安全警示教育进一线活动11次，1200余民工接受安全生产教育。组织400余人次参加《建设工程安全检查标准》和《建设工程施工现场供用电安全规范》，组织四次一线作业人员和专业技术人员安全教育培训，培训人员达900余人。

【建筑节能】 年内，对全县民用建筑项目设计方案和节能评估文件或节能登记表进行审查，共计59项，总建设面积59.3万平方米。11月，经单位申报、浙江省财政厅、浙江省建设厅批准，长兴朗诗绿建科技有限公司朗诗长兴研发基地布鲁克被动房（绿色建筑工程）获得浙江省建筑节能新技术应用示范工程，长兴明达房地产开发有限公司紫藤花墅项目、长兴欣诺房地产开发有限公司卡地亚庄园项目、长兴华昌房地产开发有限公司凤凰城项目、浙江浙水房地产开发有限公司阳光天地项目获评省建筑节能可再生能源利用示范项目，并获得20万元建筑节能专项引导资金补助支持。

【扬尘污染治理】 建设局承担的扬尘污染治理主要包括在建工程扬尘整治和道路扬尘治理两大部分。根据《长兴县大气污染防治行动计划（2014—2017）》要求，建设局专门出台《长兴县城市扬尘污染控制管理办法》，明确责任主体，单列扬尘防治费用，以围挡设置100%、砂土等易扬尘材料遮盖或绿化100%、主要道路硬化100%、运输车辆冲洗且密闭加盖100%、外架密目式安全网张挂100%、建筑垃圾禁止高空抛洒100%、拆除施工过程洒水100%、暂不开发场地绿化100%等“8个100%”为总要求，治理城市大气污染。年内，通过下发文件、走访企业、鼓励创标、现场教育、技术交底等多种形式，宣传建筑施工扬尘污染治理的重要性，提高自觉性。对城区58个在建工地开展扬尘污染控制专项排查，下发限期整改意见书，并会同开发区、街道等进行专项整治活动。同时，与城管局联合发放安装视频监控通知70余份，要求在建设工地的主入口安装视频监控摄像头，利用数字城管，对工地扬尘治理情况进行实时监控。合理安排2辆大型湿扫扫地车进行清扫，另安排2辆湿扫大型扫地车和10辆小型扫地车对主城区、龙山新区、回龙山新区等道路进行清扫，新增机械作业清扫面积30余万平方米，机扫率达到65%以上。将城区范围划为4个区块进行洒水作业，4辆洒水车换人不停车，每日4:30至24:00对道路进行循环洒水降尘作业，主要道路每天洒水不少于5次，次要道路不少于3次；主要道路、建筑工地周边道路清洗每5天一个循环，其他道路7天一个循环。

【长兴县建设工程招标投标管理站划归长兴县公共资源交易管理办公室】 11月5日，长兴县机构编制委员会印发《长兴县行政服务中心（长兴县公共资源交易管理办公室）主要职责内设机构和人员编制规定》（长编〔2014〕25号），设立长兴县县公共资源交易管理办公室，原长兴县住房和城乡建设局管理的长兴县建设工程招标投标管理站，调整为由长兴县公共资源交易管理办公室管理。机构类别、职责、人员编制、经费形式不变。

【长兴县城建培训中心撤销】 2013年12月10日，长兴县机构编制委员会研究决定（长编〔2013〕32号），撤销长兴县城建培训中心，人员编制整体划入长兴县规划设计室。

表55

2014年长兴县建筑工程获奖情况

奖项	工程名称	建设单位	监理单位	施工单位	项目经理
湖州市“飞英杯”优质工程奖	格兰国际广场	长兴格兰置业有限公司	浙江宏泰工程项目管理有限公司	江山市恒泰工程建设有限公司	曾利英
	长兴县龙山新区明珠北路延伸工程一标段	长兴县永兴建设开发有限公司	浙江宏泰工程项目管理有限公司	浙江同泰建设集团有限公司	孙金星
	长兴高速铁路站站前广场景观工程	长兴县城市建设有限公司	浙江东南建设管理有限公司	浙江长兴市政工程有限公司	叶建师
	110千伏虹星变电所土建工程	湖州市电力局	浙江电力建设监理有限公司湖州分公司	浙江越兴建设工程有限公司	王茂盛

续表55

奖项	工程名称	建设单位	监理单位	施工单位	项目经理
湖州市“飞英杯”优质工程奖	格兰国际广场	长兴格兰置业有限公司	浙江宏泰工程项目管理有限公司	江山市恒泰工程建设有限公司	曾利英
	长兴县龙山新区明珠北路延伸工程一标段	长兴县永兴建设开发有限公司	浙江宏泰工程项目管理有限公司	浙江同泰建设集团有限公司	孙金星
	长兴高速铁路站站前广场景观工程	长兴县城市建设有限公司	浙江东南建设管理有限公司	浙江长兴市政工程有限公司	叶建师
	110千伏虹星变电所土建工程	湖州市电力局	浙江电力建设监理有限公司湖州分公司	浙江越兴建设工程有限公司	王茂盛
长兴县“银杏杯”优质工程奖	长兴开发区中学(长广中学迁建)综合楼/实验楼	长兴开发区中学(长广中学迁建)筹建办公室	上海华申工程建设监理咨询有限公司	湖州市第二建设工程有限公司	闵小华
	长兴画溪玫瑰园综合楼工程	长兴县振宇房屋开发有限公司	德清县建设监理有限公司	长兴越烽建设工程有限公司	赵云飞
	长兴画溪花园一期工程16#楼	长兴建设房屋开发有限公司	浙江天成项目管理有限公司	中达建设集团股份有限公司	沈　闰
	长兴画溪花园一期工程18#楼	长兴建设房屋开发有限公司	浙江天成项目管理有限公司	中达建设集团股份有限公司	沈　闰
	长兴县林城镇商贸3#楼工程	湖州晟泰实业投资有限公司	杭州建友工程咨询有限公司	浙江华鑫建设有限公司	李维春
	浙江长兴华宝宠物玩具有限公司2#厂房工程	长兴华宝宠物玩具有限公司		浙江华鑫建设有限公司	潘玉明
	长兴县老318国道(浙北大桥—长桥大桥)段改建工程(K2+390-K3+020段)	长兴县城市建设有限公司	浙江天成项目管理有限公司	长兴中海建设工程有限公司	朱建伟

(李爱晶　陈　霞)

交通建设与管理

综　述

长兴县交通运输局内设办公室、组宣人事科、财务科、法制科、运输安全科、工程建设科、铁路建设办公室等7个职能科(室),下辖县公路管理局(含农村公路应急抢险养护管理中心)、县港航管理局、县道路运输管理局等3个事业单位(副科级)和县交通建设发展中心、县交通工程质量安全监督站、县交通勘测设计所、县乡公路管理组等4个事业单位(股级)。年末,交通运输系统在编317人,编外203人。长兴万宏汽车运输有限公司是原国有企业改制后组建的民营企业,党组织隶属于长兴县交通运输局党委,主要从事全县公交、出租车等客运服务,在岗人员1078人。

2014年,长兴县交通运输局围绕年度工作目标,加快推进交通基础设施建设和交通运输行业管理交通运输总体保持稳步发展势头,获2014年度湖州市交通运输系统优胜单位。年内,杭长高速公路北延工程建设全线铺开,杭宁高速公路长兴互通、104国道夹浦段改建、陈王路改造、太湖大道中修、农村联网公路及低等级桥梁改造、国省道桥梁改造及公路大中修工程、道路绿化亮化工程均建成通车或完成投资计划。年内,交通运输系统围绕“五水共治”、大气污染防治和道路码头扬尘整治等全县中心工作,治水治气治路,淘汰老旧车船,严管货运车辆密闭运输,发挥交通优势,打造生态交通。码头整治工作成为湖州市码头整治样板,公路边、铁路边“三化”省市三年目标任务全部完成,在湖州市考核中名列第一,交通生态环境得到改善。年内,公交网络和运力配置进一步得到优化,公交运行效率和服务质量得到提升,建成启用2个公交枢纽站,首批10辆新能源公交车投入使用,成为国内首个使用纯电动公交车的县级城市;联合多部门推进交通治堵工作,在2014年浙江省城市交通满意度测评中长兴县排名首位。

基础设施建设

【概况】 年内,全县境内国道、省道、县道、乡道、村道、专用道共1010条(含高速公路)。公路总里程2191.516千米。按公路性质分:国道156.779千米(其中高速公路81.291千米),省道55.923千米(其中高速公路8.18千米),县道416.194千米,乡道316.264千米,专用道43.899千米,村道1202.457千米,长广矿区专用公路38.589千米。按公路等级分:高速公路89.476千米,一级公路154.156千米,二级公路165.42千米,三级公路100.287千米,四级公路1427.753千米,准四级公路125.378千米,等外公路129.046千米。公路绿化里程1850.477千米。公路桥梁946座,其中特大型桥梁3座,大型桥梁98座,中型桥梁338座,小型桥梁507座,桥梁总长达57576.16延米。铁路方面,全县境内铁路4条,总里程为118.4千米,其中宁杭高铁29.1千米,宣杭铁路44.4千米、长牛铁路20.75千米、新长铁路24.15千米。年内,县交通运输局共组织实施8个交通基础设施建设项目(续建项目5项、新建项目3项),计划完成投资11.69亿元,实际完成投资12.7189亿元,占年计划108.8%,交通基础设施建设投资继续保持高位运行。

【工程建设】 杭长高速公路北延工程项目　路线全长30.247千米,全线设大桥9座/3336米,长隧道1.5座/3156米,设枢纽互通1处、一般互通3处,主线收费站1处、服务区1处。项目计划总投资40.42亿元,建设年限为2013年11月—2016年12月,2014年计划完成投资9亿元,实际完成投资9.5亿元,占年计划105.56%。

杭宁高速公路长兴互通工程项目　主线长0.963千米,匝道总长2.412千米,桥梁4座/525米,设互通收费站1处,该项目计划总投资1.65亿元,建设年限为2013年5月—2014年6月,2014年计划完成投资3500万元,实际完成投资3650万元，5月建成通车。

104国道夹浦段改建工程项目　全长5.259千米，为一级公路标准，计划总投资2.85亿元，建设年限为2012年10月—2014年12月，2014年计划完成投资8500万元，实际完成投资8650万元，12月建成通车。

陈王路改造工程项目　全长1.65千米，为城市主干道标准，计划总投资3500万元，建设年限为2013年11月—2014年6月，2014年计划完成投资2500万元，实际完成投资3592万元，占年计划143.68%，5月建成通车。

太湖大道中修工程项目　全长6.5千米，计划总投资1300万元，建设年限为2013年11月—2014年5月，2014年计划完成投资900万元，4月，完成全部投资并建成通车。

农村联网公路及低等级桥梁改造工程　年内，计划完成投资5000万元，新建农村联网公路60千米、改造低等级桥梁15座，实际完成投资5500万元，占年计划110%，其中农村联网公路完成67千米、低等级桥梁改造完成17座。

国省道桥梁改造及公路大中修工程　年内，计划完成投资5000万元，改造国省道危桥4座、完成公路大中修55千米，实际完成投资7837万元，占年计划156.74%。国省道桥梁改造完成4座，公路大中修工程完成72千米。

道路绿化及亮化工程　年内，计划完成投资1500万元，完成6千米道路绿化及亮化工程，实际完成投资2060万元，占年计划137.3%。

公路客运场站建设

【概况】　县内公路场站均隶属于浙江省长兴万宏汽车运输有限公司，以长兴汽车总站、画溪新城公交枢纽为主，另在泗安镇等乡镇设有5个站点。长兴汽车总站主要经营跨县、市、省际长途客运班线。画溪新城公交枢纽主要为县内短途客运班线和部分城市公交的始发、终点站，前身为长兴汽车客运中心，搬迁后，原长兴汽车客运中心改为城南公交停靠站。

【公交枢纽建设】　年内，中心广场公交枢纽和画溪新城公交枢纽建成投入使用。4月28日，中心广场枢纽站正式投入使用，该枢纽规划用地面积5000多平方米，总投资7000万元，功能定位为城区公交首末站及换乘站，共有7条公交线路交汇于此。11月，全县第一个城乡公交枢纽画溪新城公交枢纽站投入使用，该枢纽占地面积13000多平方米，总投资8000万元，枢纽内部采用环岛式设计，实现“人车分离”。龙山新区公交枢纽年内开工建设，计划2015年6月份投入使用。

交通(道路)运输

【概况】　年末，全县共有道路营运车辆662辆，高级客车87辆(其中省际旅游包车39辆)；中级客车36辆；城市公交车115辆(其中天然气76辆、纯电动公交车10辆)；城乡公交车93辆(其中天然气16辆)；校车112辆；双燃料出租车345辆。

【公交运营】　年末，全县共开通城市、城乡公交线路73条，投入营运车辆203辆，日班次达4555次，新增更新各类公交车32辆；新增优化城市城乡公交线路共17条，新增各类停靠站点11个，其中城市公交新增1条，优化调整11条，城乡公交优化调整5条。年末，全县公交分担率提升至12.3%；新增线网里程23千米；公交线网密度已达4.0千米/平方千米。

【出租车运营】　年内，组织开展出租车驾驶员从业资格证换发与注册工作，开展集中培训，协助市局许可窗口分批办理资格证6批次，共665个证件；全年共受理出租车投诉案件278起教育纠正出租车违规违纪行为30余次，立案查处8辆次、责令公司对违规车辆进行停业整改5辆次。

【道路客运】　年内，全县完成道路旅客运量950万人，比上年下降15.74%，客运周转量33651万人千米，比上年下降16.97%；辖区内未发生一起有责死亡事故，各项安全指标均在控制范围内，全县道路运输安全生产形势平稳有序，完成“零死亡事故”年度目标任务；完成春运工作，累计发送旅客106.61万人次为上年春运的88%，周转量3300.80万人千米为上年春运的73%。

【道路货运】　年末，全县有营业性载货汽车4699辆，比上年减少360辆，下降7.17%，载重39440吨位，比上年减少1297吨，下降3.18%，其中厢式货车车辆增加2.04%，吨位上升1.00%，挂车车辆增长14.5%，吨位增加13.1%；厢式车占比13.8%、挂车占比12%、重型车占比23.5%。全县货物运输业户319户，比上年增加48户，增长17.71%；专用运输业户71户，比上年增加8户，增长12.6%。

交通行业管理

【概况】　2014年，交通系统围绕公路管养、道路运输、港航水运工作推进行业管理，按照上级部署开展交通运输行政审批改革；规范交通运输市场秩序，提升水陆运输服务能力，提高公路养护和管理水平；完成“五水共治”、大气污染防治、公路边“三化”等全县中心工作任务，服务经济社会发展与民生改善，交通运输行业管理工作取得新成效。

【道路运政管理】　客货运市场管理　年内，共办理道路客货运输经营许可548起、维修经营许可51起；共查实黑车117辆、处罚104辆；查获未实行密闭运输导致扬撒案件331起；共受理行政案件1082件，无一错案发生；申请法院强制执行案件12起；96520投诉咨询265起。严把货运车辆年审关，严查二级维护超期等违法行为，年内共完成二级维护7933辆次，二级维护超期处罚94辆次。推行案件评审制度，组织普法宣传及法律知识竞赛，按照《行政强制法》及《浙江省道路运输条例》要求推进执法规范化建设。4月，组织开展"火车站区域客运市场"集中整治活动，对整治活动期间查获的黑车按照相关法律从严从重进行处罚。集中整治共查实黑车38辆、处罚35辆，净化客运市场。年末，开展"猎狐行动"客运市场综合整治行动，每天出动30余人，分成5个小组，严厉打击城区范围内非法营运行为，客运市场整治行动中共依法查获黑车20辆。

维修、驾培、出租车管理　年内，对一、二类维修企业，三类专项维修业户和摩托车维修业户开展专项检查，引导维修行业向"规模化、集约化、规范化"发展。新增一、二类维修企业7家，三类专项修理44家。举办"驾培技术大比拼""金牌维修大比武"技能比赛，全县8家驾校、36家维修企业代表共160名从业人员参加比赛。11月，在驾培行业试点开展"先培训后付费"。年内，共教育纠正出租车违规违纪行为30余次，立案查处8辆次、责令公司对违规车辆进行停业整改5辆次，共受理出租车投诉案件278起。

【公路管理】　公路养护管理　2014年，主要养护里程384.044千米，其中国道2条（104国道、318国道）75.488千米，省道2条（301省道、306省道）47.738千米，县道15条195.319千米，乡道6条21.742千米，专用公路8条43.757千米。年内共修补坑洞9114平方米，修复示警桩64根，补埋示警桩234根，修复百米桩316只，补埋、移埋百米桩1070只，修复里程碑90块、移埋里程碑115块。创新公路管理模式，干线公路"一路一档"户籍化管理；公路桥梁"云"管理，桥梁检查"四级监控、四级响应""一年一排查""普桥普养、特桥特养"。

公路路政管理　全年共实施路政巡查10512人次，发现违章案件1842件，查处违章案件1842件，拆除违章建筑1805.75平方米，清理堆积物6598立方米，收缴赔（补）偿费用176.2343万元。共办理涉路许可24件，其中涉路施工活动许可14件，设置非公路标志许可10件。检查超限运输车辆1106539辆，查处违法超限车辆3107辆，实施卸载2796辆，卸载货物64713.63吨，完成路政处罚案件19起。标志标牌实行"户籍化"管理，新增标志228块，更新标志698块，新划标线52818平方米。

公路边"三化"　年内，完成公路边"三化"三年目标任务，长兴县公路边"三化"工作在湖州市考核中名列第一。其中，洁化、清理公路沿线各类垃圾1658立方米；垃圾箱56个；废品收购点7个；桥下堆积物2570立方米。绿化：完成绿化里程20.93千米、面积85公顷，资金投入7423万元。美化：拆除公路建筑控制区及可视范围内违法建筑、破旧建筑14992平方米；清洁、粉刷墙体3737平方米；拆除整治各类非公路标牌44块。

港航管理

【港航基础设施建设】　年内，完成洪桥避风锚地完善工程招标，预算投入资金220万元；对毛柴支线航道进行养护，工程起点为华能长兴电厂1号冷却塔，终点为毛柴园石矿岔口，总长0.7千米，新建护岸737米工程概算核定为923万元，年内投入500万元；李湖南线鲍家村至小箬桥航段养护工程，全长2.6千米，按照五级航道标准进行改造，新建护岸和防洪堤1706.7米，修复护岸322米，投入资金822万元。

【水运发展】　年内，长兴港区拥有各类船舶2109艘，在册运力达64.15万载重吨，比上年上升1.1%，单船平均吨位308载重吨。年内，完成港口吞吐量3375万吨，比上年下降31.7%。完成集装箱5225标箱。货物运输量2576.47万吨，比上年下降53.01%，货物周转量37.71亿吨千米，比上年下降51.52%；水路客运量23.38人次，比上年上升209.26%，旅客周转量111.14人/千米，比上年增长215.92%。长兴捷通码头开辟"长兴—乍浦—宁波"内外贸航线，长兴兴一物流、长兴天顺物流有限公司分别开通乍浦至富阳东洲、宁波镇海至绍兴等水路集装箱运输业务。

【码头建设】　年内，按照《长兴县码头整治工作方案》，关闭无证经营码头并拆除装卸设施设备；对企业自备码头和有证有经营性码头按照《码头整治标准》建设雨污水处理系统和设置垃圾设施，对码头进行疏浚以保持足够水深，减少船体装卸作业时对水体影响。全县189家无证码头全部关闭并拆除码头装卸设施设备；完成28家企业自备码头和22家过渡保留码头雨污水处理系统建设。

码头扬尘治理作为大气污染治理15项任务中的重点项目，于11月初启动煤堆场粉尘治理工作。全县煤堆场252个，其中涉及码头等中转堆场14个，主要集中在小浦镇、画溪街道、李家巷镇，全部按照"一企一策"方案，通过联合审核后，登报承诺公示，按照要求整改提升。深化码头整改提升工作，在全市树立码头发展新样本，在浙江省交通港口开展的星级美丽码头创建活动中，捷通物流码头通过五星级美丽码头考核验收。

【水环境治理】　制订《长兴县水上交通运输环境整治三年专项行动方案》，年内，境内通航水域沉船打捞清理工作全部完成，合计打捞沉船276艘。重点整治船舶生活垃圾储存、接收和处理工作。全县所有营运码头、加油站已设置垃圾回收点，落实码头所属乡镇负责码头垃圾清运处理工作。

（陆　敏）

环境保护

综　述

长兴县环境保护局内设办公室、宣教法制科、生态科、行政许可科、污染防治科、总量办、信息中心等7个科室，局下属环境监察大队、环境应急中心、环境监测站及雉城、夹浦、李家巷、煤山、和平、泗安6个基层环保所(分局)。年末，在编73人，编外46人。

2014年，长兴县环保工作以主要污染物减排为目标，以巩固国家生态县创建成果为重点，牵头"五水共治"、大气污染防治攻坚行动、"四边三化"及印染、化工、造纸行业整治，落实重金属污染防治长效管理，强化工作体制机制创新，严格执法监管，完成各项任务。

环境综合治理

【五水共治】 全县12家印染企业基本完成整治后县级验收，投入2300万元建设的夹浦镇2万吨印染呢废水集中预处理设施投入运行，8家企业生产废水已计入，其余4家印染厂生产废水独立预处理设施已投入使用。总投资2200万元，完成12家企业共116台定型机尾气治理设施的改造，共安装高压静电尾气治理设施81套。所有印染企业完成废水在线监测系统安装，并与环保局进行联网，刷卡排污系统也安装完成并投入使用。12家印染企业安装废气治理过程在线监控系统与环保局联网。在夹浦镇整治成功基础上，依照"只减不增、搬迁集聚、纳管回用"的思路，推进县域范围内剩余3.7万台喷水织机整治提升工作。

【大气污染防治】 牵头制订《长兴县大气污染防治行动计划(2014—2017)》及2014年年度计划，与相关乡镇、部门签订目标责任书。编制起草《长兴县大气污染防治(治霾)攻坚行动实施方案》及15个分方案。继续推动机动车尾气检测，1—9月，全站累计检测车辆31978辆，核发绿标39864张、黄标1911张。会同农业局制订《长兴县农作物秸秆禁烧和综合利用实施方案》，实施夏、秋两季禁烧工作。秸秆禁烧期间共发现起火点229个，行政处罚75次，比去年同期有较大改善。推动窑炉整治，拟淘汰改造设备19台，其中锅炉15座，窑炉4座，其中2座锅炉已完成淘汰、改造，其他锅炉、炉窑改造方案、时间已确定。推进耐火废气整治工作，完成全县燃煤耐火及琉璃瓦企业尾气治理设施验收，落实奖励资金发放，积极配合有关部门推进全县耐火转型升级工作，完成全县8个重点乡镇耐火行业调研，积极联系对口夹浦镇、水口乡，做好企业转型升级技术指导。

【饮用水源地保护】 对部分水环境功能区进行调整，委托浙江大学编制《长兴县水功能区水环境功能区划修编方案》，完成湖州市统一评审，11月完成浙江省环保厅专家审查。下发饮用水源地安全隐患排查通知，完成《关于合溪水库饮用水源安全保障的调研报告》，修订《长兴县合溪水库饮用水水源保护区生态建设办法》，加强合溪水库饮用水源保护，每月落实对上游4个乡镇交界断面和水库入口处、库中、泄洪处的2次人工水质监测，及时反馈结果给县分管领导、各有关乡镇；与交警大队一起开展合溪水库路段危化品运输车辆夜间突击检查。加强对太湖沿岸蓝藻巡查，确保在蓝藻多发季每天1次蓝藻巡查，每周2次监测，没有出现大面积蓝藻暴发影响饮用水源水质现象。对集中式饮用水源地开展每月1次和对乡镇水饮用水源地开展每2个月1次水质人工监测，自动监测站每天进行6次水质分析，数据可实时查看。

【重金属污染防治】 在产铅蓄电池企业废气治理设施已全部改造为滤筒+高效过滤除尘器，共改造104套；所有企业全部改为全自动污水处理设施，其中11家企业投入1700万元，增加超滤+反渗透膜法处理工艺。在产铅蓄电池企业共18家，3家通过环保核查，浙江江森自控电池有限公司资料已上报环保部，另有3家企业环保核查材料已上报省厅，其余11家企业由于生产废水“零排放”问题，环评已修编并调整完成并组织验收工作，相关环保核查资料准备完毕，11月上报。按照国家重金属污染防治“十二五”规划考核办法，做好2014年度实施方案考核工作，4月完善各项资料准备，上报浙江省环保厅、环保部，整个考核工作于6月完成。1月召开中欧合作项目启动仪式。3月25日，组织全县铅蓄电池企业及周边省市铅蓄电池企业开展第一轮技术培训。4月、5月邀请浙江省环境保护科学设计研究院、国际铅研究中心等有关专家实地入企开展调研，提出针对性整改建议；7月组织第二次铅蓄电池行业技术交流会，11月组织一次危险废物管理技术培训会。根据涉汞行业整治方案要求，落实“三个一批”，白岘乡1家节能灯生产企业圣迪照明已落实关闭，其余11家企业开展整治提升，3家企业已淘汰液汞，使用固汞；改手动注汞为自动注汞。其余8家12月完成改造。11家电光源生产企业已完成含汞废物规范贮存与处置。10月在浙江长兴昌盛新光源有限公司组织所有涉汞企业召开整治工作现场推进会。

【固废与辐射源管理】 审批辐射项目7只。下发《长兴县2014年电离辐射环境监管及监督性监测实施方案》，1—9月，湖州南方水泥有限公司焚烧污泥节能环保项目累计处置污泥2.4万吨，日均处置污泥稳定在110～120吨，县财政累积下发补助资金314万，4月在长兴昌盛电源有限公司关闭原址进行的首家污染场地排查治理修复工作完成，委托湖州中一检测研究院有限公司进行检测，并完成评估报告。

总量减排工作

【减排项目建设】 明确30个重点减排项目。已完成林城污水厂提标改造，基本完成和平和美污水厂迁建；完成4个中水回用项目，完成6家养殖场治理提升；浙能电厂4台机组已全部完成脱硝设施建设，同步取消烟气旁路挡板；完成7条脱硝设施全部建设。减排项目投入资金约1.5亿元。

【排污许可有偿使用】 收取有偿使用费213.31万元。累计实施203个项目，到位资金4630万元。规范排污许可管理，简化排污许可证办理程序，发放坚持“三结合”，即与总量控制结合、减排结合和排污权有偿使用结合，共办理排污许可证87家。

【总量控制制度】 新增4家企业安装刷卡排污，合计完成27家企业网络化、系统化和集成化，废水排放企业可在管理平台上管控，出现超标即刻发送短信告知。主要针对水泥、印染企业实施差别化排污总量控制、差别化排污权激励、差别化排污权租赁、差别化排污收费、差别化激励奖惩，制订出台《长兴县工业企业差别化排污权配置实施办法（试行）》。

生态创建

【生态创建】 5月，国家生态县创建正式获得环保部命名，成为国家生态文明建设示范区。在水口乡开展国家生态文明建设示范乡镇试点；画溪街道获得市级生态街道命名，省级生态街道已公示，待命名；创建省级绿色家庭3个，省级绿色学校4所，市级绿色社区3个，市级生态村17个、市级生态文明教育示范基地2个，培育市级民间环保公益使者1名。落实17个市级生态村创建申报工作，已通过验收，待命名；完成3个市级绿色社区申报，已通过湖州市环保局和湖州市文明办联合验收，待命名；成功创建2个市级生态文明教育基地，配合教育局完成4个省级绿色学校创建申报工作。

【四边三化】 累计完成“四边”绿化179千米、面积319.7公顷，完成县下达任务的107%和120%，其中公路边绿化20.4千米、面积84.7公顷；铁路边绿化4.3千米、面积7.6公顷；清淤河道绿化154.2千米、面积97.2公顷；废弃矿山复绿面积130.3公顷。累计完成河道整治898.8千米，超额34倍，对全县1522千米河道保洁全覆盖；完成废弃矿山治理17个，完成106%；完成景区“三化”2个，完成100%。

环境监测

【常规环境监测】 共完成监测报告829份，检测报告412份，比对报告111份，验收报告36份，共完成监督性监测360多家次。完成常规地表水、气、降水监测，加强2个水质自动站、2个空气自动站日常运维，共获数据1.5万个。太湖网蓝藻预警监测46次，一共监测数据2898个。合溪水库藻类监测37次，获得监测数据446个；太湖蓝藻共监测46次，测得数据2898个。完成应急监测15次，开展应急演练2次。为2起环境违法刑事案件提供监测报告。

【空气自动站及水质自动站建设】 完成2个空气自动站改造任务，分别新增PM2.5监测项目，3月开始对外公布PM2.5数据。已完成3个水质自动站建设的站房建设。

环境监察

【重点排查及专项执法】 开展全县环境安全大排查，范围包括重点河流、湖库、饮用水水源地和居住区等重点敏感区域及周边涉及危险化学品企业、涉氨制冷企业、重点排污大户等；对学校周边1千米范围内所有工业企业等隐患点位进行地毯式排查。分别开展以排污收费稽查、涉气企业、涉水企业、保障饮用水安全、医药制造企业、涉重金属企业、治霾318攻坚行动工业大气污染防治为重点的7次“天网”专项行动。

【严格执法】 出动执法人员13260余人次，检查企业2738余家次，其中夜间突击检查企业230余家次，专项行动检查企业1340余家次；共立案112件，共移交公安追刑案件5件，拟追刑7人；联合办理案件33件，行政拘留18人。处罚金额到账500.6万元。

（朱云峰）

清 水 入 湖

【概况】 长兴县苕溪清水入湖河道整治工程建设指挥部办公室是中共长兴县委、长兴县人民政府为实施苕溪清水入湖河道整治工程（长兴段）建设组建的临时机构，负责苕溪清水入湖河道整治工程项目建设的日常工作。指挥部办公室内设综合科、规划计划科、工程建设科、政策处理科、财务科5个职能科室，工作人员27人，均从交通局、水利局、建设局、国土局等10个县级机关部门和乡镇中抽调。年内，苕溪清水入湖河道整治工程（长兴段）累计完成投资3.5亿元，占年度投资计划100%，完成工程初步设计报批工作。

【苕溪清水入湖河道整治工程（长兴段）】 苕溪清水入湖河道整治工程是国务院批准的浙江省太湖流域水环境综合治理重点水利工程之一，位于杭嘉湖平原西部，由西苕溪整治工程、东苕溪整治工程、长兴港整治工程和杨家浦港整治工程组成。

苕溪清水入湖河道整治工程整个项目在行政上分属杭州市余杭区、湖州市区、湖州市度假区、吴兴区以及长兴县、德清县、安吉县。按照行政区域，分别由7个项目业主组织实施。从2009年开始，前期工作由湖州市水利局牵头，按照统一规划、统一设计、统一报批程序进行。4月，国家发改委国家投资项目评审中心专家组对苕溪清水入湖河道整治工程初步设计概算进行实地评审，9月，国家发改委对初步设计概算进行核定。12月1日，浙江省发改委对苕溪清水入湖河道整治工程（长兴段）初步设计进行批复（浙发改设计〔2014〕167号）。

根据工程初步设计批复，长兴段工程静态总投资28.94亿元，其中工程投资16.30亿元，政策处理投资12.64亿元。施工总工期4年，主要建设内容包括整治河道长度61.18千米，加高加固及新建堤防113.13千米；涉及桥梁46座（新建1座，拆除新建19座、移位新建2座、保留利用16座、拆而不建8座）；拆建泵站27座、节制闸25座。工程建设征地共涉及11个乡镇（街道、园区）45个行政村。工程拆迁涉及农村居民1243户2889人，房屋21.35万平方米；征地范围内涉及各类土地326.32公顷，其中集体土地305.90公顷，国有土地20.42公顷；临时用地面积511.33公顷，均为耕地；工程拆迁企（事）业房屋6.46万平方米，涉及企（事）业单位117家；涉及各类输变电线路、光缆、电缆500余千米。

苕溪清水入湖河道整治工程（长兴段）主要由西苕溪整治工程、杨家浦港整治工程和长兴港整治工程以及桥梁建设和绿化等工程组成，工程量约占整个项目40%。其中，西苕溪整治工程包括苕溪清水入湖河道整治长兴险工段应急加固工程、苕溪清水入湖河道整治工程长兴应急段、和平三乡联合斗段、长城联合斗段和小溪口段；杨家浦港整治工程包括洪桥段、南太湖段、李家巷段和吕山段；长兴港整治工程包括县开发区段、太湖新城段、画溪街道段、林城段和雉城街道段（清淤）。

【苕溪清水入湖河道整治长兴险工段应急加固工程】 和平杨家滩段（西苕溪右岸）、虹星桥观音联合斗段（西苕溪左岸）和吕山联合斗段（西苕溪左岸）堤防建设长分别为0.9千米、3.665千米和2.92千米，年末已基本完工。

【苕溪清水入湖河道整治工程长兴应急段】 鉴于防汛工作的紧迫性和险工段应急加固工程建设成功经验，根据县委、县政府要求，长兴县提前启动实施苕溪清水入湖河道整治工程长兴应急段。该工程实施方案由长兴县发改委批复（长发改办〔2014〕13号），包括和平清临斗段、和平独山斗段和吕山大施斗段。堤防建设长度14千米，工程计划投资3.5亿元。

和平清临斗段堤防建设长3.9千米，4月10日施工单位进场，年末，基本完成土方主体工程；和平独山段堤防建设长5.8千米，9月25日施工单位进场，年末，基本完成交地区段土堤土方主体工程；吕山大施斗段堤防建设长4.3千米，8月10日施工单位进场，年末，基本完成土堤土方主体工程和泵站及闸桩基础工程。

【和平三乡联合斗段、长城联合斗段和小溪口段】 和平三乡联合斗段堤防长9.61千米，工程计划投资1.41亿元；长城联合斗段堤防长5.71千米，工程计划投资1.17亿元；小溪口段堤防长0.34千米，工程计划投资0.26亿元，均位于西苕溪右岸。征地拆迁等政策处理工作于12月启动实施。

（狄建锋）

文化建设

综　述

年内，长兴县文化广电新闻出版局(体育局)认真贯彻落实中央、省市县文化工作会议精神，深入开展第二批党的群众路线教育实践活动，以改善文化民生、加快推进文化升华为宗旨，以打造“文化惠民八大工程”为中心，各项工作有序推进。年内，通过“全国文化先进县”复评，获2014—2016年度“中国民间文化艺术之乡”“浙江省民间文化艺术之乡”等多项荣誉称号。

文化设施服务功能提升　年内，协助县委宣传部建成农村文化礼堂28家；指导泗安、煤山、白岘、画溪等乡镇、街道完成综合性文化服务中心新(改)建工作；完成15%的农村应急广播体系建设；县图书馆推出“手机图书馆”，建立城乡一体公共图书馆服务体系；大剧院完成4K巨幕影院的改造升级，建成国家五星级影院泗安百叶龙大世界。

各项文化服务举措创新务实　邀请省级文艺演出团队，开展“马年新春文化惠民”系列活动；举办“舞动梦想”第五届排舞大赛、首届社区文化节、红色山乡群众文化节、企业文化艺术节等“文化五进”活动，举办草莓、桃花、杨梅等多项特色乡镇农事节庆文化活动；指导县文化馆成立教师文艺辅导团进村入企开展100多场次文艺辅导；在新建文化大礼堂中首创“文化点餐制”和“学子微讲堂”两项创意，把“送文化”“种文化”和群众的“要文化”匹配起来，以满足群众文化需求新常态。

文化遗产保护工作稳步推进　年内，以第一次可移动文物普查为工作重点，长兴县博物馆完成库房古籍整理建档及县内重点文物收藏单位普查登记，完成解放后(1949—1979)公用设施大调查；新四军纪念馆启动一纵队司令部旧址维修，顺利通过湖州市爱国主义教育基地复评，国家二、三级博物馆运行评估，国家AAAA级旅游景区复评；长兴县非物质文化遗产保护中心成功组织申报湖州市第五批非遗代表性传承人10人，完成《长兴县非物质文化遗产资源分析报告》，全面启动非遗丛书《浙江通志》非遗卷(百叶龙、紫笋茶)编撰工作，以“文化遗产日”为契机，成功举办长兴县首届茶文化摄影大赛、长兴县茶文化书画交流走亲现场笔会；7月，长兴县国家级非遗项目百叶龙文化艺术团赴欧洲全程参加瑞士第九届巴塞尔军乐节演出。

文化产业发展实力增强　年内，推进星网文化产业园、望湖国际文化产业园、太湖石博览园等文化产业平台建设，及弁山药师文化园、橙天地文化休闲、金海岸、欢乐水岸等重大文化项目建设。成立长兴县文化产业园，制订《长兴县文化产业发展三年行动计划》，起草《加快长兴县文化产业发展的若干政策意见(征求意见稿)》和《扶持文化创意产业园区发展的若干政策意见(草案)》。

文化市场安全有序　年内，长兴县文化市场执法大队深入开展“扫黄打非”“清源”“净网”“秋风”、安全生产等系列专项行动，严厉打击非法出版、淫秽色情、侵权盗版、网络污染、违反消防安全等行为，推进权力清单有效瘦身，提高市场监管能力，确保长兴县文化产品有效供给、健康供给、安全供给。

【提升文体设施服务功能】 2014年，为提升文化服务功能，长兴县文广新局全面加强基础设施建设。年底，长兴县图书馆完成超威集团、仙山小学、吕山乡等分馆建设，实现与泗安、和平镇分馆的通借通还，推出“手机图书馆”阅读服务等。长兴县新四军苏浙军区纪念馆通过国家二、三级博物馆运行评估、国家AAAA级旅游景区复评、湖州市爱国主义教育基地复评，并先后获浙江省网络作家创作基地、浙江省委党校现场教学示范基地等荣誉。长兴县大剧院投资150万元将大剧院剧场改造升级成4K巨幕影院，投资650万建成国家五星级标准影院泗安百叶龙大世界。同时文广新局还指导泗安镇、煤山镇、白岘乡、画溪街道等开展综合性文化服务中心新建、改建工作。泗安镇文化服务中心于10月18日正式对外开放，白岘乡、画溪街道文化服务中心提升改建完毕，煤山镇文化服务中心9月启动建设。

【开展农村应急广播体系建设】 2014年，在全县241个行政村开展应急广播系统创建工作。按照自然灾害多发区域西苕溪沿岸与应急事件相对多发乡镇、街道、行政村优先实施原则，年内，完成所有行政村广播系统的招标工作，并确定部分行政村广播室的具体位置、线路敷设。年底，建设任务完成15%。

【积极推进文化社团、协会创建】 2014年，长兴县文广新局(体育局)整合全县各单项文体协会单位资源，重组全县群众文体组织，在全县各乡镇、街道成立注册文体协会。截至10月，全县共登记注册文化体育协会60个，(体育类27个，文艺类13个，文体辅导20个)。具有独立法人资格社团16个，各文体协会会员20000余人、文体指导员2800余人。经文广新局的重组培训，赋予各文体协会"造血功能"，使之更加实体化、市场化，社团面貌焕然一新。此举属浙江省首创，受到浙江省文化厅的肯定表彰，《中国文化报》宣传报道。

【推广"文化点餐"制】 2014年，为配合农村文化礼堂建设，长兴县文广新局针对不同乡镇行政村经济、地理、历史、风俗各自特点，创新服务方式，联合相关部门单位及各优秀民间文艺团体，制作出一份涉及不同创业文化、乡村文化、健康文化等8个类别、64个服务项目的"文化菜单"，分别发至不同在建农村文化礼堂，由村民"点餐"反馈单，开展"文化送餐"专项服务。全年共开展文化点餐服务200多场，受益群众10万人次。长兴县文广新局"文化点餐制"创举先后被央视新闻联播、光明日报、浙江文化信息网宣传报道。

【文化礼堂开展"北大学子梦想会"与"学子微讲堂"】 2014年，长兴县文化广电新闻出版局协助中共长兴县委宣传部主办"北大学子梦想会""学子微讲堂"等文化大礼堂系列特色文化活动，内容包括五大主活动和N项子活动。("国学精粹"文学讲座、"话说长兴"人文研讨、"青春之歌"学子交流、"心灵畅想"心理辅导等)通过文化志愿者服务与青少年社会实践挂钩方式，文广新局招募北大学子李臻颖、杨纯子以及全国鲁迅青少年文学奖一等奖获得者李思雨等大批优秀文化志愿者，深入各行政村文化礼堂开展各类文化宣讲活动100场次，观众达上万人次。此项创意，文化部和文化厅网站均予宣传报道。

群众文化

【概况】 2014年，长兴县文广新局围绕"文化惠民八大工程"工作中心，全面开展群众文化服务，全年组织开展专业艺术演出60场、广场文化活动100场、基层群众文化活动1000余场(含文化下乡100场)，放映电影2904场次，百叶龙参加县内外重大演出30次。特色文化活动有：举办"马年新春文化惠民"系列活动、"舞动梦想"第五届排舞大赛、幸福大舞台"周周演"群众文化系列活动、成立长兴县教师文艺辅导团、开展文化结亲活动等。

【"马年新春文化惠民"系列活动】 2014年春节期间，由长兴县文广新局主办，长兴百叶龙演出有限公司承办，长兴联合村镇银行、长兴泗安水木清华置业有限公司协办的"马年新春文化惠民"系列活动全面开始。活动特邀国家一级演出单位——浙江曲艺杂技总团到长兴县下乡巡演，历时9天，在全县15个文化礼堂(幸福乡村大舞台)演出17场，央视新闻联播、光明日报、浙江文化信息网和浙江文化月刊等各大媒体先后予宣传报道。

【"舞动梦想"长兴县第五届排舞大赛】 4月，由中共长兴县委宣传部、长兴县文化广电新闻出版局主办，长兴县文化馆、县排舞协会、各乡镇(街道、园区)文化站承办的"舞动梦想"长兴县第五届排舞大赛正式启动。大赛分初赛、复赛、决赛三阶段，全县100多支排舞队参赛。经多轮角逐，20支队伍进入决赛，最后决出特等奖1个、金奖5个、银奖6个、铜奖8个。全部文化活动涉及面、参与人数，赛程时间都创县级文化活动新高。赛后，经大赛选拔的雉城街道、煤山镇、槐坎乡等排舞队再参加省、市大赛，又获"舞动湖城"湖州市广场舞大赛1金2银2铜奖，获浙江省第八届排舞大赛银奖2个，获浙江省首届文化礼堂杯排舞大赛银奖1个等多项奖项。

【幸福大舞台"周周演"群众文化系列活动】 4—12月，由中共长兴县委宣传部、长兴县文化广电新闻出版局主办，长兴县文化馆、各乡镇(街道、园区)文化站承办的"幸福大舞台周周演"群众文化系列活动于每周五或周六晚在长兴县文化馆幸福大舞台举行。各参加单位自编自导自演文艺节目，全年上演综合类文艺演出23场，观众达1.2万人次。其中"音乐画溪"摇滚之夜主题音乐会获观众高度赞赏，林城镇专场被浙江卫视新闻频道报道。

【成立教师文艺辅导团】 为盘活长兴全县文艺资源，给基层群众提供面对面文艺辅导，长兴县文广新局联合长兴县教育局，3月份正式组建成立长兴县教师文艺辅导团。辅导团采取总、分团管理模式,下设5个分团20支分队,团员由县文化馆文艺骨干、全县中小学校文艺教师、民间文艺力量组成,共计289名。全年,长兴县教师文艺辅导团共辅导100多场次,团队的创意获2014年浙江省基层公共文化创新案例,中国文化报和浙江文化月刊等媒体都予宣传报道。

【开展文化结亲活动】 年内,长兴县文化馆通过文化结亲方式,组织文艺骨干开展"文化五进"活动,即文化进乡村、进企业、进社区、进校园、进军营。其中,指导槐坎乡成功举办长兴县首届红色山乡群众文化节,传播和弘扬了山乡红色文化;指导煤山镇成功举办首届企业文化艺术节,开展"企业文化与企业发展"主题讲座,为企业搭建展示文化交流的活动平台;走进和平镇五分库部队、李家巷坦克部队等驻地军营,为部队编排辅导各类文艺节目;启动长兴县首届社区文化节,全年举办广场舞、民歌大赛、趣味运动会、社区百项文体活动等六大类主题活动100余场。在不断丰富基层群众精神文化生活同时,全面提高社区居民的文明素质。

文艺创作

【概况】 2014年,长兴文艺创作繁荣,精品力作呈现,9件作品获省、市"五个一工程"奖。3部作品在全国、省美展中获奖,1组摄影作品在省摄影展获奖,1部作品获省戏剧小品大赛银奖,均为历史性突破。民间文艺表演1金2银。理论调研论文5人获奖,3人发表、出版。

【五个一工程奖重大突破】 田家村创作的长篇纪实文学《江南小延安》和丁天等创作的广播剧《生命的延续》2部作品荣获浙江省第十二届精神文明建设五个一工程奖;田家村创作的长篇纪实文学《江南小延安》和少儿读物《栀子花开》、丁天等创作的广播剧《生命的延续》、薛虔和钟旭林创作的歌曲《春风伴我行》、长兴县文化馆选送的小品《鸿雁》、长兴县传媒集团选送的电视纪录片《渐行渐远的骡帮》、长兴县文化馆选送的歌曲《河边的童谣》等7部作品获得湖州市"五个一"工程奖,成为长兴历史上获得"五个一"工程奖最为丰盛的一年,也突破了长兴县图书、广播剧在该奖项上的空白。

【文艺作品丰收】 长兴县文联组织协(学)会和会员开展文艺创作,并参与各项专业大赛及展演。书法家骆炜作品获中国书协、浙江省委宣传部举办的第三届兰亭双年展"兰亭七子"提名奖(第十名),入展中国书协主办的"生态大连"全国书法展。在第十二届全国美展上,美协会员奚忠恕获提名奖,严伟琪入选。第十三届浙江省美展上,美协会员奚忠恕获银奖,严伟琪获铜奖,奚伟恕作品入选。在浙江省第七届体育美展中,袁建新等四人获优秀作品展。摄影家王晋焱作品获浙江省第十五届摄影艺术展青年组银奖及美国《国家地理》杂志人物类二等奖。在2014年浙江省安全生产摄影比赛中,杨新作品《仔细核对》获三等奖。在"美丽浙江·五水共治"网络摄影比赛中,丁海峻的《菜摆系列五水共治(组照)》荣获二等奖。

作协会员田家村的长篇纪实文学《江南小延安》节选被《中外文摘》转载;胡加平诗歌《诗八首》刊于2014年8月《新世纪文学选刊》;作协会员钱爱康散文《裁缝陈师傅》《有这样一个女孩》2014年8月发表于《散文》期刊;作协会员戴国华诗歌《寿圣寺听雨》发表于《山东文学》2014年第四期下半月刊,《在江南,遇见你》发表于《新世纪文学选刊》2014.8期,《把阳光嫁接在你的身上》发表于《中国散文诗》2014第1~2期合刊,诗集《在江南,遇见你》由中国电影出版社出版;李永春的短篇小说在《雨花》杂志发表。

在湖州晚报等单位共同发起的2014新春原创春联大赛活动中,长兴诗词学会有5副作品获奖,在全省优秀童谣作品征集活动中,长兴县诗词学会推荐的参赛作品在市级有4人获选,县级有1人获一等奖,3人获提名奖。

长兴画溪合唱团在浙江省《我和我的祖国》合唱大赛中,选送台州赛区比赛中获铜奖,在浙江省第二届合唱节上获金奖;

县文化馆创作的歌曲《太湖明珠》《唤醒》《这些年》,舞蹈《赶梁》《淘气宝不淘气》,小品《挂号》《幸福钻戒》等作品参加湖州市第六届"南太湖"音乐舞蹈戏剧大赛,获创作类1金2银3铜、表演类1金3银2铜。赛后获奖作品参加省赛,小品《挂号》获浙江省第二十五届戏剧小品邀请赛创作银奖和表演银奖;歌曲《这些年》在浙江省第十三届音乐新作演唱、演奏大赛中获歌曲创作、表演双金奖,乐队表演唱《唤醒梦想》获创作、表演双铜奖。

(曹秋华)

【民间文艺表演】 年内,长兴县文广新局组织雉城街道、龙山新区、开发区、煤山镇等乡镇、街道排舞队参加湖州市、浙江省排舞大赛,获"舞动湖城"湖州市广场舞大赛1金2银2铜,获浙江省第八届排舞大赛银奖2个。推选李家巷镇李家巷行政村《石城新歌》、小浦镇中山行政村《中山祥云》、吕山乡雁陶行政村《爱在雁陶》等作品参加"金色田野"湖州市原创村歌大赛,获1银2铜。

【理论调研论文】 2014年,长兴县文广新局鼓励业务干部结合工作实践撰写理论文章,并在各类征文比赛中获多项荣誉。王健民撰《浅谈文化市场管理的责任风险防控》在浙江省文化市场理论文章研讨会上获一等奖；金芸撰《教师文艺辅导团‘种文化’中显活力》、钱彬欣撰《学子微讲堂文化大课堂》在浙江省“三以六区”建设经典案例征文比赛中分获二、三等奖；薛虔撰《文化礼堂与村落传统文化的传承和发展》在浙江省农村文化礼堂专题征文比赛获一等奖；葛丹撰《移民文化在文化礼堂建设中的重要作用》在浙江省第十六届公共文化论坛获得二等奖。图书馆朱煜峰发表《试论公共图书馆服务均等化指标体系的构建》等论文5篇，系列探讨研究建立公共图书馆服务均等化指标体系问题；应征发表《浅谈古籍文献的管理与修复工作》等3篇论文，深入讨论古籍的管理与修复工作；蒋伯良主编《图说陈霸先》正式出版发行，填补长兴县历史文化名人陈霸先研究一项空白。

文化遗产

【概况】 2014年，以第一次可移动文物普查为工作中心，长兴县文化遗产保护各单位各司其职、协作并进、成绩斐然。长兴县博物馆坚守文物保护阵地，完成国保单位顾渚山摩崖石刻等多家文保点保护规划设计，修复周家凉亭、毛场里凉亭两座清代凉亭，开展解放后（1949—1979）公用设施大调查等。长兴县新四军苏浙军区纪念馆全年接待游客53万人次，进行专项革命宣讲展览52场次，（内含党的群众路线教育实践活动机关企事业团体589批，共计36892人）获浙江省网络作家创作基地、浙江省委党校现场教学示范基地两项省级荣誉。顺利通过湖州市爱国主义教育基地复评、国家二、三级博物馆运行评估、国家AAAA级旅游景区复评，完成新四军苏浙军区旧址群政治部、供给部等七处旧址抢救性维修，在长兴县第2次县长办公会议县15届政府36次常务会议顺利通过关于《征收新四军苏浙军区7处旧址工作》文件。长兴县非遗保护中心采取多项措施保护宣传非遗，活动包括组织非遗节目参与中秋节群众文艺演出，推荐“紫砂烧制技艺”精品作品参加浙江省文化厅组织的“中国梦想美丽浙江”全省传统手工艺主题创作展。结合农村文化礼堂建设，积极开展“美丽非遗”展示馆建设等。7月，长兴百叶龙赴欧洲参加瑞士第九届巴塞尔军乐节等。

【全面推动可移动文物普查】 2014年，长兴县可移动文物普查工作全面启动。在县博物馆共清点出线装古籍478种，计1838册，内容除传统经史子集外，另含以韩世忠、孙莘老、朱熹等历史文化名人为始祖的地方家谱25种、民国《长兴县新志稿》《宜兴县志》《荆溪县志》等地方志书，大量长兴地方《立分书》《租簿》手抄本。此外，在长兴县财政局，普查办公室还普查到一套民国22年始手工测绘的《长兴县实测户地园图》，计近3000张，时间跨度1933年—1952年。

【文物保护与考古发掘】 文物保护与考古发掘是县博物馆基本业务工作，全年博物馆取得多项成绩。1月3日，长兴县文广新局组织长兴县博物馆、文保所、文物监察大队，对全县乡镇、街道74家文保单位保护信息进行整理、筛选，确定31家可能存有安全隐患单位，给予安全检查。4月23日，县文保所联合长兴县公安局在夹浦镇滨湖行政村抓获偷窃县保单位蒋埠桥雕花抱鼓石构件的嫌疑人曾某。5月，长兴县博物馆在泗安镇双联行政村一倒塌墙体发现长兴县首块会馆界石，界石所刻文字“新安会馆厅墙”“光绪二十七年”证实：清末长兴县泗安镇曾是徽商聚集点之一。9月，县文保所修复“周家凉亭”“毛场里凉亭”两座清代凉亭。11月，林城镇新华行政村自费修缮建于清末的“少林南拳”演武厅。10月22日，长兴县文保所联合洪桥镇文物工作人员在太湖图影旅游度假区图影行政村发现长兴县第一块与吴兴区清朝划界界石碑。

【启动一纵队司令部旧址维修与布展工程】 2月27日，浙江省文物局下达关于新四军纪念馆接待处暨一纵队司令部旧址修缮工程设计方案批复。8月底，浙江省古建院交付施工图纸，9月5日进行公开招标，10月26日经过竞争性谈判，确定浙江临海市古建筑工程公司中标，11月18日施工队开始进场施工。9月10日，新四军纪念馆启动闭馆维修工程，馆内所有文物登记入库，并将纪念馆图片、文字资料进行存档。

【浙江长兴百叶龙亮相莱茵河畔】 7月，国家级非物质文化遗产项目长兴百叶龙应瑞士联邦国防、民事保护和体育部邀请，赴欧洲参加瑞士第九届巴塞尔军乐节。期间，长兴百叶龙艺术团全程参加了军乐节所有18场演出及两场行街活动，累积观众超过20万人次。国务院新闻办公室门户网站、中国文化报、浙江文化月刊等各大媒体先后给予宣传报道。

【吕祖善等领导至长兴县宣讲、考察文保工作】 2014年，长兴县文化遗产保护工作多次获中央、省领导关心表彰。3月27日，全国人大财政经济委员会副主任委员、浙江省原省长、浙江省博物馆志愿者吕祖善在长兴县文化馆，为长兴县文化系统职工及志愿者300多人作“璀璨浙江、越地长歌——浙江历史文化漫谈”专题讲座。讲座结束后，吕祖善还考察了长兴紫金山旧石器时期考古发掘现场，并慰问坚守一线的考古工作人员。5月12日，浙江省文化厅副厅长、浙江省文物局局长陈瑶一行至长兴县调研文物保护工作，浙江省文物局综合处、文物安全处、文物保护与考古处、博物馆处各处长，以及湖州市文广新局领导、中共长兴县委书记章根明、副县长楼秋红等参加相关活动。陈瑶局长一行先后考察了白岘乡杭长高速延伸段紫金山旧石器考古现场及国家级文保单位新四军苏浙军区旧址群，对长兴县文保工作所取得的成绩给予肯定。12月10日，浙江省副省长郑继伟在湖州市副市长闵云及长兴县领导陪同下，考察长兴县博物馆，参观《长兴一百万年》历史文物史迹展。

图 书

【概况】 2014年，长兴县图书馆继续全年无休免费开放，深化"五全服务"，全年图书馆流通80万册次，接待读者82万人次、总办卡4400张、上架新期刊763种，合7630余册、报纸90余种，电子阅览室管理全年上网5958余人次，借还碟片17111余张，新市民天天影院报告厅接待观影者13714人次。在完成基本工作基础上，县图书馆积极创新，成立藏书委员会，长远规划馆藏建设；开展手机图书馆与送书下乡，推广阅读；完成浙江省文化厅重点文化课题"陈朝文献数据库"项目建设，并通过浙江省文化共享工程中心验收；开展学术研究编研，年内有多名工作人员在各类学术刊物上发表多篇理论研究论文。

【成立藏书建设委员会规划藏书建设】 为优化藏书结构，2014年3月，长兴县图书馆成立藏书建设委员会，全面规划年度馆藏建设。截至年底，图书馆共入库图书14993种，29598册。特藏书籍方面，全年共征集各类地方文献500余册，入藏《臧氏宗谱》《陈氏宗谱》等重要地方家谱；采购明《吴朝请集》、影宋本《徐公文集》、绣像绘图加批评点《西游记》等重点古籍；接受浙江省作协龙彼德、冯鹤龄及田家村等作家捐赠个人作品300余册入藏作家书库丰富馆藏。

【完成长兴县域古籍普查】 为贯彻落实《浙江省"中华古籍保护计划"实施方案》，根据2014年10月全国古籍保护工作会议"保护为主、抢救第一、合理利用、加强管理"的方针，长兴县图书馆年内完成县域各公藏、私藏古籍图书全面普查登记任务，共完成古籍图书著录、影像近3000册，基本理清长兴县现存古籍收藏数量种类。

【推出"手机图书馆"服务】 2014年，为适应时代发展需要，长兴图书馆全面推出"手机图书馆"服务阅读。图书馆给读者免费发放手机图书馆使用手册，推介安装客户端。图书馆同时与县机关党工委合作，在县60余部门建立手机阅读站，发放移动阅读账户3000余个，有效地推出长兴县的"手机图书馆"网络阅读。

【"百万读书券"推动全民读书节】 4月23日"全民读书日"，根据浙江省未成年人读书节组委会统一部署，长兴县图书馆举办"锦绣长兴快乐学习"长兴县全民读书节启动仪式。4月—10月，图书馆举行"名家进校园"文学讲座、"阅读，让生活更美好"图书漂流、"送书进企、送书驻军"等系列阅读推广活动。其中重点推出"百万读书券"免费发放活动，把图书馆的购书权交予读者，优化藏书结构，激发图书馆与市民的阅读互动。

【送书下乡】 2014年度，遵照浙江省财政厅、文化厅"送书下乡"工程统一部署，长兴县图书馆新购图书2.5万册，下发至全县各基层图书馆及农家书屋。4月，结合年度行政村"文化礼堂"建设，图书馆与中国光华科技基金会合作，为17个行政村配送2万余册图书，圆满完成年度"送书下乡"任务。

文 化 产 业

【概况】 2014年，长兴县文化产业企业共331家，其中紫砂制作12家、印刷业202家、娱乐市场66家、电影放映单位3家、演出经纪机构2家、营业性演出团体单位19家、演出经营场所6家，其他63家。产业类型集中于文化旅游、文化创意、影视传媒、娱乐演艺、文体用品制造、体育休闲等行业。全年，长兴县文化产业保持平稳较快发展态势，产业增加值为11.24亿元，增速18.8%，其中文化制造业增加值5.26亿元；文化批零业增加值1.08亿元；文化服务业增加值4.9亿元。

【成立长兴县文化(体育)产业园】 4月，长兴县文广新局产业科以星网电子商务为平台，大力发展文化创意产业，成立长兴县文化(体育)产业园。截至年底，共有38家文化创意企业入住产业园。

【集聚文化企业，提升规模效应】 2014年，长兴县文广新局努力促进文化企业形成规模效应，目前已有图影、水口、泗安等3乡镇、园区呈现集聚发展态势。具体区块及项目名称为：图影度假区有文化推进项目4个，其中朗诗建筑研发基地项目有序推进，美合房车项目近期开工，太湖文创园项目在谈，图影湿地公园二期启动；水口乡有文化项目4个，大唐贡茶院、仙露农事文化休闲园、古木艺术博物馆项目、花间堂等；泗安镇有文化项目4个，仙山湖湿地景区、湘高地葡萄酒庄园、国际文化交流中心、嘉德威钢琴项目等。文化企业的集聚共建，大力促进了长兴县文化产业发展的规模效应。

【长兴太湖石文化产业园开馆】 2014年12月28日，长兴县白岘乡"太湖石文化产业园"项目正式开馆，项目总投资1亿元，主打“一园、一带、一链”，一园就是太湖石博物园，一带就是301省道沿线的太湖石产业带，一链就是包括名贵苗木种植、景观照明、太湖石在内的产业链。整个太湖石博物园将按照“1+15”的布局建设，包括1个中心服务区及15个小型展示区。

【长兴县新华书店】 年内，长兴县新华书店按照“保稳定、促增长”工作目标，多渠道出击，拓展生存空间。2014年公司全年完成销售收入4488万元，实现利润230万元，比上年增长10%。全年教材销售完成2040万元，中心门市部销售完成1166万元，营销部销售完成285万元。

文化市场管理

【概况】 2014年，长兴县文化（体育）市场行政执法大队共出动文化市场检查1469人次，检查文化经营场所1566家次，立案查处49起，简易处罚10起，上缴行政罚没款19.3万元，停业整顿2家，吊销许可证1家，没收非法所得60元，没收非法财物1712件，收缴非法音像制品316张，非法出版物1848份，取缔无证游商摊贩14起。县文化（体育）市场行政执法大队获1个省级先进集体称号，1次省级个人一等奖。

【开展“清源”专项行动】 年内，长兴县文化（体育）市场行政执法大队对出版物市场开展专项“清源2014”，依法查处制售传播违禁出版物行动。行动集中打击非法时政、军事、党史、宗教、医疗类报刊、非法网络报刊、非法报刊机构和假记者，以整治网络文学、网络游戏、视听节目网站等为重点，全面清查含有禁止内容的网络文化产品，共处罚款7000元，没收非法出版物1712件。

【开展打击假媒体、假媒体机构、假记者专项活动】 1—3月，长兴县文化（体育）市场行政执法大队开展打击假媒体、假媒体机构、假记者专项活动，俗称“打三假”活动。文化（体育）市场行政执法大队深入基层、企业及重点地区，切实清查县内各家新闻网站、频道、报纸刊物发行、印刷、内部刊物管理和编辑部、记者站和工作站等基本情况底数，开展打击假媒体、假媒体机构、假记者专项工作，净化了长兴县文化传媒的工作环境。

【开展校园周边环境整治行动】 2014年，长兴县文化（体育）市场行政执法大队重视校园周边环境整治工作，除正常的文化管理执法外，尤其注重重点时段的巡查。在2月17—24日春季“开学第一周”、3月19—24日“小高考”、5月26日—6月15日，“中高考”、9月1—7日，新学期开学四个特殊时段，长兴县文化（体育）市场行政执法大队联合工商局、教育局、公安局、城管局等部门，四次开展校园周边环境整治行动。此外，在9月3日，文化执法大队还对县内和平、虹星桥两镇中、小学周边涉及文化市场的经营单位和经营活动开展全面监督检查，通过系列督查，净化了校园周边文化环境。

【整治歌舞娱乐市场】 2014年，长兴县文化（体育）市场行政执法大队认真开展歌舞娱乐场所专项整治行动，并于年内2月、6月、9月三次开展专项整治。6月，根据文化部文化市场司下发的《关于督办江西上饶“3·05”淫秽演出案有关事项的通知》，长兴县文化（体育）市场行政执法大队依据《营业性演出管理条例》，依法吊销长兴县虹华歌舞团的“营业性演出许可证”，规范了全县的歌舞娱乐场所环境，有效地震慑了文化违法违规行为。

【抓好广播电视接收执法工作】 2014年，长兴县文化（体育）市场行政执法大队针对长兴县非法销售、安装和使用卫星电视地面接收设施行为，联合文广新局广电科，多次采取执法形式。6月24日，文化市场行政执法大队对辖区内7家户外大屏幕播放点进行专项检查；9月20～12月20日，执法大队对非法销售、安装和使用卫星电视地面接收设施的行为依法予以专项治理。10月，行政执法大队针对水口乡农家乐非法安装使用卫星电视地面接收设施行为反弹势头，开展专项整治。12月4日，执法大队联合市场监管局经济检查大队，对城区仓前街道和金陵商城非法销售卫星电视广播地面接收设施违规行为开展清查整治。

（李玉富）

体育

综　述

长兴县体育中心成立于2005年4月，由原长兴县青少年体育运动学校与长兴体育馆合署办公，主要从事群众体育管理及竞技体育训练工作。2014年，长兴县体育中心在各级领导关心指导下，圆满完成年度工作任务。群众体育方面，以浙江省第二届全民体育节为契机，积极开展全民体育健身运动，以服务基层为中心，增强体育事业活力，出色完成"单月规定项目，双月特色项目"的年度计划，年内组建体育社团、协会27个，以社团为基础，开展如全县气排球比赛、全县登山大赛、全县自行车骑游、全县万人健步走等各项活动赛事，并积极引导各乡镇、街道组织参与各种民间体育节庆。竞技体育方面，2014年长兴县共获市级以上体育比赛金牌216枚，银牌102枚，铜牌73枚。7—10月，长兴县体育中心承担浙江省第十五届运动会湖州市代表队篮球、排球等九项比赛任务，经4年艰苦备战，共取得34.5枚金牌、14枚银牌、11枚铜牌，团体总分403.5分的好成绩，出色完成湖州市体育局下达的17块金牌任务。后备体育人才培育方面，长兴县体育中心充分发挥12所基地学校作用，制订长期训练计划，并利用全国射击与自行车比赛场馆落户长兴县有利环境条件，积极发展射击、自行车等优势项目。同时，体育中心积极承办各种大型体育赛事以提升长兴县体育事业实力，全年共承办以三大自行车赛事为代表的高水平比赛20余种。体育产业方面，在继续开拓彩票发行同时，注重地区优势，努力打造省级自行车骑行休闲旅游基地品牌，同时加强游泳池、羽毛球场、篮球场、足球场等体育场馆建设，满足市民健身需求。

【完成浙江省第六次全国体育场地普查】 3月，长兴县体育中心根据浙江省体育局部署，对长兴县体育场地开展全面普查。3月13日召开普查工作动员大会暨业务培训会，会后按职责分工，以16个乡镇、街道为基本普查单位，按行政村（社区）属地管理原则实施全面普查。其中，教育系统场地普查工作由长兴县教育局同步组织实施，央企、省属企业和公共服务场所由长兴县普查办公室组织实施。普查共收集甲表398张，乙表1196张，年底，长兴县高质量完成第六次全国体育场地普查任务。

【开展国民体质监测工作】 2014年是国家体委布置的国民体质监测年，遵照浙江省及湖州市体育局《关于开展2014年国民体质监测工作的部署和要求》文件精神，长兴县体育中心分（20～59岁）和老年人（60～69岁）个年龄段，对监测目标对象即农村村民进行跟踪体质监测。7月，完成对画溪街道曹家桥、白莲桥两个行政村700余村民体质监测事宜，全面完成长兴县600个有效样本量监测任务。

【参加浙江省第十五届运动会】 7—10月，长兴县体育中心组织136名长兴籍运动员代表湖州市参加在绍兴市举办的第十五届浙江省运动会。长兴县主要承担省运会湖州市代表队的篮球、排球、足球、田径、跆拳道、自行车、游泳、网球、射击等九项竞技比赛任务。经4年艰苦备战，长兴县教练员与运动员共取得24枚金牌（其中输送运动员计11枚，比赛实拿13枚）、13枚银牌、8枚铜牌，团体总分596.5分的好成绩，出色完成湖州市体育局下达的17块金牌任务，为湖州市承办下届浙江省运会打下坚实基础。

【组织参加各项体育赛事】 年内，长兴县体育中心组织长兴籍运动员参加全国、甚至世界性体育比赛，并取得多项优异成绩。赛事成绩，全国性的计有：高建伟参加2014年全国场地自行车冠军赛（长兴站）获1公里个人计时赛金牌，参加2014年全国场地自行车冠军赛（北京站）获争先赛、团体竞速赛、1公里个人计时赛3块金牌；陈飞飞参加2014年全国场地自行车青年锦标赛（北京站)获500米计时赛、争先赛、团体竞速赛金牌;杨舟、王娜、赵夕雨、王显芬参加2013—2014年全国女排联赛(嘉善站)获金牌;王玮参加2014年全国帆船帆板锦标赛(大连站)、2014年全国帆船帆板锦标赛总决赛(海南)获男子帆船长距离赛2块金牌;张萍参加2014年全国青年帆船锦标赛获女子帆船长距离赛、女子场地赛7块金牌。国际性赛事计有:杨舟、王娜参加2014年世界瑞士女排大奖赛(瑞士站)获第4名,参加2014年世界女排大奖赛(东京站)获第5名,王娜参加2014年世界女排锦标赛(意大利)获第2名;叶秋语参加2014年温布尔登网球公开赛获青少年组双打第1名,参加ITF国际巡回赛(泉州站)获单打第1名,参加ITF国际巡回赛(伊斯坦布尔站)获单打第1名,参加2014南京青奥会获单打第2名。总计2014年,长兴县运动员获市级以上体育比赛金牌216枚,银牌102枚,铜牌73枚。

【举办重大体育赛事】 2014年,长兴县体育中心成功举办重大赛事三项:3月,举办第五届长兴(泗安)山地自行车越野挑战赛;4月,举办2014年全国场地自行车冠军赛;11月,举办2014第五届环太湖自行车赛长兴赛段比赛,三项赛事中央、浙江省新闻媒体均予报道。此外,年内长兴县体育中心还举办或协办有:锦绣长兴全民皆乒"体彩杯"2014首届长三角快乐乒乓积分赛、浙江稠州银行与塞尔维亚KK康斯坦丁俱乐部男子职业篮球对抗赛、2014首届长三角运动休闲体验暨浙江长兴站活动、2014第23届长兴吉祥"铸久杯"青少年围棋公开赛、2014首届长三角气排球比赛、2014中国长兴和平城山沟极限山地自行车速降赛等重要赛事。

【增强群众体育活力】 2014年,长兴县体育中心突出基础服务目标,以增进群众体育活力。年初,体育中心以"浙江省第二届全民体育节"为契机,在全县积极开展"全民体育节"活动,提出"单月规定项目,双月特色项目"目标。如全县气排球比赛、全县登山大赛、全县自行车骑游、全县万人健步走等活动赛事。活动中体育中心严格遵循服务基层原则,积极引导农村各乡镇、街道参与,如打造和平镇"魅力和平"登山节、太湖图影度假区"太湖风情"趣味运动会、洪桥镇"太湖铁骑"环湖自行车赛等。同时为更好地给基层体育健身提供条件,体育中心起草制订并由长兴县人民政府下发《长兴县公共体育设施管理实施办法(试行)》,对全县范围内全民健身设施、路径进行实地查看登记,并予及时修缮维护,以推进基层公共体育设施建设。

【打造体育休闲品牌】 2014年,长兴县体育产业在高效推进体彩市场管理同时,多方开拓体育产业,以打造体育休闲品牌。年前,长兴县原有神耀运动器材和利佳运动器材体育制造业两家,本年体育中心利用开发区多余厂房,注册资金200万元,总投资500万元改建健身场所"冠洋健身"一座,场地超2万平方米,含室外游泳池、羽毛球场、篮球场、足球场等健身设施。再通过招商,在和平城山沟景区引进总投资2000万元的北京东方雅逸山地自行车速降文化主题公园。在发展实体体育产业同时,长兴县体育中心充分利用长兴县"三省通衢"区位优势及辖区太湖、仙山湖、二界岭山地、太湖图影湿地等旅游资源,全力打造省级自行车骑行休闲旅游基地,努力创造体育休闲品牌。

(李玉富)

综　述

中共长兴县委党史研究室为参公管理的正科级事业单位，是中共长兴县委的工作部门，承担地方党史资料征集、整理、研究和宣传等职能。县委党史室与县委办公室合署办公，下设编研室和宣教室(办公室)，编制4人。自2013年6月按县委、县政府要求承担组织实施长兴二轮修志工作后，2014年1月起，县委党史室又负责组织编纂首部《长兴年鉴》；4月起，县委党史室主要负责人兼任《长兴县志》主编。为理顺党史、地方志工作体制，7月经县编制委员会研究，决定进一步整合两个机构，成立长兴县党史地方志办公室，编制6人，负责地方党史和地方志工作，并于8月上报市审核待批。

年内，县委党史室按照县委、县政府和上级部门部署，继续坚持“后来居上、全省一流”的目标和“史志重点工作项目化”理念，通过重点难点项目的突破，推动党史工作再上新台阶，地方志工作开创新局面。年初确定的二卷编写、三卷起步、存史资政、宣教育人、自身建设等五个方面重点工作21只重点项目，至年底完成20只；另根据年度工作开展实际情况，新增3只项目并完成；全年编写、汇编、出刊文字达240余万字，1人获评全省党史工作先进者(2011—2014)。

提升存史资政水平　年内，以编纂基本著作、整理年度纪事、选编重要文献、搜集口述史料等为重点，深化存史资政工作。编纂基本著作方面，7月出版《中国共产党长兴历史》第二卷，11月完成《长兴年鉴(2014)》出版。整理年度纪事方面，在上年度《执政日志》基础上增加领导名录、执政纪实、重要文件、统计数据等，于5月完成《“太湖望县锦绣长兴”执政年鉴·2013》，共16万余字；完成《长兴大事记·2013》，3万余字；坚持每日搜集整理资料，至年底完成《执政日志·2014》初稿，13万余字；加快大事记补遗，11月完成《长兴纪事(1978—2012)》初稿，62万余字。选编重要文献方面，结合《党史二卷》档案整理，9月初步完成《长兴县重要历史文献选编(1949—1978)》编目；完成《十二届县委重要文献选编》初稿，20余万字。搜集口述史料方面，8月启动长兴农村改革开放口述史料搜集项目，借助长兴籍大学生力量，利用暑假返乡，完成15位当事人访谈及录音整理。

扩大宣教育人成效　年内，以提升期刊影响、开展纪念活动、拓展宣教阵地为抓手，不断扩大宣教育人成效。提升期刊影响方面，全年编印期刊3期，覆盖全县党政机关领导干部、行政村(社区)、重点企业等。结合党史地方志机构整合及工作开展实际，10月创刊《长兴史志》(试刊)，先后编印“党史专刊”和“地方志专刊”各1期。开展纪念活动方面，8月深入村(社区)举办《邓小平与浙江图片集》展览纪念邓小平同志诞辰110周年，8—12月先后举行《党史二卷》发行仪式、党史党建知识竞赛等“五个一”活动，10月接待北京新四军研究会六师分师到长兴开展寻访活动。拓展宣教阵地方面，1月协助完成泗安镇长中村中共长兴县委成立大会史迹展，并成为全县党的群众路线教育实践活动现场教学；8月与县委组织部、县委党校启动长兴党史教育展厅布展；11月，协助完成泗安中学泗安革命斗争史迹展。此外，以争创“全省信息工作先进”为目标，及时总结上报各类信息，累计被中国共产党历史网采用11条，被浙江党史网采用10条。据省委党史室《2014年全省党史信息录用情况通报》：长兴被省录用的信息考核得分在全省101个市、县(市、区)中总分列第8位；在90个县、市、区中列第3位。

找准定位服务大局　年内，以开展专题研究、编写专题纪事、服务文化礼堂建设和对上争取为主要内容，找准定位，发挥部门职能优势，服务全县发展大局。专题研究方面，2月，整理“工业立县”相关资料服务全县工业经济和科技创新大会，并结合二轮修志工作系统搜集“工业立县”相关资料。专题纪事方面，及时搜集整理全县党的群众路线教育实践活动相关资料，10月完成《长兴县开展党的群众路线教育实践活动纪事》，1.3万余字。服务农村文化礼堂建设方面，积极配合县委宣传部等部门，年内先后对2个单位的文化礼堂建设提供咨询服务，到2个文化礼堂开展党史宣教活动。对上争取方面，为中共长兴县委成立大会遗址修复项目成功争取到省财政资金20万元，9月资金拨付到位。

【长兴《党史二卷》出版】 7月，《中国共产党长兴历史》第二卷（1949—1978）由中共党史出版社公开出版，全书36万余字，印数2000册，主编吴连意，撰稿谢文柏、许虔东、龚荣庭。《党史二卷》编写系全国、全省统一要求，长兴自2002年启动筹备，2009年正式组建二卷编写小组全面开始编写，2012年10月完成全书初稿，2013年12月完成市委党史研究室和县委常委会“二级审稿”，2014年3月提交省委党史研究室审读，5月提交中共党史出版社审稿。该书从初稿撰写到完成出版历时6年，比省定“2015年完成出版”的目标期限提前1年半，为全市第2家（德清于2010年出版）、全省第25家（共83家）完成党史二卷编写出版任务的单位。8月21日，县委、县政府为该书举行发行仪式。

【首部《长兴年鉴》出版】 首部《长兴年鉴》在县地方志编纂委员会领导下，由县委党史室组织编纂，前后历时10个月。1月8日，《长兴年鉴》编纂启动暨《长兴年鉴（2014）》编纂工作部署会议召开，正式启动《长兴年鉴（2014）》编纂工作。至5月完成初稿修改，8月形成送审稿提交出版社审核，10月由方志出版社公开出版，印数1500册（附光盘），收录文字108万，各类图表70余张、照片500余幅，主编吴连意，执行编辑甘剑勇，特邀编辑周秀明、郭玲。《长兴年鉴（2014）》（以出版年号为卷号），为长兴县第一部综合年鉴，以“记载历史、资政育人、宣传长兴”为编纂宗旨，全面系统翔实地记录2013年长兴县改革开放和现代化建设进程中取得的崭新业绩，是资政育人的工具，长兴现代化建设的鉴证，海内外了解长兴的窗口，长兴文化建设的靓丽品牌。

【《红心向党》出版】 长兴《党史二卷》出版后，结合开展学党史、用党史活动，县委党史室与县委组织部、县委党校联合，于9月面向县委党校第17期党政中青班学员开展长兴《党史二卷》读后感征文活动。12月，将中青班学员学习体会成果化，完成《红心向党——长兴县中青年干部〈党史二卷〉读后感集》内部出版（浙内图准字〔湖〕088号），印数500册。该书名誉主编汤浩、钱望成、臧水华，主编吴连意，县委副书记夏威，县委常委、组织部部长宋波分别作序。全书10万字，正文汇集县委党校第17期党政中青班50名学员关于长兴《党史二卷》的读后感，附录收入《如何看待长兴解放后的29年历史》《〈中国共产党长兴历史〉第二卷“后记”》《〈中国共产党长兴历史〉第二卷编纂工作纪事》。

【续修《长兴县志》扎实开局】 8月初，《长兴县志》编辑部组建完成并集中办公，其中主编1名、副主编4名，编辑7名。8月21日，县委、县政府召开长兴二轮县志编修工作部署会议，下发《长兴县志（1988—2012）》篇目（初稿）及史志工作考核意见，标志长兴二轮修志工作全面开展，进入第二阶段即搜集资料及撰写专题阶段，县领导夏威、高胜华、杨福成、袁健，及全县163家二轮修志承编单位的分管领导和县志主笔参加。9—12月，县委党史室、《长兴县志》编辑部通过强化业务指导与培训、分组调研协调、及时通报工作、下发督查通报等举措，扎实推进县志编修；12月底，各承编单位初步完成资料搜集和专题撰写任务。

【学、用党史“五个一”活动】 8—12月，县委党史研究室以《中国共产党长兴历史》第二卷（1949—1978）出版发行为契机，先后与县委组织部、县委宣传部、县直机关工委、县委党校、长兴传媒集团等相关部门联合开展“五个一”活动，即举行一次发行仪式、举办一次知识竞赛、开展一次征文活动、推出一期学党史专刊、出版一本读后感集，在全县上下营造“学党史、用党史”的良好氛围。8月21日县委、县政府举行长兴《党史二卷》发行仪式，9月举行党史党建知识竞赛、开展长兴《党史二卷》读后感征文，11月编印《长兴史志》“学用党史专刊”，12月出版《红心向党——长兴县中青年干部〈党史二卷〉读后感集》（浙内图准字〔湖〕088号）。

【北京新四军研究会六师分会到长开展寻访】 10月11日，北京新四军研究会六师分会——2014“浙皖行”寻访团到长兴县开展寻访活动。六师分会名誉会长江旅安（江渭清之子）率部分曾参加过浙西战斗的新四军老战士及后代，踏访新四军战斗旧地——小浦镇合溪村（长兴战役之合溪镇旧址），参观新四军苏浙军区纪念馆、江南银行旧址和苏浙军区司令部旧址。

【《中共长兴党史工作志》完成征求意见稿】 按照全县二轮修志工作部署，县委党史室在牵头组织实施二轮修志工作、启动筹备《中共长兴县委志》的同时，于2013年10月先行启动部门志编纂，完成资料收集任务。2014年拟订纲目并补充资料，至10月完成《中共长兴党史工作志（1981—2014）》初稿，12月完成征求意见稿，开始征求意见。全书共5章、20万字，首次全面梳理34年长兴党史工作历程，计划于2015年出版。

（龚荣庭　高　娟）

档案

综　述

2014年,长兴县贯彻落实中办、国办以及省两办《关于加强和改进新形势下档案工作的实施意见》文件精神,扎实推进"五个档案"建设。通过浙江省档案工作目标管理省一级达标认定单位7家,省二级达标认定单位3家,省三级达标认定单位9家。新增20个农产品食品安全信用档案。获评"2014年度乡镇(街道、园区)、部门党委(党组)优秀理论学习中心组""2014年度县直机关先进基层党组织"。年内,全县有综合档案馆1个,新增馆藏档案全宗2个,文书档案19876卷28015件,照片档案25张,声像档案388盘,图书资料1247册。全年,共接待查档利用13257人次,提供档案利用47787卷31517件、资料1205册。

【档案管理目标分类】 档案行政监管加强。制订和下发《2014年度乡镇(街道、园区)档案工作考核办法》(长档〔2014〕6号)、《关于开展县级机关部门档案工作评比活动的通知》(长档〔2014〕7号),围绕中心工作增加五水共治档案,延伸档案工作新领域增加家庭建档工作,增强基层重点工作增加村级组织换届选举档案,在档案工作考核、评比上更加突出服务中心、服务大局、服务基层重点。

新农村建档升级。进一步加大服务力度,打造村级档案室示范点建设和村级档案"升级版"。年内,全县共有22个美丽乡村建设行政村纳入新农村建设档案工作示范点工作范围,20个美丽乡村建设档案工作通过验收;确定8个行政村从村史村风、民俗民风、非物质文化遗产等方面创建县"乡村记忆基地",1个行政村创建浙江省第二批乡村记基地;配合县新农办,通过组织培训、联合发文和制订规范,开展全县农村生活污水治理项目档案规范工作;拓展农产品食品安全信用档案建档范围,新增13个农产品品牌建档工作;上半年开展家庭建档宣传、培训、家庭建档示范户建档成果展等活动,宣传家庭建档重要意义,在全县营造家庭建档良好氛围,全年共完成家庭建档户225家,家庭建档示范户20家,家庭建档示范社区1个。湖州新闻、长兴新闻、长兴晨报等媒体作相关报道。

企业建档服务主动。开展全县企业档案工作需求调查,征求到157家企业有关档案工作需求意见450多条,并于3月27日举办全县企业档案业务培训会,120多人参加,开展针对性档案业务培训。同时,全年上门服务31家企业开展档案业务知识培训;20家企业开展"企业记忆之窗"示范点工作;浙江天能电池集团有限公司创建浙江省"企业记忆之窗"。

重点建设项目建档任务明确。对近三年来全县重点基础设施项目情况进行一次全面摸底,对各乡镇(街道、园区)现有建设项目情况开展一次统计,制订各乡镇(街道、园区)重点建设项目情况表,为下一步有针对地指导重点建设项目档案工作奠定基础。4月30日、10月31日,在市档案局和市交通局的组织下,分别对县交通局318国道长兴李家巷至泗安界牌段改建工程项目、104国道长兴雉城过境段改建项目进行档案专项验收。6月27日,在省档案局的组织下,对浙能长兴天然气热电联产工程项目进行档案专项验收。

【新增档案资源】 年内,制订和下发《长兴县档案局关于依法开展档案移交接收工作的通知》(长档〔2014〕9号),在全县范围内对法定进馆单位分二个批次开展档案移交进馆工作,确定2014年档案移交进馆单位34家,2015年档案移交进馆单位30家。因于全县各单位开展二轮修志查档,移交进度相对缓慢,共完成11家单位到期档案19876卷28015件移交进馆。征集到明清文武官员《补子》全套1套;1953年7月10日毛泽东主席签发的长兴籍革命烈士钱一飞《革命牺牲军人家属光荣纪念证》1份;明朝"五子登科"铜镜1件;家族谱档案15卷;新中国书画八大家等书画作品12幅;《新竹》杂志12册;《长兴县乡土故事集》《陈朝演义》等图书21册，充实馆藏。

【档案信息化建设成果】 加大全县机关部门、乡镇街道（园区）室藏档案数字化推进力度，做好涉及民生重要档案登记备份工作。完成馆藏纸质档案数字化9871卷7928件，新增全文数据库1335135+824511页，著录29042+119064条。拟订发布《长兴县档案馆接收档案标准》，明确移交进馆数字化成果移交标准。并于6月6日组织全县机关、乡镇、街道、园区档案员及档案服务企业开展档案数字化和档案登记备份等档案业务培训。年内，全县机关、团体、乡镇街道园区完成数字档案登记75家；实行学籍管理系统和社保业务系统年度备份，市场准入系统半年备份，婚姻管理信息系统月备份，共备份电子业务数据567G；接收传统档案数字化成果67家电子业务数据2.2T。

【档案文化建设】 开发利用馆藏档案信息资源，服务锦绣长兴建设。出版长兴记忆系列丛书之《锦绣长兴2013》，15万字，为留存长兴历史、延续长兴记忆、传承长兴文明、弘扬长兴精神提供重要史料。3月下旬，举办"锦绣长兴2013"主题展，并设计制作FLASH版上传县档案局信息网，以"微电影"形式展播2013年度锦绣长兴建设成果。同时，配合县文化下乡活动和乡村文化大礼堂建设，制成活动展板，深入乡村、社区、单位、校园等地巡展，扩大档案工作影响范围。

【档案安全保障】 6月，完成浙江省重点档案抢救项目——明代戏曲家、文学家、戏曲理论家、出版家臧懋循与《元曲选》有关历史档案发掘和抢救保护项目申报，8月获得省档案局、省财政厅立项。

二季度组织人员对馆藏档案库房进行防汛、防潮、防火、防虫等安全检查和消防设施安全检查，及时消除安全隐患。

【长兴档案微信公众平台建立】 5月，创建长兴档案微信公众平台，设有微门户、微视频、微互动、查档预约、家庭档案等栏目。每日更新家庭档案，开放婚姻、户籍、独生子女查档预约，年内共接受查档预约2件，公众平台关注人数300多人。

【全县档案工作会议】 9月4日，长兴县全县档案工作在县行政会议中心召开，全县170多位档案分管领导和档案员参加。会议对中办、国办《关于加强新形势下档案工作的实施意见》和省两办《实施意见》两个文件作全面解读，客观分析当前长兴档案工作存在不足，并对下步加强档案工作做详细部署。乡镇、部门4位代表、2位档案员代表交流学习体会以及学习贯彻落实好两个文件精神作表态。县委副书记夏威对会议作总结并作讲话，县委常委、副县长詹茂伟主持会议。

（周良金）

新 闻

长兴传媒集团

【概况】 年内，长兴传媒集团紧紧围绕县委、县政府的中心工作，抓住开展党的群众路线教育实践活动这一契机，进一步贴近实际、贴近生活、贴近群众，突出重点，统筹兼顾，不断策划推出弘扬主旋律、传递正能量的主题报道，为全县的经济社会发展营造浓厚氛围。

广播、电视、报纸、杂志、网站等相继推出《春天奏鸣曲》、《与春天同行》、《到群众中去》、《赶考二季度》、《生态建设的加减乘除》、《唱响好声音》、《2014过中场》、《直通长洽会》等40多个系列主题报道，突出板块组合效应，多角度立体式进行宣传，达到宣传效果的最大化。对招商引资、三改一拆、治水治气、新农村建设等重点工作的宣传全面深入。

广播、电视、报纸、网站等民生栏目继续围绕“立足基层 服务百姓”的定位，编辑记者全面融入并服务于百姓日常生活。《小彤热线》、《长兴新闻》报、《太湖晨报》、长兴新闻网等根据不同的平台特色，每月至少策划2个以上特别报道，先后推出《开学第一课》、《一元堆起的爱心》、《斑马线前的困惑》、《回收的秸秆怎么办》、《我们的成绩单》《50万回归记》、《长兴失信者的代价》等一批影响力强的民生报道。此外，《市民督导团》、《娘舅来了》、《法庭直击》、《温暖》、《浙北周刊》等栏目持续走进乡村社区，走近百姓邻里，影响力不断提升。

2014年4月1日，电视新闻频道《观点致胜》升级成脱口秀节目《说吧说吧》，收视率一路上升。5月1日，电视文化频道全新改版，引进节目更多元，自办节目更落地。《太湖晨报》开通服务热线6255113，成立“晨报帮忙团”、“晨报流动编辑部”，推出一系列“服务到家”大型公益便民活动，使宣传效应进一步显现。《画溪》杂志全新改版，由双月刊增为月刊，全力打造一本有影响力的本土文化刊物，成为外界了解长兴的窗口。

长兴新闻网完成系列改版：3月份完成“无线长兴”改版，升级为2.6版本，开展丰富的线下活动，开拓“推送”功能，大力提升传播影响力。4月份完成全媒体即时报改版，页面日点击量、日均点击率大幅提升。7月完成长兴新闻网的改版。同时搭建运作自媒体平台，尝试新媒体渠道和经营的拓展，助力全媒体的推进。

2014年10月份，集团继续完善融媒体平台建设，完成对全媒体集成中心的流程再次改造，将原有的四个平台整合为全媒体信息采集(策划)、全媒体采访、全媒体编辑(刊播)等三个中心，实行新闻采编播的扁平化管理，建立更加完善的全媒体运行机制。

着力主攻大台大报，外宣层次提升。2014年，集团外宣工作按照“主攻大台大报，提升更高层次”的要求，全力做好外宣提质转型工作。全年在央级媒体上稿106件，在省级媒体上稿1010件其中，上央视《新闻联播》21条，浙江卫视《浙江新闻联播》头条6条。中央人民广播电台《新闻和报纸摘要》、《全国新闻联播》4条，省电台新闻联播头条6条。《浙江日报》头版11篇，省级以上内参2篇。央视专题已播15部。2014年，在浙江之声外宣用稿量排名位列全省第三、浙江卫视排名位列全省第三，均列一等奖等次。

2014年底长兴传媒集团顺利通过全国文明单位考核验收，获得全国文明单位的荣誉称号。

【活动兴媒】 紧扣时代主题，深入挖掘本土文化，着力传承与创新，精心策划举办各类大赛和系列文化活动。2014年，集团先后主办或承办、协办“我想上春晚”、“ 长兴广播主持人大赛” 、“ 最美警察颁奖典礼” 、“我爱这一行”大赛、《我要表扬你》大型公益活动等，电视直播(录播)共60多场次，此外，《凡人凡事》、《成功故事汇》等自创节目深受欢迎。

各媒体平台发挥自身优势，广泛开展各类新闻性活动，形成宣传合力。电视新闻频道推出《安全伴你行》、《平安到我家》等宣传活动，寓教于乐，增强市民平安自护意识；推出《市民面对面》栏目，市民督导团和部门工作人员或学者一起走近演播厅，讨论市民身边的难事，赢得广泛关注。《长兴新闻》报成立星星公益，组织开展7场公益活动，受到社会各界的肯定。

【人才队伍建设】 2014年，长兴传媒集团以“全媒体融合年”为抓手，继续坚持树立“人才是第一资源”紧紧抓住人才“培养、使用、管理”三个关键环节，进一步深化人力资源制度改革，落实集团人才发展规划，努力打造全媒体人才新高地，全面提升传媒文化软实力，促进传媒事业发展。2014年，对在集团工作一年以上的员工，投入继续教育专项经费30余万元，按照规划适时选派求学、求进的业务骨干60余人次参加对口培训。对新进员工，进行师徒结对，组织培训。另一方面，继续引进重点名校和专业对口院校毕业生充实到传媒队伍中。2014年，引进人才54名，其中特殊岗位人才2名，新媒体优秀人才1名。3月初，组织集团“一年一评”。10月，组织全体员工竞聘上岗工作。同时对聘用员工的档位进行微调，进一步优化干部队伍结构，合理配置人力资源，形成一个职务能上能下、待遇能升能降、优秀人才能够脱颖而出、充满生机与活力的用人机制，更大激发和调动干部职工的积极性和创造力。继续实施“凝聚力工程”，有计划、有步骤地开展集团嘉奖令、师徒结对等具有传媒新特色的文化活动。邀请温州大学教授来集团授课《管理与沟通：正式面谈》，推动集团干部职工谈心谈话制度。及时掌握集团干部职工的思想状况，畅通沟通和诉求渠道，发现和解决问题。

【采编运行转型】 2014年，长兴传媒集团以“媒体转型年”为抓手，加快媒体融合发展步伐，取得了显著成效，受到了省、市、县委宣传部领导的关注和肯定。8月15日，省委常委、宣传部长葛慧君首次专程到县域媒体调研，对媒体融合工作给予充分肯定，并将长兴媒体融合案例作为《浙江省新闻媒体融合发展对策研究》子课题进行调研。

长兴传媒集团目前拥有广播、电视、报纸、网站、杂志等9个媒介平台。同时，倾力打造新媒体矩阵，大力发展新媒体，新闻APP、长兴帮APP及30多个微博微信平台，拥有用户数达35万之多。且重点打造出 10个自媒体。其中，长兴玩客、长兴吃客、长兴Asir等3个自媒体独领风骚，广受关注。

新媒体时代，传统媒体如何转型、如何与新媒体融合发展，成为迫在眉睫的问题，媒体融合的本质是媒体一切的生产行为与受众的需求进行融合，用户需求是媒体融合的落脚点。长兴传媒集团从这种理念出发，充分发挥传媒集团的平台功能，形成以全媒体信息采集策划中心、全媒体新闻采访中心、全媒体编辑刊播中心组成的全媒体新闻集成平台。全媒体信息采集策划平台获取突发事件信息后，立即启动预案，由全媒体新闻采访中心派出全媒体记者赶往现场，途中第一时间连线广播、推送网站；抵达事发现场后第一时间传送图片，并再次连线广播，口播最新情况；采集完成后提供影像、文稿至全媒体编辑刊播平台，供广播、电视、报纸、网站等媒体选用。与此同时，长兴传媒集团在考核机制上进行改革，以“结果”为导向，进行考核。改变以往对稿件难易度及采编人员劳动程度大小的考核方式，只对传播的效果进行考核。我们在全国县级媒体中率先引进电视和广播收视率调查，对新媒体平台进行阅读量考核，对报纸杂志进行阅读量抽样调查，并将此作为考核的核心指标。这一做法有效地促进新闻产品质量的提升。

【太湖之声全新改版】 2014年7月30日，FM973太湖之声全新改版播出。此次改版，在原有类型化音乐台的基础上增加节目的本土性和互动性，尤其是开辟早晚高峰节目《东成西就》和《笑傲江湖》，以娱乐的方式增添节目的可听性。呈现娱乐长兴话带来新感觉 娱乐、互动样样有；互动吃货团邀你一起体验“舌尖上的长兴”；在音乐的陪伴下，用耳朵聆听到宛若世外桃源般的地方三大特点。改版播出后，听众参与较以往大幅提高，节目广受好评。

【长兴传媒集团官网上线】 2014年8月14日，历时一个月的筹备，长兴传媒集团官方网站经测试后正式上线，网友只需输入长兴传媒集团.com网址即可进入官网首页。作为集团官网，版块的划分以集团工作为主线，以不同色块加以区分，涵盖当前集团大事件图片、集团概况、最新动态、集团文化、员工风采等内容。同时，官网对集团各个媒体平台进行了整合，网友可一目了然了解集团各平台基本情况，新媒体微博微信矩阵也在底部完整呈现。

【新媒体矩阵打造】 2014年3月起，长兴传媒集团大力发展新媒体，打造新媒体矩阵，重点打造出无线长兴APP、长兴新闻网、长兴Asir、长兴拍客、长兴吃客、长兴电视新闻频道、太湖晨报等一批微信和微博，总用户数突破35万户。2014年5月，长兴传媒集团启动自媒体平台建设，一线采编投入积极性高涨，80多人申请微博微信账号160多个。新媒体矩阵打造过程中，长兴传媒集团针对运营中存在的内容同质、运营不力等问题，长兴传媒集团对微信微博进行引导帮扶、有效整合，比如将电视的《当家菜》、广播的《江湖吃货团》、日报的《长兴吃客》等三个和吃有关的自媒体整合成一个，集中所有资源打造一个和吃有关的平台，避免内部资源浪费、粉丝分流和掉粉。2014年,长兴传媒集团运营得较好的微信公众号有近30个、微博20多个。2014年底,长兴传媒集团新媒体平台用户量突破40万,其中微信和APP用户总量达13万。

(沈　决)

长兴时报

【概况】 长兴时报由湖报集团长兴分社编辑出版,现有员工20人,均为长兴籍大学毕业生。《长兴时报》为四开八版小报,每周四期,周二、三、四、五出版,日发行量18000份,主要面向长兴,同时兼顾湖州行政中心、安吉、德清等地。

年内,在市级媒体新闻稿件200多篇,其中湖州日报头版达117篇,市级以上内参完成9篇。2014年度,共有24篇新闻获得市级以上奖励,其中省级以上外宣稿件2篇获奖。

【爱心涌动专栏】 《长兴时报》热线版三大常设栏目之一,每周二期,栏目宗旨为"暖你心"。已成为温暖这座城市的一个较具影响的品牌栏目之一。2014年通过向社会各界招募"公益大使",有53人加入到爱心团队,其中高建英等10人被评为年度十佳爱心大使。

爱心涌动栏目主要关注长兴县区域内的助学、助医、助困、养老、助孤等慈善公益工作。帮助困难老人筹集3万多元生活费;为20多名贫困学生落实学习生活费。去年6月份,龙山新区渚山村唐正梅,女儿生肝病,家里的杨梅又卖不掉,高建英等6位爱心大使协助卖杨梅,爱心涌动栏目持续关注报道,最终引起县内外媒体的关注,筹到善款15万元,病人也得到及时救治,活动得到县领导的肯定。

(殷恒发)

❶ 李家巷青草坞旧厂区改造
❷ 长兴第二污水处理厂
❸ 保洁员循环打捞河道垃圾
❹ 中心广场公交枢纽站
❺ 紫金南苑保障性住房建设
❻ 浙江省美丽宜居示范村——林城镇北汤村

长兴县交通运输局

❶8月4日，县长吕志良(前排左一)调研杭长高速公路北延工程建设

❷杭长高速公路北延工程特大桥梁施工现场

❸11月16日，位于县城南工业园区的画溪新城公交枢纽启用

❹年内，104国道长兴夹浦段改建工程建成通车

❺2月18日，养护人员在初台线铲雪

❻10月29日，10辆纯电动公交车投入运营，长兴县成为全国首个使用纯电动新能源公交车的县级城市

❼县港航局发放垃圾回收装置，助推五水共治

❶ 5月13日，市环保局、公安局和长兴县环保局、公安局组成联合检查组开展了辐射安全联合执法检查活动

❷ 6月30日，长兴县三个水自动站完成建设并投入运行

❸ 7月12日至13日，铅蓄电池重金属污染防治技术国际研讨会在长兴召开

❹ 10月14日，县环保局在昌盛新光源有限公司组织召开长兴县涉汞行业整治现场会

❺ 长兴县太湖风情实验示范带

❻ 5月28日，2014中国·长兴（泗安）首届薰衣草风情旅游节在长兴县泗安镇罗家地村薰衣草风情园举行

❼ 生态村的早晨——长兴县槐坎乡

❽ 春茶采摘时节——长兴县水口乡

❾ 梅花香雪海——长兴县林城镇

❿ 2014中国（长兴）花木大会

长兴县城市管理行政执法局

❶12月，省委赴长兴督查组检查指导整改落实工作

❷8月，水口执法中队挂牌

❸10月，清理黄土桥河道垃圾

❹12月，执法队员查处工程车辆违规行为

❺10月，执法队员依法拆除违章建筑

❻5月，执法队员对水果摊位进行管理

❼9月，执法队员查处违规燃放烟花爆竹行为

1

2

3

4

5

6

7

❶ 12月22日，长兴县第四届优秀文艺作品奖、“超威杯”第十五届新概念师生文学大赛暨第四届少年作家文学奖颁奖会在长兴召开

❷ 3月23日，长篇纪实文学《江南小延安》作品研讨会在长兴县槐坎江南红村召开

❸ 12月28日，长兴县合唱协会组织会员参加浙江省第二届合唱节并获金奖

❹ 9月30日，长兴县艺术馆举办的长兴县第二实验小学师生书画展开展

❺ 9月28日，长兴县书法家协会到雁陶文化礼堂把寿字送给56对金婚夫妇

❶7月18日，长兴百叶龙在瑞士巴塞尔第九届军乐节开幕式上现场表演

❷5-7月，"舞动青春"长兴县第五届排舞大赛在长兴县文化馆及大剧院举行

❸4月23日，长兴县图书馆举办"2014年长兴县全民读书节"启动仪式

❹3月，长兴县文广新局联合县教育局，成立"长兴县教师文艺辅导团"，举办文艺辅导活动

❺11月8日，2014年第五届环太湖公路自行车赛第八赛段长兴站比赛

❻6月，长兴县博物馆在泗安镇云峰村韩世忠裔孙韩秋墓的文物考古现场

❼10月19日，长兴籍运动员周德谦在浙江省第十五届运动会射击赛上获10米气手枪40发冠军

❽3月3—7日，开展出版物、宣传品专项检查整治

❶3月9日，浙江省汉字书写大赛，长兴县实验小学获得亚军

❷3月11日，龙山中学举行“碧水蓝天 全民治水”为主题的长卷绘画比赛。瑞典卡尔马省地区委员会首席执行官哈肯.布吕尼儿森(中)和学生们一起进行创作

❸4月20日，第28届浙江省青少年科技创新大赛在长兴实验中学圆满结束

❹5月18日，中央电视台国际频道《快乐汉语》栏目组拍摄民俗文化专题，小浦小学表演的《夯里婚庆》应邀参演

❺7月16日，“锦绣望县·学在长兴”2014高考总结表彰暨工作座谈会召开，荆修曼、朱哲毅分获今年湖州市文理科状元

❻10月10日上午9点，湖州市第二届青少年校园足球联赛开幕式在长兴六小隆重举行

❼10月30日，长兴县教育研究中心小学语文教研员、教科所副所长臧学华在全国小学语文优质课评比中荣获特等奖

❽12月3日，长兴职教中心陈启铭同学、李忠宝老师在第六届全国数控技能大赛中喜获第四名

❾9月16日，浙江省第九届青少年中华经典诗文诵读大赛在衢州圆满落幕。长兴县虹星桥中学学生陈静夺得个人组一等奖，并被授予“2014年浙江省推普形象大使”的称号

❶8月14日，省新闻出版广电局局长寿剑刚（左三）一行到长兴传媒集团视察工作

❷10月9日，长兴传媒集团与国内最知名的农业电商公司浙江遂网电子商务有限公司正式签订战略合作协议

❸4月16日，中央电视台农业频道大型户外访谈节目《〈乡约〉走进锦绣长兴》在大唐贡茶院成功录制

❹5月28日，长兴传媒集团与山海经杂志社签署战略合作意向书

❺1月5日，“我想上春晚”总决赛录制现场

❻8月29日，十佳农业龙头企业评选颁奖典礼现场

❼8月2日，“爱在画溪”大型交友会节目现场

❽9月28日，第十四届房地产博览会现场

1

2

3

4

5

6

❶7月,《党史二卷》由中共党史出版社出版

❷10月,首部《长兴年鉴》由方志出版社出版

❸12月,《红心向党——长兴中青年干部党史二卷读后感集》出版

❹8月21日,长兴《党史二卷》首发式暨二轮县志编修工作会议举行

❺❻8月,举办《邓小平与浙江图片集》展览纪念邓小平同志诞辰110周年

❼9月25日,长兴县“品味红色文化、传承革命精神”主题党建党史知识竞赛决赛举行

❽10月11日,北京新四军研究会到长兴开展寻访活动

8

7

长兴县档案局(馆)

❶ 1月17日，臧氏家谱捐赠进馆

❷ 5月10日，在小浦镇大岕口村开展群众路线走访座谈活动

❸ 10月21日，档案馆查档大厅服务群众查档

❹ 9月4日，全县档案工作会议召开

❺ 5月21日，服务李家巷镇档案整理

社会建设

教育

综　述

2014年，长兴县教育局深入贯彻落实中共十八届三中、四中全会，围绕县委、县政府全年工作目标任务，扎实开展党的群众路线教育实践活动，坚持创建浙江省教育现代化县，办人民满意的教育，突出“均衡与优质”两大主题，以“立德树人”为根本任务，以改革创新为动力，各项工作全面推进。年末，全县有普通中学22所(其中高中5所，初中17所)、职业学校4所、中心学校1所、中心小学38所、教育实践中心1所、特殊教育学校1所、幼儿园39所、乡镇成人文化技术学校14所，各类民办培训机构31家。招收新生24847人，毕业学生26730人，吸纳新居民子女9371人，在校学生95044人。年内，顺利通过省“减负万里行”督查及全国义务教育发展基本均衡县评估，并于11月正式申报浙江省教育现代化县。2014年，全县财政性教育经费达到12.55亿元(预算内教育经费11.62亿元，地方教育附加及基金0.93亿元)。财政性教育经费中，包括中央和省级财政补助全县教育专项资金7060.61万元。预算内教育经费占财政支出的22.61%。全县教育经费达到“三个增长，两个提高”的要求。财政安排初中、小学日常公用经费分别达到680元/生.年和920元/生.年。2014年1月开始，县财政对教师住房公积金补助标准从2013年平均600元/人·月提高到平均680元/人·月；县财政对公办幼儿园非事业编制教师缴纳公积金实施补助。

教育质量稳步提升　全县文理科第一批上线595人(文科129人，理科466人)，比2013年增加39人，再创历史新高。全县高职上线527人，上线率83.52%，其中本科40人、专科487人。文理科第一批有4人被清华、北大录取，263人被全国“211”高校录取，占比44.2%。在全国、省、市各类教师教学比武、基本功竞赛等活动中，有50多人次获得市一等奖以上奖项。在全国中学生物理竞赛中，朱哲毅获浙江赛区一等奖，8人获二等奖，6人获三等奖，长兴中学首次获省“团体优胜奖”；在省高中数学竞赛中，32人获一等奖，82人获二等奖；在省高中化学竞赛中，2人获一等奖，9人获二等奖，16人获三等奖。在省中职学校技能大赛中，共获4个省一等奖，6人代表浙江省参加全国技能大赛，为历年之最。此外，4月顺利通过义务教育发展均衡县的省评估，12月9—10日顺利通过教育部督导评估。并于11月正式申报浙江省教育现代化县。

教育纪检审计　在全县教育系统范围内开展“学习百个案例、重点整治‘五病’”专题教育活动。开展《教育系统“三重一大”事项集体决策制度的实施细则》《关于教育系统实行党政正职“五不直接分管”制度的实施意见》等规定执行情况的监督检查。推进机关和学校作风效能建设，共组织56人次开展明察暗访12次，先后查处违反作风效能规定和违纪9人次。年内，完成对全县学校(单位)公务支出、公款消费情况的专项审计，14所学校的经济责任审计和16所学校校长的离任审计。对公开招投标、粮油议价、各类考试、教师招考、规范办学、阳光食堂等重点领域进行检查。截至10月底，共收到各类投诉件312件；信访件38件；局长信箱72件；网上投诉36件。接听投诉咨询电话176个，接待来访群众87人次。11月，先后组织了县属学校纪检组长参加了由市教育局组织的纪检干部培训班和县纪委监察局组织的培训。年内，启动第二轮审计工作，并先后获得了长兴县内部审计先进集体、2011—2013年度浙江内部审计先进集体等荣誉称号。

平安校园建设　全年围绕“保平稳、提水平、零事故”的总体目标，组织开展开学阶段安全工作大检查，校车安全运行大检查，学校食堂安全专项检查等安全专项活动。学生交通安全保障工程顺利推进。8月，由县政府出资1047.4万元更新校车44辆(27座14辆，32座12辆，37座14辆，46座4辆)，至此，全县在用112辆校车均符合国家相关标准。以校车办为平台切实加强校车安全运行监管，接送对象涵盖33所学校（29所小学，4所初中），每天接送小学生8069人，周末接送初中生1570人，投放接送车辆112辆，校车接送工作安全、稳定、有序。千万学生饮食放心工程任务超前完成，目前有A级食堂17家（今年新增6家），B级食堂72家，学校食堂量化A、B等级率100%。“品牌超市进校园”工作稳步推进，长兴中学、太湖高中等20家学校超市分别由中百一店及湖州欧尚超市进驻，“品牌超市进校园”工作完成率100%，“阳光厨房”建设顺利启动。长兴中学等12家学校食堂已完成“阳光厨房”建设，顺利完成省市相关考核指标。学校安保工作稳步提升。学校保安室提档升级为校园警务站，建成率100%，安保人员持证率100%。学校“等级平安校园”创建工作稳步推进，学校校园内或学校组织活动中未发生人员死亡安全事故。

信息化水平　年内，继续实施“书香校园”工程，加大图书馆（室）建设力度，今年新增图书18.9万册。实验二小、林城小学和吕山中学成功创建市“书香校园”学校；长桥小学图书馆被授予“省示范性图书馆”称号。实施教育信息化工程，年内新增电脑1018台，多媒体98套，录播系统4套。更新教育信息发布平台和OA办公平台，新增远程教育视频平台、教育装备资产管理平台和数据上报平台。进一步改善实验教学条件，完成34所学校科学仪器、52所学校数学仪器和46所学校实验室设备的配备。加强随班就读试点学校建设，已完成3间示范性资源教室配备并投入使用。实施课桌椅改造工程，做好省课桌椅的配备工作，新增课桌椅3370套。

助学工程　年内，全面贯彻落实教育资助政策，及时完成学前教育、义务教育、普通高中、职业高中各项减免费、助学金等资助资金的发放，全年累计发放资助资金7272.11万元（包括落实中职学生免学费资金3484.22万元）。对贫困学生就学做到“应助尽助”“应免尽免”。外来务工人员子女、学龄残疾人等享受平等的教育权利和机会得到全面保障。积极推进生源地大学生信用助学贷款，认真做好大学生生源地助学贷款贴息结算工作。全面实行“一日一餐”制的家庭经济困难学生免费营养餐制度，坚持每周为家庭经济困难学生免费提供5餐营养餐，全学年为每位贫困学生补助餐费750元。

基础设施建设　年内，教育系统重点建设项目计划总投资31490万元（不含其他部门代建的长兴七小和培智学校迁建项目），当年计划完成投资13770万元。截至12月31日，全县实际完成投资14130万元，完成全年计划投资的102.61%。吴山小学、泗安中学、小浦小学、洪桥小学、吕山小学、小浦中学、电大进院建设项目以及李家巷、图影、槐坎中心幼儿园迁建工程已竣工并投入使用。城区学校污水管网建设工程已完工。长兴一小改建、太湖高级中学迁建、长兴七小迁建、培智学校迁建工程有序推进。启动义务教育学校校园饮水质量提升工程，计划用二年左右的时间在全县义务教育学校校园建成加热保温直饮水系统。当年计划实施的28所学校已全部完成。进一步完善《长兴县教育布局专项规划》，优化教育资源，开展城东部区域中小学布局规划、小区配套幼儿园规划调研，开始对泗安镇中小学、幼儿园教育资源实施调整。撤并长广小学、长广幼儿园、吕山北杨完小、洪桥张庄小学等学校。开展全县教育系统危旧房大排查工作，共排查176个单位919幢（处）房屋，建筑面积139.94万平方米，对排查中发现有安全隐患的校舍及时提出整改措施。

学校德育　全县62所中小学有54所学校有了体现自己特色的学校文化，占学校总数的92%。3月12日，教育局制订下发《长兴县2014年中小学德育工作计划》，并召开全县学校德育工作会议，解读文件，提出工作要求。加大对班主任、政教主任、少先队大队辅导员的培训力度，成立“幸福班集体建设工作指导中心”“班主任工作指导中心”等十个工作指导中心。同时，充分发挥老干部、老战士、老专家、老教师、老模范等“五老”队伍在学生思想道德教育中的作用。加强社会主义核心价值观教育。开展“中国梦·我的梦”主题教育活动，与县关工委一起在全县师生中开展“学习最美孝心少年徐沁烨，践行社会主义核心价值体系”主题征文活动；开展创建“幸福班集体”活动，以及全面开展校园文化建设示范校创建活动。开展市县三好生、优秀学生干部、先进班集体评比，五水共治征文比赛，市县德育先进集体、优秀德育工作者、优秀德育导师评比，第十一届综合素质优胜奖的高考优胜奖和贫困生奋进奖的评选；开展暑期“五个一”活动评比；结合“四个节”开展经典诵读比赛和演讲比赛等系列活动。职教中心、实验中学、和平小学、实验幼儿园被评为市德育先进单位，长兴一小左有莲等11位老师被评为市优秀德育工作者，小浦小学钱爱萍等11位老师被评为市优秀德育导师。在湖州市暑期“五个一”评比中长兴县共获得24个一等奖，27个二等奖，48个三等奖。2月份后根据工作计划，开展行为规范养成教育月、雷锋精神主题教育月、孝敬感恩主题教育月、劳动奉献主题教育月、理想信念主题教育月等主题教育活动。

基础教育

【概况】 2014年，全县学前三年入园率达99.3%；乡镇中心幼儿园省二级以上比例达85%以上;省三级以上覆盖率为89.7%。省三级以上幼儿园在园儿童数占幼儿园在园儿童总数的比例达98.1%。2014年义务教育阶段的入学率达到100%,巩固率也达到100%;三残儿童入学率达99.5%;初中升高中段比例达到98.87%,普职比为1:1.008;高中段巩固率达99.97%;在校未成年人犯罪率为零。

【学前教育】 长兴县共有幼儿园39所,其中省一级幼儿园6所、省二级幼儿园17所、省三级幼儿园12所;学前三年适龄幼儿入园率达到99.3%;省三级以上幼儿园在园儿童数占幼儿园在园儿童总数的比例达98.1%;市学前教育先进乡镇13个;乡镇(街道)中心园等级建园率达到100%;乡镇中心幼儿园省二级比例达87.5%;省三级以上幼儿园覆盖率为89.7%。幼儿园教师大专以上学历达到93%,持证上岗率达到91.9%。有3所幼儿园创浙江省一级幼儿园,5所幼儿园创浙江省二级幼儿园。制订《长兴县2014年学前教育宣传月活动方案》,举办"《指南》——让科学育儿知识进入千家万户"为主题的县第四届园长论坛。开展幼儿书画、舞蹈比赛、幼儿能力大比拼等活动。按时完成《浙江省学前教育信息管理平台》数据录入工作。

【义务教育】 年内,长兴县小学、初中入学率均达到100%,巩固率也是100%;初中升高中段比例达到98.87%,普职比为1:1.008。4月份,在调研的基础上制订下发《2014年普通中小学职业类学校招生计划》,明确各级各类学校的招生计划;5月份又制订下发《2014年长兴县小学招生有关规定》和《2014年长兴县初中招生实施办法》,制订《长兴县义务教育阶段阳光招生工作方案》,做到规范招生、阳光招生,实现"零择校"。开学初,组织蹲点干部对全县所有学校的"三表"(作息时间表、课程表、课外活动安排表)进行全面检查,对所有学校进行专项督查,下发"整改通知书",督促学校限期整改。举办第三期"新居民子女入学专项服务"活动,共登记一年级新生267人。8月28日召开全县电子学籍管理会议,对电子学籍管理中存在的问题,提出规范电子学籍管理的要求。长兴七小、长兴八小、吕山小学、泗安中学、吴山幼儿园、和平幼儿园、洪桥幼儿园等七所学校申报市语言文字示范校。4月份,长兴七小和八小已通过专家组评估检查。学校少先队大队100%创建基础达标大队。长兴二小和龙山中学少先队活动课试点,李家巷中学开展"阳光课堂"教学改革,后20%的学生由原来进校时的37%下降到现在的13%;虹星桥中学实行"152双主课堂"教学模式;龙山中学积极打造"快乐+意义"的高效课堂。年底,举办首届分管校长论坛,全县100多位分管校长参加了论坛,最后选出18位校长参加终极论坛。

【特殊教育】 让教师参加各级各类培训,鼓励教师一专多能,学习语言康复、动作康复、自闭症康复等多项康复技能。年内安排教师参加国培、省培,每年派教师到上海、南京、常州、杭州、海宁、温州等特教学校参观学习。长兴八小、李家巷小学、和平小学新建三个资源教室。长兴县首批7所学校的资源教室建设已经到位。根据《长兴县教育局关于进一步加强轻度残障儿童少年随班就读工作的实施方案》,对全县几百名适龄残疾儿童少年对象全面排摸、审查、认定,并进行划片区分,责任安置到每所学校。10月下旬,湖州市基教处、湖州市特殊教育指导中心、长兴县基础教育科以及县特殊教育指导中心根据《湖州市合格资源教室评估细则(试行)》对已建资源教室的学校的随班就读工作开展进行摸底与指导,并进行检查。2014年,培智学校采购数万元的教学及办公设备,增添了多感官教室,对网络进行整修,实行班班通,并大力改善师生的教学环境。各学校启动"送教上门,关心残障儿童"的爱心教育工程,组成"教师送教小组"。长兴县的太湖图影小学、小浦小学和包桥小学的爱心送教得到群众认可。包桥小学爱心送教的感人事迹有多家媒体和报刊报道。

【高中教育】 以长兴中学为龙头,推进县"普高学习共同体"建设,并联合德清、安吉教科研中心,教育教学的检测水平得到提高。积极申报参加省市精品选修课程和网络课程的评选。在2014年全市第三批精品选修课程评比中,长兴县普通高中申报23门课程,有11门入选并获奖。在申报浙江省第五届普通高中选修课网络课程评选中,长兴县申报20门,有8门入选。积极参加全省基础教育微课程开发活动,申报省微课程评选有15个。长兴中学顺利通过了省一级特色示范高中的评审验收,成为首届全省32所一级特色示范高中之一;同时太湖高中、金陵高中也成为省二级特色示范高中,华盛高中的省二级特色示范高中的申报工作现正在进行之中。

【民办教育】 年内,全县民办幼儿园14所,在职教职工190人,在园幼儿2221人;义务段民办学校5所,在职教职工501人,招收新生1772人,毕业学生1985人,在校学生8367人;民办普通高中3所、职业高中1所,在职教职工519人,招收新生1962人,毕业学生2474人,在校学生6671人。按照《民办教育促进法》《浙江省幼儿园申办审批办法(试行)》和《浙江省幼儿园准办标准(试行)》,实施严格的行政许可制度。新批民办学校必须符合上级规定的"四证"要求。根据教育部相关文件精神,1月份开始,全县全面禁止在职公办教师到民办学校兼课。

组织评选并推荐市优秀民办学校4所。4月份开展对民办培训学校办学行为的专项督查，落实整改措施。5月份组织实施民办教育机构的年度检查。

职业教育与成人教育

【职业教育】 全县共有长兴职教中心、长兴技师学院、湖州中等卫生专业学校、湖州清泉职业高中等4所职业学校，其中教育部门办的公立学校2所，部门行业办学1所，民办学校1所；2014年湖州中等卫生学校成功争创省中职教育发展改革示范校。2014年全县职业学校占地总面积725906平方米，校舍建筑面积314878平方米；教育设备仪器值8854万元；国家级实训基地1个，省级实训基地5个，实训开出率100%。教职工总数909人，专任教师731人。全县中职学校共有专业30个，其中主干专业13个，市级以上示范、品牌、骨干等重点专业数13个，新设专业一个（电子商务）。全日制在校学生11118人，年内招生3549人，职普比持续保持1∶1。长兴县被省教育厅推荐为全国农村职业教育与成人教育示范县（全省4个），长兴职教中心顺利争创省级数控技术应用实训基地，长兴技师学院成功争创机电技术省骨干专业和会计专业省品牌专业，湖州卫校成功争创省中职教育改革示范校。贯彻落实《浙江省教育厅关于进一步加强中等职业教育专业结构调整工作的指导意见》，继续丰富和完善德育导师制、学生实践周活动、“我是技校生”等德育教育载体；重视文化育人，采取多方评价形式做好学校德育工作考评，举办德育教育系列活动。年内，长兴技师学院德育教育工作受到人社部表扬。在今年的学生技能大赛中，长兴县共获国家级一等奖2项，国家级三等奖1项，省级一等奖11项，省级二等奖15项，省级三等奖25项。全县应届中职毕业生4508人，就业3281人，升学1227人，就业率100%。并且95%以上的学生在本地企业就业，基本满足了企业用工需求。2014年，首届新疆内地中职班顺利毕业，共有64名学生拿到毕业证书，回到新疆工作，推动浙江省支援西部地区教育事业的发展。

【成人教育】 年内，全县共有成人文化技术学校14所，其中省示范成校7所，所有成校全部达到省标准化成校标准。全县成校专职教师56人，兼职教师351人。具有中级及以上教师资格的教师53人，占94.64%。2014年，泗安镇成校成为省新型农民培训示范基地，雉城成校、水口成校成为湖州市第二批现代化示范成校。至2014年底，完成各类技能培训5600人，其中农村预备劳动力培训504人。涉及的培训项目十多个工种。在泗安、林城、夹浦、水口、雉城等5所成校建立了县首批高技能人才培训基地，为全市首创。全县成人大专以上学历在册3815人，当年毕业453人。成人“双证制”注册1558人，取得高中毕业证书1210人。年内，长兴电大（县农民学院）被教育部授予全国“一村一名大学生培养”试点工作先进单位（浙江省3家）。乡镇成校组织实施农业科技推广项目11项，参与实施的区域人口达3000多人，实施规模0.07万多公顷。全年共举办技术推广培训班39期，参加培训农民6000多人次，印发科技资料10000多份，项目综合效益近亿元。李家巷成校“红心猕猴桃栽培技术应用与推广项目”、吕山成校“盆栽观赏荷花种植技术推广培训项目”成为市级农科教推广培训项目。年内，组织全体成校老师对文盲对象进行分类指导，努力完成省定目标。全年完成脱盲7820人，超额完成省市下达的培训任务。11月，全省扫盲工作经验交流会在长兴召开，长兴县作为全省5个发言单位在会上作经验交流。

【社区教育】 全县现有县级社区学院1所，乡镇（街道）社区教育中心14个，村（社区）市民学校237所。和平社区教育中心成为省社区教育示范学校，和平社区教育中心网站和雉城社区教育中心网站被评为市优秀社区教育网站评比一等奖。11月21日，在林城镇华鑫广场举办第二届“全民终身学习宣传周”活动。全县开展各类社区教育培训活动共292个项目，66644人参与社区教育培训活动，培训人数占辖区常住人口的比例为10.38%。

科技与环境教育

【概况】 重视全县中小学科技教育工作，组织各类科普、社会实践活动，不断推进未成年人科学素质行动的实施。组织学校参加全县科技节系列活动，各校参赛率占总项目的60%。并认真组织开展科技普及“六个一”活动。4月18日，在实验中学成功举办第28届浙江省青少年科技创新大赛，在参赛的749个项目中，长兴县共有7项创新成果获奖，其中一等奖2项，二等奖1项，三等奖4项。太湖高中的创新成果被推荐参加2014年的第29届全国青少年科技创新大赛，学生罗佳迎同学获得浙江大学自主招生推荐信。5月17日，长兴县第九届中小学生幼儿七巧科技竞赛活动在实验中学举行，全县有73支代表队867名中小学生参加了本次比赛。6月—9月，全县开展以“建设美丽浙江创造美好生活”为主题的科普征文活动。9月初，长兴科普大讲堂邀请中科院老科学家进校园作科普报告，全县8000师生聆听科学家精彩的科普报告。9月，全县组织开展青少年科技创新发明、科技论文、科技实践活动、科幻画等竞赛活动，共申报项目316项，经过初赛、复赛的展示与答辩，共评出科技论文54篇；科技小发明35项；优秀科技实践活动18项；优秀少年儿童科学幻想画142幅；科技辅导员科技创新成果23项。长兴县共有4所学校被评为市“科普示范学校”，16所学校被评为县“科普示范学校”。依托各项培训会提高长兴县科技辅导员队伍水平。3月5日，在电大进修学院组织召开长兴县科技创新专利培训会。3月20日，在长兴县实验中学组织召开“长兴县第九届七巧科技竞赛培训会”，来自全县中小学、幼儿园的70多名教师参加培训。8月下旬，分别派十位优秀科技辅导员参加全国青少年科技创新大赛的观摩与学习。9月19日，特邀东南大学周建中教授和全国优秀科技辅导员、吴兴实验中学朱忠荣老师分别做专题讲座，全县各校100多名科技辅导员参加培训。2014年，根据《中小学生环境教育专题教育大纲》要求，组织各校开展生态文明建设“五个一”活动。龙山中学、实验二小、李家巷小学、二界岭小学等4所学校创建省级绿色学校。截至年底，长兴县有省级绿色学校19所，市级绿色学校29所，县级绿色学校87所，市级生态文明教育基地2个，县级生态文明教育基地2个。

学校体育教育

【概况】 年初，下发《长兴县第六届体育节工作方案》，3月—11月，先后成功举办中小学生排球比赛、小学生篮球比赛、中小学生游泳比赛、中小学生乒乓球比赛、中学生篮球比赛、中小学生田径运动会、中小学足球比赛等7大比赛。组织参加省市各类比赛，3月，夹浦中学在省校园足球联赛总决赛中获得中学男子组第五名，市首届校园足球联赛第一名。5月，长兴县中心幼儿园代表湖州市参加省第四届幼儿足球节；9月，长兴中学、金陵高中、实验中学（男、女）包揽市第四届中学生排球赛4个冠军；长兴六小男足队在ZSFL第五届浙江省中小学校园足球联赛中以7胜1平的战绩荣获冠军，同时应邀参加浙江省“校园足球世界杯”暨央视“谁是球王”预选赛。12月份，长兴中学、实验中学、华盛高中、龙山中学获市中学生篮球联赛的冠军。精心组织中考体育考试，4月28—30日，全县6491名初三学生参加体育考试。加强县体育后备人才基地布局项目建设，出台《长兴县体育后备人才基地布局项目》新的标准，县少体校项目对应的教练员已进入到39个项目布点学校训练指导。根据《国家学生体质健康标准（2014年修订）》，全县中小学加大学生体质健康测试工作的投入，加强测试场地、设施和器材等条件建设，抓紧测试管理与技术培训，上报率达100%。11月中旬，县实验小学等16所学校接受教育部、省、市的抽测。

学校艺术教育

【概况】 9—11月，组织长兴县第十二届中小学幼儿园艺术节合唱、舞蹈、表演剧、器乐、书法、绘画各个项目的比赛；12月，组织选送县艺术节优秀节目参加省、市文艺会演；5月30日，组织推荐艺术高中等7所学校参加湖州市艺术节舞蹈、音乐剧光盘比赛，8名中小学生参加市艺术节书法比赛，40名中小学生参加绘画、平面设计、立体造型、动漫、摄影比赛，最后共获得17个一等奖，40个二等奖；6月，组织25名师生参加湖州市首届“善琏湖笔杯”师生现场书法大赛暨教师书法教学能力比赛，许智勇、沈华南、骆炜获教师组一等奖，沈卓园、钱文谭获学生组一等奖；10月15日，古城中学的参赛节目原创苗族舞蹈《咚妮子》荣获2014年浙江省中小学生艺术节舞蹈比赛银奖。县教育局积极申报开展高雅艺术进校园活动，5月，浙江省高雅艺术进校园暨浙江艺术职业学院青年实验艺术团专场演出在长兴技师学院隆重上演，千余名师生欢聚一堂，共饮高雅艺术佳酿，共赏视觉盛宴。

现代教育技术

【概况】 全年，县普通中小学教育技术装备经费总投入2010.4万元，生均教育技术装备经费投入310元。至年底，长兴县教育系统共配备计算机17559台，其中当年新增电脑718台，计算机总值达6990.1万元，网络及外部设备总值2527万元，全县普通中小学生机比为3.7:1，有效生机比为4.9:1。全县所有普通中小学（含民工子弟学校和民办学校）校园网拥有率为100%。全县中小学多媒体设备共2169套，教室多媒体设备1767套（其中当年新增多媒体98套），总值3213万元，全县所有普通中小学（含民工子弟学校和民办学校）教室多媒体占有率达到100%。历年累计藏书总金额2146.4万元，总藏书量（不含电子图书）254.1万册，生均藏书量39.1册。全县共有66所中小学（含民工子弟学校和民办学校）建有计算机管理的图书馆（室），占学校总数的100%。全县共有66所学校的理科和音乐、美术、体育教学仪器配备达标，占所有中小学（含民工子弟学校和民办学校）的100%。全县普通中小学拥有各类实验室及专用功能教室579个，其中中学317个，小学262个；拥有常规功能教室辅助用房512个，其中中学287个，小学225个。实验室及功能教室仪器器材设备总值5813万。当年常规实验室、功能教室经费投入863万元，为全县中小学的数学、科学仪器设备进行补充和更新。省配备课桌椅3370套，安装到明门小学、煤山小学等12所学校。加强随班就读试点学校建设，已完成3间示范性资源教室配备。加强教育信息化建设，建成录播系统4套，更新教育信息发布平台和OA办公平台，新建远程教育视频平台、数据报送系统和仓库资产管理系统等三大信息化应用平台。在今年3月4日全省教育技术主任培训会上，省教育技术中心就装备管理工作又一次表扬长兴，提出“学习长兴经验”。12月17日，省教育技术装备规范管理示范县检查评估组一行对长兴县进行检查，考核组充分肯定长兴的成绩，认为长兴教育装备管理已走在全省前列，县教育技术中心获“湖州市教育装备先进集体”称号。

【临安市教育装备考察团到长兴考察学习】 11月19日，临安市教育装备考察团一行21人到长兴考察学习。考察组一行实地参观长兴中学、龙山中学、实验二小和清泉武校的图书室、实验室等专用教室，还听取龙山中学和实验二小关于实验室、图书室管理和使用的介绍，双方就共同关注的热点问题进行认真的交流。

【省教育技术装备规范管理示范县检查评估组到长兴县检查】 12月17日，省教育技术装备规范管理示范县检查评估组一行在浙江省教育技术中心赵杭生副主任的带领下到长兴县进行检查。检查组首先听取长兴县创建教育技术装备规范管理示范县的工作汇报，查阅相关台账资料，然后实地检查龙山中学、实验小学、吕山中学和李家巷小学等四所学校教育技术装备的管理情况，通过听（听学校领导和管理教师介绍）、看（查看教学仪器设备和图书的配备、专用教室文化建设、仪器设备的存放）和查（查阅资产账目、使用记录）三种形式，全面解这四所学校的管理工作。

教师队伍建设

【概况】 结合党的群众路线教育实践活动，全面建立师德师风建设责任制和实施师德师风检查制度，开展“师德师风大讨论”和争当“学生最喜爱的老师”等活动，严格执行师德师风“一票否决制”，树立教师良好形象。实施干部跨学段、跨区域培训，先后安排各学段校（园）长、副校长124人到长兴中学、职教中心和江苏省部分名校挂职蹲点学习。以虹星桥教研站为试点单位，发挥教研站作用加强学校中层干部培养。着手建立幼儿园后备干部库，公开选拔幼儿园后备干部30名，为乡镇省一级幼儿园配备分管业务的副园长12名，为学前教育的改革与发展提供了组织保障。年内，承担湖州市义务教育学校教师、校长交流工作试点县任务，全县义务教育学校普通教师118人参与交流；名优教师21人参与交流，参与流动的普通教师占符合条件的普通教师比例的26%。完善教师培训机制，针对高端教师，设立“名师培训班”，委托华东师大、杭州名校等培训，实行“双导师制”，钦国强、周义华、沈莉三人获评省第十一批特级教师，实现长兴教育特级教师评选史上的重大突破；针对骨干教师，进行县内外名校“跨学段挂职”；针对新教师，采取两种办法：见习期教师在基地学校实行规范化培训，教龄在3年至5年间的农村教师实行到城区名校挂职。组建名师工作室，帮助农村和薄弱学校培养骨干教师，带动学科建设，促进城乡教育均衡发展。建有教育局层面名师工作室3个，区域性名师工作室1个，农村共建结对名师工作室2个。

【校长教师交流】 制订出台《2014年长兴县义务教育学校教师校长交流工作实施办法》和《2014年长兴县义务教育学校教师校长交流工作若干问题规定》，全年参与交流校长29人（其中既是名优教师5人）、普通教师118人，名优教师16人。

【教师职称评审】 年内，完成事业单位工作人员年报报送统计和各系列职称的评审工作，初级职务初定通过224人，小中高评审通过8人；中学高级评审通过48人，中学一级评审通过81人，研究生初定中学一级6人，中学一级转评助理研究员1人，小学高级评审通过56人。

【教师招聘、资格认定】 年内，全县公开招聘教师1次和引进教师3次，共计招聘中小学教师110名，引进中小学文化课教师和中职学校专业课教师20名。完成两次教师资格认定网上报名、现场确认、能力测试、组织体检、办理教师资格证书等工作，其中上半年完成省考报名10人，国考报名63人，发证69人；下半年完成省考报名3人，国考报名94人，发证97人。

教育督导

【督政】 实施全国义务教育发展基本均衡县评估，扎实做好长兴县义务教育均衡发展自查自评工作，各科室互相合作积极准备迎接评估材料、查漏补缺，编制申报材料，总体规划、全面部署。全县上下团结一致，以良好的精神状态、扎实的工作作风，迎接省和国家教育发展基本均衡县评估。今年4月23—24日，顺利通过省督导评估。12月9—10日，顺利通过教育部督导评估。积极创建浙江省教育现代化县，积极开展浙江省教育现代化县评估准备工作，对照指标积极整改，充分做好迎接评估准备。2014年11月，向省申报浙江省教育现代化县评估报告。

【督学】 全面实施中、小学发展性评价考核工作；进一步深化督学责任区建设；大力实施省特色示范高中建设，长兴中学成为省首批省一级特色示范高中；金陵高中、太湖高中成为省首批省二级特色示范高中。华盛高中申报省二级特色示范高中。实施第三轮校际共建工作。以构建和谐教育为总体目标,促进城乡教育均衡优质,增强可持续发展力为目标。适时调整共建学校,随着初、高中教育共同体建设步伐的加快,新一轮共建工作着重在小学和幼儿园开展,安排小学共建9对18所学校,幼儿园以一带二的形式开展工作,共9所。同时下发了校际共建工作考核评比办法。

教育科研

【概况】 4月29—30日,对2013学年省、市级教研课题中期检查评估初评A等课题的进行集中评定,长兴中学《高中化学作业有效性的实践研究》等10个课题负责人做现场陈述。9月11—12日,对2014年度省、市级立项教研课题开题检查评估初评的A等课题进行集中评定。10月15日,对2014年度省、市规划课题进行中期集中检查。5月6日,长兴县课题论证工作研讨活动在吕山中心小学举行。9月—11月,举行县中小学(幼)教科室主任32学时培训;9月26—27日听取台州市教科所李哉平《课题研究的思路和方法》《课题的管理与指导》报告;10月28日听取省教研室副主任张丰《校本研修的实践嬗变》报告;11月5日—7日举行分组实践研讨,分小学组、中学组、幼教组分别进行,听取有关省、市立项课题的结题情况报告。编辑读本和刊物,地方德育读本《我说长兴》每年12册,滚动编排;《长兴教育》刊物每年10期,搭建长兴教育发展的平台。县教研中心先后对全县中小学进行全面细致的教育教学调研。部分学校在新一轮课改的驱动下积极开展课堂教学改革实践和校本研训工作,例如,龙山中学"幸福课堂"建模研讨展示、实验初中骨干教师专题展示、煤山中学复习研讨等。长兴第二实验小学名师工作室的数学、语文专场活动以及长兴八小"生态课堂"、槐坎小学、长兴五小、长广小学、吕山小学等学校的校本教研节均邀请小学教研员参加。教研中心高中教研员对普高教学共同体进行一对一的个体跟踪课堂指导。10月22日,按浙江省教育厅的随机抽样,长兴县有12所小学、6所初中的18位校长、280名老师和近700名学生参加浙江省中小学教育质量综合评价第二次监测工作。

【科研成果及荣誉】 年内,湖州市教学研究论文评比中全县有135篇论文获奖(一等奖32篇、二等奖46篇、三等奖57篇),一等奖篇数,占全市的30%。44篇论文在2014年度浙江省优秀教育教学论文评选中获奖(一等奖6篇、二等奖10篇、三等奖28篇)。53篇论文获湖州市教育学会2013年度教科研成果奖(一等奖6项,二等奖13项,三等奖34项)。3项成果浙江省第六届教研课题成果获奖(一等奖1项、二等奖1项、三等奖1项),1项成果获得2013年度浙江省教育科研优秀研究成果三等奖,21项成果获得湖州市2013年度教育科研优秀研究成果(一等奖4项、二等奖7项、三等奖10项)。2014年浙江省教研系统"教育思想大讨论"征文活动中张红老师以《深化教育改革背景下教研转型的方向与策略》一文荣获一等奖,沈铁军老师的征文《放手教研,分享式展评绽放精彩》获二等奖;施秋奕老师的论文《互动教研互动成长——"教师工作坊"教研方式的探索》获得2014年浙江省教学管理与教研创新论文评比二等奖。在浙江省2014年初中地方课程优质课评比活动中,水口中学邱荣珍老师获得一等奖,这是长兴县地方课程教学"从无到有到优"的突破。在2013年浙江省基础教育微课堂、微课程作品评选中获省一等奖3项,三等奖2项。龙山中学刘道林、黄立丽老师所制作的月相观测演示仪获2014年省初中科学实验技能及实验创新评比活动二等奖。10月,在全国高中化学说课、微课比赛中,长兴中学的王强老师、沈慧芬老师分别获得二等奖;在全国小学语文青年教师教学观摩现场课比赛中,教研中心的臧学华老师获得特等奖。龙山中学朱海英老师和夹浦中学游海涛老师先后获得浙江省和全国音乐优质课大赛一等奖。另外,据不完全统计,教师在湖州市解题竞赛、基础知识竞赛、说课议课等比赛中获市一等奖43项。课题获市一等奖2项;论文获省一等奖2项、省二等奖2项、省三等奖1项。

【"初中学习共同体"成立】 年内,将创建"初中学习共同体"纳入年度工作目标,并将此项措施作为促进教育均衡发展,实现城乡共同进步的新举措。4月4—5日,由教研中心牵头,召开创建"初中学习共同体"相关初中校长座谈会,县教育局主要领导亲自参加。5月15日下午,长兴县初中学校学习共同体工作会议在龙山中学胜利召开。会上,钱海杰副局长宣读长兴县初中学校共同体管理指导人员名单,并宣告长兴县初中学校学习共同体正式成立。

【小学"小班化教育研究联盟"】 年初,对农村自然小班化学校进行摸底调查。3月31日下午,长兴县小班化教育研究联盟成立暨省教研系统重点课题《农村自然小班的小学语文课堂教学最优化研究》推进会在畎桥小学召开。4月22日,长兴县农村自然小班语文教学研讨活动在天平小学举行。5月18日至20日,组织县"小班化教育研究联盟"学校的领导、教师赴南京参加培训,聆听专家讲座,参观南京市小班化教育试点学校。

(方明忠 戴国华)

劳动和社会保障

城乡就业

【概况】 年内，全县新增城镇就业13019人，帮扶失业人员再就业4677人，其中就业困难人员实现再就业783人；组织城乡劳动力免费职业技能培训9706人，实现再就业培训2506人，其中创业培训1150人；城镇登记失业率3.02%，公益性岗位进村达标率86.69%。

【实施积极的就业政策】 年内，以《关于进一步促进就业的若干意见》为前提，配套制订公益性岗位认定管理办法、就业困难人员认定和社会保险补贴办法、创业孵化园认定及管理办法、创业导师实施意见、创业资助资金实施办法等一揽子就业创业系列政策，初步形成以综合政策为主导、相关配套措施为辅的完整的促进就业政策体系框架，各类促进就业创业政策执行总支出达1246.61万元。

【公共就业服务】 2月，开展"春风送岗位"大型人力资源招聘会；6月-9月，开展2014年"大学生就业创业促进月"活动；8月，举办夏季人力资源交流会暨大学就业创业推进会。累计提供就业岗位2.7万余个，促使1.54万人次与企业达成就业意向。全年新开辟县外劳务合作基地6个，赴安徽凤阳、陕西宝鸡等地开展校企合作引进436名技能人才。推出大学生岗位5200个次，吸纳以长兴籍为主大学生就业1730名，天能集团、超威电源分别成功创建省、市高校毕业生就业实习示范基地。

【创业促进就业】 引入初创业者能力提升培训课程，开办"初创业者能力提升试点班"，自编发行首部创业能力提升教材《初创业者能力提升全攻略》，其中初创业者创业导师选择"双向模式"的有效性研究被省人社厅专题立项研究。加大创业扶持力度，累计发放小额创业信息贷款45笔、涉及金额540余万元，贴息25笔、涉及金额15.46万元；新增意向创业大学生155名，发放大学生创业贷款81笔，涉及金额1180万元，新创建青年（大学生）电商创业、电子商务中心两家创业孵化平台，"催生"创业项目63个，与浙江农林大学合作创建长兴首家电商专业就业创业实践基地。

【失业动态监测】 年内，全县就业失业动态监测企业269家，比2013年增加19家；年末监测企业职工总数为44830人，比2013年净增加1604人，增幅3.71%，监测企业缺工量为558人，比2013年净减少654人，降幅53.96%。

社会保险

【养老保险概况】 年内，全县养老保险参保人数457239人，比2013年增加20380人。其中，机关事业养老保险17950人（在职参保11915人、离退休享受6035人），企业职工基本养老保险236477人（在职参保193422人、退休享受43055人）、城乡居民养老保险151705人（参保缴费69573人、待遇享受82132人）、参加被征地农民生活保障35418人（待遇享受28477人）、老农保15689人（待遇享受349人）。

机关事业养老保险基金当期收入18504.78万元，当期支出16977.29万元，当期结余1527.48万元，累计结余5542.75万元，支付能力为3.9个月；企业职工基本养老保险基金当期收入188549.43万元，当期支出104003.37万元，当期结余84546.06万元，累计结余252954.68万元，支付能力为29.2个月；城乡居民养老保险基金当期收入17624.39万元，当期支出15999万元，当期结余1625.39万元，累计结余19044.58万元；被征地农民基本生活保障基金当期收入30612万元，当期支出15724万元，当期结余14888万元，累计结余65011万元；老农保基金累计结余581万元。

【养老保险政策】 10月,出台《关于进一步完善城乡居民基本养老保险制度的意见》(长政发〔2014〕153号);研究制订《长兴县进一步完善被征地农民基本生活保障制度与职工基本养老保险制度衔接办法》(长政发〔2014〕154号),明确符合条件的失地农民可在自愿情况下转接到职工养老保险,为18079人办理转接手续,为17985人办理退休手续,人均每月享受退休金1240元。

【养老保险待遇】 3月,转发湖州市人社局湖州市财政局《关于调整我市城乡居民社会养老保险基础养老金标准的通知》(长人社发〔2014〕27号),城乡居民养老保险基础养老金提高到115元。4月,印发《关于2014年调整企业退休人员基本养老金的通知》(长人社发〔2014〕29号),企业退休人员基本养老金人均增加244元。6月,印发《关于调整长兴县被征地农民基本生活保障金标准的通知》(长人社发〔2014〕66号),被征地农民(一次性缴纳23000元)基本生活保障金标准提高到每月530元。此外,对供养人员、离休干部、军转企人员等部分特殊人员及八三机场外围建设人员相应提高了待遇。

【医疗保险概况】 年内,全县医疗保险参保612032人,其中,职工基本医疗保险228557人(参保缴费183095人、退休45462人),待遇享受211428人次;城乡居民医疗保险383475人,待遇享受244643人次。

职工基本医疗保险基金当期收入82653.55万元,当期支出57767.8万元,当期结余24885.75万元,累计结余85929万元;城乡居民医疗保险基金当期收入22541.2万元,当期支出25549.7万元,当期结余-3008.5万元,累计结余8742.5万元。

【医疗保险政策】 2月,印发《关于加强医疗救助工作的通知》(长人社发〔2014〕18号),全年医疗救助2934人次,救助813.72万元;4月,印发《关于调整职工基本医疗保险有关政策的通知》(长人社发〔2014〕31号),规定同一医保年度内,享受门诊医疗待遇的企业参保人员(含自谋职业参保人员)医疗保险统筹基金普通门诊最高报销额调整为1500元(在职)、2000元(退休);7月,印发《基本医疗保险医疗费用总额控制方案》(长人社发〔2014〕79号),对城镇职工基本医疗保险医疗费用结算、城乡居民基本医疗保险报销总额进行了相对控制;11月,印发《关于调整城乡居民基本医疗保险有关政策的通知》(长人社发〔2014〕107号),规定同一医保年度内,城乡居民医疗保险普通门诊(含特殊病门诊中草药)最高支付限额提高到1200元。

【失业保险概况】 年内,全县失业保险参保单位6095家,比2013年增加789家;参保职工122671人,比2013年增加8688人。失业保险基金当期收入7238.17万元,当期支出1799.01万元,当期结余5439.16万元,累计结余34493.91万元,支付能力为447个月。

【失业保险待遇】 年内,县全年发放失业保险金477.77万元,领取失业保险金人数5022人,人均领取失业保险金金额951.35元(注:1—7月为900元/人,8—12月为1013元/人);农合工支出404.28万元,一次性补助农民工人数1418人,人均补助金额2851.03元。

【工伤保险概况】 年内,全县工伤保险参保单位5929家,比2013年增加595家;参保职工158683人,比2013年增加6662人。工伤保险基金当期收入4105.66万元,办理工伤保险结报1819人次,支付工伤保险费3506.17万元,基金当年结余599.49万元,累计结余6122.47万元。

【工伤保险待遇】 通过测算,对2013年度工伤保险费收支率较大的企业,按照《长兴县工伤保险浮动费率管理办法》进行工伤保险费率调整,2014年5月起执行新的工伤保险费率。

【生育保险概况】 年内,全县生育保险参保单位5641家,比2013年增加441家;参保职工107839人,比2013年增加6956人。生育保险基金当期收入1559.70万元,享受女工生育保险待遇手续4393人次,支付生育保险费1938.33万元,基金当年结余-378.63万元,累计结余1758.98万元。

【社保基金运行】 年内,全县社保基金累计结余近48亿元,基金账户运行实行实时监督、预警分析,监督机制逐步完善,基金运行总体安全、平稳。6月,出台《2014年长兴县社保经办机构内控机制运行及基金管理检查方案》(长人社发〔2014〕59号),重点对全县社保经办机构就各项社保基金参保缴费、支付发放、经办服务等情况及社保基金财务运行、基金管理情况进行检查;6月底,印发《长兴县集中开展医疗保险反欺诈"亮剑"专项行动方案》(长人社发〔2014〕69号),开展为期5个月的医保反欺诈"亮剑"专项行动,加大对定点医疗机构和定点零售药店的巡查、抽查,排查部分参保人员,核查相关欺诈行为。

【社保信息化建设】 1月,社保业务新系统在全市率先上线,实现多项业务领域间信息共享、业务协同,形成了统一规范的信息化公共服务体系和科学有效的决策支持体系;4月,率先实行医疗救助信息化管理,低保对象可在县内医疗救助定点医院实施医中实时救助。年内,长兴社会保障卡持卡覆盖面扩大,新增社保卡持卡人数10.01万人,全县持卡人数36万人。

劳动关系

【"双爱"活动】 7月，印发《2014年度长兴县"双爱"活动推进计划》(长人社发〔2014〕71号)，开展"企业关爱职工、职工热爱企业"促和谐、技能助转型主题宣传活动，"双爱"活动企业和职工参与度稳步提升，覆盖所有规上企业，树立37家优秀示范企业，得到国家劳动监察处及省总队的充分肯定。

【劳动保障日常监察执法】 年内，主动监察用人单位602家次，累计接听投诉、举报、咨询电话1600余个，接待来访群众3000余人次，受理投诉、举报案件283件，查处各类拖欠工资案件229起，为5000多名劳动者追讨工资6800余万元。

【劳动保障监察专项行动】 元旦、春节期间，全县开展农民工工资支付情况专项检查"春雨"行动，检查用人单位491家，查处拖欠工资案件75件，为4500多名民工讨回工资6000余万元。2—3月，在全县范围内开展清理整顿人力资源市场秩序"春雷"专项行动，出动联合执法人员130人次，检查职业中介机构和用人单位160家。4月，全县开展劳务派遣专项检查行动，检查劳务派遣单位及用人单位51家，纠正违规劳务派遣行为23起。6月至7月，开展以整治非法使用童工、打击违法犯罪为主的"春苗"行动，出动检查人员60人次，检查砖瓦厂、矿山、餐饮娱乐等劳动密集型企业85家，涉及劳动者3920人，纠正劳动违法行为12起，查处使用童工案件7件，清退童工8人，罚款4.25万元。8月，组织开展以社会保险缴纳和劳动合同签订为主的"春风"行动，检查用人单位320家，查处违法行为16起，责令补签劳动合同390份、社保登记82人；高温费发放专项检查行动中，检查用人单位238家，涉及劳动者4537人，责令改正36家，责令支付被扣除、降低的工资和高温津贴3600元。

【劳动保障监察"两网化"建设】 健全劳动保障监察网络化、网格化管理，实现劳动保障监察分类动态管理。全县划分东、南、西、北、中五大责任区域，20个乡镇(街道、园区)成立劳动保障监察中队，划分二级网络责任区，126村(社区)建立劳动保障监察协管站，使劳动保障监察管理服务职能全面下移，由原来"被动管理"转变为"主动服务"。

【劳动人事争议案件】 年内，处理劳动争议案件1185件，其中立案处理1127件(包括集体争议案件12件，涉案人数493人)，案外调解58件。立案案件中裁决结案157件，调解结案970件，仲裁调解率86.05%，结案率94%。

【基层调解组织建设】 全县乡镇一级政府劳动人事争议调解组织20家，机关劳动人事争议调解组织7家，村(社区)劳动争议调解组织275家，事业单位劳动人事争议调解组织19家，企业劳动争议调解组织1987家，规上企业劳动争议调解组织组建率达99.52%，三级调解组织网络进一步健全。年内，各乡镇调解劳动争议案件881件，为劳动者追索劳动报酬等共计7233万元。

【实体化派出庭】 在全省率先推行基层派出庭建设，泗安、煤山年内基本完成建设，和平派出庭于4月投入运行，已处理劳动争议纠纷108件，其中立案处理47件，47件案件中调解结案39件、裁决结案8件。

阳光政务

【概况】 全年批准3家企业开展劳务派遣业务、40家企业实行特殊工时制度、3家职业中介机构延续行政许可；梳理确定全局行政权力公开事项59项，其中行政许可6项、行政处罚40项、行政强制2项、行政给付5项、行政奖励1项、其他行政权力5项；梳理初定主要职责27项，具体工作事项107项，公共服务事项9项，事中事后监督管理制度6项；确定网上公开事项128项，其中16项已实现网上办理，网上办事率100%。

(卢　吉)

住房公积金

【概况】 年内，全县公积金归集5.69亿元，比上年同期增长11.78%；提取住房公积金3.20亿元，比上年同期增长10.34%；发放个人住房公积金贷款1122户，比上年同期增长13.56%；贷款额度3.79亿元，比上年同期增长10.93%。年末，全县住房公积金累计归集总额达37.68亿元，累计提取总额达21.25亿元，归集余额达16.43亿元，累计贷款总额达26.49亿元，贷款余额15.51亿元，存贷比为94.42%。累计发放个人住房公积金贷款11151户，正常还贷6385户，无一笔逾期贷款，资产优质率为100%。

【住房公积金政策调整】 3月1日起，凡从未办理过或虽办理但已全部清偿住房公积金贷款的职工及其配偶，在全县区域内购买自住住房时，可先申请支取职工本人及其配偶账户内的住房公积金转入出售该房产的开发企业(以下简称开发企业)账户，用于支付购房首付款，提取金额不得超过该自住住房规定首付比例的预付款，同时申请住房公积金贷款的，提取和贷款合计金额不得超过所购房屋总金额。另外，申请人及配偶无住房公积金贷款或已还清的，可提取住房公积金支付自住住房物业管理费，只限于提取支付申请人及配偶一套自住住房的物业费(含同一小区汽车库或汽车位)，申请人及配偶双方不能重复提取，即不能以各自名下一套住房分别来提取物业费等条件，只限于提取申请人及其配偶的住房公积金等条件，每次申请提取金额为一年及以上实际支付的物业费，提取金额上限按湖州市公布的普通住房最高住房面积与物业费最高标准执行。提取金额最高每年不得超过3456元(按市公布的普通住房上限144平方米×最高物业服务费每平方米月收费2元计算)；支付金额低于最高标准的按实际金额提取，即物业费的发票金额。5月，调整住房公积金缴存工资基数，职工缴存工资基数按2013年度职工个人工资总额的月平均数确定(工资口径按国家统计局规定列入工资总额统计的项目计算)，继续实行"控高保低"政策，行政机关、事业单位职工个人工资总额低于长兴县统计局公布的2013年全县职工平均工资标准的，按全县职工月平均工资标准计算。企业和其他组织职工个人工资基数低于2014年企业职工养老金最低缴费工资基数的，按2014年企业养老金最低缴费工资基数计算。即最低缴存额从372元/月调整到414元/月(单位和个人各207元)。住房公积金缴存比例，行政机关、事业单位住房公积金缴存比例仍按单位和个人各12%标准执行；企业和其他组织的住房公积金缴存比例可根据单位实际情况，仍按单位和个人各8%至12%范围内标准执行。6月1日起，首套房建筑面积不超过90平方米，首付比例不低于20%；对于再次申请公积金贷款的，取消原有间隔6个月的时间限制。8月1日，恢复商转公贷款申请，并开展商转公贷款顺位抵押业务。11月1日起，贷款买房条件再放宽，再次申请购买第二套房，并已结清相应购房贷款的，执行首次申请公积金贷款政策。

【发挥住房公积金制度保障作用】 年内，进一步扩大制度覆盖面，新增归集人数8411人，完成湖州市下达任务的125.54%。全县住房公积金正常缴存人数为44384人，比上年同期净增3041人，完成市下达任务的101.37%。全县347家规模以上企业建立公积金制度，单位实施率达到57.17%，19150名职工建立个人住房公积金账户，职工实施率达到24.27%。优先向60户购买经济适用房的职工发放公积金贷款641万元；继续做好住房公积金支持煤山下沙花园改造建设试点工作，发放贷款5户，金额50万元；向57户低收入家庭职工发放贷款贴息12万元；向214户新就业大学生和引进人才发放住房公积金贷款10240万元；支持廉租住房建设，全年向廉租住房建设提供补充资金775万元。

(张玮虹)

住房保障

【概况】 年内，长兴县人民政府、长兴县住房保障领导小组办公室相继出台一系列政策性文件，住房保障门槛进一步降低，保障范围不断扩大、保障对象不断增加，新增受益家庭3359户。实行公租房与廉租房并轨运行，根据不同申请家庭的支付能力执行差别化租金，开展经济适用住房货币补贴和公租房租赁补贴保障试点工作，探索住房保障新方式。年末，已建设各类保障性住房30893套，254万平方米。其中，廉租住房894套，4.5万平方米；经济适用住房3704套，24.5万平方米；公共租赁住房7087套，36.5万平方米；城中村改造3386套，33.6万平方米；旧住宅区综合整治6466套，54.7万平方米；城镇住房保障覆盖率达到23.28%。

【住房保障新政策】 5月28日，印发《关于调整2014年住房保障有关标准的通知》(长政办发〔2014〕93号)，将廉租住房申请家庭人均收入线标准提高到16000元、经济适用房申请家庭人均收入线标准提高到24000元、公共租赁房申请家庭人均收入线标准提高到30000元，中心城区(雉城街道、龙山新区)低保户家庭廉租住房租赁补贴提高到每月12元/平方米，其他乡镇提高到每月8元/平方米。6月3日，长兴县住房保障领导小组办公室印发《2014年度长兴县经济适用住房货币补贴实施方案》(长住保办〔2014〕4号)，首次提出经济适用住房货币补贴保障新方式。8月11日，印发《2014年度长兴县企业公共租赁住房租赁补贴实施方案》(长住保办〔2014〕6号)，确定企业公租房以转租赁的形式，实施针对外来务工人员的住房保障政策，解决外来务工人员居住问题。

【保障性住房建设分配】 建设各类保障性住房1900套，其中廉租住房100套、企业配建公租房300套、城中村改造安置用房1500套，竣工1376套，基本建成保障性住房900套，完成城市危旧房改造600户，发放150户经济适用房货币补贴2250万元，300套公租房租赁补贴43.2万元，实物配租公租房、廉租房150套，新增廉租住房租赁补贴家庭91户。

(张志成)

民政事务

综　述

2014年，全县民政工作围绕县委、县政府工作大局，以“让人民群众受益最大化、服务保障能力最大化、争取各方支持最大化”为总目标，提出“一流的精神状态、一流的工作标准、一流的工作作风、一流的工作成效”工作标准，深化改革，推进现代大民政建设，在社会救助管理、养老服务业发展、社会治理创新、殡葬改革、公益慈善、双拥创建等方面取得良好成绩。年内，县民政局连续第四年获评全市民政工作综合考核第一名；长兴县成功创建省级双拥模范城“七连冠”。全县民政工作在试水“养医融合”、创新婚姻服务、推动社区服务业发展和社会工作人才队伍建设等方面，得到领导批示肯定或上级部门信息刊物刊发推广。8月15日，民政部副部长窦玉沛、省民政厅厅长尚清到长兴县调研，对长兴县养老机构规范化建设给予了高度评价。经验文章《长兴县“四向同步”助推低保精细化管理》获窦玉沛副部长重要批示肯定推广。

基本民生保障更加有力　充分发挥民政部门统筹、牵头的职能作用，为困难群众织牢织密民生保障“兜底网”。7月，开始在全县调整低保标准，城市低保标准提高到530元/人/月，农村提高到400元/人/月，提标后农村标准占城镇的75.5%。继续开展农村困难群众危旧房改造工作，全年完成农村困难群众危旧房改造264户（其中民政224户、残联40），下拨县财政及乡镇配套补助资金445.9万元。1月，在湖州市率先出台了孤残儿童和困境儿童基本生活保障制度。年内共发放孤儿和困境儿童基本生活费100多万元。农村五保供养标准提高到每人每年11605元。

基层社会治理创新发展　以“三社联动、三社互动”为抓手，切实增强城乡社区服务功能和自治功能。4月至10月，实施村（社区）事务准入制度，机关部门进村（社区）事务清理规范工作圆满完成，村（居）各类牌子削减62块，削减占比70.5%，有效减轻了基层工作负担。全年新增31人通过社会工作职业水平考试，平均每个城市社区达到2.75人。年度新增备案社工室5家，登记专业社工机构2家，实现了长兴县民办社工机构零的突破。

涉军服务保障整体提升　按照“抓基层打基础、攻重点破难点、铸品牌创特色、促融合塑形象”的工作思路，广泛深入开展形式多样、内容丰富的军民共建和慰问活动，军地双方互办实事互解实难，取得了丰硕成果。7月31日，在浙江省纪念建军87周年暨双拥模范城（县、区）命名表彰大会上，长兴县连续第七次获评省级双拥模范城，长兴县民政局被授予省爱国拥军模范单位。

基础社会服务更加完善　出台加快养老服务业发展和养医结合新政，民办养老机构和“养医融合”实现零的突破。5月，长兴县国泰康复护理医院成功转型为护理型养老院，共接收老人145人。全县政府购买养老服务补贴对象达到2905人，占全县老年人口的2.35%，全年发放养老补贴经费340.5万元。

双拥优抚安置

【双拥工作】　县民政局分别在春节、“八一”期间开展走访慰问活动和县领导带队慰问驻湖、驻长兴和到长驻训部队活动，赠送慰问经费98.85万元。8月起，开展“双拥在基层”活动，以“百连结对百村、携手共建新农村”和“百家民企进军营”活动为平台，帮助部队解决战备训练和生活中的实际问题。年内，共帮助73027部队完成营区内高压线搬迁、帮助97483部队解决营门道路维修、帮助县消防大队解决晒衣场建设和1名师级干部随军家属商调等问题。军地互动形成长效机制。年内，共开展4场“送文化进军营”，2场“送法律进军营”，及1次“夏日送清凉到部队”等一系列双拥活动。配合驻长部队参与支持地方建设。7月，配合部队开展“五水共治·清理河道”活动、学雷锋“送温暖、献爱心”“慈善一日捐”等扶贫帮困活动，军民关系进一步融洽和谐。7月，在全省纪念建军87周年暨双拥模范城(县、区)命名表彰大会上，长兴蝉联省级双拥模范城(县)“七连冠”，县民政局被授予省爱国拥军模范单位。

【优待抚恤】 年内，长兴民政工作了实现生活补助、医疗保障待遇、伤残评定、重点优抚对象特困救助、“关爱功臣”活动等方面的“百分之百落实”，确保了优抚对象的稳定。全年共发放优抚对象抚恤补助经费1472万元、在职伤残军人抚恤金172万元，下拨重点优抚对象门诊医疗费129万元，办理141名重点优抚对象医疗补助28万元，发放190名生活困难优抚对象临时救助金18万元，组织33名参试退役人员进行体检，并广泛开展了在乡老复员军人免费巡诊和送医、送药活动。9月30日，组织全国首个“烈士纪念日”活动，共计400余人在古城公园烈士纪念碑前开展公祭烈士活动。零散烈士墓的修缮保护工作全面完成，共投入资金23万元。利用《全国优抚信息系统》的信息数据库和二代公民身份信息采集工作，对全县重点优抚对象进一步进行核实，优抚对象身份证信息采集率已达99.83%。

【退役士兵安置】 年内，共接收2013年冬季退役士兵297人(其中，服役11以下退役士兵274人、12年以上自主就业退役士兵3人、符合安排工作条件退役士兵20人)。县民政局与县财政局联合下文，发放11年以下退役士兵经济补助金688.2万元。发放12年以上退役士兵经济补助金233万元。召开长兴县2013年冬季退役士兵欢迎大会暨职业技能培训动员大会，广泛宣传退役士兵职业技能教育培训工作，确保政策知晓率达100%。全年共有228名退役士兵报名参加培训，参训率为历年来最高(达退役士兵总人数的83%)，支付培训经费160万元。为提高培训就业率，在承训学校举办了专场招聘会，确保就业率达90%以上。根据《长兴县转业士官自主创业优惠政策扶持若干意见(试行)的通知》(长政办发[2009]188号)文件精神，召开创业项目扶持领导小组会议，对6名转业士官申请自主创业扶持补助项目进行审核，共兑现转业士官创业优惠经费23.04万元

社会救助

【城乡最低生活保障】 7月1日，县民政局开始调整全县城乡低保标准。城市低保标准从480元/人/月提高到530元/人/月，农村从340元/人/月提高到400元/人/月。标准提高后，农村标准占城镇标准的75.5%，农村标准增长17.6%，城镇标准增长10.4%，月度低保平均补差达到当地低保标准的62%。年内，全县共发放低保金、重度残疾人(100%～150%)生活补助金、困难群众一次性物价补贴共4068万元。7月至9月，开展社会救助专项整治活动。活动期间建立低保申请人与经办人近亲属关系申报备案制度，设置公布投诉举报电话接受监督，查纠“人情保”“错保”现象，利用居民家庭经济状况核对平台实现新增低保申请100%核对。通过专项整治共清退不符合条件或资料不齐对象1210户2468人，新增低保对象293户466人，做到应保尽保、应退则退和动态管理。

【危旧房改造】 围绕困难群众“安居工程”，县民政局与县残联全年共完成农村困难群众危旧房改造264户，其中县民政局224户，县残联40户，下拨县财政及乡镇配套补助资金445.9万元。至年末264户危房改造对象已全部竣工并通过验收，群众年内全部迁入新居。

【医疗救助】 年内，医疗救助专项资金筹措标准达到人均13元。年内，会同县人力资源和社会保障局、县财政局和县卫生局出台了《关于加强医疗救助工作的通知》，将低保户和尿毒症等8种重特大疾病的住院自负医疗费用救助比例提高到60%。对特殊病种门诊丙类药自理40%纳入救助后再按不超30%比例救助。全年救助2934人(次)，支出813万元。

【临时救助】 年内，救助资金按照人均3元标准执行，列入县财政预算。探索开展了“救急难”工作，重点救助因火灾、交通事故等意外事故、家庭突发重大疾病或家庭支出突然增加，导致基本生活困难的群众。全年共实施临时救助3600人(次)，支出186万元。

【救灾减灾】 年内，全县乡镇、村居级避灾安置场所覆盖率达到100%，全县建成290个避灾安置点，均配有应急照明等基础设施，统一标识指示牌，管理制度、管理职责明确。年内争取省、市55万元资金支持，推动煤山镇、小浦镇、画溪街道等个7重点乡镇、村级避灾安置场所规范化建设。雉城街道金陵社区、虹星桥周村村创建省级综合减灾示范社区，雉城街道鱼巷口社区创建国家级综合减灾示范社区。

5月，联合县市场监督管理局开展“防灾减灾、食品安全”宣传活动。10月，联合县减灾委员会成员单位组织“老年人与减灾”等主题活动。组织、指导雉城街道鱼巷口社区居民参加应急转移(疏散)演练，配合民防部门参加雉城街道南门社区、煤山尚儒村疏散安置人员对接演练等活动，共发放宣传资料2000余份。

社会福利

【福利企业管理】 年内,全县共有福利企业27家,职工总数4074人,安置残疾职工1585人,安置比率为38.91%。福利企业全年完成销售收入28.74亿元,全年利润2.98亿元,应缴增值税1.8亿元,应缴所得税4058万元。残疾职工月平均工资2317.56元,人均投保额789.7元。8月,全县启动开展全县福利企业无障碍设施标准化建设,年内共完成10家福利企业无障碍设施标准化建设安装工作。

【慈善事业】 年内,全县慈善总会共有团体会员116家(其中副会长单位26家,理事单位57家,会员单位33家),下设14个乡镇慈善分会,248个行政村(社区)慈善工作站。年内,县慈善总会共计接收善款2867.9万元(其中含“五水共治”1109万元)。全年共支出救助资金1828.9万元,受助困难群众8000余人次。其中定向资助新农村、学校等公益事业项目20个,资助金额545.2万元。发放助学金134.6万元,受助学生420人。春节集中慰问贫困家庭875户,救助资金70万元。2月,在湖州市首届“慈善好新闻”评选活动中1人获得电视广播类一等奖,1人获得电视广播类三等奖,1人获得报刊网络类三等奖。利用政府民生文化工程“2014年长兴大型数字电影下乡”平台,在影片片头播放慈善公益宣传片,全年放映约3000场次。4月,煤山镇新安村被省慈善总会授予“慈善村”称号。11月,在第二届浙江慈善工作先进集体和个人评选活动中,县慈善总会工作人员钱琼和夹浦镇慈善分会秘书长赵明贵荣获省“优秀慈善工作者”称号,县百灵志愿服务工作室义工吴强荣获“优秀义工(志愿者)奖”。画溪街道包桥村村民任友年荣获省第四届“十大慈善之星”入围奖。寿圣寺方丈释界隆被聘为“湖州市首届慈善大使”。

老龄工作

【公办养老机构建设】 年内,对新建、扩建的农村社会福利中心的建筑给予400元/平方米补助。5月,吕山乡社会福利中心扩建工程动工,10月,小浦镇社会福利中心主体工程竣工并投入使用。全县共4家农村社会福利中心取得了餐饮服务许可证。县老龄办建立了片区联系和月工作例会制度,每个工作人员联系3~4家农村社会福利中心,指导农村社会福利中心建设、管理和社会化托养业务开展。按照“一个机构一套整改方案”方法,开展农村社会福利中心标准化建设,做到统一标识、统一名称、统一制度、统一式样。

12月,制订了《长兴县标准化、示范化养老服务机构评定实施方案》,开展标准化、示范化养老机构评定工作,达到标准化养老服务机构标准的,由县财政一次性奖励10万元;达到示范化养老服务机构标准的,由县财政一次性奖励20万元;运行正常且符合标准的养老机构,县财政每年分别给予8万元和10元运行补助。依托老年文艺团体和社会公益机构,在全县农村社会福利中心开展了“六进”活动,2014年,在农村社会福利中心共举办文艺演出35场、各类比赛56场次、健康知识讲座26场次、心理健康辅导13场次、老年电大实体教学4个班次和各类社会公益类活动83场次。

【民办养老机构建设】 年内,出台了《关于加快发展养老服务业的实施意见》和《关于加强长兴县社会养老服务体系与医疗卫生体系合作的意见》。积极开展“公建民营”试点,7月南庄老年公寓投入使用。4月,出台了《长兴县〔养老机构设立许可办法〕实施细则(暂行)》,民办养老机构和“养医融合”实现零的突破。5月,长兴县国泰康复护理医院成功转型为护理型养老院,接收老人145人,明福、雉州、仁德、仁和等四家康复护理养老院建设有序推进。7月,长兴县综合福利中心招商引资成功,项目总投资3.5亿元,床位1684张,目前已完成投资6800万元,1、2、14号楼即将结顶,9号楼启动建设。民办养老机构享有与公办机构同等养老机构等级评定奖励和等级运行补助政策,享有床位运营补助和政策性保险补助等优惠政策。

【居家养老】 年内,制订了《长兴县2014—2017年城乡社区居家养老服务照料中心建设计划》,召开了居家养老服务照料中心现场会。全县居家养老服务照料中心已建成75家。分批对全县已建和新建照料中心工作人员进行了培训,居家养老服务照料中心工作人员全部持证上岗。全年两次对养老服务补贴标准和对象进行提标扩面,扩大了政府购买养老服务补贴对象范围,全县政府购买养老服务补贴对象达到2905人,占全县老年人口的2.35%,全年发放养老补贴经费340.5万元。10月,开发了长兴县数字化养老服务平台,为政府购买养老服务补贴免费安装了一键通、自动报警器(GPS定位)、红外感应报警器,平台集紧急呼叫、电子围栏、服务监管、服务评估等为一体。

【敬老月活动】 9月,以县老龄委名义出台了“敬老月”实施方案,制订了8项活动。开展了“十大孝贤”和“十佳优秀养老护理员”评选,并进行了表彰。年内,完成10家三星级老年活动中心示范点建设,100%的乡镇和70%的村开展“银龄互助”活动,基层老年人协会换届达到率95%以上。9月,完成老年电大秋季招生,开办5个实体化教学班。

基层政权、社区建设和社会组织管理

【城乡社区建设】 10月，落实回龙山、皇家湾两个社区办公用房选址和600万元建设经费。年内，共完成15家农村社区服务中心及台苑新村社区办公用房的新建任务。4月至10月开展了机关部门进村(社区)事务清理规范工作。实施村(社区)事务准入，出台《关于公布清理规范村(社区)事务、组织机构标牌标识、达标创建和台账资料清单的通知》。全县所有村(社区)已基本完成标示标牌清理规范工作，村(居)各类牌子削减62块，清理率达到70%。

【基层民主政治建设】 1月8日完成了全县第十届村组织换届工作，配合县委组织部、县纪委、县农业局等部门对新一届“两委”班子及村监委主任进了培训，同时指导各乡镇(街道、园区)完成了村民代表的轮训。联合县纪委、县农业局下发了《关于在全县推行阳光村务指数评价工作的实施意见的通知》，开展了“阳光村(居)务”建设工作专项督查。通过电子图片和文字材料，对全县所有乡镇(街道、园区)村务公开民主管理和农村社区服务中心运行情况进行督查并下发督查通报。为每个行政村统一印制了村民代表会议记录本，并对记录本的填写进行了专门的培训。

【社会组织管理】 2014年共登记成立社会组织60家(社会团体39家，民办非企业21家，直接登记14家)到目前为止，长兴县共有各类社会组织403家，其中社会团体236家、民办非企业单位167家。

表56 2014年民政局注册社会组织一览表

序号	名称	登记日期	法定代表人	备注
1	长兴县美容美发师协会	2014.1.3	张　勇	社会团体
2	长兴县夹浦镇商会	2014.1.9	周利方	社会团体
3	长兴县泗安镇商会	2014.1.15	陆建源	社会团体
4	长兴县法学会	2014.1.15	夏　威	社会团体
5	长兴县乒乓球运动协会	2014.1.17	周佰胜	社会团体
6	长兴县道教协会	2014.1.22	徐金泉	社会团体
7	长兴县太极拳运动协会	2014.1.24	王晓世	社会团体
8	长兴县老年自行车骑游协会	2014.2.20	庄荣华	社会团体
9	长兴县户外运动协会	2014.2.21	姚云峰	社会团体
10	长兴县排球运动协会	2014.3.10	胡昌明	社会团体
11	长兴县篮球运动协会	2014.3.10	严毛头	社会团体
12	长兴县春蚕义工协会	2014.3.25	林　玲	社会团体
13	长兴县合唱协会	2014.3.27	陈雪梅	社会团体
14	长兴县社会工作者协会	2014.4.23	杜　琦	社会团体
15	长兴县台球运动协会	2014.4.25	周冰峰	社会团体
16	长兴县观赏石协会	2014.5.12	俞建华	社会团体
17	长兴县羽毛球运动协会	2014.5.16	吴　毅	社会团体
18	长兴县收藏家协会	2014.6.20	黄墨林	社会团体
19	长兴县前卫体育协会	2014.6.23	徐卫兵	社会团体
20	长兴县警察协会	2014.6.23	郑永梅	社会团体
21	长兴县公安文学艺术联合会	2014.7.7	李　强	社会团体
22	长兴县雉城街道文化体育协会	2014.7.18	童志红	社会团体

续表56

序号	名称	登记日期	法定代表人	备注
23	长兴县龙山新区商会	2014.8.8	都昌华	社会团体
24	长兴县李家巷镇商会	2014.8.12	万云星	社会团体
25	长兴县电子商务促进会	2014.8.19	臧新泉	社会团体
26	长兴县民间文艺家协会	2014.9.5	葛　丹	社会团体
27	长兴县太湖图影文化体育协会	2014.9.11	杜金玲	社会团体
28	长兴县众公益志愿者协会	2014.9.11	黄俊艳	社会团体
29	长兴县洪桥商会	2014.9.17	王新年	社会团体
30	长兴县美术家协会	2014.9.24	奚伟恕	社会团体
31	长兴县经编行业协会	2014.11.11	凌伟明	社会团体
32	长兴县音乐舞蹈家协会	2014.11.13	左有琴	社会团体
33	长兴县农产品经纪人协会	2014.12.8	杨亚静	社会团体
34	长兴县太湖石文化研究会	2014.12.16	杨　晶	社会团体
35	长兴县虹星桥镇文化体育协会	2014.12.26	唐小英	社会团体
36	长兴县南太湖文化体育协会	2014.12.24	徐黎琴	社会团体
37	长兴县吕山乡文化体育协会	2014.12.24	郑薇萍	社会团体
38	长兴县画溪街道文化体育协会	2014.12.30	陈　娴	社会团体
39	长兴县林城镇文化体育协会	2014.12.31	何富文	社会团体
40	长兴县阳光职业技能培训学校	2014.5.19	余国英	民办非企业单位
41	长兴国泰康复护理养老院	2014.5.21	李　明	民办非企业单位
42	长兴百灵志愿服务工作室	2014.5.27	吴　强	民办非企业单位
43	长兴阳光社工服务社	2014.5.27	丁菊花	民办非企业单位
44	长兴石城书画社	2014.7.10	丁汉康	民办非企业单位
45	长兴携手社会工作服务社	2014.7.21	孙　群	民办非企业单位
46	长兴县张扬艺术培训学校	2014.7.23	张　扬	民办非企业单位
47	长兴县新思维培训学校	2014.8.19	陈桂成	民办非企业单位
48	长兴县南庄养老服务中心	2014.9.3	王宝芳	民办非企业单位
49	长兴县北门养老服务中心	2014.10.30	费彩红	民办非企业单位
50	长兴县方山窑养老服务中心	2014.11.4	贺洪山	民办非企业单位
51	长兴胡海胆石病防治研究所	2014.11.7	李　明	民办非企业单位
52	长兴县新希望幼儿园	2014.11.11	李宗耀	民办非企业单位
53	长兴县星网职业技能培训学校	2014.11.18	臧新泉	民办非企业单位
54	长兴县福康日间照料中心	2014.11.26	胡毕红	民办非企业单位
55	长兴县香山养老服务中心	2014.12.2	凌伟民	民办非企业单位
56	长兴县长平日间照料中心	2014.12.2	王伟国	民办非企业单位
57	长兴县福兴日间照料中心	2014.12.5	赵胜利	民办非企业单位
58	长兴县珍爱婚姻服务中心	2014.12.8	黄　庆	民办非企业单位
59	长兴县老年电视大学	2014.12.9	蔡　敬	民办非企业单位
60	长兴县滨湖日间照料中心	2014.12.10	杭发明	民办非企业单位

表57

2014年民政局社会组织注销登记一览表

序号	名称	登记证号	代码	法定代表人	办公场所	业务主管部门	注销时间
1	长兴县白岘乡卫生院	020069	47125136-7	俞汉强	白岘乡街道	长兴县卫生局	2014.1.8
2	长兴县雉城镇白阜卫生院	020058	75705071-2	顾正建	雉城镇白阜街道	长兴县卫生局	2014.1.8
3	长兴县虹星桥镇中心卫生院	020041	74125126-0	朱晓元	长兴县虹星桥镇西路	长兴县卫生局	2014.1.8
4	长兴县洪桥镇横山卫生院	020067	47125225-5	吴　勇	洪桥镇横山新街西边	长兴县卫生局	2014.1.8
5	长兴县二界岭乡卫生院	020072	47125129-5	舒锦屏	二甲岭乡街道	长兴县卫生局	2014.1.8
6	长兴县泗安镇仙山卫生院	020059	47125133-2	谢广才	泗安镇仙山街道	长兴县卫生局	2014.1.8
7	长兴县洪桥镇卫生院	020056	47125144-7	罗甫泉	洪桥镇街道	长兴县卫生局	2014.5.12
8	长兴县吕山乡卫生院	020060	47125146-3	周伯平	吕山街道	长兴县卫生局	2014.6.26

表58

2014年民政局社会组织变更一览表

序号	名称	登记证号	变更事项	变更前内容	变更后内容	变更时间	类型
1	长兴县水利学会	004	法人	王正祥	程　伟	2014.2.8	社会团体
			住所	雉城镇行政中心C座511室	长兴县行政中心C座413室		
2	长兴县物业管理行业协会	084	法人	殷元庆	卢小明	2014.3.3	社会团体
			住所	雉城镇县前东街96号	长兴县雉城街道县前东街96号		
3	长兴县林城镇工业炉行业协会	109	名称	长兴县林城镇电炉协会	长兴县林城镇工业炉行业协会	2014.4.11	社会团体
			法定代表人	徐　峰	沈增芳		
			住所	林城镇政府内	浙江长兴正达电炉制造有限公司内		
			业务范围	为全镇电炉行业提供信息服务、进行技术指导;引进先进技术、提升产品档次	为全镇工业炉行业提供信息服务,进行技术指导;维护会员合法权益;开展咨询服务和专题研究,促进科技交流和经贸合作		
4	长兴县作家协会	073	法人	张加强	田家村	2014.4.18	社会团体
5	长兴县工商行政管理学会	098	业务主管单位	长兴县工商行政管理局	长兴县市场监督管理局	2014.5.6	社会团体

续表58

序号	名称	登记证号	变更事项	变更前内容	变更后内容	变更时间	类型
6	长兴县经济技术开发区外来投资者协会	085	名称	长兴县外来投资者协会	长兴县经济技术开发区外来投资者协会	2014.5.15	社会团体
			法人	季海杰	孙国维		
			住所	长兴国际大酒店附属楼三楼313室	长兴县太湖街道县前东街508号		
			活动地域	长兴县境内	长兴县开发区境内		
7	长兴县消费者权益保护委员会	024	业务主管单位名称	长兴县工商行政管理局	长兴县市场监督管理局	2014.5.22	社会团体
			住所	长兴县雉城镇县前中街128号	长兴县雉城街道县前中街128号		
8	长兴县车辆维修行业协会	038	法人	庄 旭	陈国红	2014.6.5	社会团体
9	长兴县药学会	053	业务主管单位名称	长兴县食品药品监督管理局	长兴县市场监督管理局	2014.6.12	社会团体
			住所	雉城镇县前街26号	雉城街道县前街26号		
10	长兴县医药行业协会	124	业务主管单位名称	长兴县食品药品监督管理局	长兴县市场监督管理局	2014.6.12	社会团体
11	长兴县工业炉行业协会	109	名称	长兴县林城镇工业炉行业协会	长兴县工业炉行业协会	2014.7.21	社会团体
			开办资金	伍仟元整	叁万元整		
			活动地域	林城镇境内	长兴县境内		
			业务主管单位	长兴县林城镇人民政府	长兴县经济和信息化委员会		
12	长兴县水产协会	025	法人	聂式忠	敖茂勤	2014.7.23	社会团体
13	长兴县林城镇养鸭业协会	095	法人	杨世元	宋志明	2014.11.26	社会团体
14	长兴县菁英文化培训学校	010097	住所	长兴县雉城街道县前街59号金江大厦6楼	长兴县雉城街道金陵北路旺角·维多利亚花园33幢4楼	2014.5.19	民办非企业
15	长兴县雉城镇金太阳幼儿园	010011	名称	长兴县雉城镇金太阳幼儿园	长兴县金太阳幼儿园	2014.8.14	民办非企业
			住所	雉城镇解放西路十字路口1号楼	长兴县雉城街道580号		
16	长兴维多利外语培训学校	010013	开办资金	5	50	2014.9.24	民办非企业
17	长兴县雉城镇明理文化业余培训学校	010117	名称	长兴县雉城镇明理文化业余培训学校	长兴县明理文化业余培训学校	2014.9.30	民办非企业
			法人	叶国平	沈剑士		
			住所	雉城镇金陵中路金陵大桥西侧(原民政局大楼)	长兴县雉城街道滨河大道936号		
			业务范围	中小学文化业余教育培训	文化业余教育培训		
18	长兴县雉城镇明理文化业余培训学校	010117	开办资金	10	50	2014.12.12	民办非企业
19	长兴县紫砂工艺院	110039	法人	陈慧琴	周福萍	2014.12.24	民办非企业
			住所	县前街总管弄口	长兴县雉城街道旺角·维多利亚花园37幢202室		

社会公共事务管理

【婚姻登记】 全年婚姻登记机关共办理各类业务20103件，其中结婚5866对，离婚1543对，登记合格率100%。5月，长兴县1+1婚姻家庭辅导室于正式开展辅导工作，共招募社会工作师、心理咨询师、法律工作者、婚姻家庭咨询师、爱心人士等义务辅导员54名，并荣获“湖州市妇女维权示范岗”荣誉称号。11月，县民政局、县司法局、县妇女联合会联合成立长兴县婚姻家庭纠纷人民调解委员会，主要职责包括：接受委托调解婚姻家庭领域的有关纠纷；主持调解家庭纠纷，干预家庭暴力；为有需要的妇女儿童提供法律咨询、维权服务，维护妇女儿童合法权益；宣传妇女儿童维权、人民调解相关法律法规。

【殡葬管理】 全年火化遗体4000具(其中本地3895具、外地98具、无名7具)，减免费用300万元。年内，制订了《长兴县关于公益性公墓和乡村骨灰存放处建设与管理资金补助办法》。2月，县殡葬服务所投入450万元，建成4台拣灰炉(分二期)，一期两台已试运行。3月，投入10万元对殡仪服务部(守灵区)墙体、焚烧冥纸烟灶等设施进行改造。4月，投入360万，建设棋盘岭路。6月，开展市级示范公益性公墓年检工作和“美丽乡村”公益性公墓执法检查，并下发问题整改通报，8月，编印《长兴县殡葬工作政策汇编》500册，整理上报市支队殡葬执法案例2宗。12月，成功创建市级示范公益性公墓4个(吕山乡杨吴村、夹浦镇喜鹊土斗村、林城镇天平桥村、李家巷镇刘家渡村)。全年完成坟墓治理2079穴。

【地名管理】《2014年长兴县地名命名更名一览表》

表59

2014年长兴县地名命名更名一览表

序号	命名	类别	所属乡镇(街道)	批准文号及时间	序号	命名	类别	所属乡镇(街道)	批准文号及时间
1	李家巷镇益龙农贸市场	商住	李家巷镇		15	前白溪小区	小区	雉城街道	长民发〔2014〕68号 2014.5.5
2	文苑路	道路	太湖街道		16	上杨小区	小区	雉城街道	
3	星雨华府	住宅	太湖街道		17	泥桥湾小区	小区	雉城街道	
4	太湖会	商业	洪桥镇		18	下沙花园	小区	镇煤山	
5	友好路	道路	林城镇		19	白鹭湾·青荷苑	小区	太湖街道	
6	戚吕路	道路	吕山乡		20	陆汇头小区	小区	太湖街道	
7	兴业路	道路	吕山乡	长民发〔2014〕68号 2014.5.5	21	东升路	道路	泗安镇	
8	滨河路	道路	吕山乡		22	中翔大道	道路	和平镇	长民发〔2014〕104号 2014.7.15
9	祥和路	道路	吕山乡		23	金缘路	道路	林城镇	
10	吕山路	道路	吕山乡		24	晟泰路	道路	林城镇	
11	幸福弄	弄	吕山乡		25	水榭街	道路	林城镇	
12	惠民路	道路	吕山乡		26	三乡佳苑	小区	洪桥镇	
13	雁陶路	道路	吕山乡		27	华星路	道路	虹星桥镇	
14	龙湾(土斗)小区	小区	雉城街道		28	天能路	道路	和平镇	
29	紫竹路	道路	林城镇		45	梅花公园	公园	雉城街道	
30	浙宝大楼	大楼	槐坎乡		46	齐山植物园	公园	雉城街道	
31	渔苑小区	小区	洪桥镇	长民发〔2014〕104号 2014.7.15	47	画溪湿地公园	公园	雉城街道	长民发〔2014〕125号 2014.8.22
32	紫竹路	道路	林城镇		48	古城公园	公园	雉城街道	
33	孔家(土斗)小区	小区	太湖街道		49	锦绣桥	桥梁	雉城街道	
34	白鹭公园	公园	太湖街道		50	书香桥	桥梁	雉城街道	

续表59

序号	命名	类别	所属乡镇（街道）	批准文号及时间	序号	命名	类别	所属乡镇（街道）	批准文号及时间
35	南庄家园	小区	太湖街道	长民发〔2014〕104号 2014.7.15	51	吉祥家园	小区	李家巷镇	长民发〔2014〕125号 2014.8.22
36	狮子山	自然村	泗安镇		52	长濠家园	小区	李家巷镇	
37	安东路	道路	泗安镇		53	饮泉南路	道路	夹浦镇	
38	市民广场	广场	雉城街道	长民发〔2014〕125号 2014.8.22	54	市场南路	道路	夹浦镇	
39	龙山公园	公园	雉城街道		55	市场北路	道路	夹浦镇	
40	和睦塘公园	公园	雉城街道		56	新港嘉苑	小区	和平镇	
41	花菇山公园	公园	雉城街道		57	永兴南路	道路	和平镇	
42	台基山遗址公园	公园	雉城街道		58	市民桥	桥梁	雉城街道	
43	中心广场	广场	雉城街道		59	永兴桥	桥梁	雉城街道	
44	市政广场	广场	雉城街道		60	茶木山家园	小区	李家巷镇	
61	广福家园	小区	李家巷镇	长民发〔2014〕125号 2014.8.22	70	山城路	道路	李家巷镇	长民发〔2014〕182号 2014.11.13
62	饮泉北路	道路	夹浦镇		71	龙华路	道路	李家巷镇	
63	市场中路	道路	夹浦镇		72	广兴路	道路	李家巷镇	
64	环沉新街	道路	夹浦镇		73	李家巷大道	道路	李家巷镇	
65	时代花苑	小区	和平镇		74	南华山路	道路	泗安镇	
66	林城镇农贸市场	商业	林城镇		75	吕蒙广场	商住	吕山乡	
67	环沉路	道路	夹浦镇	长民发〔2014〕182号 2014.11.13	76	太湖颐和会展中心	中心	洪桥镇	
68	夹浦路	道路	夹浦镇		77	颐和大厦	商住	洪桥镇	
69	广福路	道路	李家巷镇		78	颐和雅轩	商住	洪桥镇	

序号	原名	更名	类别	所属乡镇（街道）	批准文号及时间
1	云龙大厦	金地大厦	大厦	太湖街道	长民发〔2014〕68号 2014.5.5
2	浩大路	巨宏路	道路	林城镇	长民发〔2014〕68号 2014.5.5

【救助管理】 开展了“冬送温暖”“春节慰问”“夏送清凉”活动，全年劝导救助人员500余人次。4月，120救护车千里护送重庆籍流浪人员陈元芳（危重病人）回老家（单程19小时，费用3万多元）。加强救助站站内基础设施建设，购置医护床铺10张、执法记录仪2台、灭火器5只。6月19日，开展全国第二个救助机构开放日活动，向市民广泛宣传救助工作。

【水库移民工作】 长兴县共有水库35座，其中大中型水库4座，小型水库31座。全县共有水库移民26134人，全年发放直补资金1087.795万元，下拨移民专项资金651万元。2014年度上报实施后期扶持结余资金项目计划29个、库区基金项目计划2个、小型水库扶助基金项目计划5个、后期扶持资金项目计划1个，已完成项目30个，完成率达到81%。年内，落实移民创业致富基地2个：和平镇长城村芦笋基地（经营户共35户，其中移民5户），下拨扶持资金16万元；和平镇横山村神塘甲鱼养殖基地（经营户共59户，其中移民7户），下拨扶持资金20万元。正实施移民创业致富基地建设2个（林城镇北汤村湖羊养殖基地、煤山镇新源村文化一条街），计划下拨扶持资金120万元。

（王逸雯）

公共服务

公用事业

【概况】 全县继续推进以供水、供气、污水处理、“五水共治”等为重点的基础设施建设。全年全县供水总量达到4765万吨，水质综合合格率100%。全县实际日污水处理量达到17.4万吨，平均负荷率73%。实现COD削减量17458吨，完成年度任务的131%，实现氨氮削减量559吨，完成年度任务156%。完成供热总量32.2万吨。新建天然气管网25.9千米，新增天然气用户5900户，川气东输工程全面竣工，实现天然气双气源供应。湖州南方水泥有限公司处置焚烧400吨/日污泥环保项目二期200吨/天工程启动建设。完成浙江省、湖州市、长兴县下达的五水共治年度工作任务，在湖州市建设系统五水共治考核中获第一名，被授予浙江省“五水共治”先进单位。

【供水】 全县有水厂13座，日制水能力为23.6万立方米，全年总供水能力8614万立方米。年内，全县完成供水量4765万立方米，售水量3593万立方米，水质合格率达100%。累计铺设直径100毫米以上供水主管网1104千米，其中城区415千米，供水范围覆盖全县230个行政村，约59万人，覆盖率92.23%。

【供气】 全县有燃气经营企业9家，包括液化气企业及储罐场7家，其中瓶装燃气供应站5家，液化气储存量约1395吨；管道天然气企业1家，供应管道天然气用户54793户；CNG加气企业1家，主要供应全县出租车及公交车。年内，全县天然气供气达5183万立方米。完成川气东输工程，全县实现双气源供气。安装房产项目35个，累计进户约10000户。

【供热】 年内，全县供热销售总量达32.2万吨，供热流量80吨/小时，新增用户3家，新开通容量4吨/小时，供热总在线用户达到72家。区域空调#1站夏季用电高峰期能源替代覆盖面提高，覆盖楼宇建筑面积达7万平方米。投资300万元，新建2.1千米供热支线3条，供热管线已覆盖长兴经济技术开发区、画溪工业功能区和李家巷工业集中区三个园区的主干网，管线总长达到50千米。

【污水处理】 年内，全县共处理污水6314万吨，比上年增长41%，计划实现COD削减量13356吨，实际削减量17458吨，比上年同期增加削减量2100吨。全县污水处理厂达到13座，日处理能力达到23.8万吨，城市污水集中处理率为89.53%。

【“五水共治”专项行动】 完成护城河、坛家港、黄土港3条黑臭河及画溪湿地公园水系、长水港、竹梗里港、古城公园水系等其他城区水系综合治理工作，共清理河道11.55千米，清除淤泥13.8万吨，新建日提升3840吨能力一体化污水提升泵1座，沿河埋设污水管道1.8千米，将坛家港及护城河两岸50多个排污口污水进行纳管处理，城区水环境得到较大改善。年内，“五水共治”完成投资5.81亿元，新建污水管网84.6千米，新建改造供水管网198.6千米，完成纳管改造46个区块，完成13家污水厂化验室达标化建设；完成乡镇节水器具改造1.2万套，创建2个节水型社区(小区)；82个行政村完成供水改造，建成和平水厂、乐泉水厂、小浦水厂、水口水厂等4个乡镇自来水厂；新建雨水管网15千米，提标改造管网7千米，完成雨污分流改造7千米，完成排水管网清理疏通150千米，完成城区明珠二路与海兴路交叉口、长安路建材市场门口地块、菱山路与职教路地块等4个积水点改造工程，完成画溪大桥南堍泵站改造。

(张　淳)

市政环卫

【概况】 长兴县市政环境卫生管理处属于差额拨款准公益类事业单位，主要负责城区和公共场所道路清扫保洁、河道保洁工作；负责生活垃圾收集、清运工作；负责环卫设施日常维护和老小区改造等工作。内设综合科、生产计划科、督查与安全管理科、收费科、市政管理养护科、监察中队、清运管理所、清扫管理所、城区河道保洁所、太湖风景示范带保洁所。探索实施大环卫体制改革，建立“一把扫帚扫到底”环卫保洁管理机制，建成区环境卫生保洁质量进一步提高。年末，在编人员102人，聘用人员和劳务用工733人；道路清扫保洁面积达到620万平方米，河道保洁面积114万平方米，公厕45座，拥有各种环卫生产车辆（船）100辆。

【环卫基础设施建设】 年内，总投资3200万元日中转能力300吨级的画溪大型生活垃圾中转站建成并投入使用；新建三星级公共厕所2座，改建1座；改建取水口2座；采购环卫清扫车、洒水车、管道疏通车等车辆5辆，打捞船2艘，视频管道检测设备1台。

【市政设施改建和维护】 年内，共修复路面5393平方米，更换窨井（盖）380只，管道疏通清理6.8万米，更新果壳箱465只，城市市政设施完好率达98%以上。完成城区39座桥梁检测建档工作，建立健全城市桥梁信息系统和“一桥一档”桥梁档案；借助数字城管监控信息平台，全年共受理市容环境、扩展部件、施工管理、公用设施等方面投诉9350件，处理满意率达96%。

【老小区改造】 投资1200万元，完成铁鹰小区、城北小区坛家桥片、环西花园、福兴花苑、原乡企局宿舍等5个老小区提升改造工程，改造面积6.1万平方米，受益住户960户。

【环卫体制改革】 7月14日，中共长兴县委办公室、长兴县人民政府办公室印发《长兴县建成区环卫体制改革方案》（长委办发〔2014〕62号），提出大环卫体制改革工作总体目标、基本原则，正式启动环卫管理体制改革。按照“专业化管理、市场化运作、网格化划分、多元化投入、社会化监督”的改革思路，建立建成区“一把扫帚扫到底”环卫保洁管理机制，即逐步将建成区（东至杭宁高速，南至新长铁路，西至回龙山路，北至合溪新港路）所有保洁作业面，按照“能统则统”原则，由原管理单位分期分批委托给市政环卫处，再由市政环卫处“统管、统包、统标、统运、统考”一体化保洁管理模式。12月30日，市政环卫处正式接管新金陵商城、中心农贸市场、中心农批市场、太平洋商贸城、老金陵商城、建材城、中心广场、长兴经济技术开发区、龙山新区等范围的环卫保洁工作，新增作业外包清扫保洁面积221.96万平方米。

（陈惠芬）

城市亮化

【概况】 长兴县路灯管理处主要承担城市照明设计、施工、维护和管理等职责。内设办公室、财务科、生产技术安全科、照明监察队、雉城维修一所、雉城维修二所等6个职能科（室），下辖辉煌路灯安装公司、辉煌路灯广告部等2个单位，在编人员21人，聘用编外用工27人。年末，路灯管理处直接管辖的各类灯具已超过23000多盏，照明专用变压器100多台，总容量9121千瓦，路灯专用线路700多千米，照明控制箱450只，主要路段亮灯率100%，其他路段亮灯率在98%以上。

【路灯建设】 年内，完成太湖中路、士林路一期、士林路二期、润长路、润兴路、齐山路一期、齐山路二期、王山南路、磨盘山路二期道路路灯安装工程9个，累计安装路灯412套，敷设电缆16704米；完成锦绣路、忻湖路、画溪大道、长水公路等路灯LED改造工程16个。全面加强对城市道路照明维护管理工作，更换灯泡1408只、灯头125个、镇流器459只、触发器541只，敷设各类型号电缆线4341米。

【LED路灯改造】 5月，完成全县LED路灯改造前期调查；9月，完成道路LED改造项目招标工作；11月，启动老城区钠灯改LED路灯改造工作。年内，累计投入资金1300余万元，完成回龙山公园道路、太湖中路改造段、小浦合溪、小浦光耀等新建城市路灯LED改造2500盏；完成解放路、双拥路、海兴路、县前街东段和西段等16条老城区道路路灯LED改造1700盏。

【智能化控制系统】 进一步完善智能化控制系统，涵盖范围拓展至开发区道路、雉州大道等，全年新增智能化系统终端（RTU）24部，路灯单灯控制终端165套。通过人工操作和智能化管理相结合的方式，全县城市公共照明用电节省40%。

（范雪莲）

物业管理

【概况】 6月，长兴县人民政府召开全县物业管理工作会议，印发《长兴县物业管理工作推进落实责任分解表的通知》。11月3日，长兴县住房和城乡建设局与长兴县物价局联合出台《长兴县普通住宅物业菜单式服务参考收费标准》，在全县普通住宅小区物业管理推广“菜单式服务、等级化收费”收费机制。11月，出台《长兴县物业服务企业信用档案管理办法》，进一步健全物业服务企业信用体系，加强行业监管。12月，开展全县物业小区年度考核，领域龙山、绿城百合园等9个小区获评长兴县物业管理优秀小区。年内，指导成立住宅小区业主委员会28个，住宅小区业主委员会累计达到110个。兑付老小区物业管理补贴289万元,归集新建房屋专项维修资金1800万,受理维修申报32件。承接新建小区验收19个,新增物业管理面积87万平方米。受理12345县长热线投诉件287件。年末,全县物业服务企业达到59家(本地37家,外地在长22家),其中一级资质13家,二级资质3家,三级资质24家,暂定级资质19家。

(徐 渊 张志成)

供 电

【概况】 国家电网浙江长兴县供电公司是国家中型企业,主要负责长兴电网建设及运行维护工作,担负着长兴县工农业生产和人民生活的供电任务。下设10个职能部室、2个业务支撑和实施机构、7个供电所、4家集体企业(其中母公司1家,子公司3家)。2014年,累计安全日3798天;完成售电量46.86亿千瓦时(全社会用电量57.24亿千瓦时);辖区内共有220千伏变电所5座,110千伏变电所17座,35千伏变电所4座,累计变电容量353.1万千伏安;各类电力客户27万余户,其中居民用户数21余万户。

年内,先后获全国电力行业实施卓越绩效模式先进企业、国家电网公司县供电企业管理提升工程成绩突出单位、国家电网公司县供电企业标杆单位、国网公司设备运维标杆单位;连续五年蝉联省公司综合管理标杆单位称号,绩效考核始终位居浙江省前列,连续五年名列湖州市第一。

【长兴电网建设情况】 年内,220千伏祥福变、110千伏银杏变、110千伏龙山变扩建、110千伏大云变扩建4个项目投产,新增变电容量68万千伏安、线路长度78千米;110千伏环湖变和槐坎变扩建工程于10月开工建设;湖州电网理顺等3个220千伏输电线路工程按计划推进中,其中华能长兴"上大压小"220千伏送出工程和湖州长二—梅溪改接太傅入妙西变220千伏线路工程已投产;220千伏林城输变电工程项目核准申请已报浙江省发展和改革委员会,科研已取得国家电网公司批复。随着220千伏祥福变和110千伏银杏变的投产,县域电网结构和供电能力得到进一步完善和提升。县中心城区110千伏变电站长期依托原华能长兴电厂降压转供问题得到彻底解决,供电可靠性得到极大提升。小浦郎山区块供电能力增长4.17倍,可满足该区块今后10年发展用电需求。

【配网补强】 年内,国网浙江长兴县供电公司运用低压线路改造、增容补点等手段,开展"低电压"治理工作,完成新增配变55台,配变增容215台,增加容量41485千伏安;开展防雷、防鸟害工作试点,促配网供电可靠性提升;完成避雷器轮调120余处,设备绝缘化工作600余处、驱鸟设备安装400余台。

【保供电】 完成长兴县"两会"、"长洽会"、"环太湖国际自行车赛"、高考中考等重大活动保供电工作;与县气象局签订战略合作协议,建立灾害性天气预警联动机制,保障电网安全可靠运行;做好电力抢修服务,全县共受理故障报修4879件,完成率100%。

【服务企业】 提前介入县重大招商引资项目客户用电工程。配备专属项目经理,按照"能早则早、能快则快"原则优化供电方案。配合长兴县人民政府执法,促进工业炉、耐火产业等企业转型升级,对确需停电整治的企业配合执法停电。推行"差别化"服务,大客户经理每月走访VIP大客户,每年为用户制订一份优化用电建议书,按照不同时段用电特性,定期发送安全用电建议书。服务分布式光伏发电项目,年内,光伏用户结算上网电量近160万千瓦时,电费及各类补贴近190万元,各类补贴均由供电公司垫付。加快业扩项目推进,1—10月完成企业新装、增容433户,容量213895千伏安,平均接电时间由去年同期的30.1天压减至16.3天。

【农排线路改造】 年内,分三批立项农排线路改造项目116个,累计下达改造资金7685.5万元。4月,在国网浙江长兴县供电公司推动下,长兴县在湖州市首家出台《关于加强长兴县农村剩余电流动作保护器管理的通知》,明确由县农办牵头,供电公司等多部门联合推进"家保"全覆盖工作,并纳入中心村、美丽乡村建设考评的必备指标。5月,在和平镇长城村、白岘乡三洲山村"家保"补装成功试点后,在全县各乡镇全面推进"家保"全覆盖工作,"家保"补装工作完成率100%。

【有序用电】 依托以政府为主导的政企合作机制,配合县有序办制订有序用电工作实施方案,全力做好有序用电相关工作。配合长兴县委、长兴县人民政府高耗能、高污染企业整治工作,出台节能降耗实施方案,对300余家淘汰落后和高能耗专变用户进行集中轮停。开展企业和道路路灯节能工作,完成天能电源、海信空调、益南化纤空压机节能改造项目以及太湖新城、泗安镇路灯节能改造等6个项目,年节约电量近100万千瓦时。

(罗淑梅)

气 象

【概况】 2014年,长兴县气象局坚持公共气象发展方向,以"改革创新、提质增效"为主线,以率先基本实现气象现代化和气象防灾减灾全覆盖县建设为载体,以党的群众路线教育实践活动和“五水共治”气象服务等为主抓手，不断提升气象保障能力和水平。

【气象监测预报预警】 加强灾害性、关键性、转折性天气预报，将“严密监测、精心分析、滚动预报、及时预警、广泛服务”贯穿于预报服务中，提高服务的针对性、敏感性、综合性和时效性。完成央视农业频道“现代农业看长兴”专题节目开机仪式等大型活动气象精细化保障工作。在梅汛期和台风的预报服务过程中，预报预警及时，对几次集中降水过程，预报准确率都在90%以上。年内，共发布气象内参34期，领导汇报材料5期；防汛和地质灾害专题服务12期；决策短信140条18万条次；协理员互动12条380条次；发布预警信号10次，短临预警17次。

【中央财政气象“三农”专项建设】 通过中央“三农”项目的实施，长兴县实现气象防灾减灾标准化乡镇(街道)全覆盖，泗安镇、虹星桥镇被中国气象局认定为全国气象灾害防御标准化乡镇。建立较为完善的气象灾害防御体系、农业气象服务体系，开展防灾减灾科普宣传活动和气象防灾减灾知识培训；开展有针对性的专业农用天气预报；实施农业气象科技进村入户工程，持续扩大与农民专业合作社、大户的“直通式”联系；初步形成气象服务于长兴现代农业发展和城乡统筹发展一体化的新格局。2014年完成长兴紫笋茶的气候品质优等认证工作。

【“五水共治”气象保障服务】 年初纳入政府五水共治领导小组成员单位，成立“五水共治”气象保障服务工作领导小组，制订“五水共治”气象保障服务工作方案。加强与县苕溪清水入湖河道整治工程建设指挥部对接，把指挥部相关负责人纳入气象服务预警平台，组织开发五水共治气象先行多媒体气象显示平台，为“五水共治”提供零距离个性化气象服务。组织五水共治捐款活动，局领导干部下乡参加水面治理活动，用实际行动投入到“五水共治”之中。

【部门合作联防】 加强与相关部门及服务对象的合作与交流，开展专业专项气象服务，不断完善电力、防汛、农业、太湖蓝藻等专项服务平台。6月初召开气象联络员、协理员、防雷安全员工作会议。与县水利局召开2014年汛期形势预测分析会议；与县国土局联合发文《长兴县气象局；长兴县国土资源局关于长兴县突发性地质灾害气象风险预(警)报2014年工作方案》；与县环保局签订环境资料共享协议；与县供电局签订《电力行业气象信息服务合同》并召开长兴县电力气象服务合作研讨会；与广电局签订全球眼及乡镇视屏终端共享协议；与人社局签订村级显示屏共享协议。

【气象依法行政审批】 加快转变职能，深化气象审批制度改革，厘清权力清单、准入条件、建设标准和相关要求，气象行政审批提速80%以上。按照“规范、公开、便捷”的工作要求，通过网站、短信、12345热线等平台，公开承诺，不断提升办事效率。全力推进部门行政权力清单工作，共梳理行政职权58项。全年办结防雷行政许可件数设计核准474件，验收核准553件，低空漂浮物施放许可71次414只，按时办结率100%，全部办件零差错，零投诉。

【“数字气象”项目】 “数字气象”是“数字长兴”中重要的组成部分。4月开发设计基于“数字长兴”项目提供的高分辨率地图底图的数字化的气象系统平台。将“数字长兴”平台与省气象局提供的相关气象产品相结合，开发一系列的气象数字产品，并业务应用化到长兴气象服务之中，切实提升气象预报、防灾减灾能力。

【标准化气象自动站建设】 按照气象现代化建设要求，加密布设中尺度气象自动站、农业观测站、专业气象观测站，确保气象资料可用稳定。积极筹建全球眼系统。完成气象台机房改造和网络升级。完成长兴综合气象观测站的提升改造。

【防雷安全管理和服务】 公布《2014年长兴县防雷安全重点单位》，覆盖全县危险化学品生产企业、易燃易爆仓库、油品储存及销售、重点建设工程、学校、公众聚集场所等。年内，完成防雷技术评价836个项目，其中要求修改设计项目167个，跟踪检测690个项目，覆盖率100%，竣工检测单位158家，522个单体，定期检测94家，843个单体。8月，防雷所入驻市民服务中心，与国土、建设、消防等部门，开展并联审批工作，群众办事满意率达100%。

【气象科普宣传与培训】 编制具有长兴本地特色的气象科普宣传材料，通过“3·23”世界气象日、防灾减灾活动周等载体，举办中小学生气象及灾害防御专场讲座、气象开放日和气象科普进农村、进市场活动。长兴县防雷设施检测所对建设工地、中心村、工矿企业进行雷电防御工作的指导，继续组织防雷从业人员参加全市培训，进一步加强以农村、学校、危化企业为主的防雷安全宣传。全年，累计发放宣传手册、宣传资料36000余份。对外宣传力度不断加强，全年被中国气象报等国家级媒体录用稿件12篇，浙江省气象网等省级宣传平台26篇，市、县级平台40余篇。

（缪　浪）

邮　政

【概况】 长兴县邮政局下设3个部室、3个专业局，23个邮政支局所，从业人员330人；有邮运、投递汽车8辆，邮路60条，日均行驶里程3514

公里。全县设信筒(信箱)35处(其中城区23处,农村13处),信报箱64319个,报刊亭38个。全年累计完成业务收入5603万元,同比增长11.84%,完成年计划的101.87%。

年内,获评“浙江省文明单位”、全省银行业金融机构心防工程“成绩突出集体”、全市邮政“十佳优秀团队”等;洪桥支局、广场支局获评“浙江省邮政金融示范网点”;洪桥支局、人民路支局获评“2014年度浙江省邮政金融优秀示范网点”三等奖。

【村邮站提供便民服务】 对全县221个村邮站进行升级,投资110万余元,建成109个信息化村邮站,全年提供15万余笔电力缴费、通讯话费充值、长途汽车票、航空机票等服务,让农村百姓感受到“家门口、零距离、不出村”的邮政服务。

【“E邮站”解决电商包裹“最后100米”问题】 以成功争取E邮站建设列入2015年浙江省政府为民办实事项目为契机,加快建设步伐,全年共投入30余万元,建成5个“E邮站”并投入使用,初步解决电商包裹“最后100米”服务问题。

(陈 真)

中国电信长兴分公司

【概况】 中国电信长兴分公司隶属中国电信有限公司湖州分公司,设4个部门、7个支局、13个邮电所,服务范围涵盖长兴县各乡镇,共有在职员工242人。年内,电信公司投入5500万元进行“信息化光网”及“电信4G移动网络”建设。推进天翼智能手机应用、高速光宽带、行业应用开发等,通过数字城管、智慧安监、智慧农业、智慧园区、环保监控、卫生专网等助推智慧城市建设。年内中国电信长兴分公司获评“省级文明单位”和“湖州市第十届消费者信得过单位”。

全年投资3500万元用于电信4G移动网络建设,完成160个电信4G移动网络基站建设任务。至年底,电信拥有3G和4G无线通信基站300个、WLAN热点146个,在原3G信号全覆盖基础上实现城区、开发区、重点乡镇、高铁高速公路沿线等重点区域4G信号全覆盖。

(徐媛媛)

中国移动长兴分公司

【概况】 中国移动长兴分公司下设4个部门(综合、市场、网络、政企)、6个区域营销部和17家营业厅,共有员工153人。2014年,公司通信服务收入3.5亿元.4G终端销售4.5万,4G终端使用客户数5.5万。

围绕4G发展战略突和转型跨越,推动融合运营。年内,存量客户累计4G换卡18.28万,4G资费用户达14.51万。加快无线工程建设,完成LTE宏站474个,室分162个的开通工作,覆盖长兴地区3街道、9镇、4乡。传输有线接入网络建设方面,新建杆路97.24公里,新建管道里程35.79公里,新增光缆布放1723.72公里。政企接入完成开通439家,驻地网新增1.8万户,覆盖用户数提升至16.2万户。年内,继续保持“省级文明单位”荣誉称号,“省级卫生单位”荣誉称号。

(洪 敏)

中国联通长兴分公司

【概况】 中国联合网络通信有限公司长兴分公司主要经营移动电话、固定电话、宽带、数据接入等综合业务。公司下设综合支撑部、网建中心、集团拓展部、两个专业条线(零售线、客服线)、四个区域营销中心(本级、和平、李家巷、泗安),员工83人。2014年完成主营业务收入8300万元。年末,移动电话用户达到18万户,固定电话用户1万户,宽带用户3.6万户。

年内,公司坚持“移动宽带领先与一体化创新”战略,围绕“业务收入、市场份额、发展质量、盈利能力”开展工作。投资60万元在增设县城人民路营业厅,新增农村服务网点50家;利用“双4G、双百兆”精品网络,助推“数字长兴”信息化建设。重点项目取得突破。2月,积极参与长兴农村合作银行的农村助农终端项目建设,并完成23联网电路的接入工作,43个网点WIEI覆盖。10月,与长兴保安服务总公司签订1000户线路检测流量卡项目。10月,与长兴海洋城签订了移动用户、光纤、电话、宽带等合作项目,移动用户已入网150人,光纤接入宽带用户110门。11月,与民政局、社会服务发展中心三方签订老人机智慧养老项目的合作协议,完成首批60户用户入网。11月,与73027部队保密手机拓展完成谈判,实现400用户分批入网。此外,在海信惠而浦、浙江海悦自动化、欧尚超市、汉能光伏集团进行扩网工作。

(刘宏璐)

医疗卫生

【概况】 2014年，长兴卫生局以创建浙江省卫生强县为目标，深化县级公立医院综合改革和基层体制机制改革，推进卫生基础设施建设，加强管理考核、加快人才引进及培养，使全县卫生事业发展水平进一步提升。年内，全县共有各类医疗卫生机构319家，其中县级单位6家（县人民医院、中医院、妇幼保健院、疾病预防控制中心〈卫生监督所〉、皮肤病防治站、湖州中等卫生专业学校），乡镇卫生院14家，城市社区卫生服务中心1家，社区卫生服务站168家，企业职工医院2家（长广职工医院、三狮职工医院）、民营医院6家（金陵医院、骨科医院、口腔医院、国泰康复护理医院、民福中医院、雉州医院），个体诊所门诊部（含厂矿学校医务室）122家；现有床位2678张，每千人拥有医疗床位4.2张；卫生技术人员3691人，其中执业（助理）医师1625人，注册护士1606人，平均每千人拥有执业（助理）医师2.57人，平均每千人拥有注册护士2.54人。全年总诊疗人次482万，同比提高15.6%，出院人次8.76万，同比提高19.4%。

县级公立医院综合改革进一步推进。2012年6月，作为全国第一批县级公立医院综合改革试点县，人民医院、中医院、妇幼保健院全部启动以药品零差率为标志的综合改革。历时两年，县级公立医院综合改革阶段性成效明显：3家医院全年门诊人次240.5万（同期增长16.8%）；出院人次7.37万（同期增长14.16%）；业务总收入7.97亿元（同期增长18.5%）；指标控制全省领先，药占比40.5%、门诊均次费用142.73元、住院均次费用5529.67元；患者和职工满意度分别提升为96.2%和94.0%。鼓励社会资本办医，新增民营医院2家，床位占比达到18.9%。

基层体制机制改革进一步深化，长兴成为纳入省卫计委县乡村卫生一体化综合管理试点县。5月，水口乡和李家巷镇卫生院分别作为人民医院和中医院分院，进行全方位托管。全面共创建市级卫生强乡镇6个，甲等卫生院3家、乙等卫生院9家，五星级预防接种门诊2家，洪桥等6家卫生院成功创建市级规范化妇儿保门诊，泗安等3家卫生院成功创建省级卫生监督协管示范点。15家乡镇卫生院全年门诊人次177.81万（同期增长10.69%）；门诊人均费用47.33元（同期下降7%）；住院人均费用2397.82元（同期下降15%）；业务总收入8602.27万元（同期增长2.07%）。

深入开展党的群众路线教育实践活动，引入第三方进行满意度测评，在全县卫生系统逐步树立“办百姓信任的医院、做患者信任的医生”的理念；严格实施绩效考核制度，全年开展系统内“三比一讲”季度考核4次。年内，成功创建省级慢性非传染性疾病综合防治示范区和卫生应急工作示范县；全省妇幼保健工作现场会在长召开；先后获得市卫计局条线考核第1名、平安建设（基层卫生）和医疗质量2个专项竞赛第1名、“修医德”行风建设专项竞赛第3名；在县级机关部门“三比一讲”绩效考核中荣获二等奖。开展长兴县十佳基层医务工作者、十佳乡村医生的基层“双十佳”评选，结合“5·12“国际护士节，在县文化馆举办表彰纪念活动。长兴县人民医院祁凤娥、陈芸，槐坎乡周月良，和平镇甘忠义等分别被评为首届湖州市“最美医生”“最美护士”“最美乡村医生”称号。

县乡村卫生一体化

【县乡医疗机构托管试点】 4月，长兴被省卫计委纳入县乡村卫生一体化综合管理试点范围。县卫生局遂研究制订以“三个不变，五个一体化”为主要内容的试点方案，即：机构设置和行政建制，承担的公共卫生服务的职能和任务，以及财政投入供给机制不变；人力资源管理、医疗业务管理、财务管理、药品耗材采购管理、信息建设管理一体化。5

月,水口乡、李家巷镇分别与县人民医院、县中医院签订合作协议,分别挂牌县人民医院分院、县中医院分院;签订3年托管期限,明确两家卫生院创建成为甲等卫生院的发展目标。实现托管后,两家卫生院群众满意度由93.2%提升为95.4%,门诊人次水口乡卫生院增长12%,李家巷镇卫生院增长25%。卫生事业改革发展成果得以更多惠及广大基层群众。

【县乡卫生基础设施建设】 年内,继续推进县人民医院和妇保院二期工程建设(该工程于2013年启动)。4月,水口乡和李家巷镇卫生院建成投入使用;夹浦、小浦两家卫生院进入内部装修阶段;和平(第三人民医院)、泗安(第二人民医院)、吕山、槐坎4家卫生院已结顶;完成社区卫生服务站装修改造82家、乡镇卫生院中医馆标准化建设6家。加强医疗设备配置,全年采购设备2838万元,其中县级公立医院2465万元(县财政补助300万元)、乡镇卫生院373万元(县财政补助186.5万元),结余513.5万元计划全部用于卫生院设备添置。

【卫生信息化】 年内,长兴卫生信息化多个项目被列入国家发改委、省财政厅、省卫生计生委和市卫生局试点,先后获得中央和省市资金补助520余万元。年内,就诊"一号通"项目实现市、县、乡、村四级医疗卫生机构互联互通,患者身份证登记率达85.7%、建档88万人、发卡52万张、15万群众持卡复诊;3家县级公立医院县域标准化、结构化电子病历共享平台建设通过等级评审;公共卫生应急指挥系统和卫生数据交换平台进入试运行阶段;区域临床检验中心、影像诊断中心、远程医疗中心、心电诊断中心在15家卫生院完成建设部署,城乡医疗资源实现共享。

医疗服务

【县级公立医院综合改革】 长兴县于2012年被确定为全省第一批29个改革试点县(市、区)、全国第一批311个改革试点县之一,3家县级公立医院同年全面启动以药品零差率为标志的综合改革。2014年,长兴卫生工作围绕"一减两调一补"(即药品零差率销售,调整医疗服务收费和医保政策,适当增加财政补助)目标,完善配套方案和加强过程监测,推进改革,实现均次费用等重点指标在省级同类医院中继续保持较低水平的目标。同时,继续探索法人治理结构、分级诊疗制度和医师多点执业政策建设,创新与城市大院合作的形式,深化县人民医院与上海长海医院、县中医院与浙江大学医学院附属第一医院、县妇保院与省妇保医院等合作。县政府与北大医疗产业集团签署合作共建县人民医院项目框架协议,完成与北京大学交通医学中心合作建设区域性急救医疗服务系统项目前期工作。

【中医药事业发展】 年内,在基层医疗机构中开展中医馆建设。11月,李家巷镇、虹星桥镇、画溪街道、水口乡、洪桥镇、林城镇、和平镇7家卫生院建成标准化中医馆并通过验收,并得到《中国中医药报》的宣传介绍。10月,结合基层医务人员对中医药适宜技术掌握情况,县卫生局分2期、13批次对全县乡镇卫生院医务人员、中医业务骨干进行中医药适宜技术、诊疗技术培训,年内累计培训600余人次。

【社会资本办医】 推进民营医院与公立医院享受同等政策待遇,以求实现公平竞争、激发民营医院发展活力。6月,由浙江和康医疗投资管理有限公司投资2亿元的长兴县第二人民医院按二级甲等综合性医院标准在泗安镇开工建设,计划于2015年建成并投入使用。同月,在长兴城西批准设置的长兴雉洲康复护理院试运行。年内,民营医院开放床位507张,占全县床位总数的18.9%。

【科研立项和教育培养】 抓好重点学科建设,年内,县妇幼保健院《围产医学》、县中医院《肾内科学》通过浙江省第二批县级龙头学科验收,列入省县级龙头学科滚动建设计划名单。全年,县卫生系统共获厅局级以上的科研立项9项;历年科研项目进展顺利,11个项科研项目结题验收,县人民医院《可以预测吸烟后患肺癌风险的芯片及其制备法和使用法》获得国家发明专利。推进继续教育和住院医师规范化培训,县妇幼保健院《围产保健新进展》、县人民医院《农村医护人员急救技能提高班》获得省级继续教育项目;县中医院在原有中医住院医师规范化培训学科的基础上经过评审新增3个学科(中医推拿、针灸、全科);县人民医院(慢性病)和县妇保院(妇女儿童)基地通过浙江省第三批基层卫生适宜基地中期评估;开展各类继续教育班,培训2000人次;获湖州市"华圣杯"医学技能竞赛比赛团体第二名。

公共卫生

【传染病疫情和突发公共卫生事件处置】 1月,全国出现年度首起人感H7N9禽流感病例后,长兴卫生系统开展联防联控行动,关停城区活禽交易,联合相关成员单位定期对主城区活禽交易市场休市情况和乡镇活禽交易市场"每日清洗消毒、每月休市至少3天"规定落实情况进行督查。西非四国发生埃博拉出血热疫情后,县卫生局按照国家和省卫计委要求,启动联防联控机制,组织召开医疗卫生单位负责人会议,成立埃博拉病毒病防控工作领导小组和专家组,加强应急物资及队伍准备,组织开展各项业务培训,加强与公安、商务、外事等部门的沟通协调，按要求做好疫区来华人员的信息追踪与健康监测工作。年内，全县未出现因防控不力造成的突发传染病公共事件；共报告长兴县法定传染病5228例，发病率810.61/10万，报告甲类传染病1例（霍乱）、乙类传染病1150例、丙类传染病4077例、死亡病例3例（狂犬病、人感染H7N9禽流感、流行性感冒各1例），感染性腹泻、手足口病等丙类传染病维持较高水平。

【基本公共卫生服务项目】 加强基本公共卫生服务项目培训和督导考核，年内累计开展业务培训8次、700余人次。整合完善电子健康档案，建立规范化电子健康档案568600人，建档率达到90.52%。推进重点慢性非传染性疾病规范化管理，年内，高血压、糖尿病管理人数分别达到61604人和13395人。抓好农村妇女两癌筛查工作，全年共开展乳腺癌筛查10878人（确诊2人），宫颈癌筛查8213人。开展增补叶酸预防神经管缺陷项目，全年对全县准备怀孕的农村妇女免费发放叶酸片3959人份，对3979名农村孕产妇发放住院分娩补助198.95万元。落实妇幼保健工作，有效控制孕产妇死亡率、婴儿死亡率、5岁以下儿童死亡率等重点指标。完善免疫规划信息化管理，全年完成基础免疫接种214853人次，接种率为99.96%。

【参合农民健康体检】 发挥村级公共卫生联络员、大学生村干部作用，通过发放体检通知单、利用农民信箱、手机短信平台等载体广泛宣传。注重体检质量，组织县级质控中心专家，对主检、检验、心电、影像等医生开展岗前培训，明确工作规范，强化质量意识。全年完成体检196120人，其中60岁以上70299人，体检率72.06%。结合医疗资源下沉，邀请县级医院专家现场坐诊，解答体检结果、注意事项，实现健康体检、健康管理、健康教育有机结合。

【卫生监督执法】 参与县委县政府对电炉、耐火等行业转型升级工作，成立专门的职业卫生转型升级工作小组，深入企业开展帮扶指导。完成职业卫生监管职能移交。加强与公安等部门的密切配合，定期开展医疗机构执法专项行动，严厉打击医疗市场的各类违法行为，共查处非法行医案件10件，取缔“黑诊所”10家。加强公共场所监管，有序推进量化分级管理工作，共评出A级单位5家，B级单位24家，C级单位878家，住宿场所、游泳场所量化分级率达100%，沐浴场所、美容美发场所量化分级率达60%以上。

爱国卫生

【概况】 采取科学除“四害”方法，开展大规模春秋季灭鼠和灭蟑、蚊、蝇消杀工作。年内，县城区通过市级灭鼠、灭蟑先进县城考核；虹星桥、洪桥、煤山、小浦通过县级灭鼠、灭蟑先进镇考核；泗安、李家巷、水口、白岘等4个乡镇通过省级卫生乡镇复评；新创建省级卫生先进单位（村）8家；市级卫生先进单位（村）9家；县级卫生先进单位（村）23家；市、县级无烟单位46家；44家省、市级卫生先进单位（村）全部通过复评。年内，卫生局先后制订《健康中国行——长兴县全民健康素养促进活动方案（2014—2016）》和《2014年长兴县“百人千场”五进健康素养巡讲活动方案》，以提高居民健康知识普及率；以“远离病媒侵害，你我同享健康”为主题，开展爱国卫生月活动，全面整治市容环境卫生。

卫生创强

【概况】 长兴县于2012年成立以县长为组长、18个部门及16个乡镇（街道）主要负责人为成员的创建领导小组。2014年5月，对照《浙江省卫生强县考核细则（2011版）》和《2014年卫生强县重点考核指标》，长兴申报指标和年度重点考核指标基本符合卫生强县标准。6月，被湖州市政府初评为合格，正式向省政府考核办提交创建申报。

【卫生强乡镇创建】 6月5—6日，湖州市卫生强乡镇考核办组织有关专家，对长兴县和平镇等6个乡镇开展卫生强乡镇考核，考核组在听取乡镇政府汇报、查阅台账资料后进行实地检查。经考评，和平镇、虹星桥镇、小浦镇、林城镇、水口乡和李家巷镇等6个乡镇考核得分均达到90分以上，顺利通过市创强办考核验收。

人才队伍

【人才引进培育政策】 完善县级医疗卫生单位人才招聘政策，5月，制订《2014—2016年长兴县县级医疗卫生单位人才招聘办法》，计划通过3年时间引进各类人才595名，其中高层次人才60名、优秀卫生人才和紧缺急需岗位卫生人才135名、县招乡用100名，至12月已公开招录55名。年内，先后6次组织相关单位到武汉、苏州、合肥、杭州、温州等地招聘，现场签约63名（其中硕士研究生27名），引进副高职称5名。

【定向培养农村社区医生】 年内，县政府办制订《2014—2016年长兴县定向培养农村社区医生实施方案》，计划2014—2016年连续3年定向招生临床医学专业，每年专科层次40名、本科层次20名。按照“先填志愿，择优选拔，后签协议”的原则，在高考考生中实施定向招生（招聘），委托湖州师范学院、浙江中医药大学承担农村社区医生培养任务。定向培养生按期毕业后，由用人单位与定向培养生签订事业单位人员聘用合同，2014年完成招聘60名。

【管理人才培养】 加强管理队伍建设,建立卫生系统领导干部读书学习制度。8月,赴江阴市学习考察、阅读《向世界最好的医院学管理》和《乡镇卫生院管理培训教材》等必选书目、座谈交流体会等形式开展第一期读书学习活动,局机关中层以上干部、下属单位党政主要负责人参加。同月,选派3名基层院长赴江苏省江阴市徐霞客镇卫生院进修学习半个月;组织开展卫生院领导班子"回头看"考核,对考核结果排名后4位的班子确定4名局领导进行结对帮扶,9月底完成整改任务。

(房文聪)

人口和计划生育

【概况】 年内,全县育龄妇女17.78万余人,其中已婚育龄妇女14.18万余人,全年出生人口6241人,其中政策外生育164人,计划生育率97.4%,人口自然增长率3.62‰。执行"一票否决",审核各类拟表彰、推荐集体468个,个人1275人次,其中否决集体6个,个人2个。县人口计生局荣获市创新工作一等奖;作为全省唯一发言单位,在联合国第七周期项目工作研讨会上作题为《一桩信访案件带动的三级政策联动——计划生育家庭奖扶制度完善》的经验交流;《幸福2+1工程,搭建家庭幸福的桥梁》作为全省唯一入选案例,编入国家卫生计生委《家庭发展典型案例汇编》,并在第十一届世界家庭峰会上作书面交流。

【实施"单独两孩"政策】 1月17日,全省开始实施"单独两孩"政策。县人口计生局组织乡镇、村计生干部学习"单独两孩"政策,开展调查摸底,及时依法审批。2月17日,水口乡龙山村的黄潮华和陈卫新夫妇成为全县首例通过"单独两孩"再生育申请审批的夫妇。年内,县人口计生局共受理符合单独政策再生育审批477例,已批准467例,出生185人。已领取"独生子女父母光荣证"的单独夫妇申请再生育时,注销"独生子女父母光荣证",停止其继续享受独生子女父母奖励优惠待遇,此前已经享受的不需返还。

【加强计生干部队伍建设】 充实调整5个乡镇计生办干部,公选村级计生干部22名(3年来公选村级计生干部133人,其中后备42人)。至此,全县共有村(居)计生服务员435名,做到人员、职责、报酬三落实。采取请下来、走上去的方式组织各类业务培训1200余人次,9月17日—18日在大剧院组织举办553人的基层人口计生干部队伍培训,提高干部业务操作能力。以党的群众路线教育活动为契机,加强人口计生系统干部队伍的作风建设,转变工作态度,优化服务方式,提高服务水平。

【网上再生育审批全面推广】 4月,在全市率先全面实现网上再生育审批,乡镇收到再生育审批材料后通过扫描上传至审批系统,县人口计生局工作人员即时查看审核,将审批结果即时反馈到乡镇完成审批。通过实施网上再生育审批系统,再生育审批时间由法定的50个工作日缩短至25个工作日,并增加审批结果的透明度。全年共审核批准1652例,其中网上批准1482例,审核并批准特殊情况生育对象170例。

【探索社会抚养费网上征收查询系统】 6月,探索社会抚养费网上审核、征收查询系统,乡镇计生执法人员将违法生育对象个案信息及计征标准录入系统后,系统自动编写相关违法事实与征收依据及征收决定内容,并形成立案表、计算表、告知书、审批表与决定书等一整套文书,节省制作文书的时间,并对案卷的文书内容与格式进行规范,成为湖州市首个社会抚养费网上征收查询系统应用单位。同时,协助乡镇做好违法生育对象立案调查工作,加强与法院协商对计生非诉案件实行快立、快审、快执。全县应征违法生育对象469例,立案459例,立案率为97.87%,立案应征金额为1704.4317万元,已征金额为1014.6979万元,金额兑现率为59.53%。

【计生利益导向机制提质扩面】 8月25日,与财政局、卫生局联合出台《关于提高计划生育特殊困难家庭特别扶助金标准的通知》(长计生〔2014〕22号),再次提高计生特殊家庭养老帮扶救助标准,对49周岁及以上因独生子女死亡或残疾的夫妇由原来的260~350元提高到500~700元。年内,新增奖扶对象916人,退出93人,新增特扶对象34人,退出3人,共发放奖扶金412.8万元、特扶金227.76万元;计生公益金救助71户,救助金33.54万元;慰问56户低保失独家庭,每户发放慰问金600元,共3.36万元。

【计划生育免费技术服务项目结算提标】 3月26日,与财政局、卫生局联合发文出台《关于调整计划生育免费技术服务项目结算标准等有关事项的通知》(长计生〔2014〕7号),提高计划生育免费技术服务结算标准,将免费人群扩展为全县已婚育龄妇女(除参加公务员医保和参加企业职工生育保险者)。凭"计划生育手术介绍信"到县内有资质的医疗服机构进行计划生育手术者,如放、取环的结算标准由原来的50元/例提高到150元/例、人工流产术由原来的90元/例提高到350元/例、中期引产术由原来的380元/例提高到1000元/例。文件已于5月1日正式实施,县级医院全部接受使用"计划生育手术介绍信",保证全县育龄群众能享受基本免费计生技术服务。

【流动人口计生管理服务有效推进】 全面开展信息清查,全县流入、流出已婚育龄妇女登记率分别为

92%、95.6%；及时总结经验，推进示范点建设。全县已建省级流动人口规范化服务中心2个，各乡镇（街道、园区）建成示范点18个。8个乡镇（街道、园区）在流动人口较多的13个村召开18次房东会议；做好煤山、开发区、画溪点上相关数据上报、各村调查员培训及跟踪指导，圆满完成年度全国动态监测任务；综合治理有新推动。联合相关部门下发贯彻省加强流动人口计生工作意见的通知，加大婚育证明查验力度。8月下旬就有900多例流动人口因子女入学，主动到计生办要求查验《婚育证明》或申办计生"一卡通"。全县自上年10月至当年9月，通过全员平台通报"现孕"信息301例，未办理婚育证明12878例，未采取长效措施7350例，信息质量逐年提高。

【全面实施国家免费优生项目】 1月1日，实行再生育夫妇孕前优生检测与"国免"对接，至此全县全面实行国家免费优生项目。继续推行婚登、婚检、"国免"检查一站式服务模式，通过计生、卫生、民政等多部门联动配合，举办全县计划生育技术服务人员与妇幼保健人员国免项目专题培训1次，邀请县优生专家组成员开展优生优育专题巡回讲座20场，受益人群2235人；村级计生服务员入户上门发放国免告知书2万份，国免服务卡8000份，国免宣传册及宣传品4万份。2013年10月—2014年9月全县婚检4335.5对，婚检率97.82%，2014年1月—2014年12月，"国免"检查服务9163人，目标人群覆盖率88.17%。

【深化生殖健康进百村活动】 11月，完成李家巷、水口计生服务站与社区卫生服务中心整合，与卫生同步推进50家计生服务室的标准化建设。年内，利用县、乡镇、村三级服务室阵地的作用，联合妇保院、计生指导站开展进村入企巡回为广大已婚育龄妇女和外来已婚育龄妇女开展B超查环查孕、妇科病普查普治、两癌筛查等各项免费检查服务，B超服务102377人次，生殖健康检查及两癌筛查服务26112人次，发现患病总人次7108。由局组织、指导站负责实施在虹星桥、龙山街道、太湖新城开展TCT、乳房彩超的"两癌"筛查服务共计4000余人次，通过筛查，发现异常病例91例，确诊宫颈癌4例，乳腺癌2例，确诊病例已手术治疗。

【深入开展生育关怀活动】 "5·29"全国计生协会员集中活动日期间，全县慰问困难家庭1563户，慰问金额110.61万元，其中新建计生冠名基金9个，救助计生困难家庭1017个，救助金额30.77万元；"一元捐"10.27万元，救助困难计生家庭300户；"点击梦想.链接爱心"帮助641户家庭实现心愿，心愿价值达24.54万元。

【深入拓展青春健康教育】 6月，与县教育局合作建立健全学校、家庭和社会互相连接的教育链模式，发放青春期学生调查问卷900份，编印青春健康教育读本3000本，了解当前中小学生对青春期生理知识的认知度和心理需求。11月，邀请心理专家到泗安中学、吕山小学举办"青春健康教育进校园行动"公益讲座，巡回展出《青春与责任》——构筑青春健康三道"防火墙"宣传展板，引导青少年正确认识性与生殖健康问题，帮助其树立正确的人生观、恋爱观和婚育观。

（王月花）

长兴县人力资源和社会保障局

❶ 2月10日，2014年长兴县"春风送岗位"大型人力资源招聘会

❷ 7月28日，长兴县夏季人力资源交流会暨大学生就业创业推进会

❸ 10月25日、26日组团赴安徽省合肥市参加"英才招聘校园行"活动

❹ 7月22日，长兴青年(大学生)电商创业孵化园启动运行

❺ 5月5日，首期紫砂陶瓷高技能人才培训班

❻ 5月13日长兴县赴宝鸡市新建一批省外劳务合作基地

❼ 3月11日，县人社局召开服务企业座谈会

❶ 1月9日，中福在线爱心公益活动

❷ 4月，长兴县清明节试点“鲜花换纸钱” 群众反响积极

❸ 5月12日，长兴县积极开展“防灾减灾日”宣传活动

❹ 省民政厅副厅长俞志壮(左二)到长兴检查救灾工作检查吴山大堤

❺ 7月22日，省民政厅副厅长王忠志(右一)到长兴调研

❻ 7月28日，《社会救助暂行办法》现场宣传咨询活动

长兴县卫生和计划生育局

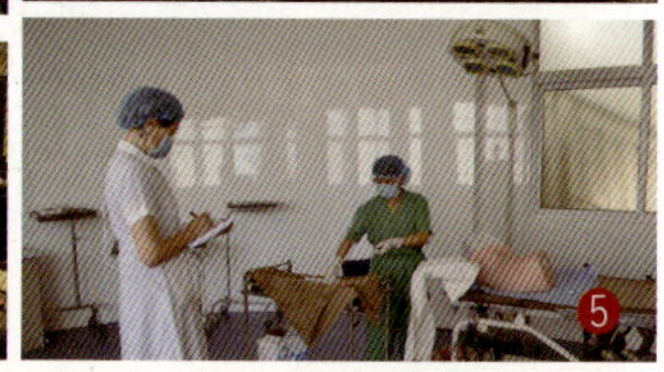

1 十佳护士表彰

2 1月，在画溪街道姚家桥农贸市场举办迎新春宣传服务活动

3 2月28日，局召开党的群众路线教育实践活动动员大会

4 6月19日，《当代家庭》杂志主编周锋到县调研，并作人口计生工作论文写作专题辅导

5 县计生指导站邱菱雅在湖州市妇幼健康技能竞赛中荣获二等奖。图为7月23日计划生育技术服务人员在指导站操作考试现场

6 9月18日，在大剧院举办2014基层人口计生干部素质提升培训班

7 开展健步走活动，倡导全民健康生活方式

8 卫生系统管理干部读书会

9 水口乡村民在家门口享受人民医院专家诊疗服务

10 标准化改造后的社区卫生服务站

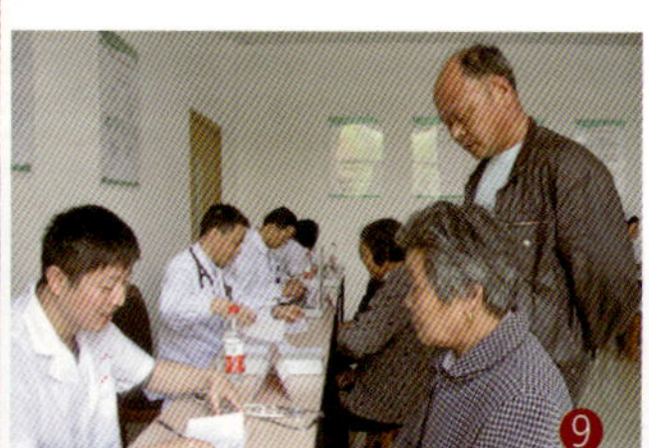

① 8月18日，长兴县市民服务中心搬迁启用仪式

② 省人大常委会副主任冯明（右二）到长兴市民服务中心调研教育实践活动

③ 市委常委、常务副市长杨建新（前排中）到长兴县市民服务中心调研工作

④ 长兴县公共资源交易大厅

⑤ 华能国际电力服务有限公司长兴电厂送锦旗

❶8月6日，供电公司在罗家村为水产养殖户巡检用电线路

❷3月28日，供电公司推进家保全覆盖

❸5月16日，220千伏祥福变电站投运

❶5月29日，浙江省气象局局长黎健(左三)到长兴县气象局调研基层气象现代化建设

❷长兴县委副书记夏坚定(右一)到气象局检查指导气象防灾减灾工作

❸3月5日，气象局干部职工到虹星桥镇相关河道开展"五水共治"活动

❹"3·23"世界气象日，气象干部职工在泗安镇花木城开展科普活动

❺长兴县紫笋茶通过浙江省气候品质认证

❻县气象局开发多媒体气象服务产品

❼6月30日，气象局参加县石油化工应急演练

乡镇·街道·园区

洪 桥 镇

【概况】 洪桥镇位于长兴县东部，地处太湖南岸、弁山之北，东与湖州市省级经济旅游开发区太湖山庄毗邻。镇域面积52平方公里，辖15个行政村，1个社区居委会，常住人口3.1万人，流动人员0.4万人。年内，在县委县政府和镇党委的正确领导下，洪桥镇深入实施“工业强镇、生态优镇、旅游美镇、文化活镇、商贸兴镇”五大战略，按照“强实力、增活力、抓统筹、促和谐、显魅力”的工作举措。发扬攻坚克难、苦干实干、迎难而上的工作作风，较好地完成各项目标任务。先后通过省级农业综合园区建设验收，省级文明镇复评；获得省创新农作制度重点乡镇、省级规范化乡级农村公路管理示范站等荣誉称号。

综合实力 全镇财政总收入实际完成1.2亿元，农村居民人均可支配收入达到22172元，比上年增长10%。规上工业总产值实际完成40.7亿。工业性投入完成6.3亿，完成任务的115%，技改投入完成2.9个亿，完成任务的131%，外贸自营出口完成4300万美元，完成任务100%。

经济建设 招商引资共签约落户项目11个，其中外资项目2个。大好高项目3个，共投资3.4亿元。跟踪在谈的重点项目5个。项目推进先后有盛旺耐火、瑞泰耐火等11只项目动工建设，喷水织机整治顺利完成、耐火行业转型升级有序推进；“四转”“四换三名”等工作完成县下达任务；工业平台进一步拉开框架，基础配套设施进一步完善。农业上累计投资达1.6亿元的省级综合园区高分通过验收。成功举办五届“河蟹节”，蟹种蟹苗养殖基地项目、渔业养殖项目是今年农业招商的亮点。第三产业上累计投入达1亿元，内容涵盖太湖新村和太湖文化园、古建筑、接待中心、会议中心的太湖汇于今年11月投入营业；利用区位优势，打好“太湖牌”，进一步做好农业与旅游业的“接二连三”工作，逐渐以太湖沿岸形成集种植、采摘、观光、垂钓、亲子游等为一体的休闲旅游观光带。

村镇建设 科学规划，编制洪桥镇域控规单元；以卫星镇推进工作要求为标准，加快洪桥镇市政基础设施建设；引进东湖金悦房产开发项目，涉及酒店、公园、商品房等内容，完成殷家荡地块综合体规划设计，投资1000万元启动区间道路和中心公园施工。强化了镇区管网管理和路灯管理，投资近800万元完成洪桥老工业园区一期2千米雨水管网和路面建设，进一步完善集镇功能。以建设“美丽洪桥”为主题，扎实推进三改一拆、四边三化、五水共治等工作，顺利完成东王、中道等五个村1901户的农村生活污水治理工作。投入约390万元完成南阳村美丽乡村创建；加快中心村培育，完成各中心村布点规划，万仕桥、陈桥村自然集聚建设98户；安全供水工程有序推进，完成五个村“一户一表”改水1282户，三个村山泉水改造工程1706户。

服务管理 社会事业不断扩大社会保障覆盖面，发放低保金及各类困难群众补助近230万元，涉及对象逾700人；全面推进城乡居民医疗保险制度，参保人数达16670人，全年报销总额达843万元。完善养老服务体系，完成5个村居家养老日间照料中心建设。不断提高农村幼儿园食品安全保障力度。提高医疗卫生体制改革和基础设施、医疗服务能力建设。平安建设深入推进，实现村级综治平安、信访维稳工作的提前预判和化解，今年以来共受理各类矛盾调处123起办结率100%。全年无重大群体性事件和重大安全事故发生。秋季秸秆禁烧工作成为县级标杆，城乡环境得到大幅改善，人居环境得到进一步优化。

【省级现代农业综合区高分通过验收】 洪桥现代农业综合区规划总面积1650公顷，涉及洪桥镇古龙村、南阳村、排田漾村、金星村、东王村、太湖村、橡树下村、潼桥村、中道村、水产村、小沉渎村、陈家埭村、万仕桥村等13个行政村，人口28264人。综合区计划总投资14468万元，规划主要建设内容有3个主导产业示范区(河蟹主导产业示范区、稻菜轮作区、优质粮油生产区)，2个精品园(严家坝河蟹生态养殖精品园、太湖河蟹生态养殖精品园)。

综合区大力推进农作制度的创新和循环农业的发展，实现农业生产基地资源的循环利用，利用稻菜轮作模式、稻蟹共生模式、生态养殖模式、尾水处理模式、秸秆综合利用等现代农业生产技术。建立公共服务中心、开发水上交易市场、开展农推联盟等平台服务农户，开创新运作模式，创新综合区投入运行机制，探索综合区土地股份合作社，提升综合区产业化经营水平。提高产业化经营水平。促进农业增效和农民增收。实现农业总产值达到17029万元，农业净效益10030万元，已成为长兴县现代农业的样板区。综合区于年内11月顺利通过省级相关部门验收考核。

【省农作制度创新工作会议在洪桥顺利召开】 10月21日省农作制度创新暨“千斤粮万元钱”模式工作会议在我镇金星村顺利召开。洪桥镇通过几年的努力，形成以河蟹生态养殖、稻蟹共生、稻菜轮作实现“千斤粮万元钱”等为重点的创新农作制度模式。实施基地位于洪桥镇金星村。积极摸索季节性土地流转新模式：528户76公顷水田在水稻收割之后，有305户将40公顷的土地流转给其他223户进行蔬菜种植，将劳动力转向二、三产业农户的土地充分集中利用、实现成片规模种植。增加示范区农户的收入；共示范推广“千斤粮万元钱”模式面积达到76公顷，采用稻菜轮作，蔬菜以种植茄子为主，适当搭配一些长卜、扁豆等作物。三年来，“千斤粮万元钱”模式示范推广面积达76公顷。该轮作模式综合产值增幅高达75%和66%。有效实现“千斤粮万元钱”新型农作模式的目标任务。

【2014中国·长兴(洪桥)第五届太湖大闸蟹节暨太湖休闲观光农业推介会】 10月20日，2014中国·长兴(洪桥)第五届太湖大闸蟹节暨太湖休闲观光农业推介会在洪桥省级现代渔业主导产业示范区隆重举行。本届大闸蟹节延续前四届的传统，设计活动内容新颖独特、颇具亮点。会上，以蟹为媒，推介以总投资5000万美元，注册资金1600万美元的旅游农业发展项目，项目主要内容为种植、采摘、观光、垂钓、亲子游等。打造以太湖沿岸为中心的特色休闲观光农业建设，推介会上举办富有水乡特色的划菱桶、钓河蟹和捆蟹比赛，更有精彩的群众水乡文艺表演，吸引当地数百名群众观看。

【荣获省规范化乡级农村公路管理站荣誉称号】 12月份，洪桥镇农村公路养护管理站经过听取汇报、审查台账、现场验收等程序顺利通过省交通厅、市、县交通局的综合验收，获得全省第二批省级规范化乡级农村公路管理站荣誉称号，本年内洪桥镇主要对近三年来洪桥农村公路养护资料进行梳理，对现有的镇37条公路进行重新编号、测量和数据库录入工作。对洪桥镇范围内的48座桥进行安全检查、数据测量、资料整理工作。共制作桥梁限载标志、养护标牌，共280块，总投入80万元。全县这样的省级规范站所有2个。为湖州市三县两区的示范点。

(陈晶晶)

表60

2014年洪桥镇各村(社区)基本情况

村(社区)名称	面积(平方公里)	户数(户)	户籍人口(人)	经济总收入(万元)	人均纯收入(元)	村(社区)支部(党委、总支)书记	村(社区)主任
亭子桥村	3.5	796	2924	124340	21173	王培堂	孙永财
洪桥村	2.1	630	2560	70315	22169	吴玉芳	范宝良
古龙村	4.6	867	2678	13852	20077	殷新民	陈松龄
陈桥村	6.5	628	2348	18599	22179	王水江	范火荣
陈家埭村	6.4	597	1997	21716	20532	范银康	陈永兵
金星村	2.4	563	1629	8357	20064	倪树法	倪加兴
太湖村	4.2	561	1844	9558	22453	王新年	沈永方
南阳村	3.0	717	2179	12390	18396	钟法林	顾小敏

续表60

村(社区)名称	面积(平方公里)	户数(户)	户籍人口(人)	经济总收入(万元)	人均纯收入(元)	村(社区)支部(党委、总支)书记	村(社区)主任
南阳村	3.0	717	2179	12390	18396	钟法林	顾小敏
潼桥村	2.1	592	1868	18977	19991	王火群	许国红
橡树下村	2.5	551	1786	11343	20134	杨月琴	范木方
排田漾村	3.17	648	1912	14309	17534	张永贤	孙海堂
中道村	2.3	782	2370	21311	18722	陈树田	张会兴
万仕桥村	1.8	629	1889	18995	18103	茆建民	豆凤龙
东王村	4.1	710	2249	29127	18062	钱云昌	施小山
弁山村	2.6	430	1351	18918	17930	慎美田	陈水龙

李家巷镇

【概况】 李家巷镇位于长兴县东南，处于湖州长兴中间地带，南和湖州开发区杨家埠镇接壤，北和长兴开发区交接，现镇域面积35.2平方公里，辖7个行政村(李家巷村、沈湾村、青草坞村、刘家渡村、章浜村、许家浜村、西坝村)、1个社区居民委员会(李家巷社区)，共有常住人口户数6779户，16730人。李家巷镇坚持“工业立镇、生态优镇”，团结和依靠全镇广大干部群众，坚持加压奋进、改革创新，经济社会实现了持续稳步发展，被评为省卫生镇、市卫生镇、市文明镇、市“三改一拆”先进集体、市征兵工作先进单位、市先进基层武装部、市先进乡镇科协等荣誉，2014年度综合考核在全县20个乡镇、园区中位列第一，并在湖州市工业强镇评比中获得第三名的好成绩。

经济发展　年内完成规模工业产值70.1亿元，比上年增长16%；完成规模工业增加值10.75亿元，比上年增长42.6%；完成工业性投入8.1亿元，比上年增长33.9%；完成进出口总额22700万美元；完成财政收入2.7亿元，比上年增长14.8%；完成服务业增加值3.4亿元，比上年增长15%；农民人均收入达到23195元，比上年增长10%。骨干企业支撑有力，全镇共有税收超千万企业4家，分别为淇滨玻璃、新明华化工建材、上海长兴石灰石矿、丰盛新材料，税收超500万元企业共有博奥铝业、华星钙业、新大力、长兴丝绸、雀联混凝土、金三发、强立耐火等7家；共有长兴丝绸、隆昌丝绸、旗滨玻璃、维涅斯等产值超亿元企业17家。投资力度持续加大，全年共推进千万元以上项目22只，总投资40.3亿元，其中，长兴旗滨玻璃项目，总投资10.4亿元；浙江新农都长兴农产品物流中心项目，总投资10亿元；博奥铝业总投资2亿元年产三万吨铝合金型材项目，已竣工投产。项目招引成效凸显，完成县外内资注册资金2.47亿元、实到外资800万美元、合同外资1600万美元、引进浙商回归资金2.98亿元，引进了天马服饰、丰田4S、雪铁龙4S、正瑞科技、德澳建材、正力物流等多个项目到镇落户。

生态建设　李家巷镇坚持把生态建设作为党委政府的中心工作来抓，在各领域全面深入开展环境整治工作。全力推进“五水共治”。完成污水处理厂二期建设，日处理能力达到2.8万吨，新建污水泵站2个，完成雨污管网改造2公里。全面推进喷水织机中水回用，在许家浜、工业集中区、戚家山等喷水织机集中的地方进行雨污分流，所有企业均实行纳管排污。集中开展河道清淤，坚持“凡水必治、治水必清”，完成河道清淤58公里，对全镇河道实现全覆盖保洁。完成了许家浜村的农村生活污水治理工作。狠抓治气治霾。继续加强粉体行业整治后续治理，提升现场管理，确保环保设备正常运转，实现达标排放，防止整治反弹。强势推进“三改一拆”。继续开展“三改一拆”工作，对关停企业破旧厂房、旧住宅区、违章建筑等进行拆除改造，改造旧厂区71872平方米，拆除违章建筑40716平方米；改造旧住宅区1600平方米，成功创建为湖州市“无违建乡镇”。为了从根本上改善李家巷镇生态质量，使广大群众和外来企业有一个良好的生产生活环境，李家巷镇投入了大量的人力物力财力，总计支出三改一拆费用超1.5亿元，五水共治费用超5000万元(包括上级补助)。

社会事业　在经济发展的同时,李家巷镇不断加大民生投入,完善公共服务,推进社会事业全面发展。完善道路交通,完成集镇框架道路扩展延伸,完成联网公路建设4公里、桥梁建设1座;全面启动大石桥改造工程,总投资4000万元,分两年完成,其中2015年完成桥梁主体建设,目前正在加紧政策处理。加大水利投入,谋划并完成十四项防洪工程建设,继续推进省重点水利工程——五里圩区工程建设。全面完成农村饮用水"一户一表"改造、地洞寺水库扩容工程,启动集镇改水工程。加快集镇开发,完成了湖滨商业楼主体砌筑,完成了原联众机械地块的拆迁,并引进新的开发单位开发商业综合体项目,已通过县政府规划例会批准;改善购物环境,通过两年时间,完成了老农贸市场的拆除、新建,并于11月顺利完成搬迁;提升医疗卫生水平,完成镇卫生院改制新建,被评为浙江省一级甲等卫生院,并新建三个村级卫生服务站;完成了中心幼儿园的改建工程。通过这些民生工程的实施,使全镇配套功能更加齐全,公共服务水平有了质的提升。

【全面开展耐火行业整治工作】　耐火产业是长兴县传统特色产业,特别是李家巷镇,企业数量占全县的三分之一以上,但还存在规模小、标准化程度低、粗放经营的问题。对此,李家巷镇通过政府推动、政策引导、企业主体的方式,以"规模化、特色化、现代化、规范化"为目标,加快推动耐火产业转型升级。紧紧围绕打响"中国耐火之乡"区域品牌的要求,采取"三个一批"的措施,一是淘汰一批,对无力参与提升重组、环境污染大、产出低的低小散企业限时关闭;二是整合一批,通过政策扶持、产业引导、市场倒逼等手段,鼓励产品、设备相近,同质化竞争明显的中小企业,采取兼并、收购等形式尽最大努力进行重组;三是提升一批,对具备一定规模的骨干企业,严格按照"生产清洁化、工艺一体化、设备自动化、安全标准化、管理现代化"的要求进行全面提升。整治中,鼓励企业以市场需求为方向,重视技术改造、加强产品研发,和浙江大学、武汉科技大学、洛阳耐火材料研究院等产业内研究水平领先的院校签订战略合作协议,明确在工艺优化、装备提升、设备选型等方面进一步加强合作,组织开展多种形式的技术交流活动。鼓励企业争创名牌,着力培育具有一定市场知名度和占有率的名品,提升市场认可度。共组织耐火企业实施产学研项目9项,申报新产品7项、申请专利12项;新产品产值率达到20%以上,专项监督抽检合格率85%以上。推进装备提档,引导和鼓励耐火企业加强以"机器换人"为核心的现代化技改,提高企业装备工艺和技术水平。洛耐院、博奥科技等研究设计院的多名工程师已分组进驻企业,现场指导企业淘汰落后的破粉碎设备、混料设备、筛分设备、成型设备和烧成设备,全面改善工艺流程。全镇耐火企业开展以"机器换人"为核心的现代化技术改造投入超8000万元,仅金汇华耐火一家企业就投资4600万元,从破碎到成品实现了自动一体化及中控自动化管理模式。提升管理水平,按照"整理、整顿、清扫、清洁、素养、安全"项目内容,积极推行全面质量管理、精细化管理、6S管理等有效的管理方法,全面推进企业"三化建设",提升企业现场管理层次。共组织6次管理现场会、2次装备培训会,对所有参与今后规范提升和做大做强的耐火企业进行管理培训。到年底,全镇73家耐火企业中,被列入"关停并转"的企业共45家,已全部完成评估、关停;规范提升、做大做强企业28家,已全部制订"一企一策"方案,正在稳步推进改造提升。

【开设"新居民大讲堂"受到各方肯定】　为破解外来新居民党员教育培训难题,李家巷镇在群众路线教育实践活动中,依托园区党群服务中心,开设"新居民大讲堂"平台,探索建立形式灵活、内容丰富、通俗易懂的新模式,使课堂更加生动、高效,受到了普遍欢迎。围绕"学什么",紧贴实际定课题。普遍走访园区新居民聚集的企业,通过召开新居民座谈会、发放《"新居民大讲坛"需求调查表》、个别访谈业主等形式,广泛征求对开办"新居民大讲堂"的意见建议,全面了解、掌握培训需求。在此基础上,由镇党政办会同文化、民政、计生、成校等各个条线,商量提出授课方案,排出课程表,明确授课教师、时间和内容等。原则上,每月确定一个培训主题,如5月份为文明交通主题,6月份为消防安全主题,内容涵盖流动人口相关政策解析、生活与习俗、养生保健知识、安全生产、交通法规等日常生产生活的各方面,丰富了党课的内涵,提高了党课的针对性和实用性。围绕"怎么学",注重互动增活力。不断改进授课形式,让新居民积极踊跃参与。"新居民大讲坛"新形式包括授课、讨论、点评三个主要环节。授课环节由教师围绕课题进行深入讲解,用企业事例说话,以身边人说身边事的方式进行,利于党员从思想和情感上接受;讨论、点评环节,由参训学员就存在的疑问、不同看法进行交流讨论,就授课教师的教学效果进行点评,并对改进提升授课效果提出意见建议。此外,还安排了"六一"亲子活动、"七一"党史竞赛、"中秋"青年联谊等互动类活动,改变了传统党课教师讲、学员听的单一模式。课堂形式灵活多样,可以是课桌式、围桌式,也可以是分组式、座谈式,而且每两周开展一次培训,都安排在晚上,每次一个半小时左右,避免与工作时间冲突和过多占用休息时间,让党员乐于接受,也增强了吸引力。围绕"学得怎么样",强化考评重质量。一方面,为每位新居民配发专用笔记本,新居民不仅要记录每次党课的学习内容,更要记录学习心得体会、感悟收获。另一方面,将新居民参加大讲堂的情况作为对园区企业及新居民评先评优的重要参考，每年度开展"员工满意企业"、"双十佳"新居民（十佳文明新居民、十佳创业新居民）等评选活动，并给予一定的物质奖励，以此激励企业主、新居民认真对待、积极支持参与，切实提高"新居民大讲堂"的质量和效果。这些做法得到广大群众、上级领导、各级媒体的肯定和关注，尤其是受到广大"新居民们"的欢迎。

（韩成平）

表61　**2014年度李家巷镇各村（社区）基本情况**

序号	名称	面积（平方公里）	户数（户）	户籍人口（人）	经济总收入（万元）	人均纯收入（元）	村（社区）支部书记	村（社区）主任
1	李家巷	2.5	1226	3208	35	19800	郭炳铜	许炳奎
2	青草坞	4.8	473	1432	38	20900	吴世龙	郑书忠
3	沈湾村	5.6	958	2515	42	20960	章焕霞	蒋国伟
4	刘家渡	3.37	961	2453	36	18500	沈新华	沈建国
5	章浜	1.97	741	1929	85	18900	王胤康	周海忠
6	许家浜	2.89	403	1223	61	26400	凌焕民	徐末生
7	西坝	1.52	339	961	18	17600	吴学会	施锡芳
8	李家巷社区		1698	3009				
			6799	16730				

夹浦镇

【概况】 夹浦镇位于浙江最北部，东濒太湖，北邻江苏，与江苏接壤的父子岭村素有"浙北第一村"美称。全镇总面积69平方公里，下设13个行政村，1个居委会，户籍人口28420人。夹浦镇主要以纺织为主，是长兴县轻纺产业发源地，纺织行业产值占全县三分之一以上，已形成较完整产业链。夹浦镇有丰富的土地、山林、水面等资源，有太湖四珍—银鱼、白壳虾、鲚鱼、大闸蟹，镇内产茶叶、杨梅、葡萄、枣油桃。夹浦镇曾先后获得全国千强镇、省级文明镇、省级卫生镇、省级生态镇、省级教育强镇、省东海文化明珠、省体育强镇、省强镇榜样等称号，12月，"中国长丝织造产业基地"挂牌。

夹浦镇以深化夹浦地区环境综合整治为载体，以加快推进"三改一拆、四边三化、五水共治"等中心工作为抓手，以全力打造"浙北重镇、纺织强镇、商贸名镇"为目标。全年完成财政总收入2.6亿元，比上年增长2.7%；完成规上工业产值148.93亿元，比上年增长12%；完成工业性投入9.35亿元；完成自营进出口2.14亿美元，比上年增长13.7%；完成合同外资1600万美元，实到外资800万美元，县外内资1.4亿元；完成服务业增加值3.5亿元，农民人均纯收入25165元，比上年增长10%。

经济发展　企业转型，提档升级。年内，夹浦镇进一步深入实施企业提档升级工作，29家耐火企业转型升级通过县级阶段性验收。建立印染污水集中预处理系统，淘汰落后设备280台（套），引进先进设备310台（套），新发展喷气织机企业2家，家纺企业4家。开展"百企转型升级"、"百小扶优助长"行动，全年"个转企"50家；"下转上"14家，其中"规下转规上"11家，"限下转限上"3家；"低转高"13家；"小转大"20家；"腾笼换鸟"完成5.3公顷，"机器换人"投入6亿元，"电商换市"20家，"空间换地"实施旧厂区改造60600平方米。成功申报中国长丝织造产业基地。

平台建设，筑巢引鹊。年内，月明、滨湖、环沉、城北工业功能区四大平台基础设施投入2000万元，完成环沉园区北路、众鑫路两侧人行道的板砖铺设并进行绿化、亮化，完成城北工业园区港西道路桥梁的规划设计，对道路卫生纳入长效保洁范围。全年推进项目50只，共投资9.35亿元，新开工项目8只，新竣工项目13只，引进项目15只，其中内资项目11只，外资项目4只。金诺、绿蒙等16家新型纺织企业入驻城北工业功能区B区。

精品农业，魅力乡村。年内流转土地145公顷，新发展七大特色产业207公顷。完成滨湖、香山等2个粮食功能区建设，完成北川、月明等5个村的村级集体资产股份合作制改革。推进吴城千亩葡萄精品园、长平科技示范园、鼎新水果基地、月明石坞山果园、湖州苕花生态文化农业园区等重点园区建设，引导夹浦农业向观光农业、精品农业发展。

三产服务，拓渠添新。年内大润发超市进驻夹浦并正式营业；开通电子商务产业园；启动物流园区、灯具城建设；成功举办“2014首届中国(长兴)布商大会暨长兴轻纺城开业”典礼，全年新发展法人单位34家。

集镇建设与管理　按照《夹浦镇重点地段城市设计》《夹浦镇城镇总体规划》等规划要求，以长兴轻纺城作为集镇商业核心，抓好轻纺城及周边商业配套设施建设。建成市民广场、三大公园和两处生态停车场，改造香樟大道两侧联建房9000多平方米；建成两处“中国长丝织造名镇·夹浦”标志性龙门架，改善集镇面貌，提升镇域形象；完成104国道夹浦段改建工程并顺利通车；完成盛湖大道等农村联网公路和大中修10公里，危桥改造3座；完善交通安全设施建设，全年设置减速带375米、护栏230米、标志标牌152套。新农村建设有序推进，5个中心村9个居住点全部完成规划红线，首个通过试排方案，累计创建美丽乡村8个，市级生态村9个，县级生态村13个。强化集镇管理，镇城管行政执法中队挂牌办公，累计开展联合整治15次，纠正占道经营556起；取缔废品收购点3处，琉璃瓦、黄沙场4处。搬移琉璃瓦、建筑垃圾等30余车。

环境提升　“三改一拆、四边三化”。年内，完成城中村改造18户7716平方米，旧厂区改造建筑面积3700平方米，存量违章建筑拆除5.4万平方米，其中高铁沿线完成26户4942平方米，104国道完成10户2443平方米。完成绿化面积35.6公顷。“五水共治”行动，投入400万元，完成全镇43条河道56公里的河道清淤验收；投入450万元，完成长丰涧1500米砌石等水利工程；投入2200万元，完成滨湖、喜鹊斗等6个村2521户的生活污水治理，群众受益率达到80%。大气污染整治，集中力量解决扬尘、燃煤、餐饮油烟及秸秆焚烧等污染问题，初步治理10家印染企业的有机废气排放问题；年内淘汰小锅炉企业10家，淘汰莱美纺织印染等13家企业266台(套)落后设备，整顿34家煤堆场。国圆印染等7家企业通过清洁生产审核。

民生事业　全面推行社会养老、医疗等保险制度，新型农村合作医疗参保率100%，全年报销金额182.1万元。做好农村五保、低保、救济发放等工作，救助特殊困难群体198人，发放救助款3.95万元。发放低保救助资金72.1万元，发放优抚对象资金9.5万元。开展各类技术培训近3800人次，成立长兴首个轻纺培训基地。

重视发展文体事业，积极组织参加2014年长兴“幸福大舞台周周演”夹浦专场活动、长兴县第五届排舞大赛、县篮球比赛等活动；11月，北川村文化礼堂竣工，年内承办2次大型文艺演出活动。完成父子岭村、北川村、长平村三个社区卫生服务站的改造；新卫生院总投资1800万元，主体工程竣工。低生育率水平保持稳定，计生符合率达98.1%。扎实做好食品药品工作，开展各类专项整治活动，保障百姓食品、药品安全。

全年共调处各类矛盾纠纷509起，成功处置非正常死亡案件12起，均未引发群体性事件；全年受处理政府阳光热线226件，接受处置应急联动指令23起；完成视频监控175个，完成一村三企综治工作示范点建设；成立新老居民和谐促进会，建立并运行消防救援队伍，共出警40余次。全年未发生安全生产及公共安全事故，社会形势总体平稳。

【首届中国(长兴)布商大会暨长兴轻纺城开业典礼】　12月18日上午，“2014首届中国长兴布商大会暨长兴轻纺城开业”典礼在轻纺城举行。开业典礼上，桐昆集团、华祥(中国)高纤两家企业签约入驻轻纺城，长兴轻纺城与叠石桥国际家纺城友好市场签约，浙江长兴现代纺织公共创新服务平台与(SGS)通标标准技术服务有限公司战略合作签约，夹浦镇“中国长丝织造产业基地”授牌。长兴轻纺城电子商务产业园也于当天正式开园，长兴轻纺城微信公众服务号正式开通。开业典礼后，12名模特T台走秀展示长兴纺织产业发展。

【2万吨污水集中预处理项目】　长兴夹浦印染行业废水预处理工程选址长兴县夹浦镇轻纺工业园区，占地0.6公顷，由长兴县夹浦污水处理有限公司负责建设。本项目采用混凝气浮+水解酸化+好氧+混凝沉淀处理工艺，总投资2300万元，8月竣工投产。

(田承权)

表62

2014年度夹浦镇各村(社区)基本情况

村(社区)名称	面积(平方公里)	户数(户)	户籍人口(人)	村集体收入(万元)	人均纯收入(元)	村(社区)支部(党委、总支)书记	村(社区)主任
滨湖村	6.27	1347	3921	223.52	26856.5	史水良	曹水法
陶家湾村	2.60	616	1860	89.97	25402.5	陶会红	王月龙
环沉村	5.80	1204	3624	135.45	26698.5	丁国云	王　星
夹浦村	23.30	810	2590	115.06	26541.5	丁先华	费征荣
太平桥村	2.89	769	2388	67.90	2332.5	冯会新	冯会新
喜鹊斗村	2.50	537	1697	85.30	23467.7	王国军	吴树龙
父子岭村	12.50	529	1677	484.46	25697.8	刘伟星	张爱兵
香山村	4.65	414	1423	135.77	25660.8	臧敏	凌伟民
长平村	3.70	1010	3183	237.00	26798.7	周利方	王伟国
丁新村	3.00	513	1733	303.43	26262.5	臧小强	臧献忠
吴城村	0.92	485	1685	37.99	22334.1	孔有明	张小林
月明村	5.69	436	1442	201.00	22474.7	韩为广(3月免) 吴邦疆(3月任)	吴邦疆
北川村	17.81	376	1197	92.90	21425	余金泉	张汉斌
居委会	—	326	548	—	—	—	—

水口乡

【概况】 水口乡位于长兴县西北部，地处苏浙皖交界，历来以唐代贡品——紫笋茶、金沙泉而闻名，有“茶文化圣地、生态旅游乡”之美誉。区域面积80平方公里，人口1.8万人，辖8个行政村、1个居委会。年内，水口乡坚持以科学发展观为指导，紧紧围绕“建设大景区、优化大生态、促进大提升”这一主题，牢牢把握党的群众路线教育实践活动和国家AAAA级旅游景区创建两条主线，全力抓好“三个不折不扣”，扎实推进“五大提升行动”，较好地完成各项任务，全乡经济社会实现持续稳步发展，在建设美丽水口，打造全域景区中取得新的成绩。全年实现财政总收入8168.4万元，比上年增长22%，其中国税收入5032.6万元，比上年增长24.6%，地税收入3135.8万元，比上年增长17.2%；工业总产值22亿元，比上年增长16%，其中规模以上工业产值15.4亿元，比上年增长10%；社会固定资产投资1.92亿元，比上年增长9%，其中工业性投入6825万元，比上年增长2%；自营出口3050万美元，比上年增长35%；农民人均纯收入20165元，比上年增长9%。

三产发展　坚持以优化产业结构、加快转型升级为方向，着力推进三次产业协调发展，综合实力进一步增强。产业结构持续优化，一、三产业占比分别提高4个百分点和9.4个百分点；工业经济转型升级工作成效显著，完成“个转企”18家，“小升规”4家，新认定科技型企业2家，实施技改项目5只，淘汰落后设备38台(套)，完成耐火行业规范提升8家、关停并转1家。农业“两区”建设扎实推进，新建粮食生产功能区276.1公顷，新发展七大特色产业83.3公顷。新型农业经营主体不断壮大，改造提升农业产业化龙头企业3家，新增农民专业合作社2家，注册家庭农场8家。三产服务业加速发展，新增服务业法人单位15家，服务业个体户120家，实现服务业增加值3.2亿元。招商引资取得重大突破，引进亿元以上项目4只，完成合同外资1297万美元，实到外资1297万美元，县外内资注册资本金2.1亿元，“浙商回归”省外到位资金8030万元。全年共接待游客250万人次，实现旅游总收入4.8亿元，增长38%。

景区建设　围绕“全域景区化”目标，全力推进景区提档升级，全域旅游发展取得明显成效，成功创建国家AAAA级旅游景区，成为全国首批乡域大景区。大力建设景区重点旅游项目和基础设施配套项目，仙露茶业、大唐四期、景区给排水、水夹公路改建、景区文化广场、休闲绿道、生态停车场、游客服务中心等项目顺利推进，累计投入1.8亿元。景区软环境建设不断优化，景区精细化管理不断深入，统一更换景区标识标牌，成立、组建城管执法中队和景区秩序管理联合执法队伍，全面加强对景区的环境卫生、交通、市场、农家乐等日常管理，进一步改善景区旅游环境。

环境整治　坚持生态立乡，以建设美丽水口为目标，全乡域推进环境综合整治，全域生态环境进一步优化。“五水共治”合力推进，深入开展水环境整治工作，完成河道清淤51.3公里，河岸砌帮1500米，河道边绿化3.1公里。全乡域推进农村生活污水治理工作，完成6个村2856户，被评为市农村生活污水治理工作先进单位。“三改一拆”深入推进，拆除违法建筑183处37833.7平方米，通过市级“无违建乡镇”验收。大气污染防治工作扎实开展，突出抓好治扬尘、治废烟等综合治理，空气环境质量进一步改善。美丽乡村建设扎实推进，出台美丽乡村建设长效管理办法，乡村环境管理机制进一步理顺，水平进一步提升。中心村培育工作稳步推进，全面完成徽州庄村中心村建设。

社会事业　突出共建共享，不断加大民生投入，加强和创新社会治理，人民群众的幸福指数不断提升。社会保障切实加强，全面完成年度民生十件实事，社会保险、就业与再就业、技能培训、劳动保障等工作统筹推进，人口计生、社会救助、慈善福利和残疾人事业加快发展，完成危房改造9户，新建居家养老服务中心2个。社会事业协调发展，高度重视教育工作，不断加大教育投入，大力改善办学条件和提升教育教学质量。深入推进医药卫生体制改革，乡公立卫生院在全县范围内率先投入使用，省级卫生乡通过复评，并成功创建市级卫生强乡。文化惠民工作扎实推进，新建文化礼堂1个，成功举办首届“开蒙礼”“周周演”等文体活动。平安水口建设深入推进，信访维稳形势总体平稳，全年实现“零扣分”。安全生产、食品安全、消防安全、道路交通安全等安全工作紧抓不懈，全年未发生各类重大安全事故，并成功创建省级餐饮服务食品安全示范街。

基层党建　坚持从严治党，注重作风转变，突出固本强基，扎实开展党的群众路线教育实践活动，干部作风进一步转变，党群干群关系进一步密切。教育实践活动成效明显，“三思三观”、“坚定理想信念、敢于担当克难”等主题教育活动深入开展，批评和自我批评优良传统有效发扬，“四风”问题整治扎实推进。“走村不漏户、户户见干部”“民情体验课”等活动扎实开展，实现干部联系群众全覆盖。基层组织建设不断夯实，党员人才工程深入实施，整转后进薄弱基层党组织5个，新发展党员11人，处置不合格党员7人，调整村书记2名和村支部委员1名，公开选拔村党组织副书记1名和村后备干部4名，新建“造血式”帮扶基地1个，创建示范型党员服务中心1个，引进各类人才105名，入选南太湖精英计划1名。党风廉政建设深入推进，违纪违法案件查处力度不断加大，全年共立案9起，处理违纪党员干部9名。同时，统战、群团、人武、双拥、档案、老干部、新居民等工作都取得新成效。

【成功创建国家AAAA级景区】　12月31日，《浙江省旅游区(点)质量等级评定委员会公告》发布国家AAAA级旅游景区名单，水口茶文化旅游景区成功创建国家AAAA级景区，这也是全省首批乡域国家AAAA级景区。2012年以来，水口乡为进一步促进景区的发展，提升乡村旅游品位，将整个乡域作为大景区来建设与发展，全面开展国家AAAA级旅游景区创建工作，通过完善游客中心、停车场等配套设施和打造优美庭院、精品民宿等举措，景区环境进一步优化，管理水平得到大幅提高。

【举行第六届中国·湖州国际生态(乡村)旅游节暨首届中国(长兴)民宿文化节】　5月17日，“超威杯”第六届中国·湖州国际生态(乡村)旅游节暨首届中国(长兴)民宿文化节在水口乡隆重举行。本次旅游节包括开幕式、文艺演出、民俗文化展演、海峡两岸民宿发展研讨会暨中国乡村度假“湖州模式”高峰论坛四大主题活动，以及第二届长三角“十佳”乡村旅游景区评选、美食评选、主题民宿创意设计大赛等八大系列活动。乡村民宿旅游是以具有乡村性的自然和人文合体为旅游吸引物，依托农村优美景观、自然环境、建筑和文化等资源，在传统农村休闲游和农业休闲游的基础上，拓宽休闲娱乐的新兴旅游方式，水口乡旨在通过此次旅游节进一步打响乡村民宿游品牌，力争以百翠山庄、花间堂精品客栈、开元民宿等一系列特色精品民宿酒店引领提升长兴乃至长三角民宿业品质。活动吸引来自台湾、上海、江苏、山东和省内杭州等地的嘉宾、媒体、游客两万余人的热情参与。

【水夹公路改建工程开工建设】　5月24日，水夹公路改建工程动员大会召开，标志着水夹公路水口段建设工程正式启动。水夹公路是长兴县内一条重要县道，水口段的建设是乡重点实施的基础设施项目之一，路段全长5043米，计划投入6000余万元。年内已投入2500万元完成40%路基和桥梁下部结构，该工程于2015年年底完成，建成通车后将连通杭宁高速、新老104国道、长达公路以及连接夹浦镇、水口乡等乡镇。

【“花间堂”禅茶文化精品民宿项目落户水口】　7月8日，伴随着“花间堂”禅茶文化精品民宿项目的签约，“花间堂”正式落户水口。“花间堂”是全国著名的连锁酒店品牌，诞生于云南丽江，致力于成为中国文化的推手。此次落户水口的“花间堂”定位“禅茶”主题，重点打造文化休闲、健身娱乐，以及文化交流及小型会议等配套设施，建成一个集文化休闲体验和旅游商品展示销售为主的文化休闲旅游项目。水口“花间堂”一期占地2公顷，总投资1.5亿元，年内已完成公司注册、项目规划设计方案，项目一期建设于2015年4月开工。

【徽州庄村农林生活污水治理试点】 9月29日，全市美丽乡村建设推进会暨农村生活污水治理现场交流会督查组一行来到水口乡，考察徽州庄村农村生活污水治理——多种工艺自建终端技术和农村土地综合整治项目推进农房集聚改造工作。徽州庄村是县农村生活污水治理试点村，该村因地制宜采用多种污水治理模式，包括集中式PEZ技术处理模式、无动力强化人工湿地处理技术、集中式WSJH一体化技术处理模式和日本久保田公司净化槽处理工艺等，总投入200余万元。该村作为中国魅力乡村，于2013年开始实施农村土地综合整治项目，规划拆迁安置109户，总复垦面积7.03公顷，新增耕地面积6.7公顷，安置区占用指标2.39公顷。徽州庄村在农村生活污水治理、农村土地综合整治推进美丽宜居示范村建设等方面已初显成效，一个环境优美、配套完善的农民新村即将形成。

【农家乐“优美民宿”、“优美庭院”改造提升工程启动】 为进一步打响乡村旅游知名度与美誉度，提升农家乐的品位与档次，水口乡于3月中旬启动农家乐“优美民宿”“优美庭院”改造提升工程。该改造提升工程围绕“丰产品、兴业态”的发展思路，立足乡村本土文化特色，在全乡范围325家农家乐中挑选16家进行改造提升，景区办通过县旅委邀请上海、杭州等地的8家建筑设计单位对入选改造提升的农家乐进行实地考察和指导。年内已完成竹茶、紫藤阁、芭堤雅、明轩等4家农家乐的改造提升工作。

（张 莹）

表63

2014年度水口乡各村(社区)基本情况

村(社区)名称	面积(平方公里)	户数(户)	户籍人口(人)	集体经济总收入(万元)	人均纯收入(元)	村(社区)支部(党委、总支)书记	村(社区)主任
水口村	11.75	1353	3829	95	20580	柳志珣(9月任总支委员、主持总支工作)	林圭洪(9月任村主任助理，主持行政工作)
后坟村	3.9	740	2316	140	21600	唐国良	余方利
徐旺村	3.08	596	1867	115.6	20741	徐少敏	余永强
龙山村	6.5	307	1055	310.5	20318	林瑞高	林月亮
徽州庄村	13.2	859	2858	133.5	20400	林瑞满	金裕营
金山村	18.6	756	2433	162	20207	蔡国权(7月免) 陈俊峰(7月任)	唐福元
顾渚村	18.52	961	2629	130	20800	祁煜良	张明祥
江排村	8.34	386	1196		2000	施海南	陈新伟
水口居委会	—	340	598				彭桂根

泗 安 镇

【概况】 泗安镇位于浙江省西北部，太湖西南岸，浙、皖两省结合部，全镇辖31个行政村和1个居委会，面积257平方公里，建成区7平方公里，户籍人口6.9万，常住人口8万，是省际承接产业转移示范区的核心地块、县域副中心城市、全国发展改革试点城镇、首批省级中心镇、“环杭州湾2005—2020年优先发展的26个农村小城市”之一，曾先后获得国家级生态镇、中国花木之乡、国家级科普教育基地、省文明镇、省卫生镇、省旅游强镇、省文化强镇、省教育强镇、省森林城镇、省农业特色产业强镇、省十强花卉苗木乡镇等多项荣誉称号。全年，实现地区生产总值达到30.2亿元，比上年增长10.2%；财政收入达到1.92亿元，比上年增长1.59%；全年签约项目18个，其中大好高项目4个，实现县外内资注册资本金5.6亿元，完成合同外资2539万美元，实到外资1590万美元。

经济发展 年内，全镇地区生产总值达到30.2亿元，比上年增长10.2%；财政收入达到1.92亿元，比上年增长1.59%。工业经济方面，规模企业达到35家,规模工业产值达到40.5亿元,比去年增长29.6%,规上工业增加值7.4亿元,增长20%,自营出口7108万美元,增长38%;实到外资1590万美元,合同外资2539万美元,县外内资注册资本金5.6亿元,浙商回归省外到位资金3.3亿元,均超额完成县下达的目标任务。全年引进项目18个,其中投资超15亿项目2个,腾笼换鸟项目7个;实现新开工项目22个,竣工项目14个,新增规上企业8家,新增销售超10亿元企业1家,创建国家级高企2家、市级著名商标2个,申报科技专利325项,完成南太湖精英计划2个,规上企业品牌覆盖率达72%。浙江长兴仁恒科技股份有限公司在香港H股成功上市,浙江荼乾坤食品有限公司在新三板成功挂牌。投入6000余万元对省际平台的绿化、管网和道路进行维修和完善,进一步提升平台的整体形象。深入开展农业发展专项行动,全年完成农业总产值14.9亿元,比上年增长1.5%,农民人均纯收入21230元,比上年增长11%。"农园新景"实验示范带初步建成,农业"两区"、中国长兴花木城二期等重点项目得到顺利推进,香樟残次林改造开始实施,并成功创建全县唯一一个县级示范基地,成功举办2014中国长兴花木大会,开通花木销售微信公众平台,现场交易额再创新高,达到2.4亿元,全年苗木销售额突破15亿元。鲜切花、蔬菜等农业精品园得到全面提升,成功培育省级著名商标1个,创建国家及省级示范合作社各1个,新增特色产业489.3公顷,新增设施农业82公顷。20个村完成集体资产股份合作制改革,同时,积极做好农产品质量安全监管和动植物防疫、森林防火、抗台防汛等工作。旺湖杜鹃园、樱桃园、石榴采摘园、薰衣草风情园等农业观光项目形象不断提升,国际文化交流中心、葡萄酒庄和上泗安古村落漂流等旅游项目得到全面推进。全年完成服务业增加值9.4亿元,比上年增长17%,旅游投入1.2亿元,接待游客100万人次,实现旅游综合收入3.5亿元。

城乡建设　完成《泗安城镇总体规划》的修编、《泗安镇污水专项规划》的编制和城中村安置房布点方案的设计,启动《商贸区控制性引导规划》的编制。全年累计投入2.2亿元,推进长兴县第二人民医院、安置房三期、城镇区道路及绿洲大道延伸段等22个城建基础设施项目的建设;百叶龙电影大世界、台客隆超市、浙北大厦先后进驻;泗安文体中心投入使用,内部的图书馆、展览馆、苏红健身俱乐部等相继投入运营。扎实推进赵村、钱庄等9个农综项目的建设,完成上泗安村和玉泉村的美丽宜居创建工程,完成兴隆等14个中心村的建设任务,完成20个村农村生活污水治理工作;建设农村联网道路12.8公里、桥梁2座;成功创建省级森林村庄1个、市级生态村1个。以精细化管理为目标,加强镇区的日常保洁和道路的日常维护,强化经营秩序、车辆停放秩序的管理,加大城区道路标志、标线、路牌、红绿灯、门头广告及公厕的改造提升和维护管理,同时进一步强化美丽乡村的长效管理,持续开展城市美容师体验日活动。

社会事业　全面推进治水、治气、四边三化、三改一拆、无违建镇创建等工作,超额完成县下达的各项任务,拆除违法建筑4.9万平方米,完成2公里涧滩整治、23.8公里河道清淤和3.4公里垃圾河道整治。新增8家居家养老照料中心,落实最低生活保障658户,938人,累计发放最低生活保障金400余万元;扎实做好人口计生工作,符合率达98%;社会救助、劳动保障、残疾人事业加快发展,完成危旧房改造53户,完成劳动力转移980人,落实劳动力培训697人。建成文化大礼堂2个,完善乡村大舞台15个,成功举办第四届国际山地自行车越野挑战赛、"文化下乡"等一系列文体活动,发放文化惠民券1万张;完成泗安两所中学的教学资源整合和长岗岭幼儿教学点迁建工程;成功创建社区五星级卫生服务站7个。强化矛盾纠纷的排查化解,全年共排摸各类矛盾纠纷236起,化解231起,调处成功率98%,成功化解一批信访积案和苗头性事件,"一中心四站"有序运行,"平安泗安"实现"八连冠"。与此同时,人武、民族宗教、宣传、档案、科普、慈善、老龄、商会等工作有序开展,工、青、妇等群众团体作用发挥明显。

【"农园新景"实验示范带建设提升工程】　泗安镇"农园新景"实验示范带建设主要涉及4个行政村、全长17千米,其中核心区域5千米,主要建设内容为设施鲜切花产业园、柳福蔬菜精品园、泗安现代农业基地及4个美丽乡村创建,现有产业面积199.3公顷,规划新发展产业77.5公顷(规划期限为2014年—2016年)。目前已经产业发展67.5公顷,剩下8公顷鲜切花和2公顷绿化苗木按规划在2015年完成。全面推进三个园区建设,其中,鲜切花精品园已基本完成150米主干路硬化、886米支路硬化、跨河机耕桥1座、520米U70水渠及过路涵洞沉井等全部工程;柳福蔬菜精品园已基本完成220米主路加宽改建、563米支路硬化、路面底层处理涵管埋设及600立方鱼塘垫方等全部工程;现代农业观光园已完成1318米的二条支路浇筑和1736米的主干路改建等全部工程。另外,鲜切花精品园服务中心管理房和3个园区的入口标志牌已完成招投标,3个标志牌已开始基础施工。4个美丽乡村的创建已完成道路硬化3.6公里;1400户的生态污水处理工程;集中式休闲公园4个;黄巢村社区综合服务中心改造;村标安装12个;目前正在实施绿化、亮化及环境清理等扫尾工程。

【美丽乡村创建工作】　年内,泗安镇黄巢、仙山、钱庄和东村四个村完成美丽乡村创建,截至2014年年底,泗安镇共完成20个美丽乡村创建。

【农村土地综合整治项目】 在2013年9个农综项目圆满完成的基础上，2014年泗安镇共有赵村、钱庄、五丰、长丰、二界岭等5个在建项目，涉及拆旧674户，建新674户，复垦面积63.12公顷，2014年共完拆旧213户，建新470户。

【美丽宜居工程】 年内，泗安镇美丽宜居工程共立项6个，其中玉泉村、上泗安村完成创建，上泗安村被确定为全国美丽宜居示范村。长中村、庆丰村已经完成规划，2015年完成创建。仙山村、毛家村于年底完成上报工作。

【文体活动中心投入使用】 10月18日，泗安镇文体活动中心正式开馆。该中心投入约1个亿，占地3.1公顷，总建筑面积约16000平方米，内设图书馆、文化活动区、多功能厅、非遗展示厅、电子阅览室、戏曲排练室、舞蹈排练室，另有苏红健身俱乐部泗安分部、成校等多项功能。

【举办2014中国(长兴)花木大会】 作为浙江省三大花木盛会之一的中国(长兴)花木大会在泗安已经连续举办多年。10月18日，第五届中国(长兴)花木大会在泗安拉开序幕，主会场是中国长兴花木城，花木城投资近1亿元，规划总面积21.6公顷，一期建成面积约8.7公顷，设有170个室内展位、12个大苗交易木屋、88个小苗交易摊位，50个临时交易摊位，是浙北地区最大的花木市场。花木大会以“长兴花木·美化中国”为主题，邀请百名花木经纪人、百家特色苗圃负责人、百家园林公司负责人和知名花木专家参加。大会期间，领导、专家、学者以及行业领军人物，实地参观泗安镇花木基地，开展花木电商论坛、苗木之乡的全方位考察活动、花木大讲堂上的一场场学术报告，成为花木产业新一轮发展的风向标。

【举办2014国际山地自行车越野挑战赛】 3月16日，“益南杯”中国长兴(泗安)第五届国际山地自行车越野挑战赛在泗安镇二界岭休闲旅游区举行。比赛路线为：艳阳果圣山庄—泗安林场—大木桥—邱家村林场—竹丝岕—泗安林场—艳阳果圣山庄，全程总长27公里，每单圈里程为9公里(男子3圈，女子1圈)，来自国内外的35支自行车队的162名自行车运动爱好者参加。赛后，来自闪电中国车队的胡浩和朝阳轮胎的王学丽分别获得男子个人组、女子个人组冠军。苏州起跑线车队、朝阳轮胎车队和中国先锋福玛特车队获得团体前三名。

【举办2014中国·长兴泗安首届薰衣草风情旅游节】 5月28日，“花开泗安”2014中国·长兴泗安首届薰衣草风情旅游节开幕式在薰衣草风情园隆重举行。本届薰衣草旅游节设置DIY手工制作、婚纱拍拍乐、亲子绘画、春田花花联谊会等多个活动板块，吸引众多游客参与。

【举办2014长兴·泗安第七届樱桃节】 4月21至5月5日，以“樱桃红了·心飞了”为主题的2014长兴·泗安第七届樱桃节在泗安镇毛家村举行。本届樱桃节由泗安镇人民政府主办，泗安镇毛家村樱桃合作社承办，开展樱桃文艺演出、最佳樱桃评选等多项活动，所有活动都具参与性、娱乐性和趣味性，吸引大批市民前往采摘樱桃，领略泗安美丽风光。毛家村共有樱桃种植户200多名，育有樱桃133余公顷，丰收年每公顷效益可达12万～15万元，全村樱桃收入在400万～500万元。

(王　芬)

表64

2014年度泗安镇各村(社区)基本情况

村(社区)名	面积(平方公里)	户数(户)	户籍人口(人)	经济总收入(万元)	人均纯收入(元)	村(社区)总支(党委、支部)书记	村委(社区)主任
皂山村	3.6	549	1920	69	22475	黄先平	项德友
白莲村	5.2	958	2850	659	19500	曾永长	曾永长
三里亭	9.75	906	3062	104	21200	刘以勤	杨小祥
凤凰村	0.76	461	1533	271	23000	张天忠	李松平
五里渡	5.2	860	2729	117	21000	谈冬年	伍建平
赵村村	7	470	1586	61	15298	张小琴	刘元斌
钱庄村	5.94	423	1500	79	18000	王建新	熊长义
双联村	2	517	1691	58	21200	钱华银	陆忠平
仙山村	4.86	606	1912	92	22691	程国顺	刘家俊
上泗安	1.74	475	1708	92	22733	毛忠旗	何文忠
新丰村	6.5	557	1821	131	18000	易跃水	翁学林

续表64

村(社区)名	面积（平方公里）	户数（户）	户籍人口（人）	经济总收入（万元）	人均纯收入（元）	村(社区)总支（党委、支部)书记	村委(社区)主任
庆丰村	12.8	606	2063	133	13227	李　平	艾顺富
五丰村	13.9	517	1810	267	20000	肖传贵	蔡明春
长丰村	15.6	752	2621	128	20966	况国富	张连松
管埭村	5.2	845	2863	118	22689	王玉华	刘世华
禧址村	5.73	712	2386	94	21000	金小春	陈金安
黄巢村	1.98	630	2131	61	16800	陈洪亮	李长忠
塔上村	5.7	632	2222	99	14000	唐光福	张新义
杨湾村	7.12	618	2248	55	25055	高凤有	蔡良仁
玉泉村	6.5	680	2157	137	17725	刘国荣	胡宗富
兴隆村	2.76	410	1489	162	22692	林文喜	梁奕共
师姑岗	5.24	468	1520	66	2	刘爱琴	毕元南
长中村	16.5	545	1852	63	21580	俞培法	苏继民
长潮村	4.3	463	1529	73	18473	胡秋平	胡国华
东村村	8.1	557	1833	109	17000	李安心	童绍卫
初康村	9.2	718	2568	99	16824	董少奎	林开义
太平村	6.2	558	2177	42	22747	许炳元	赖登清
罗家地	9	701	2450	104	22813	徐明清	张年李
二界岭	8.1	568	1868	105	19200	彭光龙	桂行旺
云峰村	18.5	658	2382	97	18157	蔡永安	唐火云
毛家村	10.5	598	1948	88	15500	魏发顺	翁时勇
柴湾社区	1.2	2365	5437	—	26000	王建忠	王建忠

林城镇

【概况】 林城镇地处长兴县西南，距县城12公里，行政区域面积128平方公里，耕地面积6561.64公顷，林地面积5744.8公顷。辖20个行政村，1个居委会。年末，全镇总户数19265户，户籍人口55383人，其中非农人口1574人，常住人口55363人，另有外来暂住人口1599人。林城镇素有“中国民间艺术之乡”“浙江省电炉之乡”“浙江省青梅之乡”之美誉。先后获得“全国生态优美乡镇”“全国千强镇”“浙江省教育强镇”“浙江省东海文化明珠镇”“浙江省卫生镇”等称号。林城镇文化底蕴深厚，有东晋太傅谢安之墓、唐代古刹大云寺、空隐教寺等历史遗迹，有林城狮舞、少林南拳，更有国家级首批非物质文化遗产名录的民间艺术——百叶龙，荣获2000年全国第十届“群星奖”广场舞大赛金奖，五赴京城，二进中南海，邦交法国、新西兰等国家，为中国民间艺术走向世界争得荣誉。

林城镇落实县委、县政府和镇党委的各项决策部署，聚焦“522工程”，全力稳增长、调结构、促转型、惠民生，经济社会实现平稳健康发展。全镇完成经济总量12.5亿元，比上年增长10%；完成规模以上工业产值9.36亿元，比上年增长31.24%；完成规模以上工业增加值1.5亿元，比上年增长13.1%；实现财政收入12792万元，其中，地税5834万元，国税6958万元；农民人均纯收入达到21268元，比上年增长10%。

工业经济发展　实施招商引资“123”行动，项目引进推进实现重大突破，年内引进各类项目14个，其中市级“大好高”项目5个，总投资达18亿元。完成合同外资2200万美元，实到外资800万美元，县外内资2.55亿元，分别完成目标任务的137.5%、100%、196.2%；浙商回归资金29646万元，完成目标任务的296.5%。推进帝亚制冷、铭锐金属、小仓离合机等15个重点项目建设，其中9个项目已投产。完成工业性投入7.22亿元，比上年增长35.25%；其中技改投入4.86亿元，比上年增长45.64%。示范区承载力稳步提升，完成基础设施投资10320万元，新增入园项目4个。工业炉转型取得阶段性成效，成功举办中国热处理行业“十三五”发展论坛，工业炉企业由128家重组为36家，年内实现应税销售收入29657万元，比上年增长28.9%。喷水织机整治全面完成，耐火行业整治有序推进。扎实开展“五百行动”“四换三名”等工作，新增规模以上工业企业7家。

农业农村发展　农业招商引资取得新突破，成功引进一龙科技、七彩农林、布鲁克家庭农场3个市级大好高项目。以“农园新景”实验示范带建设为依托，建设桥南葡萄精品园和泥斗苗木产业园；以农业“两区”为重点，加快桥南粮食生产功能区、北汤现代综合园区、上狮蓝莓基地、畎桥布鲁克家庭农场四大园区建设和提升。完成土地流转208.53公顷，改造提升农业七大产业163.13公顷，新增设施农业49公顷。成功举办第九届梅花节和首届蓝莓节。完成天平桥、塘南、泥斗、阳光4个美丽乡村创建，落实7个已创建村的长效管理工作；有序推进连心中心村建设和农村土地综合整治项目，加大农房改建力度。启动实施“三权”确权赋权工作，村级集体资产股份合作制改革全面完成，农村宅基地用益物权和农村土地流转经营权确权、登记、发证工作有序开展。同时，统筹推进农村住房确权登记工作。新星、天平桥、上狮、永丰、午山岗5个村成功申报集体经济以奖代补项目。

小城镇建设　扎实推进示范区平台建设，累计投入10320万元，完成林天路、林畎路及雨污水管网、绿化、亮化工程建设，同时全面完成征拆后续工作，示范区品质不断提升。投入1560万完成新林大道改造提升工程，完成百叶龙公园、昆中西路、瑞虹路改造，百叶龙公园投入使用。房地产市场有序发展，商贸新城建设加快推进，二期商铺营业率达到90%以上。商贸配套设施建设日益完善，新农贸市场完成建设，市场摊位约1500平方米。合作银行顺利搬迁，村镇银行开张营业。新增服务业法人企业30家，新增规模以上服务业企业5家。

社会事业建设　年内，完成农民体检7219人次，合作医疗参保31173人次，新建午山岗、向阳、姚洪斗、塘南、桥南5家社区卫生服务站，成功创建市级卫生强镇。新建阳光、上狮、方山窑、北汤、塘南、向阳、新华7个居家养老服务照料中心。救助困难群众130人次，发放低保金302.72万元，改造困难群众危旧房33户，成立林城镇红十字会。完成各类技能培训488人。完成镇残联换届工作。食品安全承诺书签订率100%。单独两孩政策得到落实，计生符合率97.46%。上狮、北汤分别开展全国文明村和省文明村创建活动，新华成功创建市级文化示范村。完成上狮、北汤、太傅、天平桥4个文化礼堂建设。开展“最美林城人”评选、幸福大舞台周周演、全民读书日等活动。林城中心小学成功创建傲梅乡村少年宫，太傅教学点朱勤建老师荣获“中国名师联盟·希望工程园丁奖”，女企业家苏卫琴被全国妇联授予“全国三八红旗手”称号。“平安四率”宣传全力开展，“网格化管理，组团式服务”进一步深化，平安林城有望实现“九连冠”，社会治理示范点建设全面启动，创建市级民主法治村4个，社会持续和谐稳定。群众诉求表达机制健全，开通“全国信访信息系统”，圆满完成重点信访对象稳控。全年群众来信来访受理办结率、矛盾纠纷排查化解率均达98%以上。调解劳资纠纷34件，涉及金额600多万元；深入开展安全生产隐患排查工作，完成26家企业安全生产标准化创建工作。

环境综合整治　深入推进“五水共治”专项行动，完成“清三河”治理和28公里河道清淤，完成池塘清淤2.1万平方米，完成塘南、泥斗、天平桥、阳光、新星5个村农村生活污水治理，新建污水管网3.63公里。全力开展“三改一拆”“四边三化”工作，完成城中村改造7000平方米，旧厂房改造4000平方米，拆违37700平方米；完成河道绿化6.4公里，林相改造33.33公顷，造林93.33公顷。按照“十有十无”标准，落实美丽乡村长效管理机制。大气污染防治攻坚行动和节能减排工作得到落实，秸秆禁烧和综合利用率达到90%以上。“无违建镇”“无违建村”创建工作扎实开展。

党的建设　严格执行八项规定，党群干群关系在转作风和提能力中不断增进；累计走访群众16323户，征求意见建议357条；“三思三观”等主题教育活动深入开展，批评和自我批评优良传统有效发扬，“四风”问题得到有力整治。加大投入，深入推进“四点一带”党建示范带建设，党群创业互助和集体经济“造血式”增收工作取得成效，完成后进薄弱村整改，党员进出口工作形成常态化机制。班子成员率先垂范，主动领衔“五水共治”“三集中五攻坚”、工业炉产业转型升级等项目。推行村主职干部参照镇干部管理模式，创新实施村工作每季度前五、后五排名通报制度，促使村干部“懂规矩、知套路、会干事”，形成你追我赶的良好氛围。强化党建责任制，严格落实领导干部“一岗双责”、重大事项申报和问责等制度。严格执行村级财务会审会签等制度，规范招投标管理。坚决查办党员违纪违法案件，确保党员队伍的纯洁性。此外，支持人大、政协依法开展工作，统战、群团、人武、双拥、老干部等工作进一步加强。严把党员进出口渠道，新发展党员30名。

【举办2014中国·长兴林城第九届梅花节】 2月20日，以“红梅花儿开”为主题的2014中国·长兴林城第九届梅花节在林城镇周吴岕村红梅基地拉开帷幕。开幕式由林城镇镇长曹佩中同志主持，县委副书记夏威、市旅游局副局长沈国峰、副县长楼秋红等领导莅临现场并做讲话。县内相关企业、合作社负责人参加开幕式。作为全国最大的梅花种植基地，林城栽种梅花近百万株，是赏梅的胜地。近年来，林城镇通过“以花为媒”，坚持以群众文化活动为载体，将民众开春踏青赏梅的风俗与农事节庆有机结合起来，大力推介林城镇的生态休闲旅游产业，拓展发展空间，切实提高林城镇乃至长兴县在长三角地区的知名度。随着梅花这张“金名片”的逐步打响，梅花节也成为长兴发展休闲旅游经济的载体和经贸交流合作的平台。长兴是全国重要的梅花基地和中国青梅之乡，而长兴梅花属林城最多，拥有以红梅为主的梅花基地6个，是游人踏雪寻梅、访春游玩的最佳目的地，“红梅苑”“香雪海”“梅花坞”等观赏基地的壮观景色打动着每一位到此赏玩的游客的心。

【开展工业炉产业转型升级】 林城镇工业炉产业从萌芽起步阶段到如今快速发展已经历40年的历程，是林城镇工业经济发展的支柱产业，林城镇也成为具有特色的电炉之乡。近几年来，林城镇工业炉遇到发展的瓶颈，工业炉企业数量多，规模小；工业炉产品多，拳头产品少；工业炉制品牌效益低，造定位低，标准低；整体自主研发力不足，含金量少等等问题开始制约林城镇工业炉产业的发展。年内，林城镇在县委、县政府的领导下，按照“四个一批”的要求，全力开展工业炉产业转型升级工作。成立工业炉产业转型升级领导小组，出台专项鼓励政策，积极鼓励企业做大做强。3月13日全县工业炉产业转型升级开展以来，工业炉行业市场秩序有效整治，企业家思想观念明显转变，企业管理得到提升，企业效益有一定显现。全镇工业炉企业由125家缩减至36家。1—12月，林城工业炉企业应税销售收入29657万元，比上年增长28.9%；完成财政税收2091万元，比上年增长15.73%。11家企业申报专利60件（由巨宏、尚鼎、永成、天盛、兴盛、正达、宇辰、明鑫、鼎峰、中顺、宇清炉料申报），新申请商标2件（鼎峰、鑫锋），工业炉协会正在申报集体商标——林城电炉。

【百叶龙公园建成使用】 为了进一步提升精致小城镇建设品味，美化和调节城市小环境、改善城市空气质量、维系城市生态平衡，同时，以“五水共治”为契机，经过前期调研，林城镇在大云寺村枪梗建设一座精致小公园，取名为“百叶龙公园”。林城镇百叶龙公园总占地面积约2500平方米，总投资约100万元，主要包括河道清淤及两侧绿化美化，公园内乔木、草坪、灌木、草花等植物栽种和园内园路、广场铺装等施工内容。项目于5月22日开始正式进场施工，计划集中一星期攻坚，在建设单位、施工单位及其他相关部门单位的大力配合，以及周边群众的大力支持下，项目于5月30日竣工完成。百叶龙公园所在位置原名为枪梗，位于林城镇新区中心地带，项目的建成将为林城镇区周边群众提供集休息、游览、锻炼、交往以及举办各种集体文化活动为一体的公共场所，丰富群众的精神生活。同时，以百叶龙公园为依托，逐步地提高市民保护环境，美化环境的意识，提升城市文明水平和社会文明程度。

【举办首届蓝莓节】 6月1日，林城镇在上狮村蓝莓基地举办首届蓝莓节。此次蓝莓节以“‘蓝’天之下，‘莓’力由我”为主题，通过畅游蓝莓基地、采摘蓝莓鲜果等一系列活动，共吸引游客、文化艺术界人士、新闻媒体记者等800余人。通过“以莓会友”，有力地推动林城采摘旅游新品牌的培育和发展。上狮村蓝莓基地位于林城镇上狮村上阳自然村康庄道路西侧，占地规划总面积33.33公顷。基地由林城镇上狮村绿健蓝莓专业合作社经营管理，计划总投资700万元。基地主要经营奥尼尔、布鲁吉他、蜜斯黛等精选品种。

（雷　婷）

表65

2014年林城镇各村（社区）基本情况

村（社区）名	面积（平方公里）	户数（户）	户籍人口（人）	经济总收入（万元）	人均纯收入（元）	村（社区）支部（党委、总支）书记	村（社区）委主任
向阳	6.1959	1022	3012	68.6653	22346	何炜林	沈月新
桥南	6.5497	1344	3773	131.4816	22500	包爱平	何菊方
方山窑	5.3283	814	2264	96.3831	22249	贺洪山	吴伟忠
姚洪斗	4.1915	970	2679	80.2972	22547	杨光华	沈乐平
永丰	3.6972	625	1825	77.848	23360	邹月红	厉天良
北汤	4.5855	777	2306	195.868	23369	汪海浪	黄双喜
上狮	4.2877	619	1887	124.5451	23470	陈永新	施建华

续表65

村(社区)名	面积(平方公里)	户数(户)	户籍人口(人)	经济总收入(万元)	人均纯收入(元)	村(社区)支部(党委、总支)书记	村(社区)委主任
连心	7.7406	912	2793	85.3189	22287	李如伦	林佳祥
周吴介	16.4734	699	1960	60.8933	22168	吴卫平	李满昌
午山岗	5.9986	834	2474	87.3897	22337	施银成	鲁贤龙
石英	9.9399	1187	3544	185.3982	22814	严卫虎	卢长寿
天平桥	3.7035	794	2163	74.7779	22228	周北京	黎伯连
塘南	4.9103	945	2625	55.5347	22216	吴木根	唐锦红
太傅	7.6131	1003	2896	113.38	22223	卢长选	黄朝忠
阳光	6.5382	807	2595	94.1703	22765	陈先进	谢炳琴
大云寺	8.8278	1779	5041	126.7184	22788	朱柏红	陆新凤
畎桥	7.4294	1062	3225	82.4062	23360	熊万祥	王德志
新华	5.0659	884	2589	109.1216	22232	陈菊林	余明耀
泥斗	4.3696	882	2478	64.5715	22289	朱文有	张体军
新星	3.6013	559	1811	97.813	22610	陈隆财	汪书顺
百叶龙社区居委会	—	747	1443	—	—	朱建芳	—

和平镇

【概况】 和平镇东与湖州接壤，西与安吉毗邻，是湖州市11个中心镇之一，也是组团长兴南部经济发展的中心。和平镇历经三次行政区划调整，由原来的和平、便民桥、长城、吴山四个乡镇合并而成，区域面积180.4平方公里，其中建成区6.8平方公里。辖30个行政村、1个社区，人口5.36万人。年内，和平镇紧紧围绕建设“城南重镇、秀美新城”总体目标，全镇上下齐心协力、开拓创新、攻坚克难、力求实效，扎实推进开展招商引资、项目推进、生态建设，城镇发展等各项工作，为促进全镇经济社会实现新的跨越发展奠定坚实的基础。年内荣获省级基层人防规范化建设单位、浙江省等级乡镇卫生院、浙江省武装工作先进单位、湖州市基层农技推广先进集体、湖州市指导人民调解工作先进集体、湖州市平安建设工作优秀乡镇。

镇域经济稳步发展　全镇实现地区生产总值28.94亿元，比上年增长2.12%；财政收入3.84亿元，比上年增长14.61%；实现固定资产投资16.8亿元；实现农民人均收入21903元，比上年增长10.3%。工业经济。坚持大招商、招大商，全年引进项目9个，其中市级大好高项目2个，完成县外内资注册资金3.28亿元，合同外资2533万美元，实到外资1550万美元。全面推进在建项目17个，其中新开工项目10个，完成竣工投产项目12个；实现“低转高”企业8家，“下转上”3家，“机器换人”企业9家。全年完成工业性投入11.77亿元，规模工业总产值160.64亿元，完成自营出口6135万美元。新认定国家高新技术企业1家，培育国家高新技术企业3家，新增省级科技型企业8家，完成省重大重点项目3项，省级新产品研发30项。成功申报“南太湖精英计划”创业项目A类1个。农业经济。扎实推进农业两区建设，落实上级农业发展补助资金2100余万元，其中镇配套300余万元，完成省市县各类项目5个，新发展特色产业396.9公顷，其中设施农业160.3公顷。坚持执政为民，立足防大灾抗大汛，大力加强农业水利基础设施建设，投入各类建设资金3500万元，完成年初确定的84项堤防、涵闸、排灌站和山塘水库除险加固等水利建设任务。农业龙头示范和品牌建设不断深化，完成县级农业龙头企业2家、县级以上示范合作组织3个，许长农业专业合作社成功获评国家级示范性农业专业合作社。新增无公害、绿色、有机三品项目申报认证16个，许长蔬菜、神塘甲鱼被评为省级名牌产品。现代服务业。全年实现服务业增加值8.85亿元，比上年增长9.6%，新增服务业企业53家、服务业个体14家、限额以上单位1家。总投资1.6亿元的和平广场完成主体工程建设,总投资5亿元的城市综合体启动建设,总投资10亿元的现代医药城项目完成前期报批,总投资2.3亿元的现代物流项目杰运物流顺利推进。企业外包加工、电子商务等新兴服务业稳健起步。乡村旅游持续升温,桃花节、采桃节、蜜梨节等农事节庆旅游活动影响力逐步提升,城山沟景区龙头作用日益增强,成功创建全国休闲农村和乡村旅游示范点,城山村被命名为"省农家乐特色村"。全镇全年接待游客55.7万人次,旅游业收入突破6000万元。

镇村建设有序推进 突出省级中心镇地位,坚持统筹发展理念,有序推进集镇发展和农村建设,城乡面貌逐步改善。城镇发展。突出规划引领,编制完成和平镇控制性详细规划及城镇污水、城镇防洪等专项规划。实施浙矿重工、永发汽修、迅达纺织等企业退二进三工程,盘活存量土地4.9公顷。永和苑商住小区完成房屋结顶,鑫和花苑七期已经竣工,蓝领天能公寓一期完成装修。总投资6000万的长兴县第三人民医院完成主体工程建设并进入装修。总投资6000万元的和平水厂三期工程和总投资2800万元的和美污水处理厂完成主体工程进入调试运行,乐泉水厂和吴盛污水处理厂分别投入资金2300万元和300万元,完成扩建、提升改造工程。实施城区防洪排涝工程,逐步解决低洼路段雨水排涝问题。强化措施,落实长效,重点对违章建筑、占道经营、镇容卫生等问题进行整治,城市管理水平有效加强。农村建设。结合西苕溪清水入湖工程,加快推进吴山、王村和独山3个新村共计170户农户的安置点建设。长岗、毛家店农综及开发造地项目顺利通过省市验收。农村建房管理进一步规范,全年安排农民建房280户。农村土地确权工作全面实施,截至目前,颁发土地证9000余份,房产证6000余份。年内政府民生实事中农村交通设施建设工程,由于县交通局计划调整,实际投入资金1372万元,较年初计划增长44.4%,完成7座低等级桥梁改造、5.49公里的6条农村联网公路建设和18.6公里的9条道路大中修。昌硕线、甘泉线、窑武线55座高压塔基完成政策处理。

生态建设持续深化 立足大创建,加大创建经费投入,扎实开展"美丽乡村"、水面长效保洁等各项创建工作,在抓好13个美丽乡村长效管理的基础上,完成东山、南淙和周坞山3个新美丽乡村创建。制订实施水环境治理三年行动计划,强势推进"五水共治"专项行动十大工程,完成33条河道87.9公里的河道清淤,治理坡地修复113.3公顷;编制镇域农村生活污水治理总体规划,完成庄里、东山、南淙、周坞山4个村农村生活污水治理工程,新建污水管网2.9公里。投资192万完成吴村、长岗、马家边等8个村改水工作,受益农户2686户。强势推进"三改一拆",严格执法巡查,全年完成城中村改造5275平方米,旧厂区改造2.28万平方米,拆除违章建筑3.82万平方米,各项任务均超额完成县下达指标,被评为市级先进集体。大气污染防治重点工程全面实施,攀江冶金耐火企业转型升级有序推进,天能动力、大川新材料两家企业锅炉窑炉除尘脱硫设施通过验收,节能减排工作得到全面实施。完成丰源公司23万平方米矿地利用治理任务,鑫龙矿、永诚矿、军民矿等5家矿山到期关闭。鑫江矿、陈家山矿复绿完成,长桥山矿地利用继续推进。秸秆综合利用与禁烧工作深入开展,秸秆综合利用率达90%以上。

民生福祉明显改善 全年组织各类技能培训885人次,提供就业岗位1800余个;建立预防劳动争议协会24家,调解结案劳动争议案件86起,涉及690余人701.1万元。和平中心农贸市场创建省级放心农贸市场,小溪口综合市场启动规划。新福利中心和吴山村、横山村、城山村等9个居家养老服务照料中心投入使用,完成20户危旧房改造,慈善工作站实现全覆盖。投入资金800余万元,完成和平中学等6所学校相关硬件设施提升以及长岗、琛碛两个幼儿分园建设。卫生事业加快发展,和平卫生院创建省级甲等卫生院,6家社区卫生服务站完成标准化建设,年内获评市级卫生强镇。文化惠民工程稳步推进,横山村省级健身休闲公园和长城村市级健身广场完成建设,新创建毛家店、南淙等文化礼堂7个。首届山地速降国际邀请赛顺利举办,受到央视、新华社等主流媒体高度关注;登山大赛等十大群众性文体活动蓬勃开展,惠及群众6万人次以上。人口计生工作持续加强,村级计生协会完成换届工作,计划生育符合率达到98.85%。平安创建持续深入,"六五"普法深入开展,新居民事务更加规范,法律援助、安置帮教与社区矫正工作稳步推进。反邪打传及禁毒等各项集中行动严密推进,无毒社区创建工作得到落实,全镇92名吸毒人员、12名社区戒毒康复员全部建立帮教。全镇安全生产形势稳定,不稳定因素和矛盾纠纷得到有效化解,各类矛盾纠纷调处成功率达100%,人民群众满意率保持95%以上,镇司法所获评全市指导人民调解工作先进集体。

党政建设不断优化 坚持党要管党、从严治党,抓班子带队伍、抓基层强基础、抓作风见实效。党的群众路线教育实践活动圆满完成,"四风"问题得到有效整治,推行《民情日记工作制度》《谈心谈话制度》《中小微企业联系帮扶制度》等长效机制。村干部"五项承诺"有效推行,基层党组织"堡垒指数"考评和农村党员"闪光言行"考评工作进一步强化,8个后进薄弱党组织实现整转进位。全面落实党风廉政建设责任制,加大土地出让金、政府投资项目、政府预算执行、政府性债务等的审计、监察力度，严肃查处各类违法违纪案件。严格执行"八项规定"、"六个严禁"和"六个一律不准"等各项纪律规定，村级重大事项"五议两公开"民主决策制度得到落实。修订完善公务接待、财务管理、公务用车管理等工作制度，全年"三公"经费下降30%。健全民主决策机制，自觉接受镇人大监督和社会舆论监督，全年共受理办结人大议案建议17件。开展清理规范村级事务活动，减少各类标牌62块，精简工作任务14项。12345政府阳光热线受理群众咨询投诉536起，办结率100%。

【成立"新居民人民调解委员会"】 以和平司法所、新居民事务所为平台，11月成立长兴县首个"新居民人民调解委员会"。调委会在全镇新居民特别是新能源行业新居民中，通过自上而下推荐、自荐及多方比较等程序，共选出来自安徽、贵州、四川、河南、云南5个省份的6名新居民作为首批调委会调解员组成调解员队伍，接待、受理、调解涉及劳资纠纷、交通事故、人身损害、合同纠纷等新居民矛盾纠纷。深入企业、村、社区，排查矛盾纠纷，牵头组织新居民调解员进行调处。调委会调解范围覆盖31个行政村，2个社区，43家企业。

【安倍儿大型城市综合体落户和平】 长兴安培尔实业有限公司计划选址和平镇新港村中翔大道以南，该项目总投资10亿元，总占地面积11.4公顷，是一个集商贸仓储物流区、休闲娱乐服务区、生活服务区为一体的城市综合体。商贸仓储物流区主要由展会中心、写字楼、商业建筑等组成；休闲娱乐服务区主要是一栋十二层的产权式酒店；生活服务区主要由沿街商业建筑、配套设施及底商商业网点建筑等组成，整体项目分两期建设，2014年年底前将启动建设一期项目。该项目建成后，计划将吸引行业企业百余家，计划实现年利润9000多万元。而这样的商贸类大项目在和平还比较少，因此，该项目的落地和发展，对推动和平镇域经济增长有着积极的作用。

【新社会福利中心建成使用】 新的和平镇社会福利中心于3月建成使用，占地0.7公顷，建筑面积8000平方米，有230个床位，总投资1000多万元，中心设置集中供养服务区，重度残疾人托养服务区和社会托养服务区，有工作人员11人。中心内厨房、餐厅、医疗室、浴室、洗衣房、活动室、阅览室、锅炉房等设施齐全，为老人们提供集住所、餐饮、医疗、洗浴、休闲一起的良好的颐养天年的场所。

【中国长兴首届山地速降国际邀请赛圆满举行】 2014中国长兴首届山地速降国际邀请赛于10月5日在和平镇城山沟举行，78名选手分为精英组和大众组，最终中国台北捷安特车队的选手江胜山以2分50秒的成绩夺得精英组冠军，来自中国台北teamdirtybike车队的庄承翰获得大众组冠军。本次比赛邀请到中央电视台、新华社新华网、搜狐网、中国旅游报、浙江卫视、浙江新闻网、新华社浙江频道、浙江在线等省级以上媒体，在宣传报道精彩赛事的同时，展现出长兴县体育、文化、旅游有机结合的活力和以"精品农家乐、休闲农业观光园和户外体育运动主题活动"三位一体文体休闲旅游发展模式的魅力，展示"锦绣长兴、美丽和平"崭新形象，提升"锦绣长兴、美丽和平"知名度和美誉度。

（胡　蓉）

表66　**2014年和平镇各村（社区）基本情况**

村（社区）名称	面积（平方公里）	户数（户）	户籍人口（人）	经济总收入（万元）	村（社区）支部（党委、总支）书记	村（社区）主任
琛碛村	17.40	420	1346	41.8	金荣昌	钱伯明
回车岭村	8.50	565	1865	58.82	曾善烽	周上良
城山村	9.60	592	1945	63.27	尚亿民	黄庆华
长城村	5.70	820	2731	72.2	徐伟良	莫根权
石泉村	4.80	598	2049	84.46	潘明政	褚法清
庄里村	4.80	720	2495	63.03	张发庆	黄继龙
便民桥村	3.20	521	1700	43.84	莫子梅	沈玉平
横山村	4.10	539	1761	48.18	庄湖明	周建民
东山村	9.40	821	2571	103.94	毛永发	尚代传
新港村	6.80	1004	2460	121.17	林炳文（5月免）孙建强（5月任）	王兴友
周坞山村	9.80	512	1578	30.72	朱文化	周金泉

续表66

村(社区)名称	面积(平方公里)	户数(户)	户籍人口(人)	经济总收入(万元)	村(社区)支部(党委、总支)书记	村(社区)主任
方家庄村	6.50	189	603	15.51	陈绍华	顾国华
滩龙桥村	12.20	215	846	45.18	马新农	应建勇
施家村	23.10	510	1795	36.47	施明山	金世华
狄家斗村	2.60	487	1625	22.27	郑山鑫	钱建良
和平村	12.60	611	3117	200.51	朱永良	许勤如
独山村	2.80	426	1388	56.74	邱海棠	罗荣志
小溪口村	3.10	586	2021	60.76	袁有根	刘国平
吴山村	4.30	692	2334	162.19	罗敬富	刘长云
王村村	2.30	397	1325	68.14	王利忠	张振均
红山村	5.80	555	1763	155.34	赵有才	李友根
南淙村	4.50	602	2074	105.23	何天堂	韦长民
沙埠村	4.20	249	862	149.92	苏　云	许晓萍
韦山村	4.20	377	1208	145.85	陈峻强(5月免) 钱志斌(5月任副书记主持工作)	刘和平
横涧村	6.10	375	1141	163.18	李金银	郭顺成
三矿村	4.80	206	697	88.96	徐忠友	魏卫国
长岗村	6	478	1700	113.21	王大树	池昌成
吴村村	9.2	498	1774	27.9	贺发荣	周培章
毛家店村	3.7	445	1537	21.25	徐建国	徐荣金
马家边村	5.5	414	1348	48.98	张凤强(7月免)郎镜良(7月任)	郭新毛

虹星桥镇

【概况】 虹星桥镇区域面积70.86平方千米，其中中心城区16平方千米。耕地面积4901.3公顷，其中水田面积4624.8公顷。辖17个行政村和1个居委会。年末，全镇总户数12340户，户籍人口37745人，常住人口36740人，外来人口530万人。虹星桥镇紧紧围绕“加快建设长兴城南‘水秀村美，镇强民富，宜居宜业’的生态卫星镇”的目标，着力做好工业平台抓推进，“农园新景”抓示范，集镇改造抓提升，新农村建设抓长效，突出招商引资、项目推进、转型升级、管理服务、队伍建设等重点工作，为虹星桥镇经济社会发展再上新台阶奠定更加坚实的基础。全年实现地区生产总值72.74亿元，比上年增长14.37%，其中，工业68.05亿元，比上年增长15.03%；农业4.69亿元，比上年增13.71%；全年完成财政收入13200万元，比上年增长19.85%，其中地方财政收入4373万元，比上年增长14.08%；固定资产投资75000万元，比上年增长27.37%，其中工业性投入完成56700万元，比上年增长34.8%；工业产值完成68.05亿元，比上年增长15.03%，其中规上工业产值36.29亿元，比上年增长20.3%；注册县外内资26000万元，合同外资1600万美元，实到外资810万美元；服务业增加值完成45800万元，比上年增长8.7%；完成自营出口19380万美元。农民人均纯收入21298元，比上年增长11.1%。获得国家级标准化气象灾害防御乡镇、省级基层科普行动计划先进单位、市级卫生强镇、市级文明乡镇、市级平安乡镇、县级工业综合考核先进乡镇、工业有效投入先进乡镇、“百亿强镇建设”试点先进乡镇、节能降耗先进乡镇、淘汰落后“腾笼换鸟”工作先进乡镇、“小升规”企业先进乡镇及科技目标责任制考核优胜单位等各类荣誉18项。有关线上获得省、市、县各级荣誉多项。

集镇建设　全年城建基础设施投入9000万元，以城南花都房产、新综合市场、家纺创业大厦及市民广场为重点的集镇项目正在加快建设，集镇整体形象带动明显，其中总投资1亿元的综合市场主体工程开工建设；总投资8000万元的家纺大厦完成土地招拍挂；市民广场改造提升工程基本完工；绿洲城南花都房地产项目二期主体工程建设基本完成；集镇亮化工程和集镇生活污水纳管排放工程得到改造提升，实现学校、医院、政府及两处房产的污水全纳管。

经济发展　工业项目。坚持项目第一，坚持招商引资“一号工程”。在绍兴成功举办“南太湖现代纺织(家纺)产业投资环境推介会”；完成维美斯特、凤启纺织等5只项目签约；上加机械、永能新材料、高田技改等5只项目竣工投产；市级大好高项目加速推进，其中总投资4.5亿元的30兆瓦光伏农业科技大棚电站项目开工建设；总投资3.7亿元的高田技改项目竣工投产。农业项目。全年签约总投资超过6亿元农业项目13只，其中市级大好高项目1只；“农园新景”实验示范带沿线流转土地275.13公顷，全部完成招商，项目落户率达到100%；五个农业园区基础设施建设不断加快，其中虹溪水果精品园、大唐农业综合园及蠡塘特种水产园均已完成总工程量的85%以上。

环境提升　转型升级。工业“五百行动”、两化融合及“四换三名”重点培大育强做高田汽配、兄弟路标、东鑫纺织、新天龙印染4家企业；启动新天龙印染公司股改上市；完成46家喷水织机企业整治验收；16家耐火企业完成转型升级、整治提升；完成3家电炉行业企业转型升级，打造华顺工业电炉整治示范企业；华顺、恒辉等两家工业炉企业完成小升规。五水共治。全镇累计完成河道清淤50公里；完成南北2座中水回用站建设；铺设污水处理配套管网14公里，实现全镇污水处理全覆盖，日处理工业污水2.3万吨；秸秆禁烧得到有效控制。三改一拆。全年完成拆迁2.8万平方米，完成率达140.78%；整治5家废品收购点、取缔3家维修点、取缔流动摊12处、清理整顿店招破损、不合规店面38家，有效地增加整体镇容、镇貌的美感。长效保洁。投资9万元，新设486只环保垃圾筒投放到全镇17个行政村的172个自然村安放点；投资3万元，配备6辆垃圾保洁车，确保垃圾运输及时、通畅；投资33万元，维修公厕6座、拆除简易茅厕8个、修建垃圾中转站道路600米，新建垃圾房2座、垃圾池6座；投资1700万元，创建周村、刘井、郑家三个“美丽乡村”、对11个美丽乡村环境进行提升，实现洁化、绿化、硬化。通过招投标，镇政府与长兴美佳保洁服务有限公司签订保洁协议书。全年支付保洁费58万元。

民生工程　全年完成中心幼儿园扩建、新综合市场迁建、喷水织机整治、3个美丽乡村创建、50公里的河道清淤等年初确定的十项民生实事；谭家村成功创建全国人口计生基层群众自治示范村；全镇低保普查核实和重新申报；民政、残联保障工作进一步落实；新型农村合作医疗保险覆盖率达98%；完成里塘分院和谭家、白水、西南、郑家农村社区卫生服务站标准化建设；虹星桥卫生院成功创建省级甲等卫生院；后羊、白水、谭家、宋高、午山、里塘6个居家养老照料中心完成改造；完成周村、港口文化礼堂建设。全年制作发放平安宣传年历4000份；镇村两级人民调解委会共受理调处各类矛盾纠纷209件，成功201件，调处率和成功率分别达到100%和96.2%；排摸重大矛盾纠纷和不稳定因素10件，及时调处10件；共受理群众来信来访35件，成功办结化解2件重要信访案件，实现“平安虹星桥”八连冠。

【举办长兴南太湖现代纺织(家纺)产业园投资环境推介会】　6月26日下午，“浙江·长兴南太湖现代纺织(家纺)产业园”投资环境推介会在绍兴市柯桥区举行。县委常委、常务副县长高胜华，县政协副主席姚根泉参加。

【市民广场启动建设】　虹星桥镇市民广场启动建设。市民广场位于虹溪路西侧，虹溪大桥北堍，占地面积8000平方米，总投资200余万元。市民广场建有文化大舞台，安装阶梯座位800座，亮化工程全部安装LED照明灯，绿化工程以景观树、四季常青树及花卉为主，绿化率20%。

【农贸市场迁建启动建设】　8月，新农贸市场迁建工程开工建设。新的农贸市场位于路西侧，为虹星桥镇重要民生工程项目，占地面积15574平方米，建筑面积18870平方米，设置摊位200个，计划总投资7000万元。工程计划于2015年10月完工并交付使用，可解决全镇12个行政村的3万村民就近买菜。

【家纺产业大厦启动建设】　9月，虹星桥镇家纺产业大厦启动建设。占地面积8000平方米，建筑面积30000平方米，总投资4000万元的该项目，年内已完成前期投入1000万元。该项目的建成，将集家纺新产品研发、新技术引进、新材料应用、家纺创业于一体，成为虹星桥镇家纺产业转型升级、行业档次提升、家纺信息发布、从业人员创新创业的一个重要平台。

【清水入湖工程建设】　完成“清水入湖”工程项目，修建标准堤防总长

3650米,总投资7000万元。

【高标准基本农田提升】 完成高标准基本农田提升项目,渠道改造93千米,修建机耕路33.2千米,总投资1656万元,该项目使罗家、刘井、厚全、港口、谭家5个行政村得益。

【农园新景实验示范带建设】 完成“318国道沿线农园新景实验示范带”基础设施建设。修建灌溉机埠4座、排涝站3座、改造渠道35千米、修建机耕路12千米、道路升级8千米,总投资1150万元。提升白水、郑家、毕家、谭家、龙从5个行政村农业效益。

(唐小英)

表67

2014年虹星桥镇各村(社区)基本情况

村(社区)名称	面积(平方千米)	户数(户)	户籍人口(人)	经济总收入(万元)	村(社区)党支部书记	村(社区)主任
河桥	3.5	787	2120	58.28	施汉章	吴香成
西南	3.3	627	1807	59.14	魏荣典	都小银
龙从	4.6	1010	2881	40.69	章松盛	章雪春
谭家	6.7	1199	3334	48.52	王玉春	祁会柏
毕家	3.2	522	1692	42.38	高末芳	杨蔚峰
郑家	3.6	662	2098	31.78	孙炳泉	王天明
午山	3.74	641	1880	37.39	陆木林	汤兵兵
罗家	5.7	1081	3217	74.38	童秋平	魏泽龙
观音	4.2	587	1987	43.34	李德明	高仰山
港口	4.2	735	2310	97.27	孙根法	沈洪江
厚全	3.14	478	1545	34.42	钱阿青	黄天鹏
宋高	3.03	543	1766	52.21	陈秋良	胡万传
刘井	3.98	577	1946	46.57	严德民	叶先成
里塘	3.6	599	1846	78.16	丁文松	陈建林
白水	5.4	619	1765	50.19	胡亮亮	钱佰安
周村	4.1	640	2124	42.71	涂根生	樊有明
后羊	5.8	767	2441	42.87	左有洪	陈百顺
居委会	—	443	998	—	肖仲民	肖仲民(兼)

吕山乡

【概况】 吕山乡位于长兴县东南部,距县城9公里,全乡总面积39.6平方公里,其中陆地面积34.7平方公里,水域4.9平方公里,人口密度为每平方公里532人,下辖雁陶村、杨吴村、金村村、吕山村、吕虹村、斗门村、胥仓村、龙溪村、南杨村9个行政村,217个承包组,年末,全乡总户数6598户,户籍人口21069人,其中非农人口373人,农业人口20696人。

在县委、县政府的领导下,吕山乡紧紧围绕“三建三创”发展战略,深入实施“六大工程”建设,扎实工作,争先创优。全乡经济总量达到7.12亿元,比上年增长20%;财政收入4808万元,比上年增长18.4%;完成合同外资1325万美元,完成年度任务400万美元的331%;完成实到外资377万美元,完成年度任务200万美元的189%;完成县外内资注册资本金2.4亿元,完成年度任务7000万元的343%;完成工业性投入24.5亿元,完成年度任务的118%。获得县“三比一讲”综合考核一等奖,实现“三连冠”;荣获市“十佳”平安乡镇荣誉称号;成功通过市级文明乡复评;吕山湖羊被评为全国“十大”魅力农产品。

综合实力增强 工业引擎不断增力。全年新签约引进项目7只,其中好山好水、海皇生物、宜佳新材料等3只项目为“大好高”项目,超额完成全年招商引资目标任务。完成工业集中区西区平台农户拆迁工作,建成中水回用站,启动全乡污水处理工程规划设计并通过方案初审,先后完成沃德板业、明行耐火等企业的“腾笼换鸟”工作,淘汰落后产能企业3家，进一步优化园区环境和配套功能。全年实现工业产值7.44亿元，其中规上企业产值4.74亿元，比上年增长16.8%。山水小镇载体扩张。总投资2亿元的滨河广场项目一期基础建设已完成；总投资1.2亿元的都林房产项目房屋已封顶并实现销售，正在进行外立面装修；总投资3000余万元的吕蒙商业街项目房屋工程已通过验收；总投资6000余万元的雁陶村农综项目已完成。围绕“四横三纵”集镇路网建设，完成吕蒙路剩余路段道路路面工程和相关配套设施建设，完成滨河路路基工程、桥梁桩基及梁板架设工程。通过项目的拉动建设，3平方公里的集镇框架现已全面拉开。同时，“四边三化”“三改一拆”等工作亮点纷呈，集镇农贸市场顺利搬迁，垃圾乱堆、车辆乱停、摊点乱摆、乱搭乱建、违章建房等现象得到有效整顿，集镇精细化管理机制初步形成，创建考核位居全县第一。三产服务业活力彰显。投入250余万元对乡农贸市场进行改建，优化群众的购物环境；湖羊美食文化街项目推进顺利，高标准的举办湖羊美食文化节和芦笋节，以节为媒，促进三产服务业的发展。全年新增限上企业2家，新增服务业法人单位16家，新培育注册商标26件，完成服务业增加值1.59亿元，同比增长16.3%。

现代农业发展　突出湖羊和大棚蔬菜（芦笋）两大特色产业，加大政策扶持力度，进一步激发农户的种养殖热情。全乡农民人均纯收入达到21310元，比上年增长11.4%。全年新发展设施农业154.67公顷，全乡设施农业面积已近533.33公顷，其中芦笋种植面积266.67公顷；建成高标准规模湖羊养殖场1家，湖羊存栏近5万头，永盛牧业成功创建国家级原种场。成功举办省级湖羊发展论坛。全年实现农业总产值2.85亿元，比上年增长0.4%；全县农业补助资金占比1/5，农业工作考核位居全县第一。园区建设与产业升级互推。加快推进农园新景实验示范带和龙溪港现代农业综合园区的建设。其中农园新景实验示范带全年完成土地流转123.33公顷，发展大棚蔬菜73.33公顷，火龙果10公顷，葡萄25.33公顷，香蕉4公顷；龙溪港现代农业综合园区中的不凡家庭农场获得省级示范型家庭农场，湖羊生态养殖精品园获评2014年度全市“十佳”现代农业园区。积极配合做好苕溪清水入湖工程征地拆迁工作，启动二期建设；扎实推进大施斗圩区改造工程和益多斗高标准农田提升项目建设，完成5座二级排涝站、2座大排涝站以及益多斗凌家、管家闸站建设。

生态环境保护　五水共治、四边三化、三改一拆、治霾攻坚等工作有效推进，全年完成河道清淤11.7公里，关停小锅炉企业2家，秸秆禁烧和综合利用工作成效明显，通过“无违建乡”验收。做好9个行政村的中心村规划修编工作，金村、杨吴两个村成功创建美丽乡村，做好相关的农村生活污水治理工程建设。

社会事业发展　全年乡财政投入民生资金4343万元，占公共财政预算支出的83.9%。社会救助、劳动保障、残疾人事业加快发展，累计发放最低生活保障金115.9万元，优抚金57.8万元，重度残疾人生活补助25.7万元，调处劳资纠纷21起，涉及金额140万元。新参合城乡养老保险131人，新增失地农户保险511人。完成雁陶、胥仓两个村的“文化礼堂”建设，其中雁陶村“文化礼堂”成为全县样板；挖掘“南蒋马灯”等特色文艺节目，成立乡文体协会，获得“浙江省老年体育特色项目强乡”称号。新开通杨吴至吕山小学校车线路，新建5个标准校车停靠站点，方便中小学生的上下学；吕山小学完成综合楼和食堂的改建工程，并承担全县“和”文化道德品牌试点任务，吕山中学教育质量继续走在全县前列。扎实做好人口计生工作，强化流动人口管理，符合率达98.6%。完成吕山新街至杨吴村等道路大中修5.4公里，危桥改造2座，横塘渡桥大修完毕并通车。完成乡卫生院新建主体工程，改建3个村的村级卫生服务站。积极开展雁陶、胥仓村两个村居家养老照料中心示范点建设，吕山乡敬老院一期改建工程实现结顶。

社会秩序安定　探索完善平安志愿者义务巡防队，加大巡查频率，安装动态视频监控系统，有效降低区域内偷盗等案件发案率；大力推行“网格化管理，组团式务”，集中开展“平安吕山”宣传活动，发动群众投身“平安吕山”建设之中，有效提升平安建设的知晓率、参与率和满意率；全面落实安全生产责任，扎实开展水陆交通、建筑工地、矿山生产、食品药品等重点行业、领域专项整治，举办防灾救灾培训和演练，安全生产形势平稳；深入排查化解矛盾纠纷，严格落实初信初访责任制，把一些不稳定因素化解在萌芽状态，切实维护吕山的社会稳定。全年共受理矛盾纠纷159起，调解成功156起，成功率达98.1%，其中村级组织调解137起，占受理总数的86.2%；受理信访案件24例，办结率100%，化解率83.3%，其中化解信访积案1件，乡司法所成功创建省四星级规范化司法所；办理“12345”政府阳光热线232件，理解满意率达到90.8%。

【党代会开创新模式】　1月4日，中国共产党吕山乡第十届代表大会第四次会议在乡多功能厅召开。作为浙江省乡镇党代会年会省级联系点之一，本次党代会也是以电视现场直播的形式将党员代表的声音传进了吕山乡的每家每户。会上，除了审议乡党委和纪委工作报告，听取乡党委和纪委班子成员述职述廉报告以外，还增加了党代表的询问、县党代表的述职、民主测评结果的通报等环节。将以往“例会”般的党代会真正开成党员代表切实参与的党代会。让党代表的监督权、决策权得到充分的发挥，对保障党员主体地位和民主权利，扩大党内基层民主，具有重要意义和积极作用。

【第三届湖羊美食文化节】 1月7日，在成功举办两届湖羊美食文化节的基础上，浙江省湖羊产业振兴计划启动仪式暨长兴(吕山)第三届湖羊美食文化节在吕山召开。第三届湖羊美食文化节除了精彩的开幕式以外，还有浙江省湖羊产业振兴计划启动仪式、湖羊美食特色一条街奠基仪式、湖羊产业发展论坛、参观考察长兴永盛牧业有限公司等一系列的活动。通过建设特色美食一条街，提升湖羊产业品牌的知名度和美誉度；通过振兴计划、发展论坛进一步激发农民养殖湖羊的积极性，持续促进湖羊产业又好又快发展。2014年年底，全乡湖羊规模发展到5万头，3000头以上规模养殖场3家，永盛牧业成功创建国家级原种场，湖羊生态养殖精品园2014年获评全市十佳现代农业园区。吕山湖羊获得CCTV2014年度全国十大魅力农产品称号。

【"三权确权"试点】 从2014年6月开始，作为全县唯一开始实施"三权确权"发证工作试点乡，吕山乡全面摸清户籍总数，统一政策，统一方法，统一规程，充分发挥行政村、承包村组作用，科学勘界测绘，严格审核把关，及时调解纠纷，切实做到"确实权，颁铁证"。全年完成宅基地外业测绘工作，并颁发农村宅基地土地使用权证4800本，农房房产证2235本，土地流转经营权证71本，完成金村、吕山、斗门和雁陶等4个村的集体经济股份制改革，获得市级农村"三权"确权工作先进乡镇称号。

【首届芦笋节】 10月20日，2014首届长兴·吕山芦笋节暨吕山芦笋交易市场奠基仪式举行。县委副书记夏坚定、县领导钱慧明、史会方、庄国良参加开幕式。吕山乡围绕建设"浙北万亩绿色高效蔬菜基地"的现代农业发展目标，不断加大政策扶持力度，先后投入配套资金3500多万元，大力发展芦笋产业。对规模较大的5家芦笋合作社进行资源整合，新组建成立长兴益丰芦笋专业合作社联合社，在促进农民增收致富上起到带动作用。在开幕式上，长兴益丰芦笋专业合作社联合社与金华、南京的芦笋经销商签订芦笋购销合同。芦笋包装比赛、芦笋烹饪展示、芦笋产业发展论坛也一并举行。全乡大棚芦笋种植面积达到233.33公顷，公顷均效益1万元以上，已经成为长兴规模最大的芦笋产业基地。

【推进农园新景实验示范带建设】 作为农园新景实验示范带的"东大门"，吕山乡将该项工作作为年内农业工作的重中之重，着力建设吕山、吕虹两个果蔬精品园区。结合群众路线教育实践活动，通过户户上门、走访交流、座谈沟通、宣传横幅、手机短信等形式，将农园新景实验示范带建设宣传工作，做到家喻户晓，年内共流转土地123.33公顷，超额完成任务13%。通过招商引资等多种途径，加快种植主体的引进落实，确保123.33公顷已流转土地面积全部完成种植，其中大棚蔬菜73.33公顷，火龙果10公顷，葡萄25.33公顷，香蕉4公顷。坚持本地农户优先发展的原则，组织吕山、吕虹等村的农户到本乡及周边乡镇农业种植大户、示范园区进行现场考察，截至年底，种植面积中吕山本地农户种植73.33公顷，占比60%以上。

(徐　吉)

表68

2014年吕山乡各村(社区)基本情况

村(社区)名称	面积(平方千米)	户数(户)	户籍人口(人)	经济总收入(万元)	村(社区)党支部书记	村(社区)主任
雁陶村	5.8	821	2835	193	董林祥	章民权
杨吴村	3.5	710	2281	116.6	顾法勤	陈杏云
金村村	3.8	530	1620	195.3	陈　平	林高才
吕山村	2.1	479	1403	64	朱建康	钱锡忠
吕虹村	3.8	555	1730	92	范志梅	傅济忠
斗门村	3.9	633	2142	94	都国兵	都国兵
胥仓村	6.2	938	3123	120	蒋安江	蒋克俭
龙溪村	4.7	786	2545	270	任金火	吴小平
南杨村	5.8	889	3017	135	敖佰兴	陈林方
居委会	—	257	373	—	—	—

煤山镇

【概况】 长兴县煤山镇地处浙江省最西北部，北接江苏，西邻安徽，为三省通衢之处。镇区域面积83.4平方公里，建城区4.2平方公里，下辖9个行政村，1个居委会。年末，全镇常住总户数7993户，户籍人口19625人，常住人口20381人。2014年，煤山镇党委、政府紧紧围绕打造“宜居、宜业、宜乐”的山水生态型省际精致小城市的奋斗目标，以党的建设为核心，以民生改善和社会稳定为保障，以经济发展平台、城镇发展平台和文化发展平台建设为重点，不断深化升级中心镇建设。全年完成国内生产总值18.53亿元，一产6330万元、二产144204万元、三产34777万元。由于受国家宏观经济调控影响，内部加大了经济结构的调整，这在一定程度上造成了国内生产总值同比下降21.7%；财政总收入4.85亿元，同比下降17.9%，其中国税收入3.36亿元，地税收入1.49亿元。农民人均纯收入26636亿元，同比增长8.8%。

年内，煤山镇获县外贸工作先进单位、县浙商回归工作先进单位、县工业综合考核先进乡镇、县乡镇(街道、园区)科技进步目标责任制考核优胜单位、县工业有效投入先进乡镇、县淘汰落后先进单位。

经济建设与发展　工业稳步增长。年末，有工业企业300家，规模以上企业41家，比上年增1家。全镇实现工业总产值116亿元，同比增长0.87%。规上产值105.3亿元，年销售超亿元的企业有20家。中国新材料(耐火)科技创业园启动建设，西部工业平台基础设施建设加快推进，道路、防洪、护坡、管网等基础配套设施加快建设，东部工业平台整合提升，全面完成自来水进园区工程，完成“腾笼换鸟”项目7只，节约集约利用土地107亩。耐火产业转型升级全面推动：全镇耐火企业共计86家，其中扶优扶强14家，规范提升34家，关停并转38家。已完成46家(包括入园发展的罗卡科技)企业一企一策方案制订评审；全面完成9家百企转型升级工作，成功引进和开发新产品6只，完成11家百家节能示范企业节能技改，节能量达25000吨标煤，成功培育“小升规”企业4家，完成9家企业166台套的设备淘汰工作，共节能效果4300吨；

科技创新能力不断增强　申报省级新产品43只、专利228项、产学研项目9项、省级研发中心1家、省级以上重大项目3项；人才引进力度不断加大，引进高层次人才25人，申报千人计划2个(入选1人)、南太湖精英计划3个(入选1人)，入选县特聘专家2人。9家服务业完成个转企，新办法人单位18家。新增以天能电池技改二期和明天炉料为重点的技改项目28只。招商引资注重实效：新引进项目8只，落户4只，总投资1.95亿元，分别为明天炉料、文玉石材、中宪玻璃和云峰炉料。意向项目4只，跟踪在谈项目2只。年末，浙商回归累计完成11000万元，县外内资累计完成1.02亿元。完成招商项目5只。

三产蓬勃发展　重点发展以商贸业、现代物流业、房地产业等作为服务业行业发展的主体，已完成工业风情文化街进行商业文化街改造，建筑面积8000平方米，完成个转企9家，完成任务的150%；完成新办法人单位19家，完成106%，招商引资完成3500万元，完成任务的43.75%。人才引进5人，完成100%，新增限额以上单位目标任务数为5家，已达限额标准的有4家(久兴物资、和为纺织、十方苗木和金惠货物装卸)，达到目标任务的80%。

社会事业与发展　教育事业优先发展。稳步推进“学在煤山”工程，促成长兴实验中学与煤山中学的合作办学；重视学前教育，加快第二幼儿园建设，重新规划设计新川村幼儿园，总投资600万元。优化教师队伍，出台《煤山镇教育发展‘金钉子奖’》，总计奖励金额每年100万元，在镇第十六届人民代表大会第四次会议上通过。大力发展文体事业：组织“煤山镇排舞比赛”“企业文化艺术节”等文化活动；新建新源村文化大礼堂并投入使用。在文化中心图书馆公共电子阅览室新增图书1000余册，各行政村健身路径、篮球架、乒乓球桌全部完成更新。

卫生社保全面覆盖　切实抓好计划生育工作，年末，共出生123人，政策生育率达97.56%，群众对计生工作满意率达90%以上。全面落实社会保障制度：超额完成企业养老保险、工伤保险、失业保险扩面任务，新农合、新农保实现全覆盖，落实城乡“低保户”和农村“五保户”免费用电政策，切实提高劳动保障水平，积极做好劳动保障书面审查工作，劳动合同签订率95%以上。调解各类劳动争议案件19件，调解成功率100%。完成城乡劳动力技能培训任务，有序推进被征地农户生活保障(补助)人员转职工基本养老保险工作。

平安创建积极开展　不断夯实平安基础，加大矛盾纠纷化解和违法打击力度，上门入户宣传达12000余次，平安三率同比明显提高，全年排查调处各类矛盾纠纷205件，查处各类治安案件232起，刑事案件77件。建立全县首个乡镇救灾抢险应急救援队，完成山林火险扑救5起。全力推进社会服务管理中心建设：中心已投入使用，实现便民实事联办，全面深化“网格化管理”工作，由农村党员组成网格负责人，进行一对一指导，提高管理能力和服务水平，实现小网格“优服务”格局。

城乡建设与发展　加大建设民生工程。推进北部创业服务区建设。便民服务中心、文体中心、北部新城路网工程、金禾嘉园等项目都在顺利建设。不断优化南部品质生活区功能。新源村综合楼建成并投入使用,恒丰苑全面交付,合溪北涧公园综合整治项目、铁鹰商住楼、工业文化风情街一期主体工程、浙达宾馆项目主体施工全面完成,购物中心项目前期工作顺利推进。新农村建设顺利推进,杨店新村基础设施建设基本完成,五通农综项目土地复垦工作全面推进,新村78户、清溪苑50户按期入住。镇政府东侧地块、小学周边地块征拆扫尾工作有序进行。

新川经理部路段综合整治全面推进,70处违章搭建全部拆除,生态停车场和农贸市场正在抓紧建设,立面改造及配套道路设施建设基本完成。完成新源村"美丽乡村"创建,实现全镇"美丽乡村"创建全覆盖;新建设完成垃圾中转站并投入使用,各村美丽乡村长效管理机制相应建立,创建成果进一步巩固。

"五水共治"全面铺开。启动并加快农村生活污水治理步伐,完成7个村1578户的农村生活污水治理任务;完善镇区生产及生活污水治理,新建污水管网3.7公里,全面完成合溪水库上游污水管网总体规划及年度污水管网建设任务,污水厂运行控制完成一级B到一级A的提升;全面完成山泉水改造,实现农村安全供水全覆盖;完善防汛抗台体系建设,累计修复水毁工程13项;完成全镇783台喷水织机整治。全面开展河道垃圾清理和保洁,建立河面、河岸保洁长效机制,全面落实"河长制"管理;加快土地流转工作,完成水改旱40公顷,新增土地流转23.33公顷。

【耐火转型升级工作完成】 年末,煤山镇共有耐火生产企业86家,其中规上耐火企业7家,年产值1000万~2000万的企业有7家,经过前期摸底调研,完成一乡一案制订,确定扶优扶强企业14家,规范提升企业63家,关停并转企业9家。重点督促和指导长兴明天炉料有限公司大型自动化生产线、长兴云峰炉料有限公司全自动浇注料生产线、长兴盟友耐火材料有限公司新建隧道窑等企业的项目建设进度,以项目推动转型升级工作,并以此引领全镇耐火企业转型升级。7月中旬,镇邀请武汉科技大学知名专家,耐火企业转型升级方向及转型过程存在的问题进行现场指导,为耐火转型升级工作提供强有力的智力支撑。年底,87家转型示范企业全面推动6S现场管理和安全生产标准化创建工作。

【企业文化艺术节暨文体比赛举办】 5月23日晚,煤山镇首届企业文化艺术节开幕式暨"长鹏杯"青年职工歌咏比赛决赛在金钉子广场举行。县委副书记夏威、县领导楼秋红、相关部门领导及煤山镇书记钱宝民、镇长李建成等出席。开幕式上,青年职工们表演开场舞蹈,参加决赛的12组选手依次登台表演民族、通俗、美声等歌曲。比赛分别产生一、二、三等奖,来自长兴南方水泥的选手陈春梅最终荣获一等奖,本次演出是煤山镇首届企业文化艺术节的开篇。7月1日,煤山镇企业文化艺术节——乒乓球比赛在煤山镇中学举行,来自镇政府机关工会、长广医院、天能电池集团有限公司、长兴南方水泥有限公司、铁狮耐火材料有限公司等16支企事业代表队的48名职工参加比赛。长广医院、长兴南方水泥、煤山财政分别荣获男子团体赛第一、二、三名;周丽文、周香兰、潘素文分别荣获个人单打第一、二、三名。年内,陆续开展"企业文化与企业发展"主题讲座,企业文化书画、标识摄影展,企业职工技能比武等文化活动。为企业搭建创作展示、文化交流的活动平台。

【社会服务管理中心投入运行】 年内,煤山镇完成社会服务管理中心迁建,高标准配置办公设备并投入使用。党政主要领导亲自部署亲自抓,三个统一推进中心规范运行。统一外观中心外观、标示、标牌等设计,统一办公。统一规章制度。建立健全并严格落实值班考勤、A、B岗位职责、服务项目、服务承诺、工作流程、工作人员服务质量评价监督等制度,自觉接受群众监督,提升管理服务水平和形象。社会服务管理中心已整合综治、信访、公安、民政、司法行政、人力社保、国土资源、建设、农业、文化、卫生、计生、食品药监、安监及其他具有公共服务、社会管理职能部门的便民服务中心、公共安全监管中心等各类服务管理平台和服务资源,并根据辖区工作和群众需求设立窗口,实现资源共享。各行政村已完善社会服务管理站建设,并纳入便民服务中心,承担矛盾纠纷调解、治安防范、流动人口服务管理、刑释解教人员安置帮教、社区矫正、禁毒、基层平安创建等工作;在规模以上企业建立企业综治工作室,承担企业安全保卫流动人口管理、矛盾纠纷调解、平安企业创建等工作。

【开展农村集体资产股份制改革工作】 7月29日召开煤山镇农村集体资产股份制改革动员大会,成立以镇长为组长的股份制改革领导小组,同时成立业务指导小组。在新川村、新民村、西川村开展股份制改革。三个村均成立清产核资小组。严格按照《乡(镇)村集体经济组织清产核资办法》的有关规定,对村直接占用使用的流动资产、固定资产、长短期投资,村属企业单位占用、使用的资产及以往因财务核算不规范而造成的外账资产等进行全面清理核实,登记造册,摸清家底,妥善处理债权债务,明确资产权属关系。经评估确认,截至6月30日,新川村全村总资产6055092元,总负债为4639563元,其中经营性资产为1308358元。新民村全村总资产6797489元,总负债为5481888元,其中经营性资产为5559567元。西川村全村总资产3117778元,总负债为1778624元,其中经营性资产为643942元。本次集体经济股份制改革,确定享受对象是整个改制过程中难度最大,引发争议最多的一项工作。3个村采取不同的方式对村内人口进行摸底排查,并张榜公示。根据各村社员代表大会确定,在量化过程中设立人口股。新川村经营性资产为1308358.38元,再依法提取社员代表大会讨论通过的社会保障金130835.84元、公益金564.04元,其余1176958.50元折股量化给有资格的股东享受,共计2991股。新民村经营性资产为1315600.32元,再依法提取社员代表大会讨论通过的社会保障金131560.03元、公益金4120.29元,其余1179920元折股量化给有资格的股东享受,共计2107股。西川村经营性资产为643942.38元,再依法提取社员代表大会讨论通过的社会保障金64427.58元,其余579514.80元折股量化给有资格的股东享受,共计1986股。

（李微霞）

表69　**2014年煤山镇各村(社区)基本情况**

村(社区)名称	面积(平方公里)	户数(户)	户籍人口(人)	经济总收入(万元)	人均纯收入(元)	村(社区)支部(党委、总支)书记	村(社区)主任
西川村	9.342	676	1952	61.93	—	司天来	余盘其
东川村	6.034	649	1857	68.56	—	钱宇新	周学强
新源村	11.622	720	1793	60.34	—	许国勤	钟卫华
五通村	16.608	898	2234	161.91	—	徐正法	徐天意
新安村	11.835	825	2042	143.12	—	龚永亮	徐克洪
煤山村	6.492	618	1443	117.60	—	曹慧琪	杨云松
新民村	4.285	705	2106	58.62	—	许仲华	许国清
尚儒村	3.703	505	1433	73.06	—	蒋国勤	徐建平
新川村	10.185	1006	2942	160.53	—	张天任	杨汉芳
南街社区居委会	3.290	1172	1823	—	—	—	龚勤华

小浦镇

【概况】 小浦镇位于长兴县中西部,区域面积96平方公里,其中耕地面积1666.67公顷,林地面积5353.33公顷。下辖11个行政村,1个街道居委会,总人口26133人。围绕"工业立镇、生态优镇、旅游兴镇"的发展战略,全年实现地区生产总值17.20亿元,比上年增长14.08%;规模以上企业工业产值完成79.07亿元,比上年增长8.93%;工业性投入6.45亿元,比上年增长0.83%;财政收入1.85亿元,其中国税1.16亿元,地税0.69亿元,实际利用内资1.80亿元,浙商回归2.70亿元;农民人均收入21446元,比上年增长15%。成功创建浙江省文明镇。

经济建设与发展　工业经济发展:推进科技创新工作,引领经济社会又好又快发展,全年完成省级以上重大重点项目2项,省级以上一般科技项目5项,新列省级新产品9项,新认定省级研发中心完成1家,新认定高新技术企业1家,新认定省级科技型企业3家,新认定县科技企业和县级研发中心4家,新增政产学研合作项目4项,实施重大科技成果和共性技术转化的产业化项目6项,完成科技招商1家。小浦镇被评为县科技创新综合考核先进单位。年内企业转型升级,有8家企业引进新设备,9家企业淘汰落后设备,淘汰落后产能600吨标煤。2000万元以上规模工业企业25家,比去年增加3家,形成以绿色动力能源产业、化工产业、新型材料产业、机械制造产业为主的四大产业集群。郎山工业园区新投资4050万元完善基础设施建设,园内落户企业10家,其中投资亿元以上企业5家。在杭州、台州两地设立招商点，实现县外内资1.80亿元，合同外资1600万美元，浙商回归2.70亿元。农业经济发展：完成土地流转107.33公顷，七大产业新增面积98.67公顷，完成高地葡萄精品园区提升和画溪粮食功能区前期建设。新增飘香园茶叶合作社，新注册5家家庭农场，“水库鱼”项目被确定为市级名牌产品。完成无公害新产品申请15批次，无公害基地认证200公顷。申报2个经济薄弱村的壮大集体经济项目，有6个村基本完成经济合作社股份制改革。

重点工程推进　景区建设：按照八都岕景区提升方案，完成2.5公里休闲绿道，新建中心停车场、三星级厕所等旅游配套设施，规划设计精品特色游览线路导览图，配英、日、韩多语种说明。全年游客人数达50万人次，创历史新高。镇村建设：全年共有9只新建、续建项目，投资3.30亿元，重点开展合溪水库、新社区安置点建设，推进301省道集镇过境段城市化改造、南方物流码头工程的基础设施建设，自来水厂迁建、中小学标准化建设、镇社会福利中心等民生事业项目正在建设中。自来水改造工程，受益农户达3446户，彻底解决八都岕饮水安全问题。五庄村完成美丽乡村创建。地区综合整治：经过两轮清淤，按照标准完成16条河道清淤疏浚任务，总长度54.2公里。其中杨林涧(长湖申航道至柏家村)清淤疏浚工程投资2000余万元，完成13.5公里，涧滩砌邦5公里，建滚水坝23座、桥梁2座，沿线垂柳绿化近5公里、片林近33.33公顷，达到“河清、岸绿、景美”的整治效果，方一村入选浙江省实施“美丽宜居示范村”工程。公路边、河道边、山边、集镇集中绿化51.31公顷，完成任务数的119.32%，潘礼南村获“浙江省最美森林”荣誉称号；对光耀村、方岩村、五庄村3个行政村实施农村生活污水治理，新增治理户942户，受益率达85%。抓公路保洁、对车辆超速超载抛洒滴漏联合执法、码头进出车辆冲洗监管，有效缓解粉尘污染；与长广电厂、种植大户合作开展秋季秸秆禁烧、利用工作，成为长兴县秸秆回收利用示范乡镇。

民生文化建设　推行阳光救助工程，发放低保金及各类困难群众补助近120万元，涉及对象523人，新型农村合作医疗参合率96%，城乡居民参保率98%，三无人员及五保户集中供养率100%。完成中小学标准化改造，中小学幼儿园在全县年度考核中均为一等奖，小浦中学中考成绩在乡镇中学中实现9连冠；镇卫生院标准化建设主体工程完工，成功创建湖州市卫生强镇，省级卫生镇复评达标；保持低生育水平，计生符合率98.1%。注册成立镇文体协会，举办“唱党歌颂党情”迎七一红歌大赛、“醉美小浦”金秋登山摄影比赛，组织文艺下乡5场、送书下乡6次，开展开蒙礼、孝老敬老活动，加强对钱宅、吴宅、太乙殿等文物保护。

社会管理和基层党建　完成平安创建各项工作任务，发挥网格长的作用，实现村级综治平安、信访维稳工作预判和化解，排查调处矛盾纠纷425起，办理来信来访66起，调解成功率、办结率均为100%。安监执法检查482人次，检查单位319家次，发现隐患390处，整改380处，责令关停无证经营单位5家，出具安监执法文书66份，建议处罚案件12起。村级组织换届后总体上实现平稳过渡，村两委班子结构实现“老、中、青”搭配的优势组合。向部队输送优秀兵员13人，超额完成征兵任务；招投标项目36项，涉及资金1107.04万元。开展党的群众路线教育实践活动，出台8项长效制度，完成镇党委班子的“四风”问题整改任务12项、领导干部整改任务124项、基层党组织整改任务136项；活动中镇干部走访农户8400多户、企业500多家次，解决问题189个，550名村(居)党员联系帮助困难户93户。建成示范型党员服务中心5个，新培育“两新”党建示范点3个，中山化工集团党支部升格为党委；整转后进薄弱基层党组织8个。新发展党员22名，其中妇女党员10名，35岁以下年轻党员13名；在“党性体检、民主评议”活动评议出健康党员949名，不合格党员13名。

【打造中国绿色动力能源产业基地】　小浦郎山工业园区作为长兴重要的新能源产业发展基地，总规划面积7平方公里，计划总投资10亿元，建设共分三期，目前已开发面积133.33公顷，实现六通一平。整个园区布局园区化、企业规模化、工艺自动化、厂区生态化、产品多样化、用途多元化。入园企业全部按照长经信发〔2011〕5号文件出台的蓄电池企业行业准入标准，严格执行项目规模、建设标准、工艺装备、环境保护、安全生产等16个方面的具体细节的详细规定，特别是工艺装备相对于当时出台的规定又有较大的提升，如包片、点胶等全部自动化，有效提高工作效率，降低成本；污水管网由原先的暗沟全部改为明沟，使污水排放监控更加合理。小浦郎山园区现有落户企业10家，亿元以上投资企业5家，2014年园区新能源产值达53.9亿元。

(周利雪)

【“五水共治”还清溪秀水】　“五水共治”治污先行，小浦镇于三四月份开展集中清淤行动，镇村干部带头、全民参与，经过两轮清淤工作，完成16条河道的清淤疏浚，总长度54.2公里，昔日3公里长的“垃圾河”中心港，经过镇村干部群众历时一个月的紧张施工，完成土方9547立方米，成为今日碧波荡漾的中山村一景。在农村生活污水治理工程中，对光耀村、方岩村、五庄村3个行政村实施农村生活污水治理，新增治理户942户，受益率达85%，通过污水纳管集中处理、达标排放循环再利用，村里的溪流清澈，村民居住的环境变得更美。

【"三抓三查"践行群众路线】 一是抓走村入户查工作问题。按照"走村不漏户，户户见干部"的走访要求，一周一统计，半月一汇总，968人次镇机关干部和村干部走进农户征求意见，重点查找镇村工作中的问题和解决问题的意见建议。经汇总归类，涉及信访举报的有6件次，查出工作层面的问题50多个，由镇分管领导牵头领办，并确定责任部门和责任人限期整改完成。二是抓基层干部查双全服务。狠抓与群众联系最为紧密的基层干部工作作风建设，公开"五项承诺"密切干群关系，实行村干部集中办公去机关化，落实指纹签到建规范工作机制，推行预约服务和上门服务为务工返乡人员和行动不便的村民解决办事难的问题，真正做到全方位、全天候为人民服务。三是抓工作效能查项目推进。以民生工程和重点项目为载体，以群众满意为标准，狠抓机关干部工作效能建设，按照安置点建设、集镇建设、工业园区、物流园区、景区建设等重点工程的任务分解，一周一督查，查措施落实和推进力度，以工作实绩树务实形象。

【政企联动唱响爱党爱民主旋律】 7月1日，在中山村幸福大舞台，共青团小浦镇委员会、小浦镇总工会、小浦镇妇联、小浦镇文化站联合举办"唱党歌奏群众路线主旋律颂党情谱青春华彩新乐章"小浦镇"中化杯"迎七一歌唱比赛决赛，精选曲目表达广大群众热爱党、永远跟党走的坚定信念，颂扬党的丰功伟绩，加深对党的感情。长兴县委常委、组织部部长宋波及县总工会、团县委、县妇联、县文广新局主要领导到场观看比赛，并为中山化工集团、中山村及获奖选手颁奖。

【启动社会福利中心建设工程】 小浦镇社会福利中心位于高地村蒋家梅地，2004年由镇政府出资120万元将原合溪中心小学改建后投入使用，建筑面积920平方米。房屋质量、配套设施等已不能满足社会化养老服务需求。为进一步完善社会福利中心功能，镇党委政府决定自筹资金启动镇社会福利中心新建工程项目，项目计划总投资380万元，原址拆旧建新，已完成一期建筑面积840平方米三层宿舍楼的建设、装修、水电消防绿化配套工程，新增床位70张。二期建筑面积600平方米的二层综合楼及260平方米的辅助平房正在建设中，预计2015年6月完工，届时福利中心将配备电脑、电视机、文化娱乐器具、健身器材、炊具餐具等生活设施，保障集中供养的老人们在环境优美、条件舒适、服务优质的大家庭中享受晚年幸福生活。

（郝红可）

表70

2014年小浦镇各村（社区）基本情况

村（社区）名称	面积（平方公里）	户数（户）	户籍人口（人）	经济总收入（万元）	人均纯收入（元）	村（社区）支部（党委、总支）书记	村（社区）主任
光耀村	6.5	671	1538	45.84	22700	张卫峰（2月免）	宁雪飞
合溪村	3.5	745	1757	44.95	21900	黄北海	苏立富
中山村	7.16	1190	2998	72.91	22800	周勇斌	曹惠龙
高地村	8.2	1107	2819	263.78	24880	周庆福	赵荣福
五庄村	3.05	536	1355	31.40	21800	严金芳	肖光伟
画溪村	2.5	736	1989	24.52	20446	谢长国	罗太洋
小浦村	7.1	1419	3483	37.55	20950	周益南	张剑南
方一村	3.5	358	876	22.97	19500	王欢兴	蒋凤国
潘礼南村	6	758	2168	59.33	17600	张治锋	吴卫勇
方岩村	11.9	947	2600	75.66	21500	马末方	许建中
大岕口村	10. 7	785	2225	63.26	21835	吴建良	吴建良
小浦居委会	0.5	1308	2325	0	28000	王东林	沈金苟

槐 坎 乡

【概况】 槐坎乡位于长兴县城西北20公里,地处苏浙皖三省交界,合溪水库上游,区域面积87平方公里,辖新槐、祠山、六都、仰峰、东风、平丰、十月、抛渎岗、礼艻9个行政村。年末,全乡总户数5727户,户籍人口15405人。年内完成财政收入1.78亿元;工业总产值23亿元;完成平台建设投入1000万元,比上年增长82.6%,实现规模以上企业工业增加值50000万元,比上年增长33.98%;完成规模以上企业工业利税28250万元,比上年增长49%;引进省外资金(浙商回归)8500万元,比上年增长205%;完成自营出口总额2000万美元,比上年增长93%;新增民营企业20家,和上年持平。近年来,槐坎乡先后获全国环境优美乡、浙江省文明乡、浙江省卫生乡、浙江省体育强乡、浙江省生态乡等称号。乡内拥有国家AAAA级旅游景区2个:新四军苏浙军区纪念馆和金钉子国家地质公园。

经济建设与发展 年内,深入推进“机器换人”、“两化融合”和“三化建设”等工作,七星电容、长兴电子厂等5家企业列入县“百企转型升级”目录,立峰电子、科迪光电列入县“三化建设”试点名单。完成志亿电源等6家企业的淘汰落后产能工作和华昌建材等2家企业的“腾笼换鸟”工作。加强科技创新,新增1家国家重点支持高新技术企业和2家省级研发中心企业。实施A区一期、二期企业污水纳管工程,新增600米污水排放主管网工程,实现A区工业企业雨污分离全覆盖。完善提升老园区绿化、亮化工程,新增绿化面积25000平方米,亮化工程通过竣工验收。加强土地储备工作,基本完成A区三期和B区新征地块土地平整工程,新增工业土地储备33.4公顷;年内新引进总投资5000万元的自动伸缩门项目1个,新签约工业项目1只,玫瑰园项目、长兴万山红苗木场和精品盆景园等项目也已陆续入驻,中南电池、北新建材等项目正在洽谈。

精致小城镇建设 年内,完成新四军苏浙军区旧址群景点连线的绿化和土地平整工作,完成六都路口沿线道路绿化改造,完成六都至青塘坝改造工程,加强振槐路绿化养护和管理,启动沿线的农房统一改造。完成集镇0.4公里污水管网建设工作,加快长广金水苑和景观大道槐粟桥西侧的污水纳管工作,促进集镇品味的提升;实行公园式、庭院式打理和精细化管理模式,继续统一沿街商铺招牌,持续加大街心绿化、亮化工作,集镇环境得到改善。加强日常管理,架设限高架和设置禁行标志,着力查处违章违规,严管大型载重车辆驶入,整治沿街乱停车现象,加强城镇安全和秩序管理;山水苑和迎新苑项目基本完成,总建筑面积5400平方米的槐坎新地标浙宝大楼主体工程已基本竣工,总投资1000万元的槐坎农民社区项目完成三通一平,首批26户入住农户正在公示。全面做好杭长扬高速北延工程征拆工作,实现征地58公顷、拆迁6000多平方米,安置点工程正在建设,率先完成在沿线乡镇中交地任务。认真做好农村宅基地确权工作,已发放土地证4167份、房产证1507份,确权发证工作县内领先。

电子产业发展 年内,电子企业达到82家,年产各类电子元器件120亿只,产值10.52亿元,其中电容器占全国薄膜电容器产量的30%以上,占全国节能灯电容需求量的40%,磁性材料和电感占全国市场的15%。以浙江长兴电子厂有限公司、浙江七星电容器有限公司、长兴华强电子有限公司为代表的电子电容行业发展迅猛。主要产品从原来CL11、CL12薄膜电容器发展为现在的CBB81B型超小型、大功率、长寿命电容器、CBB11型高频节能灯用电容器、CL11K高温高频节能灯型电容器等上百种型号、上千种规格产品。不断向新光源领域延伸,如功率型LED半导体明基座器件,低能、高频、高压照明灯具,高效、节能、智能型LED照明灯具等新产品。槐坎乡成立长兴县电子行业协会,同时被中国电子元件行业协会授予“中国节能灯电容器之乡”,通过浙江省电子元件电容器专业商标品牌基地认定,工业集中区被长兴县政府命名为长兴县电子产业园。

社会事业和谐稳定 年内,总投资1200万元的乡中心幼儿园已投入使用;槐坎乡卫生院建设工程即将结顶;抛渎岗村文化大礼堂已顺利通过验收。加强卫生工作,投入60万元完成环改灭螺工作,礼艻村成功创建省级卫生村,槐坎中心小学成功创建市级健康示范学校,乡卫生院通过妇保儿保市级规范化门诊单位和市基层卫生应急管理示范单位复评。大力丰富群众生活,新槐村参加县第五届排舞大赛再获金奖并入围省排舞大赛决赛获银奖。着力加大文明创建,省级文明乡通过复评,新槐村成功创建省级文明村。全年共调解各类矛盾纠纷198起,其中调解成功195起,调解成功率达98%。积极开展“四打击四规范”专项整治行动,加大食品生产、经营、流通等环节的查处力度,做好农村家宴申报与监管。积极开展安全生产专项检查、“打非治违”和“六打六治六防”等专项行动,全年组织安全隐患排查308人次,15家企业成功创建“安全生产标准化企业”,4家矿山企业实施6S管理,2家矿山企业创建国家级绿色矿山,“平安槐坎”实现八连冠。

【召开红色山乡首届群众文化节】 9月1日至30日开展为期一个月的红色山乡首届群众文化节。整个文化节活动分为四个篇章:榜样槐坎、美丽槐坎、活力槐坎、创业槐坎。榜样槐坎:评出8名槐坎榜样,涉及助人为乐、拾金不昧、见义勇为、热心公益、邻里和睦、孝心爱心等各种类型的先进典型。美丽槐坎：评出10户“最美庭院”，同时举办专业和业余两组“最美槐坎”有奖摄影大赛。活力槐坎：举行两轮“槐坎民星”才艺选拔大赛，评选出“槐坎民星”11个，同时举办三对三篮球赛、乒乓球赛、象棋赛，选拔槐坎球星和棋王。创业槐坎：评选出槐坎境内10名“创业新星”。9月30日晚，结合庆国庆65周年，举办“红色山乡、幸福槐坎”群众文化节闭幕式大型文艺晚会，全程现场直播。

【第25期企业总裁工商管理高级研修班在浙大开课】 年内，槐坎乡为进一步促进企业转型升级，提高在槐企业的市场竞争力，深入推进“名师名家”培育工程，输送19名企业家到浙江大学企业总裁工商管理高级研修班（第25期）研读。此次研修班的成功开设有利于提高在槐企业家的相关专业知识，提高企业的软实力，同时密切对浙江大学的合作关系，为今后成功引进浙江大学高校人才奠定基础。是一次实现共同发展，互惠共赢。此次合作对推动槐坎电子电容器实现快速发展，具有十分重要的意义。

【建立健全约法四章联村机制】 年内，为深入了解各村村情民意，指导、帮助和督促各村级组织及村“两委”干部开展工作，同时不断加强机关干部与各村的联系、沟通，进一步密切党群干群关系，于槐委〔2014年〕1号文件确定建立健全“牵头议事、协同报批、财务审核、定期巡会”约法四章联村机制，年内分别在9个村召开巡会。

【长兴县电子行业协会专业技术委员会在槐举办成立大会】 槐坎乡是长兴电子行业的集中地，4月18日成功举办长兴县电子行业协会专业技术委员会成立大会，经信委领导、乡班子成员、电子行业协会理事参与大会，大会就对产业或企业发展提出意见和建议；讨论和落实产品标准文件收集和完善工作。此次大会对长兴电子行业的“腾笼换鸟”具有重要意义，同时也推进今年槐坎乡“机器换人”的相关工作，对电子行业企业的转型升级奠定坚实的基础。

（丁　炎）

表71

2014年槐坎乡各村（社区）基本情况

村（社区）名称	面积（平方公里）	户数（户）	户籍人口（人）	经济总收入（万元）	人均纯收入（元）	村（社区）总支（党委、支部）书记	村委（社区）主任
抛渎岗村	11.5	822	2029	65	21580	开明敏	王战龙
礼汭村	6.19	340	877	7	21080	王胜星	钱寿芳
平丰村	3.85	292	765	15	18500	陈学寨	钱吉根
六都村	9.7	915	2768	30	10800	刘献荣	王炳仕
新槐村	12.7	1052	2791	120	23800	林顺芳	许立强
十月村	11.2	816	2236	35	13580	汪发明	杜　峰
祠山村	11.24	465	1274	35	16000	韩坤明	彭双双
东风村	7.3	568	1461	24	14500	沈忠华	金雪堂
仰峰村	9.4	539	1412	56	17000	曹建华	王忠南

白岘乡

【概况】 白岘乡地处苏浙皖三省交界地，区域面积43平方公里，辖6个行政村、1个居民组，共42个自然村、3660户、10700人。年内白岘乡面对严峻的内外宏观经济形势，面对发展任务重、建设项目多的实际以及其他种种挑战，乡党委、政府在县委县政府的正确领导下，始终围绕建设“生态文明，环境优美”中国太湖石文化之乡奋斗目标，牢牢把握全面深化改革和党的群众路线教育实践活动两条工作主线，在应对挑战上出实招，在狠抓落实上下功夫，在“争先进、创一流”上想办法，全乡经济社会发展呈现良好态势。年内共完成财政收入8138.5万元，比上年增长4.8%；其中国税收入4246.6万元，地税收入3891.9万元；完成工业性投入2.8亿元；完成规上工业产值13.5亿元，比上年增长5.7%；完成规上工业增加值1.7亿元，比上年增长16.2%；完成规上利税1.1亿元，比上年增长17.7%。

经济建设发展　坚持招商引资“一把手工程”不动摇，主要领导坚持赴上海、广州等地常招商、广招商。推动“乡贤招商”，号召全乡上下充分利用“亲友情、战友情、同学情”，推介白岘。强化招商队伍建设,密切关注杭州、上海、苏南地区招商动态。强调创新方式方法,对符合白岘产业定位项目力争引进,对不能落户白岘的项目与其他乡镇分享引进。对之前的招商引资奖励办法进行调整,加大招商引资奖励力度,营造全民招商氛围。全年共引进招商引资项目4只,其中增资项目1只。完成总投资1.8亿元的钙科机械项目一期料库建设;完成鑫盛塑木二期项目建设,目前已投产;完成紫鑫科技二期厂房建设,预计2015年初试生产;完成泰明二期厂房建设,预计2015年年初投入使用;完成森大竹木三期厂房主体建设;全年共完成腾笼换鸟企业4家,共计腾出土地2.6公顷,腾出能耗175吨标煤。全年完成淘汰落后装备生产线21台(套)。全年新增服务业法人单位9家,个转企3家。同时,加大对工业园区的投入力度,完成工业集中区绿化提升工程;完成工业园区东侧6.7公顷土地平整;完成工业园区矿山道路规划。紧紧围绕科技"五百行动",宣传、引导园区企业加大科技研发投入,进一步加快白岘乡科技创新由"一枝独秀"向"遍地开花"转变;重视企业与科研院校交流,鼓励政产学研合作,不断提高企业产品科技含量。全年共完成专利申请140只,其中发明专利申请28只,完成专利授权143只,其中发明专利授权7只;完成省级以上重大重点项目立项1只;完成省级新产品立项27只;完成国家高新技术企业立项1家;完成新认定省级科技型企业2家;完成新认定县级科技型企业4家;新增产学研合作项目2只;完成征集重大科技难题、需求项目7只。

太湖石产业　年内12月28日,占地7.4公顷的中国太湖石博览园顺利开园,入驻经营户11家,11个经营展示区按照"一区一景"的思路浓缩太湖石在江南园林中的运用,整个石博园成为集太湖石产业发展、文化交流推广、休闲观光旅游、生态环境展示等功能于一体的太湖石展示、销售和发展的综合园区。全力推进太湖石产业带完善提升,10省道6公里示范带基本建成。将太湖石产业招商从乡招商工作中单列出来,做到"文化引商"。4月24日上海推介会共签约招商项目、购销合同、入园协议15个,购销合同总金额8000万元;出台《白岘乡加快太湖石文化产业发展有关优惠政策》,开展"十大太湖石经纪人"等评选活动,不断发展壮大太湖石经纪人队伍。并将太湖石自身优势与白岘自然环境有机结合,形成互动发展。成功举办首届白岘·中国太湖石文化节,广泛深入推进观赏石日、"廉石"主题征文、"我眼中最美的太湖石"摄影比赛等群众性太湖石文化活动;通过义乌"中国文化产品交易会""西湖文博会""浙江观赏石精品展"等对外交流活动积极走出去,打响太湖石品牌。

精致小城镇建设　编制《长兴白岘乡村旅游总体规划》,对《白岘乡集镇控制性详细规划》进行修编,并在此基础上完成集镇控制性详规的编制。切实做好中心村建设规划与土地利用总体规划"二规合一"工作,做好中心村建设规划调整编制工作。高标准推进农贸市场建设。投入200万元对集镇进行改造提升,工业园区入口处新建大型货车停车场。开展集镇专项整治,高品位提升集镇美化工作和管理水平。成立杭长高速征拆工作领导小组,坚持阳光拆迁,在拆迁工作中,严格按照国家法律法规,实行"五步法、三公示、一口价"。为保证全面完成拆迁任务,乡里对拆迁工作实行"倒计时"管理,坚持每日督查一次进展情况,以强有力的工作态势全面推进拆迁工作。实现按时签约、按时搬迁、按时拆迁、按时进场施工,在全县三个乡镇中率先完成征拆工作。共完成土地征收60公顷,153户民房拆迁户如期签约。同时,完成126户杭长高速安置户及红线外5米范围内的影响房抽签安置工作。制订《白岘乡美丽乡村长效管理方案》,广泛宣传,使"门前三包""卫生保洁"等一系列制度贯彻落实。开展"最美庭院"评比活动,动员家家户户开展"大扫除",使庭院内外与周边环境相协调。2014年白岘乡"三改一拆"共计拆除违法用地40宗,拆除违法建筑23010平方米,超额完成县下达任务。同时,组织各村创建"无违建"村,对乡内3宗面积为593平方米的存量违法建筑拆除完毕,成功创建"无违建乡镇"。6个行政村美丽乡村长效管理排名均进入过全县前20名,其中三洲山村累计7次排进全县前20名,6次进入前10名。

民生事业发展　全面开展农村生活污水治理,完成白岘村、三洲山村、五通山村、和岕口村四个村的生活污水处理,对农户的"粪便水、餐厨水、洗涤水"三水全部接入,接户做到应纳尽纳、应集尽集,各村治理率达85.5%以上,并顺利通过市县相关部门的检查。积极组织各村实施山泉水改造工程,罗岕村投入190万元完成945户农户的山泉水改造,共建造水池5座,铺设管网1.4万米,安装水表905只。五通山村部分工程也已完工,并于2015年上半年全部完成。同时,三洲山村、和岕口村完成入户连接工作,并制定安全用水、节约用水等长效管理机制。分别完成白岘村、五通山村社区卫生服务中心的改建;顺利通过省级卫生乡复评。投资50万元,完成中心小学基础设施建设,小学"神农园"中草药教育实践基地多次被省级以上媒体报道;完成白岘成校改建,并正式投入使用。认真组织实施爱国卫生月集中整治行动。进一步深化计生优质服务,计划生育各项惠民政策全面落实。白岘乡社会福利中心投入使用,各类设施不断完善;完成访贤、罗岕创建,逐步实现全乡覆盖的总体目标。残疾人帮扶工作进一步深化,"残疾人创业一条街"工程加快提升,有效传递劳动光荣、劳动致富的正能量;完成全乡270户共计454名低保对象的重新审核认定。平安综治基层基础进一步夯实，通过落实化解攻坚，全年共调解各类矛盾纠纷153起，调处率100%，调解成功率98%；严格落实"一岗双责"制，进一步强化行政村安全生产监管责任和企业安全生产主体责任的落实，8家企业通过安全生产标准化验收。

【中国太湖石博览园盛大开园】 年内12月28日，首届中国太湖石文化节暨中国太湖石博览园开园仪式在浙江省长兴县白岘乡盛大举行。中国太湖石博览园占地7.4公顷，主体建筑面积3000平方米，由多个室内外园林式石景设计经营公司及中心花园组成。太湖石博览园既是一个太湖石的集散地，又因其江南园林的古韵风情，也是游客休闲旅游的好去处。入口处，太湖石和绿化植物相得益彰，特地打造的水渠更为博览园平添几分意境。园内还有大量太湖石景观设计、情景雕塑，陈列展示相关历史传说和文化典故。

【太湖石和旅游产业推介会在沪举行】 4月25日白岘太湖石和旅游产业推介会暨中国太湖石博览园招商会在上海举行。推介会上，为了让客商真正领略太湖石的雅趣和白岘乡的魅力，现场还播放精心制作的宣传片，发放220本宣传画册。大家对太湖石和白岘乡的太湖石产业表现出浓厚兴趣。不少人看到太湖石博览园的前景，现场签订入园协议，为今后发展打好基础。招商会共签约项目15个，签约金额1.5亿元。其中包括中国太湖石博览园入园企业6家，太湖石购销签约6个，招商引资项目3只。

【杭长高速北延工程征拆工作全面完成】 年内把杭长高速北延工程征地拆迁作为全乡中心工作之一，明确工作节点，倒排时间进度，成立工作领导小组，召开全乡动员大会，组织征拆工作人员、各行政村书记到吕山、图影实地学习观摩，并去湖州监狱接受警示教育。在拆迁工作中，坚持阳光拆迁，坚持公开、公平、公正原则，坚持走群众路线，乡村两级干部自我加压，自愿放弃节假日和休息日，白天在一线抓施工进程，晚上走访群众，整个征地拆迁工作有序进行。到6月底完成土地征收60公顷，8月15日全乡153户民房拆迁户全部如期签约，8月31日征拆房屋腾空率达到100%，按时完成征地拆迁任务，基本实现无障碍施工。

【群众路线教育成果丰硕】 白岘乡始终将群众路线教育实践活动贯穿全年，树立和宣传"最美湖州人"罗红美、"浙江省助残先进个人"朱友来等一批本乡的先进人物典型。积极开展"走村不漏户、户户见干部""民情体验课""双千万结对"等活动，2014年以来乡机关工作人员共走访群众3368户，为群众办实事164件。累计征集到反映"四风"方面问题及工作意见建议863条次，其中涉及"四风"方面的问题和建议51条。对乡班子整体和全乡26个单位党组织明确的整改问题和长效机制建设项目实行领导包项，逐条逐项分解承包给各班子成员，37个整改项目已全部整改到位。结合党员身份证信息采集，建立全乡16个两新组织的党组织建设台账，切实做到两新组织总数清、党建情况清、流动党员清、出资人身份清。

【举办系列文化活动】 白岘乡坚持"一方奇石造福一方百姓，一方奇石汇聚一批朋友，一方奇石传承一种文化，一方奇石拓展一个产业"的发展理念，将太湖石产业与文化产业、旅游业、商贸业融合发展，成为白岘经济新的亮点。结合举办首届白岘·中国太湖石文化节，开展系列文化活动，举办全国第三个"赏石日"活动、"太湖石缘·谁与争锋"登山比赛、"白岘好声音"歌唱大赛等，丰富人民群众精神文化生活，进一步提升太湖石文化软实力和综合竞争力。

（杨　晶）

表72

2014年白岘乡各村(社区)基本情况

村(社区)名称	面积(平方公里)	户数(户)	户籍人口(人)	经济总收入(万元)	人均纯收入(元)	村(社区)支部书记	村(社区)主任
访贤村	4.3	715	1911	14	15320	魏国清	黄学强
白岘村	9.2	548	1732	10	15833	章志群	芮德建
三洲山村	6.7	617	1659	85	19849	侯仕连	施国荣
五通山村	9.24	647	1833	10	13750	俞汉强	俞国兴
和岕口村	4.5	427	1202	15	17531	韩国强	章忠良
罗岕村	9.06	849	2761	15	15756	罗　强	吴炳云
居委会	—	—	—	—	—	林阿根	—

画溪街道

【概况】 画溪街道位于长兴中心城区的南部,区域面积69平方公里,辖11个行政村、4个居民区。年末,全街道总户数13916户,户籍人口约37090人,另有外来暂住人口1.37万。街道以新型能源、新型材料、现代纺织三大产业为主导,全年实现地区生产总值28.63亿元,比上年增9.1%。财政总收入6.40亿元,比上年增长10.82%,其中地方财政收入1.52亿元,比上年增长5.11%。农民人均纯收入23372元,比上年增长10.44%。完成合同外资2528万美元;实到外资600万美元;县外内资注册资本金4.1亿元;浙商回归2.19亿元;自营进出口1.31亿美元。年内,画溪街道获省级生态街道、省老年体育特色乡镇、省专业商标品牌基地、省首批百家拟培育智慧小企业创业基地、市级生态街道、市统计基础工作规范化单位、市级平安用药乡镇、市级示范乡镇总工会等荣誉。

经济发展　年末有工业企业448家,其中规模以上工业企业65家,全年规模以上工业产值97.64亿元,增长13.8%;规模工业增加值18.9亿元,增长15.5%;固定资产投资15.3亿元,其中工业性投入14.1亿元;三大主导产业规模以上工业产值完成71.37亿元,占规模以上工业产值的73.1%。13只总投资5000万元以上项目“百亿投入”完成投资12.35亿元,其中亿元以上新建项目完成投资8390万元,5000万元以上技改项目完成投资11.51亿元。全年农业总产值3.48亿元。完成土地流转140公顷,新发展七大产业139公顷,其中设施农业82公顷。葡萄种植总面积633公顷,占全县面积近四分之一,总产值超1.1亿元,草莓种植总面积40公顷,占全县面积60%,总产值1800万元。新增芩源生物科技、安信家庭农场、华方农场等现代农业园区。新创建县级以上示范合作社(家庭农场)2个,县级龙头企业1家,新增无公害等“三品”农产品5个,争创市级以上名牌产品1个,新增无公害农产品产地150公顷。草莓、葡萄、蔬菜等农产品农残快速检测累计达到490批次。成功举办第二届草莓节、第六届葡萄节。实现服务业增加值5.6亿元。田川物流竣工运营,捷通物流新开辟长兴—乍浦—宁波内河外贸集装箱航线,完成集装箱吞吐量6260标箱;发展阳光果园等一批农业休闲观光项目;电子商务等新兴业态加快发展,锦诚耐火开发原材料交易平台,超威建设天猫旗舰店,慧德新材料等5家企业成为全县首批电子商务会员单位。全年新增省级科技型企业12家,县级以上科技型企业13家,研发机构13个,入选省首批百家智慧小企业创业基地。新增省级新产品59项,完成专利授权345件,新增市著名商标1件、省著名商标1件、省级名牌产品1只,获评省专业商标品牌基地。入选省“千人计划”3人、南太湖精英计划项目1人、省领军型创新创业团队1个、“1112人才工程”5人、“151人才工程”3人,新建省级院士工作站1家。

城乡建设　完成新城控制性详规与雉州大道沿线城市化方案设计审批,明确新城的产业布局、功能定位。推进雉州大道沿线部分企业的拆迁工作,画溪交通枢纽站完成建设并投入使用,骨科医院完成立项,明门农贸市场项目已通过县长规划例会。推进长和、长吕公路绿化改造和沿线农房整治工作,完成长和公路、长吕公路、城南路、长桥路、一号路绿化6.6万平方米,完成城南路、一号路、包桥路、长桥路等主要干道亮化3200米。加强城市建设与管理,开展交通营运、治违拆违等专项治理,老318国道沿线违章建筑全面整治。完成包桥、徐家浜美丽乡村创建,南石桥完成安置房60户。明门、柏家浜完成园中村改造。新建大斗、包桥、徐家浜、竹元等便民服务中心4个,完成县级村级集体经济项目2个。完成农村联网公路建设3.5公里、农村公路大中修4.6公里;村级道路硬化20公里,姚朱公路一期改造提升工程即将进入招投标;改造桥梁7座;完成包桥、南石桥农村“一户一表”改水工作及三新村山泉水改造工程,受益9020人。完成城南圩区三里桥、扎网斗、跨塘桥等排涝站基建工程;完成大斗圩区防汛仓库、9.5公里堤防加高加固工程;完成包桥圩区曹家桥闸站设备安装和长湖申曹家桥、白莲桥段斗堤维修工程。800公顷省级高标准农田开发项目完成总工程量的60%,启动实施893公顷县级高标准农田提升项目。基本完成5个村的农排线改造工程。完成省、市生态街道联创,包桥、徐家浜完成市级生态村创建。完成“三改一拆”旧厂房改造18家面积6.4万平方米,拆除违法建筑7.1万平方米。完成集中绿化35公顷,创建市级森林单位1个、市级森林村庄1个。“五水共治”完成河道清淤122公里,断头河整治12条,河长制有效落实,街道195条河道实现保洁全覆盖;2个村的生活污水治理任务按时完成;污水处理厂二期工程投入使用,日处理污水20000吨;落实秸秆禁烧以及小锅炉、码头、煤堆场整治。

民计民生　建成明门、徐家浜市县级全民健身广场,完成包桥、大斗2个文化礼堂建设,成功创建省老年特色体育乡镇。教育现代化水平加快提升,累计投入400余万元建设教育基础设施,新建包桥小学食堂、包桥中心幼儿园辅助用房;长桥小学食堂成功创建省级“示范性食堂”。投入70万元改善医疗设施设备;新创建省级卫生先进单位1个,成立县红十字会画溪街道分会。落实农村合作医疗保险和城乡居民社会养老保险政策。被征地农民基本生活保障制度与职工基本养老保险制度实现衔接。落实城乡低保、农村五保供养、残疾人补助、慈善救助等工作，累计发放各类补助资金215万元，救助困难群众800人次。完成曹家桥、白阜和徐家浜3个城乡居家养老服务照料中心建设，市三县两区敬老院规范化管理现场会在街道召开。完成人才购房105人；公积金扩面580人；危旧房改造23户；完成所有农房的政策性保险，农村宅基地使用权确权登记发证8045户。完成8个村的集体经济股份制改革。发放农资补贴等各类补贴503.6万元。完善社会治安防控体系，打击非法传销，刑事案件发案率连续5年下降，累计接受矫正人员31人，解矫17人。成功创建徐家浜、包桥2个四星级“民主法治村”。调处各类矛盾纠纷354起，调解成功率98.3%。

【两新组织党建工作水平不断提升】 画溪两新组织数量较多、人员流动较大、自身变动较快，街道坚持因地制宜、因企利导，采取个体单建、区域联建、村级挂靠三种形式推进党的组织覆盖。55家不具备单建条件的企业和15家产业协会组建15个联合党支部，231家没有党员的企业按照属地分别挂靠15个村（居），实现组织全覆盖；在园区内划分5大区域网格，组建5支服务团队，选派57名机关干部担任党建指导员，实现工作全覆盖。发挥园区企业集群优势，整合党建、群团、民政、计生、社保等资源，按照联筹、联建、联管、联用的模式，投资300多万元建成园区党群服务中心，园区所有两新组织和党员免费联用共享，党员到服务中心的路程均不超过一刻钟，打造“一刻钟党群服务圈”。联合开展“双六优先”活动，重点培养企业中高层管理人员、业务骨干入党，近三年发展的45名两新党员中，大多数为中高层管理人员和技术骨干；联合实施“素质提升”工程，依托党群服务中心联合轮训党员和入党积极分子；联合实施“党员安家”工程，三年来有150多名“口袋党员”“隐形党员”，主动亮明身份，纳入组织管理。两新组织党建工作得到上级领导肯定，街道党委书记周卫凌在3月全省两新组织党建工作会议上做经验交流。

【“党员身份证”首发】 7月16日，画溪街道举办“让党徽闪耀为党旗添彩”为主题的长兴县党员身份证首发仪式暨画溪街道十佳闪光言行之星展示活动，首批发放党员身份证1100张。年初，画溪街道试点探索推行党员身份证制度，尝试打通党员组织关系隶属地与非隶属地党组织之间的管理权限，赋予党员在各个不同领域参加各类组织生活、组织活动的全部权利。完成街道党员信息采集1307人，为36个村、重点企业党组织安装系党员身份证系统。党员采用IC卡技术，实行电子实名制，依据现行党内年报统计的地方和基层党组织固定编码，为每名党员确定一个18位数的“党员身份号码”，一人一证。在各领域和各地各单位的基层党组织，不论是党员组织关系隶属地，还是党员外出流动后实际工作就业、生产学习、生活居住的组织关系非隶属地，都可以凭党员身份证参加各类组织活动。淡化、简略基层党组织之间转接党员组织关系的程序、手续，流动党员应该转接组织关系而没有转接的，凭证在流入地同样行使表决权，享有选举权、被选举权。

【任友年入选5月“中国好人榜·助人为乐”类好人】 任友年靠收废品为生，是长兴县包桥村远近闻名的“破烂王”。16年来，其貌不扬的他靠收废品为生，却先后资助了64个贫困孩子，捐助资金近50万元，其中18个孩子已经考上大学。资助孩子上学，任友年一向出手阔绰，但这位破烂王对自己的生活已到了近乎苛刻的地步。在包桥童家村，任友年每个月花费600元租了两间再普通不过的屋子，一间摆放废品，一间用于生活起居。卧室里只有一张床和一台电视机，任友年说：“想到孩子们上不起学，早早出来打工我就心痛，看到他们高高兴兴上学我就开心，孩子们是我工作的动力。”任友年最朴素的愿望，感动了一座城。任友年也因此入围5月“浙江好人榜·助人为乐”类好人、入选5月“中国好人榜·助人为乐”类好人。

【成功创建省、市两级生态街道】 画溪街道重视生态和环保工作，近年来不断加强宣传力度，利用板报、宣传标语、宣传画等形式在群众中进行宣传教育，为创建生态街道营造良好氛围。年内关闭养殖企业2家，规模畜禽养殖排泄物综合利用率达到97%，完成测土配方施肥4133公顷，推广病虫害减量控害技术1866公顷；秸秆综合利用率87.2%，建立秸秆巡查组，宣传禁烧秸秆，未发现露天焚烧秸秆；农村清洁能源利用达72.5%；完成平原绿化24公顷，绿化造林3.3公顷；完成1.6公里污水管网建设，新建中水回用站一座、污水提升泵站一座；完成122公里河道清淤，并实现河道保洁全覆盖。工作取得了显著成效，画溪生态环境得到进一步提升，各项技术指标均达到省、市生态街道的相关要求，同时申报省、市两级生态街道并通过验收。

【探索推行村级小额工程管理制度】 年内画溪街道探索推行村级小额工程管理制度，制订出台《画溪街道村级小额工程项目管理办法》，选取明门居民区和柏家浜居民区开展试点，探索村两委主持、村监委监督的“于法周延、于事简便”的小额工程规范化模式，推进村级5万元以下小额工程项目的规范化建设，既给予村级更多的自主权力，又加强工程项目监督。在确定项目时，听取村民的意见和建议，并将合理化建议梳整理带到工程决策会议上进行综合分析；在发布项目公告时，不仅张贴公告，而且村干部通过电话向承包组长发布竞价公共信息;在组织竞价时,组织参与报名竞价的承包人到工程施工点察看现场,使承包人对将承包的工程做到心中有数,防止竞价时出现报价不实的问题出现;在工程实施中,村民代表、村监委成立监督小组,对施工材料、施工质量、工程变更等内容进行检查核实并提出意见建议。监督小组成员对施工现场监督次数不少于3次,并做好监督记录;工程完工后,监委对工程所有资料整理归档,每个工程项目档案资料遵循"一项目一档案"原则,保存工程从立项、竞价、监督、验收整个工程,随时经得起检验,既是对工程负责,也是对村干部、老百姓负责。

(周　顺)

表73

2014年画溪街道各村(社区)基本情况

村(居)名称	面积(平方公里)	户数(户)	户籍人口(人)	经济总收入(万元)	人均纯收入(元)	村(居)总支(支部)书记	村委(居)主任
三星斗	1.9	572	1406	120	22007	文天喜	王金水
柏家浜	1.5	614	1502	150	22985	刘桂清	张　剑
竹元村	1.4	589	1477	123	19651	陈　炜(2月免) 盛春山(2月任)	朱雪良
明门	1.8	856	2015	219	24288	缪根林	沈桂平
南石桥	5.32	1273	3696	170	20459	郭明方	
徐家浜	3.14	921	2318	94	16996	吴长青	沈瑞明
曹家桥	4.2	1038	2619	72	19651	周玉璋	黄雨田
包桥	2.8	1145	2754	88	20976	吴明龙	陶连方
白莲桥	3.7	901	2331	60	16582	薛继方	曹寨军
姚家桥	6.4	1240	3672	111	20066	蒋晓东	钱小龙
长桥	7.6	1525	4230	115	18216	沈国藩	姚纪成
三新	9.8	924	2626	94	17664	周锡忠	高泥兵
大斗	3.9	1056	3033	47	17664	蒋建华	朱会富
新庄	6.4	586	1592	72	19668	梅才根	黄光雨
白阜	5.8	676	1819	105	18807	强建伟	姚晓顺

雉城街道

【概况】 雉城街道位于长兴县中心地带,是长兴县的老城区,区域面积18.6平方公里,下辖7个村改居民区和18个社区,总户数28271户,户籍人口77460人,常住人口近11万。雉城街道紧紧围绕建设"三区一城"的总目标,以发展提效、创新提速、环境提升、民生提质为着力点,集谋发展之策,善借创新之力,践行实干之风,实现经济平稳发展,社会管理共建齐享,生态环境持续优化的良好局面。全年实现经济总量38.4亿元,比上年增长7.71%,其中服务业增加值实现37.28亿元,增幅8.6%。完成全口径财政收入1.66亿元,比上年增2.61%。街道及下属社区和居民区荣获各类国家和省市级荣誉称号76项。成功创建"全省社会管理综合治理先进集体""全省无邪教创建先进单位""浙江省档案工作目标管理省三级标准单位"等称号。

经济发展　全年完成税收入库1.55亿元;累计完成浙商回归省外到位资金8055万元,省内到位资金1950万;引进8个500万元以上招商项目,完成注册资金5614万元。深入实施服务业发展"162"工程,全年新发展法人单位228家;完成13家限额以上单位申报;完成"个转企"97家,其中公司法人66家;完成电商换市18家。全年新增纳税户100余户。深入开展"访企业、送服务"活动,全体机关、村居(社区)干部联系企业145家和个体户478家,梳理汇总158项意见建议或问题,协调帮助企业解决融资1285万元,组织培训8次,招工524人,并有效掌握一批项目信息。推进7个居民区11

个“造血式”项目，全年完成招租面积47300平方米，村级集体经济收入突破700万元，七个村居经济合作社集体总资产达到18235万元，经营性资产达到16813万元，量化资产达到13387万元。

环境提升　全年共计投入96万元，完成辖区内11条河道5.37公里和护城河2.38公里的清淤工作任务；完成拆除违法建筑126户，面积3.72万平方米；改造城中村150户，面积4.69万平方米。全年投入185万元完成金莲桥泥桥湾新村等6个自然村的环境整治提升工程。全面推进污水管网建设，全年投入1180万元完成1.3公里城市污水管网建设，投入492万元完成4个村(居)11个点的农村污水治理工程，共计改造户数1640户，铺设管网34929米，新建或改建化粪池1643个。完成西黄土桥拆建工程和钮店湾金铁路改造工程的竣工验收。投入260万元，完成老蓄电池厂内废品收购点集中整治、老丝厂环境提升、46家反弹废品收购点取缔等重点整治工作。顺利完成步云桥项目、高家墩张家漾项目、老剧院地块项目的征地拆迁工作，共计征地8.016公顷，拆迁房屋91幢，签协191户，拆迁房屋面积约5.85万平方米，同时完成安置项目四个，安置571户共计1691人，安置总面积达到101460平方米。

社会治理　探索“公众参与”社会治理模式，辖区25个村居(社区)全部完成指导居民自主制订、自主通过、自主执行村规民约(社区公约)。年内，投入590万元启动台苑新村等2个社区的公共服务用房建设。构建“社区为平台、社团为载体、社工和志愿者为骨干”的“三社”工作格局，全年共计开展各类志愿服务活动300余次，组织志愿者参与各类志愿活动达4000余人次。致诚物业公司成立7家物业管理分公司，强化对老旧小区的物业管理和服务。投入51.3万元用于无物业管理小区的绿化修剪养护，投入120万元用于老旧小区的基础设施应急维修。深化“平安雉城”建设，积极引导社会力量参与社会治理，平安理念深入人心，辖区各类团队活动开展率达100%。构建人民调解、司法调解、行政调解协调联动的“大调解”工作体系，全年共调处各类矛盾纠纷1092起。其中司法所调处91起，调处率、成功率均达100%，涉案金额达1976万元。“六打六治六防”活动成效显著，共发现辖区各类安全隐患466条，完成整改378条，取缔废旧钢筋非法加工作坊1家。

民生保障　基本形成居家养老为主、社区老年之家和敬老院福利机构为辅的“三位一体”老龄服务体系，投入155万元建成的高阳桥社区“雉城养老服务中心”、小西门社区的“福康居家养老服务照料中心”、南门社区的“福乐老年人日间照料中心”，与已建成的北门社区的“颐和苑”初步形成“二十分钟养老服务圈”。全年发放困难群众补贴265万，发放优抚对象生活补助金247万元。完成年度6346名居民医保续保；劳动争议调解完成率达98.57%，帮助劳动者追回拖欠工资和加班工资以及各类经济补偿金1021.72万元。优生两免宣传教育不断深入人心，计划生育率达到98%，婚检率达到103%，孕检率达到102%，社会抚养费征收立案率达到95.2%，金额兑现率达到58%。完善扶老、助残、帮贫工作体系，办理老年优待证1600张，成立高阳桥社区残疾人庇护中心。7个居民区慈善工作站慈善工作扎实开展，共计发放15万元慈善救助款。三狮社区成功创建全国文明交通示范社区，鱼巷口社区成功创建全国综合减灾示范社区。

精神文化生活　开展“四大主题文化”活动，实施“五个一”工程(即树立一个品牌、设立一项基金、组建一个社团、形成一批特色、营造一种氛围)，成立“街道文化体育协会”，筹集“文化发展专项基金”10万元，调动社会各方面力量开展文化活动。先后举办长兴县首届社区文化节、“青春雉城·梦想起航”五四青年节文艺会演等大型活动7次，参加各类文体活动人次超6000余人次，营造“幸福乐活”的良好精神文化氛围。体育比赛取得丰硕成果，在浙江省排舞大赛中获得银奖，在全县气排球比赛中获得第一名，并成功举办“雉城街道杯”2014湖州地区气排球交流赛。以提升市民道德素养为目标，在五峰梅花庄新村内建设完成第三期“美德雕塑”。

【群众路线教育活动有实效】　街道从2月开始在45个基层党组织、2800余名党员干部中开展党的群众路线教育实践活动，通过采取领导领学、集体统学、小组研学、观影助学和个人自学等多种方式组织学习习近平总书记系列重要讲话精神及中央、省市委有关会议精神和部署要求，把群众路线教育活动与日常工作相结合，完成84个民生问题的整改。各基层党组织认真开展“党性体检、民主评议”，查摆党组织和党员身上存在的突出问题235个，制订整改措施235条，评出党性亚健康党员46名，党性不健康党员19名，通过采取劝勉谈话、限期整改和结对帮扶等措施，增强党员的党性意识。推进严控“三公”支出、改进文风会风等18项专项整治工作，三公经费全年比上年下降35.88%。

【“四大行动”深化党员先锋引领作用】　一是开展党员联系群众先锋行动。以“三联三诺”和“民情档案”为载体，街道109名党员干部和109户困难户结成对子，全年街道、村居(社区)221名党员干部开展党员入户走访22100人次。二是开展党员设岗承诺先锋行动。街道社区共有2132名党员认领义务巡逻岗、文明劝导岗、矛盾调解岗等岗位，并依岗承诺，认真践诺。社区党组织每季度对党员履诺情况作1次点评。三是开展党员志愿服务先锋行动。街道18个社区均设立社区志愿服务联络站，建立36支党员志愿者服务队，开展服务活动218次。打造小西门社区“民情急诊室”、高阳桥社区“帮忙说事团”等一批特色鲜明、效果明显、影响广泛的服务品牌。四是开展党员关爱帮扶先锋行动。建立社区关爱帮扶基金，累计帮助因病、因残陷入困境的困难群众273人，金额21.8万元，并利用社区“爱心超市”“博爱超市”等载体给困难党员群众送去粮油等生活物资价值达2万余元。集中征集一批困难群众的“微心愿”，开展千名在职党员集中认领活动，共认领“微心愿”1092个，帮助困难群众解决1092个实际问题。

【农村集体资产股份合作制改革】 8月，雉城街道下辖7个居民区金莲桥、上杨、五峰、雉城、古城、高家墩的农村经济合作社开始股份制改革，以依法规范、发扬民主、公开透明、维护稳定为原则，抓好清产核资、成员界定、股权设置、资产量化、股权管理、收益分配、章程制订、组织登记、股权交易、文书归档10大环节，截至11月底基本完成村集体经济股份制改革，股东10106人，其中经村民自治确认的人数(非社员股东)1063人，发放股权证4240本，股权数量8632.44股，量化资产13387.71811万元。

【社区设置调整】 随着城市建设不断提速，城郊新建小区相继启用，2月，经长兴县政府研究，决定对部分城市社区设置进行调整，其中涉及雉城街道：一、组建雉城街道回龙山社区。社区四至范围为：东至画溪大道、南至长兴港、西至长铁路小浦镇五庄村界、北至龙山新区高山岭村界。社区临时办公用房选址长兴六小南侧。二、撤销雉城街道皇家湾社区、荣军社区，组建皇家湾社区。社区四至范围为：东至长州路、南至县前东街接明珠路接解放中路一线、西至长水港、北至太湖路。社区办公用房暂定为原荣军社区办公室。

【协会换届更名】 雉城街道社区建设与管理协会成立于2009年10月，有理事会成员25名，团体会员129家，其中机关部门60家、企业31家、学校13家、社区(居民区)25家，办公地址在金陵中路53号。12月23日，协会在行政会议中心召开第二届一次会议，128家成员单位参加会议。会议审议并通过协会财务工作及协会更名、章程修改等报告，选举葛华庆为协会会长、陈建平为常务副会长，更名为“雉城街道社区共建协会”。协会宗旨：遵守宪法、法律、法规和国家政策，围绕“锦绣长兴”“三区一城”建设，大力弘扬社会主义核心价值体系和核心价值观，提升公民思想道德素质，打造文明和谐的社会环境和昂扬向上的公民品德；坚持以“突出特色、提升品位、打造精品、共建和谐社区”为目标，研究、探索、创新社区治理模式，全方位、多角度地扎实推进社区治理工程。

【举办首届“乐活雉城”社区文化节】 4月29日，雉城街道在县文化馆幸福大舞台举行首届“乐活雉城”社区文化节开幕式。此次社区文化节以“锦江之星”杯·中信银行信福年华卡广场舞大赛为开端，来自各个社区的10支队伍102名热爱舞蹈的居民群众参加比赛。经过规定曲目和自选曲目两个环节的比拼，最终来自高阳桥社区的广场舞《烟花三月》获得比赛的金奖。超过500名居民群众现场观看了开幕式及广场舞大赛。活动在传递健康生活理念的同时极大地丰富了居民群众的精神文化生活。

【举办第二届“圆梦雉城·唱响民歌”大赛】 8月26日晚，雉城街道主办、雉城街道社区建设与管理协会协办的第二届“圆梦雉城·唱响民歌”大赛决赛在长兴传媒集团600平方米演播厅举行。经过前期二场初赛、一场晋级赛选出的15名选手进入决赛比拼，最终张龄娜凭借《黄河渔娘》、张振宇凭借《喀什噶尔女郎》获得比赛金奖，300多名民歌爱好者现场观看了比赛。

(胡剑泽)

表74

2014年雉城街道各村(社区)基本情况

村(社区)名称	面积(平方公里)	户数(户)	户籍人口(人)	经济总收入(万元)	经营性收入(万元)	村(社区)支部(党委、总支)书记	村(社区)主任/助理
北门	0.45	2010	5798	—	—	费彩红	石美华
台苑新村	0.35	1282	3531	—	—	丁菊花	付　丽
大西门	1.35	2010	5464	—	—	许群娣	徐利琴
小西门	0.35	1675	6021	—	—	胡毕红	徐有平
鱼巷口	0.85	1984	6112	—	—	张　虹	刘　冰
米行弄	0.45	1436	4065	—	—	范　军	祝　琳

续表74

村(社区)名称	面积(平方公里)	户数(户)	户籍人口(人)	经济总收入(万元)	经营性收入(万元)	村(社区)支部(党委、总支)书记	村(社区)主任/助理
三狮	0.65	948	2694	—	—	杨敏伟	黄芳美
金陵	0.65	1063	2769	—	—	陆惠平	马　静
南门	0.85	1177	3322	—	—	沈文玉	蒋丽慧
高阳桥	0.75	902	2268	—	—	赵胜利	李晓萍
马巾巷	0.85	1546	4187	—	—	蒋　莉	胡　佩
二虎头	1.35	946	2361	—	—	董兰芳	杨　蓉
明珠路	1.25	1037	2970	—	—	钟永红	王　靓
皇家湾	1.4	2376	6637	—	—	沈　敏	周泽亚
所前	0.85	1329	3629	—	—	孙　群	邹存英
仓前街	0.35	1190	3308	—	—	黄利芬	薛阿成
水木花都	1.25	1444	3600	—	—	钱明森	徐　忠
回龙山	0.9	17	36	—	—	汪　卫	沈　伟
金莲桥	0.5	479	1171	578.73	279.84	江惠清	曾金龙
高家墩	0.6	661	1503	426.29	138.23	金培忠	沈伟星
钮店湾	0.8	905	1828	297.54	35.67	蒋斌芳	甘来法
雉城	0.4	412	797	58.31	25.93	刘建国	潘　斌
古城	0.2	186	281	46.47	30.93	朱宝成	朱　炯
五峰	0.8	858	2194	126.58	47.99	钱　璟	周阳顺
上杨	0.4	390	905	91	0	王伟卫	莫继敏

长兴经济技术开发区

【概况】 开发区位于长兴主城区东部，区域面积31.4平方千米，辖15个村(居)，2个社区，年底全区总户数10192户，户籍人口2.57万人。年内，开发区切实加强“党的建设”“美丽社区”两大保障，经济社会保持平稳发展态势。全年共完成财政收入9.23亿元，比上年增长9.15%；完成规上工业产值181亿元，比上年增长11.7%；完成工业性投入24.25亿元，比上年增长7.37%。

环境提升　全年共投入资金3000万元，使15个村(居)环境综合整治实现“全覆盖”。其中，南庄、王浜头等村居，结合新社区建设和街景立面改造创出新亮点，白溪、五里桥等村居，按照“太湖风情示范带”标准进行巩固提升。大力开展“三改一拆”“四边三化”“五水共治”等阶段性中心工作，全年共拆除违章建筑3.69万平方米，完成河道清淤50.1公里，完成断头河治理7处。积极开展秸秆禁烧、扬尘治理等15项大气污染专项整治，圆满完成既定目标。创新私房出租管理模式，成立出租私房协会和“自家人互助会”等社团组织，试点开展出租私房安全隐患整治工作。狠抓安置小区的管理与服务，滨河嘉园、陆汇嘉园等物业管理成功推向市场，朱渡桥公寓房车库侵占整治工作全面启动，圆满完成白鹭湾公寓房分房工作。便民设施更加完善，全年共投入资金300万元，完成7个村(居)930户的“一户一表”改水工程；投入资金790万元，完成上莘桥、陈塘、五里桥、王浜头等4个村的截污纳管工；投入资金1000万元，实施10个村(居)共5条道路修建工程，新增农村交通联网道路8公里。按照“成熟一批，办理一批”的原则，全面启动已交付安置房的“三证”办理工作，全年共完成“三证”办理1185户。

社会事业　以“计生网格化管理”为抓手，及时有序高效推进计生管理服务工作，完成社会抚养费征收28.35万元；开展“流动人口清查月”行动，排查流动人口育龄妇女2000多人。积极组队参加县排舞大赛，获得2金1铜佳绩，完成王浜头的文化大礼堂项目建设，进一步深化布置南庄居委会文化大礼堂，加强群众文化生活阵地建设。开发区中学投入使用，长兴七小完成装修和教学设备采购工作，有效解决企业外来子女入学问题。完成10个村居（社区）卫生服务站的业务技术调整，有效保证基本医护需求。推进农民健康体检，全年共组织免费体检4442人次。基本保障全面覆盖，全年共走访慰问困难群众和优抚对象458户，累计发放慰问金346100元。

社会服务　重视信访维稳，推进“平安开发区”创建工作，认真落实领导包案化解、领导出访接访等工作机制，强化维稳工作的源头管控，全年共受理信访事项30例，办结或转办27起，办结率90%。重视安全生产，集中开展“三率”宣传工作，全年举行平安综治双宣传活动、平安百日集中宣传活动、安全生产宣传月、反邪教专题宣传等专题宣传活动6场次，共悬挂横幅60多条，发放反邪教宣传册68份、平安宣传单16000份、安全生产发放宣传资料5000余份，全年无重大安全事故发生。

党的建设　深入开展第二批党的群众路线教育实践活动，突出学习教育、对照检查、整改落实等环节。活动期间，共组织集中学习11次，开展民情体验3批次，开展大走访活动，共走访农户9332户，发放宣传卡片5000余张，发放调查问卷1000余份，进一步拉近与群众的距离。通过各层次座谈会征集到各类意见建议300余条，并逐一制订整改方案，完成整改33条。加强基层组织建设，规范党员先锋指数考核，重点抓好党员发展、作用发挥、考核评价、不合格党员退出机制等四个环节，共评出党性亚健康党员194名，不健康党员21名，不合格党员3名。深化基层党组织“堡垒指数”管理，通过对基层党组织评星、定级，排出软弱涣散党组织7个，其中企业6个，村居1个，逐一落实专人结对，6月底全部整改到位。推行安置社区党员双重管理，开展社区党员“亮身份、践承诺”专项行动，有效化解“村居管得着、看不着，社区看得着管不着”的被动局面。加强干部队伍管理，严格实行班子领导“三严三带头”和“三联”工作机制，履行一岗双职；组织开展干部“双聘”工作，提拔任用干部6人，降级使用2人；开展专业技术人才公开选聘工作，共引进专业技术人才6名。加强村级队伍建设，建立和推行村干部每周例会、集中办公等制度和机制，组织开展村级两委班子、承包组长、党员等三个层次的专题培训8批次。狠抓党风廉政建设，认真履行党委“主体责任”和纪委“监督责任”，根据《党委职权目录》权力清单，严格执行党政一把手“五不直接分管”和“三重一大”事项集体决策制度，推进党委权力公开透明运行。强化风险防控，组织干部查找岗位廉政风险点并逐一提出防范措施。建立“管、办、督”三位一体的工作机制，进一步完善招投标工作管理办法，全年共对工程招投标及各类项目谈判进行60余次廉政监督，其中重点加强对“五水共治”项目招标和谈判的监督，先后参与“五水共治”项目质量验收4次。

（张艳嫣）

表75

2014年长兴经济技术开发区各村（社区）基本情况

村（社区）名称	面积（平方公里）	户数（户）	户籍人口（人）	经济总收入（万元）	村（社区）支部书记	村（社区）主任
杨庄	1.6	374	998	10	钱新龙	沈志堂
八字桥	1.6	524	1349	3	钱金海	钱伟忠
白溪	2.6	1037	2620	95	高发良	吴永明
霞城	3	869	2118	30	李煜斌	王明华
祥符斗	1.8	669	1734	50	朱阿成	黄如龙
官斗	2.3	386	969	4	倪惠龙	黄国荣
留下	2.1	692	1743	36	李青松	李青松
南庄	3.4	934	2419	178.2	吴伟农	张　强
王浜头	1.91	613	1612	129.36	周炳华	周煜新
五里桥	2.8	756	1870	115	冯月强	冯月强（兼）
陆汇头	1.6	554	1335	150	严土芳	周土芳
陆家斗	2.6	546	1427	16	陆森荣	朱永权

续表75

村(社区)名称	面积(平方公里)	户数(户)	户籍人口(人)	经济总收入(万元)	村(社区)支部书记	村(社区)主任
杨湾	1.2	494	1180	280	韦增贵	周　春
上莘桥	1.6	566	1433	76	贾玉良	张卫兵
陈塘	1.3	412	1052	70	黄庆昌	孙小马
新溪社区	—	418	948	—	李树华	张凤鸣
晨光社区	—	348	918	—	徐金梅	沈建英

龙山新区

【概况】 龙山新区是长兴县委、县政府所在地。区域面积50.4平方千米，其中中心城区16平方千米，耕地面积1247公顷，林地面积2133公顷。辖4个社区、4个村改居和4个行政村。年末，新区总户数11379户，户籍人口29990人，其中非农人口20340人，常住人口5.86万人，另有外来暂住人口1.2万人。2014年，龙山新区紧紧围绕"城市新区，产业兴区"的发展目标，着力做好产业培育、招商引资、项目推进、城乡美化、管理服务、队伍建设六项重点工作，加快实现"两个转变"，为建设精致秀美新龙山和辖区经济社会发展再上新台阶奠定更加坚实的基础。全年实现地区生产总值11.6亿元，比上年增长10.5%；完成财政收入7087万元，比上年增长14.7%，其中地方财政收入4318万元，比上年增长15.9%；完成全社会固定资产投资34.16亿元，比上年增长30.9%；农村居民人均纯收入22137元，比上年增长10.6%；获湖州市平安乡镇、全县年终综合考评一等奖等市县多项荣誉。随着新区一至三期9平方千米开发建设的基本完成，龙山新区正逐步成为长兴县的政治、文化、教育和商贸中心。

新区建设　年内，新区安排重点基础设施项目11个，其中新建项目5个、续建项目6个，完成投资9.97亿元。3个安置房项目中：新丰小区(二期)5月底竣工，新湖小区(二期)与霞城小区分别完成投资9050万元与9000万元，主体结顶。6个基础配套设施项目中：润兴路延伸线6月份完工；龙山新区公交枢纽站全年完成投资6230万元，基本完工；龙山新区农贸市场及配套设施完成投资6000万元，主体结顶；新区河道疏浚工程、渚山村桃花岕废弃石矿整治项目与海洋城北侧支路项目分别完成投资5500万元、5000万元与1950万元，均完成年度投资任务。2个商业开发项目中：浙北商业广场完成投资6000万元，完成投资计划的139.5%，室外市政、景观施工；海洋城完成投资4.8亿元，完成投资计划的111.1%，计划于2015年2月开业。此外，新区承担的5个代建项目中：长兴市民服务中心于2014年8月投入使用；长水港景观建筑小品秋堂室内装饰竣工；县人民医院门急诊楼项目市政景观工程开工；法院业务用房外幕墙基本完工，桥梁主体完工；兴国商务楼基本完成幕墙工程。

经济发展　民营经济做大做强。全年新增服务业法人单位数40家，新增服务业"个转企及公司"15家，新发展"限下转限上"10家、"电商换市"10家、民营企业71家、工商个体户185家，新注册商标6件。现代农业发展壮大。新增土地流转49.3公顷，新发展农业七大产业51.5公顷，新培育无公害基地5个、60公顷，举办首届龙山新区梅花展和第十一届长兴渚山杨梅特色旅游节，吸引县内外游客10万余人次。产业结构持续优化。全年共引进城市福利中心、生物医药科技、韩国吉姆特汽车配件等招商引资项目6个，其中市级大好高项目1个；完成县外内资注册资金1.47亿元，浙商回归1.27亿元。海洋城、浙北商业广场两个服务业重点项目有序推进，其中海洋馆计划2015年2月开馆。国镝生物医药科技项目和韩国吉姆特汽车配件等工业项目相继入驻。

环境提升　推进"五水共治"。完成河道疏浚清淤22条共计42.7千米，开挖新河2.2千米；实施长桥涧引水工程与和睦塘引水工程；加大污水治理力度，新建西峰坝中水回用站，完成后洋、渚山两村农村生活污水整治工作，完成坛家桥港截污纳管改造和杨南、杨北新村新建雨污分流管网工程。防治大气污染，建立"新区、村、组"三级联动秸秆禁烧工作网络，切实加强巡查监管；与宏源生物能源有限公司和种植大户合作，对秸秆进行粉碎压缩、翻耕还田等综合利用试点，解决农村秸秆禁烧难、出路难的困境；开展中心城区餐饮油烟整治工作，进一步改善城区空气质量。整治违法建筑，争创"无违建"园区，先后组织开展以高山岭王山新村为主的集中强拆、西峰坝董家村拆迁扫尾等多次专项整治行动，全年共计拆除违法建筑4.67万平方米。落实长效机制，完善评比标准和考评制度，完善设施建设，配强保洁队伍，落实各村(居)社区干部卫生负责制和每天义务劳动一小时制度，为优化环境创建水平打下扎实基础。

服务管理　深化民生工程。完成涧塘、后洋两个行政村1480户农村安全供水改造;启动实施王山新村A区生态停车场、物业用房及配套基础设施工程;完成高山岭居民区林山地块29户安置对象公寓房安置工作,共安置面积7020平方米,完成新丰二期安置的前期摸底工作;涧塘、渚山卫生服务站改造基本完工,后洋村卫生服务站改造主体工程完工,川步村居家养老照料中心等待验收;完成全年城乡居民医保参保和资金筹集工作。提升社会服务。成功调解劳资纠纷、合同纠纷72起,移交仲裁2起,帮助解决民工工资共计950余万元、涉及人数1300多人;开展用人单位劳动合同普及专项行动,走访辖区企业230家、涉及劳动者4500名;完成辖区172户低保家庭的重新审理核查工作,取消低保户49户107人,新增14户21人,及时发放各类慰问金、低保对象生活保障金、生活补助金130多万元;完成4户困难群众危旧房改造;计划生育政策得到落实,计生符合率95.9%,征收社会抚养费66万元;整合教育资源,撤并后洋村幼儿教学点。成立龙山新区文体协会,举办第十一届杨梅节"文化走亲"文艺会演,省市排舞大赛均获银奖。加强社会管理。承办县"12345政府阳光热线"交办单279件,群众理解满意率84.85%;受理调解矛盾纠纷174起,其中重大纠纷19起,成功率与化解率均达100%;受理办结信访案件43件;8个村(居)申报湖州市无传销村创建活动,玄坛庙居民区创建全国民主法治村;强化安全监管,开展春节前安全生产大排查大整治、食品安全百日严打行动、酒类质量专项整治等各项安全专项整治行动,共计检查生产经营单位615家次,排查并整改安全隐患397处。

【长兴市民服务中心建成使用】　8月18日,长兴市民服务中心正式启用。长兴市民服务中心位于长兴县行政中心东侧、县大剧院北侧,占地面积1.47公顷,总投资1.7亿元。方案与施工图分别由上海日本RIA建筑设计事务所与浙江大学建筑设计研究院设计,由长兴县永兴建设开发有限公司代为建设。项目于2011年11月18日动工,2014年8月4日完工。建筑面积2.44万平方米,绿化率35%,建筑高度44.3米,共10层,其中地上9层、地下1层,设置机动车停车位182个,非机动车车位400个。

【公交枢纽站、农贸市场启动建设】　2014年6月,龙山新区公交枢纽站、农贸市场相继开工建设。龙山新区公交枢纽站、农贸市场位于海洋城东侧、实验初中西侧,为龙山新区重要基础配套设施项目。其中,公交枢纽站用地面积1.3公顷,总建筑面积3520平方米,计划总投资6230万元;农贸市场用地面积1.23公顷,建筑面积10658平方米,计划总投资7400万元。两个项目计划于2015年相继完工,服务周边数万居民的交通、购物等日常生活所需。

【获全国和谐社区建设示范社区】　11月5日,龙山新区龙山社区被民政部评为"全国和谐社区建设示范社区"。

近年来,龙山社区坚持"你我真情携手、共建和谐社区"的工作思路,搭建以社区居委会为主,物业管理公司、共建单位、社区志愿者多方参与的社区服务平台,组建"龙盾"等志愿者服务队伍,开展义务巡逻、环境整治、收集建议、文明劝导等服务。通过积极探索和创新社区管理,不断完善社区工作体制,在加强社区基础设施和干部队伍建设的同时,不断提高社区服务和管理水平,有力维护辖区和谐稳定。

【举办首届梅花展】　2014年3月2日至3月10日,龙山新区首届梅花展在川步村梅花邬举行。与此同时,由龙山新区管委会和长兴传媒集团联合主办的"龙山新区梅花展"暨"我为龙山秀起来"摄影、征文大赛也同时启动,吸引大批市民和摄影爱好者前往探春、赏梅、拍照。龙山新区川步村是湖州重点农业龙头企业——长兴东方梅园有限公司的所在地,该公司拥有梅花苗木培育基地200余公顷、各类优良梅花品种60余个。

(陈敖炜)

表76

2014年龙山新区各村(社区)基本情况

村(社区)名称	面积(平方千米)	户数(户)	户籍人口(人)	经济总收入(万元)	村(社区)党支部书记	村(社区)主任
高山岭	6.4	911	2552	380	殷寿棠	陈学斌
新湖	3.82	1034	2733	260	陈金龙	陈焕兴
西峰坝	6.81	881	2437	280	徐根南	陈汉良
玄坛庙	1.93	515	1356	224	秦长根	魏泽胜
川步	16.6	1183	2871	236	陈志年	王光星

续表76

村(社区)名称	面积(平方千米)	户数(户)	户籍人口(人)	经济总收入(万元)	村(社区)党支部书记	村(社区)主任
渚山	4.7	531	1370	288	秦长根(兼)	周福棠
后洋	3.58	886	2346	211	宋志棠	宋子荣
涧塘	4.91	1237	3063	193	王水成	钱爱文
齐北社区	—	1071	2155	—	施雪梅	施雪梅(兼)
龙山社区	—	572	1447	—	钱华敏	钱华敏(兼)
体育场社区	—	1350	4214	—	叶菊敏	叶菊敏(兼)
双拥社区	—	1208	3446	—	钱萍萍	钱萍萍(兼)

太湖图影旅游度假区

【概况】 长兴县太湖图影旅游度假区位于长三角腹地，东临太湖，与苏州、无锡隔湖相望。拥有绵延34公里长的太湖岸线，西起申苏浙皖高速公路，东临太湖，南起弁山山脊，北至横山港，是环太湖区域水陆交通的重要枢纽。全区规划面积23.8平方公里，内辖7个行政村，1个居委会，总人口约1.3万。境内河湖密布、山川秀美、景色宜人，自然、人文景观丰富。年内，度假区紧紧围绕“打造长三角一流高端休闲旅游度假区”的发展目标，着力做好招商引资、项目推进、征地拆迁、工程建设、民生事业、队伍建设六项重点工作，加快实现“两个转变”，为建设“生态优美、宜居宜游、配套完善的滨湖旅游休闲度假区”奠定更加坚实的基础。全年完成基础设施建设投资7.865亿元，征地拆迁工作投资3.27亿元，完成全年任务的131%；招商引资完成县外内资注册4.08亿元人民币，实际利用外资15万美元，浙商回归到位资金2.8亿元；财政收入1762.12万元，完成全年任务的112.17%，比上年增长32.33%。

平台建设　年内，度假区12项重点基础设施项目完成投资7.865亿元，污水管道和泵站完成建设，污水输出体系基本完善，图影生态湿地文化园二期于9月中旬顺利开园，碧岩路工程二期南段已完成时序进度。山湖花园安置房一期房屋已全部结顶。图影新社区补建二期工程完成并交付使用。

招商引资　全年累计接待客商365批次，长治会顺利签约弁山药师文化园和太湖珍宝馆项目，完成注册资本金4.08亿元人民币。颐和项目酒店主楼地下桩基已完成，旅游地产项目完成别墅区地下室施工，地上主体结构施工完成70%。朗诗项目布鲁克被动房已于8月投入使用，启动综合办公楼建设。美合项目已取得一期土地5.3公顷，计划于2015年3月开工。

环境提升　大力抓好美丽乡村、五水共治、“三改一拆”长效管理(简称“三合一”管理工作)工作。建立110人的“三合一”保洁队伍，30公里河道及218.2公顷外荡和166.7公顷漾荡水面的长效保洁机制已全面落实，同时加强工作经费保障，第一、二季度拨付考核经费57.9255万元。“三改一拆”专项行动完成城中村改造7.5209万平方米、旧住宅区改造1.5220万平方米，拆除违法建筑3.4239万平方米，已全部超额完成年度任务。“四边三化”专项行动完成山边林相改造146.7公顷，完成城乡生态绿化和四边绿化26公顷，度假区半年度日均垃圾清运量达到7.5吨的目标任务，长效保洁机制基本健全。在五水共治工作中，完成21.2公里的河带清淤工程和4条断头河的治理工作，河道的生态功能进一步提升。

服务管理　高度重视民生事业，认真做好低保、优抚、重残、居家安养、老龄补贴、临时救助等工作，各项资金按时、足额发放到位。失地农民保险新参保85人，档次上调230人，城乡居民社会养老保险参保54人，到龄核定169人，完成农业政策性保险全覆盖，完成小沉渎村市级五星级社区服务中心创建工作。计生符合率96.30%，社会抚养费征收立案率100%，金额兑现率73.86%。图影小学和幼儿园均建立警务室，图影小学进行食堂标准化改造，新增红外线安防系统和三个标准化校车停靠站，完成省农村青少年宫标准化建设。幼儿园新园竣工并投入使用，通过省二级幼儿园验收。开展“迎五四”趣味运动会、排舞大赛、周周演、开蒙礼等文体活动。完成农民健康体检及农村公共卫生服务工作，完成图影村社区卫生服务站标准化建设，完成碧岩村改建工程。健全食品安全基层责任网络，建立食品药品安全工作目标责任考核机制，加强食品药品安全属地化管理，本年度辖区内未发生食品药品安全事故。开展城乡劳动力培训3期125人次，人力资源招聘会期间组织各村剩余劳动力150人参加现场招聘,其中达成就业意向50余人。同时,加强对辖区范围内不稳定因素的梳理排摸,对排查出的不稳定因素重点关注,对征地拆迁等重点群体,明确责任领导、责任科室进行稳控。截至目前,共排查出各类矛盾纠纷185起,化解183起,化解成功率为98.9%。排查出各类不稳定因素11起,已化解1起,化解中5起,稳控5起。12345阳光热线147起,回复147起,无安全生产事故,社会稳定总体情况良好。

【举办首届稻草人节】 11月16日,太湖图影度假区首届稻草人节在图影生态湿地文化园农耕岛举行。与此同时,由太湖图影经营管理有限公司和长兴传媒集团联合主办的"四季图影"手机摄影大赛也同时进行,吸引大批市民和摄影爱好者前往制作、观赏稻草人并参与比赛。

【度假区便民服务中心建成使用】 10月,长兴太湖图影度假区便民服务中心正式启用。度假区便民服务中心位于度假区横山桥村,图影大道长兴至图影方向北侧,工程占地面积1公顷,建筑面积9220平方米,其中地上6750平方米,地下2470平方米,檐高11.6米,框架结构,总投资5000万元。工程局部地下室一层,地下室功能为汽车库及设备用房;地上三层,一层为办公、接待展示大厅、食堂等,二层为办公、会议、宿舍,三层为办公、活动等。建筑结构由南京大学建筑规划设计研究院有限公司设计,幕墙由武林建筑工程有限公司设计,施工由振业建设集团有限公司承建,由浙江太湖图影旅游度假区管理委员会建设。项目于2011年2月动工建设,2014年10月投入使用。

(胡书澄)

表77 2014年太湖图影各村(社区)基本情况

村(社区)名称	面积(平方千米)	户数(户)	户籍人口(人)	经济总收入(万元)	村(社区)党支部书记	村(社区)主任
大荡漾村	2.1	370	1227	1.3	陈菊锋	陈法荣
横山桥村	6.3	677	2213	9.8	温雪峰	温富元
图影村	4	837	2758	—	陈水金	陈凤忠
碧岩村	6.95	560	1723	15	陈振华	陈水龙
水产村	—	108	394	3.5	周关林	沈关扣
陈湾村	8	474	1579	—	温雪峰	陈志恒
小沉渎村	2.2	572	1848	6.8	陆勤方	钦炳康

太湖街道

【概况】 太湖新城位于长兴县最东面,紧临太湖,区域面积约23平方公里,包括新开河、钱家斗、南张浜、彭城、沉渎港和新塘6个行政村,区域人口18955人。太湖新城规划区北至合溪新港、南至长兴港、西以杭宁高速为界、东临太湖,区域面积约12平方公里,是区域交通要道,杭宁高铁、杭宁高速进入长兴的东部门户区域。太湖新城规划以高铁站为中心,建立一条横向的城市核心带沟通基地内部与太湖,形成"公园—高铁站—湖滨"功能轴线。以主干道及水网为界,依托太湖、高铁、江南水乡三大资源,建设滨湖旅游度假区、现代商贸居住区和国家大学科技城三大特色区域,打造成为集"旅游度假、现代商贸、科技产业"于一体的绿色智慧宜居滨湖新城。

年内,太湖新城以群众路线教育实践活动为主导,以项目引进推进为主线、以"三集中五攻坚"活动为主体,经济建设和社会各项事业均实现新突破。当年,工业性投资完成8120万元,比上年增长103%。财政收入902.8万元,完成全年目标的110.5%,比上年增长30.39%。其中地税收入739.4万元,完成全年目标的112.5%,比上年增长34.1%,国税收入160万元,完成全年目标的100%,比上年增长15.9%。农村居民人均纯收入21000元,比上年增长10%。

招商引资 当年"橙天地"文化休闲项目、中船重工锂电池动力客船项目、美国富顿集团投资的国际专业教育园区项目完成签约。中建投综合体酒店项目完成桩基施工,正在检测阶段,二期方案等待上会。欢乐水案项目2号、3号地块已成功摘牌,设计方案已上会。智慧科技大厦项目,设计方案已获审批,地勘等前期工作已启动。完成基础设施投资7.526亿元(社会投资除外)。

规划建设 完成太湖新城水系专项规划,对区内水系和建设用地进行优化整合。启动规划区外三个农房布局规划。完成新开河、南张浜、彭城三个安置点内绿化方案设计。续建和启动县重点基础设施工程8项,完成投资8.17亿元。民生工程项目新塘花园安置房工程一期主体结构和砌体工程完工，室外配套工程施工，二期上部结构施工，部分主楼结顶；彭城安置点室外配套工程竣工；望湖路东段工程竣工验收；湖滨路完成征地拆迁和施工图设计；国家大学科技园一期土建工程、外墙幕墙工程已全部竣工，孵化楼室内装修、室外配套及景观工程正在抓紧施工。

社会事业　街道红十字会组建成立，六个行政村慈善工作站相继建立。募集善款22.34万元。发放自然灾害生活补助2万元。各村居家养老照料中心建设稳步开展，钱家斗村居家照料中心率先建成并通过验收。新农合保障能力提升，完成城乡居民医保参保11334人，自筹资金和配套资金全部到位。完成辖区内2100名失地农民转社保的参保工作。改造完成沉渎港村低保户危房，配套资金22500元。积极引导失地农民再就业，组织农村教育培训258人次，组织开展糕点、美容等培训项目20余次。积极引导农民外出承包农田和种植经济作物，当年外出包田450户，共承包土地65000公顷。开展平安创建以来共受理上访114批次350余人，街道、村两级调委共受理调解案件267起，成功调解267起。

文体卫生　建成沉渎港文化礼堂1座，举办高铁开通一周年庆祝晚会。基层卫生医疗条件改善，完成新塘、新开河、钱家斗3座社区卫生服务站改建和城市社区卫生服务中心太湖分中心改建。落实计划生育政策，开展计生培训3次311人次，现场授课3场280人次，计生符合率达到98.83%。

环境整治　完成河道清淤38.19公里，对辖区内7条"断头河"进行集中整治，做好源头治水工作。对辖区内2941台喷水织机，分区域、分阶段、分批进行专项治理，1520台喷水织机完成纳管中水回用，已搬迁关闭195台。开展农村生活污水治理，制订完成太湖新城农村生活污水治理规划，年底完成沉渎港村农村生活污水治理工作。完成杭宁高铁两侧绿化171公顷，望湖路绿化27公顷，村级道路绿化11公顷，河道绿化7条134公顷。完成城中村改造370户18.5517万平方米，拆除违章建筑148户4.3816万平方米，超额完成县下达任务，完成宗教场所整治6处，拆除3000余平方米。开展"无违建"创建工作、实施秸秆禁烧工作以及新塘、沉渎港农房改造工程。

【浙江长兴国家大学科技园招商推介会举行】　当年10月28日。2014长治会——浙江长兴国家大学科技园招商推介会举行。推介会上，浙江长兴国家大学科技园举行招商推介；复旦大学南太湖创新基地介绍入园方案；国家千人计划专家胡庆春博士介绍在长兴创业的经验体会；由国家千人计划专家、美国哈佛大学万斌博士领军的"太阳能热发电(CSP)系统产业化"项目，由超威电源有限公司与苏州大学合作的"锂离子电池及其他新型化学电源的研发及产业化"项目等20个科技招商及产学研项目上台签约。

【路灯节能改造探新路】　当年6月中旬，太湖新城望湖路LED灯节能改造项目完成，这是湖州市首个由地方政府与电力节能服务公司通过合同能源管理合作完成的路灯节能项目。此项目首批更换LED灯头114盏，路灯改造以后寿命更长，年节约电量近10万千瓦时，今后几年通过节约电费分成模式收回投资成本。

【联合县团委开展志愿者服务活动】　12月5日上午，太湖街道沉渎港村36名青年志愿者身穿红马甲，沿着河岸进行护水清洁活动，并向村民分发《五水共治倡议书》，倡议"美丽家园，从我做起"口号。此次"青春护水责任岗"志愿服务活动由团长兴县委组织开展，旨在通过"12·5"志愿者日的集中治水行动，积极响应省委、省政府关于开展"五水共治"的号召，发动全县广大青少年在参与"五水共治"工作中立足岗位、发挥作用。参加活动的36名志愿者均来自青年治水突击队，清洁河段长达500余米。此外，青年志愿者深入村落向老百姓宣传相关知识，发放《五水共治倡议书》。沉渎港村于当年荣获，2014年度湖州市优秀团支部称号。

（过思思）

表78　**2014年太湖街道各村(社区)基本情况**

村(社区)名称	面积(平方公里)	户数(户)	户籍人口(人)	经济总收入(万元)	村(社区)党支部书记	村(社区)主任
新开河村	2.8	793	2004	—	钱淦明	江利方
沉渎港村	4.2	1472	4046	—	卢新峰	张玉良
南张浜村	2.7	862	2331	—	邵培南	宋淦泉
彭城村	3.7	1033	3010	—	张康年	王海良
钱家斗村	3.5	1343	3515	—	闵建华	徐红美
新塘村	4.5	1451	3901	—	汤勇军	殷新荣

南太湖长兴分区

【概况】 湖州南太湖产业集聚区长兴分区规划控制面积42平方公里,重点规划面积10.41平方公里。下辖5个行政村,总人口11079人,人均年收入达22923元。全年实现生产总值51.72亿元;服务业增加值1.9亿元;完成县外内资5.9亿元;实到外资200万美元。

社会事业 年内,计划生育符合率达到100%,社会抚养费征收年度立案率100%,12356服务平台随访率99.95%。城乡居民社会养老保险参保率达95%以上,新型农村合作医疗应参合率保持97%。加快村级文化阵地建设,整改提升一大批文化体育设施,新建石泉村文化大礼堂。开展"网格化管理、组团式服务"活动,深入推进平安建设,全年未发生重大安全生产事故、重大刑事案件、重大治安事件。

基层建设 年内,基层组织建设、干部队伍建设、作风建设和党风廉政建设全面加强。园区共有党的基层组织21个,其中党委1个,党总支4个,党支部16个。党员440名,其中预备党员5名。新建党代表活动室3个,党群创业互助会帮扶基地1个,示范型党员服务中心1个、标准型党员服务中心2个。

环境整治 年内,以"三集中五攻坚"专项行动和"无违建园区"创建为抓手,大力推进环境综合整治,优化园区投资环境。提前完成30000平方米拆违任务,自加压力新增拆违面积7000平方米并全部完成。做好治水文章,提前完成庄基村港、邵家浜港两处"断头河"治理,整个清淤工程也已全部完成,清理河道36.613公里、淤泥46.75万立方米,绿化10条河道沿岸、绿化面积10.33公顷,完成3.8公里的垃圾河治理,已顺利通过省市检查组验收。

【"12345"工作法推进"五水共治"】 年内,通过"12345"工作法,投入近2500万元,建设污水主干网6公里、启动农村生活污水治理试点项目,完成河道清淤任务36.613公里。全面推行"1村1档"管理模式,即每个村建立一份治水档案,由驻村干部负责收集整理,内容为所驻村"五水共治"开展纸质和影像资料,重点记录好整治前、整治中、整治后图片资料,作为对村年度考核重要依据。按照与标准河道同步规划、同步设计、同步实施的"三同步"要求,整合"四边三化"与"五水共治"两项工作。园区先后建立联村干部、村党员干部和人大代表组成的10人督导队共3支"五水共治"服务队,义务清扫志愿服务、定期监察与随机抽查。还按照"四步法"进行操作,第一步清理村内河床河岸及沟渠存量垃圾;第二步全面整改村容村貌,重点做好河道清淤、污水统一纳管等工作。第三步根据河道功能和现状实施河岸固化。第四步结合实际,制定完善各村《卫生公约》,落实河道保洁长效机制。实行河道网格化治理制度,将河道划分5个责任网格,明确区块管理人员20人。

【"三统一、三明确"规范村级工作人员聘用管理工作】 年内,以"三统一、三明确"为抓手,对村级组织自行聘用的工作人员队伍进行整顿规范。统一到期解聘,明确择优机制,在村级组织换届结束即下发《南太湖长兴分区党工委关于规范行政村人员聘用和管理工作的意见》,对上一届各村自行聘用工作人员统一于2013年12月31日全部解聘,涉及各村聘用人员19人。明确各村根据实际工作需要,通过考试或面试、情况了解、村两委会议(或村民代表会议)表决等形式,择优选聘工作人员,一年一聘,到期解聘。统一选聘程序,明确实施主体,从方案研究、组织实施、人员确定等每个环节均需报党工委审议批准,并对拟聘用人员名单进行备案。整个选聘过程引入竞争机制,统一按规定履行提交书面请示、发布选聘公告、组织选聘活动、初定选聘人员并报批、签订聘用合同等程序。公告发布后报名人员较多或个别岗位的文化素质、专业要求较高,则要求行政村采用竞职演讲、差额圈选的方式选聘。统一职数待遇,明确退出情形。以人口规模为依据,各村根据征地拆迁、工程建设等重点工作实际情况实施人员选聘。统一聘用人员的薪酬待遇,根据聘期工作情况、工作表现,由各村组织决定,原则上一个聘期(即一年)最高不超过3万元。明确工作人员在聘期如出现违反党纪国法被追究责任的、群众满意度测评较低等六种情形,村级组织可单方面解除聘用合同。

(黄益华)

表79

2014年南太湖长兴分区各村(社区)基本情况

村(社区)名称	面积(平方公里)	户数(户)	户籍人口(人)	经济总收入(万元)	人均纯收入(元)	村(社区)支部(党委、总支)书记	村(社区)主任
老虎洞村	5.085	848	2225	13453	23909	朱明昌	—
石泉村	6.571	1002	2543	12786	22841	李剑勇	徐　超
陈家浜村	4.665	1223	3027	8327	20502	吴文友	陈永芳
计家浜村	3.296	766	2052	3981	23456	吴　超	熊建峰
广福桥村	5.085	848	2225	13453	23909	杨小权	杨小斌

❶ 8月29日，浙江茶乾坤食品股份有限公司在新三板成功挂牌

❷ 11月13日，市委常委、宣传部部长胡菁菁（左二）调研泗安文体中心

❸ 2014年上泗安村被确定为全国美丽宜居示范村

❹ 国家级湿地公园仙山湖旅游风景区景色优美

❺ 3月16日，“益南杯”中国长兴（泗安）第五届国际山地自行车越野挑战赛在泗安镇二界岭休闲旅游区举行

❻ 4月21—5月5日，2014长兴·泗安第七届樱桃节在泗安镇毛家村举行

❼ 5月28日，“花开泗安”2014中国·长兴泗安首届薰衣草风情旅游节开幕式在薰衣草风情园隆重举行

❽ 扬子鳄度假区

❾ 5月，杜鹃花盛开，吸引众多游客前去观赏

❶ 8月4日，洪桥镇学习贯彻县委全委会精神暨推进当前工作会议

❷ 文艺演出

❸ 2014中国·长兴（洪桥）第五届太湖大闸蟹节暨太湖休闲观光农业推介会

❹ 采摘帝王菊

❺ 五水共治

❻ 河道清淤　　❼ 长兴轻纺城

8 2014首届中国(长兴)布商大会暨轻纺城开业典礼

9 长兴轻纺城电子商务产业园

10 2014幸福大舞台夹浦专场

11 长兴纺织精品馆

12 李家巷镇新建卫生院，于2014年4月正式竣工投入使用，被评为省一级甲等卫生院

13 按照整治要求改造建设的中腾耐火有限公司

水口乡

❶ 12月27日，浙江省A级景区验收组到长兴水口茶文化旅游景区验收国家AAAA级旅游景区创建工作

❷ 7月31日，浙江省副省长梁黎明（右二）实地调研水口乡村旅游

❸ 5月17日，花间堂禅茶文化精品民宿项目、天喔水饮料项目等重点项目签约水口

❹ 5月17日，第六届中国·湖州国际生态（乡村）旅游节暨首届中国（长兴）民宿文化节启动仪式在水口乡大唐贡茶院举行

❺ "水口八大碗" 农家菜肴系列

❻ 水口农家乐开展"优美庭院"提升改造活动——紫茗山庄庭院改造一角

❼ 水口农家乐开展"优美民宿"提升改造活动——改建后的芭堤雅实景

❽ 水口茶文化旅游景区核心区域四周群山环抱、修竹绵绵，好似一座天然氧吧

❶ 2月20日,“红梅花儿开”中国长兴林城第九届梅花节开幕

❷ 五水共治——河道清淤工程

❸ 4月15日,省委副书记、政法委书记王辉忠(左三)到林城镇北汤村调研现代农业发展现状,县委书记章根明(左四)陪同调研

❹ “林城旱船”参加2014年湖州市首届市民运动会老年人体育健身创新项目展示,并获得表演奖

❺ 5月6日,省人大常委会副主任冯明(左一)到林城镇北汤村调研,与群众交谈

❻ 10月13日,中国热处理行业“十三五”发展论坛在长兴举行

❼ 工业炉产业转型升级——位于林城镇的浙江尚鼎工业炉有限公司

❽ 6月1日,“蓝”天之下“莓”力由我林城镇首届蓝莓采摘节开幕。副县长史会方(左四)参加开幕式

❾ 林城镇百叶龙公园全景图

1 省级新能源高新园区俯瞰图
2 天能循环经济产业园全景
3 10月5日，中国长兴首届山地速降国际邀请赛
4 国家AAA景区城山沟，每年和平镇会举办桃花节、采桃节、采梨节等农事节庆活动
5 周坞山水库一景
6 和平镇种植白茶3800公顷，被中国国际茶文化研究会誉为“中国白茶第一镇”
7 新村建设

❶ 正在崛起的城南重镇——虹星桥

❷ 长兴县·南太湖现代纺织(家纺)产业园投资推介会在绍兴举办

❸ 深入开展党的群众路线教育实践活动,反“四风”成效显著

❹ 五水共治,全民参与

❺ 成立全县首家乡镇文体协会

❻ 非公企业党员轮调班

吕山乡

❶ 中国湖羊之乡

❷ 10月20日，2014首届长兴·吕山芦笋节暨吕山芦笋交易市场奠基仪式举行

❸ 1月4日，中国共产党吕山乡第十届代表大会第四次会议召开

❹ 1月25日，吕虹村十星级文明户县级试点评选现场动员大会

❺ 4月13日，全县三集中五攻坚专项行动竞赛第二次工作例会在吕山召开

❻ 吕山乡雁陶村新村整治点

❼ 吕山乡特色农产品芦笋基地大棚

❽ 吕山乡胥仓村古建筑群

❾ 吕山乡集镇夜景

1. 1月11日，煤山镇第十六届人民代表大会第十三次会议
2. 2月20日，煤山镇工业经济颁奖大会
3. 3月18日，党的群众路线教育分组讨论会
4. 3月27日，煤山镇抢险救灾应急队成立
5. 4月1日，群众路线文艺会演
6. 5月23日，煤山镇首届企业文化艺术节开幕式暨“长鹏杯”青年职工歌咏比赛决赛
7. 5月23日，煤山镇首届企业文化艺术节开幕式暨“长鹏杯”青年职工歌咏比赛决赛开幕
8. 6月24日，县委副书记夏威（左一）走访村民
9. 污水治理

❶ 12月11日，浙江中山化工集团股份有限公司党委成立大会举行，县委书记吕志良（左四）及县委常委、组织部部长宋波（右二）出席成立大会并讲话

❷ 4月10日县镇两级人大代表验收河道清淤工作

❸ 2月27日，在镇群众路线教育实践活动动员大会上，领导干部带头为“五水共治”捐款

❹ 7月1日，小浦镇“中化杯”迎七一歌唱比赛

❺ 5月18日，中央电视台《快乐汉语》栏目组到方一村拍摄岕里婚庆习俗之一蚕匾上的婚礼

❻ 4月12日，江南书院奠基仪式在方一村太乙观旧址举行

❼ 9月27日，“喜迎国庆 动感金秋”素质拓展系列活动之“醉美小浦”登山比赛，全体镇干部在大岕口村岩山顶合影

❽ 9月28日，小浦社会福利中心改造一期工程竣工

❾ 4月28日县委常委、组织部部长宋波（左二）到方岩村走访

❿ 五庄村成功创建美丽乡村

❶ 9月18日，长兴县委书记章根明(左一)调研新农村建设、工业平台推进及城镇改造工作

❷ 9月30日，红色山乡、幸福槐坎首届槐坎群众文化节闭幕式

❸ 8月14日，长兴县委副书记、县长吕志良(右二)考察杭长杨高速现场

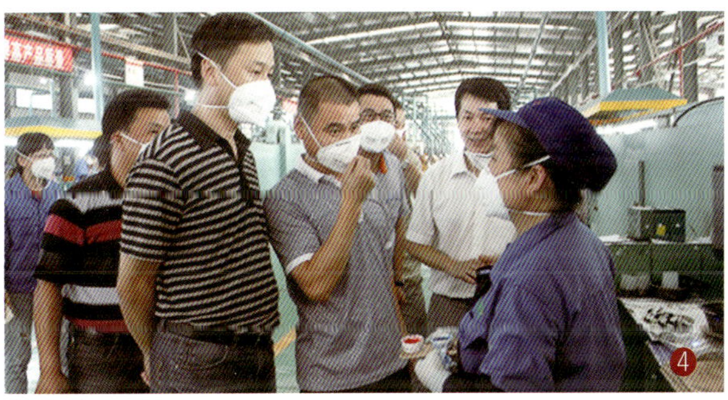

❹ 8月21日，县委常委、人武部部长郑振良(前左二)到槐坎乡开展安全生产检查，督促企业落实安全生产责任

❺ 4月4日，新四军苏浙军区纪念馆举行“缅怀先烈、传承文明”主题活动

❻ 2月24日，马年新春，文化下乡活动

❼ 7月1日，在槐坎乡小槐线和集镇道路的连接线处举行浙宝大厦的开工奠基仪式

❽ 4月11日，长兴县工商联非公企业巡回培训活动启动仪式在长兴电子产业园举行

❶12月28日，中国太湖石博览园开园领导合影
❷12月28日，罗芥村文化礼堂曼曼的爱白岘好声音歌唱比赛
❸11月21日，白岘乡召开乡工会第三次代表大会
❹11月15日，五通山村富强杯“太湖石缘·谁与争锋”登山比赛
❺6月20日，乡中心小学“神农园”中草药种植实践基地揭牌仪式
❻4月30日，乡基干民兵整组点验大会
❼10月21日，党的群众路线教育实践活动总结大会
❽8月26日，罗芥村文化礼堂首届开蒙礼暨国学走进文化大礼堂
❾12月28日，首届中国太湖石文化节暨中国太湖石博览园开园仪式

❶8月5日，民政部副部长窦玉沛（左二）到画溪街道福利中心调研养老服务工作

❷8月28日，超威集团光彩助学仪式

❸7月16日，党员身份证首发仪式暨画溪街道十佳闪光言行之星展示活动

❹第六届“江南吐鲁番”——长兴（画溪）葡萄节

❺第二届长兴·画溪草莓文化旅游节开幕

❻“音乐画溪”摇滚之夜主题音乐会

❼“点亮微心愿 放飞新梦想”庆“六一”活动暨全县流动儿童之家建设启动仪式

❽重阳敬老活动

❾七岁蒙童的开蒙礼

❶8月15日，省委常委、宣传部部长葛慧君(左二)在县委副书记、县长吕志良(右二)及县委常委、宣传部部长王庆忠(右一)陪同下调研高家墩居民区文化大礼堂

❷10月20日，在县文化馆小剧院召开党的群众路线教育活动总结大会

❸9月26日，雉城街道福康居家养老服务照料中心正式启动

❹7月15日，实施“春泥计划”现场

❺高家墩文化大礼堂

❻1月16日，在县文化馆小剧院开展金莲桥米西花园公寓房安置抽签公证

❼9月28日，米行弄社区在县文化馆小剧院举办“我心目中的祖国”庆国庆文艺演出

❽6月25日，在县文化馆小剧院举办“安全生产进万家 邻里和睦享平安”睦邻节文艺晚会

❾3月4日，志愿者服务团队在城北小区开展为民志愿服务活动

1. 杨庄港县前东街处清淤前照片
2. 杨庄港县前东街处清淤后照片
3. 开发区王浜头居民区新农村建设鸟瞰图
4. 7月11日，开发区开展世界人口日活动
5. 开发区南庄居民区文化礼堂活动
6. 6月24日，湖州市浙商回归项目集中开工典礼暨瑞华(长兴)纯电动汽车动力总成系统项目奠基仪式
7. 6月19日，开发区开展“安全生产月”活动
8. 9月21日，开发区召开“3+1”产业集群暨作风建设推进大会
9. 10月24日，长兴慧谷科技园开园仪式暨入驻项目签约活动
10. 10月28日，中汽零(长兴)汽车产业博览中心启动仪式
11. 开发区总部经济园

❶2月8日，省人大常委会副主任冯明到玄坛庙调研（前排右二）
❷6月24日，省政协副主席、省委统战部部长孙文友（前排左三）到海洋城调研
❸2月18日，省发改委主任谢力群（左五）调研海洋城项目
❹8月21日，湖州市委常委、常务副市长杨建新一行到新区调研（前排左二）
❺6月16日，第十一届渚山杨梅节开幕式
❻新投入使用的县行政服务中心
❼即将投入使用的龙山新区公交枢纽站
❽3月9日，首届龙山新区梅花展
❾7月18日，长兴县幸福大舞台龙山新区专场演出

❶ 长兴太湖图影旅游度假区（简称太湖图影）成立于2010年5月，位于长兴县东南端，东临太湖，三面环弁山，腹拥湿地。规划面积23.8平方公里，内辖7个行政村，总人口12703人

❷ 8月，幼儿园新园竣工投入使用，并通过省二级幼儿园验收

❸ 9月18日，图影生态湿地文化园二期开园

❹ 11月，度假区便民服务中心建成并投入使用

❺ 11月，小沉渎村成功创建美丽乡村特色村

❻ 11月16日，湿地文化园首届稻草人节开幕

太湖街道

❶ 2月5日，县人大常委会主任叶白云（左一）在太湖街道便民服务中心为基层办一件实事

❷ 12月12日，县委常委、组织部部长宋波（左一）调研钱家斗村党建工作

❸ 3月26日，县委常委、宣传部部长王庆忠（右二）调研沉渎港村文化礼堂

❹ 7月3日，太湖街道举办庆"七一"暨高铁开通一周年晚会

❺ 28月29日，太湖街道钱家斗村文化礼堂举办开蒙礼活动

❻ 12月5日，团县委到太湖街道沉渎港村与太湖街道志愿者一起参加"青春护水责任岗"志愿者活动

❼ 沉渎港文化礼堂

❶ 湖州南太湖产业集聚区长兴分区管委会全景图

❷ 9月2日上午，浙江省委书记夏宝龙（左三）到长兴恒腾公司调研企业发展情况

❸ 9月10日，全国政协委员、全国工商联副主席、浙江省政协副主席、传化集团董事长徐冠巨（左三）到长兴综合物流园区考察指导工作、洽谈双方合作事宜

❹ 3月6日上午，市委常委、统战部部长、南太湖产业集聚区党工委书记崔凤军（左三）到长兴调研

❺ 长兴综合物流园区全景图

❻ 桐昆集团浙江恒腾差别化纤维有限公司

❼ 文南太湖石泉安置房

湖州省际示范区长兴分区

❶11月14日，湖州市副市长董立新（左一）到示范区调研

❷10月20日，湖州市发改委主任胡国荣（前排左二）到示范区调研工作

❸3月14日，县委副书记、县长吕志良主持召开示范区工作推进会

❹11月24日，华能光伏项目开工仪式

❺上海昆山推介会

❻示范区外环路

人物·荣誉·成就

吕志良

男，1966年11月生，浙江湖州人。1995年9月加入中国共产党，1985年8月参加工作，浙江省委党校研究生学历。2001年11月至2011年2月，先后任长兴县委常委、组织部部长，市委组织部副部长，市委副秘书长、办公室主任。2011年2月任长兴县委副书记、县人民政府代县长，3月当选为县人民政府县长；2014年11月任长兴县委书记，2015年1月不再兼任县人民政府县长。

周卫兵

男，1971年2月生，浙江杭州人。1995年3月加入中国共产党，1990年8月参加工作，中央党校大学学历。1999年1月至2008年11月，先后任杭州市西湖区三墩镇副镇长，西湖区袁浦镇党委副书记、镇长，袁浦镇党委书记、人大主席，西湖区转塘镇党委书记，转塘街道党工委书记等职；2008年11月至2015年1月，先后任杭州之江国家旅游度假区党工委委员、管委会副主任，西湖区副区长（兼），西湖区委常委、副区长。2015年1月任长兴县委副书记、县人民政府代县长，4月任长兴县委副书记、县人民政府县长。

夏坚定

男，1966年12月生，浙江湖州人。1989年8月参加工作，大学本科学历，中共党员。曾任湖州市菱湖区区长助理，湖州市公路管理处处长、湖州市交通局党委委员、副局长，湖州市交通局党委书记、局长。2012年6月任湖州市政府副秘书长，2014年8月任长兴县委副书记（挂职）。

沈秋伟

男，1964年7月生，浙江湖州人。1981年7月参加工作，1987年6月加入中国共产党，研究生学历。2002年7月至2014年1月，先后任湖州市公安局办公室调研科科长、办公室副主任、主任、治安支队支队长、副调研员，湖州经济技术开发区党委委员、管委会副主任兼公安分局局长。2014年1月任长兴县委常委、公安局长。

詹茂伟

男，1973年8月生，浙江淳安人。1998年3月加入中国共产党，1998年8月参加工作，中央党校研究生学历。2008年12月起，先后任浙江省委老干部局综合调研处副处长、处长。2014年8月到长兴县挂职县委常委，10月任县委常委、副县长。

何文全

男，1963年3月生，浙江长兴人。1986年1月加入中国共产党，1981年8月参加工作，中央党校大学学历。先后任团县委副书记、书记，县纪委副书记，县供销联社主任，县贸粮局局长，县委办主任等职。2007年1月任县人民政府副县长，2014年9月任县委常委、副县长，10月任县委常委、统战部部长。

尚亿强

男，1964年6月生，浙江长兴人，1986年12月加入中国共产党，1984年7月参加工作，中央党校大学学历。1989年3月至2010年5月，先后任长兴县和平镇党委委员，吴山乡党委委员、副乡长，李家巷镇党委委员、镇长助理，李家巷镇党委委员、纪委书记，李家巷镇党委副书记、纪委书记，水口乡党委副书记、乡长，水口乡党委书记、乡长，水口乡党委书记、人大主席，林城镇党委书记等职；2010年5月至2014年1月，先后任县委政法委常务副书记、维稳办主任，湖州南太湖产业集聚区长兴分区管委会主任（副县级）等职。2014年1月当选为县人大常委会副主任。

陈建奇

男，1976年10月生，福建安溪人。1998年10月加入中国共产党，2002年7月参加工作，在职研究生学历。2010年9月任中央党校国际战略研究所世界经济研究室副主任，2014年3月任县人民政府副县长（挂职）。

仁青扎西

男，1981年12月生，四川九龙人。2002年12月加入中国共产党，2006年3月参加工作，大学学历。2013年10月任四川省稻城县人民政府副县长，2014年5月任长兴县人民政府副县长（挂职）。

何志强

男，1967年8月生，浙江长兴人。1992年4月加入中国共产党，1988年11月参加工作，中央党校大学学历。2002年6月至2014年10月，先后任县财政局副局长、党组成员，县财政（地税）局副局长、党组成员，林城镇党委副书记、镇长，二界岭乡党委书记、人大主席，太湖图影旅游度假区党工委书记，县建设局局长等职。2014年10月任县人民政府副县长。

县四套班子领导机构

中共长兴县委

书　记

章根明(11月免)

吕志良(11月任)

副书记

吕志良(11月免)

夏坚定(挂职,8月任)　夏　威

常　委

王庆忠　金淦英(女)

高胜华　宋　波　管会斌

郑振良　顾　涛(女)

沈秋伟(1月任)

詹茂伟(挂职,8月任)

何文全(10月任)

县人大常委会

主任、党组书记　叶白云

副主任、党组副书记

汪荣山(12月辞职)

杨福成

副主任、党组成员

王春新　钱慧明

李百英(1月免)

尚亿强(1月任,4月任党组成员)

副主任　张群英(女,非党)

党组成员　徐　宁

县政府

县长、党组书记　吕志良

副县长、党组副书记　高胜华

副县长、党组成员

顾　涛

何文全(10月免)

詹茂伟(挂职,10月任,12月任党组成员)

楼秋红(女)

吴忠良　史会方

陈建奇(挂职,2月任,5月任党组成员)

何志强(10月任)

副县长

何卫宏(民革)　谷小忠(7月免)

仁青扎西(挂职,3月任)

党组成员　吴再根　徐　骍

县政协

主席、党组书记　金树云

副主席、党组副书记

庄国良　张加强

副主席、党组成员

袁　健(女)　章玉坤(民建)

姚根泉

秘书长、党组成员　张鑫华

县人民武装、审判、检察机构

县人武部

部　长　郑振良

政　委　沈玉龙

副部长(兼军事科长)　马　驰

县法院

院长、党组书记　冯新林

副书记、常务副院长　宋国良

副院长　张新江　陈吉康

纪检组长　王　平

政治处主任　章晓华

党组成员、审委会专职委员

卢艳萍

党组成员、执行局局长　倪明方

审委会专职委员、民二庭庭长

臧峻月

泗安法庭庭长　周　侃

煤山法庭庭长　余有国

太湖法庭庭长　周　华

县检察院

党组书记、检察长　潘如新

党组副书记、常务副检察长

朱为学

党组成员、副检察长　胡　斌

党组成员、副检察长　钱立萍(女)

党组成员、纪检组长　李　刚

党组成员、政治处主任　冯天涛

检察委员会专职委员　蒋桂英(女)

县委工作机构

县委办

主　任　杨永章

副主任　吴连意　鲁有平

姚源平(8月免)　陈昭林

叶国成　邵建峰　陆伟杰
傅仕松(兼,4月免)
陈民华(兼,4月任)
盛树良(兼)　吴宏伟(兼)
办公会议成员
钱卫兵　丁学勇(8月任)

县委县政府督查办(绩效管理中心)

主　任　叶国成

政研室

主　任　姚源平(8月免)
副主任　钱卫兵

党史室

主　任　吴连意

接待办

主　任　鲁有平
副主任　李佰泉　余海燕(女)

保密局

局　长　陈昭林

机要局

局　长　刘太安(10月免)

县委组织部

部　长　宋　波
常务副部长　汤　浩
副部长　臧水华　韦国煜
邱梁玉(11月任)
姚晓明(兼,10月免)
杨力(10月任)　袁位芳(兼)
部务会议成员
卢万祥　雷晓财　倪跃锋
李小林　蒋文杰(兼)

两新工委

书　记　臧水华
副书记　卢万祥

县委宣传部

部　长　王庆忠
常务副部长　乔旭峰
副部长　黄　平　许劲峰(兼)
刘月琴(女)　黄时兵
部务会议成员　杭巧勤
部务会议成员　徐晓伟
县委外宣办、县政府新闻办主任
马　律

社科联

主　席　黄　平
副主席　徐晓伟(女)　王美琴(兼)

创建办

常务副主任　黄时兵

文明办

主　任　杭巧勤(10月任)
黄时兵(10月免)

县委统战部

部　长　张加强(兼,2014年10月免)
何文全(兼,2014年10月任)
常务副部长　张国康
副部长　杨长部　黄学明
赵雨平(兼)
部务会议成员　佘悦浩　朱洪斌

县民族宗教事务局

局　长　杨长部
副局长　佘悦浩

县台办

主　任　黄学明

县侨办

主　任　李彩琴(女,九三学社,兼)

县委政法委

政法委常务副书记、县委维稳办主任
范淦明
政法委副书记、县国安办主任
宣剑忠
政法委副书记、县综治办主任
何天胜
政法委委员、县综治办副主任
何卫国
政法委委员、县委610办副主任
董鸿斌
政法委委员、县综治办副主任
谢红星
政法委委员、县维稳办副主任
彭长永
政法委委员、县国安办副主任
叶　宁
政法委委员、县维稳办副主任
方嗣强
政法委委员　徐有林

县信访局

局　长　盛树良
纪检组长　张　毅(10月任)
副局长　袁桂芳(女,10月免)
张　毅(10月免)
王　斌　梁长青
局务会议成员　尹德义(10月任)

县编委办

主　任　袁位芳
副主任　顾鹤林

县农办

主　任　傅仕松(4月免)
陈民华(8月任)
副主任　朱建清　张汉新
杨平(8月免)　刘太安(10月任)
办公会议成员　杭时洪　莫月华

县机关党工委

书　记　吴宏伟
副书记　王美琴(女)
副书记　钟应山
委员、纪工委书记　敖克鑫
委　员　吴连意(兼)　金良声(兼)
高向荣(兼)　韦国煜(兼)
乔旭峰(兼)

县委老干部局

局　长　蒋文杰
副局长　姜小六
局务会议成员　叶　丹

县委党校

校　长　宋　波
常务副校长　钱望成
副校长　施小荣　茹建良
校委委员　臧胜泉　宋金林　项晓艳
纪检组长　臧胜泉

社会主义学校

校　长　何文全(10月任)

张加强(10月免)
常务副校长　钱望成
副校长　施小荣　茹建良

行政学校

校　长　高胜华
常务副校长　钱望成
副校长　施小荣　茹建良
杨　力(11月任)
姚晓明(11月免)

县档案局(馆)

党组书记局(馆)长　张满山
党组成员副局(馆)长　沈正学
党组成员纪检组长　范书强
党组成员党支部书记　邹敏良

县人大政协机关

县人大常委会办公室

主任、人大机关党组书记　徐　宁
副主任　陆海平　张燕飞(女)

县人大常委会财政经济工作委员会

主任、人大机关党组成员　张新林
副主任　邓　兵

县人大常委会教科文卫工作委员会

主任、人大机关党组成员　施法根
副主任　郝兴学

县人大常委会法制工作委员会

主任、人大机关党组成员　杨金年
副主任　朱　健

县人大常委会人事代表工作委员会

主任、人大机关党组成员　李德龙
副主任　徐学如

县人大常委会农业环保资源工作委员会

主任、人大机关党组成员　章友法
副主任　刘和平

县政协机关

秘书长、政协机关党组书记　张鑫华
主任、政协机关党组副书记　戴建委
副主任　钱立群(女,非党)　金　珠(女)

县政协提案委员会

主任、政协机关党组成员　姚　翔
副主任　李　丰

县政协经济科技委员会

主任、政协机关党组成员　肖月明

县政协教卫文史委员会

主任、政协机关党组成员　蒋文彬
副主任　吴美华(女)

县政协资源环境建设委员会

主任、政协机关党组成员　孙正炎
副主任　沈小平

县政协社会法制委员会

主任、政协机关党组成员　施小良
副主任　董利宏

县政协港澳台侨和民族宗教委员会

主　任　李彩琴

县政协委员工作委员会

副主任、政协机关党组成员　严文俊

县政协片区联络委
雉城片区政协工作联络委

主　任　左金荣
副主任　张烈纯

和平片区政协工作联络委

主　任　潘旭飞

泗安片区政协工作联络委

主　任　杨晓林

煤山片区政协工作联络委

主　任　胡志清

县政府工作部门

县政府办

主任、党组书记　徐　骅
副主任、党组成员、纪检组长
施建国
副主任、党组成员　徐卫东　徐培华
王利群　李士　张远喜
许　哲(10月免)　李文塔
赵　列(女)
党组成员　吴建平　潘向平
施伟萍(女,8月任)

外事办

主　任　施建国
副主任　王爱萍

法制办

主　任　徐培华
副主任　张远喜　吴建平

县新居民事务局

局　长　徐　骅
副局长　李士杰　鲍世锋(兼)

驻上海联络处

主　任　李小良

应急办

主　任　徐　骅

信息中心

主　任　徐培华

市民热线中心

主　任　徐卫东
副主任　潘向平

县发改委(金融办、物价局、对外合作交流办)

党委书记、主任　傅仕松(4月任)
陈峰(4月免)
党委副书记、物价局局长
朱跃(8月免)
党委副书记、副主任、对外合作交流办主任　史胜华(女,3月免)
党委副书记、副主任、对外合作交流办副主任、生态文明示范办主任
韩琦(女,3月任)
党委委员、副主任、金融办主任
朱建华

党委委员、副主任、物价局副局长
李丰红(8月任)
党委委员、副主任　潘炜铭　章建国
窦明松
党委委员、纪委书记　韩立强
党委委员、对外合作交流办副主任
周海涛(8月免)
党委委员、金融办副主任
杨平(8月任)
党委委员、对外合作交流办副主任
邢　涛
党委委员　葛光连　卢浙永　蒋水平

县经信委(中小企业局)

主任(局长)、党委书记　余双全
副主任(副局长)、党委副书记
王洪斌(8月任)
副主任、党委委员　陈德坤
副主任(副局长)、党委委员　陈立新
副主任、党委委员　沈志荣
纪委书记、党委委员
潘桂英(女,10月任)
副主任　赵浩强(挂职,8月任)
党委委员　陈慧良　冯　波

财政局

党组书记、局长　倪建忠
党组副书记　丁汉良　陈亦祥
党组副书记、副局长　李丰红(8月免)
党组成员、副局长　顾群伟　王佳平
彭　琳(8月任)
党组成员、派驻纪检监察组长
徐振华
党组成员　范首翔(8月提前退休)
徐季强　吴亚平　蒋　虹(女)
王　强　张晓红(女,8月任)

县地税局

局　长　倪建忠
副局长　范首翔(8月提前退休)
徐季强　王　强(8月任)
稽查局局长　王　强(8月免)
张晓红(女,8月任)

县国资办

主　任　陈亦祥
副主任　吴亚平　蒋　虹(女)

县公安局

县委常委、局长　沈秋伟
副书记、政委　孙甫成
常务副局长　徐卫兵
副局长副政委　郑永梅
副政委　李　强
副局长　鲍世锋
副局长　吴朝阳
纪委书记　陈学林
副局长　吴　红(挂职)
党委委员　李小峰(兼)
党委委员政治处主任　林建华
副局长　张春强
党委委员　崔仲永

交警大队

大队长　滕卫民
教导员　吴明星

长广分局

分局长　梅金成(10月任)
方嗣强(10月免)
教导员　董建峰(10月任)
钦小寅(10月免)

县司法局

党委书记、局长　范淦明(4月免)
党委书记、局长　汤锦程(4月任)
党委委员、副局长　刘才金
副局长　朱鹏飞
党委委员、纪委书记、政治处主任
杨兵云
党委委员　朱　琦(10月任)

县建设局

党委书记、局长　何志强(10月免)
傅伟强(10月任)
党委副书记、副局长　朱彩江
党委副书记　杨志勇
党委委员、副局长　宋汉年　王　进
王伟杰　魏辉华
党委委员、纪工委书记、监察分局局长
钱惠琴(女)
党委委员　杨松柏　朱宏伟　顾志峰
殷宏毅　卢建忠

规划局(测绘与地理信息局)

局　长　何志强(10月免)
傅伟强(10月任)
副局长　宋汉年
总规划师　顾志峰

人民防空办公室(民防局)

主任(局长)　朱彩江
副主任(副局长)　杨松柏　殷宏毅

湖州市住房公积金管理中心长兴县分中心(县住房制度改革办公室)

主　任　朱宏伟

长兴县园林管理局

局　长　杨志勇

县交通运输局

党委书记、局长　闵世华
党委副书记、副局长　王楚斌
党委委员、副局长　陆潮海　闵晓东
沈强南　俞国潮　张仁竹
钱学良(8月免)
党委委员、派驻纪工委书记　黎清松
党委委员、总工程师　徐建华
党委委员　何卸地　王　毅(10月任)

公路管理局

局　长　王楚斌

道路运输管理局

局　长　俞国潮
书　记　潘爱芳(12月免)

港航管理局

局　长　闵晓东
书　记　杜有德

县环保局

党组书记、局长　张玉平
党组副书记、副局长　傅永红
副局长　何新中
党组成员、副局长　钱新方
党组成员、纪检组长　张建青
总工程师　郭煜骐

副科级兼环境监察大队大队长、环境应急与处置中心主任　杨加平
党组成员　杨　超　朱伟堂

县商务局（粮食局、招商局）

党委书记、局长　杨　力（10月免）
王国良（10月任）
党委副书记、粮食局副局长
吴华（保留正科级，10月免粮食局局长，任粮食局副局长）
党委副书记　俞江成
党委委员、副局长　敖贤明
党委委员、粮食局副局长　杨伟庭
党委委员、招商副局长
钱永泉（10月任商务局党委委员）
党委委员、副局长　孙敏龙（10月任）
魏铁军（8月免）　汪永忠
党委委员、纪委书记　费春华（女）
党委委员、副局长
王波（10月任商务局党委委员）
党委委员、副局长　张绍华
党委委员、招商副局长
王志华（10月任商务局党委委员）
党委委员　熊金竹　余国纪（10月任）
王利荣

县民政局

党组书记、局长　范龙云
党组副书记、副局长　谭利楚
党组成员、副局长　彭光斌
党组成员、纪检组长　姚会忠
党组成员　孙长权　丁丽华

县老龄办

主　任　丁丽华

县农业局

党委书记、局长　陈民华（8月免）
吴厚明（8月任）
党委委员、副局长　李应林　吴伟亮
陈月扬　夏建峰
谢广平（10月任）
党委委员、纪委书记　许永康
党委委员、总农艺师　聂式忠

畜牧局

局　长　陈月扬（10月免）
谢广平（10月任）

县林业局

党委书记、局长　汤　强
党委委员、副局长　刘则锋　张建华
党委委员、纪委书记　李小青
党委委员、总工程师　叶维贤
党委委员　李建忠　陈自学

县水利局

党组书记、局长　邵海龙
党组副书记　戴红安（8月免）
党组副书记、副局长　钱学良（8月任）
党组成员、纪派驻纪检监察组长王
金　海（10月免，10月任副局长）
党组成员、副局长　王正祥
谢广平（10月免）
郑加云（1月免）
王砚华（10月免副局长）
副局长　陈富强
总工程师　潘颖川（8月任）
党组成员　梁祥安（10月免）
卫荣方（10月任）
张文斌　余玲燕

太湖水利工程建设管理局

局　长　王砚华

合溪水库管理局

局　长　谢广平（10月免）
王金海（10月任）

县人社局

党组书记、局长　杨　力（10月任）
姚晓明（10月免）
党组副书记　俞根江（4月免）
党组成员、副局长
周水华（12月免）
孟玉根　杜新明　程慧群（女）
党组成员、纪检组长　陈新国
党组成员　杨佰锁　朱宝成

县教育局

局　长　张向前（兼党委书记）
副局长　陈松清　钱海杰　施　煜
副局长　钦国强（兼长兴中学校长）

党委委员、纪工委书记　张有兴
党委委员　赵运武

县科技局

局　长　陈　锋
党组书记　姚源平
党组副书记、副局长　杨冯梅
副局长　郭连伟
纪检组长　费新华
党组成员　胡　斌

县文广新局（体育局）

局长、党委书记　曾善赐
副局长、党委副书记　杨明珠（女）
副局长、党委委员　陈执伟
副局长、党委委员　姜金泉
纪委书记、党委委员　高小青
副局长、党委委员　包莲珠（女）
党委委员　姬金牛　章忠富　朱煜峰

县体育局

局　长　曾善赐
副局长　陈执伟　姬金牛　章忠富

县卫生局

局长、党委书记　刘秋平
党委副书记、纪委书记
戴红安（8月任）
王　敏（8月免纪委书记）
党委委员、副局长　周玉林　敖新华
党委委员、红十字会专职副会长
王敏（9月任红十字会专职副会长）
党委委员、副局长
潘锦武（9月免红十字会专职副会长）
党委委员　杨伯涛　陈波（8月任）

县人口和计划生育局

局长、党组成员　赵满英（女）
副局长、党组成员
杨宏昕（女）　王晓云
党组成员、纪检组长　熊　豫（女）
党组成员　王世红　李聚娇（女）

县审计局

党组书记、局长　葛铭松
党组副书记、副局长　郎　勇
党组成员、副局长　吴建勇

党组成员、副局长、经济责任审计分局局长　王　全
党组成员、总审计师　陈　忆(女)
党组成员、纪检组长　王　诚

县统计局

局长、党组书记　董　鸣
副局长、党组成员　沈柏成　刘纪汉
党组成员、纪检组长　周利超
总统计师、党组成员　魏国强
农调队队长　章建强(8月任)

县安监局

局长、党组书记　徐义方
副局长、党组成员
　　邵先华　许卫权　董哲民
党组成员、纪检组长　许玉萍(女)

县市场监管局 (县工商局、县食药局)

党委书记、局长　钱永昌(3月任)
党委副书记、副局长、县食品安全委员会办公室主任　李晓顺(3月任)
党委委员、纪委书记
　　李明霞(女,3月任,10月免)
　　袁桂芳(女,10月任)
党委委员、副局长　蒋建新(3月任)
　　　　　　　　　周　瑶(3月免)
党委委员、副局长、县食品安全委员会办公室副主任　沈伟强(3月任)
党委委员、副局长　乔新顺(3月任)
　　王永平(3月任,5月免)
党委委员、总工程师　余贤满(5月任)
党委委员、副局长　董　玮(3月任)
党委委员、县市场稽查大队大队长
　　邓剑峰(3月任)

县行政执法局

局长、党组书记　王惠芳(8月任)
　　　　　　　　吴厚明(8月免)
副局长、党组成员
　　陈伯华　李小峰　段正华
党组成员、纪检组长　陈福华
党组成员　吴　军

县行政服务中心

主任、党组书记　赵卫平
副主任、党组成员
　　胡建根　王梓明　宣玲丽
党组成员、纪检组长　杨登云

县风景旅游局

党组书记、局长　何杰雄
党组成员、副局长
　　盛宏伟　徐明学(1月免)
党组成员、纪检组长　战兴虎
党组成员　孙书文

行政中心管理办

党组书记、主任　韩张达
党组成员、副主任　鲍强华
党组成员　罗东平

县国土资源局

党委书记、局长　徐凤根
党委副书记　杜祖江
党委副书记、副局长　朱明权
党委委员、纪委书记　顾新荣
党委委员、副局长　范斌方
党委委员　桑荣根　汪　敏
副科级　施宏杰
监察大队大队长　柳陈胜

矿山综合治理办公室

主　任　杜祖江
副主任　汪　敏

县国税局

局　长　陈新荣
副局长　钱长荣　杨国平(9月免)
　　　　曹根赋　黄于飞(2月任)
纪检组长　周　军
局长助理　王　钢

县质监局

党委书记、局长　朱　伟
党委副书记、副局长　邵志庆
党委委员、副局长　张　义
党委委员、纪委书记　钱克俭

国网长兴供电公司

党委副书记、总经理　姚冰峰
党委书记、副总经理　邢建旭
党委委员、副总经理　金玉平
党委委员、纪委书记、工会主席　倪雪华
党委委员、副总经理　卢　峰
党委委员、总会计师　郭爱军
副总经理　蒋建杰

县烟草局(分公司)

局长(经理)、党组书记　高水桥
副经理、党组成员、纪检组长　俞新丰
副局长、党组委员　陈　环

县气象局

党组书记、局长　陈卫锋(10月任)
党组成员、纪检组长　蒋震河(10月任)
党组成员、副局长　魏丽华(10月任)

团县委

书　记　刘文献(8月任)
　　　　王笑笑(女,5月免)
副书记　周橙橙(女)
　　　　陈大进(挂职,7月免)
　　　　潘宇欢(12月任)

县妇联

主　席　韩琦(女,3月免)
　　　　孙宏惠(女,3月任)
副主席　刘　勤(女)　丁欢欢(女)
党组书记　韩琦(女,3月免)
　　　　　孙宏惠(女,3月任)
党组成员　刘　勤(女)　丁欢欢(女)
　　　　　宣映红(女)
纪检组长　宣映红(女)

县文联

文联主席　刘月琴(女)
文联副主席　周秀明(女,12月免)

县残联

党组书记、理事长　王文中
党组副书记县委正科级组织员
　　周福财(10月免)
党组成员、副理事长　李凤才
党组成员、副理事长　郑乃雄(12月免)
党组成员、纪检组长　温祖滨
党组成员　陈红雄

县工商联

主　席　张天任(兼)
副主席、党组书记　赵雨平
副主席、党组成员　卢新民　傅福喜

党组成员、纪检组长　杨炎源
党组成员　万长根

新闻单位

长兴传媒集团

党委书记董事长　许劲峰
党委委员、副董事长、总编辑　王晓伟
党委副书记　周伯田
纪委书记　余　强(2月任)
　　　　　倪娟琴(女,2月免)
集团副总　许金芳(2月免)
党委委员、副总编辑　蒋燕兴　方向东
副总编辑　王志芳(女,11月任)
总工程师　杨跃新
党委委员　范培强　白洪鑫

金融单位

中国人民银行长兴县支行

行　长　陈爱忠

中国工商银行把股份有限公司长兴支行

行　长　王　勇

中国农业银行长兴县支行

行　长　孙建平

中国农业发展银行长兴县支行

行　长　邵文广

中国建设银行长兴县支行

行　长　凌旭康

中国银行股份有限公司长兴县支公司

行　长　沈耀辉

湖州银行长兴县支行

行　长　宋春新

浙江长兴农村合作银行

董事长　吴明安
行　长　吴跃尔

长兴联合村镇银行

行　长　沈建平

中国邮政储蓄银行长兴县支行

行　长　孙红英

交通银行股份有限公司湖州长兴支公司

行　长　王爱珠

上海浦东发展银行湖州长兴支行

行　长　邱敏强

招商银行股份有限公司湖州长兴支行

行　长　寿利明

中信银行股份有限公司湖州长兴支行

行　长　柏国民

中国人民财产保险股份有限公司长兴支公司

总经理　庄伟民

太平洋寿险长兴支公司

总经理　侯　峰

中国人寿保险股份有限公司长兴县支公司

总经理　俞　锋

邮电通信单位

邮政局

党委书记、局长　蔡正喜
纪委书记、副局长　毛鸿宾
局长助理　丁荣红(女)

中国电信长兴分公司

党委书记、总经理　王建民(7月免)
副总经理(主持工作)　俞　迪(7月任)
党委书记　芮华良(7月任)
党委副书记、副总经理　钱立辉
副总经理　莫建民(10月任)
　　　　　杨建平(10月免)

中国移动长兴分公司

总经理　施泉荣
副总经理　徐　昕　许　侃(12月免)
总经理助理　谈国泉(12月任)

中国联通长兴分公司

总经理　林　彦
副总经理　卢青云

乡镇、街道、园区

洪桥镇

书　记　钱立新
副书记　刘亚利(女)　纪俊德
　　　　张建民
委　员　王建明　金培峰　楼向荣
　　　　闵伟康　沈树明　陈旭海
纪工委书记　纪俊德
人大主席　费根权
人大副主席　黄金华
主　任　刘亚利(女)
副主任　陈剑锋　孔青山
副科级组织员　徐国燕(女)

李家巷镇

书　记　陈少鹏
副书记　金永良　邵晓伟
委　员　桑建华　何永平　金卫平
　　　　张烈纯　吴利功(兼)
纪委书记　桑建华
镇　长　金永良
副镇长　何永平　徐　伟　王瑛(女)
　　　　葛映杰　郑　峻(女,挂职)
镇长助理　吴轶男(挂职)
人大主席　徐利方
人大副主席　高仁水

夹浦镇

书　记　张　宇(10月免)
　　　　沈孔鸿(10月任)
副书记　徐　诚　徐向欣
委　员　李文学　胡爱忠(女)
　　　　汪上兴　盛国庆
　　　　车云峰(8月免)　章　伟
纪委书记　胡爱忠(女,兼)
人大主席　豆树康
人大副主席　沈有明
镇　长　徐　诚

副镇长　李文学　丰球
章　伟　任世国
副科级组织员　钱云花

水口乡

党委书记　许连寿
党委副书记、乡长　沈庄伟(9月任)
黄文娟(女)(9月免)
党委副书记　于晓东(8月任)
党委委员、纪委书记　杨毅勇
党委委员、人武部长　王阳明
党委委员、副乡长　许晓明
党委委员、副乡长　凌　倩
党委委员　施强芬(女)
党委委员、副乡长　李　全
人大副主席　顾新强
副科级组织员　丁利强

泗安镇

书　记　王伟新
副书记　徐卫勇　左智华
委　员　李祥贵　丁新艳(女)
卫荣方(10月免)　夏向东
郑　伟　毛煜庆(兼)
李明(人武部长)　崔卫华
纪委书记　丁新艳
人大主席　李祖良
人大副主席　周功东
政协联络委主任　杨晓林
镇　长　徐卫勇
副镇长　李祥贵　卫荣方(10月免)
夏向东　崔卫华　黄祥福
黄际来　施俊淼(10月任)
副科级组织员　朱　磊

副镇长　程再喜　佘立彬　王　强
茆坚剑

和平镇

书　记　张　宇(10月任)
汪荣山(10月免)
镇长、副书记　郎　涛(8月任)
陈剑峰(8月免)
副书记　王维康　林　敏(10月任)
人大主席　王维康
政协联络处主任　潘旭飞
纪委书记　刘水琴(女)
委　员　刘水琴(女)　吴建荣
林炳文　陈卫华　李志云
张国胜　朱　伟　窦智勇
吴伟琪(8月任)
董建峰(8月免)
副镇长　潘旭飞　林炳文　朱　伟
窦智勇　乔越飞　金玉霞(女)
副科级组织员　邹国平

虹星桥镇

书　记　钱卫华
副书记、镇长　陈峻强(8月任)
郎　涛(8月免)
人大主席　姚建忠
副书记　伍永红
委　员　钦美方　吴健美(女)
杨根荣　文宏伟　汪琳琳(8月任)
纪委书记　伍永红(兼)
人大副主席　蒋应方
副镇长　钦美方(兼)　王永林
吴秋景(女)
副科级组织员　施世铰

吴永丰(9月任)
副科级组织员　黄　伟

煤山镇

书　记　钱宝民
副书记、镇长　李建成
人大主席　殷满林
政协联络处主任　胡志清
副书记　廖志坚
党委委员、常务副镇长　周松林
党委委员　周侃明
党委委员、纪委书记　费水丽(女)
党委委员　卫勤超
党委委员、派出所所长　梅金成
人武部长　陆建平
党委委员、副镇长　邵永杰
人大副主席　杨虞富
副镇长　王小燕(女)
副镇长　蒋新平
副科级组织员　陈　昊
镇长助理　曾宪宗(挂职)

小浦镇

书　记　周卫星
副书记　夏会方(8月免)　叶　林
委　员　钱国强　叶爱斌　施强立
杨小红(女)　张小平　宗金龙
纪委书记　叶爱斌(兼)
镇　长　叶　林(兼,11月任)
夏会方(11月免)
常务副镇长　钱国强
副镇长　李鹏飞　朱国永
人大主席　朱洪强
人大副主席　赵雪峰
副科级组织员　孙敏华

林城镇

党委书记　孙剑峰
党委副书记　曹佩中　陈　超
党委委员　沈华明　程再喜　佘立彬
魏先中　黄蓉金(女)　廖象金
王　强　马凌燕(女)
纪委书记　陈　超
人大主席　孙剑峰
人大副主席　杨伟平
镇　长　曹佩中
常务副镇长　沈华明

吕山乡

书　记　臧雷鸣
乡　长　高福良
副书记　高福良　朱自强
纪委书记　钱永权
党委委员　王茂营　钱永权
贾惠良　胡桂红(女)
人大主席　臧雷鸣
人大副主席　俞明强
常务副乡长　王茂营
副乡长　陆建平(9月免)

槐坎乡

书　记　施忠斌
副书记　尹明英(5月任)
孙宏惠(女)(3月免)
王国良
委　员　杨伟荣　张勋华(8月任)
金卫平(8月免)　臧中华
梅德胤
纪委书记　梅德胤(兼)
人大主席　施忠斌(兼)
乡　长　尹明英(兼)

副乡长　杨伟荣(兼)　臧中华(兼)
　　金永勇
人大副主席　王　群

白岘乡

书　记　蒋　烈
副书记　柏剑平　陈静(女)
委　员　钱国平(8月任)
　　罗立权(8月免)
　　李顺银　赵崇斌　卢志刚
纪委书记　卢志刚(兼)
人大主席　蒋　烈(兼)
人大副主席　施群法
乡　长　柏剑平(兼)
副乡长　李顺银(兼)　朱毅媛(女)

画溪街道

书　记　周卫凌
副书记　沈自强　潘国华
　　缪　盛(挂职,10月任)
委　员　敖智花(女)　陶国强
　　孙伟锋　王小平　陈　刚
　　蒋　颖　吴利华
　　陆水军(挂职,12月任)
纪委书记　王小平
人大工委主任　周荣华
人大工委副主任　鲁新良　吴如松
政协联络委主任　左金荣
主　任　沈自强
副主任　敖智花(女)　孙伟锋
　　蒋　颖　施晏(女)
副科级组织员　颜晓涛

雉城街道

党委书记　葛华庆
党委副书记、办事处主任　甘崇宾
人大工委主任　徐正中
党委副书记　蔡文光
党委委员、纪委书记　吴建忠
党委委员、办事处副主任　张志宏
党委委员、人武部长　施树芳
党委委员、办事处副主任
　　钱国平(8月免)
党委委员、办事处副主任　郑　琼
党委委员　陈国平
办事处副主任　黎旭红(女)
办事处副主任　周海涛(8月任)
副科级组织员　朱莹(女)

太湖街道

书　记　陈剑峰(8月任)
　　赵志有(8月免)
副书记　黄文娟　王春强
委　员　张新强　井玉林
　　陈邦东　沈明贤
　　彭典清　高泉清
　　叶立华　高莹(女)(8月任)
纪工委书记　施敏(女)(12月免)
主　任　王惠芳(8月免)
　　黄文娟(8月任)
副主任　张新强　井玉林　陈邦东
　　沈明贤　彭典清　高泉清
　　叶立华　王　琴(女)
副科级组织员　朱　琦(9月调离)

开 发 区

书　记　管会斌(兼)
副书记　许　哲(10月任)
　　金　宁(10月免)
　　孙敏龙(10月免)
　　朱为兵　吴星星(10月任)
委　员　俞雷达(兼)　潘晓东
　　许权康　陈　超　张吉武
　　何洁萍(女)　郑经海
　　易　萍(女)　陈亚明
　　吴相元　黄国宏(兼)
纪工委书记　沈银娣(女)(10月免)
　　许权康(10月任)
主　任　吴再根
副主任　金　宁(10月免)
　　许　哲(10月任)
　　孙敏龙(10月免)
　　吴星星(10月任)
　　潘晓东　陈　超
副科级组织员　程玉兰(女)

龙山新区

书　记　傅伟强(10月免)
　　金　宁(10月任)
副书记　武旭波　王仲云　陈建新
委　员　胡桂荣(女)　谢　铎
　　姜　宏　王佳平(兼)
　　苏建忠　孙　斌
　　王丽霞(女)　茆晓峰
纪工委书记　孙　斌
主　任　武旭波
副主任　胡桂荣(女)　姜　宏
　　王佳平(兼)　茆晓峰
副科级组织员　王建堂

太湖图影旅游度假区

书　记　成仁贵(4月任)
　　钱永昌(4月免)
副书记　王笑笑(女,4月任)
　　成仁贵(4月免)　朱炜江
委　员　余　强(10月免)　叶先君
　　陈永新　郑　亮
　　茆学铭　何文斌
纪工委书记　余　强(10月免)
主　任　王笑笑(女,4月任)
　　成仁贵(4月免)
副主任　陈永新　郑　亮　茆学铭
　　何文斌　陆　扬　杨恢群
　　王　飞(女)
副科级组织员　金蔚宇

南太湖长兴分区

管委会主任　陈　峰(4月任)
　　尚亿强(4月免)
党工委书记　陈峰(10月任)
　　沈孔鸿(10月免)
党工委副书记、管委会常务副主任、人大工委主任　蒋金祥
党工委副书记　高　晖
党工委委员、纪工委书记、管委会副主任　周慧春
党工委委员　方　刚(8月任)
党工委委员、人武部长　王汉强
党工委委员、副主任　徐黎琴
党工委委员、副主任　赵　前
党工委委员、副主任　王　敏
党工委委员、副主任　吴伟平
党工委委员　蒋锦华

省际示范区

常务副主任
　　李丰红
副主任
　　朱备华　张春喜

先进个人·先进集体

国家级和国家条线表彰的先进个人

姓名	荣誉称号	授予单位	工作单位
童鸣初	全国科普惠农兴村先进个人	中国科协	泗安镇快活林生态园
曹祥茂	全国农村五保供养工作先进个人	中华人民共和国民政部	泗安镇敬老院
梅传虎	2014年度消费税工作表现突出个人	国家税务总局	长兴县国税局
上官维忠	全国优秀教师	教育部	长兴中学

省级和省级条线表彰的先进个人

姓名	荣誉称号	授予单位	工作单位
徐　欣	2014年全省人大信息工作先进个人	省人大常委会办公厅、省人大常委会研究室	县人大常委会办公室
金树云	省人民政协理论研究会第六次理论研讨会优秀论文三等奖	省人民政协理论研究会长兴县政协	
史志钢	全省党委系统信息工作先进个人	中共浙江省委办公厅	长兴县委办公室
翟海焱	全省党政系统机要密码工作嘉奖	中共浙江省委办公厅	长兴县委机要局
龚荣庭	省党史工作先进工作者	省人力资源和社会保障厅、省委党史研究室	长兴县委党史研究室
朱友来	浙江省助残先进个人	省残疾人联合会	白岘乡社保办干部
汪海浪	2014年暑期“春泥计划”志愿服务优秀个人	省文明	林城镇北汤村党支部
王伟新	浙江省“三改一拆”先进个人	省“三改一拆”办公室	泗安镇
毛小云	全省小微企业培育监测工作先进个人	省经信委	李家巷镇
钱　琼	优秀慈善工作者	浙江省慈善总会	长兴县慈善总会

姓名	荣誉称号	授予单位	工作单位
赵明贵	优秀慈善工作者	浙江省慈善总会	夹浦镇人民政府
吴　强	优秀义工(志愿者)	浙江省慈善总会	长兴百灵公益
任友年	第四届“十大慈善之星”入围奖	浙江省慈善总会	画溪街道包桥村
张丽娜	2014年度省级纳税服务之星	浙江省地方税务局	长兴县地方税务局
邱亚斌	省烟草专卖商业系统技术能手	省烟草专卖局(公司)	县烟草专卖局(分公司)
吴　猛	2014年重大气象服务先进个人	浙江省气象局	县气象局
付青华	2014年度全省党校系统先进个人	中共浙江省委党校	县委党校
余志伟	浙江省优秀教师暨浙江省中小学师德楷模	浙江省教育厅	长兴中学
费根法	浙江省第二十五届“春蚕奖”	浙江省教育基金会	太湖高中
张佩成	浙江省第二十五届“春蚕奖”浙江省教育基金会白岘小学		
李　莉	浙江省第二十五届“春蚕奖”	浙江省教育基金会	职教中心
钦国强	浙江省第十一批特级教师	浙江省教育厅	长兴中学
周义华	浙江省第十一批特级教师	浙江省教育厅	机关幼儿园
沈　莉	浙江省第十一批特级教师	浙江省教育厅	教研中心
王　伟	2014年度浙江省白蚁防治先进个人	浙江省白蚁防治协会	长兴县房地产管理处
肖樟富	浙江省2014年度“优秀城市美容师”	省住房和城乡建设局、省建设建材工会	县市政环境卫生管理处
刘建强	省交通运输厅(质监局)评为“十大最美检测人”	浙江省交通运输厅	长兴县交通运输局
朱　敏	浙江交通文学艺术最高奖“梅花奖”纪实类三等奖		长兴县港航局
陆　敏	浙江交通文学艺术最高奖“梅花奖”文学类优秀奖		长兴县交通运输局
朱　敏	浙江省港航系统文学作品比赛一等奖		长兴县港航局
周　琳	2014年度宣传报道工作先进个人	浙江省公路局	长兴县公路局
蒋晓莉	2014年浙江省农产品质量安全快速检测技能竞赛“畜禽产品”组一等奖	浙江省农业厅、浙江省海洋与渔业局	长兴县农业局
吕　方	浙江省“五水共治”信息工作先进个人	浙江省“五水共治”工作领导小组办公室	长兴县农业局
房伟平	浙江省海洋与渔业系统政务信息工作先进个人	省海洋与渔业局	长兴县农业局
程笑盈	全省法院司法政务工作先进个人	浙江省高院	长兴法院
王赟霞	全省法院政工信息工作先进个人	浙江省高院	长兴法院
黄　杰	全省政法系统先进个人称号	省政法委	县公安局巡特警大队
黄　杰	全省公安机关爱民模范	省公安厅	县公安局巡特警大队
朱　蔚	全省检察机关“中国梦我的检察官故事”文学作品比赛优秀奖	省人民检察院、省检察官文学艺术联合会	长兴县人民检察院

姓名	荣誉称号	授予单位	工作单位
郑振良	军事训练先进个人	浙江省军区	长兴县人武部
王继南	优秀参谋	浙江省军区	长兴县人武部政工科
费　旻	优秀职工标兵	浙江省军区	长兴县人武部军事科
王楚雄	浙江省司法行政系统第四届“百名优秀人物”		长兴县司法局太湖司法所
汤和荣	浙江省司法行政系统“新媒体法治宣传”先进个人		长兴县司法局宣教科
徐利祥	浙江省司法行政系统社区矫正先进个人		长兴县司法局和平司法所
李　幸	群众满意的社区护士	浙江省基层卫生协会	画溪街道社区卫生服务中心
沈燕斌	首届全省公安微剧本创作大赛剧本类优秀奖	浙江省公安厅	长兴县公安消防大队
梁长青	2014年度浙江省驻京信访工作先进个人	省处理信访突出问题及群体性事件联席会议驻京工作组	县信访局
王俊荆	2014年全省人力资源社会保障宣传工作先进个人	浙江省人力资源和社会保障厅	长兴县人力资源和社会保障局
陈　旻	省级关爱行动优秀项目专员	共青团浙江省委	吕山乡
朱轩毅	省级优秀团干部	共青团浙江省委	共青团长兴县委员

湖州市级表彰的先进个人

姓名	荣誉称号	授予单位	工作单位
张　雷	全市党委系统信息工作先进个人	中共湖州市委办公室	长兴县委办公室
罗红美	最美湖州人——2014感动湖州年度人物	中共湖州市委宣传部、湖州市文明办、湖州市总工会、共青团湖州市委员会、湖州市妇女联合会、湖州日报报业集团、湖州广电传媒集团颁发	白岘乡罗岕村村民委委员
王伟新	湖州市十佳乡镇党委书记（乡镇长）	市委	泗安镇
朱利鑫	十佳农产品营销大户	湖州市人民政府	泗安镇山伯伯农业基地
陈传意	十佳农业科技人员	湖州市人民政府	泗安镇政府农办
吴加平	十佳农民专家	湖州市人民政府	泗安镇苗木产业带头人
金卫平	人武市级先进个人	湖州市人民政府、湖州市军分区	李家巷镇
张烈纯	统战市级先进个人	湖州市统战部	李家巷镇
史水良	第一批湖州市“美丽乡村建设优秀带头人”	湖州市委	夹浦镇滨湖村
张丽娜 潘晓兰 王　艳	2014年度市级纳税服务之星	湖州市地方税务局	长兴县地方税务局

姓名	荣誉称号	授予单位	工作单位
姜　筱	湖州市政务信息工作先进个人	湖州市政府办公室	县政府办
潘炜铭	2014年度淘汰高污染燃料小锅炉工作先进工作者	市人民政府	县发展和改革委员会
章建国	2014年度湖州市服务业发展工作先进个人	市人民政府	县发展和改革委员会
宁利根	湖州市见义勇为二等功	湖州市人民政府	长兴县农业局
宁利根	湖州市见义勇为先进分子	湖州市人民政府	长兴县农业局

国家级和国家级条线表彰的先进集体

获奖单位	荣誉称号	授予单位
长兴县	国家生态县	环保部
长兴县	中国人居环境奖	住建部
长兴县	国家生态文明建设示范区	环保部
长兴县	全国文化先进县	文化部
长兴县	国家珍贵树种培育示范县	国家林业局
长兴县	第一批地质灾害防治高标准“十有县”	国土资源部
夹浦镇	国家级生态镇	环保部
夹浦镇	中国长丝织造产业基地	中国长丝织造协会
夹浦镇父子岭村	全国文明村复评	精神文明办
吕山湖羊	CCTV2014年度全国十大魅力农产品	中央电视台
水口乡	国家AAAA级旅游景区	国家旅游局
水口乡顾渚陆羽茶文化风景区提升建设项目	全国优选旅游项目	国家旅游局办公室
泗安镇兴隆村	第五批全国人口计生基层群众自治示范村	国家卫计委
雉城街道鱼巷口社区	全国综合减灾示范社区	全国减灾委员会
雉城街道水木花都社区	全国社区多功能运动场所	中央集中彩票公益金中心
雉城街道三狮社区	全国文明交通示范社区	公安部全国实施“文明交通行动计划”领导小组
长兴县国家税务局	2014年度浙江省青年文明号	共青团浙江省委、浙江省国家税务局
长兴县国家税务局	全省国税系统新闻信息先进集体	浙江省国家税务局
长兴县科协	2014年全国科普日活动优秀组织单位	中国科协
长兴县泗安镇童鸣	“基层科普行动计划”农村科普带头人	中国科协、财政部

获奖单位	荣誉称号	授予单位
中共长兴县委统战部	2014年度《中国统一战线》宣传先进单位	中央统战部宣传办
民革长兴县总支	在“伸出博爱之手—民革基层组织牵手困难群众”活动“十佳基层组织”	民革中央
县委宣传部	全国文明城市提名城市(县级)	中央精神文明建设指导委员会办公室
县供电局	全国电力行业实施卓越绩效模式先进企业	中国水利电力质量管理协会
长兴县供电公司	2014年全国电力行业实施卓越绩效模式先进企业	中国水利电力质量管理协会
长兴县人民检察院	全国检察宣传先进单位	最高人民检察院、人民日报社
12315举报投诉中心	全国“青少年维权岗”称号	共青团中央
长兴县国土局	第一批地质灾害防治高标准“十有县”	国土资源部
长兴县消保委	全国消费维权活动创新奖	中国消费者协会
长兴县消保委	全国消保工作新闻宣传先进集体	中国消费者协会
县林业局	2014年国家珍贵树种培育示范县	国家林业局
长兴传媒集团	全国文明单位	中央精神文明建设指导委员会
长兴传媒集团总编室	2013—2014年度广播电视公益广告优秀传播机构扶持项目名单	国家新闻出版广电总局
长兴传媒集团电视节目部	中组部党员电教片一等奖:纪录片《守护》	宣传部

省级和省级条线表彰的先进集体

获奖单位	荣誉称号	授予单位
长兴县	浙江省文明县	省精神文明建设委员会
长兴县	省双拥模范城	省委、省政府、省军区
长兴县	第三批省旅游经济强县	省政府
长兴县	基本公共服务均等化行动计划实施工作优秀县	省政府
长兴县	第一批“浙江美丽县城”试点县	省推进城市化工作协调指导小组
长兴县	首批扩面改革县	省政府
长兴县	省流通业综合改革试点县	省商务厅、省财政厅、省国土厅、省住建厅、省国税局、省地税局
长兴县	浙江省重大科技活动知识产权评议试点县	省知识产权局
长兴县	综合性“腾笼换鸟”省级试点县	省转升办
长兴县	省两化深度融合国家综合性示范区	省经信委
长兴县	省探索发展壮大村级集体经济有效实现方式示范试点县	省农改办
县乡村卫生一体化综合管理省级试点	省卫生厅、省编委办、省发改委、和财政厅和省人力社保厅	

获奖单位	荣誉称号	授予单位
长兴县	珍贵树种赠苗造林滚动发展试点县	省林业厅
长兴县	省开展大棚芦笋加个指数特色保险试点	省政策性农业保险工作小组办公室
长兴县	省智慧价格项目建设试点县	省物价局
长兴县	省第二次全国地名普查数据建库与管理软件试点县	省第二次全国地名普查领导小组办公室
长兴县	浙江省两化深度融合国家综合性示范区	浙江省经济和信息化委员会、浙江省工业转型升级领导小组
长兴县	综合性“腾笼换鸟”省级试点县(区、市)	浙江省工业转型升级领导小组
长兴县经济和信息化委员会	2014年度全省小微企业培育监测工作市县考核优秀	浙江省经济和信息化委员会
长兴县委办公室	全省党委系统信息工作先进单位	中共浙江省委办公厅
李家巷镇	全省小微企业培育监测工作先进单位	省经信委
李家巷镇	省卫生镇	省卫生厅
李家巷镇	省级甲等乡镇卫生院	省卫生厅
吕山乡	省四星级规范化司法所	省司法厅
吕山乡	完成省二级示范档案室创建工作	省档案局
吕山乡	浙江省老年体育特色项目之乡	省老年体协
水口乡	浙江省省级卫生乡(复评)	浙江省爱卫办
水口乡	浙江省省级文明乡(复评)	浙江省文明委
水口乡	省级餐饮服务食品安全示范街	省食品药监局
水口乡	省级“青少年维权岗”	浙江省未成年人保护委员会
泗安镇	通过省卫生镇复评	省爱卫会
泗安镇	浙江省园林镇	浙江省住房和城乡建设厅
泗安镇	档案工作目标管理省一级	浙江省档案局
泗安镇	浙江省文明镇复评	浙江省文明办
泗安镇长中村	省级文明村	浙江省文明办
泗安镇	省老年体育特色乡镇	省老年体育协会
雉城街道办事处	全省社会管理综合治理先进集体	浙江省委办公室
雉城街道办事处	全省无邪教创建先进单位	省委防范与处理邪教问题工作领导小组
雉城街道办事处	档案工作目标管理省三级标准单位	浙江省档案局
雉城街道办事处	浙江省第三批“星级规范化司法所”	浙江省司法厅
小浦镇人民政府	文明乡镇	浙江省精神文明建设委员会
小浦镇政府“长兴八都岕古银杏长廊”	浙江最美森林	浙江省林业厅
长兴县工商业联合会	浙江省“五好”县级工商联	浙江省工商业联合会办公室

获奖单位	荣誉称号	授予单位
煤山镇新安村	浙江“农信杯”万村慈善帮扶基金工程竞赛活动慈善村	浙江省慈善总会
林城镇慈善分会	浙江“农信杯”万村慈善帮扶基金工程竞赛活动优胜奖	浙江省慈善总会
夹浦镇烟草专卖管理所、泗安镇烟草专卖管理所	省优秀专卖管理所	省烟草专卖局(公司)
县烟草局(分公司)车队	全系统文明车队	浙江省烟草专卖局(公司)
长兴县邮政局	浙江省文明单位	中共浙江省委、浙江省人民政府
长兴县邮政局	全省银行业金融机构心防工程“成绩突出集体”	浙江省公安厅、浙江银监局
长兴县邮政局洪桥支局	浙江省邮政金融示范网点	浙江省邮政公司
长兴县邮政局广场支局	浙江省邮政金融示范网点	浙江省邮政公司
长兴县邮政局人民路支局	“2014年度浙江省邮政金融优秀示范网点”三等奖	浙江省邮政公司
长兴县邮政局洪桥支局	“2014年度浙江省邮政金融优秀示范网点”三等奖	浙江省邮政公司
长兴县外事办	2014年度浙江省外事系统对外交流合作奖	浙江省人民政府外事侨务办公室
长兴驻上海联络处	2014年度先进单位	上海市长宁区各地投资企业(机构)协会
中国移动长兴分公司	通过2014年省级文明单位复评	中共浙江省委浙江省人民政府
长兴县新四军苏浙军区纪念馆	浙江省网络作家协会创作基地	浙江省网络作家协会
长兴县新四军苏浙军区纪念馆	省委党校现场教学示范基地	中共省委党校、浙江行政学院
县委党校	2014年度全省党校系统先进集体	中共浙江省委党校
县委党校	2014年度“省绿化模范单位”	浙江省绿化与湿地保护委员会
共青团长兴县委	浙江省突出贡献青年文明号活动组织单位	共青团浙江省委
县妇联	“我与中国梦:半边天的责任与担当”征文优秀组织奖	省妇联
长兴县教育局	浙江省内部审计先进集体	浙江省内部审计协会
实验二小	全国阅读示范基地学校	浙江少年儿童出版社
实验二小	全国小学生安全漫画创作活动优秀组织奖	全国小学生安全漫画展评活动组委会
长兴县科协	浙江省科协工作先进单位	浙江省科协
长兴县反邪教协会	省反邪教先进集体	浙江省反邪教协会
泗安镇新联村	浙江省基层科普示范单位	浙江省科协
和平镇	浙江省基层科普示范单位	浙江省科协
民进长兴县支部	“2014年度优秀基层组织”	民进浙江省委会
长兴县侨联	“全省基本侨情调查工作先进单位”	浙江省侨联

获奖单位	荣誉称号	授予单位
县委宣传部	全省社会舆情信息工作优秀单位	浙江省委宣传部
和平镇	省级基层人防规范化建设单位	浙江省人民防空办公室
和平镇	浙江省级乡镇卫生院	浙江省卫生和计划生育委员会
和平镇	武装工作先进单位	省军分区
和平镇	湖州市基层农技推广先进集体	浙江省农业技术推广会湖州执行部
县人民防空办公室	2014年度人民防空工作先进单位	省人民防空办公室
县科技局	2014年度全省县(市、区)防震减灾工作先进单位	省地震局
县科技局	2014年浙江省重大科技活动知识产权评议试点县	浙江省知识产权局
县科技局	浙江省网上技术市场工作先进县	浙江省科技厅
长兴县农业局	农业依法行政示范单位	浙江省农业厅办公室
吕山湖羊	2014年度“全国十大魅力农产品”	农业部市场与经济建设司
长兴县农业局	浙江省海洋与渔业系统政务信息工作先进县级单位	浙江省海洋与渔业局
长兴县商务局	浙江省流通业综合改革试点城市	浙江省商务厅
长兴法院	全省阳光司法优秀法院	浙江省高院
长兴法院	全省法院审判管理工作先进集体	浙江省高院
泗安法庭	集体二等功	浙江省高院
泗安法庭	省级模范五好法庭	浙江省高院
长兴县人民检察院	浙江省文明单位	浙江省精神文明建设委员会
长兴县人民检察院社区矫正检察科	浙江省社区矫正工作先进集体	中共浙江省委办公厅、浙江省人民政府办公室
长兴县民政局	浙江省双拥模范城(县、区)	浙江省拥军优属拥政爱民领导小组
长兴县民政局	浙江省爱国拥军模范单位	浙江省拥军优属拥政爱民领导小组
长兴县人武部	新闻宣传工作先进单位	浙江省军区表彰
长兴县人武部	信息化工作先进单位	浙江省军区表彰
长兴县和平镇武装部	先进基层武装部	浙江省军区表彰
长兴县司法局社区矫正工作管理科	“社区矫正先进集体”	浙江省司法厅
长兴县开发区司法所	集体二等功	浙江省司法厅
长兴县卫生局	浙江卫生应急工作示范县	浙江省卫生和计划生育委员会
长兴县卫生局	浙江省慢病非传染性疾病综合防控示范区	浙江省卫生和计划生育委员会办公室
长兴县公安消防大队	拥政爱民模范单位	浙江省双拥办
长兴县公安消防大队	先进基层党委	浙江省公安消防总队
长兴县人力资源和社会保障局	2014年度全省人力资源社会保障宣传工作先进单位	浙江省人力资源和社会保障厅

获奖单位	荣誉称号	授予单位
长兴县劳动人事争议仲裁委员会	2014年度全省劳动争议案件处理工作优秀单位	浙江省劳动人事争议仲裁委员会
长兴县劳动保障监察大队	浙江省2014年度劳动保障监察工作目标管理成绩突出单位	浙江省人力资源和社会保障厅办公室
长兴县委政法委	2004—2013年度平安创建工作先进单位	中共浙江省委办公厅、浙江省人民政府办公厅
长兴县平安办	全省社会管理综合治理先进集体	中共浙江省委办公厅、浙江省人民政府办公厅
中国移动长兴分公司	2014年度中国移动浙江公司企业文化示范单位	中国移动通信集团浙江有限公司
共青团长兴县委	浙江省突出贡献青年文明号活动组织单位	共青团浙江省委
共青团长兴县委	浙江省青年企业家协会工作先进单位	共青团浙江省委
共青团长兴县委	浙江省共青团优秀调研课题成果三等奖	共青团浙江省委
公安局雉城派出所	浙江省第六批“青少年维权岗”单位	共青团浙江省委
人民法院刑事审判庭	浙江省第六批“青少年维权岗”单位	共青团浙江省委
虹星桥镇团委	浙江省第六批“青少年维权岗”单位	共青团浙江省委
水口乡团委	浙江省第六批“青少年维权岗”单位	共青团浙江省委
中山化工团支部	省级先进团支部	共青团浙江省委
雉城街道志愿者服务总站	省级志愿服务优秀集体(站)	共青团浙江省委
共青团长兴县委	省级优秀志愿服务项目	共青团浙江省委
长兴县水利局	河道保洁工作获浙江省河道保洁长效管理考核二等奖	浙江省水利厅
长兴县水利局	水文站获得浙江省水文资料质量优秀奖	浙江省水文局
长兴县建设局	2014年度浙江省“五水共治”工作先进集体	浙江省委办公厅、省人民政府办公厅
长兴传媒集团电视节目部	2014年度浙江省广播电视对农节目政府奖电视对农栏目一等奖《走乡村》	浙江省新闻出版局
长兴传媒集团广播节目部	2014年度浙江省广播电视对农节目政府奖广播对农活动一等奖《长兴县首届十大农业龙头企业颁奖典礼》	浙江省新闻出版局
长兴传媒集团电视节目部	2014年度浙江省广播电视对农节目政府奖电视对农活动二等奖《长兴县首届十佳绿色农产品品牌评选活动颁奖典礼》	浙江省新闻出版局
长兴传媒集团广播节目部	2014浙江省精神文明建设“五个一工程”奖,广播剧《生命的延续》	中宣部
长兴传媒集团电视节目部	2014年度浙江省广播电视少儿节目奖电视专题类三等奖《开学第一天》	浙江省新闻出版局
长兴传媒集团电视节目部	2014年度浙江省广播电视少儿节目奖电视综艺类类三等奖《完美假期:“六一”总动员》	浙江省新闻出版局
长兴县教育局	浙江省内部审计先进集体	浙江省内部审计协会

湖州市级表彰的先进集体

获奖单位	荣誉称号	授予单位
长兴县委办公室	全市党委系统信息工作先进单位	中共湖州市委办公室
长兴县政协	2014年度市级政协优秀工作单位考核第一名	湖州市政协办
长兴县政协	2013—2014年度“政协好新闻”一等奖	湖州市政协办
长兴县政协	2014年度全市政协系统反映社情民意信息工作先进单位一等奖	湖州市政协办
李家巷镇	市卫生镇	湖州市人民政府
李家巷镇	市文明镇	湖州市委、湖州市人民政府
李家巷镇	市“三改一拆”先进集体	湖州市人民政府
李家巷镇	市征兵工作先进单位	湖州市人民政府、湖州市军分区
李家巷镇	市先进基层武装部	湖州市人民政府、湖州市军分区
李家巷镇	湖州市先进乡镇科协	湖州市科协
吕山乡	湖州市平安乡镇	湖州市委市政府
吕山乡	湖州市法治乡镇工作先进单位(待定)	湖州市委市政府
吕山乡	湖州市综合治理先进单位(待定)	湖州市委市政府
吕山乡	湖州市禁毒工作综合评估先进单位(待定)	湖州市委市政府
吕山乡	吕山湖羊生态养殖获得市级精品园市十佳现代农业园区	市委、市府
泗安镇	全市先进人民调解委员会	市委、市政府
泗安镇	湖州市先进基层武装部	湖州市军分区
小浦镇人民政府	湖州市卫生强镇	湖州市政府办公室
雉城街道办事处	全市平安街道	湖州市委市政府
长兴县发展和改革委员会	2014年度重点建设工作先进集体	湖州市人民政府
和平镇	2014年度湖州市三改一拆暨无违建乡镇创建工作先进单位	湖州市政府
长兴县公安消防大队	文明单位	中共湖州市委、湖州市政府
长兴县劳动人事争议仲裁委员会	全市先进人民调解委员会	中共湖州市委、湖州市人民政府
长兴县国土资源管理局	2014年度市对县耕地保护目标责任制考核中获优秀单位	湖州市人民政府
长兴县水利局	湖州市2014年度“五水共治”工作先进集体	湖州市委市政府

附录

长兴历年来所获省级及以上荣誉称号

（截至2014年）

国家级以上荣誉称号

序号	荣誉名称	授予(认证)单位	授予年份
1	全国县域经济基本竞争力百强县	中郡县域经济研究所公布	2002—2012
2	全国县域经济社会综合实力百强县	国家统计局公布	2003—2006
3	国家卫生县城	全国卫生爱国委员会	2003
4	中国银杏之乡	国家林业局	2004
5	中国栝楼之乡	中国特产之乡推荐暨宣传活动组织委员会	2004
6	全国科技进步先进县	科技部	2004
7	全国农村中医工作先进县	国家中医药管理局	2005
8	全国文化先进县	文化部	2005
9	全国计划生育优质服务先进县	国家人口计生委	2005
10	国家级自然保护区	环保部	2005
11	中国茶叶发展政府贡献奖	中国茶产业发展县(市)长论坛组委会	2005
12	第三届中国地方政府创新奖入围奖(2005—2006年度)	中国地方政府创新奖组委会	2006
13	第三届中国地方政府创新奖入围奖	中国地方政府创新奖组委会	2006
14	百叶龙列入第一批国家级非物质文化保护遗产名录	文化部	2006
15	中国绿色动力能源中心	中国电池工业协会	2007
16	全国文物工作先进县	文化部、文物局	2007
17	国际花园城市(金奖)	联合国环境规划署	2008
18	环境可持续发展奖(第一名)	联合国环境规划署	2008
19	国家园林城市	建设部	2008
20	全国科技进步先进县	科技部	2008
21	全国文化信息资源共享工程示范县	文化部	2008
22	中国金融生态县	中国金融研究院、世界能源金融研究院等机构	2008

续表

序号	荣誉名称	授予(认证)单位	授予年份
23	中国耐火材料之乡	中国耐火材料行业协会	2008
24	中国节能灯电容器之乡	中国电子元件行业协会	2008
25	中国民间文化艺术之乡	文化部	2008
26	中国红梅之乡	中国经济林协会	2008
27	长兴蓄电池产业集群入选“中国产业集群品牌50强”	中国社会科学院城市发展与环境研究中心	2008
28	中国水泥产业基地	中国水泥协会	2009
29	中国县域商标发展百强县	中国商标协会	2009
30	中国果蔬无公害十强县	中国果菜产业发展论坛组委会	2009
31	中国十大文化休闲旅游县	中华文明促进会旅游文化研究中心、世界华侨华人社团联合总会旅游合作组织、国际休闲产业协会	2009
32	中国扬子鳄之乡	中国野生动物保护协会	2009
33	全国小型农田水利建设重点县	水利部	2009
34	中国商标发展百强县	中国商标协会	2009
35	中国全面小康成长型百佳县	求是《小康》杂志“2010年中国全面小康论坛”组委会	2010
36	中国最关爱民生的县(市、区)	“首届中国城市民生建设调研成果发布会暨中国城市民生建设论坛”组委会	2010
37	中国茶文化之乡	中国国际茶文化研究会	2010
38	国家一级图书馆	文化部	2010
39	国家级经济技术开发区	国务院	2010
40	国家首批光伏发电集中应用示范区	财政部、科技部、住建部、能源局	2010
41	全国基层农技推广体系改革与建设示范县	农业部	2010
42	全国粮食仓储规范化管理先进单位	国家粮食局	2010
43	紫笋茶列入第三批国家级非物质文化保护遗产名录	文化部	2010
44	紫笋茶获农产品地理标志登记保护	农业部	2010
45	紫笋茶获中华文化名茶称号	中国国际茶文化研究会	2010
46	全国老龄工作先进单位	全国老龄工作委员会	2010
47	全国残疾人社区康复示范县	卫生部、民政部、中残联	2010
48	全国白内障无障碍县	全国残疾人康复工作办公室	2010
49	全国法制宣传教育先进县(2006—2010)	中宣部、司法部	2011
50	全国老年人宜居宜游城市	中国老年学学会	2011
51	全国科普示范县	国家科协	2011
52	全国法制宣传教育先进县(2006—2010)	中央宣传部、司法部	2011
53	全国平安畅通县(2009—2011)	公安部等	2011
54	中国长丝织造名城	中国长丝织造协会	2011
55	全国绿化先进集体	全国绿化委员会、人力资源和社会保障部、国家林业局	2011

续表

序号	荣誉名称	授予(认证)单位	授予年份
56	全国阳光计生示范县	国家人口计生委	2011
57	全国文明县城	中央文明委	2011
58	2012绿色城市之星·国际人居环境金牌示范奖	中国国际贸易促进会城市开发与建设委员会	2012
59	2012年度中国中小城市综合实力百强县	中国中小城市科学发展高峰论坛组委会、中国中小城市经济发展委员会、东北亚开发研究院	2012
60	中国纺织服装行业十大产业集群	中国纺织工业协会	2012
61	中国衬布名城	中国纺织工业联合会	2012
62	全国铅酸蓄电池转型升级示范区	环保部	2012
63	中国金钱松之乡	中国野生植物保护协会	2012
64	全国蔬菜重点生产县区	发改委、农业部	2012
65	全国休闲农业与乡村旅游示范县	国家旅游局	2012
66	国家首批餐饮服务食品安全示范县	国家食品药品监督管理局	2012
67	全国绿化模范县	全国绿化委员会	2012
68	全国创先争优先进县委	中共中央	2012
69	国家节水型城市	住房和城乡建设部、国家发改委	2013
70	全国绿化模范单位	全国绿化委员会	2013
71	全国农村社区建设实验全覆盖示范单位	民政部	2013
72	全国县(市)科技进步考核科技进步先进县	科学技术协会	2013
73	国家餐饮服务食品安全示范县	国家食品药品监督管理总局	2013
74	全国农村保险明星示范县	中国人民财产保险股份有限公司	2013
75	动力及储能电池产品质量监督检验中心晋升国家级	国家质量监督检验检疫总局	2013
76	浙江大学(长兴)农业科技园晋升国家级	科学技术部	2013
77	中国电池产业之都	中国轻工业联合会	2013
78	全国粉体产业转型升级示范区	中国建材联合会	2013
79	中国观赏石之乡	中国观赏石协会	2013
80	徐沁烨获全国十佳最美孝心少年	中央电视台	2013
81	百叶龙表演获中国民间文艺山花奖(最高奖项)	中国文学艺术联合会、中国民间文艺家协会	2013
82	长兴农事节庆活动获长三角最具影响力会展节庆品牌	文汇新民联合报业集团	2013
83	签约国家“千人计划”	中央组织部、人力资源和社会保障部等	2013
84	国家生态县	环境保护部	2014
85	2013年中国人居环境奖	住房和城乡建设部	2014
86	国家生态文明建设示范区	环境保护部	2014
87	全国文化先进县(复核)	环境保护部	2014
88	全国农村社区建设实验全覆盖示范单位	民政部	2014
89	国家珍贵树种培育示范县	国家林业局	2014
90	第一批地质灾害防治高标准“十有县”	国土资源部	2014

省级荣誉称号

序号	荣誉名称	授予(认证)单位	授予年份
1	浙江省文明县城	中共浙江省委、浙江省人民政府	2002
2	浙江省教育强县	浙江省人民政府	2002
3	浙江省文化先进县	浙江省人民政府	2003
4	江省老龄工作先进县	省老龄工作委员会	2004
5	浙江省园林城市	浙江省人民政府	2005
6	全省高标准平原绿化先进县	浙江省人民政府	2005
7	浙江省茶树良种化先进县	省农业厅	2005、2007、2009
8	浙江科技强县	中共浙江省委、浙江省人民政府	2007
9	浙江竹木产业强县	浙江省人民政府	2007
10	浙江省粮食生产先进县	浙江省人民政府	2007
11	浙江省民间文化艺术之乡	浙江省文化厅	2007
12	全省民政工作先进县	浙江省民政厅	2007、2010
13	浙江省体育强县	浙江省人民政府	2008
14	省重点建设立功竞赛先进集体	浙江省人民政府	2008
15	浙江省无偿献血先进县(2006—2007)	省卫生厅、省红十字会	2008
16	浙江省生态县	浙江省人民政府	2009
17	浙江省知识产权示范创建县	浙江省知识产权局	2009
18	第十六届水利“大禹杯”银杯奖	浙江省人民政府	2009
19	浙江省规划建设示范城市	《浙江日报》评选	2009
20	浙江省基层低保规范化建设示范县	浙江省人民政府	2009
21	全省农房改造优秀县	中共浙江省委、浙江省人民政府	2009
22	浙江省森林城市	浙江省人民政府	2009
23	浙江省社会主义新农村建设工作先进县	中共浙江省委、浙江省人民政府	2009、2010
24	浙江省和谐社区建设示范(先进)单位	中共浙江省委、浙江省人民政府	2010
25	市县科技目标责任制考核优秀奖	中共浙江省委、浙江省人民政府	2010
26	浙江省旅游经济强县	浙江省人民政府	2010
27	全省百万亩生态型水产养殖塘标准化建设先进集体	浙江省人民政府	2010
28	浙江省科普示范县	浙江省科协	2010
29	浙江省纺织出口基地	浙江省商务厅	2010
30	浙江省实施妇女儿童发展规划先进集体	省妇儿工委办公室	2010
31	全省服务农村青年创业工作先进县	省农办、团省委	2010
32	全省信访责任制考核优秀县(区)	浙江省信访局	2010
33	浙江省十强开发区	浙江省人民政府	2010
34	全省“千村整治万村示范”工程优胜单位	浙江省人民政府	2010
35	浙江省示范文明县城	中共浙江省委、浙江省人民政府	2011
36	浙江省扶残助爱心城市	浙江省人民政府	2011
37	省级旅游度假区	浙江省人民政府	2012
38	浙江省新能源科技兴贸创新基地	省商务厅、财政厅	2012
39	浙江省经济和信息化工作先进县	浙江省经信委	2012
40	浙江省农业标准化综合示范县	浙江省农业厅	2012
41	浙江省知识产权工作示范县	浙江省知识产权局	2012

续表

序号	荣誉名称	授予(认证)单位	授予年份
42	浙江省美丽乡村创建先进县	中共浙江省委、浙江省人民政府	2012
43	浙江省创先争优活动先进县委	中共浙江省委	2012
44	浙江省工业强县试点	中共浙江省委、浙江省人民政府	2012
45	浙江省文明县	中共浙江省委、浙江省人民政府	2013
46	人民调解工作被通报表扬	中共浙江省委、浙江省人民政府	2013
47	签约省级“千人计划”	浙江省人民政府	2013
48	浙江省旅游经济强县通过复核	浙江省人民政府	2013
49	浙江省粮食生产先进县市	浙江省人民政府	2013
50	浙江省商贸流通成绩显著县	浙江省人民政府	2013
51	实施妇女儿童发展“十二五”规划示范县	浙江省人民政府	2013
52	浙江省农村集体“三资”管理规范化县	浙江省农业厅、浙江省财政厅、浙江省监察厅	2013
53	首批浙商回归创业最具投资潜力县区	浙商回归企业家联合会	2013
54	浙江省“千村示范万村整治”工作先进单位	浙江省“千村示范万村整治”工作领导小组办公室	2013
55	省级食品安全示范县	浙江省食品安全委员会	2013
56	全省铁路护路护线工作先进县	中共浙江省委铁路护路联防工作领导小组	2013
57	平安林区县	浙江省林业厅	2013
58	浙江省杨梅之乡	浙江省林业厅	2013
59	浙江省第一批人口计生依法行政示范县	浙江省人口和计划生育委员会	2013
60	首批浙江省公共文化服务体系示范区	浙江省文化厅、浙江省财政厅	2013
61	浙江省出口食品农产品质量安全示范区	浙江省出入境检验检疫局	2013
62	浙江省“春泥计划”实施工作先进县	浙江省精神文明建设委员会	2013
63	浙江省社区教育示范区	浙江省教育厅	2013
64	浙江省职业教育发展优秀单位	浙江省财政厅、浙江省教育厅	2013
65	社会主义新农村建设档案工作示范县	浙江省档案局	2013
66	2013年度市、县(市、区)信访工作绩效考核优秀县(区)	浙江省信访工作领导小组	2013
67	长兴经济技术开发区被评为省开发区工作优秀单位	浙江省人民政府	2013
68	长兴经济技术开发区被评浙江省最具贡献奖开发区	浙江省商务厅	2013
69	长兴经济技术开发区获评首届浙江开发区特别贡献(转型标杆)奖	浙江省商务厅	2013
70	长兴经济技术开发区被评为浙江省产城融合示范区	浙商杂志	2013
71	省级电子电容高新技术特色产业基地	浙江省科学技术厅	2013
72	长兴综合物流园区被认定为省级现代服务业集聚示范区	浙江省发展改革委员会	2013
73	浙江省文明县	浙江省精神文明建设委员会	2014
74	第三批省旅游经济强县	浙江省人民政府	2014
75	基本公共服务均等化行动计划实施工作优秀县	浙江省人民政府	2014
76	省两化深度融合国家综合性示范区	省经信委	2014
77	浙江省双拥模范县	中共浙江省委、浙江省人民政府、浙江省军区	七连冠
78	浙江省平安县	中共浙江省委、浙江省人民政府	六年冠(2013)

2014年1—12月浙江省、湖州市三县两区主要经济指标

地区	GDP(亿元)		一产增加值(亿元)		二产增加值(亿元)		其中:工业(亿元)		三产增加值(亿元)		规模工业产值(亿元)		规模工业增加值(亿元)		固定资产投资(亿元)		工业性投入(亿元)		城镇居民人均可支配收入(元)		农村居民人均可支配收入(元)	
	绝对值	增速(%)	绝对值	增速(%)	绝对值	增速(%)	绝对值	增速(%)	绝对值	增速(%)	绝对值	增速(%)	绝对值	增速(%)	绝对值	增速(%)	绝对值	增速(%)	绝对值	增速(%)	绝对值	增速(%)
浙江	40154	7.6	1779	1.4	19153	7.1			19222	8.7	66501.3	6.4	12543	6.9	23554.8	16.6	7878.8	12.2	40393	8.9	19373	10.7
湖州	1956.0	8.4	120.96	0.9	1001.6	9.1	904.27	9.2	833.42	8.6	4144.80	8.1	700.63	9.2	1242.92	16.2	569.61	7.8	38959	9.0	22404	10.6
吴兴	409.70	9.4	18.97	0.9	188.68	9.3	168.59	8.9	202.05	10.4	572.89	6.8	94.20	8.4	221.30	17.2	87.98	9.7	40138	8.9	23075	10.9
南浔	319.28	8.5	22.99	0.7	188.76	9.1	172.56	8.9	107.53	9.1	692.00	6.0	102.56	8.6	157.77	17.8	84.37	9.2	37710	9.2	22364	10.4
德清	368.10	8.7	20.39	0.5	207.19	9.3	194.76	9.6	140.52	8.8	1031.50	12.7	168.91	9.4	231.97	17.2	125.42	9.8	39516	9.3	22820	10.5
长兴	438.72	8.7	31.07	1.3	231.37	9.6	204.37	10.2	176.27	8.6	1103.96	8.7	181.50	10.0	326.61	15.2	154.34	7.1	39234	9.0	22685	10.5
安吉	285.06	7.2	25.47	1.0	138.28	8.5	126.70	8.1	121.31	6.8	481.84	6.6	101.07	7.5	145.26	17.5	80.19	7.7	37963	8.8	21562	10.7

续表

地区	财政总收入（亿元）		地方财政收入（亿元）		社会消费品零售额（亿元）		合同外资（万美元）		实到外资（万美元）		进出口（亿美元）		出口额（亿美元）		金融机构存款余额（亿元）		金融机构贷款余额（亿元）		全社会用电量（亿千瓦时）		工业用电量（亿千瓦时）	
	绝对值	增速(%)	绝对值	增速(%)	绝对值	增速(%)	绝对值	增速(%)	绝对值	增速(%)	绝对值	增速(%)	绝对值	增速(%)	绝对值	增速(%)	绝对值	增速(%)	绝对值	增速(%)	绝对值	增速(%)
浙江	7521.7	8.9	4121.17	8.5	16905	11.7	244.12亿	0.1	157.97亿	11.6	3551.50	5.8	2733.5	9.9	79241.9	7.5	71361.0	9.2	3506.4	1.5	2597.3	2.0
湖州	295.71	8.9	167.84	8.5	871.20	13.7	157269	-6.6	98419	-7.0	99.90	4.8	88.10	8.9	2813.7	9.1	2363.0	10.1	191.61	4.7	147.78	7.3
吴兴	34.55	9.3	19.75	11.8	253.83	15.0	29507	18.3	20050	6.6	13.62	4.8	10.74	9.0	市区：1465.3	市区：8.1	市区：1092.8	市区：6.9	42.30	1.2	27.40	2.3
南浔	31.31	10.0	15.02	6.1	125.48	14.2	3369	-65.4	4063	-48.1	12.85	-9.0	10.63	0.2					35.78	5.9	28.75	8.7
德清	61.33	10.1	33.71	8.8	121.03	15.0	33332	-29.1	19158	-3.2	22.58	2.8	19.58	10.3	473.51	9.6	407.67	18.6	34.50	1.0	27.57	3.1
长兴	70.16	3.0	40.23	2.0	185.47	15.2	36299	3.6	19300	0.1	18.37	7.3	16.21	7.5	530.13	12.5	476.07	11.2	57.24	8.5	48.74	11.6
安吉	50.05	18.1	29.48	19.4	112.59	11.0	24704	10.2	14244	-10.6	25.28	13.0	24.70	12.1	344.74	7.9	386.49	10.1	20.23	0.0	13.76	-0.4

索引

说 明

一、本索引采用主题分析法编制。

二、索引设有条目索引、表格索引两个分目,按主题词首字拼音字母顺序和音序排列,按标引词首字的汉语拼音音序排列,首字相同按第二字音序排列,以此类推。

三、由类目、分目提取的索引用黑体字标明,标引词后的阿拉伯数字表示内容所在的页码。

四、《特载·特载》《大事记》《人物·荣誉·成就》《附录》的内容不做索引。

条目索引

阿拉伯数字

A

B

D

F

G

K

L

M

N

P

Q

R

S

T

W

X

Y

Z

表格索引

概　况

年内，根据《长兴县工业企业发展绩效综合评价办法（试行）》，从发展规模和质量效益、企业综合实力和科技研发能力等方面对2013年度全县601家规模以上工业企业进行综合评价。根据评价结果，将得分前50位的企业列入《长兴县"强企工程"三年行动计划（2015-2017年）》的首批培育名单。2014年，首批50家"强企工程"重点企业共实现产值531.37亿元，占全部规上工业产值（1134.8亿元）的46.8%；销售收入504.38亿元，占全部规上销售收入（1097.66亿元）的46.0%；利税42.31亿元，占全部规上利税（100.83亿元）的42.0%。"强企工程"重点企业在长兴工业强县建设和工业经济转型升级中的支撑、引领和示范作用进一步凸显。

新型电池

【超威集团】 超威集团是一家致力于新能源动力电池和储能电池研发制造，提供绿色能源专业解决方案的全国行业龙头企业。公司创立于1998年，2010年7月在香港主板上市，是行业全球领导者奖企业、世界环保与新能源产业中国电池行业领军企业、国家高新技术企业、中国电器工业最具影响力品牌、浙江省创新型示范企业、湖州市唯一获得浙江省工业大奖金奖单位。2014年，集团销售收入突破600亿元，位居中国企业500强第205位、中国民企综合竞争力50强。

【天能集团】 天能集团是中国新能源电池龙头企业。2007年，天能动力以中国动力电池第一股在香港主板上市。公司成立于1986年，已发展为一家以电动车用高性能环保型蓄电池制造为主，集新能源镍氢电池、锂离子电池、风能、太阳能储能电池等绿色能源的研发、生产、销售为一体的综合性集团公司。2014年，公司实现销售收入600亿元，同比增长13.7%。综合实力位居中国民营企业500强第32位、中国电池工业十强第一位、全球新能源企业500强第36位、世界环保与新能源产业中国影响力企业100强。

【江森自控】 浙江江森自控电池有限公司是由美国江森自控有限公司投资、组建的全资子公司，成立于2008年。总投资21522.88万美元，年组装800万只高容量全密封免维护铅酸蓄电池及150万只新型大容量密封铅酸蓄电池（AGM），产品适用于汽车、工程车、农用车、工程机械、柴油机、柴油车、发动机、船舶及工业等领域，力争打造全球最先进的动力蓄电池制造和服务基地。2014年，公司实现产值15.89亿元，同比增长2.89%；销售收入17.31亿元，同比增长8.51%；利税6973万元。

【新大力电光源】 浙江新大力电光源集团股份有限公司始建于1980年，前身为长兴县塑料包装厂。母公司及各子公司产业涉及动力蓄电池、蓄电池极板、塑料包装、注塑产品等多个领域。子公司长兴新大力电源科技有限公司搬迁项目总投资1.2亿元，形成年组装800万只电动助力车用密封铅酸蓄电池生产能力。公司被授予省高新技术企业、湖州市重点骨干企业、湖州市科技示范企业、湖州市星火示范企业等。2014年集团长兴区域内企业实现销售收入14.09亿元，利税2640万元。

【汉能光伏】 浙江长兴汉能光伏有限公司成立于2010年9月，由汉能控股集团投资设立。浙江长兴汉能硅基薄膜太阳能电池研发制造基地项目一期投资28亿元，属国家大力发展和扶持的新能源项目，是浙江省和长兴县重点发展的高新技术产业，被列入“浙江省2011年重大工业项目”及长兴县“大好高”项目，采用具有汉能自主知识产权的设备。2014年，公司实现产值5.83亿元，销售收入4.73亿元，利税47.3万元。

现代纺织

【金三发集团】 金三发集团创建于1987年，是专业生产高档服装粘合衬、非织造布(无纺布)、无纺布护理制品的全国高新技术企业。公司生产的服装粘合衬主要用于名牌服装企业，军警、公安等制式服装企业；非织造布产品主要应用于婴儿卫生用品、妇女卫生用品、医疗卫生用品、成人卫生用品以及其他生活卫生用品；无纺布护理制品覆盖婴儿、医疗、女性、家庭及更多用途的个人护理用品。2014年，公司实现产值17.6亿元，同比增长22%；销售收入17.4亿元，同比增长22%；利税1.4亿元，同比增长24%。

【桐昆恒腾】 桐昆集团浙江恒腾差别化纤维有限公司成立于2012年5月，注册资本9000万美元，总投资36多亿元，占地面积640余亩。一期投资18亿元，主要纺丝设备均从日本引进，采用国产化"一头两尾"柔性化聚合-聚酯熔体直纺工艺等先进技术，建设18条纺丝POY生产线，主要产品为半消光POY，品种100余种。2014年公司主营业务收入超40亿元，同比增长42%；税收622万元，同比增长152%。

【益南纤维】 浙江益南纤维科技有限公司成立于2010年12月，由浙江益南化纤集团有限公司和自然人沈浙宏共同投资组建而成。总投资16亿元，注册资本2亿元，建筑面积16.5万平方米，是一家集纺织化纤原料研发、生产制造与销售为一体的科技型生产企业。一期项目总投资10亿元，其中设备投资5.6亿元，主要包括4万吨锦纶纺丝项目、3万吨新型纺纱项目和3.5万高压电力专线及公用设备投资。2014年，公司实现产值12亿元，销售收入1.07亿元。

【盛邦化纤】 浙江盛邦化纤有限公司成立于2004年，是一家研发、生产差别化纤维和差别化织物的高新技术企业，注册资本8000万元，占地150亩。公司拥有国际领先的全套进口纺丝线、加弹机，配套精良的公用工程设备及进口先进完备的检试验设备。凭借自身技术，研究和开发系列DTY产品、系列FDY产品，部分产品填补国际空白，其中环保型纤维、粘合衬专用纤维广泛应用于服装、装饰、家纺等领域。2014年，公司实现产值6.97亿元，销售收入6.61亿元，利税932.2万元。

【威达纺织】 浙江湖州威达纺织集团有限公司创建于1985年，是一家现代、新型纺纱企业，拥有德国、瑞士、日本等目前国际最先进的装备。集团坚持纺好一根纱的理念，专注主业，产品和设备在全国同行业中处于领先水平，致力于打造“国家级的气流纺和涡流纺彩色纱精品基地”。2014年，公司有员工300余名，其中专业技术人才66人，企业总资产近2亿元；公司实现产值6.5亿元，同比增长6%；利税7881万元。

【多蒙佳乐】 浙江多蒙佳乐服饰有限公司创建于2003年3月，注册资金600万欧元，占地面积145亩，员工2300名，是一家法商独资的大型企业，专业生产牛仔、女式时装等系列服饰，拥有牛仔服饰的车缝、手擦、水洗等工艺的整套设备，年加工服装400多万件，产品远销中东、南美、东南亚、西欧、港、澳等20多个国家和地区，年出口创汇达5000万美金。公司内销品牌碧淑黛芙在全国开设有250多家门店，年销售额达2.5亿元。2014年，公司实现产值5.39亿元，销售收入5.02亿元，利税4210.3万元。

【盛发纺织】 浙江盛发纺织印染有限公司成立于2003年，是一家以织造、印染、家纺及研发等为一体的大型民营企业，主要生产各类纺织面料织造、染色、印花及高档阻燃、防水防霉、抗静电等功能性面料。产品远销美国、法国、日本、韩国、欧洲、南非、中东等20多个国家和地区。2013年建立湖州市首家纺织企业院士工作站，荣获省高新技术企业、省绿色企业、省诚信民营企业、中国化纤面料数码印花精品生产基地，系中国长丝织造协会常务副会长单位、总后二级军品采购供应商。2014年实现产值4.8亿元，利税4000万元，同比增长20%。

【纳尼亚】 湖州纳尼亚实业股份有限公司成立于2002年，注册资本10185万元，总资产达到3.5亿元，是一家集纺织、印染、家纺的研发、加工、生产、销售为一体的轻纺科技型企业。2014年取得国家高新技术企业、省级科技型企业，公司有职工186人，大专科以上科技人员58人，其中研发人员21人。2014年完成产值2.37亿元，利税2548万元。

【泉能纺织】 浙江泉能纺织有限公司成立于2008年，注册资金3680万元，主要生产氨纶不倒绒、氨纶超柔、有光平布、网眼布等各类经编面料和磨毛布、春亚纺、有光色丁、八梅缎等各类家纺和服装面料，拥有卡尔迈耶经编机60台，宏源加弹机14台，整经机及其相关配套设备14台。公司获2010年度浙江省最具投资中小企业100强，2012年度湖州市骨干工业企业和长兴县重点工业企业。2014年实现产值2.5亿元，同比增长15%；销售收入2.03亿元，同比增长15%；利税1080万元，同比增长12%。

【东鑫纺织】 浙江东鑫纺织有限公司成立于2003年，注册资金1000万美元，总投资1758万美元，占地面积56000平方米，是一家专业致力于床上用品、纺织面料、家居服饰等家用纺织品的研发、生产与销售的企业，产品畅销全国100多个城市和欧美亚50多个国家。公司拥有国内外先进生产设备200余套，旗下品牌富亿达被认定为省出口名牌和省著名商标。2014年公司实现销售收入1.95亿元，利税2676万元。

【东正纺织】 长兴东正纺织有限公司成立于2009年，是一家集中高档围巾的研发、生产、销售于一体的企业，产品大部分出口。企业多次被评为长兴县出口贸易先进企业、AA级信用等级企业、国家安全标准生产型企业、长兴县重点企业、长兴县重合同守信用单位。2014年，公司实现产值1.35亿元，同比增长11%；销售收入1.25亿元，同比增长12%；利税0.12亿元，同比增长13%。

【力嘉锦纶】 浙江力嘉锦纶有限公司成立于2009年，是一家集化纤原料研发、生产制造与销售为一体的科技型生产企业。公司拥有差别化、功能性民用锦纶长丝生产技术，差别化、功能性产品开发平台构建技术，设备创新改造技术等三大核心技术，先后申请15项实用专利、2项发明专利，成功研制开发30多个系列具有自主知识产权的新产品。2014年公司实现销售收入4671万元，利税662万元。

【长兴丝绸】 浙江省长兴丝绸有限公司成立于1997年，注册资金3600万元，拥有进口经编机66台、加弹机8台、喷织机400余台，年产2.5万吨针织面料和8000万米机织化纤布，广泛应用于运动、正装服饰里料、雨伞布、箱包布、车辆内饰、家居装饰等。公司取得实用新型、外观等专利19项，获得湖州市出口名牌、湖州市进出口贸易先进企业等荣誉称号。2014年外贸出口实现7200万美元。

特色机电

【诺力机械】 浙江诺力机械股份有限公司成立于2002年，主要从事轻小型搬运车辆及电动仓储车辆的研发、生产和销售。通过十余年的发展，公司已成长为国内知名的仓储物流搬运车辆制造企业，产品线从轻小型搬运车辆扩大至电动仓储车辆，在工业车辆中端及中高端市场占据领先地位，主要产品销量已连续多年排名国内同行业第一位。2015年1月28日，公司成功登陆A股主板市场，在上海证券交易所挂牌上市，为长兴县首家国内A股上市企业。2014年实现产值9.93亿元，销售收入9.71亿元，利税1.12亿元。

【海信空调】 海信(浙江)空调有限公司成立于2005年4月，总投资5亿元，专业从事家用空调器、环境电器产品及关联产品的制造和销售。公司占地面积340亩，厂房面积9万平方米，员工1500人。公司拥有国内技术先进的变频空调生产基地，设立热交换器加工、钣金加工与喷涂、整机生产线等生产车间，产品覆盖分体挂机、分体柜机等全系列空调及空气净化器，具备年产260万套变频空调和50万台空气净化器的生产能力。2014年，公司实现产值20.20亿元，销售收入20.18亿元，利税3873.5万元。

【海信惠而浦】 海信惠而浦(浙江)电器有限公司成立于2008年4月，由海信、惠而浦共同投资组建，总投资9亿元，一期投资6.5亿元。公司占地面积151亩，建筑面积8万平方米，年产全自动滚筒洗衣机、高端全自动波轮洗衣机200万台，是国内设备最先进、规模最大的高端洗衣机生产基地之一。2014年，公司实现产值13.07亿元，销售收入13.07亿元，利税527.5万元。

【高田】 高田(长兴)汽车安全装置有限公司成立于2005年12月，由全球汽车安全装置第二大生产商日本高田株式会社投资，注册资本2537万美元，总投资6112万美元。公司主要生产汽车安全气囊用气体发生器及气体发生器用产气药，客户对象主要有大众、通用、马自达、尼桑、本田、日产、丰田等知名汽车厂家。公司有汽车安全气囊气体发生器组装生产线11条，员工367人。2014年实现销售收入3.98亿元人民币，利税增幅达200%。

【凯迪汽车】 浙江凯迪汽车部件工业有限公司成立于1996年，注册资本金2000万元，是一家专业生产汽车等速万向节和传动轴及二、三代轮毂轴承单元的外贸型民营股份制企业。公司拥有资产近2亿元，员工600人，其中中高级技术研发人员50余人。公司产品覆盖丰田、本田、三菱、日产、大众、标致、奔驰、福特等600多款车型的2000多个型号，远销东南亚、欧洲、中东、非洲及南北美洲等。2014年，公司实现产值2.89亿元，销售收入2.17亿元，利税1267.2万元。

【汉维通信】 浙江汉维通信器材有限公司成立于1985年5月，注册资本7200万元，是集研发、制造、施工、服务为一体的专业型通信光缆、通信电缆、宽带数据电缆和特种电缆等产品的省级线缆企业。公司占地面积45亩，厂房面积7000平方米，固定资产3.8亿元，先后获浙江省“五个一批”企业、浙江省著名商标、浙江省名牌产品等称号，被中国企业评价中心评为最佳经济效益、最大经营规模的省级先进企业。2014年实现产值2.8亿元，同比增长7.14%；销售收入2.6亿元，同比增长7.10%；利税3000万元，同比增长8%。

【化药】 化药（湖州）安全器材有限公司成立于2006年，由日本化药株式会社独资设立，注册资本2680万美元，总投资6050万美元，占地面积7万平方米。公司主要生产汽车安全气囊用气体发生器和安全带收紧器用气体发生器，产品销往全球知名汽车厂家。拥有IF生产线3条，MGG生产线2条，GG生产线2条。2014年，公司实现产值2.61亿元，同比增长17.65%；销售收入2.61亿元，同比增长17.66%；利税8880万元，同比增长82.9%。

【中德自控】 浙江中德自控科技股份有限公司创立于1992年，是一家集研发、生产、销售、服务于一体的专业控制阀供应商，拥有国家A级特种设备制造许可证。2014年10月在新三板挂牌上市。公司生产的气、电、液动金属硬密封高性能三偏心蝶阀、高温蝶阀、金属硬密封高性能球阀、高温耐磨球阀、快速切断闸阀等产品广泛应用于石油、化工、天然气、煤化工等领域，是中石油、中石化、中海油、煤化工企业的一级供应商。2014年，公司实现产值2.20亿元，销售收入2.10亿元，利税4477.1万元。

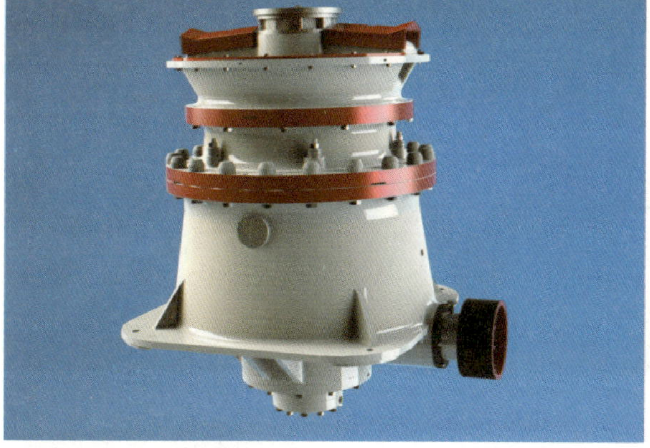

【浙矿重工】 浙江浙矿重工股份有限公司成立于2003年，是国内破碎筛分机械产业技术的领导者和骨干企业，是国家火炬计划重点高新技术企业和浙江省专利示范企业。至2014年公司发展为一家以圆锥破碎机、颚式破碎机等大型矿山机械设备制造为主，集设备故障自我诊断系统、智能化远程数据采集分析系统的研发、生产、销售为一体的综合性企业。2014年，公司实现产值2.16亿元，同比增长12%；销售收入1.84亿元，同比增长11%；利税0.54亿元，同比增长36%。

【巨源机械】 浙江长兴巨源机械有限公司成立于1996年，是国内大型轴类盘类生产制造基地之一，主要承制小型汽轮机机组和大型电站汽轮机、工业汽轮机、燃气机、电机等高科技核心产品，是浙江省机械协会成员单位，全国工商联科技装备业商会会员单位，国家级高新技术企业。2014年，公司实现产值1.6亿元，同比增长40%；销售收入1.5亿元，同比增长40%；利税0.28亿元，同比增长30%。

【七星电容器】 浙江七星电容器有限公司成立于1994年，是一家集薄膜电容器研发、生产和销售于一体的地方行业龙头企业。公司占地面积4.2万平方米，建筑面积5.5万平方米，注册资金2000万元。公司主导产品为薄膜电容器、金属化电容蒸镀膜、环氧粉末电子包封料、低频无极灯，其中薄膜电容器在国内行业市场占有率排名前5位。公司现为国家重点扶持高新技术企业、浙江省成长型中小企业和浙江省专利示范企业。2014年，公司实现产值1.36亿元，销售收入1.23亿元，利税0.15亿元。

【海悦自动化】 浙江海悦自动化机械设备有限公司创建于2009年4月，注册资本6000万元，占地面积97.8亩，员工351人，是一家专业研发、生产、销售铅酸蓄电池自动化设备的企业，主要客户包括天能动力、超威动力、南都电源及理士国际等境内外上市企业。公司自主研发的全自动铸焊机填补铅酸蓄电池行业空白，淘汰劳动力密集型手工烧焊工艺。2014年，公司实现产值1.56亿元，销售收入1.31亿元，利税5183万元。

【丰帆数控】 浙江丰帆数控机械有限公司成立于2006年，由诸暨市丰足电脑针织有限公司和长兴亿帆电脑袜机有限公司共同出资创办，注册资本5000万，占地65亩，拥有各类高层次人才14人。主要生产各种规格多功能全电脑横机及零配件，行销国内各地毛衫制造厂及家庭工业户。企业拥有专利22项，其中发明专利4项，并于2011年获得国家高新技术企业称号。2014年，公司实现产值1.24亿元，销售收入1.20亿元，利税1061万元。

【康迪电动汽车】 康迪电动汽车(长兴)公司成立于2013年，注册资本4亿元，由吉利集团和康迪科技各出资50%组建而成，是一家专业从事电动汽车车身总成生产的企业，主要生产电动汽车车身总成及零部件等产品，立志打造成吉利汽车集团电动汽车板块的主力军，使康迪电动汽车成为国际国内纯电动汽车产业的排头兵。公司资产6亿元，先后获得湖州市工业强市建设示范项目称号、长兴县工业开发装备二等奖等一系列荣誉。

【前进机械】 浙江长兴前进机械铸造有限公司成立于2003年，由杭州前进齿轮箱集团有限公司和杭州锋盛机械有限公司共同出资组建，注册资本3100万元，占地面积118000平方米，是一家专门从事船用、工程机械变速箱、重型汽车变速箱等箱体类铸件生产的企业，职工600名，其中专业技术、管理人员50余名。企业下设6个生产车间，配备OBLF直读光谱分析仪及其他各种理化检验设备。2014年公司生产铸件3万吨，年销售收入超1.6亿元。

【精盛液压】 长兴精盛液压机械有限公司创建于1999年（前身为浙江小浦煤矿机械厂），注册资本金350万元，主要生产全自动极板包片配组机、极板称重分选机、自动装槽机、蓄电池解剖机、极板自动刷片机等铅酸蓄电池生产用自动化装备。产品在超威集团、天能集团、四川南都国舰等国内蓄电池制造龙头企业得到广泛使用。2014年实现产值6700万元，同比增长11.7%；销售收入5762万元，同比增长13.2%；利税940万元，同比增长9.8%。

水　泥

【南方水泥】 湖州南方水泥有限公司成立于2009年8月，是中国建材旗下南方水泥有限公司的核心企业，是国家大型水泥、熟料制造企业之一。公司下属15家全资子公司，拥有资产62亿元，员工3700余人。公司所有生产线均采用先进的新型干法工艺，技术装备在国内同行中处于领先水平。已投产7条5000t/d、7条2500t/d和2条1500t/d新型干法熟料生产线，可年产优质熟料1800余万吨，水泥500余万吨。

新型材料

【永达实业】 浙江永达实业集团有限公司前身为和平镇乡镇企业——长兴县电力电杆厂，始建于1981年，1997年底改制，2005年实行股份制改造，2009年正式注册成立。至2014年，永达集团形成现代工业、科技农业和商贸服务业三大产业"三足鼎立"的发展格局。2014年，集团实现产值3.93亿元，销售收入8.78亿元，利税3710万元。

【博奥铝业】 浙江博奥铝业有限公司成立于2007年，是专业从事建筑用门窗、幕墙铝合金型材设计、生产、销售和各种工业铝型材深加工的大型民营股份企业。公司占地面积8万平方米，员工500余人，总资产逾5亿元。公司拥有先进挤压机生产线12条(3000t-600t)；进口立式喷涂（氟碳喷涂和粉末喷涂）生产线2条，卧式喷涂线2条；断桥隔热型材生产线6条；氧化生产线1条；木纹生产线1条；氟碳生产线1条。可年产各类铝型材6万吨。2014年，公司实现销售收入5亿元，同比增长25%；利税1700多万元，同比增长30% 。

【兄弟路标】 浙江兄弟路标涂料有限公司成立于2003年，位于长兴县虹星桥镇工业园区，占地面积240亩，职工180人，是一家集路面标线涂料研究与生产、道路标线设备开发与制造、道路标线工程施工服务与培训于一体的行业龙头企业，先后获国家级高新企业、浙江省科技型企业、浙江省企业研发中心、浙江省著名商标、浙江省名牌产品等荣誉，拥有发明专利24项。公司综合实力和产品生产与销量在国内行业中均排名第一。2014年公司实现销售收入2.3亿元，利税3000多万元。

【长安仁恒】 浙江长安仁恒科技股份有限公司成立于2000年12月，是一家集自有矿山开采、自主研发、精深加工、终端客户销售为一体的膨润土精深加工企业，在全国膨润土助留剂细分行业中排名第一，拥有自主知识产权的国家发明专利13项和1座优质膨润土矿产。2015年1月，公司成功在香港创业板上市。2014年集团实现产值1.5亿元，同比增长9%；销售收入1.4亿元，同比增长9%；利税0.25亿元，同比增长8%。

耐　火

【父子岭耐火】 长兴父子岭特种耐火有限公司创建于2008年7月，注册资本1308万元，总投资4360万元，占地面积100亩，是一家从事炼钢炉用耐火材料研究、开发、生产、砌筑、维护服务于一体的综合性耐火材料企业。公司配有较先进的计量和物理、化学检测全套设备及试验工厂，年产镁碳砖45000吨、不定型耐火材料3000吨。2014年公司实现产值2.04亿元，同比增长12%；销售收入2亿元，同比增长11.1%；利税2292万元，同比增长18%。

【宏丰炉料】 浙江宏丰炉料有限公司成立于1998年4月，是一家以生产镁碳质耐火材料为主的民营企业，主要产品为镁碳砖，钢水净化剂，产品主要销往国内各地钢厂。2014年获发明专利2项，实用新型专利8项。2014年实现产值2.2亿元，同比增长16%；销售收入2.088亿元，同比增长2.8%；利税0.24亿元，同比增长20%。

【铁狮高温材料】 浙江铁狮高温材料有限公司成立于1994年，位于煤山镇工业园区，占地面积50亩，拥有中高级技术人员32人，是一家专业从事中间包锆质水口系列、铝碳三大件和氧化锆新材料的研究、生产和销售的民营股份制高新技术企业。公司拥有中间包锆质水口生产线九条、连铸三大件生产线一条，是国内规模最大的中间包锆质水口生产厂家，中间包锆质水口被评为国家重点新产品、浙江省高新技术产品。2014年，公司新列入国家火炬计划1项，开发省级新产品3项、发明专利1项。实现销售收入1.5亿元，税收1600万元。

【锦诚耐火】 浙江锦诚耐火材料有限公司始建于1998年，公司占地面积30600平方米，建筑面积25130平方米，总资产16000余万元。主要生产不定形耐火材料，是浙江省规模最大、品种最多的水泥生产线配套不定形耐火材料专业生产商，是国内著名的冶金耐材供应商。2014年，公司实现产值1.05亿元，同比增长3%；销售收入1.04亿元，利税0.2亿元。

【瑞泰耐火】 浙江瑞泰耐火材料科技有限公司成立于2010年，注册资本7500 万元，是一家从事耐火材料产品研发、生产、经营的高新技术企业，先后获评国家高新技术企业、湖州市成长之星企业、湖州市重点企业。2014年，公司实现产值6000万元，同比增长5%；销售收入5500万元，同比增长6%；利税600万元，同比增长6.5%。

【明天炉料】 长兴明天炉料有限公司成立于2003年，是一家专业从事炼铁高炉出铁场耐火材料研发和生产的企业，主要生产炼铁高炉出铁沟浇注料系列产品。公司占地面积40亩，拥有中高级工程技术人员13人。公司于2011年获得国家级“高新技术企业”称号。2014年公司投资8000万元新建7000平方米厂房，引进大型全自动浇注料生产线。2014年实现销售收入7000万元，上缴税收500万元。

生物医药

【中山化工】 浙江中山化工集团股份有限公司成立于1998年，为工信部核准的农药定点生产企业，是一家集研究、开发、生产、销售多头并进的国家高新技术企业，为国内三嗪类除草剂品种规格最全、产量规模最大、产品质量最优的专业制造商。2014年实现产值14亿元，同比增长11.1%；销售收入12.4亿元，同比增长11.7%；利税1亿元。

【长兴制药】 长兴制药有限公司成立于1984年，主要从事冬虫夏草生物发酵技术产品生产，为省级新药研究开发中心，先后获得浙江省企业技术中心、浙江省先进民营企业、湖州市“成长之星”企业等称号。公司有国药准字号产品12个，胶囊剂和原料药均通过国家GMP认证。2014年实现产值1.2亿元，同比增长15%；销售收入8556万元，同比增长59%；利税1560万元，同比增长13%。

其他行业

【旗滨玻璃】 长兴旗滨玻璃有限公司成立于2013年6月，前身为浙江玻璃股份有限公司控股子公司浙江长兴玻璃有限公司，由株洲旗滨集团股份有限公司携手战略投资者注册成立，注册资金4亿元。公司投资1.16亿元实施的在产800吨/日生产线节能减排技术改造项目于2014年12月通过验收；投资6.6亿元续建第二条600吨/日生产线并调整为玻璃行业独创的一窑三线特种玻璃生产线于2014年12月点火，主要生产超薄电子玻璃、汽车玻璃和超厚玻璃。2014年公司实现销售收入3.06亿元，利税3800余万元。

【老恒和酒业】 湖州老恒和酒业有限公司位于长兴林城工业园区，成立于2010年。公司引进全自动生产流水线，从原料酒上线、杀菌、灌装、封盖、贴标、装箱、封箱等全部实现自动化，每小时可灌装成品料酒达1.5万瓶。2014年，公司实现产值4.45亿元，同比增长68.56%；销售收入2.36亿元，同比增长33.33%；利税0.53亿元，同比增长140.91%。

【爱侣健康】 爱侣健康科技有限公司创建于1994年，是国内首家取得国家级生产销售许可证的成人用品企业，是中国和海外性用品产业领导企业之一。2012年爱侣健康科技有限公司全资收购创立于1942年的美国三大性用品品牌之一的Topco Sales。目前，公司是全球性用品行业内覆盖品类最广、品牌最佳、产能最大，并最具成长性的企业。2014年，公司实现产值2.47亿元，销售收入1.99亿元，利税1169万元。

（史晶晶）

各单位主审人员名录

(按姓氏笔画排序)

丁荣红　马　驰　王小平　王世红　王志华　王美琴
王　勇　王爱珠　甘友法　卢志刚　卢青云　卢新民
叶　丹　叶爱斌　朱为兵　朱为学　朱炜江　朱宝成
朱　莹　伍永红　庄伟民　刘太安　刘则锋　刘纪汉
汤煜斌　许玉萍　孙书文　孙红英　孙建平　孙　斌
寿利明　杜祖江　李小林　李志云　杨冯梅　杨兵云
吴明安　邱伟强　邱敏强　何钅卸地　何新中　余　强
闵伟康　沈建平　沈耀辉　宋金林　宋春新　张国康
张绍华　张春喜　张新江　张　毅　张燕飞　陆潮海
陈月扬　陈　忆　陈红雄　陈伯华　陈　环　陈松清
陈国群　邵文广　范书强　周秀明　周衍挺　郑永梅
郑　伟　赵　列　柏国民　侯　峰　俞　锋　施强芬
宣玲丽　宣映红　顾鹤林　钱云花　钱立辉　钱立群
钱克俭　钱学良　钱惠琴　倪雪华　徐　昕　徐季强
徐晓伟　殷恒发　凌旭康　高小青　高向荣　高　莹
高　晖　郭正江　桑建华　黄于飞　黄　伟　黄恩沛
黄蓉金　黄德有　梅德胤　董　玮　韩　琦　谢红星
鲍强华　廖志坚　谭利楚　潘宇欢　潘桂英　魏丽华

适应新常态 谋求